Vahlens Handbücher
der Wirtschafts- und Sozialwissenschaften

Rechnungslegung nach neuem HGB

Eine anwendungsorientierte Darstellung mit zahlreichen Beispielen

von

Dr. Gerhard Scherrer

em. Professor für Betriebswirtschaftslehre
an der Universität Regensburg

3., vollständig überarbeitete Auflage

Verlag Franz Vahlen München

VERLAG
VAHLEN
MÜNCHEN
www.vahlen.de

ISBN 978-3-8006-3787-4

Satz: DTP-Vorlagen des Autors
Druck und Bindung: Druckhaus „Thomas Müntzer“ GmbH
Neustädter Str. 1–4, 99947 Bad Langensalza
Gedruckt auf säurefreiem, alterungsbeständigem Papier
(hergestellt aus chlorfrei gebleichtem Zellstoff)

Für Hans-Jochen Kleineidam

Vorwort 3. Auflage

Die vorliegende 3. Auflage der Rechnungslegung nach dem neuen HGB beinhaltet wie die Vorauflage eine anwendungsorientierte Darstellung mit zahlreichen unterschiedlich schwierigen Beispielen zur Bilanzierung. Die mit dem BilMoG vorgenommenen Änderungen der externen Rechnungslegung führten nach dem Regierungsentwurf zu einer modernen Bilanzierungsgrundlage. Ziel des BilMoG war es, das bewährte deutsche HGB-Bilanzrecht zu einer dauerhaften und vollwertigen und gleichzeitig kostengünstigen und einfachen Alternative zu entwickeln. Dabei soll das HGB-Bilanzrecht die Grundlage der Ausschüttungsbemessung und der Beibehaltung der Grundsätze ordnungsmäßiger Buchführung und Bilanzierung beibehalten werden.

Die Schrift knüpft an die Vorauflagen an und vertieft die durch das BilMoG vorgenommenen Änderungen, Anfügungen, Aufhebungen, Ergänzungen, Einfügungen, Neufassungen und Streichungen der §§ 238 bis 289 HGB. Dies ermöglicht dem Großteil der Unternehmen mit Sitz in Deutschland nach dem HGB externe Rechnung zu legen.

Wie die Vorauflagen ist die vorliegende Schrift als Lehrbuch und in Einzelheiten als Nachschlagewerk auf der Grundlage des HGB unter Einbeziehung des BilMoG konzipiert. Bei der Darstellung werden im Schrifttum unterschiedlich vertretenen Auffassungen beurteilt, wobei strittige Fragen und vorgelegte Lösungen auf der Grundlage des neuen Gesetzestextes beurteilt werden. Schwerpunk der Darstellung ist der Einzelabschluss der Unternehmen, die nach HGB rechnungslegungspflichtig sind.

Die Schrift beinhaltet wie bisher die Darstellung von 55 Beispielen zur externen Rechnungslegung. Den Vorgaben entsprechend werden die Lösungen der einzelnen Beispiele schrittweise mit zeitlichen Abständen in das Internet verlegt. Sie sind dort nach und nach über www.vahlen.de kostenfrei abrufbar. Wie in der Vorauflage wird nicht ausgeschlossen, dass sich bei abweichender Grundposition eines Beispiels im Einzelfall abweichende Lösungen ergeben können.

Das Buch wendet sich an Studenten im Bachelor Studium der Wirtschaftswissenschaften und im Studium des Masters of Science in Betriebswirtschaftslehre mit dem Schwerpunkt externe Rechnungslegung und Prüfung, an Praktiker im Finanz- und Rechnungswesen von Unternehmen und an Examenskandidaten für die Prüfung zum Wirtschaftsprüfer sowie an Steuerberater, die über den Grundsatz der Maßgeblichkeit der Handelsbilanz für die Steuerbilanz bei deren Aufstellung auf die Handelsbilanz zurückgreifen müssen.

Der gesamte Text, die Darstellungen und Problembehandlungen sowie die Konzipierung der Beispiele und deren im Internet vorgelegten Lösungen gehen ausschließlich auf den Verfasser zurück. Dennoch war für die Fertigstellung die Hilfe Dritter erforderlich. Der Dank gilt dem Leiter des wirtschaftswissenschaftlichen Lektorats des Verlags Franz Vahlen, Dennis Brunotte, der die Koordination, die technische Erstellung und die Veröffentlichung der Schrift souverän geleitet hat.

Regensburg, im Oktober 2010 *Gerhard Scherrer*

Vorwort 2. Auflage

Die externe Rechnungslegung von Unternehmen hat durch das Gesetz zur Modernisierung das Bilanzrechts (Bilanzrechtsmodernisierungsgesetz – BilMoG) wesentliche Änderungen erfahren. Ziel der Änderungen ist nach dem Regierungsentwurf das bewährte HGB-Bilanzrecht zu einer dauerhaften und im Verhältnis zu den internationalen Rechnungslegungsstandards (Internationale Financial Reporting Standards - IFRS) vollwertigen, jedoch kostengünstigeren und einfacheren Alternative weiterzuentwickeln, ohne die Eckpunkte des HGB-Bilanzrechts und das bisherige System der Grundsätze ordnungsmäßger Buchführung und Bilanzierung (GoB) aufzugeben.

Die vorliegende Schrift knüpft an die Erstauflage der „Rechnungslegung nach HGB – Eine anwendungsorientierte Darstellung mit umfangreichen Beispielen und Lösungen" an, indem die durch das BilMoG eingetretenen Ergänzungen, Einfügungen, Anfügungen, Neufassungen, Änderungen, Aufbebungen, Streichungen der §§ 238 bis 289 HGB in die Rechnungslegung nach HGB eingearbeitet wurden. Danach bleibt es dabei, dass 99 % der Unternehmen mit Sitz in Deutschland weiterhin nach HGB bilanzieren werden.

Die Schrift ist ebenso wie die Erstauflage als Lehrbuch und als Nachschlagewerk konzipiert. Allerdings beinhaltet sie eine das BilMoG einbezogene umfassende und problembezogene Darstellung des Einzelabschlusses nach neuem HGB-Recht. Dabei werden unterschiedliche Meinungen auch bei der Beurteilung offener Fragen des neuen HGB entstehen. Zu strittigen Fragen wird auf der Grundlage des neuen Gesetzestextes und der im Regierungsentwurf festgelegten Zielsetzung zu Rechnungslegungsproblemen Stellung genommen.

Die Schrift ist auf den Einzelabschluss aller Unternehmen gerichtet, die nach HGB rechnungspflichtig sind. Sie folgt mit den zentralen Teilen weitgehend der Aktivierung der Vermögensgegenstände, Schulden und Sonderposten nach der Gliederung der Bilanz nach § 266 HGB und der Gewinn- und Verlustrechnung nach § 275 HGB. Die Teile umfassen die Aktiva, die Passiva, die Posten die als Aktiva und Passiva auftreten können, die Haftungsverhältnisse, die Gewinn- und Verlustrechnung. Diese Teile des Jahresabschlusses werden ergänzt um die Darstellung des Anhangs und des Lageberichts.

Ebenso wie in der Vorauflage beinhaltet die Schrift die Darstellung von 55 Beispielen. Abhängig von dem jeweiligen Bilanzierungsproblem sind der Umfang und die Schwierigkeit der Beispiele unterschiedlich. Abweichend von der Vorauflage sind die Lösungen der einzelnen Beispiele auf Wunsch hin in das Internet verlagert worden und dort über www.vahlen.de kostenfrei abrufbar. Zur Verdeutlichung und zum besseren Verständnis werden die Lösungen ebenso wie in der Vorauflage vielfach in Kontoform dargestellt. Es wird nicht ausgeschlossen, dass sich bei abweichender Grundposition im Einzelfall auch abweichende Lösungen ergeben können.

Das Buch wendet sich an Studenten im Bachelor Studium der Wirtschaftswissenschaften und im Studium des Masters of Science in Betriebswirtschaftslehre mit dem Schwerpunkt Rechnungslegung und Prüfung, an Praktiker im Finanz- und Rechnungswesen von Unternehmen, an Wirtschaftsprüfer und an Examenskandidaten für die Prüfung zum Wirtschaftsprüfer sowie an Steuerberater, die über den Grundsatz der Maßgeblichkeit der Handelsbilanz für die Steuerbilanz bei deren Aufstellung auf die Handelsbilanz zurückgreifen müssen.

Die Konzipierung und Fertigung dieser Schrift ist eine lange Vorbereitungszeit mit Vorlesungen über die externe Rechnungslegung von Unternehmen an Universitäten, in Praktikerseminaren und in Kursen zur Vorbereitung auf das Wirtschaftsprüferexamen und das Examen zum vereidigten Buchprüfer vorangegangen. Die dabei gewonnenen Erfahrungen haben in der Schrift ihren Niederschlag gefunden.

Der gesamte Text, die Darstellungen und Problembehandlungen sowie die Konzipierung der Beispiele gehen ausschließlich auf den Verfasser zurück. Dennoch war für die Fertigstellung die Hilfe Dritter erforderlich. Besonderen Dank bin ich Frau Dipl.-Kffr. Sonja Mauerer schuldig, die den Text der wichtigen Teile eins bis vier außerordentlich sorgfältig auf die materiellen Inhalte und die formale Darstellung hin überprüft und wertvolle Hinweise für Verbesserungen gegeben hat. Der Dank gilt auch dem Leiter des wirtschaftswissenschaftlichen Lektorats des Verlags Franz Vahlen, Dennis Brunotte, der die technische Erstellung und die Veröffentlichung der Schrift souverän geleitet hat.

Regensburg, im Juni 2009 *Gerhard Scherrer*

Vorwort 1. Auflage

Das aktuelle Schrifttum zur externen Rechnungslegung von Unternehmen konzentriert sich seit einigen Jahren auf die Darstellung und Kommentierung der International Financial Reporting Standards (IFRS). Stellungnahmen zur Auslegung der Vorschriften des HGB sind außerordentlich spärlich; dies kann insoweit verwundern, als 99 % der Unternehmen mit Sitz in Deutschland weiterhin nach

HGB bilanzieren. Entgegen diesem Trend beschränkt sich die vorliegende Schrift ausschließlich auf die Rechnungslegung nach HGB.

Die Schrift ist als Lehrbuch und als Nachschlagewerk konzipiert. Sie beinhaltet eine weitgehend umfassende und problembezogene Darstellung des Einzelabschlusses nach geltendem Recht. Trotz des vergleichsweise langen Geltungsbereichs der wenig veränderten Rechnungslegungsnormen des HGB, zeigt sich, dass neben der zu einem Großteil übereinstimmende Meinungen des Fachschrifttums in einer nicht unbeachtlichen Zahl von Einzelfällen divergierende Standpunkte vertreten werden. In der vorliegenden Schrift werden neben der herrschenden Meinung zu den bestehenden Rechnungslegungsproblemen auch abweichende Auffassungen und Minderheitenmeinungen gewürdigt. Zu strittigen Fragen wird auf der Grundlage des Gesetzestextes und der Zielsetzung der zu beurteilenden Regelungen Stellung genommen.

Bei der Konzeption des Buches war zu entscheiden, ob auf die Grundlagen der externen Rechnungslegung, wie die Grundsätze ordnungsmäßiger Buchführung, auf mögliche Änderungen der geltenden Vorschriften des HGB und auf nach internationalen Rechnungslegungsstandards abweichende Ansatz- und Bewertungsregelungen eingegangen werden sollte. Die Aufnahme dieser Themenbereiche hätte jedoch nicht nur den Umfang des Buches, sondern auch die Homogenität der Darstellung gesprengt.

Die Schrift ist auf den Einzelabschluss aller Unternehmen gerichtet, die nach HGB rechnungspflichtig sind. Sie folgt mit den zentralen Kapiteln weitgehend dem Aufbau der für Kapitalgesellschaften und kapitalistische Personenhandelsgesellschaften maßgebenden Gliederungsvorschriften. Die Kapitel umfassen die Aktiva, die Passiva, die Posten die als Aktiva und Passiva auftreten können, die Haftungsverhältnisse, die Gewinn- und Verlustrechnung, den Anhang und den Lagebericht. Die einzelnen Kapitel werden aufgeteilt in themenrelevante Abschnitte, die sich aufgrund der unterschiedlichen Rechnungslegungsproblematik im Umfang zum Teil erheblich unterscheiden.

Mehr als ein Viertel der Ausführungen beinhaltet die Darstellung von Beispielen und deren ausführliche Lösung. Abhängig von dem Problembestand sind die Anzahl und das Ausmaß der Behandlung der Fälle von Abschnitt zu Abschnitt verschieden. Ingesamt enthält die Schrift fünfundfünfzig Beispiele mit Lösungen. Zur Verdeutlichung und zum besseren Verständnis werden die Lösungen vielfach in Kontoform dargestellt. Es wird hier nicht ausgeschlossen, dass sich bei abweichender Grundposition sich im Einzelfall auch abweichende Lösungen ergeben können.

Das Buch wendet sich an Studenten der Betriebswirtschaftslehre im Hauptstudium, an Praktiker im Finanz- und Rechnungswesen von Unternehmen, an Wirtschaftsprüfer und an Examenskandidaten für die Prüfung zum Wirtschaftsprüfer sowie an Steuerberater, die über den Grundsatz der Maßgeblichkeit der Handelsbilanz für die Steuerbilanz bei deren Aufstellung auf die Handelsbilanz zurückgreifen müssen.

Konzipierung und der Fertigung dieser Schrift ist eine lange Vorbereitungszeit mit Vorlesungen über die externe Rechnungslegung von Unternehmen an Universitäten, in Praktikerseminaren und in Kursen zur Vorbereitung auf das Wirtschaftsprüferexamen und das Examen zum vereidigten Buchprüfer vorangegangen. Die dabei gewonnenen Erfahrungen haben in der Schrift ihren Niederschlag gefunden.

Der gesamte Text, die Darstellungen und Problembehandlungen in der Schrift sowie die Konzipierung und Lösung der Beispiele gehen ausschließlich auf den Verfasser zurück. Dennoch war für die Fertigstellung die Hilfe Dritter erforderlich. Ganz besonderen Dank bin ich Prof. Dr. Bernhard Heni, Universität Kassel schuldig, der den gesamten Text außerordentlich sorgfältig auf die materiellen Inhalte und formale Darstellung hin überprüft und wertvolle Hinweise für Verbesserungen geliefert hat. Dankbar bin ich auch Dr. Jürgen Ernstberger, Universität Regensburg, der sich der Mühe unterzogen hat, Texte und Beispiele der Form nach zu überprüfen. Die aufwendige und sorgfältige Arbeit der Kollegen hat in besonderem Maße zu dem Stand der vorliegenden Arbeit beigetragen.

Regensburg, im Juli 2007 *Gerhard Scherrer*

Inhaltsübersicht

Erster Teil
Grundlagen der Bilanzierung

Zweiter Teil
Bilanzierung der Gegenstände des Anlagevermögens

Dritter Teil
Bilanzierung der Gegenstände des Umlaufvermögens

Vierter Teil
Bilanzierung des Eigenkapitals

Fünfter Teil
Bilanzierung der Verpflichtungen

Sechster Teil
Bilanzierung von Aktiv- und Passivpositionen

Siebenter Teil
Vermerk der Haftungsverhältnisse

Achter Teil
Gewinn- und Verlustrechnung

Neunter Teil
Anhangangaben

Zehnter Teil
Lageberichterstattung

Erster Teil
Grundlagen der Bilanzierung

Zweiter Teil
Bilanzierung der Gegenstände des Anlagevermögens

Dritter Teil
Bilanzierung der Gegenstände des Umlaufvermögens

Vierter Teil
Bilanzierung des Eigenkapitals

Fünfter Teil
Bilanzierung der Verpflichtungen

Sechster Teil
Bilanzierung von Aktiv- und Passivpositionen

Siebenter Teil
Vermerk der Haftungsverhältnisse

Achter Teil
Gewinn- und Verlustrechnung

Neunter Teil
Anhangangaben

Zehnter Teil
Lageberichterstattung

Verzeichnis der Beispiele

Abkürzungsverzeichnis

ABl.	Amtsblatt der Europäischen Gemeinschaft
Abs.	Absatz
Abschn.	Abschnitt
Abt.	Abteilung
ADS	Adler/Düring/Schmalz (Kommentar)
a. F.	alte Fassung einer Gesetzesvorschrift
AG	Aktiengesellschaft, Die Aktiengesellschaft (Zeitschrift)
AktG	Aktiengesetz
AktG-E	Aktiengesetz-Entwurf
Art.	Artikel
Aufl.	Auflage
Aufw.	Aufwand
BAG	Bundesarbeitsgericht
BB	Der Betriebsberater (Zeitschrift)
bearb.	bearbeitet
BeckBilKomm	Beck'scher Bilanzkommentar (Kommentar)
BeckHdB	Beck'sches Handbuch der Rechnungslegung (Kommentar)
BetrVG	Betriebsverfassungsgesetz
BFH	Bundesfinanzhof
BFuP	Betriebswirtschaftliche Forschung und Praxis (Zeitschrift)
BGB	Bundesgesetzbuch
BGBl.	Bundesgesetzblatt
BHR	Bonner Handbuch Rechnungslegung (Kommentar)
BilKoG	Gesetz zur Kontrolle von Unternehmensabschlüssen (Bilanzkontrollgesetz)
BilMoG	Gesetz zur Modernisierung des Bilanzrechts (Bilanzrechtsmodernisierungsgesetz)
BilReG	Gesetz zur Einführung internationaler Rechnungslegungsstandards und zur Sicherung der Qualität der Abschlussprüfung (Bilanzrechtsreformgesetz)
BiRiLiG	Gesetz zur Durchführung der Vierten, Siebenten und Achten Richtlinie des Rates der Europäischen Gemeinschaften zur Koordinierung des Gesellschaftsrechts (Bilanzrichtlinien-Gesetz)
BGH	Bundesgerichtshof
BMF	Bundesministerium der Finanzen
BörsG	Börsengesetz
BR-Drucks	Bundesrats-Drucksache

BT-Drucks	Bundestags-Drucksache
Buchst.	Buchstabe
BuW	Betrieb und Wirtschaft (Zeitschrift)
bzw	beziehungsweise
c.p.	ceteris paribus
d.h.	das heißt
DB	Der Betrieb (Zeitschrift)
DCGK	Deutscher Corporate Governance Kodex
d.h.	das heißt
DRS	Deutscher Rechnungslegungs Standard
DRSC	Deutsches Rechnungslegungs Standards Committee
DStR	Deutsches Steuerrecht (Zeitschrift)
e.V.	eingetragener Verein
EG	Europäische Gemeinschaft, Einführungsgesetz
EGHGB	Einführungsgesetz zum Handelsgesetzbuch
EGInsO	Einführungsgesetz zur Insolvenzordnung
EGR	Richtlinie des Rates der Europäischen Gemeinschaften (EG-Richtlinie)
EHUG	Gesetz über elektrische Handelsregister und Genossenschaftsregister sowie das Unternehmensregister
ErgLief.	Ergänzungslieferung
EStG	Einkommensteuergesetz
EStR	Einkommensteuerrichtlinien
EU	Europäische Union
EuTB	europäische Terminbörse
EWG	Europäische Wirtschaftsgemeinschaft
EWR	Europäischer Wirtschaftsraum
f.	folgende
ff.	fortfolgende
FIBOR	Frankfurt Interbank Offered Rate
fifo	Verbrauchsfolge: First in first out
FRN	Floating Rate Note(s)
FS	Festschrift
GbR	Gesellschaft des bürgerlichen Rechts
GmbH	Gesellschaft mit beschränkter Haftung
GmbHG	Gesetz betreffend die Gesellschaften mit beschränkter Haftung (GmbH-Gesetz)
GoB	Grundsätze ordnungsmäßiger Buchführung
GoI	Grundsätze ordnungsmäßiger Inventur
GuV	Gewinn- und Verlustrechnung
h.M.	herrschende Meinung
HB	Handelsbilanz
HdJ	Handbuch des Jahresabschlusses in Einzeldarstellungen
HdR	Küting/Weber, Handbuch der Rechnungslegung
HGB	Handelsgesetzbuch
HR	Handelsregister

Hrsg.	Herausgeber
hrsg.	herausgegeben
HV	Hauptversammlung
HWRP	Handwörterbuch der Rechnungslegung und Prüfung
HWU	Handwörterbuch Unternehmensrechnung und Controlling
i.d.F.	in der Fassung
i.d.R.	in der Regel
i.d.S.	in diesem Sinne
InvG	Investmentgesetz
i.S.	im Sinne
i.V.m.	in Verbindung mit
IAS	International Accounting Standard(s)
IASB	International Accounting Standards Board
IDW	Institut der Wirtschaftsprüfer in Deutschland e. V.
IDW RS BFA	IDW Stellungnahme zur Rechnungslegung
IDW RH HFA	IDW Rechnungslegungshinweise
IDW RS HFA	IDW Stellungnahme zur Rechnungslegung
IFRS	International Financial Reporting Standard(s)
InsO	Insolvenzordnung
i.V.m.	in Verbindung mit
Jg.	Jahrgang
Kap.	Kapitel
KapAEG	Gesetz zur Verbesserung der Wettbewerbsfähigkeit deutscher Konzerne an Kapitalmärkten und zur Erleichterung der Aufnahme von Gesellschafterdarlehen (Kapitalaufnahmeerleichterungsgesetz)
KapCoRiLiG	Gesetz zur Durchführung der Richtlinie des Rates der Europäischen Union zur Änderung der Bilanz- und der Konzernbilanzrichtlinie hinsichtlich ihres Anwendungsbereichs (90/605/EWG), zur Verbesserung der Offenlegung von Jahresabschlüssen und zur Änderung anderer handelsrechtlicher Bestimmungen (Kapitalgesellschaften- und Co-Richtlinie-Gesetz)
KG	Kommanditgesellschaft
KGaA	Kommanditgesellschaft auf Aktien
KOM	Kommission EU Dokument
KonTraG	Gesetz zur Kontrolle und Transparenz im Unternehmensbereich
KoR	Kapitalmarktorientierte Rechnungslegung (Zeitschrift)
KStG	Körperschaftsteuergesetz
lifo	Verbrauchsfolgeverfahren: Last in first out
m.W.v.	mit Wirkung von
Mill.	Millionen
MoMiG	Gesetz zur Modernisierung des GmbH-Rechts und zur Bekämpfung von Missbräuchen
NZG	Neue Zeitschrift für Gesellschaftsrecht

Nr.	Nummer
OHG	Offene Handelsgesellschaft
p.a.	per anno
PPS	Produktionsplanung und Steuerung
Rats-Dok.	Rats-Dokument der Europäischen Gemeinschaft
RechtKredV	Kreditinsttut Rechnungslegung Verordnung
RefE	Referentenentwurf
RegE	Regierungsentwurf
S.	Seite
ScheckG	Scheckgesetz
sog.	sogenannte
Sp.	Spalte
StBp	Die Steuerliche Betriebsprüfung (Zeitschrift)
TransPuG	Gesetz zur weiteren Reform des Aktien- und Bilanzrechts, zur Transparenz und Publizität (Transparenz- und Publizitätsgesetz)
Tsd.	Tausend
TUG	Gesetz zur Umsetzung der Richtlinie 2004/109/EG des Europäischen Parlaments und des Rates vom 15. Dezember 2004 zur Harmonisierung der Transparenzanforderungen in Bezug auf Informationen über Emittenten, deren Wertpapiere zum Handel auf einem geregelten Markt zugelassen sind, und zur Änderung der Richtlinie 2001/34/EG (Transparenzrichtlinie-Umsetzungsgesetz)
u.a.	und Andere, unter anderem
u.U.	unter Umständen
UmwG	Umwandlungsgesetz
UmwStR	Umwandlungssteuerrecht
US-GAAP	United States – Generally Accepted Accounting Prinziples
UStG	Umsatzsteuergesetz
UStR	Umsatzsteuerrecht
v.	von (Titel)
VersRiLiG	Versicherungsbilanzrichtlinien-Gesetz
Vice versa	umgekehrt
Vor-AG	AG vor der Eintragung in das Handelsregister
Vor-GmbH	GmbH vor der Eintragung in das Handelsregister
VorstOG	Vorstandsvergütungs-Offenlegungsgesetz
WEG	Gesetz über das Wohnungseigentum und Dauerwohnrecht (Wohnungseigentumsgesetz)
WG	Wechselgesetz
WP	Wirtschaftsprüfer, Wirtschaftsprüfung
WPg	Die Wirtschaftsprüfung (Zeitschrift)
WpHG	Gesetz über den Wertpapierhandel (Wertpapierhandelsgesetz)
z.B.	zum Beispiel

z.T.	zum Teil
ZfB	Zeitschrift für Betriebswirtschaft
ZfbF	Zeitschrift für betriebswirtschaftliche Forschung
ZGR	Zeitschrift für Unternehmens- und Gesellschaftsrecht
ZIP	Zeitschrift für Wirtschaftsrecht und Insolvenzpraxis

Erster Teil

Grundlagen der Bilanzierung

A. Änderungen des HGB durch das BilMoG

Das Gesetz zur Modernisierung des Bilanzrechts (Bilanzrechtsmodernisierungsgesetz - BilMoG) vom 25.5.2009, BGBl. I Nr. 27, S. 1102, ausgegeben zu Bonn am 28.5.2009 hat zu einer Vielzahl von Änderungen der Rechnungslegungsvorschriften für Kapitalgesellschaften (AG, KGaA, GmbH) und für Personenhandelsgesellschaften (oHG, KG) geführt.

Die **Begründung der Bundesregierung** (RegE S. 1)für die Einführung des BilMoG führt an, dass die Unternehmen in Deutschland eine moderne Bilanzierungsgrundlage benötigen. Um dies zu erreichen, sollte das bestehende bewährte HGB-Bilanzrecht zu einer dauerhaften und im Verhältnis zu den internationalen Rechnungslegungsstandards vollwertigen, aber kostengünstigeren und einfacheren Alternativen weiter zu entwickeln, ohne die Eckpunkte des HGB-Bilanzrecht und das bisherige System der Grundsätze ordnungsmäßiger Buchführung aufzugeben. Darüber hinaus sollten die Unternehmen wo möglich von unnötigen Kosten entlastet werden.

Nach den Folgerungen für den handelsrechtlichen Jahresabschluss hält es die Bundesregierung für erforderlich, die **Modernisierung der handelsrechtlichen Vorschriften** zum Jahresabschluss so zu betreiben, dass die dauerhafte Aufrechterhaltung eines gleichwertigen, einfacheren und kostengünstigeren Regelwerks sicherstellt, dass insbesondere für die kleinen und mittelgroßen Unternehmen, d.h. der **Mittelstand**, eine echte Alternative zur Rechnungslegung nach den IFRS darstellt. Die Bundesregierung hält es zudem für angebracht, Einzelkaufleute, die bestimmte, auch steuerlich geltende, Schwellenwerte nicht überschreiten, künftig gänzlich von der handelsrechtlichen Buchführungs- und Rechnungslegungspflicht zu befreien.

Das Aufzeigen der **Änderungen der Rechnungslegung** nach dem HGB soll die Einschätzung der durch das BilMoG vorgenommenen Änderungen und die Beurteilung durch den Gesetzgeber verdeutlichen. Er spricht im Gesetzentwurf von einer gegenüber den IFRS kostengünstigeren und einfacheren Alternative (RegE S. 1) und von einem gegenüber dem IFRS gleichwertigen, einfacheren und kostengünstigeren Regelwerk, das insbesondere für den Mittelstand eine echte Alternative zu der Rechnungslegung nach den IFRS darstelle (RegE S. 71). Eine

Begründung für die Vereinfachung wird von dem Gesetzgeber nicht vorgelegt. Die im Folgenden dargestellte Auflistung, die nicht das Regelungswerk, sondern nur die zum handelsrechtlichen Jahresabschluss mit dem BilMoG vorgenommenen Änderungen des HGB verdeutlichen, beinhaltet eine Vielzahl von Sachverhalten, die dem Leser einen **Überblick über die Änderungen** aufzeigt.

- Nach dem neu eingefügten **§ 241a HGB** brauchen nicht kapitalmarktorientierte Einzelkaufleute, die an den Abschlussstichtagen von zwei aufeinander folgenden Geschäftsjahren nicht mehr als 500 Tsd. Euro Umsatzerlöse und 50 Tsd. Euro Jahresüberschuss ausweisen, die §§ 238 bis 241 HGB nicht anzuwenden. Im Fall der Neugründung treten die Rechtsfolgen schon ein, wenn die Werte des Satzes 1 am ersten Abschlussstichtag nach der Neugründung nicht überschritten werden.

- Dem **§ 242 HGB** wird ein Abs. 4 angefügt, nach dem § 242 Abs. 1 bis 3 HGB auf Einzelkaufleute im Sinn des § 241a HGB nicht anzuwenden sind. Im Fall der Neugründung treten die Rechtsfolgen nach Satz 1 schon ein, wenn die Werte des § 241a Satz 1 HGB am ersten Abschlussstichtag nach der Neugründung nicht überschritten werden.

- Der neu formulierte **§ 246 Abs. 1 HGB** verlangt nach dem Vollständigkeitsprinzip den Ansatz sämtlicher Vermögensgegenstände, Schulden, Rechnungsabgrenzungsposten, sowie Aufwendungen und Erträge, soweit gesetzlich nichts anderes bestimmt ist. Vermögensgegenstände sind in die Bilanz des Eigentümers aufzunehmen; ist ein Vermögensgegenstand nicht dem Eigentümer einem anderen wirtschaftlich zuzurechnen, hat dieser ihn in seiner Bilanz auszuweisen. Schulden sind in die Bilanz des Schuldners aufzunehmen. Der Unterschiedsbetrag, um den die für die Übernahme eines Unternehmens bewirkte Gegenleistung den Wert der Vermögensgegenstände des Unternehmens abzüglich der Schulden im Zeitpunkt der Übernahme übersteigt (entgeltlich erworbener Geschäfts- oder Firmenwert), gilt als zeitlich begrenzt nutzbarer Vermögensgegenstand.

  Nach den Anfügungen an § **246 Abs. 2 HGB** sind Vermögensgegenstände, die dem Zugriff aller übrigen Gläubiger entzogen sind und ausschließlich der Erfüllung von Schulden aus Altersversorgungsverpflichtungen oder vergleichbaren langfristig fälligen Verpflichtungen dienen, sind mit diesen Schulden zu verrechnen; entsprechend ist mit den zugehörigen Aufwendungen und Erträgen aus der Abzinsung und aus dem zu verrechnenden Vermögen zu verfahren. Übersteigt der beizulegende Zeitwert der Vermögensgegenstände den Betrag der Schulden, ist der übersteigende Betrag unter einem gesonderten Posten zu aktivieren.

  Nach dem neu angefügten **§ 246 Abs. 3 HGB** sind die auf den vorhergehenden Jahresabschluss angewandten Ansatzmethoden beizubehalten. § 252 Abs. 2 HGB ist entsprechend anzuwenden.

- § 247 Abs. 3 HGB und § 273 HGB über den Sonderposten mit Rücklagenanteil werden aufgehoben.

- Nach dem neu gefassten **§ 248 Abs. 1 HGB** dürfen in der Bilanz nicht angesetzt werden Aufwendungen für:
  - o Aufwendungen für die Gründung eines Unternehmens,
  - o Aufwendungen für die Beschaffung von Eigenkapital, und
  - o Aufwendungen für den Abschluß von Versicherungsverträgen.

  Nach dem neu gefassten **§ 248 Abs. 2 HGB** können selbst geschaffene immaterielle Vermögensgegenstände des Anlagevermögens als Aktivposten in die Bilanz aufgenommen werden. Nicht aufgenommen werden dürfen selbst geschaffene Marken, Drucktitel, Verlagsrechte, Kundenlisten oder vergleichbare immaterielle Vermögensgegenstände des Anlagevermögens.

- Die Zulässigkeit des Ansatzes von Aufwandsrückstellungen nach § 249 Abs. 1 Satz 3 HGB und § 249 Abs. 2 HGB a.F. wird aufgehoben. Der neue **§ 249 Abs. 2 Satz 1 HGB** schreibt vor, dass für andere als die in 249 Abs. 1 HGB bezeichneten Zwecke Rückstellungen nicht gebildet werden dürfen.

- § 250 Abs. 1 Satz 2 HGB betreffend das Ansatzwahlrecht von speziellen Rechnungsabgrenzungsposten wurde aufgehoben. In **§ 250 Abs 3 Satz 1 HGB** wurde entsprechend der im Schrifttum vielfach verlangten Bezeichnung das Wort „Rückzahlungsbetrag" durch das Wort „Erfüllungsbetrag" ersetzt.

- **§ 252 Abs. 1 Nr. 6 HGB** wird verlangt, dass die auf den vorhergehenden Jahresabschluss angewandten Bewertungsmethoden beizubehalten sind. Nach alter Fassung war die Umschreibung „sollen beibehalten werden". Damit ist die Umschreibung bezüglich der angewandten Bewertungsmethoden verschärft.

- **§ 253 Abs. 1 HGB** zur Zugangs- und Folgebewertung weist wesentliche Änderungen gegenüber der a.F. auf. Vermögensgegenstände sind bis auf Ausnahmen wie bisher mit den Anschaffungs- oder Herstellungskosten, vermindert um Abschreibungen nach Abs. 3 bis 5 zu bewerten. Verbindlichkeiten sind zu ihrem Erfüllungsbetrag und Rückstellungen in Höhe des nach vernünftiger kaufmännischer Beurteilung notwendigen Erfüllungsbetrags anzusetzen. Soweit sich die Höhe von Altersversorgungsverpflichtungen ausschließlich nach dem beizulegenden Zeitwert von Wertpapieren im Sinn des § 266 Abs. 2 A. III. 5 HGB bestimmt, sind Rückstellungen hierfür zum beizulegenden Zeitwert dieser Wertpapiere anzusetzen, soweit er einen garantierten Mindestbetrag übersteigt. Nach § 246 Abs. 2 Satz 2 HGB zu verrechnende Vermögensgegenstände sind mit ihrem beizulegenden Zeitwert zu bewerten.

  Mit **§ 253 Abs. 2 HGB** wird die Diskontierung von Rückstellungen eingeführt. Rückstellungen mit einer Restlaufzeit von mehr als einem Jahr sind mit dem ihrer Laufzeit entsprechenden durchschnittlichen Marktzins der vergangenen sieben Geschäftsjahre abzuzinsen. Abweichend von Satz 1 dürfen Rückstellungen für Altersversorgungsverpflichtungen oder vergleichbare langfristig fällige Verpflichtungen pauschal mit dem durchschnittlichen Marktzinssatz abgezinst werden, der sich bei einer angenommenen Restlaufzeit von 15 Jahren ergibt. Die Sätze 1 und 2 gelten entsprechend für auf Rentenversicherungen beruhende Verbindlichkeiten, für die eine Gegenleistung nicht mehr zu erwarten ist.

Nach **§ 253 Abs. 3 HGB** sind ohne Rücksicht darauf, ob ihre Nutzung zeitlich begrenzt ist, bei Vermögensgegenstände des Anlagevermögens, bei voraussichtlich dauernder Wertminderung außerplanmäßige Abschreibungen vorzunehmen, um diese mit dem niedrigeren Wert anzusetzen, der ihnen am Abschlussstichtag beizulegen ist. Bei Finanzanlagen können außerplanmäßige Abschreibungen auch bei voraussichtlich nicht dauernder Wertminderung vorgenommen werden.

Nach **§ 253 Abs. 4 HGB** sind unverändert gegenüber der alten Fassung bei Vermögensgegenständen des Umlaufvermögens Abschreibungen vorzunehmen, um diese mit dem niedrigeren Wert anzusetzen, der sich aus einem Börsen- oder Marktpreis am Abschlussstichtag ergibt. Bei einem fehlendem Börsen- oder Marktpreis ist auf den niedrigeren beizulegenden Wert abzuschreiben.

Mit **§ 253 Abs. 5 HGB** wird ein umfassendes und rechtsformunabhängiges Wertaufholungsgebot eingeführt. Ein niedrigerer Wertansatz nach Abs. 3 Satz 3 oder 4 und Abs. 4 darf nicht mehr, wie nach dem bisherigen Recht, beibehalten werden, wenn die Gründe dafür nicht mehr bestehen. Ein niedrigerer Wertansatz eines entgeltlich erworbenen Geschäfts- oder Firmenwertes ist beizubehalten.

- **§ 254 HGB** regelt die Bildung von Bewertungseinheiten. Die Zusammenfassung kann unterschiedliche Positionen zusammenfassen. Werden Vermögensgegenstände, Schulden, schwebende Geschäfte oder mit hoher Wahrscheinlichkeit erwartete Transaktionen zum Ausgleich gegenläufiger Wertänderungen oder Zahlungsströme aus dem Eintritt vergleichbarer Risiken mit Finanzinstrumenten zusammengefasst (Bewertungseinheit), sind § 249 Abs. 1, § 252 Abs. 1 Nr. 3 und 4, § 253 Abs. 1 Satz 1 und § 256a in dem Umfang und für den Zeitraum nicht anzuwenden, in dem die gegenläufigen Wertänderungen oder Zahlungsströme sich ausgleichen. Als Finanzinstrumente im Sinn des Satzes 1 gelten auch Termingeschäfte über den Erwerb oder die Veräußerung von Waren.
- **§ 255 Abs. 2 HGB** wird mit neuer Fassung der Bestimmung der Herstellungskosten sachlich unverändert übernommen. Zu den Herstellungskosten gehören wie bisher die Materialkosten, die Fertigungskosten und die Sonderkosten, sowie nunmehr auch angemessene Teile der Materialgemeinkosten, der Fertigungsgemeinkosten und des Werteverzehrs des Anlagevermögens, soweit dieser durch die Fertigung veranlasst ist. Weiterhin dürfen angemessene Teile der Kosten der allgemeinen Verwaltung sowie angemessene Aufwendungen soziale Einrichtungen des Betriebs, für freiwillige soziale Leistungen und für die betriebliche Altersversorgung einbezogen werden, soweit diese auch den Zeitraum der Herstellung entfallen. Wie bisher dürfen Forschungs- und Vertriebskosten nicht einbezogen werden.

Der neu eingefügte **§ 255 Abs. 2a HGB** regelt die Aktivierung selbst geschaffener immaterieller Vermögensgegenstände des Anlagevermögens. Danach sind Herstellungskosten eines selbst geschaffenen immateriellen Vermögensgegenstandes des Anlagevermögens die bei dessen Entwicklung anfallenden Aufwendungen nach Abs. 2. Entwicklung ist die Anwendung von Forschungsergebnissen oder von anderem Wissen für die Neuentwicklung von Gütern oder Verfahren oder die Weiterentwicklung von Gütern oder Verfahren mittels wesentlicher Änderungen. Forschung ist die eigenständige und planmäßige Suche nach neuem wissenschaftlichen oder technischen Erkenntnissen oder Erfahrungen allgemeiner Art, über deren technischen Verwertbarkeit und wirtschaftliche Erfolgsaussichten grundsätzlich keine Aussagen gemacht werden können. Können Forschung und Entwicklung nicht verlässlich voneinander unterschieden, ist eine Aktivierung ausgeschlossen.

§255 Abs. 4 HGB legt als Bewertungsmaßstab fest, dass der beizulegende Zeitwert dem Marktpreis entspricht. Soweit kein aktiver Markt besteht, anhand dessen sich der Marktpreis ermitteln lässt ist der beizulegende Zeitwert mit Hilfe allgemein anerkannter Bewertungsmethoden zu bestimmen. Lässt sich der beizulegende Zeitwert weder nach Satz 1 noch nach Satz 2 ermitteln, sind die Anschaffungs- oder Herstellungskosen gemäß § 253 Abs. 4 fortzuführen. Der zuletzt nach Satz 1 oder 2 ermittelte beizulegende Zeitwert gilt als Anschaffungs- oder Herstellungskosten im Sinn des Satzes 3.

- In **§ 256 HGB** wurde abweichend von der bisherigen Regelung festgelegt, dass, soweit es den GoB entspricht, für den Wertansatz gleichartiger Vermögensgegenstände des Vorratsvermögens unterstellt werden, kann dass die zuerst oder dass die zuletzt angeschafften oder hergestellten Vermögensgegenstände zuerst verbraucht oder veräußert worden sind. Damit werden die Bewertungsvereinfachungsverfahren auf die Lifo- und Fifo-Methode beschränkt, andere Verfahren sind unzulässig.

- Der eingefügte **§ 256a HGB** legt nunmehr fest, dass auf ausländische Währung lautende Positionen mit dem Devisenkurs umzurechnen sind. Nach der Neuformulierung der Vorschrift sind auf fremde Währung lautende Vermögensgegenstände und Verbindlichkeiten zum Devisenkassamittelkurs am Abschlussstichtag umzurechnen. Bei einer Restlaufzeit von einem Jahr oder weniger sind § 253 Abs. 1 Satz 1 HGB und § 252 Abs. 1 Nr. 4 zweiter Halbsatz HGB nicht anzuwenden.

- Nach **§ 264 Abs. 1 Satz 2 HGB** haben die gesetzlichen Vertreter einer kapitalmarktorientierten Kapitalgesellschaft (AG, KGaA, GmbH), die nicht zur Aufstellung eines Konzernabschlusses verpflichtet ist, den Jahresabschluss um eine Kapitalflussrechnung und einen Eigenkapitalspiegel zu erweitern, die mit der Bilanz, GuV und dem Anhang eine Einheit bilden; sie können den Jahresabschluss um eine Segmentberichterstattung erweitern.

- § 264c Abs. 4 Satz 3 HGB als Teil der besonderen Bestimmungen für die OHG und KG im Sinn des § 264a HGB ist aufgehoben worden.

- **§ 264d HGB** enthält die Definition der kapitalmarktorientierten Kapitalgesellschaft. Danach ist eine Kapitalgesellschaft kapitalmarktorientierte, wenn sie einen organisierten Markt im Sinn des § 2 Abs. 5 des WpHG durch von ihr ausgegebene Wertpapiere im Sinn des § 2 Abs. 1 Satz 1 WpHG in Anspruch nimmt oder die Zulassung solcher Wertpapiere zum Handel an einem organisierten Markt beantragt hat.

- § 265 Abs. 3 Satz 2 HGB zum Ausweis eigener Anteile im Umlaufvermögen ist aufgehoben worden.

- **§ 266 Abs. 2 Posten A. I. HGB** beinhaltet Änderungen des Ausweises der Immateriellen Vermögensgegenstände als 1. Selbst geschaffene gewerbliche Schutzrechte und ähnliche Rechte und Werte; als 2. entgeltlich erworbene Konzessionen, gewerbliche Schutzrechte und ähnliche Rechte und Werte sowie Lizenzen an solchen Rechten und Werten; als 3. Geschäfts- oder Firmenwert; sowie als 4. geleistete Anzahlungen (auf den Erwerb von Gegenständen des Anlagevermögens).

  § 266 Abs. 2 Posten B. III. HGB beinhaltet Änderungen des Ausweises der Wertpapiere des Umlaufvermögens als 1. Anteile an verbundenen Unternehmen, und 2. sonstige Wertpapiere.

  § 266 Abs. 2 Posten D. und E. HGB beinhaltet den Ausweis der folgenden Posten der Passivseite als D. Aktive latente Steuern; E. Aktiver Unterschiedsbetrag aus der Vermögensverrechnung.

  § 266 Abs. 3 Posten A. III. Gewinnrücklagen Nr. 2. HGB beinhaltet unter Änderungen des Ausweises von Rücklagen für Anteile an einem herrschenden oder mehrheitlich beteiligten Unternehmen sowie unter E. Passive latente Steuern.

  § 266 Abs. 3 Posten E. HGB beinhaltet unter Änderungen des Ausweises Passive latente Steuern.

- **§ 267 Abs. 1 und 2 HGB** enthält neue (erweiterte) Größenmerkmale und nach § 267 Abs. 3 Satz 2 HGB die erweiterte Definition der großen Kapitalgesellschaft als Kapitalgesellschaft im Sinn des § 264d HGB.

- Der neu eingefügte **§ 268 Abs. 8 HGB** begrenzt bei selbst geschaffenen immateriellen Vermögensgegenständen des Anlagevermögens und aktiven latenten Steuern die Ausschüttung. Werden die Vermögensgegenstände in der Bilanz ausgewiesen, so dürfen Gewinne nur ausgeschüttet werden, wenn die nach Ausschüttung verbleibenden frei verfügbaren Rücklagen Er schreibt vor, dass bei Ausweis selbst geschaffener immaterieller Vermögensgegenstände des Anlagevermögens, die in der Bilanz ausgewiesen

- § 269 HGB zum Ansatz von Ingangsetzungs- und Erweiterungsaufwendungen wurde aufgehoben.

- § 270 Abs. 1 Satz 2 und § 273 HGB zum Sonderposten mit Rücklageanteil wurden aufgehoben.

- Nach **§ 272 Abs. 1 Satz 2 HGB** ist Gezeichnetes Kapital mit dem Nennbetrag anzusetzen

  § 272 Abs. 1 Satz 3 verlangt, dass die nicht eingeforderten ausstehenden Einlagen auf das Gezeichnete Kapital von dem Posten „Gezeichnetes Kapital" offen abzusetzen; der verbleichende Betrag ist als Posten „Eingefordertes Kapital" in der Hauptspalte der Passivseite auszuweisen; der eingeforderte, aber noch nicht eingezahlte Betrag ist entsprechend der bisherigen Regelung unter den Forderungen gesondert auszuweisen und entsprechend zu bezeichnen.

  Nach dem neu eingefügten **§ 272 Abs. 1a HGB** ist der Nettobetrag oder, falls ein solcher nicht vorhanden ist, der rechnerische Wert von erworbenen eigenen Anteilen in der Vorspalte offen von dem Posten „Gezeichnetes Kapital„ abzusetzen. Der Unterschiedsbetrag zwischen dem Nennbetrag oder dem rechnerischen Wert und den Anschaffungskosten der eigenen Anteile ist mit den frei verfügbaren Rücklagen zu verrechnen. Aufwendungen, die Anschaffungsnebenkosten sind, sind Aufwand des Geschäftsjahrs.

  Nach **§ 272 Abs. 1b HGB** entfällt nach der Veräußerung der eigenen Anteile der Ausweis nach Abs. 1a Satz 1. Ein Nennbetrag oder den rechnerischen Wert übersteigender Differenzbetrag aus dem Veräußerungserlös ist bis zur Höhe des mit den frei verfügbaren Rücklagen verrechneten Betrages in die jeweiligen Rücklagen einzustellen. Die Nebenkosten der Veräußerung sind Aufwand des Geschäftsjahres.

  § 272 Abs. 4 HGB verweist entsprechend der bisherigen Regelung zur Verpflichtung eines Unternehmens zur Bildung einer Rücklage für Anteile an einem herrschenden oder mit Mehrheit beteiligten Unternehmen. Hierzu schreibe er vor: Für Anteile an einem herrschenden oder mit Mehrheit beteiligten Unternehmen ist eine Rücklage zu bilden. In die Rücklage ist ein Betrag einzustellen, der dem auf der Aktivseite der Bilanz für die Anteile an dem herrschenden oder mit Mehrheit beteiligten Unternehmen angesetzten Betrag entspricht. Die Rücklage, die bereits bei der Aufstellung der Bilanz zu bilden ist, darf aus vorhandenen frei verfügbaren Rücklagen gebildet werden. Die Rücklage ist aufzulösen, soweit die Anteile an dem herrschenden oder mit Mehrheit beteiligten Unternehmen veräußert, ausgegeben oder einbezogen werden oder auf der Aktivseite ein niedrigerer Betrag angesetzt wird.

- **§ 274 Abs. 1 HGB** beinhaltet eine Neuformulierung latenter Steuern. Er schreibt vor: Bestehen zwischen den handelsrechtlichen Wertansätzen von und steuerrechtlichen Wertansätzen von Vermögensgegenständen, Schulden und Rechnungsabgrenzungsposten und ihren steuerlichen Wertansätzen Differenzen, die sich in späteren Geschäftsjahren voraussichtlich abbauen, so ist eine sich daraus insgesamt ergebende Steuerbelastung als passive latente Steuern (§ 266 Abs. 3 E.) in der Bilanz anzusetzen. Eine sich daraus insgesamt ergebende Steuerentlastung kann als aktive latente Steuer (§ 266 Abs. 2 D.) in der Bilanz angesetzt werden. Die sich ergebende Steuerbe- und die sich ergebende Steuerentlastung können auch unverrechnet angesetzt werden. Steuerliche Verlustvorträge sind bei der Berechnung aktiver latenter Steuern in Höhe der innerhalb der nächsten fünf Jahre zu erwartenden Verlustverrechnung zu berücksichtigen.

- Nach **§ 274 Abs. 2 HGB** sind die Beträge der sich ergebenden Steuerbe- und Steuerentlastung mit den unternehmensindividuellen Steuersätzen im Zeitpunkt des Abbaus der Differenzen zu bewerten und nicht abzuzinsen. Die ausgewiesenen Posten sind aufzulösen, sobald die Steuerbe- oder Steuerentlastung eintritt oder mit ihr nicht mehr zu rechnen ist. Der Aufwand oder Ertrag aus der Veränderung bilanzierter latenter Steuern ist in der GuV gesondert unter dem Posten „Steuern vom Einkommen und vom Ertrag" auszuweisen.

  Nach **§ 274a HGB** sind kleine Kapitalgesellschaften von der Anwendung der folgenden Vorschriften befreit:

  1. § 268 Abs. 2 über die Aufstellung eines Anlagengitters;
  2. § 268 Abs. 4 Satz 2 über die Pflicht zur Erläuterung bestimmter Forderungen im Anhalt;
  3. § 268 Abs. 5 Satz 3 über die Erläuterung bestimmter Verbindlichkeiten im Anhang;
  4. § 268 Abs. 6 über den Rechnungsabgrenzungsposten nach § 250 Abs. 3;
  5. § 274 über die Steuerabgrenzung werden kleine Kapitalgesellschaften von der Pflicht zur Ermittlung und zum Ausweis der latenten Steuern befreit.

- In § 275 Abs. 2 Nr. 7 Buchst. a) HGB wird bei den Abschreibungen der im RegE übersehene Halbsatz „sowie auf aktivierte Aufwendungen für die Ingangsetzung und Erweiterung des Geschäftsbetriebs" gestrichen.

- Die Änderung des **§ 277 Abs. 3 Satz 1 HGB** schreibt vor, dass außerplanmäßige Abschreibungen nach § 253 Abs. 3 Satz 3 und 4 HGB jeweils gesondert auszuweisen oder im Anhang anzugeben sind.

  § 277 Abs. 4 Satz 3 HGB wurde dahingehend geändert, dass Satz 2 entsprechend für alle Aufwendungen und Erträge, die einem anderen Geschäftsjahr zuzurechnen sind, gilt.

  Nach dem neu angefügten **§ 277 Abs. 5 HGB** sind Erträge aus der Abzinsung in der GuV gesondert unter dem Posten „Sonstige Zinsen und ähnliche Erträge" und Aufwendungen gesondert unter dem Posten „Zinsen und ähnliche Aufwendungen" auszuweisen. Darüber hinaus sind Erträge bzw. Aufrechnungen aus der Währungsumrechnung in der GuV gesondert unter dem Posten „Sonstige betriebliche Erträge" bzw. „Sonstige betriebliche Aufwendungen" auszuweisen.

- Eine Vielzahl von Änderungen sowie einzelne Streichungen sieht das BilMoG für die sonstigen Pflichtangaben im Anhang nach **§ 285 HGB** vor. Zu Einzelheiten wird auf die Sonstigen Pflichtangaben nach 285 HGB Teil Neun Anhangangaben, III. Pflicht- und Wahlpflichtangaben verwiesen.

- In **§ 286 Abs. 2, 3 Satz 1, Abs. 4 und 5 HGB** wird jeweils die Angabe „Satz 1“ gestrichen.

  § 286 Abs. 3 Satz 3 wird wie folgt gefasst: „Satz 1 Nr. 2 ist nicht anzuwenden, wenn die Kapitalgesellschaft oder eines ihrer Tochterunternehmen am Abschlussstichtag kapitalmarktorientiert im Sinn des § 264d ist.

- § 287 HGB über die Aufstellung des Anteilsbesitzes wird mit Blick auf § 325 HGB in der Fassung des EHUG und der daraus folgenden Einreichung der Beteiligungsliste zum Betreiber des elektronischen Bundesanzeigers aufgehoben.

- Die Neufassung des **§ 288 HGB** führt die größenabhängigen Erleichterungen für kleine und mittelgroße Kapitalgesellschaften unter Berücksichtigung der Neuregelungen und der den Mitgliedstaaten der EU erlaubten Erleichterungen im Hinblick auf die Verpflichtung zu Anhangangaben an. Entsprechend sieht § 288 Abs. 1 HGB vor, dass kleine Kapitalgesellschaften brauchen die dort angeführten Angaben nicht zu machen brauchen.

  Nach **§ 288 Abs. 2 HGB** brauchen mittelgroße Kapitalgesellschaften bei der Angabe nach § 285 Nr. 3 die Risiken und Vorteile nicht darzustellen und sie brauchen die Angaben nach § 285 Nr. 4 und 29 HGB nicht zu machen. Einschränkungen bestehen bezüglich der §§ 285 Nr. 17 und Nr. 21 HGB.

- **§ 289 HGB** zum Lagebericht hat nur geringe Änderungen erfahren; der neu eingeführte § 289 Abs. 5 HGB verlangt von Kapitalgesellschaften i.S. des. § 264d HGB im Lagebericht die Beschreibung wesentlicher Merkmale des internen Risikomanagementsystems im Hinblick auf den Rechnungslegungsprozess.

- Neu ist die nach **§ 289a Abs. 1 HGB** abzugebende Erklärung zur Unternehmensführung der börsenorientierten Aktiengesellschaft sowie der Aktiengesellschaft, die ausschließlich andere Wertpapiere als Aktien zum Handel an einem organisierten Markt i.S. des § 2 Abs. 5 WpHG ausgegeben hat und deren ausgegebene Aktien auf eigene Veranlassung über ein multilaterales Handelssystem i.S. des § 2 Abs. 3 Satz 1 Nr. 8 WpHG gehandelt werden. Die Erklärung zur Unternehmensführung in den Lagebericht aufnehmen, die dort einen gesonderten Abschnitt bildet. Die Erklärung zur Unternehmensführung kann auch auf der Internetseite der Gesellschaft öffentlich zugänglich gemacht werden. In diesem Fall ist in den Lagebericht eine Bezugnahme aufzunehmen, die die Angabe der Internetseite enthält.

- Der Neunundzwanzigste Abschnitt. **Übergangsvorschriften** zum Bilanzrechtsmodernisierungsgesetz der Beschlussempfehlung und des Berichts des Rechtsausschusses (6. Ausschuss) BT-Drucks 16/12407 vom 24.3.2009 zu dem Gesetzentwurf der Bundesregierung BT-Drucks 16/10067 zum Entwurf eines Gesetzes zur Modernisierung des Bilanzrechts BilMoG beinhaltet in den Art. 66 und 67 umfangreiche Übergangsvorschriften. BilMoG vom 25.5.2009, BGBl. I Nr. 27, S. 1102 ausgegeben zu Bonn am 28.5.2009.

B. Bilanzierungsvorschriften

I. Befreiung von der Bilanzierung

Bilanzierungspflichtig nach dem HGB sind alle Unternehmen, die nicht unter den mit dem BilMoG eingefügten § 241a HGB, betreffend die Befreiung von der Pflicht zur Buchführung, der Erstellung eines Inventars und zur Aufstellung eines Jahresanschlusses fallen.

Nach dem mit dem BilMoG eingefügten § 241a HGB brauchen **Einzelkaufleute**, die an den Abschlussstichtagen von zwei aufeinander folgenden Geschäftsjahren **nicht mehr als 500 Tsd. Euro Umsatzerlöse und 50 Tsd. Euro Jahresüberschuss**, sog. Schwellenwerte, ausweisen, die §§ 238 bis 241 HGB nicht anzuwenden. Die Einzelkaufleute, die die größenabhängige Befreiung in Anspruch nehmen dürfen, sollen entsprechend der Begründung des RegE ihre Rechnungslegung auf eine Einnahmen-Überschuss-Rechnung nach § 4 Abs. 3 EStG beschränken können. Der Vorteil dieser Rechnung wird in dem Verzicht auf die Führung von Bestandskonten für Vermögensgegenstände und Schulden, auf eine von dem Unternehmen jährlich vorzunehmenden Inventur und einer tägliche Kassenführung gesehen.

Eine Besonderheit besteht für den Fall der **Neugründung**, bei der die obige Voraussetzung von zwei aufeinander folgenden Geschäftsjahren nicht vorliegen kann. Daher sieht § 241a Abs. 2 HGB vor, dass bei Neugründung die Rechtsfolgen schon eintreten, wenn die Werte des § 241a Abs. 1 HGB am ersten Abschlussstichtag nach der Neugründung nicht überschritten werden. D.h. § 242 Abs. 1 bis 3 HGB sind auf Einzelkaufleute im Sinn des § 241a HGB nicht anzuwenden. Im Fall der Neugründung treten die Rechtsfolgen des § 242 HGB Abs. 1 HGB schon ein, wenn die Werte des § 241a Abs. 1 Satz 1 HGB am ersten Abschlussstichtag nach der Neugründung überschritten werden.

Die Befreiung von der Pflicht zur Aufstellung der §§ 238 bis 241 HGB ist auf **Einzelkaufleute** beschränkt. Die Befreiung gilt nicht für kleine Unternehmen, die nicht die Rechtsform des Einzelkaufmanns haben, z.B. nicht für die Personenhandelsgesellschaft (OHG, KG).

Der handelsbilanziellen **Bilanzierungspflicht** unterliegen somit unabhängig von der Rechtsform, alle **Kapitalgesellschaften** (AG, KGaA, GmbH) unabhängig von der Höhe der Umsatzerlöse und des Jahresüberschusses, alle **Personenhandelsgesellschaften** (OHG, KG) und **Genossenschaften** sowie alle Einzelkaufleute, die die angeführten Werte an den Abschlussstichtagen von zwei aufeinander folgenden Geschäftsjahren überschreiten.

Die im RegE zum BilMoG vorgesehene Vorschrift, dass § 241 Abs. 1 HGB auf Einzelkaufleute, die **kapitalmarktorientiert** sind, nicht anzuwenden ist, d.h., dass diese zur Aufstellung einer Bilanz und einer GuV verpflichtet sind, wurde vom Rechtsausschuss (BT-Drucks 16/12407) aufgehoben. Danach kommt es für die Befreiung von der Pflicht zur Aufstellung des Jahresabschlusses nur (1) auf die Rechtsform (Einzelkaufleute) und (2) das nicht Überschreiten der Umsatzerlöse von 500 Tsd. Euro und des Jahresüberschusses von 50 Tsd. Euro an; ein Jahresfehlbetrag unterschreitet immer den sog. Schwellenwert des Jahresüberschusses.

Dem § 242 HGB, der die Pflicht zur Aufstellung eines Jahresabschlusses vorschreibt, wurde im Rahmen des BilMoG ein Abs. 4 angefügt, nach dem die Absätze 1 bis 3 auf Einzelkaufleute im Sinn des § 241a HGB nicht anzuwenden sind, und nach dem im Fall der Neugründung die Rechtsfolgen des Abs. 1 schon eintreten, wenn die in § 241a Satz 1 HGB angeführten Werte am ersten Abschlussstichtag nach der Neugründung nicht überschritten werden.

II. Ansatzvorschriften

1. Vollständigkeit und Verrechnungsverbot

Nach § 246 Abs. 1 Satz 1 HGB hat der Jahresabschluss eines Unternehmens sämtliche Aktiv- und Passivposten der Bilanz, wie die Vermögensgegenstände, Schulden, Rechnungsabgrenzungsposten und Sonderposten sowie sämtliche Aufwendungen und Erträge der GuV zu enthalten, soweit gesetzlich nichts anderes bestimmt ist. Es gilt abweichend von Ansatzwahlrechen und Ansatzverboten das **Vollständigkeitsgebot**

Anzusetzen sind nach § 246 Abs. 1 Satz 2 HGB **Vermögensgegenstände** in der Bilanz des Eigentümers, wenn sie dem Eigentümer auch wirtschaftliche zuzurechnen sind. Für die Aktiva gilt danach das Prinzip der **wirtschaftlichen Zurechnung**. Entsprechend folgt aus § 246 Abs. 1 Satz 2 HGB, dass Vermögensgegenstände, die nicht dem Eigentümer, sondern einem anderen wirtschaftlich zuzurechnen sind, von diesem in seiner Bilanz auszuweisen sind. So ist z.B. ein Vermögensgegenstand, der unter Eigentumsvorbehalt erworben oder an Dritte für eigene oder fremde Verbindlichkeiten verpfändet oder in anderer Weise als Sicherheit übertragen wurden, in der Bilanz des Sicherungsgebers anzusetzen.

Die **Schulden** sind nach § 246 Abs. 1 Satz 3 HGB in die Bilanz des Schuldners aufzunehmen. Es gilt das Prinzip der **rechtlichen Zurechnung**. Ist ein Unternehmer eine rechtliche Verpflichtung im eigenen Namen für fremde Rechnung eingegangen, so ist er verpflichtet, diese in seiner Bilanz unter dem Passivposten „Verbindlichkeiten“ oder „Rückstellungen“ anzusetzen.

Der **Betrag**, um den die für die **Übernahme eines Unternehmens** bewirkte Gegenleistung den Wert der einzelnen Vermögensgegenstände des Unternehmens abzüglich der Schulden im Zeitpunkt der Übernahme übersteigt, stellt einen entgeltlich erworbenen Geschäfts- oder Firmenwert dar. Dieser gilt nach der Vorgabe des BilMoG in § 246 Abs. 1 Satz 4 HGB abweichend von der Regelung nach altem Recht als zeitlich begrenzt nutzbarer Vermögensgegenstand.

Das **Verrechnungsverbot** für den Ansatz der Aktiv- und Passivposten sowie der Aufwendungen und Erträge, der Grundstücksrechte und Grundstücklasten gilt weiterhin grundsätzlich nach § 246 Abs. 2 Satz 1 HGB. Von dem Grundsatz gelten u.a. die im Folgenden angeführten Ausnahmen:

- Nach § 246 Abs. 2 HGB sind Vermögensgegenstände, die dem Zugriff aller übrigen Gläubiger entzogen sind und ausschließlich der Erfüllung von Schulden aus **Altersvorsorgeverpflichtungen** oder vergleichbaren **langfristig fälligen Verbindlichkeiten** dienen, mit diesen Schulden zu verrechnen. Entsprechend ist mit den zugehörigen aus der Abzinsung und aus dem zu verrechnenden Vermögen zu verfahren. Übersteigt der beizulegende Zeitwert der Vermögensgegenstände den Betrag der Schulden, ist der übersteigende Betrag unter einem gesonderten Posten zu aktivieren.
- Nach § 272 Abs. 1a HGB ist der Nennbetrag, bzw. falls ein solcher nicht vorhanden ist, der rechnerische Wert von erworbenen **eigenen Anteilen** auf der Passivseite in der Vorspalte offen von dem Posten „Gezeichnetes Kapital" als Kapitalrückzahlung abzusetzen, d.h. mit dem gezeichneten Kapital zu verrechnen. Zudem ist ein Unterschiedsbetrag zwischen dem Nennbetrag oder dem rechnerischen Wert und den Anschaffungskosten der eigenen Anteile mit den frei verfügbaren Rücklagen zu verrechnen. Aufwendungen, die Anschaffungskosten sind, sind Aufwand des Geschäftsjahres.
- § 272 Abs. 1b HGB schreibt vor, dass nach der Veräußerung der eigenen Anteile der Ausweis nach § 272 Abs. 1a Satz 1 HGB entfällt. Ein den Nennbetrag oder den rechnerischen Wert übersteigender Differenzbetrag aus dem Veräußerungserlös ist bis zur Höhe des mit den frei verfügbaren Rücklagen verrechneten Betrages in die jeweiligen Rücklagen einzustellen. Ein darüber hinausgehender Differenzbetrag ist in die Kapitalrücklage nach § 272 Abs. 2 Nr. 1 HGB einzustellen. Die Nebenkosten der Veräußerung sind Aufwand des Geschäftsjahres.

Das **Verrechnungsverbot greift** darüber hinaus u.a. **nicht** bei Forderungen und Verbindlichkeiten gegenüber dem gleichen Geschäftspartner, wenn diese gegeneinander aufrechenbar sind. Das gilt in der Regel in gleicher Weise für Kontokorrentkonten, die permanent verrechnet werden.

2. Ansatzwahlrechte

Die Ansatzwahlrechte nach altem Recht sind durch die in Teil 1 Abschnitt I. angeführten Änderungen im Rahmen des BilMoG weitgehend aufgehoben worden. Die Ansatzwahlrechte betrafen:

- auf der **Aktivseite** der Bilanz vor allem den entgeltlich erworbenen Geschäfts- oder Firmenwert (derivativer Goodwill), der nach § 255 Abs. 4 Satz 1 HGB a.F. für den der Unterschiedsbetrag angesetzt werden durfte;

die Aufwendungen für die **Ingangsetzung und Erweiterung des Geschäftsbetriebs** nach § 269 Satz 1 HGB a.F. nach dem die Aufwendungen aktiviert werden durften;

die **aktive Steuerabgrenzung** (latente Steuern) durfte bei Vorliegen der Voraussetzungen nach § 274 Abs. 2 Satz 1 HGB a.F. in Höhe der voraussichtlichen Steuerentlastung nachfolgender Geschäftsjahre ein Abgrenzungsposten gebildet werden;

die aktiven Rechnungsabgrenzungsposten nach § 250 Abs. 1 Nr. 1 HGB a.F. nach denen als Aufwand berücksichtigte **Zölle** und **Verbrauchsteuern**, soweit sie auf am Abschlussstichtag auszuweisende Vermögensgegenstände des Vorratsvermögens entfallen;

der aktive Rechnungsabgrenzungsposten nach § 250 Abs. 1 Nr. 2 HGB a.F. nach dem als Aufwand berücksichtigte **Umsatzsteuer** auf am Abschlussstichtag auszuweisende oder von den Vorräten offen abgesetzte Anzahlungen.

- auf der **Passivseite** der Bilanz vor allem Rückstellungen für ihrer Eigenart nach genau umschriebene, dem Geschäftsjahr oder einem früheren Geschäftsjahr zuzuordnende Aufwendungen, die am Abschlussstichtag wahrscheinlich oder sicher, aber hinsichtlich ihrer Höhe oder des Zeitpunktes ihres Eintritts unbestimmt sind nach § 249 Abs. 2 HGB a.F.;

  die mit dem BilMoG aufgelösten **Sonderposten mit Rücklagenanteil** nach § 281 Abs. 1 Satz 1 HGB a.F aufgelöst, nach der die nach § 254 HGB zulässigen Abschreibungen auch in der Weise vorgenommen werden durften, dass der Unterschiedsbetrag zwischen der nach § 253 i.V.m. § 279 HGB und nach § 254 HGB zulässigen Bewertung in den Sonderposten eingestellt wird.

  Bei dem passiven Rechnungsabgrenzungsposten nach § 250 Abs. 3 Satz 1 HGB n.F. nach dem der **Erfüllungsbetrag** einer Verbindlichkeit höher als der Ausgabebetrag ist, darf der Unterschiedsbetrag in den Rechnungsabgrenzungsposten auf der Aktivseite aufgenommen werden.

Nach neuem Recht ist die vorgegebene Streichung aller nach altem Recht bestehenden Ansatzwahlrechte in der Bilanz nicht vollständig umgesetzt worden. Ansatzwahlrechte bestehen als Folge der Umsetzung des BilMoG nunmehr:

- nach § 248 Abs. 2 HGB für selbst geschaffene **immaterielle Vermögensgegenstände** des Anlagevermögens. Sie **können** als Aktivposten in die Bilanz aufgenommen werden;
- nach § 250 Abs. 3 Satz 1 HGB für den Fall, dass der Erfüllungsbetrag einer Verbindlichkeit höher ist als der Ausgabebetrag. Der **Unterschiedsbetrag darf** in den aktiven Rechnungsabgrenzungsposten aufgenommen werden.
- nach § 274 Abs. 1 Satz 2 HGB für eine sich aus aktiven und passiven **latenten Steuern** ergebende Differenz bei Steuerentlastung als aktive latente Steuern. Die sich ergebende Steuerentlastung **kann** als aktive latente Steuern in der Bilanz angesetzt werden.

Insgesamt ist festzustellen, dass durch das BilMoG die zuvor bestehenden **Ansatzwahlrechte in großem Umfang aufgelöst** wurden. Eine vollständige Auflösung der Ansatzwahlrechte war, ohne dass dies im Einzelnen begründet wurde, offenbar nicht durchsetzbar. Darüber hinaus ist festzustellen, dass zuvor bestehenden Ansatzverbote mit dem BilMoG quasi in Ansatzwahlrecht umgesetzt wurden.

Wichtigster Fall ist das Ansatzwahlrecht für **selbst geschaffene immaterielle Vermögensgegenstände** des Anlagevermögens, die nach § 248 Abs. 2 Satz 1 HGB als Aktivposten in die Bilanz aufgenommen werden können. Bundesregierung und Rechtsausschuss vertreten die Auffassung, dass die Aufwendungen eines selbst geschaffenen immateriellen Vermögensgegenstandes des Anlagevermögens sich nicht zweifelsfrei unmittelbar zuweisen lassen, nicht aktiviert werden dürfen.

Wenn dem Angeführten so wäre, dürfte kein Ansatzwahlrecht zugelassen werden. An Stelle des Ansatzwahlrechts hätte bei Auffassung von Bundesregierung und Rechtsausschuss ein Ansatzverbot vorgeschrieben werden müssen. Im Übrigen ist zu beachten, dass die Bundesregierung im RegE (BT-Drucks. 16/10067, S. 50) mit breiter Argumentation für eine Aktivierungspflicht (Ansatzpflicht) für selbst geschaffene immaterielle Vermögensgegenstände des Anlagevermögens mit der Vorgabe einer Ausschüttungssperre plädiert hat.

3. Ansatzverbote

Das wichtigste Ansatzverbot nach altem Recht betreffend „nicht entgeltlich erworbenen, insbesondere selbst erstellte immaterielle Vermögensgegenstände des Anlagevermögens“ wurde, wie oben aufgezeigt, durch die in Teil 1 Abschnitt I angeführten Änderungen des § 248 Abs. 2 Satz 1 durch die Beschlussempfehlung des Rechtsausschusses aufgehoben.

Ansatzverbote nach § 248 Abs. 1 Nr. 1 bis 3 HGB sind Aufwendungen für:

- die Gründung eines Unternehmens,
- die Beschaffung des Eigenkapitals, und
- den Abschluss von Versicherungsverträgen.

Darüber hinaus besteht nach § 248 Abs. 2 HGB ein Aktivierungsverbot. Danach dürfen entsprechend der bisherigen Ansatzregelung als Aktivposten nicht aufgenommen werden: selbst geschaffene Marken, Drucktitel, Verlagsrechte, Kundenlisten oder vergleichbare immaterielle Vermögensgegenstände des Anlagevermögens. Im Schrifttum weiter angeführte Posten für die Aktivierungsverbote bestehen, sind gewerbliche Schutzrechte und ähnliche Rechte und Werte sowie kostenlos eingeräumte Lizenzen. Aktivierungsverbot besteht schließlich nach h.M. entgegen den IFRS der für den Auftragsbestand.

III. Bewertungsgrundsätze

1. Allgemeine Bewertungsgrundsätze

a) Formelle Bilanzkontinuität

Nach § 252 Abs. 1 Nr. 1 HGB müssen die Wertansätze in der Eröffnungsbilanz des Geschäftsjahres mit den Wertansätzen der Schlussbilanz des vorhergehenden Geschäftsjahres übereinstimmen. Tatsächlich besteht keine Bilanzkontinuität, im Sinn der vollkommen unveränderten Übernahme der Schlussbilanz als Eröffnungsbilanz, da in aller Regel keine Eröffnungsbilanz erstellt wird. In weiter Auslegung kann es sich bei der Bilanzkontinuität um die Übertragung der Schlussbilanzwerte in die Buchführung des folgenden Geschäftsjahres handeln. Daraus folgt, dass die Schlussbilanzwerte des abgelaufenen Geschäftsjahres unverändert in die Buchführung des folgenden Geschäftsjahres übertragen werden. Wertänderungen zwischen der auf den 31.12. (24.00 Uhr) erstellten Schlussbilanz und der Übernahme der Werte in die Buchführung zum 1.1. (0.00 Uhr) des folgenden Geschäftsjahres sind unzulässig.

Eine **Durchbrechung der Bilanzkontinuität** kann allerdings im Ausweis des auszuschüttenden Bilanzgewinns erfolgten. Dies gilt für den Ausweis des Jahresüberschusses in der Schlussbilanz und des darin enthaltenen, als Dividenden auszuschüttenden Betrages. In der Schlussbilanz ist dieser Betrag Eigenkapital der Gesellschaft. Bei der Übernahme in die Buchführung ist der Betrag nicht als Jahresüberschuss oder Bilanzgewinn, d.h. als ein Eigenkapitalposten, sondern als Verbindlichkeit gegenüber den Anteilseignern bezüglich des an die Anteilseigner auszuschüttenden Betrags auszuweisen.

Wertmäßige Änderungen zwischen der Schlussbilanz eines Unternehmens und der Buchführung des folgenden Geschäftsjahres treten dabei nicht auf. Formelle Bilanzkontinuität bedeutet danach eher die **Einhaltung der Bewertungskontinuität**, die zwischen Schlussbilanz und Eröffnungsbilanz grundsätzlich einzuhalten ist.

b) Going Concern Prinzip

Nach § 252 Abs. 1 Nr. 2 HGB ist bei der Bewertung von der Fortführung des Unternehmens auszugehen, sofern dem nicht tatsächliche oder rechtliche Gegebenheiten entgegenstehen. Nach h.M. bedeutet das going concern Prinzip, dass den Vermögensgegenständen eines Unternehmens im Fall der Fortführung ein anderer Wert beizumessen ist als im Fall der Einzelveräußerung der Vermögensgegenstände oder im Fall der Liquidation des Unternehmens. Die Bewertung auf der **Grundlage der Unternehmensfortführung** geht nach dieser Auffassung davon aus, dass z.B. Abschreibungen auf technische Anlagen und Maschinen nach dem ursprünglichen Plan fortgeführt werden, während in dem Fall, dass der Unternehmensfortführung tatsächliche oder rechtliche Gegebenheiten entgegenstehen, der Abschreibungsplan verändert oder außerplanmäßige Abschreibungen auf den niedrigeren beizulegenden Veräußerungswert der Vermögensgegenstände vorzunehmen sind.

Die **Betrachtung** ist **einseitig**. Sie verkennt, dass eine Loslösung von den Bewertungsgrundsätzen und Bewertungsvorschriften im Rahmen einer Neubewertung auf der Grundlage prognostizierter Veräußerungspreise der Vermögensgegenstände nicht nur zu Wertminderungen, sondern auch zu Werterhöhungen, z.B. für den Bestand an Grundstücken und Gebäuden des Unternehmen führen kann. Zudem wird verkannt, dass der Gesetzgeber bezüglich der Bewertung bei Liquidation in § 270 AktG, § 71 GmbHG vorschreibt, dass auf die Eröffnungsbilanz und den Jahresabschluss der Gesellschaft in Liquidation die Vorschriften über den Jahresabschluss entsprechend anzuwenden sind. Darüber hinaus schreibt § 155 InsO vor, dass handels- und steuerrechtliche Pflichten des Schuldners zur Buchführung und zur Rechnungslegung unberührt bleiben.

Beabsichtigt ein Unternehmen, einen Anlagegegenstand, z.B. eine technische Anlage oder eine Maschine, die nicht mehr eingesetzt wird, im folgenden Geschäftsjahr zu einem Preis unter dem Buchwert zu veräußern, so ist der Anlagegegenstand in der Schlussbilanz des vorhergehenden Geschäftsjahres zu dem voraussichtlichen Netto-Veräußerungspreis zu bewerten und zwar unabhängig davon, ob das Unternehmen fortgeführt oder aufgelöst werden soll.

c) Einzelbewertung, Bewertungseinheit

Nach § 252 Abs. 1 Nr. 3 HGB sind die Vermögensgegenstände und Schulden zum Abschlussstichtag einzeln zu bewerten. Die Einzelbewertung verlangt die **Bestimmung und Abgrenzung einer Bewertungseinheit**. Nach h.M. wird die Bewertungseinheit aus dem **Funktionszusammenhang** bestimmt. Übt z.B. ein Fertigungsfließband in einem Fertigungsprozess eine von anderen Bändern losgelöste eigene Funktion aus, ist es als solches einzeln zu bewerten. Wird es dagegen als Teil eines Gesamtfertigungsfließbandes eingesetzt, ist es zusammen mit den anderen Teilen als Bewertungseinheit aufzufassen. Probleme stellen sich bei der Zusammenfassung von Gebäudeteilen, die unterschiedlich lange Nutzungsdauer haben, z.B. das Gebäude mit einer Nutzungsdauer von 50 Jahren und die eingebauten Rolltreppen und Fahrstühle mit einer Nutzungsdauer von 25 Jahren.

Gesetzlich nicht geklärt war bislang die Frage, ob Grundgeschäfte und Sicherungsgeschäfte einzeln zu bewerten oder zu einer Bewertungseinheit zusammen zu fassen sind. Die Einzelbewertung steht dem Bilanzierungsgrundsatz, nach dem der Jahresabschluss ein den tatsächlichen Verhältnissen entsprechendes Bild der Vermögens-, Finanz- und Ertragslage zu vermitteln hat diametral entgegen. Aus dieser Sicht ist **Grundgeschäft und Sicherungsgeschäft** zu einer Bewertungseinheit zusammenzufassen.

Der **Zulassung von Bewertungseinheiten** folgt der mit dem BilMoG der neu eingefügte § 254 HGB. Werden Vermögensgegenstände, Schulden, schwebende

Geschäfte oder mit hoher Wahrscheinlichkeit erwartete Transaktionen zum Ausgleich gegenläufiger Wertänderungen oder Zahlungsströme aus dem Eintritt vergleichbarer Risiken mit Finanzinstrumenten zu einer Bewertungseinheit zusammengefasst, sind § 249 Abs. 1, § 252 Abs. 1 Nr. 3 und 4, § 253 Abs. 1 Satz 1 und § 256a HGB in dem Umfang und für den Zeitraum nicht anzuwenden, in dem die gegenläufigen Wertänderungen oder Zahlungsströme sich ausgleichen. Als Finanzinstrumente im Sinn des § 254 Satz 1 HGB gelten auch Termingeschäfte über den Erwerb oder die Veräußerung von Waren.

d) Vorsichts-, Realisations- und Imparitätsprinzip

Nach § 252 Abs. 1 Nr. 4 HGB ist vorsichtig zu bewerten. Insbesondere sind alle vorhersehbaren **Risiken und Verluste**, die bis zum Abschlussstichtag entstanden sind, **in der Bilanz zu berücksichtigen**. Dies gilt auch dann, wenn die Risiken und Verluste erst zwischen dem Abschlussstichtag und dem Tag der Aufstellung des Jahresabschlusses bekannt geworden sind. Vorhersehbare Gewinne sind nur zu berücksichtigen, wenn sie am Abschlussstichtag realisiert sind.

Die Regelung beinhaltet nur zum Teil allgemeine Bewertungsgrundsätze. § 252 Abs. 1 Nr. 4 zweiter Halbsatz HGB richtet sich nicht auf die Bewertung von Vermögensgegenständen und Schulden, sondern auf den **Ansatz von Gewinnen**. Soweit sie am Abschlussstichtag realisiert sind, besteht Ansatzpflicht bzw. soweit sie nicht realisiert sind, Ansatzverbot.

Das **Vorsichtsprinzip** geht auf die Auffassung zurück, nach der sich der Kaufmann eher ärmer als reicher stellen soll. Die Regelung in der allgemein verwendeten Form ist nach moderner Ansicht nicht haltbar. Sie würde im Ergebnis dazu führen, dass der Kaufmann umso besser bilanziert, je geringer er das Nettovermögen des Unternehmens ansetzt. Unter dieser Annahme verstößt der Jahresabschluss gegen die GoB und gegen die Vorschriften zur Bewertung der Vermögensgegenstände und Schulden. Ein solcher Abschluss vermittelt kein den tatsächlichen Verhältnissen entsprechendes Bild der Vermögens-, Finanz- und Ertragslage des Unternehmens und verstößt damit gegen § 264 Abs. 2 Satz 3 HGB.

Das Vorsichtsprinzip greift nicht generell; es ist ein **Bewertungsprinzip bei Unsicherheit**. Sichere Positionen, z.B. der Bestand an flüssigen Mitteln oder Forderungen aus Lieferungen und Leistungen gegenüber sicheren Schuldnern, z.B. gegenüber der Bundesrepublik Deutschland, oder unstreitige Verbindlichkeiten aus Lieferungen und Leistungen in der Währung des Unternehmens, sind nicht vorsichtig, sondern mit dem feststehenden Betrag zu bilanzieren.

Die **Bewertung unter Unsicherheit** betrifft die Schätzung der Nutzungsdauer von immateriellen Vermögensgegenständen und Sachanlagen, die Bewertung von Finanzanlagen, von Vorräten und von Rückstellungen für ungewisse Verbindlichkeiten und für drohende Verluste aus schwebenden Geschäften. Letztere sind nach § 249 Abs. 1 Satz 1 HGB unabhängig von dem steuerlichen Passivierungsverbot zwingend zu passivieren und auf der Grundlage der geschätzten Inanspruchnahme durch Dritte vorsichtig zu bewerten.

Das **Realisationsprinzip** bestimmt, wann ein betrieblicher Vorgang, z.B. eine Lieferung oder Leistung, als realisiert gilt. Da betriebliche Vorgänge in aller Regel zu Gewinn oder Verlust führen, bestimmt das Realisationsprinzip gleichzeitig wann eine Gewinnrealisation oder eine Verlustrealisation vorliegt. Der Realisationszeitpunkt wird im Gesetz nicht bestimmt sondern **aus den GoB abgeleitet**. Danach erfolgt die Gewinn oder Verlustrealisation grundsätzlich mit der Lieferung oder Leistung, mit dem Gefahrenübergang auf den Erwerber einer Lieferung oder zu einem zwischen den Vertragspartnern vereinbarten Zeitpunkt. In einem Sonderfällen, wie der Herstellung eines Vermögensgegenstandes, die sich über einen längeren Zeitraum erstreckt, d.h. im Fall der langfristigen Fertigung, kann sich die Realisation nach h.M bei Vorliegen bestimmter Voraussetzungen auf Teilfertigungen und damit, je nach dem Ergebnis der Gegenüberstellung von Aufwendungen und Erträgen, auf den Ansatz von Teilgewinnen oder Teilverlusten erstrecken.

Das **Imparitätsprinzip** stellt ausschließlich auf **nicht realisierte Geschäfte** und die sich dabei ergebenden Gewinne oder Verluste ab. Während entstandene Gewinne oder Verluste aus realisierten Geschäften immer zu erfassen sind, werden entstandene Gewinne aus nicht realisierten Geschäften anders behandelt als entstandene Verluste. Die noch nicht realisierten, aber erwarteten Gewinne aus einem Geschäft, dürfen weder in der GuV noch in der Bilanz angesetzt werden. Dagegen sind die noch nicht realisierten, aber erwarteten Verluste in der GuV und in der Bilanz anzusetzen.

Der **Verlustausweis** erfolgt in der Regel durch Abschreibung des noch nicht gelieferten Vermögensgegenstandes des Umlaufvermögens oder durch die Passivierung von Rückstellungen nach § 249 Abs. 1 Satz 1 HGB für drohende Verluste aus schwebenden Geschäften oder ungewisse Verbindlichkeiten, zu denen auch Verpflichtungen aus Gewährleistungen rechnen, die ohne rechtliche Verpflichtung erbracht werden.

e) Aufwands- und Ertragsperiodisierung

Nach § 252 Abs. 1 Nr. 5 HGB sind Aufwendungen und Erträge des Geschäftsjahres, unabhängig von den Zeitpunkten der entsprechenden Zahlungen, im Jahresabschluss zu berücksichtigen. Aufwendungen und Erträge sind nach dem **Periodisierungsprinzip** dem Geschäftsjahr zuzuordnen, in dem sie entstanden sind. Ob in dem Geschäftsjahr die den Aufwendungen entsprechenden vollen Auszahlungen oder Teile der Auszahlungen oder die den Erträge entsprechenden vollen Einzahlungen oder Teile der Einzahlungen geflossen sind, ist für die Aufwands- und Ertragsperiodisierung ohne Bedeutung.

Das Prinzip der Aufwands- und Ertragsperiodisierung **trennt zwischen Erfolgs- und Zahlungsströmen**. Letztere dürfen nach dem HGB in die Erfolgsmessung und Erfolgsbestimmung nicht einbezogen werden. Das ist anders bei der Gewinnermittlung nach § 4 Abs. 3 EStG durch die **Einnahmenüberschussrechnung**. Sie stellt nicht auf Erträge und Aufwendungen, sondern auf die Betriebseinnahmen und Betriebsausgaben ab. Daneben sind die Vorschriften über die Abschreibung und die Substanzverringerung zu beachten. Die Anschaffungs- und Herstellungskosten für das nicht abnutzbare Anlagevermögen, für Anteile an Kapitalgesellschaften, für Wertpapiere, für vergleichbare, nicht verbriefte Forderungen und Rechte, für Grund und Boden sowie für Gebäude des Umlaufvermögens sind erst im Zeitpunkt des Zuflusses des Veräußerungserlöses oder bei Entnahme zum Entnahmezeitpunkt zu berücksichtigen. Handelsbilanziell ist die Einnahmenüberschussrechnung nicht vorgesehen.

f) Bewertungsstetigkeit

§ 252 Abs. 1 Nr. 6 HGB über die Bewertungsstetigkeit schreibt nach Änderung durch das BilMoG vor, dass die auf den vorhergehenden Jahresabschluss angewandten **Bewertungsmethoden beizubehalten** sind. Mit der Ersetzung der bisher geltenden Sollregelung wird die Diskussion bezüglich der Interpretation des „Sollen“ als „Müssen“ beendet. Zudem soll nach dem RegE (BT Drucks. 16/10067) die Neuregelung im Einklang mit Art. 31 Abs. 1 Buchst. b der Bilanzrichtlinie stehen. Dies entspricht zwar der Begründung im RegE des BiRiLiG vom 26.8.1983. Allerdings schreibt die deutsche Fassung des Art. 31 Abs. 1 Buchstabe b) der Bilanzrichtlinie des Rates vom 25.7.1978 vor „In der Anwendung der Bewertungsmethoden **soll** Stetigkeit bestehen“. Dagegen lautet die englische Fassung „the methods of valuation **must** be applied consistently from one financial year to another“. Dies zeigt die ursprünglich **fehlerhafte Interpretation der Bilanzrichtlinie** in deutscher Fassung.

Die unter Beachtung der Bewertungsstetigkeit anzuwendenden **Bewertungsmethoden** sind **Verfahren zur Wertermittlung** von Vermögensgegenständen, Schulden, Rechnungsabgrenzungsposten und Sonderposten. Nach ihnen sind die Anschaffungs- und Herstellungskosten sowie die Bilanzwerte der Vermögensgegenstände sowie die Höhe der Schulden, vor allem der Rückstellungen für ungewisse Verbindlichkeiten, für drohende Verluste aus schwebenden Geschäften und für Pensionen sowie die Höhe der Rechnungsangrenzungsposten und Sonderposten zu bestimmen. Die Beachtung der Bewertungsstetigkeit ist vor allem dann von Bedeutung, wenn Methodenwahlrechte bei der Wertbestimmung von Vermögensgegenständen bestehen, wie bei der Bestimmung der Herstellungskosten und der Vornahme von Abschreibungen.

Nach dem Gesetzeswortlaut ist der Grundsatz der Bewertungsstetigkeit auf die **dynamische Stetigkeit** (vertikale Stetigkeit, Stetigkeit der Bewertung über die Geschäftsjahre) beschränkt. D.h. u.a. die Herstellungskosten der Fertigung eines bestimmten Produktes werden in mehreren Geschäftsjahren unter Einbeziehung der gleichen Kostenanteile, z.B. der Vollkosten, berechnet. Die daneben bestehende **statische Stetigkeit** (horizontale Stetigkeit, Stetigkeit der Bewertung gleicher Vermögensgegenstände innerhalb eines Geschäftsjahres) ist in § 252 Abs. 1 HGB nicht geregelt. D.h. u.a., im gleichen Geschäftsjahr angeschaffte gleiche Anlagegegenstände werden nach unterschiedlichen Methoden abgeschrieben. Der Grundsatz der Bewertungsstetigkeit innerhalb des Geschäftsjahres (horizontale Stetigkeit) wird allgemein über den Grundsatz der Willkürfreiheit abgeleitet.

2. Abweichung von den Bewertungsgrundsätzen

Nach § 252 Abs. 2 HGB darf von den Grundsätzen des § 252 Abs. 1 HGB nur in **begründeten Ausnahmefällen** abgewichen werden. Der in der Vorschrift verwendete Begriff „darf nur" wird mit Verweis auf das Wort „darf" vielfach als Wahlrecht interpretiert. Tatsächlich beinhaltet der Begriff „darf nur" gleichzeitig ein Abweichungsverbot und eine Abweichungspflicht: Sind die Voraussetzungen eines begründeten Ausnahmefalls nicht erfüllt, besteht **Abweichungsverbot**; sind die Voraussetzungen erfüllt, besteht **Abweichungspflicht**. In keinem der beiden Fällt besteht ein Abweichungswahlrecht, wie fälschlich aus dem alleinigen Abstellen auf das Wort „darf" ableitet wird.

Abweichungspflicht bezüglich der Bewertung besteht immer dann, wenn gesetzliche Regelungen eine von der bisherigen Bewertung abweichende Bewertung vorschreiben, z.B. bei der Rechnungslegung bei Abwicklung/Liquidation oder bei Insolvenz. So schreiben für die Abwicklung/Liquidation § 270 Abs. 2 Satz 3 AktG und § 71 Abs. 2 Satz 3 GmbHG vor, dass Vermögensgegenstände des **Anlagevermögens wie** Vermögensgegenstände des **Umlaufvermögen zu bewerten** sind, soweit ihre Veräußerung innerhalb eines überschaubaren Zeitraumes beabsichtigt ist oder diese Vermögensgegenstände nicht mehr dem Geschäftsbetrieb dienen.

Abweichungspflicht bezüglich der Bewertung besteht vor allem bei Umstellung der Rechnungslegung von HGB auf IFRS. In diesem Fall treten auch Abweichungen in den vom Schrifttum abgelehnten Fällen von dem Vorsichts-, Realisations- und Imparitätsprinzip auf.

Ein von Teilen des Schrifttums befürworteter Fall der Zulassung von Abweichungen soll in der Schlussbilanz eines übertragenden Rechtsträgers bei Anwendung der Buchwertfortführungsalternative gelten. Eine Einbeziehung dieses Vorgangs in die Regelung des § 252 Abs. 2 HGB ist abzulehnen, da die Inanspruchnahme der Abweichungen, insbesondere in Form von Wertzuschreibungen der Schlussbilanz des übertragenden Rechtsträgers gegen die Bewertungsvorschriften des HGB verstößt.

3. Spezielle Grundsätze der Zugangsbewertung

Die speziellen Bewertungsgrundsätze betreffen die Vorschriften zur Zugangs- und Folgebewertung von Vermögensgegenständen und Schulden. Die §§ 253 bis 255 HGB haben durch das BilMoG in Einzelbereichen wesentliche Änderungen erfahren.

§ 253 Abs. 1 Satz 1 HGB schreibt vor, dass **Vermögensgegenstände höchstens mit den Anschaffungs- oder Herstellungskosten**, vermindert um die Abschreibungen nach den Absätzen 3 bis 5 anzusetzen sind. Bei der Formulierung der Vorschrift bleibt unklar, ob die Zugangs- oder die Folgebewertung gemeint ist. D.h. ob Anschaffungskosten bei gesunkenem Marktpreis mit dem höherem vereinbarten Anschaffungspreis oder dem niedrigeren Marktpreis anzusetzen ist.

- § 253 Abs. 3 Satz 1 HGB regelt, dass bei Vermögensgegenstände des Anlagevermögens, deren Nutzung zeitlich begrenzt ist, die Anschaffungs- oder Herstellungskosten um planmäßige Abschreiben zu vermindern sind und zwar nunmehr nach Maßgabe der Abs. 3 bis 5 des § 253 HGB.
- § 253 Abs. 4 Satz 1 HGB schreibt vor, dass bei Vermögensgegenständen des Umlaufvermögens Abschreibungen vorzunehmen sind, um diese mit einem niedrigeren Wert anzusetzen, der sich aus einem Börsen- oder Marktpreis am Abschlussstichtag ergibt.
- § 253 Abs. 5 Satz 1 HGB schreibt vor, dass ein niedrigerer Wertansatz nach Abs. 3 Satz 3 oder 4 und Absatz 4 nicht beibehalten werden darf, wenn die Gründe für den niedrigeren Wertansatz nicht mehr bestehen.

a) Anschaffungskosten

Nach dem von dem BilMoG unveränderten § 255 Abs. 1 Satz 1 HGB sind Anschaffungskosten die Aufwendungen, die geleistet werden, um einen **Vermögensgegenstand zu erwerben und ihn in einen betriebsbereiten Zustand zu versetzen**, soweit sie dem Vermögensgegenstand einzeln zugeordnet werden können. Zu den Anschaffungskosten gehören nach dem gleichfalls durch das BilMoG unveränderten § 255 Abs. 1 Satz 2 und 3 HGB auch die Nebenkosten sowie die nachträglichen Anschaffungskosten. Darüber hinaus sind beim Erwerb durchgesetzten Anschaffungspreisminderungen abzusetzen.

Die Anschaffungskosten setzen sich nach dem bereits bisher geltenden Grundsatz aus den folgenden Komponenten zusammen:

- dem Anschaffungspreis;
- den Anschaffungsnebenkosten;
- den nachträgliche Anschaffungskosten; und
- den Anschaffungspreisminderungen.

11) Anschaffungspreis

Der Anschaffungspreis als Basis- und Hauptbestandteil der Anschaffungskosten ergibt sich i.d.R. aus dem Kaufvertrag, der Eingangsrechnung oder dem Zahlungsbeleg. Dies gilt jeweils als Nettobetrag ohne Mehrwertsteuer. Bezüglich der Bestimmung des Anschaffungspreises können Bewertungsprobleme vor allem auftreten bei:

- einem Kauf gegen Zeit- oder Leibrente;
- einem zinslos gestundeten Kaufpreis und Ratenkauf;
- anschaffungsähnlichen Vorgängen, wie unentgeltlichem Erwerb oder Tausch;
- einem Gesamtkaufpreis für mehrere Vermögensgegenstände; und
- einem Kaufpreis in fremder Währung.

(a) Kauf gegen Zeit- und Leibrente

Beim Erwerb von Vermögensgegenständen auf Rentenbasis wird vereinbarungsgemäß die Höhe der **Anschaffungskosten durch den Barwert** der zu erbringenden Gegenleistung der erwerbenden Seite bestimmt. Dies gilt entgegen der Auffassung im Schrifttum auch dann, wenn der Zeitwert der angeschafften Vermögensgegenstände niedriger ist als der Barwert der Rentenverpflichtung.

Es gilt die Regel, dass auch überhöhte Zahlungen des Erwerbers Anschaffungskosten im Sinn des § 253 Abs. 1 HGB sind. Die Wertkorrektur als des Erwerbs der Vermögensgegenstände erfolgt nicht bei der Festlegung der Zugangsbewertung, sondern bei der Folgebewertung in der Bilanz des Erwerbers.

(b) Zinslos gestundeter Kaufpreis und Ratenkauf

Bei gestundetem Kaufpreis und Ratenkauf mit Einräumung eines längerfristigen, zinslosen Lieferantenkredits, entsprechen die Anschaffungskosten eines Vermögensgegenstandes nicht dem vereinbarten Kaufpreis, sondern dem **Barwert des Anschaffungspreises**. Bei geringen Beträgen werden in der Praxis auch in diesen Fällen die Anschaffungskosten mit dem Kaufpreis festgelegt. In wesentlichen Fällen mit hohen Beträgen und langer Stundung der Zahlungsverpflichtungen verlangt die h.M. eine Herabsetzung der Anschaffungskosten auf den Barwert. Der für die Ermittlung des Barwertes zugrunde zu legende Abzinsungsbetrag soll in diesem Fall entsprechend § 250 Abs. 3 HGB als Disagio aktiviert und bei Tilgung des Kaufpreises aufgelöst werden. Entsprechende Grundsätze sollen beim Ratenkauf angewendet werden.

Tatsächlich handelt es sich bei dem **Abzinsungsbetrag um Finanzierungskosten** (Zinsen), die von dem Erwerber eines Vermögensgegenstandes den Perioden der Stundung bzw. der Ratenzahlungsverpflichtung als Aufwand zu belasten sind. Für die Behandlung des Abzinsungsbetrags stellen sich mehrere Alternativen:

- Ansatz des Disagio als aktiver Rechnungsabgrenzungsposten nach § 250 Abs. 3 HGB mit planmäßiger Abschreibung über die gesamte Laufzeit der Verbindlichkeit bzw. der Ratenzahlungsverpflichtung. Gegen diese Behandlung spricht, dass die Einbeziehung der Finanzierungskosten (Zinsen) in den Rechnungsbetrag keinen Ausgabebetrag im Sinn des § 250 Abs. 3 Satz 1 HGB darstellt.
- Nichtaktivierung im Sinn der Passivierung der Verbindlichkeit mit dem Barwert. In diesem Fall sind die Perioden der Stundung bzw. der Ratenzahlungsverpflichtung mit Zinsaufwand zu belasten. Die Gegenbuchung führt bei Stundung zu einer Erhöhung der Verbindlichkeit des Erwerbers, bis der Nominalbetrag der Verbindlichkeit erreicht ist, bei Ratenzahlungen zu einem Abgang flüssiger Mittel. Mit der Methode wird sowohl die nicht gerechtfertigte Fiktion des Vorliegens eines Ausgabebetrages bzw. von Ausgaben vor dem Abschlussstichtag als auch das nach § 250 Abs. 3 Satz 1 HGB beste-

hende Wahlrecht zur sofortigen aufwandswirksamen Verrechnung der Finanzierungskosten verhindert.

(c) Anschaffungsähnliche Vorgänge

Vom BilMoG nicht explizit geregelt ist die Bestimmung der Anschaffungskosten bei **unentgeltlichem Erwerb** von Vermögensgegenständen. Nach h.M. besteht ein vom Zweck der Zuwendung abhängiges Bewertungswahlrecht. Liegt der Zweck der Zuwendung eines Vermögensgegenstandes primär darin, dem Unternehmen:

- durch Verzicht auf ein Entgelt einen Vermögensvorteil zu verschaffen, der sich bilanziell auswirken soll, ist nach dieser Auffassung der Vermögensgegenstand zum Zeitwert als fiktive Anschaffungskosten zu bewerten;
- einen Vermögensgegenstand zu übertragen, der von dem Übertragenden nicht mehr genutzt werden kann, soll der Vermögensgegenstand zu den Anschaffungsausgaben anzusetzen sein; diese sind null oder höher, z.B. bei anfallenden Transportkosten und Schenkungssteuer.

Zur Objektivierung der Bewertung ist, wenn möglich, von Markt- oder Börsenpreisen auszugehen. Ist der Wert eines unentgeltlich zugewendeten Vermögensgegenstandes aus dem Umlaufvermögen geringer als sein Börsen- oder Marktpreis, soll ein entsprechend niedriger Betrag angesetzt werden.

Bei **gemischter Schenkung** wird für den entgeltlichen Teil der von dem Unternehmen geleistete Betrag angesetzt. Für den unentgeltlichen Teil gelten die angeführten Grundsätze zu dem vom Zweck der Zuwendung abhängigen Bewertungswahlrecht.

Der **Wert des unentgeltlich erworbenen Vermögensgegenstandes** ist strittig:

- Der angeführte Ansatz widerspricht § 255 Abs. 1 Satz 1 HGB. Er definiert Anschaffungskosten als Aufwendungen, die geleistet werden, um einen Vermögensgegenstand zu erwerben und ihn in einen betriebsbereiten Zustand zu versetzen, soweit die Aufwendungen dem Vermögensgegenstand einzeln zugeordnet werden können. Sind bei der Schenkung von Vorräten bei dem beschenkten Unternehmen keine Aufwendungen entstanden, können auch keine fiktiven Anschaffungskosten angesetzt werden. Die **Anschaffungskosten sind null** und als solche in der Bilanz anzusetzen.
- Andererseits führt die Beachtung des § 255 Abs. 1 Satz 1 HGB bei der Schenkung von nominalen Vermögensgegenständen zu nicht umsetzbaren Lösungen. Erhält z.B. ein Unternehmen als **Schenkung** von einem Gesellschafter oder Dritten **einen Geldbetrag** von 1 Mill. €, so wäre nach § 255 Abs. 1 Satz 1 HGB unter dem Posten „Kassenbestand, Bundesbankguthaben, Guthaben bei Kreditinstituten und Schecks" ein Betrag von null € anzusetzen, was zu einem falschen Zugangswert bei dem Bilanzposten führen würde. Enthält die Schenkung dagegen eine Sachanlage mit dem Wert von 1

Mill. €, so ist nach § 255 Abs. 1 Satz 1 HGB unter dem Posten „Sachanlagen" ein Betrag von null € anzusetzen.

Während überhöhte Zugangswerte von Vermögensgegenständen nach dem mit dem BilMoG veränderten § 253 Abs. 3 und 4 HGB in der dem Zugang folgenden Bilanz auf den niedrigeren beizulegenden Wert abzuschreiben sind bzw. abgeschrieben werden können, ist eine Höherbewertung eines durch Schenkung mit den Anschaffungskosten von null zugegangenen Vermögensgegenstandes nach HGB nicht zulässig. Damit führt die Zugangsbewertung eines geschenkten Vermögensgegenstandes mit null zu einem nicht korrigierbaren Fehler in der Bilanz des beschenkten Unternehmens.

- Da die Zugrundelegung eines Zugangswertes von null bei der Schenkung eines monetären Wertes zu einem nicht korrigierbaren Fehler führt, und nichtmonetäre und monetäre Werte bei Schenkungen konzeptionell gleich zu behandeln sind, verbleibt als Lösung die **Bewertung** des im Wege der Schenkung auf das Unternehmen übergegangenen Vermögensgegenstandes erfolgswirksam mit dem **beizulegenden Zeitwert**. Folgt man diesem Ansatz, ist das bislang von der h.M. vertretene Bewertungswahlrecht, nach dem ein Zugangswert oder ein Wert von null ansetzbar ist, abzulehnen.

(d) Gesamtkaufpreis

In der Praxis kommt es vielfach vor, dass gleichzeitig **Vermögensgegenstände unterschiedlicher Art** erworben werden. Dies gilt z.B. beim Erwerb unterschiedlicher Vorräte oder beim Erwerb von Vorräten zusammen mit dem Erwerb von Anlagegegenständen. Wird in den genannten Fällen ein unaufgeteilter Gesamtkaufpreis für die erworbenen Gegenstände des Anlage- und des Umlaufvermögens in Rechnung gestellt, ist es nach dem Grundsatz der Einzelbewertung des § 252 Abs. 1 Nr. 3 HGB erforderlich, den **Gesamtkaufpreis** zur Bestimmung der **Anschaffungskosten** auf die einzelnen erworbenen Vermögensgegenstände **aufzuteilen**. Für die Aufteilung können mehrere Verfahren angewendet werden:

- Ein mögliches Verfahren besteht in der Ermittlung der **Zeitwerte der angeschafften Vermögensgegenstände**. Weicht die Summe der Zeitwerte von dem Gesamtkaufpreis ab, ist der Differenzbetrag im Verhältnis der Zeitwerte zueinander den ermittelten Zeitwerten zuzuschlagen oder von diesen zu kürzen. Dies gilt jedoch nur für Vermögensgegenstände, die keine Nominalwerte darstellen.

- Bezieht sich der unaufgeteilte Gesamtkaufpreis auf Vermögensgegenstände sowohl des Anlage- als auch des Umlaufvermögens, können unter **Berücksichtigung unterschiedlicher Risiken** für Anlage- und Umlaufvermögen Abschläge zuerst bei den langlebigen Anlagen oder bei mit höheren Risiken behafteten Vermögensgegenständen vorgenommen werden. Nach Auffassung im Schrifttum sind die Zeitwerte nicht proportional zueinander zu verändern.

- Nach der **Restwertmethode** wird der Gesamtkaufpreis zunächst um die Zeitwerte bestimmter Vermögensgegenstände vermindert. Auf den unaufgeteilten Restkaufpreis wird dann das Verfahren der Zeitwertbestimmung und der Vornahme von Zuschlägen bzw. Abschlägen angewendet. Die im Steuerrecht bei einem unaufgeteilten Gesamtkaufpreis für bebauten Grund und Boden angewandte Restwertmethode zur Bestimmung des Gebäudewertes und des Wertes des Grund und Bodens wird für die Handelsbilanz abgelehnt.

(e) Kaufpreis in fremder Währung

Besteht der Kaufpreis in fremder Währung, stellt bei Anzahlungen und Barzahlungen der in inländischer Währung gezahlte Betrag (Euro) die Anschaffungskosten dar. Nach dem RegE (16/10067 S. 62) ist es aus Gründen der Vergleichbarkeit der handelsrechtlichen Posten erforderlich, für alle Unternehmen **einheitliche Vorschriften zur Währungsumrechnung** vorzusehen. Bei Kauf auf Ziel werden danach die Anschaffungskosten durch die Höhe der zu passivierenden Verbindlichkeit bestimmt. Die Verbindlichkeit ergibt sich entsprechend der Einfügung des § 256a HGB durch das BilMoG aus der Umrechnung des auf fremde Währung lautenden Betrages der Eingangsrechnung mit dem **Devisenkassamittelkurs** zum Zeitpunkt des Erwerbs.

22) Anschaffungsnebenkosten

Nach § 255 Abs. 1 Satz 2 HGB gehören zu den Anschaffungskosten auch die Anschaffungsnebenkosten. Was im Einzelnen zu den Anschaffungsnebenkosten rechnet, ist im Gesetz nicht geregelt. Damit ist offen, welche Aufwendungsarten Anschaffungsnebenkosten sind und wie die Anschaffungsnebenkosten den einzelnen erworbenen Vermögensgegenständen zuzuordnen sind.

Nach h.M. bestehen keine Bedenken, statt der Einzelerfassung der für die angeschafften Vermögensgegenstände tatsächlich entstandenen **Anschaffungsnebenkosten eine Pauschalierung** vorzunehmen. Als Voraussetzung wird lediglich verlangt, dass die Pauschalierung zu keinen wesentlich anderen Anschaffungsnebenkosten führt, als tatsächlich angefallen sind, und dass mit der Pauschalierung keine nicht aktivierbaren Gemeinkosten in die Anschaffungskosten einbezogen werden. In diesen Fällen soll es zulässig sein, die Pauschalierung vor allem der Eingangsfrachten, Transportversicherungen und der Verpackungsaufwendungen vorzunehmen.

Dem Konzept der **Pauschalierung** kann man **nur bedingt folgen**. Unklar ist vor allem, wie festzustellen ist, ob die Voraussetzungen der Pauschalierung erfüllt sind. Um dies festzustellen, müsste man die tatsächlichen Anschaffungsnebenkosten ermittelt. Hat man diese aber ermittelt, bedarf es keiner Pauschalierung. Weiterer Anschaffungsnebenkosten treten vor allem beim Erwerb technischer Anlagen und Maschinen auf. Zu ihrer Art, ihrem Umfang und ihrer Zurechnung auf die angeschafften Vermögensgegenstände wird auf die Ausführungen zum Anlagevermögen verwiesen.

33) Nachträgliche Anschaffungskosten

Keine einheitliche Auffassung besteht im Schrifttum zur **Auslegung des Begriffs der nachträglichen Anschaffungskosten** im Sinn des § 255 Abs. 1 Satz 2 HGB. Dies gilt sowohl bezüglich des zeitlichen Zusammenhangs zwischen der Anschaffung und dem Entstehen von Aufwendungen für den angeschafften Vermögensgegenstand als auch bezüglich der für die Aktivierung in Betracht kommenden Aufwandsarten.

- Nachträgliche Anschaffungskosten werden zum einen dann angenommen, wenn es sich um **anschaffungsnahe Aufwendungen** zum Erwerbszeitpunkt eines Vermögensgegenstandes handelt. Abweichend davon werden nachträgliche Anschaffungskosten auch angenommen, wenn sie in keinem zeitlichen Bezug zur Anschaffung eines Vermögensgegenstandes stehen, d.h., nachträgliche Anschaffungskosten können lange Zeit nach der Anschaffung entstehen.

- Als aktivierbar werden auch solche Aufwendungen eingestuft, deren Anfall bei der Bemessung des Kaufpreises berücksichtigt worden ist, bei denen es sich jedoch um **anschaffungsferne Aufwendungen** handelt. Dies liegt z.B. vor, wenn im Zusammenhang mit dem Erwerb eines Grundstücks umfassende Reparaturarbeiten an dem auf dem Grundstück stehenden Gebäude vorgenommen werden, wobei im Allgemeinen unterstellt wird, dass sich die hierzu notwendigen Aufwendungen in einer Verminderung des Kaufpreises ausgedrückt haben. Darüber hinaus stellen nach dieser Auffassung auch erst später zu zahlende nachträgliche Anschaffungskosten z.B. als Straßenanliegerbeiträge, Erschließungsbeiträge und Kanalgebühren nachträgliche Anschaffungskosten dar.

Bezüglich **öffentlicher Abgaben** in Bezug auf nachträgliche Anschaffungskosten handelt, wird die Auffassung vertreten, dass diese nur dann vorliegen, wenn die Abgaben die Benutzbarkeit des angeschafften Grundstücks erhöhen und seinen Wert steigern. Dies soll z.B. gelten für Erschließungsbeiträge bei der Erstanlage einer Straße und bei dem Erstanschluss von Ver- und Entsorgungsanlagen. Dagegen seien Ergänzungsbeiträge für die Anlagen, die bereits von den Grundstückseigentümern erhoben wurden, in der GuV auszuweisender Erhaltungsaufwand.

Die Aufwendungen des Erwerbers, für die **Behebung** von **im Nachhinein erkannte Mängel** eines Vermögensgegenstandes sind keine aktivierbaren nachträglichen Anschaffungskosten. Sie sind, wenn die Beseitigung der Mängel durch den Lieferanten des Vermögensgegenstandes nicht durchsetzbar ist, unter den Aufwendungen anzusetzen.

44) Anschaffungspreisminderungen

Nach § 255 Abs. 1 Satz 3 HGB sind Anschaffungspreisminderungen von den Anschaffungskosten, die von dem Lieferanten geleistet werden um einen Vermögensgegenstand zu veräußern. Für die Zurechnung der Anschaffungspreisminderungen auf den erworbenen Vermögensgegenstand gilt der Grundsatz der **Einzelzurechenbarkeit** des § 255 Abs. 1 Satz 1 HGB. Nach Auffassung im Schrifttum sind nur die den vorhandenen Vermögensgegenständen **einzeln zurechenbaren Anschaffungspreisminderungen** abzusetzen.

Im Schrifttum wird der Frage der **Einzelzuordenbarkeit der unterschiedlichen Arten von Nachlässen**, z.B. von Boni, Rabatte, Skonti, zurückgewährte Entgelte, und der von dritter Seite gewährte Preisnachlässe, in aller Regel kein Gewicht beigemessen. Die Nachlässe werden als maßgebliche Anschaffungspreisminderungen behandelt. Einzige Voraussetzung ist, dass sich die Nachlässe auf Vermögensgegenstände beziehen, die am Abschlussstichtag noch vorhanden sind. Können die vielfach auch nachträglich gewährten Nachlässe für den einzelnen Vermögensgegenstand nicht mehr erfasst werden, was vor allem für Roh-, Hilfs- und Betriebsstoffe sowie für Waren gilt, bestehen nach dieser Auffassung keine Bedenken gegen die Pauschalierung der Abzugsbeträge.

Gegen die h.M. spricht, dass einzelne der angeführten **Nachlässe nicht dem einzelnen Vermögensgegenstand zugerechnet werden können**. Dies gilt für Boni, soweit sie als Treueprämien für gute Geschäftsbeziehungen, d.h., unabhängig von der Anschaffung des einzelnen Vermögensgegenstandes, von dem Lieferanten gewährt werden. In diesem Fall fehlt es an der Möglichkeit der Einzelzuordnung zu bestimmten Anschaffungsvorgängen bzw. zu einzelnen am Abschlussstichtag vorhandenen Vermögensgegenständen, so dass die pauschalen, vielfach am Ende des Geschäftsjahres oder im folgenden Geschäftsjahr gewährten Nachlässe nicht als Anschaffungspreisminderungen von den Anschaffungskosten der einzelnen Vermögensgegenstände abgesetzt werden können.

b) Herstellungskosten

11) Definition und Grundsätze

Nach § 255 Abs. 2 Satz 1 HGB werden **Herstellungskosten definiert** als Aufwendungen, die durch den Verbrauch von Gütern und die Inanspruchnahme von Diensten, die Herstellung eines Vermögensgegenstandes, seine Erweiterung oder eine über seinen Zustand hinausgehende wesentliche Verbesserung entstehen.

Zu den Herstellungskosten gehören nach dem durch das BilMoG teilweise neu gefassten § 255 Abs. 2 Satz 2 HGB die Materialkosten, die Fertigungskosten (Herstellungskosten) und die Sonderkosten der Fertigung sowie angemessene Teile der Materialgemeinkosten, der Fertigungsgemeinkosten und des Werteverzehrs des Anlagevermögens, soweit dieser durch die Fertigung veranlasst ist. Insoweit bestehen **Ansatzpflichten**.

Darüber hinaus dürfen nach 255 Abs. 2 Satz 3 HGB bei der Berechnung der Herstellungskosten angemessener Teile der Kosten der allgemeinen Veraltung sowie angemessene Aufwendungen für soziale Einrichtungen des Betriebs, für freiwillige soziale Leistungen und für die betriebliche Altersversorgung einbezogen werden, soweit diese auf den Zeitraum der Herstellung entfallen (Bilanzierungs-

bzw. Ansatzwahlrechte). Nach 255 Abs. 3 Satz 2 HGB sind Zinsen für Fremdkapital, das zur Finanzierung der Herstellung eines Vermögensgegenstands verwendet wird, dürfen angesetzt werden, soweit sie auf den Zeitraum der Herstellung entfallen; in diesem Falle gelten sie als Herstellungskosten des Vermögensgegenstands. Insoweit bestehen **Bilanzierungs- bzw. Ansatzwahlrechte**.

Nach 255 Abs. 2 Satz 4 HGB dürfen Forschungs- und Vertriebskosten nicht in die Herstellungskosten einbezogen werden. Nach § 255 Abs. 3 Satz 1 HGB gehören Zinsen für Fremdkapital gleichfalls nicht zu den Herstellungskosten. Insoweit bestehen in den angeführten Fällen **Bilanzierungs- bzw. Ansatzverbote**.

22) Umfang der Herstellungskosten

Den Umfang der Herstellungskosten regelt weiterhin § 255 Abs. 2 Satz 2 und 3 Abs 3 Satz 2 HGB. Darin werden die **Bestandteile der Herstellungskosten**, die in eine Aktivierung einzubeziehen sind, einbezogen werden dürfen oder nicht einbezogen werden dürfen, **aufgelistet**. Die Regelung zur Bilanzierung der einzelnen Bestandteile der Herstellungskosten ist vereinfacht und schließt einen Teil der bisher bestehenden Wahlrechte aus. Ebenso wie in der früheren Regelung bezüglich der Einbeziehung von Gemeinkosten in die Herstellungskosten wird auf die wesentliche Differenzierung in variable und fixe Gemeinkosten verzichtet, indem beide Arten der Gemeinkosten zusammengefasst werden.

- Nach dem teilweise durch das BilMoG geänderten § 255 Abs. 2 Satz 2 HGB gehören zu den Herstellungskosten die **Materialkosten**, die **Fertigungskosten** und die **Sonderkosten der Fertigung**. Einzelkosten sowie variablen und fixe Gemeinkosten werden nicht angesprochen. Dabei sind die Einzelkosten und die variablen Gemeinkosten, die maßgebenden in die Herstellungskosten einzubeziehenden Kosten. Dies folgt aus der Auffassung, nach der unmittelbar zurechenbar solche Aufwendungen sind, die in Abhängigkeit von der Erzeugnismenge variieren, was für die Einzelkosten und die variablen Gemeinkosten gilt.
- Nach der Neuformulierung des § 255 Abs. 2 Satz 3 HGB besteht ein explizites Ansatz- bzw. **Bilanzierungswahlrecht**, für die anzusetzenden Herstellungskosten eines Vermögensgegenstandes. Angemessene Teile der fixen Gemeinkosten dürfen in die Herstellungskosten einbezogen werden, soweit sie auf den Zeitraum der Herstellung entfallen. Zu den fixen Gemeinkosten zählen der Werteverzehr des Anlagevermögens, soweit dieser durch die Fertigung veranlasst ist, die Aufwendungen der allgemeinen Verwaltung, für soziale Einrichtungen des Betriebes sowie die Aufwendungen für freiwillige soziale Leistungen und die betriebliche Altersversorgung.

33) Einzelkosten

Aus ökonomischer Sicht sind Einzelkosten im Sinn des § 255 Abs. 2 HGB die einem Bezugsobjekt, d.h. **einem Kostenträger**, einem unfertigen Erzeugnis oder einem fertigen Erzeugnis **direkt zurechenbaren Kosten**. Die direkte Zurechenbarkeit ist an der Mengenkomponente ausgerichtet, die sich in Mengen- oder Zeiteinheiten messen lässt. Der Produktionsfaktoreinsatz muss sich ohne Schlüsselung auf den zu bewertenden Vermögensgegenstand beziehen lassen. Es muss eine direkte Zurechnung der Kosten auf das herzustellende Produkt möglich und notwendig sein.

Nach h.M. zum Rechnungslegungsrecht steht **entgegen dem theoretischen Ansatz** eine Schlüsselung, z.B. die Umrechnung von Stundenlöhnen einschließlich des Lohnanteils der auf Feiertage, Krankheitstage und Urlaubstage entfällt, auf die eingesetzte Fertigungszeit, dem unmittelbaren Zusammenhang der betreffenden Einzelkosten mit dem entsprechenden Bezugsobjekt nicht entgegen.

(a) Materialeinzelkosten

Materialeinzelkosten umfassen die den Bezugsobjekten **direkt zurechenbaren Materialien**. Material im Sinn der Vorschrift sind vor allem Rohstoffe im weitesten Sinne. Hierzu rechnen auch fremdbezogene Teile und wieder eingesetzte Abfälle. Materialien im Sinn von Einzelmaterial sind neben den Rohstoffen, die in das hergestellte Produkt eingehenden Hilfsstoffe.

Die **Bewertung des Materials- bzw. des Materialverbrauchs** erfolgt zu den **Anschaffungskosten**. Bei unterschiedlicher Höhe der Anschaffungskosten und fehlender Einzelzuordenbarkeit werden die Kostenträger mit den durchschnittlichen Kosten bewertet. Wird Einzelmaterial aus abgewerteten Vorjahresbeständen verbraucht, ist der Materialverbrauch zum beizulegenden Zeitwert des Einzelmaterials zu bewerten.

(b) Fertigungseinzelkosten

Fertigungseinzelkosten sind die **den Bezugsobjekten** (Produkt, Produktgruppe, Auftrag) **direkt zurechenbaren Fertigungs- oder Herstellungskosten**, sofern nicht Sondereinzelkosten der Fertigung vorliegen. Fertigungseinzelkosten sind in erster Linie Fertigungslöhne.

Bezüglich der Zurechnung von Fertigungslöhnen zu den Fertigungseinzelkosten folgt das Schrifttum zum Rechnungslegungsrecht der traditionellen Auffassung. Unberücksichtigt bleibt dabei die Kostenumlage im Bereich der Einzelkosten- und Deckungsbeitragsrechnung. Stattdessen wird vielfach direkte Zurechenbarkeit auch dann angenommen, wenn eine differenzierte Schlüsselung der eingesetzten Produktionsfaktore notwendig ist. Zu den Fertigungseinzelkosten rechnen Produktions-, Werkstatt- und Verarbeitungslöhne.

Die Bewertung der **Fertigungszeit** erfolgt zu Brutto-Stundenlohnsätzen bzw. Akkordsätzen der einzelnen Arbeitnehmer. Zur Vermeidung fehlerhafter Fertigungskosten hat die Bewertung unter Einbeziehung sämtlicher Lohnzuschläge im Fertigungsbereich und anderen Zuwendungen an die Arbeitnehmer, wie der Einbeziehung der Arbeitgeberanteile für die Sozialversicherung.

(c) Sondereinzelkosten der Fertigung

Sondereinzelkosten der Fertigung sind die den Bezugsobjekten direkt zurechenbaren Kosten. Hierzu rechnen:

- Kosten für **Pläne**, z.B. Baupläne für Hochbauten, Tiefbauten und industrielle Produkte, für technische Anlagen, Maschinen und Fahrzeuge. Kosten für Pläne sind nur dann Einzelkosten der Fertigung in Bezug auf die Produkteinheit, wenn der Plan ein einzelnes Produkt, z.B. einen Hochbau, betrifft und daher die Kosten ohne Schlüsselung dem Produkt als Einzelkosten zugerechnet werden. Die h.M. lässt dagegen entsprechend der Grundauffassung der möglichst breiten Einzelkostenzuordnung Schlüsselungen zu.

- Kosten für **Entwicklung**, wenn sie einem Entwicklungsprojekt zugeordnet werden können. Auch hier werden in breiten Bereichen Schlüsselungen der Kosten zugelassen.

- Kosten für **Formen, Modelle und Spezialwerkzeuge**, die gleichfalls geschlüsselt werden, wie z.B. Matrizen für die Herstellung bestimmter Produktteile wie Dach, Kühlerhaube, Kotflügel oder Tür bei der Herstellung von Kraftfahrzeugen, Formen bei der Herstellung von Reifen sowie für Guss- und Kunststoffprodukte.

- Kosten für **Lizenzen** zur Nutzung von patentgeschützten Erfindungen im Zusammenhang mit der Fertigung. Werden stückorientierte Lizenzen vergütet, liegen Sondereinzelkosten der Fertigung vor. Dagegen sind Kosten für zeitorientierte Lizenzen keine Sondereinzelkosten der Fertigung.

44) Gemeinkosten

(a) Variable Gemeinkosten

Die variablen Gemeinkosten sind nach Änderung durch das BilMoG neu festgelegten § 255 Abs. 2 Satz 2 HGB aufgrund der fehlenden Differenzierung den Einzelkosten gleichgesetzt. Sie beinhalten **beschäftigungsvariable Kosten**, die bei der Herstellung von Produkten entstehen, aber nicht Einzelkosten sind. Variable Gemeinkosten umfassen Materialgemeinkosten, Fertigungsgemeinkosten und Sondereinzelkosten. Ergänzend wird den Gemeinkosten der Wertverzehr des Anlagevermögens, soweit er durch die Fertigung veranlasst ist, zugeordnet.

Zu den variablen Gemeinkosten, die nach § 255 Abs. 2 Satz 2 HGB bei der Berechnung der Herstellungskosten einzurechnen sind, zählen im Einzelnen die folgenden Kostenarten:

- **Materialgemeinkosten** als Kosten der Lagergebäude und Lagereinrichtungen, der technischen Anlagen, als Personal- sowie Strom- und Heizungskosten, Darüber hinaus werden zu den Materialgemeinkosten Kosten der Einkaufsabteilung, der Warenannahme und der Materialsprüfung gerechnet.

- **Fertigungsgemeinkosten** als Kosten des Fertigungsbereichs, die nicht als Fertigungseinzelkosten den Bezugsobjekten zurechenbar sind. Zu den Fertigungsgemeinkosten rechnen u.a. Energiekosten, Kosten für Betriebsstoffe, Versicherungsprämien, Instandhaltungsaufwendungen für Fertigungsanlagen, Werkzeuge sowie Personalkosten, die nicht Fertigungseinzelkosten sind, wie Löhne und Gehälter der Betriebsleitung, der Meister, der Arbeitsvorbereitung, der Fertigungskontrolle und der innerbetrieblichen Transportkosten.

- **Sondereinzelkosten der Fertigung** wie die Kosten für Pläne insbesondere für Baupläne für Hochbauten (Wohngebäude, Fabrikgebäude, öffentliche Gebäude), Tiefbauten (Tunnelanlagen, Straßen, Brücken) und für industrielle Produkte (technische Anlagen, Maschinen und Fahrzeuge wie Flugzeuge, Wasserfahrzeuge, Fraßen- und Schienenfahrzeuge. Kosten für die Pläne sind nur dann Sondereinzelkosten der Fertigung im Bezug auf die jeweilige Produkteinheit, wenn der Plan ein einzelnes Produkt betrifft und daher die Kosten ohne Schlüsselung dem Produkt zugerechnet werden können.

- **Wertverzehr des Anlagevermögens** durch planmäßige Abschreibungen. Sind diese in einer Periode geringer als die pagatorischen Abschreibungen, weil z.B. in den Vorperioden außerplanmäßige Abschreibungen vorgenommen wurden, sollen für die Ermittlung der Herstellungskosten der in der Periode hergestellten Erzeugnisse nicht die bilanziellen planmäßigen Abschreibungen, sondern diejenigen planmäßigen Abschreibungen zugrunde gelegt werden, die sich ergeben würden, wenn die außerplanmäßigen Abschreibungen in den Vorperioden nicht vorgenommen worden wären.

  Gegen das Vorgehen sind **Einwendungen** zu erheben. Es führt dazu, dass nicht die in dem Geschäftsjahr tatsächlich vorgenommenen Abschreibungen als Teil der Herstellungskosten der Produkte verrechnet werden, sondern abweichende kalkulatorische Kosten. Kalkulatorische Abschreibungen sind aber für die Ermittlung der Herstellungskosten eines Produktes irrelevant. Der Wertbestimmung im Bilanzrecht sind grundsätzlich pagatorische Kosten zugrunde zu legen.

(b) Fixe Gemeinkosten

Nach § 255 Abs. 2 Satz 3 HGB dürfen den Herstellungskosten angemessene Teile der fixen Gemeinkosten nur eingerechnet werden, soweit diese auf den Zeitraum der Herstellung entfallen. Die fixen Gemeinkosten umfassen Kosten der allgemeinen Verwaltung, Aufwendungen für soziale Einrichtungen des Betriebs, Aufwendungen für freiwillige soziale Leistungen und für betriebliche Altersversorgung. Für die den fixen Gemeinkosten zuordenbaren Kosten bestehen Ansatzwahlrechte. Im Einzelnen stellen sich die fixen Gemeinkosten wie folgt dar.

- **Kosten der allgemeinen Verwaltung** sind auf den Bereich der kaufmännischen Verwaltung beschränkt. Dagegen sind Kosten der Material- und Fertigungsverwaltung den Material- bzw. Fertigungsgemeinkosten zuzurechnen. Verwaltungskosten des Vertriebsbereichs sind Vertriebsgemeinkosten, die auch nach neuer Fassung des § 255 Abs. 2 Satz 4 HGB durch das BilMoG nicht in die Herstellungskosten einzubeziehen sind.

Kosten der allgemeinen Verwaltung sind Gehälter und Löhne des Verwaltungsbereichs, d.h. u.a. Kosten der Geschäftsleitung, des Rechnungswesen, der Finanzabteilung, der interne Revision und der Rechts- und Steuerabteilung, Abschreibungen auf Gebäude und die Geschäftsausstattung. Zudem rechnen zu den Kosten der allgemeinen Verwaltung Informationskosten, Reisekosten, Versicherungsprämien, Beiträge, Energiekosten, Instandhaltungskosten sowie Kosten des Aufsichtsrats und der Abschlussprüfung.

- **Aufwendungen für soziale Einrichtungen** des Betriebs sind u.a. Aufwendungen für Betriebskantinen, Essenszuschüsse, Aufwendungen für die Freizeitgestaltung der Arbeitnehmer als Kosten von Sporteinrichtungen und Erholungsheime sowie Kosten von Medizinstationen und Unfallstationen im Unternehmen.

- **Aufwendungen für freiwillige soziale Leistungen** sind u.a. Jubiläumsgeschenke, Urlaubs- und Weihnachtszuwendungen, Wohnungsbeihilfen und andere freiwillige Beihilfen. Liegen den von dem Unternehmen erbrachten Leistungen Verträge zugrunde, die das Unternehmen zu den Leistungen verpflichten, liegt nach h.M. keine Freiwilligkeit im Sinn des § 255 Abs. 2 Satz 3 HGB vor. Die Aufwendungen sind in diesem Fall als Gemeinkosten der entsprechenden Unternehmensbereiche zu behandeln.

- **Aufwendungen für die betriebliche Altersversorgung** umfassen Direktversicherungen für die Arbeitnehmer, Zuwendungen an Pensions- und Unterstützungskassen und Einstellungen in Pensionsrückstellungen. Im Schrifttum wird es als zulässig angesehen, eine Zurechnung der entsprechenden Aufwendungen für die betriebliche Altersversorgung zu den Fertigungseinzelkosten der jeweiligen Beschäftigten vorzunehmen.

  Die Behandlung der Aufwendungen transformiert Gemeinkosten, die nicht in die Herstellungskosten eingerechnet werden brauchen. . In der Begründung des RegE wird neben Ansatzverbot und Ansatzpflicht als weitere Alternative das bisher angewandte Ansatzwahlrecht als maßgebliche Regelung vertreten.

- § 255 Abs. 2 Satz 3 HGB soll den Unternehmen ein Wahlrecht eröffnen, in die Herstellungskosten solche Aufwendungen, die unabhängig von der Erzeugnismenge anfallen, einzurechnen, soweit diese auf den Zeitraum der Herstellung entfallen. Danach dürfen nur angemessene Teile der fixen Gemeinkosten hinzugerechnet werden (Drucks. 16/10067, S. 60). D.h., für die in die Herstellungskosten einrechenbaren fixen Gemeinkosten soll entsprechend der bisherigen Regelung das **Prinzip der Angemessenheit** gelten.

  Nach Auffassung im Schrifttum stellt das Prinzip der Angemessenheit unter Berücksichtigung des Vorsichts- und des Realisationsprinzips einen allgemeinen Grundsatz dar, nach dem nur diejenigen Teile der Gemeinkosten einem bestimmten Produkt zugerechnet werden können, die auf seine Herstellung entfallen, wobei die Zurechnung vernünftigen betriebswirtschaftlichen Kriterien entsprechen soll.

Nach diesen Kriterien sind entsprechend der h.M. ungewöhnlich hohe, betriebsfremde, periodenfremde und außergewöhnliche oder selten anfallende Kosten nicht aktivierbar. Gleiches soll für Unterbeschäftigungs- und Leerkosten gelten. Auf das bisherige **Prinzip der Notwendigkeit** wird mit der Begründung der inhaltlichen Gleichbedeutung der Angemessenheit verzichtet.

55) Zeitraum der Herstellung

Die Aufwendungen, für die ein Einbeziehungswahlrecht in die Herstellungskosten besteht, dürfen nach dem durch das BilMoG neu gefassten § 255 Abs. 2 Satz 3 HGB wie angeführt nur insoweit berücksichtigt werden, soweit als sie auf den Zeitraum der Herstellung entfallen, wobei das Gesetz nicht festlegt, wie der Herstellungszeitraum zu definieren ist. Nach h.M. ist die Herstellungszeit eines Produktes die Zeit zwischen Beginn und Ende der Herstellung. Beide Zeitpunkte sind im Gesetz nicht festgelegt und sind daher nach der Auffassung des Schrifttums zu bestimmen.

- Die **Herstellung eines Produktes beginnt**, wenn erstmals Aufwendungen anfallen, die in sachlichem Zusammenhang mit der Leistungserstellung stehen. Nach h.M. beginnt die Herstellung spätestens dann, wenn für das herzustellende Erzeugnis Einzelkosten im Sinn des § 255 Abs. 2 Satz 2 HGB angefallen sind. Dabei wird nicht hinreichend berücksichtigt, dass der Begriff „Herstellung" nicht mit dem Begriff des technischen Herstellungsprozesses gleichzusetzen ist. Auch Vorbereitungshandlungen, die der Herstellung eines Produktes dienen, z.B. die Einrichtung einer Baustelle, sind Teil des Herstellungsprozesses im Sinn des § 255 Abs. 2 Satz 2 HGB. Es lassen sich Herstellungen nachweisen, bei denen die Vorbereitungsaufwendungen weit höher als die eigentlichen Herstellungskosten sind.
- Die **Herstellung eines Produktes endet** mit seiner Fertigstellung. Der Begriff „Fertigstellung" ist abhängig davon auszulegen, ob es sich bei dem Produkt um einen Vermögensgegenstand des Umlauf- oder des Anlagevermögens handelt. Bei einem Vermögensgegenstand des Umlaufvermögens ist die Herstellung beendet, wenn das Produkt auslieferungs- oder absatzfähig ist. Bei einem Vermögensgegenstand des Anlagevermögens ist die Herstellung beendet, wenn das selbst erstellte Produkt in dem Unternehmen technisch eingesetzt werden kann.
- Die **Herstellung eines Produktes ist unterbrochen**, wenn ein Stillstand der Produktion vorliegt, der nicht auf produktionsbezogene Sachverhalte, z.B. durch Unterbrechung der Produktion an Sonn-, Feier- oder Betriebsurlaubstagen, zurückgeht. Die während der Zeit der Unterbrechung anfallenden Aufwendungen sind nicht aktivierungsfähig. Soweit jedoch während der Unterbrechung der Fertigung Aufwendungen entstehen, die erforderlich sind, um die Weiterführung der Fertigung zu sichern, z.B. Aufwendungen für die

Bewachung eines in der Herstellung befindlichen, unfertigen Gebäudes während der Bauunterbrechung in den Wintermonaten, soll ein Wahlrecht zur Aktivierung oder zum Ansatz der Aufwendungen in der GuV bestehen. Tatsächlich sind die Kosten mit der Herstellung des Gebäudes verbunden und diesem direkt zurechenbar, so dass kein Ansatzwahlrecht, sondern Ansatzpflicht besteht.

66) Einbeziehungsverbote

(a) Forschungskosten

Nach § 255 Abs. 2 Satz 4 HGB dürfen entsprechend der bisherigen Regelung Forschungskosten nicht in die Herstellungskosten einbezogen werden. Das **Verbot der Aktivierung von Forschungskosten**, d.h. von in der Forschungsphase angefallenen Aufwendungen, folgt nach der ausführlichen Darstellung des RegE zum BilMoG (BT-Drucks. 16/10067 S. 60) aus deren mangelnder Objektivierbarkeit. Forschung ist danach die eigenständige und planmäßige Suche nach neuen wissenschaftlichen oder technischen Erkenntnissen, über deren technische Verwertbarkeit und wirtschaftliche Erfolgsaussichten grundsätzlich keine Aussagen gemacht werden können. Ihre Vermögensgegenstandeigenschaft sei regelmäßig zumindest unsicher.

(b) Vertriebskosten

Das **Einbeziehungsverbot** des § 255 Abs. 2 Satz 4 HGB **von Vertriebskosten in die Herstellungskosten** entspricht der bisherigen Regelung. Das Gesetz beinhaltet keine Abgrenzung der Kostenarten, die unter die Vertriebskosten fallen. Zu den Vertriebskosten zählen neben den Kosten der Vertriebsleitung die Personal- und Sachkosten der Vertriebsabteilung, Werbungs- und Marketingkosten, Personal- und Sachkosten der Fertigwarenläger, Kosten der Verpackung, der Versicherung und des Versands der Produkte, sofern die Vertriebskosten nicht von dem Abnehmer getragen werden. Zu den Vertriebskosten rechnen auch die Vertreterprovisionen.

Unstreitig bestehen für die der Fertigung **nachgelagerten Vertriebskosten Ansatzverbot**. Für die der Fertigung **vorgelagerten Vertriebskosten**, z.B. Kosten der Auftragserlangung, ist eine Einbeziehung in die Herstellungskosten davon abhängig, ob die Kosten den Fertigungskosten im Sinn des § 255 Abs. 2 Satz 2 HGB zuzurechnen sind. So sollen nach h.M. Kosten der Auftragserlangung dann in die Herstellungskosten einbezogen werden, wenn es sich um Sondereinzelkosten der Fertigung handelt, z.B. um Kosten der Erstellung der einem Angebot beizufügenden Zeichnungen und Modelle.

Dem Angeführten wird hier nicht gefolgt. **Kosten der Auftragserlangung sind keine Sondereinzelkosten der Fertigung** und nicht bilanzierungsfähig, denn sie fallen auch dann an, wenn der Auftrag nicht erlangt wird. Bilanzierungsfähig und bilanzierungspflichtig sind dagegen Kosten für Zeichnungen und Modelle, die nach der Auftragserlangung entstehen.

(c) Fremdkapitalzinsen

Fremdkapitalzinsen für die Herstellung eines Produktes oder einer Produktgruppe gehören nach § 255 Abs. 3 Satz 1 HGB dem Grundsatz nach nicht zu den Herstellungskosten. In **bestimmten Fällen** sieht § 255 Abs. 3 Satz 2 HGB bei Vorliegen der folgenden Voraussetzungen ein **Ansatzwahlrecht** vor:

- Das Fremdkapital, auf das die Zinsen entrichtet werden, muss zur Finanzierung der Herstellung eines Produktes eindeutig zugeordnet werden; und
- Die Fremdkapitalzinsen müssen auf den Zeitraum der Herstellung des Produktes entfallen.

Die eindeutige Zuordnung der Aufnahme von Fremdkapital zur Finanzierung der Herstellung eines Vermögensgegenstandes liegt nach h.M. dann vor, wenn bezüglich des **herzustellenden Produktes ein Kreditvertrag abgeschlossen** ist. Zum Ansatz der Fremdkapitalzinsen unter den Herstellungskosten ist die Zurechenbarkeit des aufgenommenen Fremdkapitals in sachlicher und zeitlicher Hinsicht auf die Herstellung eines Produkts erforderlich.

Im Schrifttum wird ein sachlicher Bezug zwischen Herstellung eines Produktes und Fremdkapitalaufnahme auch dann angenommen, wenn spezielle Kreditbeziehungen mit der Herstellung des Produktes nicht feststellbar sind. In diesem Fall wird unterstellt, dass die **Herstellung der einzelnen Produkte anteilig mit Eigen- und Fremdkapital finanziert** sind. D.h., es wird als zulässig angesehen, die gesamten Fremdkapitalzinsen quotal auf die hergestellten Produkte zu verteilen und die Zinsen in die Herstellungskosten der Produkte einzubeziehen.

Das Verfahren ist insoweit **problematisch**, als ein Zusammenhang zwischen Fremdkapitalaufnahme und Finanzierung der Herstellung eines Produktes nur fiktiv hergestellt wird und die quotale Aufteilung der Fremdkapitalzinsen voraussetzt, dass während der gesamten Fertigungsdauer eines Produktes Konstante zwischen Eigen- und Fremdkapital vorliegen, was jedoch in aller Regel nicht gegeben ist.

77) Erfüllungsbetrag

Nach der Neufassung des § 253 Abs. 1 Satz 2 HGB sind **Verbindlichkeiten** zu ihrem Erfüllungsbetrag und **Rückstellungen** in Höhe des nach vernünftiger kaufmännischer Beurteilung notwendigen Erfüllungsbetrages anzusetzen. Die Neufassung des Erfüllungsbetrags durch das BilMoG enthält die im Folgenden angeführten Änderungen (RegE Druck. 16/10067):

- Der Begriff „Erfüllungsbetrag“ soll klarstellende Wirkung gegenüber dem bisher verwendeten Begriff „Rückzahlungsbetrag“, der parallel neben dem Begriff „Erfüllungsvertrag verwendet wurde, haben.

- Mit der Verwendung des Begriffs „Erfüllungsbetrag" soll klargestellt werden, dass Preis- und Kostensteigerungen bei der Wertbestimmung von Rückstellungen zu berücksichtigen sind. Mit der speziellen Wertbestimmung soll dem Bedürfnis der Praxis nach einer zukunftsgerichteten Bewertung der Rückstellungen Rechnung getragen werden.

- Mit der Verlagerung der Verpflichtung, Rentenverpflichtungen, für die eine Gegenleistung nicht mehr zu erwarten ist, zu ihrem Barwert anzusetzen. Damit soll erreicht werden, dass für Rückstellungen und Rentenverpflichtungen einheitliche Abzinsungszinssätze verwendet werden.

88) Beizulegender Zeitwert

Als Anschaffungs- und Herstellungskosten beinhaltet § 253 Abs. 1 Satz 3 HGB einen Zugangswert. An die Stelle des bisherigen **Bilanzwertes** tritt der **Folgewert**. Nach der mit dem BilMoG eingeführten Regelung sind, soweit sich die Höhe von Altersversorgungsverpflichtungen ausschließlich nach dem beizulegenden Zeitwert von Wertpapieren im Sinn des § 266 Abs. 2 A. III. 5 HGB bestimmt, Rückstellungen hierfür zum beizulegenden Zeitwert dieser Wertpapiere anzusetzen, soweit er einen garantierten Mindestbetrag übersteigt.

Nach § 253 Abs. 1 Satz 4 HGB wird die Zeitwertbewertung der Vermögensgegenstände für verpflichtend vorgeschrieben. Dabei wird festgelegt, dass nach § 246 Abs. 2 Satz 2 HGB die zu verrechnenden Vermögensgegenstände mit ihrem **beizulegenden Zeitwert** zu bewerten sind. Die Zeitwertbewertung wird nach dem RegE für solche Vermögensgegenstände verpflichtend vorgeschrieben, die ausschließlich der Erfüllung von Schulden aus gegenüber Arbeitnehmern eingegangenen Altersversorgungsverpflichtungen oder vergleichbaren langfristig fälligen Verpflichtungen dienen und mit den korrespondierenden Schulden verrechnet werden müssen. Der Höhe nach begrenzt wird die Zeitwertbewertung durch den Erfüllungsbetrag der Schulden.

Nach § 253 Abs. 3 HGB sind bei **Vermögensgegenständen des Anlagevermögens**, deren Nutzungsdauer zeitlich begrenzt ist, die Anschaffungs- oder die Herstellungskosten um planmäßige Abschreibungen zu vermindern. Ohne Rücksicht darauf, ob ihre Nutzung zeitlich begrenzt ist, sind bei Anlagegegenständen mit voraussichtlicher Wertminderung außerplanmäßige Abschreibungen vorzunehmen, um diese mit dem niedrigeren beizulegenden Zeitwert am Abschlussstichtag anzusetzen.

Nach § 253 Abs. 4 HGB sind bei **Vermögensgegenständen des Umlaufvermögens** Abschreibungen vorzunehmen, um diese mit einem niedrigeren Wert anzusetzen, der sich aus dem Börsen- oder Marktpreis ergibt. Ist ein Börsen- oder Marktpreis nicht festzustellen und überschreiten die Anschaffungs- oder Herstellungskosten den Wert, der den Gegenständen des Umlaufvermögens am Abschlussstichtag beizulegen ist, so ist auf diesen niedrigeren beizulegenden Zeitwert abzuschreiben. Verantwortlich für die Ermittlung des Wertes ist die Geschäftsleitung.

4. Spezielle Grundsätze der Folgebewertung

a) Vermögensgegenstände des Anlagevermögens

Die folgende Darstellung beschränkt sich auf die Folgebewertungsgrundsätze, die für alle Gegenstände des Anlagevermögens gelten. Besonderheiten der Wertbestimmung von Anlagegegenständen werden bei der Darstellung des entsprechenden Anlagevermögens aufgezeigt.

11) Planmäßige Abschreibungen

Nach § 253 Abs. 3 Satz 1 HGB sind wie angeführt bei Vermögensgegenständen des Anlagevermögens, deren Nutzung zeitlich begrenzt ist, die Anschaffungs- oder Herstellungskosten um planmäßige Abschreibungen zu vermindern. Planmäßigen Abschreibungen liegt der **Grundsatz der Verteilung** (Periodisierung) der Anschaffungs- oder Herstellungskosten auf die Nutzungsdauer der Anlagegegenstände zugrunde. Hierzu muss der Abschreibungsplan entsprechend § 253 Abs. 3 Satz 2 HGB die Anschaffungs- und Herstellungskosten auf die Geschäftsjahre verteilen, in denen der Vermögensgegenstand voraussichtlich genutzt werden kann.

Für die Vornahme planmäßiger Abschreibungen auf Gegenstände des Anlagevermögens gilt der **Grundsatz der Planmäßigkeit**. Er besagt, dass für jeden Gegenstand des Anlagevermögens, dessen Nutzung zeitlich begrenzt ist, spätestens bei der Vornahme der ersten Abschreibung des Gegenstandes des Anlagevermögens ein **Abschreibungsplan** aufzulegen ist, der die folgenden Größen zu beinhalten hat:

- die für die planmäßige Abschreibung maßgeblichen **Anschaffungs- oder Herstellungskosten**;
- die Schätzung der voraussichtlichen **Nutzungsdauer**;
- die der planmäßigen Abschreibung zugrunde zu legende **Abschreibungsmethode**.

Nach § 252 Abs. 1 Nr. 6 HGB ist der Abschreibungsplan grundsätzlich für die gesamte Nutzungsdauer des Anlagegegenstandes beizubehalten. Von dem dabei festgelegten **Grundsatz der Bewertungsstetigkeit** ist abzuweichen, wenn aufgrund neuer Erkenntnisse oder sich verändernder Verhältnisse der ursprüngliche Abschreibungsplan geändert werden muss. Nach Änderung des § 252 Abs. 1 Nr. 6 HGB durch das BilMoG ist nunmehr vorgeschrieben, dass die auf den vorhergehenden Jahresabschluss angewandten Bewertungsmethoden beizubehalten sind. Änderungen sind in den folgenden Fällen notwendig:

- Wenn abzusehen ist, dass die Anschaffungs- oder Herstellungskosten eines Anlagegegenstandes bei Beendigung seiner wirtschaftlichen Nutzung noch nicht abgeschrieben wäre. Die Planänderung betrifft in diesem Fall die Änderung (Verkürzung) der **Nutzungsdauerschätzung**.

- Wenn eine Abschreibung eines Anlagegegenstandes nach dem bisherigen Abschreibungsplan die Anfangsjahre der Nutzung zu gering belastet. Die Planänderung betrifft hierbei die Änderung der **Abschreibungsmethode**;
- Wenn eine Änderung der ursprünglichen Herstellungskosten eines Anlagegegenstandes durch das Entstehen nachträglicher Herstellungskosten eintritt. Die Planänderung betrifft die Änderung des als Herstellungskosten anzusetzenden **Betrages**.

Nach § 252 Abs. 2 HGB darf in begründeten Ausnahmefällen von dem bisherigen Abschreibungsplan abgewichen werden. Die dabei vorzunehmenden **Planänderungen** betreffen im Wesentlichen die Abschreibungsmethode und die Änderung der Nutzungsdauerschätzung. Eine Änderung der planmäßigen Abschreibung wird nach h.M. auch dann als zulässig angesehen, wenn sie eine Alternative zu sonst vorzunehmenden außerplanmäßigen Abschreibungen darstellt.

Der **Abschreibungsplan**, der der planmäßigen Abschreibung eines Anlagegegenstandes zugrunde liegt, beinhaltet, wie angeführt, neben der Abschreibungsbasis der Anschaffungs- oder Herstellungskosten die voraussichtliche Nutzungsdauer des Anlagegegenstandes und die gewählte Abschreibungsmethode. Die folgende Darstellung beschränkt sich, da die Anschaffungs- und Herstellungskosten oben dargestellt sind, auf die Nutzungsdauer und die Abschreibungsmethode eines Gegenstandes des Anlagevermögens.

22) Nutzungsdauer

Die voraussichtliche Nutzungsdauer eines Anlagegegenstandes kann dessen **technische oder wirtschaftliche Nutzungsdauer** sein, wobei die wirtschaftliche Nutzungsdauer vielfach geringer als die technische ist. § 253 Abs. 3 Satz 2 HGB verweist weder auf eine technische noch auf eine wirtschaftliche Nutzungsdauer. Maßgeblich sind die Geschäftsjahre, in denen der Vermögensgegenstand bei dem jeweiligen Unternehmen voraussichtlich genutzt werden kann. Entsprechend schreibt Satz 2 vor, dass der Plan die Anschaffungs- oder Herstellungskosten auf die Geschäftsjahre verteilen muss, in denen der Vermögensgegenstand voraussichtlich genutzt werden kann.

Bestimmungsfaktoren der **betriebsindividuellen** Nutzungsdauer der Anlagegegenstände sind u.a. abnutzungsbedingter Verschleiß, Ruheverschleiß, technische Entwicklung, Nachfrageverschiebungen, Beschädigung oder Zerstörung von Anlagen und Fristablauf einer bestimmten Fertigung.

Die **Schätzung der voraussichtlichen Nutzungsdauer** eines abnutzbaren Anlagegegenstands erfolgt in der Praxis unter Zugrundelegung von Erfahrungswerten bei Berücksichtigung der Wirkung der Bestimmungsfaktoren der betriebsindividuellen Nutzungsdauer. Zentrale Bedeutung hat der abnutzungsbedingte Verschleiß einer Anlage bzw. bei langfristig eingesetzten Anlagen die technische Entwicklung, die vielfach vor Ablauf der Nutzungsdauer der Altanlage zum Einsatz einer fertigungstechnisch besseren, z.B. energiesparenderen, Anlage zwingt.

Vereinfacht erfolgt die Schätzung der Nutzungsdauer von Anlagegegenständen durch die Heranziehung von sog. **Abschreibungstabellen**, wie sie für die Festlegung der Nutzungsdauer von Anlagen für die Steuerbilanz vorgegeben sind. Bei der Bemessung der Nutzungsdauer eines Anlagegegenstandes wird zwischen technischer und wirtschaftlicher Nutzungsdauer unterschieden. Vielfach ist die technische länger als die wirtschaftliche Nutzungsdauer.

Nach Auffassung des BFH (Urteil vom 19.11.97, BStBl. 98 II S. 59) kommt für die Steuerbilanz die kürzere wirtschaftliche Nutzungsdauer nur in Betracht, wenn die Schätzung der Nutzungsdauer in etwa den objektiven Erfahrungssätzen entspricht. Die Festlegung erfolgt weitgehend vergangenheitsorientiert ohne dass den möglichen zukünftigen Nutzungsdauern in weitgehenden Umfang Rechnung getragen wird. Es ist davon auszugehen, dass bei der Aufstellung der Handelsbilanz die steuerrechtliche Messung der Nutzungsdauer nicht von Bedeutung ist.

33) Abschreibungsmethode

Eine bestimmte Abschreibungsmethode für die Vornahme der planmäßigen Abschreibungen von Gegenständen des Anlagevermögens nach § 253 Abs. 3 Satz 2 HGB sieht das Gesetz nicht vor. Die Vorgabe der Vorschrift beschränkt sich auf die Verpflichtung des Unternehmens, nach der der Plan die Anschaffungs- oder Herstellungskosten auf die Geschäftsjahre zu verteilen hat, in denen der Vermögensgegenstand voraussichtlich genutzt werden kann. Die **Wahl der Methode** liegt jedoch im Ermessen des Unternehmens, das nach h.M. eingeschränkt ist. Danach muss die planmäßige Abschreibung eines Anlagegegenstandes zugrunde gelegte Abschreibungsmethode den folgenden Grundsätzen entsprechen.

- Beachtung der **Grundsätze ordnungsmäßiger Buchführung und Bilanzierung**.
- Beachtung des Grundsatzes des **Aussetzungsverbots**, nach dem jedem Geschäftsjahr der Nutzung des Anlagegegenstandes ein Betrag an Abschreibungen zuzuordnen ist.
- Beachtung des **Vorsichtsprinzips**, nach dem Nutzungsdauer und Abschreibungsmethode des Anlagegegenstandes so festzulegen sind, dass außerplanmäßige Abschreibungen als Wertminderungen des Anlagegegenstandes nach der Planung möglichst nicht auftreten.

Den Grundsätzen ordnungsmäßiger Buchführung und Bilanzierung entsprechen in aller Regel die üblicherweise angewandten **Abschreibungsmethoden**. Zu diesen gehört die lineare, die degressive, die leistungsabhängige oder die progressive Abschreibung. Bezüglich der Anwendung einer Methode der planmäßigen Abschreibung gilt generell der Grundsatz, dass die angewandte Abschreibungsmethode dem Werteverzehr nicht entgegensteht. Nach dem RegE S. 123 muss die gewählte Abschreibung den tatsächlichen Verlauf des Werteverzehrs abbilden. Der Verweis auf die IFRS, nach denen grundsätzlich jede betriebswirtschaftlich sinnvolle Abschreibungsmethode zulässig ist, überzeugt nicht.

44) Außerplanmäßige Abschreibungen

Nach der Neuformulierung des § 253 Abs. 3 Satz 3 HGB sind in Übereinstimmung mit der bisherigen Regelung ohne Rücksicht darauf, ob die Nutzungsdauer eines Anlagegegenstandes zeitlich beschränkt ist, bei **voraussichtlich dauernder Wertminderung** außerplanmäßige Abschreibungen vorzunehmen, um den Vermögensgegenstand mit dem niedrigeren Betrag anzusetzen, der ihm am Abschlussstichtag beizulegen ist. Außerplanmäßige Abschreibungen auf Gegenstände des Anlagevermögens sind unabhängig von Rechtsform, Größe und Wirtschaftszweig eines Unternehmens immer vorzunehmen, wenn ihnen am Abschlussstichtag ein gegenüber dem Buchwert niedrigerer Zeitwert beizulegen ist.

Die Neufassung des § 253 Abs. 3 Satz 4 HGB sieht vor, dass bei **Finanzanlagen** außerplanmäßige Abschreibungen auch bei voraussichtlich **nicht dauernder Wertminderung** vorgenommen werden können, d.h. es besteht insoweit ein **Abschreibungswahlrecht**. Mit der Neufassung wird das bisher auf Kapitalgesellschaften und kapitalistische Personenhandelsgesellschaft beschränkte Verbot der außerplanmäßigen Abschreibung von Anlagegegenständen bei nur vorübergehender Wertminderung auf alle Unternehmen ausgedehnt. Das bislang bestehende Wahlrecht wird damit, ausgenommen der Abschreibung auf Finanzanlagen, auch für die Unternehmen, die nicht in der Rechtsform der Kapitalgesellschaft oder der kapitalistischen Personenhandelsgesellschaft sind, aufgehoben. Dem Vorschlag, außerplanmäßige Abschreibung von Vermögensgegenständen des Anlagevermögens auch bei nur vorübergehender Wertminderung zwingend vorzuschreiben, ist das BilMoG nicht gefolgt.

Der Begriff **„niedrigerer Zeitwert"**, der den Anlagegegenständen am Abschlussstichtag beizulegen ist, wird im Gesetz nicht definiert. Nach dem RegE zum BilMoG ist die Verwendung des Begriffs eine Anpassung an den in § 255 Abs. 4 HGB verwendeten Begriff „beizulegender Zeitwert". Einigkeit muss bei Fortsetzung der bisherigen Auffassung darüber bestehen, dass es sich bei dem niedrigeren Zeitwert, um einen Wert handelt, der niedriger ist, als die um planmäßige Abschreibungen verminderten Anschaffungs- oder Herstellungskosten eines Vermögensgegenstandes. Der niedrigere Zeitwert ist danach der unter den planmäßig fortgeschriebenen Anschaffungs- oder Herstellungskosten liegende Wert. In Höhe der Differenz zwischen dem Wert der fortgeschriebenen Anschaffungs- oder Herstellungskosten und dem niedrigeren Zeitwert eines Anlagegegenstandes sind außerplanmäßige Abschreibungen vorzunehmen.

Als **Hilfswerte** für die Bestimmung des niedrigeren Zeitwertes werden genannt:

- der Wiederbeschaffungswert als **Wiederbeschaffungszeitwert**;
- der **Einzelveräußerungswert** abzüglich der Veräußerungskosten bei beabsichtigter Veräußerung eines Anlagegegenstandes in absehbarer Zeit oder bei einem stillgelegten Anlagegegenstand;
- der **Ertragswert**, sofern einem Anlagegegenstand bei gegebenem Diskontierungsfaktor für die voraussichtliche Nutzungsdauer ein Zahlungsstrom zugeordnet werden kann.

55) Zuschreibungspflicht und Zuschreibungsverbot

Die Vornahme von Abschreibungen auf **Gegenstände des Anlagevermögens** nach § 253 Abs. 3 Satz 3 oder Satz 4 HGB darf nach § 253 Abs. 5 Satz 1 HGB entsprechend der bisherigen Regelung nicht beibehalten werden, wenn die Gründe für die in vorhergehenden Geschäftsjahren vorgenommenen (außerplanmäßigen) Abschreibungen nicht mehr bestehen.

Von der Zuschreibungspflicht beinhaltet § 253 Abs. 5 Satz 2 HGB eine Ausnahme. Danach ist ein niedrigerer Wertansatz eines entgeltlich erworbenen **Geschäfts- oder Firmenwertes** bei Wertsteigerungen beizubehalten.

b) Vermögensgegenstände des Umlaufvermögens

11) Abschreibungen

Die folgende Darstellung beschränkt sich auf die Folgebewertungsgrundsätze, die für die Gegenstände des Umlaufvermögens gelten. Besonderheiten der Wertbestimmung von Vermögensgegenständen des Umlaufvermögens werden bei der Darstellung der entsprechenden Bilanzposten aufgezeigt.

Mit § 253 Abs. 4 HGB wurde mit dem BilMoG die bisher in § 253 Abs. 3 Satz 1 und 2 HGB geregelte Bewertung von Vermögensgegenständen des Umlaufvermögens sachlich unverändert fortgeführt. Nach der sachlich unveränderten Regelung sind bei **Vermögensgegenständen des Umlaufvermögens außerplanmäßige Abschreibungen** vorzunehmen, um die Gegenstände des Umlaufvermögens mit einem niedrigeren beizulegenden Zeitwert am Abschlussstichtag anzusetzen. Der bisherige Begriff „Börsen oder Marktpreis“ ist in Anpassung an die Änderung des § 255 Abs. 4 HGB durch den gleichbedeutenden Begriff „beizulegender Zeitwert“ ersetzt worden.

Für die Bewertung von Vermögensgegenständen des Umlaufvermögens gilt das strenge **Niederstwertprinzip**. Es besagt, dass bei einem über dem beizulegenden Zeitwert stehenden Buchwert eine Abschreibung des Buchwertes auf den niedrigeren beizulegenden Zeitwert vorzunehmen ist. Dies gilt unabhängig davon, ob die Wertminderung des Vermögensgegenstandes voraussichtlich nur vorübergehend oder voraussichtlich von Dauer ist.

Das strenge Niederstwertprinzip im Sinn des § 253 Abs. 4 HGB ist stichtagsbezogen. Maßgeblich ist der dem Vermögensgegenstand beizulegende Zeitwert zum Abschlussstichtag des Unternehmens. Für die Wertermittlung gilt wie bisher das **Wertaufhellungsprinzip**, nach dem Erkenntnisse über den Wert eines Vermögensgegenstandes des Umlaufvermögens zum Abschlussstichtag nicht nur zu berücksichtigen sind, wenn sie zu diesem Zeitpunkt bekannt sind. Erkenntnisse über den Wert des Vorratsgegenstandes sind auch dann in die Bewertung eines Jahresabschlusses einzubeziehen, wenn sie bis zu dessen Aufstellung bekannt geworden sind.

22) Wertaufholungsgebot und Wertaufholungsverbot

Abschreibungen auf Vermögensgegenstände des **Umlaufvermögens** nach § 253 Abs. 4 HGB und die sich daraus ergebenden niedrigeren Wertansätze dieser Vermögensgegenstände dürfen entsprechend § 253 Abs. 5 Satz 1 HGB, ebenso wie außerplanmäßige Abschreibungen auf Vermögensgegenstände des Anlagevermögens, **nicht beibehalten** werden, wenn die Gründe für die Wertminderungen der Vermögensgegenstände in vorhergehenden Geschäftsjahren nicht mehr bestehen.

Der angesprochene Fall kann für Vermögensgegenstände des Umlaufvermögens nur eintreten, wenn die Vermögensgegenstände des Umlaufvermögens mehr als ein Jahr auf Lager sind. Nur dann tritt für Vermögensgegenstände des Umlaufvermögens das Bewertungsproblem in zwei aufeinander folgenden Geschäftsjahren des Unternehmens auf.

Mit der Neufassung des § 253 Abs. 5 HGB durch das BilMoG wurde ein umfassendes **Wertaufholungsgebot** (Zuschreibungsgebot) bezüglich der außerplanmäßigen Abschreibungen festgelegt. Betroffen von der Regelung sind nunmehr nicht nur die bisher nach § 280 HGB zur Wertaufholung verpflichteten Unternehmen der §§ 264 ff. HGB, sondern auch Unternehmen, die nicht unter den Zweiten Abschnitt nach §§ 264 ff. HGB fallen, d.h. Genossenschaften, Personenhandelsgesellschaften und Einzelkaufleute.

Weniger überzeugend ist die Begründung, nach der der bisherige Unterschied zwischen Kapitalgesellschaften und Genossenschaften, Personenhandelsgesellschaften und Einzelkaufleuten nicht von sachlichen Gründen getragen ist. Die im RegE vorgetragenen Argumente (BT-Drucks. 16/10067, S. 57) lassen sich für jede Abweichung zwischen Kapitalgesellschaften und Nichtkapitalgesellschaften vortragen.

Abweichend von dem Wertaufholungsgebot des § 253 Abs. 5 Satz 1 HGB beinhaltet Satz 2 ein **Wertaufholungsverbot**. Ein niedrigerer Wertansatz eines entgeltlich erworbenen Geschäfts- oder Firmenwertes ist bei Wertminderung beizubehalten. Nach der Begründung (BT-Drucks. 16/10067, S. 57) des Verbots beruht eine Wertaufholung nicht darauf, dass die Gründe der außerplanmäßigen Abschreibung zu einem späteren Zeitpunkt nicht mehr bestehen und die Wertaufholung eine verbotene Aktivierung eines selbst geschaffenen Geschäfts- oder Firmenwert darstellt.

5. Währungsumrechnung

Der durch das BilMoG eingeführte § 256a HGB enthält eine **Neuregelung** der Umrechnung von Fremdwährungsgeschäften. Die Vorschrift ist abschließend auf Fremdwährungen lautende Vermögensgegenstände und Verbindlichkeiten sowie die auf diese in Beziehung stehenden Aufwendungen und Erträge begrenzt. Nicht unter die Vorschriften des § 256a HGB fallen Rückstellungen, latente Steuern und Rechnungsabgrenzungsposten.

Nach § 256a Satz 2 HGB sind nach einer Restlaufzeit von einem Jahr oder weniger § 253 Abs. 1 Satz 1 und § 252 Abs. 1 Nr. 4 Halbs. 2 HGB nicht anzuwenden. Der Gesetzeswortlaut des § 256a Satz 2 HGB beinhaltet bezüglich der Anwendung des angesprochenen §§ 252 und 253 HGB kein Ansatzwahlrecht, sondern ein Ansatzverbot („nicht anzuwenden").

a) Grundlagen

Nach dem RefE (S. 127) hat die Umrechnung von in ausländischer Währung abgeschlossenen Geschäften in Euro in Deutschland stark an Bedeutung gewonnen, das es erforderlich mache aus Gründen der **Vergleichbarkeit** der handelsrechtlichen Abschlüsse für alle Unternehmen einheitliche Vorschriften zur Umrechnung von Fremdwährungsgeschäften vorzusehen.

Maßgeblich für die Umrechnung von Positionen in Fremdwährung ist der Devisenkassamittelkurs. Darunter versteht man den Mittelkurs aus arithmetischem Durchschnittskurs aus Geld- und Briefkurs bei Zugangs- und Folgebewertung.

Der Umrechnung von Verbindlichkeiten aus fremder Währung in Euro ist nach § 256a HGB der Devisenkassamittelkurs am Abschlussstichtag zugrunde zu legen. Das bedeutet nicht, dass sich § 256a Satz 1 HGB ausschließlich auf die Umrechnung fremder Währung am **Abschlussstichtag** beschränkt. Im Schrifttum wird die Auffassung vertreten, dass nicht der Abschlussstichtag, sondern der Zeitpunkt der Erstverbuchung für die Umrechnung gemeint sei. Bei dieser Einschränkung der Umrechnung auf die Ermittlung von Zugangswerten, würden die Umrechnungen bei Wertveränderungen der Fremdwährungspositionen zum Abschlussstichtag in der Bilanz fehlerhaft behandelt werden. Daraus folgt: Die Verbindlichkeit in fremder Währung ist als Zugangswert, zum Bilanzstichtag und falls die Verbindlichkeit noch offen ist, zu weiteren Abschlussstichtagen mit dem Devisenkassamittelkurs zu bewerten.

Nach § 256a Satz 2 HGB sind, wie oben angeführt, nach einer Restlaufzeit von einem Jahr oder weniger § 253 Abs. 1 Satz 1 HGB und § 252 Abs. 1 Nr. 4 Halbs. 2, d.h. das Anschaffungskosten- und Realisationsprinzip nicht anzuwenden.

b) Bewertung von Posten in fremder Währung

11) Zugangsbewertung von Posten in fremder Währung

Die Verbindlichkeit ist bei der **Entstehung** (Zugang) in Euro zu erfassen, indem der Betrag in fremder Währung mit dem zum Zeitpunkt der Entstehung maßgeblichen Stichtagskurs als Devisenkassamittelkurs umgerechnet wird.

Nach den allgemeinen Regeln sind **Anschaffungsvorgänge erfolgsneutral** zu behandeln. Dies gilt auch für den Erwerb von Vermögensgegenständen, bei denen die Rechnung auf fremde Währung lautet. Die beim Erwerb eines Vermögensgegenstandes entstehenden Verbindlichkeiten in fremder Währung sind mit dem Devisenkassamittelkurs zum Zeitpunkt der Lieferung umzurechnen. Ebenso ist die bei Aufnahme eines Kredites in fremder Währung entstehende Verbindlichkeit mit dem Devisenkassamittelkurs zum Zeitpunkt der Kreditaufnahme zu bewerten.

22) Folgebewertung von Posten in fremder Währung

Für die Bewertung der Verbindlichkeit in fremder Währung in der Bilanz sind die allgemeinen Bewertungsgrundsätze des § 252 Abs. 1 HGB, insbesondere das Vorsichtsprinzip in Form des Imparitätsprinzips, und die speziellen Vorschriften des § 256a HGB zur Währungsumrechnung bei der Bestimmung eines niedrigeren beizulegenden Zeitwertes aufgrund der Änderung der Währungsrelation von fremder Währung und Euro zugrunde zu legen.

Verbindlichkeiten in fremder Währung sind in der Bilanz grundsätzlich mit dem Erfüllungsbetrag zu bewerten. Unter Beachtung des Realisations-, Imparitäts- und Niederstwertprinzips ist der höhere Betrag aus Buchwert und dem mit dem Devisenkassamittelkurs zum Stichtag des Jahresabschlusses umgerechneten Betrages in fremder Währung anzusetzen. Maßgeblich ist der von dem Schuldner zu tilgenden Erfüllungsbetrag der Verbindlichkeit in fremder Währung. Dies gilt nach § 256a HGB für Verbindlichkeiten mit einer Laufzeit von mehr als einem Jahr. Die Umrechnung hat unter Berücksichtigung von § 252 Abs. 1 Nr. 4 und § 253 Abs. 1 Satz 1 HGB zu erfolgen.

c) Geschlossene Posten in fremder Währung

Bewertungseinheiten im Sinn geschlossener Positionen sind Hedge-Beziehungen zwischen einem gesicherten Posten und einem Gegenposten, die sich bei Veränderungen des Devisenkurses in der Weise verhalten, dass die Erhöhung des Betrages der Verbindlichkeit in Euro aufgrund der Werterhöhung des gehedgeten Postens durch entsprechende Erhöhung des Betrages des aktiven Gegenpostens in Euro ausgeglichen wird. Bei einer geschlossenen Position besteht danach kein Währungsrisiko.

11) Zugangsbewertung bei geschlossenen Positionen in fremder Währung

Besteht bei der Entstehung eines zu sichernden Postens bereits ein deckungsfähiger Gegenposten und sollen beide Posten eine Bewertungseinheit i.S. einer Hedge-Beziehung i.S. des neu eingeführten § 254 HGB bilden, bestimmt der Devisenkassamittelkurs des Deckungspostens den Umrechnungskurs des entstehenden Postens.

Besteht bei der Entstehung eines zu sichernden Postens kein deckungsfähiger Gegenposten, liegt eine offene Währungsposition vor. Eine spätere Deckung kann im Zugangswert eines zuerst entstandenen, später gedeckten Postens nicht berücksichtigt werden. Dies gilt u.a. für erworbene Vermögensgegenstände und die entsprechenden Verbindlichkeiten.

22) Folgebewertung bei geschlossenen Positionen in fremder Währung

Werden zu sichernde Posten und deckungsfähige Posten beim Zugang mit dem gleichen Devisenkassamittelkurs umgerechnet und bilden die beiden Posten eine Bewertungseinheit, so sind auf die Bewertungseinheit die allgemeinen Bewertungsgrundsätze des § 252 Abs. 1 HGB und die speziellen Bewertungsvorschriften der §§ 253 bis 256 HGB anzuwenden.

Wird der zu sichernde Posten erst nach seiner Entstehung durch einen deckungsfähigen Gegenposten gehedget, unterscheiden sich die zu Grunde gelegten Devisenkassamittelkurs und damit auch die Umrechnungsbeträge. Allerdings kann die Bilanzierung der geschlossenen Position zur Anpassung der beiden Werte führen.

IV. Ausweisgrundsätze

1. Inhalt und Gliederung der Bilanz

Der Ausweisgrundsatz des § 247 Abs. 1 HGB ist nach h.M. für die Ermittlung eines den tatsächlichen Verhältnissen entsprechenden Bildes der Vermögens-, Finanz- und Ertragslage des Unternehmens ungeeignet, da die angeführten Posten für die Information der Rechnungslegungsadressaten nicht ausreichen. Der Ausweis muss über die dort getrennt angeführten wenigen Posten „Anlagevermögen, Umlaufvermögen, Eigenkapital, Schulden Rechnungsabgrenzungsposten" hinausgehen. Dies kommt bereits in der Vorschrift zum Ausdruck, nach der die angeführten Posten der Bilanz gesondert auszuweisen und hinreichend aufzugliedern sind.

Die h.M. geht davon aus, dass **Grundlage für** einen **hinreichenden Ausweis** die Posten der Gliederung der Bilanz nach 266 Abs. 2 und 3 HGB darstellen und dass kleine Kapitalgesellschaften und die diesen entsprechenden kleinen Personenhandelsgesellschaften und Einzelunternehmer eine verkürzte Bilanz nach § 266 Abs. 1 Satz 3 aufstellen, in die nur in § 266 Abs. 2 und 3 HGB mit Buchstaben und römischen Zahlen bezeichneten Posten in der vorgeschriebenen Reihenfolge auszuweisen sind.

Die **Anwendung** des § 266 Abs. 2 und 3 HGB mit Buchstaben und römischen Zahlen **gilt nicht für Einzelunternehmen**, auf die die Befreiung von der Pflicht zur Buchführung und Erstellung eines Inventars angewendet werden kann. Sind für einen Einzelkaufmann die Voraussetzungen des § 241a Satz. 1 HGB erfüllt, muss er weder eine Bilanz noch eine GuV aufstellen. An deren Stelle tritt bei Vorliegen der Voraussetzungen des § 241a Satz. 1 HGB eine Einnahmen-Überschuss-Rechnung nach Maßgabe des § 4 Abs. 3 EStG.

Ausweisgrundsätze betreffen neben der Struktur der Bilanz und der in dieser einzeln auszuweisenden Posten die gesondert auszuweisenden und die zu verrechnenden bzw. verrechenbaren Posten. **Grundsätzlich** gilt das **Verrechnungsverbot** des § 246 Abs. 2 HGB, nach dem Posten der Aktivseite nicht mit Posten der Passivseite verrechnet werden dürfen. Von diesem Grundsatz bestehen Ausnahmen für eine Reihe von Aktiv- und Passivposten. Danach gilt:

- Die Anfügung an § 246 Abs. 2 HGB, nach der **Vermögensgegenstände**, die ausschließlich der **Erfüllung von Schulden dienen**. Sie sind nicht auf der Aktivseite der Bilanz auszuweisen, sondern mit diesen Schulden zur verrechnen. Voraussetzung ist, dass Vermögensgegenstände ausschließlich der Erfüllung von Schulden dienen, wenn sie der Verfügung durch den Kaufmann und dem Zugriff aller Gläubiger entzogen sind.

- **Ausstehende, nicht eingeforderte Einlagen** sind nicht mehr entsprechend der früheren Regelung als besonderer Posten auf der Aktivseite, sondern nach der Neuregelung des § 272 Abs. 1 Satz 3 HGB durch das BilMoG von dem Posten „Gezeichnetes Kapital" in der Vorspalte offen abzusetzen.

- **Eigene Anteile** sind nach Änderung des § 266 Abs. 2 B III HGB und der Einfügung des § 272 Abs. 1a HGB durch das BilMoG nicht mehr wie bisher unter den Wertpapieren des Umlaufvermögens als Aktivposten auszuweisen. Aufgrund der Annahme einer entsprechenden Kapitalherabsetzung sind sie **mit dem Gezeichneten Kapital zu verrechnen**. Der Unterschiedsbetrag zwischen Kaufpreis und Nennbetrag der erworbenen eigenen Anteile ist mit den anderen Gewinnrücklagen zu verrechnen;

- **Latente aktive und passive Steuern** sind nach der Neuformulierung des § 274 Abs. 1 HGB durch das BilMoG ansatzpflichtig. Bei einer sich nach Saldierung ergebende Steuerbelastung ist eine Steuerrückstellung anzusetzen (Passivierungspflicht), bei einer sich ergebende Steuerentlastung kann eine aktive latente Steuer ausgewiesen werden. Es besteht ein Ansatzwahlrecht.

- **Forderungen aus Lieferungen und Leistungen** dürfen ebenso wie andere Forderungen nach § 246 Abs. 2 HGB grundsätzlich nicht mit Verbindlichkeiten verrechnet werden. Abweichend von dem Grundsatz ist nach h.M. die **Verrechnung** zulässig, wenn:
  - Forderungen und Verbindlichkeiten gegenüber derselben Person bestehen und sich am Abschlussstichtag so gegenüber stehen, dass sie gemäß § 387 BGB von beiden Seiten gegeneinander aufgerechnet werden könnten;
  - die Forderung des bilanzierenden Unternehmens am Abschlussstichtag fällig ist, während die ihr gegenüberstehende Verbindlichkeit noch nicht fällig, aber erfüllbar ist, so dass das bilanzierende Unternehmen nach § 387 BGB aufrechnen könnte;
  - Forderungen und Verbindlichkeiten zwischen derselben Person, d.h. hier eines bestimmten Unternehmens am Abschlussstichtag zwar nicht fällig sind, aber die Zeitpunkte der Fälligkeit der Forderung und der Erfüllbar-

keit der Verbindlichkeit identisch sind oder nur unwesentlich voneinander abweichen.

Bei Posten und Gegenposten erlaubt der durch das BilMoG eingefügte § 254 HGB die Bildung von **Bewertungseinheiten** und damit eine Verrechnung von Aktiva und Passiva. Er sieht vor, dass für den Fall, in dem Vermögensgegenstände, Schulden, schwebende Geschäfte oder mit hoher Wahrscheinlichkeit erwartete Transaktionen zum Ausgleich gegenläufiger Wertänderungen oder Zahlungsströmen aus dem Eintritt vergleichbarer Risiken mit Finanzinstrumenten zusammengefasst, d.h., es liegt eine Bewertungseinheit im Sinn des § 254 HGB vor.

2. Inhalt und Gliederung der Gewinn- und Verlustrechnung

Für die GuV gilt das **Verrechnungsverbot** des § 246 Abs. 2 HGB, nach dem grundsätzlich Aufwendungen nicht mit Erträgen verrechnet werden dürfen. Von dem Grundsatz bestehen Ausnahmen. Sie gelten für:

- Den Posten „**Erhöhung oder Verminderung des Bestands an fertigen und unfertigen Erzeugnissen**" bei Anwendung des Gesamtkostenverfahrens nach § 275 Abs. 2 Nr. 2 HGB. Bei dem Posten bedarf es keines gesonderten Ausweises der Bestandserhöhungen und der Bestandsverminderungen der einzelnen Bestände, sondern lediglich des Differenzbetrages.
- Bei dem Posten „**Steuern vom Einkommen und vom Ertrag**", der Steuerzahlungen und Steuererstattungen beinhaltet, wird in der GuV der Differenzbetrag aus Zahlungen und Erstattungen ausgewiesen.

Die **Ansatzstetigkeit** ist für die wenigen Fälle des Bestehens von Ansatzwahlrechten von Bedeutung, z.B. bei der Aktivierung eines Disagios, das nach § 250 Abs. 3 HGB in den aktiven Rechnungsabgrenzungsposten aufgenommen werden darf. Ist im vorhergehenden Geschäftsjahr eine Anleihe unter pari aufgelegt und im vorhergehenden Jahresabschluss das Disagio aktiviert worden, so ist nach dem durch das BilMoG angefügten § 246 Abs. 3 Satz 1 HGB die auf den vorhergehenden Jahrsabschluss angewandte Ansatzmethode beizubehalten. Daraus folgt, bei der Auflegung einer Disagioanleihe in der Folgeperiode ist das Disagio gleichfalls unter dem aktiven Rechnungsabgrenzungsposten zu aktivieren. § 252 Abs. 2 HGB zur Abweichung in begründeten Ausnahmefällen ist nach § 246 Abs. 3 Satz 2 entsprechend anzuwenden.

3. Inhalt und Gliederung des Anlagenspiegels

§ 268 Abs. 2 Satz 2 und 3 HGB verlangt den horizontalen Ausweis eines Anlagenspiegel (Anlagengitter) für die Gegenstände des Anlagevermögens. Eine mögliche **Ausweisform**, bei der die im Folgenden angeführten Sachverhalte in Spalten nebeneinander (nicht wie hier, untereinander) angeführt werden, stellt sich wie folgt dar:

- **Anschaffungs- oder Herstellungskosten:** Sie betreffen die gesamten (historischen) Anschaffungs- bzw. Herstellungskosten aller zu Beginn eines Geschäftsjahres vorhandenen Gegenstände des Anlagevermögens. Es sind auch die Anschaffungs- bzw. Herstellungskosten derjenigen Vermögensgegenstände aufzunehmen, die bereits vollständig auf den Wert Null abgeschrieben, aber in dem Unternehmen noch vorhanden sind.

- **Zugänge des Geschäftsjahres:** Sie umfassen die Anschaffungs- oder Herstellungskosten der zugegangenen Gegenstände des Anlagevermögens. Unter den Zugängen sind geringwertige Anlagegüter aufzunehmen, die im Jahr des Zugangs voll abgeschrieben werden. Nachträgliche Anschaffungs- oder Herstellungskosten für bereits aktivierte Gegenstände des Anlagevermögens sind im Jahr ihres Entstehens als Zugänge zu behandeln.

- **Abgänge des Geschäftsjahres:** sie werden mit den ursprünglichen Anschaffungs- oder Herstellungskosten der Gegenstände des Anlagevermögens aufgeführt.

- **Umbuchungen des Geschäftsjahres:** Sie stellen Ausweisänderungen zwischen einzelnen Posten der Gegenstände des Anlagevermögens dar. Umgliederungen von dem Anlagevermögen in das Umlaufvermögen und umgekehrt werden nicht einheitlich behandelt, sondern in der Bilanzierungspraxis teils als Umbuchungen, teils als Zugang/Abgang ausgewiesen.

- **Zuschreibungen des Geschäftsjahres:** Sie umfassen Aufhebungen von in früheren Jahren vorgenommenen Abschreibungen auf Gegenstände des Anlagevermögens. Im Gegensatz zu Abschreibungen sind im Anlagenspiegel lediglich die Zuschreibungen des Geschäftsjahres auszuweisen.

- **Abschreibungen in ihrer gesamten Höhe** (kumulierten Abschreibungen): Sie umfassen alle wertmäßigen Verminderungen der Gegenstände des Anlagevermögens gegenüber den Anschaffungs- oder Herstellungskosten, die im abgelaufenen Geschäftsjahr und in früheren Geschäftsjahren vorgenommen worden sind. Von ihrer Summe sind die kumulierten Abschreibungen auf Abgänge des laufenden Geschäftsjahres abzusetzen.

- **Abschreibungen des Geschäftsjahres:** Sie sind gesondert auszuweisen. Es besteht ein Wahlrecht, den Ausweis in der Bilanz oder im Anhang vorzunehmen.

Zweiter Teil

Bilanzierung der Gegenstände des Anlagevermögens

A. Immaterielle Vermögensgegenstände

I. Grundlagen

Die wesentliche Änderung des § 248 HGB durch das BilMoG wird von dem Gesetzgeber (RegE BT. Drucks. 16/10067 S. 49) in der Aufhebung des Verbots der Aktivierung **selbst geschaffener immaterieller Vermögensgegenstände des Anlagevermögens** gesehen. Das Ziel der Änderung wird darin gesehen, die immateriellen Vermögensgegenstände den Abschlussadressaten offenzulegen.

Die Bilanzierung selbst geschaffener immaterieller Vermögensgegenstände des Anlagevermögens beinhaltet nach Auffassung des Gesetzgebers ein Problem in Bezug auf die Festlegung der Herstellungskosten des Unternehmens und die Unsicherheit bezüglich der Nutzungsdauer. Ob tatsächlich die Ermittlung der Herstellungskosten regelmäßig nicht eindeutig zurechenbaren ist, und hohe Unsicherheit hinsichtlich ihrer künftigen Nutzungsdauer besteht, kann in Frage gestellt werden. Dagegen lässt sich die Absicherung der selbst geschaffenen immateriellen Vermögensgegen-stände des Anlagevermögens durch eine Ausschüttungssperre nachvollziehen.

II. Nachweis und Ansatz des selbst geschaffenen immaterieller Anlagevermögens

1. Nachweis des selbst geschaffenen immateriellen Anlagevermögens

Abweichend von der Erbringung des Nachweises über das Vorhandensein materieller Anlagegegenstände kann vielfach der **Nachweis** des Bestehens nicht greifbarer **immaterieller Vermögensgegenstände des Anlagevermögens** in einem Unternehmen lediglich anhand von Unterlagen und Dokumenten erbracht werden. Die Dokumente der internen Rechnungslegung des Unternehmens, vor allem der zahlungsorientierten (pagatorischen) Kostenrechnung, die gleichzeitig als objektive Grundlage für die Wertermittlung selbst erstellter immaterieller Vermögensgegenstände des Anlagevermögens heranzuziehen sind, können die Grundlage für den Nachweis der immateriellen Vermögensgegenständen des Anlagegegenstände sein. Dies gilt u.a. für Patenteintragungen, Urkunden über Konzessionen, Schutzrechte, Urheberrechte, Nutzungsrechte, Belieferungs- und Bezugsrechte, Quoten und Kontingente.

Dessen ungeachtet kann in Einzelfällen der Nachweis anhand des körperlichen Bestandes, z.B. anhand von Bildträgern, Tonträgern oder EDV-Datenträgern, geführt werden. Über diese Dokumente müssen Zugänge und Abgänge und der Bestand der immateriellen Vermögensgegenstände des Anlagevermögens feststellbar sein.

Nach Auffassung des Schrifttums ist bezüglich des Zugangszeitpunktes eines immateriellen Vermögensgegenstandes des Anlagevermögens bei **Zugang** zu unterscheiden, ob die Nutzungsfähigkeit des Gegenstandes mit dem Verfügungsrecht über einen körperlichen Gegenstand zusammenhängt.

- Ist ein immaterieller Vermögensgegenstand des Anlagevermögens mit einem **körperlichen Gegenstand** verbunden, soll Zugangszeitpunkt der Übergabezeitpunkt des körperlichen Gegenstandes sein. Gleiches gilt bei Nutzungsrechten an Sachen, z.B. Nießbrauch, Mietrecht. Auch hierfür soll der Zugangszeitpunkt die Erlangung der tatsächlichen Verfügungsgewalt des erwerbenden Unternehmens sein.
- Ist ein immaterieller Anlagegegenstand **nicht mit einem körperlichen Gegenstand** verbunden, wie z.B. eine Lizenz oder ein anderes Recht, soll der Zugangszeitpunkt des Wirksamwerden der rechtlichen Übertragung der Befugnis zur Ausübung des jeweiligen Rechtes, z.B. des Rechtes aus der Lizenz, sein.

Für den **Abgangszeitpunkt** eines immateriellen Vermögensgegenstandes des Anlagevermögens gelten die obigen Ausführungen zum Zugangszeitpunkt entsprechend. **Abgangsarten** sind die Veräußerung oder das Erlöschen des Rechts an dem immateriellen Vermögensgegenstand. Problematisch ist die Bestimmung des Abgangszeitpunktes in den Fällen, in denen er sich nicht durch Veräußerung oder Untergang ergibt, z.B. bei der vollen Abschreibung eines immateriellen Vermögensgegenstandes.

Die volle **Abschreibung** ist nach h.M. im Zweifel **als Abgang** anzunehmen. Diesem Vorgehen liegt jedoch eine nicht zulässige Vermischung von Ansatz und Bewertung eines immateriellen Vermögensgegenstandes des Anlagevermögens vor. Tatsächlich stellt die Vollabschreibung keinen Abgang eines immateriellen Vermögensgegenstandes dar. Bei korrekter Unterscheidung zwischen dem Abgang eines immateriellen Vermögensgegenstandes und seiner Bewertung ist auch ein voll abgeschriebener Vermögensgegenstand ansatzpflichtig: die Bewertung erfolgt zu dem Betrag null.

2. Ansatz des selbst geschaffenen immateriellen Anlagevermögens

Bezüglich der **Ansatzpflicht** ist zu unterscheiden zwischen **entgeltlich erworbenen, unentgeltlich erworbenen** und **selbst erstellten** immaterieller Vermögensgegenstände des Anlagevermögens.

(a) Für die **entgeltlich erworbenen immateriellen Vermögensgegenstände** des Anlagevermögens u.a. Patente, Konzessionen, gewerbliche Schutzrechte und ähnliche Rechte und Werte sowie Lizenzen an solchen Rechten und Werten besteht aufgrund ihrer Eigenschaft als Vermögensgegenstände **Ansatzpflicht**. Erwerbsvorgänge können u.a. Kauf, Tausch und vergütete Übernahmen von Mitarbeitererfindung sein.

(b) Die **nicht entgeltlich erworbenen immateriellen Vermögensgegenstände** des Anlagevermögens können u.a. auf Schenkungen von Gesellschaftern, von Mitarbeitern oder auf Übertragungen von Mitarbeitererfindungen ohne Gegenleistung zurückgehen. Die Ansatzpflicht war bisher strittig; Nach § 248 Abs. 2 HGB a.F. bestand Ansatzverbot und entsprach damit nicht dem Grundsatz der Vollständigkeit.

(c) Für die **selbst geschaffenen immateriellen Vermögensgegenstände des Anlagevermögens** bestand, wie angeführt, vor dem BilMoG das **Ansatzverbot** des § 248 Abs. 2 HGB. Für immaterielle Vermögensgegenstände des Anlagevermögens, die nicht entgeltlich erworben wurden, durfte ein Aktivposten nicht angesetzt werden. Nach dem RefE (S. 97 f.) zum BilMoG sollte durch Einführung einer Ansatzpflicht für immaterielle Vermögensgegenstände des Anlagevermögens, das zuvor bestehende generelle Ansatzverbot aufgehoben werden. Nach dem RegE zum BilMoG besteht die wesentliche Änderung des § 248 Abs. 2 HGB in der Aufhebung des zuvor bestehenden Verbots der Aktivierung selbst geschaffener immaterieller Vermögensgegenstände des Anlagevermögens (BT-Drucks. 16/10067, S. 49 f.). Der Rechtsausschuss und der Bundesrat erachteten es als ausreichend, für die selbst geschaffenen immateriellen Vermögensgegenstände des Anlagevermögens an Stelle der nach dem RegE verlangten Aktivierungspflicht quasi ein **Aktivierungswahlrecht** vorzugeben (BT-Drucks. elektrische Vorabfassung 16/12407, S. 166 f.).

Die Regelung des § 248 Abs. 2 HGB stellt keine vollumfängliche Lösung der Aufhebung des Verbots der Aktivierung der nicht entgeltlich erworbenen selbst geschaffenen immateriellen Vermögensgegenstände des Anlagevermögens dar. Tatsächlich besteht nunmehr für einen Teil der selbst geschaffenen immateriellen des Anlagevermögens **Ansatzverbot**, für einen anderen Teil **Ansatzwahlrecht**. Die Lösung stellt sich wie folgt dar:

- Es besteht weiterhin **Ansatzverbot** für Aufwendungen der Gründung eines Unternehmens, die Beschaffung des Eigenkapitals und den Abschluss von Versicherungsverträgen.
- Nach 248 Abs. 2 Satz 2 HGB dürfen in die Bilanz nicht aufgenommen werden selbst geschaffene Marken, Drucktitel, Verlagsrechte, Kundenlisten oder vergleichbare immaterielle Vermögensgegenstände des Anlagevermögens, d.h. es besteht **Ansatzverbot**.
- Nach dem durch den Rechtsausschusses in der BT-Drucks 16/12407 neu eingefügten § 248 Abs. 2 Satz 1 HGB **können** selbst geschaffene immaterielle Vermögensgegenstände des Anlagevermögens als Aktivposten in die Bilanz aufgenommen werden, d.h. es besteht ein **Ansatzwahrecht**. Die Zulassung des Ansatzwahlrechts im BilMoG ist nur schwer nachvollziehbar, vergleicht

man die Argumentation einer Ansatzpflicht für selbst geschaffene immaterielle Vermögensgegenstände des Anlagevermögens im RefE und RegE.

Voraussetzung für die Aktivierung von entgeltlich erworbenen und selbst erstellten immateriellen Vermögensgegenständen des Anlagevermögens ist, wie oben angeführt, das Vorliegen der Vermögensgegenstandeigenschaft im Sinn des § 246 Abs. 1 HGB. Ein Vermögensgegenstand ist eine Sache oder ein Recht, das einen wirtschaftlichen Wert hat, selbständig bewertbar ist und einzeln verwertet werden kann. Einzelverwertbarkeit bedeutet zunächst Einzelveräußerbarkeit. Der Begriff der **Einzelverwertbarkeit** ist jedoch als übergeordneter Begriff weiterführend:

- Einzelverwertbar ist eine Sache, ein Recht oder ein wirtschaftlicher Wert auch dann, wenn die Verwertung nicht durch Veräußerung, sondern durch Verarbeitung, Verbrauch oder durch Nutzungsüberlassung erfolgen kann.
- Einzelverwertbarkeit ist nach Auffassung im Schrifttum auch gegeben, wenn ein Recht durch Vertrag an die Person einer Vertragspartei gebunden ist, z.B. das Alleinvertriebsrecht oder die Handelsvertretung eines Unternehmens.

Zum **Gläubigerschutz** ist die Aktivierung selbst geschaffene immaterielle Vermögensgegenstände des Anlagevermögens neben anderen Posten nach dem durch das BilMoG neu geschaffenen § 268 Abs. 8 HGB mit einer **Ausschüttungssperre** gekoppelt. Nach der Vorschrift dürfen für den Fall des Ansatzes selbst geschaffener immaterieller Vermögensgegenstände des Anlagevermögens in der Bilanz des Unternehmens Gewinne nur unter bestimmten Voraussetzungen ausgeschüttet werden. Hierzu müssen die nach der Ausschüttung verbleibenden frei verfügbaren Rücklagen abzüglich eines Verlustvortrages oder zuzüglich eines Gewinnvortrages dem Gesamtbetrag der Erträge des Unternehmens mindestens entsprechen. Der Anwendungsbereich der Ausschüttungssperre wird auf **Kapitalgesellschaften** beschränkt. Eine Sperre für Einzelkaufleute und Personenhandelsgesellschaften hat nach Auffassung des Gesetzgebers aufgrund der Haftung der Gesellschafter keine praktischen Konsequenzen.

III. Ausweis der selbst geschaffenen immateriellen Vermögensgegenstände

Mit der Neufassung des § 248 HGB durch das BilMoG und der Aktivierungspflicht der nicht dem Bilanzierungsverbot des § 248 Abs. 2 Satz 2 HGB unterliegenden selbst erstellten immateriellen Vermögensgegenstände des Anlagevermögens sind in das **Gliederungsschema** des § 266 Abs. 2 HGB unter dem Posten „Immaterielle Vermögensgegenstände" die neuen Posten „Selbstgeschaffenegewerbliche Schutzrechte und ähnliche Rechte und Werte" und „entgeltlich erworbene Konzessionen, gewerbliche Schutzrechte und ähnliche Rechte und Werte sowie Lizenzen an solchen Rechten und Werten" eingefügt worden, um die selbst erstellten immateriellen Vermögensgegenstände des Anlagevermögens von den entgeltlich erworbenen immateriellen Vermögensgegenstände des Anlagevermögens abzugrenzen.

Mit der **Neugliederung** soll sichergestellt werden, dass die selbst geschaffenen immateriellen Vermögensgegenstände des Anlagevermögens, für die die Ausschüttungssperre nach § 268 Abs. 8 HGB besteht, zum Zwecke der Verdeutlichung von den entgeltlich erworbenen immaterieller Vermögensgegenstände des Anlagevermögens getrennt werden.

Im Schrifttum wurden bereits bisher mögliche **Aufstellungen** der unterschiedlichen **Arten immaterieller Gegenstände des Anlagevermögens** aufgezeigt. Unter den Ausweis fallen:

- Konzessionen und gewerbliche Schutzrechte: Konzessionen, Patente, Gebrauchsmuster, Warenzeichen, Urheberrechte;
- ähnliche Rechte: Lizenzen, Nießbrauchsrechte, Rechte aus Quoten, Kontingenten und Syndikaten, Rechte an EDV-Software;
- ähnliche Werte: Know-how, ungeschützte Erfindungen, Kundenkarteien.

Eine Gliederung in die angeführten Posten ist im Gesetz nicht vorgeschrieben. Dagegen ist die Gliederung der immateriellen Vermögensgegenstände des Anlagevermögens nach dem durch das BilMoG geänderten § 266 Abs. 2 A. I. HGB „**Immaterielle Vermögensgegenstände**" in die folgenden Posten gegliedert:

- Selbst geschaffene gewerbliche Schutzrechte und ähnliche Rechte und Werte,
- entgeltlich erworbene Konzessionen, gewerbliche Schutzrechte und ähnliche Rechte und Werte sowie Lizenzen an solchen Rechten und Werten;
- Geschäfts- oder Firmenwert; und
- geleistete Anzahlungen (auf immaterielle Vermögensgegenstände des Anlagevermögens).

IV. Bewertung immaterieller Vermögensgegenstände des Anlagevermögens

1. Zugangsbewertung

a) Erworbene immaterielle Anlagegegenstände

(1) Der **Zugangswert** der erworbenen immateriellen Vermögensgegenstände des Anlagevermögens in Form der **Anschaffungskosten** bestimmt sich nach der Höhe des von dem erwerbenden Unternehmen an den Veräußerer geleisteten Entgelts. Maßgeblich für die in die Anschaffungskosten einzubeziehenden Aufwendungen ist § 253 Abs. 1 Satz 1 HGB.

Für die Anschaffungskosten gilt die in Teil 1 angeführte Definition des § 255 Abs. 1 Satz 1 HGB. Zu den **Anschaffungskosten im engeren Sinn** kommen die Anschaffungsnebenkosten und die Anschaffungspreisminderungen.

Die Höhe der Anschaffungskosten nach § 255 Abs. 1 Satz 1 HGB des erwerbenden Unternehmens bestimmt sich unabhängig von der Angemessenheit der Leistung, die der Veräußerer erbracht hat, in Höhe des Betrages, der von dem erwerbenden Unternehmen an den Veräußerer geleistet wurde, um den immateriellen Vermögensgegenstand des Anlagevermögens zu erwerben.

(2) Ein überhöhter Betrag der Anschaffungskosten des erworbenen immateriellen Vermögensgegenstandes des Anlagevermögens ist von erwerbenden Unternehmen in voller Höhe als **Zugangswert** anzusetzen. Bereits beim Erwerb einer eingetretene Wertminderung oder sonstige Überzahlung zum Erwerbeszeitpunkt ist nicht beim Zugang des immateriellen Vermögensgegenstandes des Anlagevermögens, sondern in der Folgebewertung (Bilanzbewertung) zu berücksichtigen.

b) Selbst erstellte immaterielle Anlagegegenstände

Der Zugangswert der selbst geschaffenen immateriellen Vermögensgegenstände des Anlagevermögens entspricht den **Herstellungskosten**, soweit diese während der technischen Entwicklung des jeweiligen immateriellen Vermögensgegenstandes des Anlagevermögens des bilanzierenden Unternehmens angefallen sind. Die bei dem Unternehmen entstandenen Kosten der vorausgehenden **Forschungsphase** sind in die Herstellungskosten nicht einzubeziehen; sie sind direkt als Aufwand in der GuV anzusetzen.

Nach § 255 Abs. 2a HGB sind die bei der **Entwicklung** eines von dem Unternehmen selbst geschaffenen immateriellen Vermögensgegenstandes des Anlagevermögens anfallenden Herstellungskosten zu aktivieren. Maßgeblich für die Bestimmung der Höhe der Herstellungskosten sind die Bewertungsmaßstäbe des § 255 Abs. 2 Satz 2 und 3 HGB.

2. Folgebewertung

Der Folgewert (Bilanzwert) der entgeltlich und der nicht entgeltlich erworbenen selbst geschaffenen immateriellen Vermögensgegenstände des Anlagevermögens ist nach der Neufassung durch das BilMoG in § 253 Abs. 3 HGB geregelt. Für die Bewertung greifen darüber hinaus die allgemeinen Bewertungsgrundsätze des § 252 Abs. 1 HGB, so dass es des im Schrifttum vorgeschlagenen weiteren Grundsatzes „einer besonders kritischen Bewertung von immateriellen Vermögensgegenständen des Anlagevermögens" nicht bedarf.

Wertminderungen überhöhter Anschaffungskosten bei der Zugangsbewertung sowie überhöhter Herstellungskosten sind, wie angeführt, im Rahmen der Folgebewertung bei der Feststellung des Bilanzwertes der immateriellen Vermögensgegenstände des Anlagevermögens im Rahmen planmäßiger und außerplanmäßiger Abschreibungen vorzunehmen.

a) Planmäßige Abschreibung

Der planmäßigen Abschreibung unterliegen alle immateriellen Vermögensgegenstände des Anlagevermögens, deren Nutzungsdauer zeitlich begrenzt ist. Nach Auffassungen im Schrifttum soll als Abschreibungsmethode ausschließlich die **lineare Abschreibung** zulässig sein. Die Auffassung wird damit begründet, dass sich Immaterielle Vermögensgegenstände des Anlagevermögens nicht körperlich abnutzen und deshalb grundsätzlich einen gleichmäßigen Entwertungsverlauf über die Gesamtdauer ihrer jeweiligen Nutzung hinweg haben.

Die aus dem Steuerrecht abgeleitete Einschränkung auf die lineare Abschreibung ist nicht überzeugend. Es kann angesichts der schwer schätzbaren Werte immateriellen Vermögensgegenstände des Anlagevermögens und der Möglichkeit, dass sich derartige Werte schnell verflüchtigen können, notwendig sein, für die ersten Jahre der Nutzung höhere Abschreibungen vorzunehmen, d.h. der Bewertung eine **degressive Abschreibung** zugrunde zu legen.

Der angeführte Standpunkt wird nunmehr auch im RegE des BilMoG vertreten. Danach werden neben der linearen Abschreibung die degressive Abschreibung, die Leistungsabschreibung und die progressive Abschreibung als mit den Grundsätzen der ordnungsmäßiger Buchführung und Bilanzierung vereinbar angesehen (BT-Drucks. 16/10067, S. 56). Als Voraussetzung für die Anwendung einer bestimmten planmäßigen Abschreibung wird verlangt, dass die Methode mit den **GoB** vereinbar ist und den **tatsächlichen Werteverzehr** abbildet.

Zeitlich begrenzte Nutzungsdauer besteht bei einem immateriellen Vermögensgegenstand des Anlagevermögens, der für das Unternehmen i.d.R. lediglich innerhalb eines bestimmten Zeitraums nutzbar oder verwertbar sind. Entscheidend für die planmäßige Abschreibung ist der absehbare Werteverzehr des jeweiligen immateriellen Vermögensgegenstandes des Anlagevermögens.

Die Höhe der planmäßigen **Abschreibung** eines Vermögensgegenstandes des Anlagevermögens ist generell **abhängig** von:

- dem Betrag der Anschaffungskosten,
- der angewandten Abschreibungsmethode, und
- der voraussichtlichen Nutzungsdauer.

Maßgeblich für die der Abschreibung des immateriellen Vermögensgegenstandes des Anlagevermögens zugrunde zu legende Nutzung ist dessen **betriebsgewöhnliche Nutzungsdauer**. Dies ist der Zeitraum, in dem z.B. ein Recht voraussichtlich ausgeübt wird. Aufgrund einer Vielzahl von Faktoren, wie der technischen Entwicklung oder der Nachfrageverschiebung, ist die betriebsgewöhnliche Nutzungsdauer i.d.R. kürzer als die Zeit, in der ein immaterieller Vermögensgegenstand des Anlagevermögens von dem Unternehmen genutzt werden kann. In diesen Fällen wird im Schrifttum, ohne dass dies ausreichend begründet wurde, eine Nutzungsdauer zwischen drei und fünf Jahren als sachgerecht angesehen. Tatsächlich wird die Nutzungsdauer davon abweichend von dieser Auffassung durch den von dem Unternehmen geplanten Fertigungsumfang und die erwartete Marktentwicklung bestimmt.

Einen **Sonderfall** der Nutzungsdauerschätzung stellen die **zeitlich unbegrenzten Rechte** dar, bei denen mit fortlaufenden Verlängerungen gerechnet werden kann, oder bei denen ein Nutzungsende nicht absehbar ist. Dies gilt für die dem Unternehmen gewährten Verkehrskonzessionen, z.B. für Güterverkehrs-, Taxi-, und anderen Transportkonzessionen, die zeitlich nicht begrenzt sind. Auf die angeführten immateriellen Vermögensgegenstände des Anlagevermögens, sollen wegen der fehlenden zeitlichen Begrenzung (zeitliche Abnutzbarkeit) planmäßige Abschreibungen nicht zulässig sein.

Die **Nutzungsdauer** eines immateriellen Vermögensgegenstandes **beginnt** i.d.R. mit seinem Übergang auf das erwerbende Unternehmen. Der Beginn der Nutzungsdauer kann zu einem späteren Zeitpunkt nach dem Erwerb liegen, wenn entsprechend einer Vereinbarung die Ausübung des Rechts durch das erwerbende Unternehmen an dem immateriellen Vermögensgegenstand des Anlagevermögens den späteren Beginn des Einsatzes festlegt. Ebenso kann der Beginn der Ausübung zu einem Zeitpunkt liegen, der auf dem Zugang des erwerbenden Unternehmers liegt. Dies entspricht § 253 Abs. 3 Satz 2 HGB der nicht auf den Erwerbszeitpunkt eines immateriellen Vermögensgegenstandes des Anlagevermögens abstellt, sondern auf die Geschäftsjahre, in denen ein Vermögensgegenstand voraussichtlich genutzt werden kann.

b) Außerplanmäßige Abschreibung

Außerplanmäßige Abschreibungen können bei zeitlich begrenzt nutzbaren und bei zeitlich unbegrenzt nutzbaren immaterielle Vermögensgegenstände des Anlagevermögens nach § 253 Abs. 3 Satz 3 HGB notwendig sein, um die Vermögensgegenstände des Anlagevermögens mit dem **niedrigeren Zeitwert** anzusetzen, der den immateriellen Vermögensgegenständen am Abschlussstichtag beizulegen ist.

Abschreibungsgründe sind alle Vorgänge innerhalb und außerhalb des Unternehmens, die zu einer Wertminderung der immateriellen Vermögensgegenstände des Anlagevermögens führen, die nicht von der planmäßigen Abschreibung der Vermögensgegenstände erfasst werden.

Beispiel 01: Immaterielle Vermögensgegenstände

1. Die A AG hat von einem Tochterunternehmen zu Beginn des Geschäftsjahres 10 ein von diesem entwickeltes Patent für 8 Mill. € erworben. Als Entwicklungsaufwendungen traten bei dem Tochterunternehmen auf: Gehaltsaufwendungen für die Jahre 07 bis 09 von je 2 Mill. €, Materialaufwendungen für den Bau eines Prototypen in Höhe von 1 Mill. €, Anschaffungskosten eines ausschließlich für den Test des Prototypen einzusetzenden Testgeräts in Höhe von 0,2 Mill. € sowie Umlagen von Aufwendungen für Verwaltung von zusammen 0,1 Mill. €. Ein Gutachter schätzt zum Abschlussstichtag den Verkehrswert des

Patents auf 6 Mill. €. Das Patent kann von der A AG voraussichtlich 5 Jahre genutzt werden.

2. Die A AG will ihre Produktpalette im Geschäftsjahr 12 durch eine neue Produktgruppe erweitern. Im Jahre 08 beginnt die AG mit der Entwicklung, die voraussichtlich Ende 10 abgeschlossen werden kann. Als Entwicklungsaufwendungen fallen in den Jahren 08 bis 10 Zahlungen für die Gehälter der für das Projekt eingestellten Ingenieure in Höhe von jährlich 1,2 Mill. € an.

3. Die A AG hat im Jahr 10 in Zusammenarbeit mit dem Softwarehaus S im Rahmen eines Werkvertrags das Grundkonzept eines Software-Pakets entwickelt. Die bei der A AG angefallenen Entwicklungskosten für Ergänzungsbereiche betragen 0,5 Mill. €; das Softwarehaus S liefert im Jahr 10 das Grundkonzept zum Preis von 1 Mill. €. Nach der Installation erweisen sich Modifikationen des Grundkonzeptes als notwendig. Ingenieure des Softwarehauses stellen unter Leitung der A AG auf der Basis eines Dienstvertrages die gewünschten Modifikationen her. Das Softwarehaus S stellt 100 Tsd. € in Rechnung.

Es ist zu der bilanziellen Behandlung der unter 1 bis 3 angeführten Sachverhalten in der Bilanz der A AG zum 31.12.10 Stellung zu nehmen.

B. Geschäfts- oder Firmenwert

I. Definition und Nachweis eines Geschäfts- oder Firmenwertes

1. Definition des Geschäfts- oder Firmenwertes

Bei der **Definition** des Begriffs „Geschäfts- oder Firmenwert“ ist mit Blick auf die Bilanzierung zwischen der theoretischen und der gesetzlichen Umschreibung zu unterscheiden, da die Definitionen unterschiedlich sind und i.d.R. im Zusammenhang mit der Bilanzierung nur auf eine der Definitionen abgestellt werden.

Aus **theoretischer Sicht** ist der Geschäfts- oder Firmenwert beim Erwerb eines Unternehmens der Betrag, um den der Ertragswert des zu erwerbenden Unternehmens die Summe der diskontierten, erwarteten zukünftigen Einzahlungsüberschüsse, die Summe der Zeitwerte der aktivierten Vermögensgegenstände vermindert um die Summe der Schulden übersteigt.

Bei Abstellen auf diese Begriffsfassung verlangt der Nachweis des Vorliegens und die Bestimmung der Höhe eines Geschäfts- oder Firmenwertes sowohl eine Unternehmensbewertung auf der Grundlage des Ertragswertes als auch eine Ermittlung der Zeitwerte aller Vermögensgegenstände und Schulden zum Messzeitpunkt unabhängig davon, ob sie in der Bilanz des zu veräußernden Unternehmens angesetzt sind.

Der **handelsrechtliche Begriff** interpretiert den entgeltlich erworbenen Geschäfts- oder Firmenwert als einen Unterschiedsbetrag im Sinn einer Mehrzahlung des erwerbenden Unternehmens in Höhe der Differenz zwischen Zahlung und Nettovermögen des übernommenen Unternehmens bewertet zum beizulegenden Zeitwert. Auf dieser Ebene ist nicht feststellbar, ob der entgeltlich erworbene Geschäfts- oder Firmenwert für das erwerbende Unternehmen einen positiven oder negativen Wert darstellt. Alle **Überzahlungen** durch das erwerbende Unternehmen führen zu einem derivativen Geschäfts- oder Firmenwert.

Hat der entgeltlich erworbene Geschäfts- oder Firmenwert keinen positiven Wert, kann er entgegen der Neuregelung des § 246 Abs. 1 Satz 4 HGB, nach dem der entgeltlich erworbene Geschäfts- oder Firmenwert als zeitlich begrenzt nutzbarer Vermögensgegenstand gilt, **kein Vermögensgegenstand** sein. Die Vermögensgegenstandseigenschaft setzt eine (positiven) Werthaltigkeit voraus.

Nach der **Neufassung** des § 246 Abs. 1 Satz 4 HGB durch das BilMoG ist der entgeltlich erworbene Geschäfts- oder Firmenwert der Unterschiedsbetrag, um den die für die Übernahme des erwerbenden Unternehmens bewirkte Gegenleistung den Wert der einzelnen Vermögensgegenstände abzüglich der Schulden des Veräußerungsunternehmens im Zeitpunkt der Übernahme übersteigt.

2. Nachweis eines Geschäfts- oder Formenwertes

Der Nachweis des Vorliegens eines entgeltlich erworbenen Geschäfts- oder Firmenwertes nach der Neufassung des § 246 HGB Abs. 1 Satz 4 HGB durch das BilMoG verlangt sowohl die Ermittlung der Höhe der Gegenleistung des erwerbenden Unternehmens als auch die Ermittlung der beizulegenden Zeitwerte der Vermögensgegenstände abzüglich der Schulden des veräußernden Unternehmens. Auf die Gründe für die höhere Gegenleistung durch das erwerbende Unternehmen kommt es dabei nicht an.

II. Ansatzpflicht des Geschäfts- oder Firmenwertes

Mit § 246 Abs. 1 Satz 4 zur Eigenschaft des entgeltlich erworbenen Geschäfts- oder Firmenwertes ist mit dem BilMoG das bisherige Ansatzwahlrecht nach § 255 Abs. 4 Satz 1 HGB aufgehoben worden. Es besteht für den entgeltlich erworbenen Geschäfts- oder Firmenwert schon mit Blick auf die begrenzt nutzbare Vermögensgegenstandeigenschaft **Ansatzpflicht**. Notwendig ist das Vorliegen der Voraussetzungen für die Aktivierung eines Geschäfts- oder Firmenwertes als begrenzt nutzbarer Vermögensgegenstand. Hierzu bedarf es der folgenden **Voraussetzungen**:

- Es muss sich um die Übernahme eines Unternehmens handeln; und
- der Wert der von dem Erwerber erbrachten Gegenleistung muss im Zeitpunkt der Übernahme höher sein als der von dem Veräußerer erbrachten Leistung in Form des beizulegenden Zeitwertes des übertragenen Nettovermögens, d.h. der Summe Vermögensgegenstände abzüglich der Schulden.

Im Einzelnen stellen sich die Voraussetzungen für den Ansatz eines entgeltlich erworbenen Geschäfts- oder Firmenwertes in der Bilanz des erwerbenden Unternehmens wie im Folgenden angeführt dar.

1. Übernahme eines Unternehmens

Der Begriff „**Unternehmen**" wird in § 246 Abs. 1 HGB ebenso wenig wie an anderer Stelle des HGB definiert. Generell gilt, dass der Begriff „Unternehmen" entsprechend dem Zweck der jeweiligen Vorschrift auszulegen ist. Die h.M. vertritt den sogenannten funktionalen Unternehmensbegriff. Danach ist eine wirtschaftliche Einheit dann als Unternehmen anzusehen, wenn sie selbständiger Träger unternehmerischer Planungs- und Entscheidungsgewalt ist und nach außen durch die Teilnahme am Wirtschaftsverkehr in Erscheinung tritt.

Unternehmen im Sinn des § 246 Abs. 1 Satz 4 HGB können darüber hinaus **Teile eines Unternehmens**, z.B. ein Werke, eine Betriebsabteilungen oder eine Filiale sein, sofern die angeführten Voraussetzungen vorliegen. Die Unternehmenseigenschaft kann trotz fehlender rechtlicher Selbständigkeit der einzelnen Teile eines Unternehmens vorliegen. Maßgeblich ist, dass die rechtlich unselbständigen Teile nicht nur einzelne Vermögensgegenstände des Anlage- oder Umlaufvermögen, z.B. Grundstücke, Maschinen oder kurzfristig zu veräußernde Vermögensgegenstände darstellen. Nach h.M. muss unabhängig von der Art der Unternehmensteile die Sachgesamtheit über eine interne Organisation verfügen und selbständig am Wirtschaftsverkehr teilnehmen.

Die **Übernahme** eines Unternehmens im Sinn des § 246 Abs. 1 Satz 4 HGB liegt **nicht** vor beim Erwerb von Anteilen (Beteiligungen) an einem Unternehmen. Dies gilt unabhängig davon, ob es sich um den Erwerb von Anteilen an einer Kapitalgesellschaft oder an einer Personenhandelsgesellschaft handelt. Ohne Bedeutung ist darüber hinaus, ob sämtlicher oder einzelne Anteile an einem Unternehmen erworben werden.

2. Zu erbringende Gegenleistung

Nach § 246 Abs. 1 Satz 4 HGB gilt der Unterschiedsbetrag, um den die für die Übernahme eines Unternehmens bewirkte Gegenleistung den Wert der einzelnen Vermögensgegenstände des Unternehmens abzüglich der Schulden im Zeitpunkt der Übernahme übersteigt, (entgeltlich erworbener Geschäfts- oder Firmenwert), als zeitlich begrenzt nutzbarer Vermögensgegenstand. D.h. der entgeltlich erworbene Geschäfts- oder Firmenwert ist der **Unterschiedsbetrag** (Restgröße) zwischen der von dem übernehmenden Unternehmen erbrachten Gegenleistung und der von dem übernommenen Unternehmen erbrachten Leistung in Form der einzelnen Vermögensgegenstände abzüglich der Schulden im Zeitpunkt der Übernahme.

Daraus folgt, dass die von dem übernehmenden Unternehmen erbrachte Gegenleistung in den **Anschaffungskosten** für den Erwerb des übernommenen Unternehmens besteht Die Anschaffungskosten setzen sich aus dem Kaufpreis zuzüglich der Anschaffungsnebenkosten abzüglich u.U. vereinbarter Anschaffungspreisminderungen zusammen.

Sonderfälle der Bestimmung der Anschaffungskosten liegen u.a. vor bei der **Hingabe von Sachen** oder bei **Tausch**. Die Anschaffungskosten bestimmen sich in diesen Fällen nach den für die entsprechende Art der Gegenleistung des erwerbenden Unternehmens getroffenen Vereinbarungen zwischen Erwerber und Veräußerer, z.B. durch Vereinbarung einer Festlegung von beizulegenden Zeitwerten der hingegebenen Sachen und Rechte.

Die auf das übernehmenden Unternehmen zufließenden **Vermögensgegenstände** sind alle übertragenen Sachen und Rechte, soweit sie aktivierungsfähig sind. Hierzu kommen die bei dem übertragenden Unternehmen nicht aktivierten Vermögensgegenstände, z.B. selbst geschaffene Immaterielle Vermögensgegenstände des Anlagevermögens. Zu den auf das übernehmende Unternehmen übertragenen Positionen rechnen:

- **Passive oder aktive Rechnungsabgrenzungsposten**, soweit ihnen Zahlungen zugrunde liegen, die das übernehmende Unternehmen in der Zukunft belasten, z.B. vereinnahmte Mieten oder Pachten, bei denen die zu erbringende Gegenleistung noch aussteht, bzw. entlasten, z.B., wenn Mieten und Pachten geleistet worden sind und die Inanspruchnahme noch aussteht.

- **Übernommene Schulden** bei der Übernahme eines Unternehmens als Verbindlichkeiten und Rückstellungen. Sie sind beim Erwerber unabhängig davon anzusetzen, ob sie in der Bilanz des erworbenen Unternehmens passiviert sind. Dies gilt z.B. für Pensionsverpflichtungen, die in Ausübung des Ansatzwahlrechts nach Art. 28 Abs. 1 EGHGB nicht passiviert sind. Sie sind als Schulden in die Ermittlung der von dem empfangenen Unternehmen erbrachten Leistungen einzubeziehen.

Die Bewertung der übernommenen Vermögensgegenstände und Schulden erfolgt mit dem **beizulegenden Zeitwert** zum Zeitpunkt der Übernahme. Die beizulegenden Zeitwerte der einzelnen Vermögensgegenstände und Schulden sind aus Sicht des übernehmenden Unternehmens zu bestimmen. Für die Wertbestimmung der übernommenen Vermögensgegenstände kommt es nicht auf die Verwendung in dem übertragenden Unternehmen, sondern auf die Verwendung in dem übernehmenden Unternehmen an.

Bei Gegenüberstellung der erbrachten Gegenleistung des übernehmenden Unternehmens und der erbrachten Leistung des übertragenden Unternehmens sind die im Folgenden angeführten **Fälle der Wertunterschiede** von Gegenleistung und Leistung zu unterscheiden:

- Die von dem übernehmenden Unternehmen erbrachte Gegenleistung ist höher, als die von dem übertragenden Unternehmen in Form des Nettovermögens zu beizulegenden Zeitwerten zum Zeitpunkt der Übernahme erbrachte Leistung. In Höhe eines positiven Differenzbetrages entsteht ein **Geschäfts- oder Firmenwert**.

- Die von dem übernehmenden Unternehmen erbrachte Gegenleistung ist gleich der von dem übertragenden Unternehmen in Form der Übertragung des Nettovermögens zu beizulegenden Zeitwerten zum Zeitpunkt der Übernahme erbrachte Leistung. Es entsteht **weder ein positiver noch ein negativer Geschäfts- oder Firmenwert**.

- Die von dem übernehmenden Unternehmen erbrachte Gegenleistung ist geringer, als die von dem übertragenden Unternehmen in Form des Nettovermögens zu beizulegenden Zeitwerten zum Zeitpunkt der Übernahme erbrachte Leistung. In Höhe des negativen Differenzbetrags entsteht ein **negativer Unterschiedsbetrag bzw. negativer Geschäfts- oder Firmenwert.**

Die dritte Alternative mit dem Ansatz eines negativen Geschäfts- oder Firmenwertes sieht das Gesetz nicht vor. Im Rahmen des BilMoG wurde das Problem des negativen Unterschiedsbetrags nicht behandelt, so dass die Behandlung des Postens weiterhin ohne gesetzliche Grundlage behandelt werden muss. Der Ansatz eines negativen Vermögensgegenstandes ist nach h.M. unzulässig. Entsteht ein **passiver Unterschiedsbetrag**, ist dieser bei Aufnahme in die Bilanz aufzulösen. Die vorzunehmende Wertauflösung erfolgt durch Wertherabsetzung der nicht monetären Aktivposten. Dies gilt für immaterielle Vermögensgegenstände, Sachanlagen, Finanzanlagen soweit sie nicht monetär sind sowie für alle Arten von Vorräten und von nicht monetären Wertpapiere des Umlaufvermögens.

Im **Sonderfall** ist es möglich, dass nach der Bewertung der Vermögensgegenstände und Schulden des übernommenen Unternehmens zu beizulegenden Zeitwerten ein **passiver Differenzbetrag** auch dann **verbleibt**, wenn die Wertminderungen der nicht nominalen Aktivposten gegen null geht, d.h., dass nicht genügend abwertbare Aktiva vorhanden sind. Als Alternativen stellen sich in diesem Fall der erfolgswirksame Ansatz der Differenz als sonstiger betrieblicher Ertrag oder der erfolgsneutrale Ansatz der Differenz als negativer Geschäfts- oder Firmenwert. Da Erwerbsvorgänge grundsätzlich erfolgsneutral zu behandeln sind, bestehen in diesem Sonderfall die Lösung des Ansatzes eines passiven Unterschiedsbetrages die erfolgsneutrale Einstellung in die Rücklagen.

III. Ausweis des Geschäfts- oder Firmenwertes

Der entgeltlich erworbene Geschäfts- oder Firmenwert als Unterschiedsbetrag, um den die für die Übernahme eines Unternehmens bewirkte Gegenleistung den Wert der einzelnen Vermögensgegenstände des übertragenen Unternehmens abzüglich der Schulden im Zeitpunkt der Übernahme übersteigt, gilt nach § 246 Abs. 1 Satz 4 HGB als bei dem erwerbenden Unternehmen zeitlich begrenzt nutzbarer Vermögensgegenstand. Der zeitlich begrenzt nutzbare Vermögensgegenstand ist nach § 266 Abs. 2 A. I. HGB in der Bilanz innerhalb der Immateriellen Vermögensgegenstände des Anlagevermögens unter dem **Posten „Geschäfts- oder Firmenwert“** auszuweisen.

Liegen bei dem erwerbenden Unternehmen aus dem Erwerb mehrerer Unternehmen auch mehrere Geschäfts- oder Firmenwerte als Unterschiedsbeträge vor, sind diese in der Bilanz des erwerbenden Unternehmens nach § 266 Abs. 2 A. I. HGB unter dem Posten „Geschäfts- oder Firmenwert“ zusammenzufassen.

IV. Bewertung des Geschäfts- oder Firmenwertes

Mit der Zuordnung der Eigenschaft des Geschäfts- oder Firmenwertes als Vermögensgegenstand durch den mit dem BilMoG neu gefassten § 246 Abs. 1 Satz 4 HGB gelten bezüglich der Bewertung für den entgeltlich erworbenen Geschäfts- oder Firmenwert die Vorschriften der Zugangs- und Folgebewertung des neu gefassten § 253 HGB.

1. Zugangsbewertung

Für die Bestimmung des Zugangswertes eines Geschäfts- oder Firmenwertes gilt § 253 Abs. 1 Satz 1 HGB. Danach entspricht der Zugangswert des entgeltlich erworbenen Geschäfts- oder Firmenwertes den Anschaffungskosten. Nach § 246 Abs. 1 HGB werden die Anschaffungskosten abweichend von deren üblichen Ermittlung durch den **aktiven Unterschiedsbetrag** bestimmt.

Er besteht in der positiven Differenz zwischen der für die Übernahme des Unternehmens von dem Erwerber erbrachte Gegenleistung einerseits abzüglich der von dem Veräußerer bewirkten Leistung als Summe der zu den beizulegenden Zeitwerten der übernommenen Vermögensgegenstände des erworbenen Unternehmens abzüglich der Summe der übernommenen Schulden im Zeitpunkt der Übernahme andererseits. Die **Anschaffungskosten** entsprechen damit dem **Unterschiedsbetrag** als einer Restgröße des den entgeltlich erworbenen Geschäfts- oder Firmenwertes.

2. Folgebewertung

Der entgeltlich erworbene Geschäfts- oder Firmenwert als zeitlich begrenzt nutzbarer Vermögensgegenstand ist nach § 253 HGB entsprechend den Regeln für die Folgebewertung von abnutzbaren Vermögensgegenständen des Anlagevermögens planmäßig über die prognostizierte Nutzungsdauer, oder bei Vorliegen der Tatbestandsvoraussetzungen außerplanmäßig abzuschreiben.

a) Planmäßige Abschreibungen

Die planmäßige Abschreibung des Geschäfts- oder Firmenwertes verlangt die Aufstellung eines Abschreibungsplanes, die Schätzung der voraussichtlichen Nutzungsdauer und die Festlegung einer Abschreibungsmethode.

Der planmäßigen Abschreibung ist nach dem RegE (BT-Drucks. 16/10067) zum BilMoG die **individuelle betriebliche Nutzungsdauer** des erworbenen Geschäfts- oder Firmenwertes, wie sie sich von der Geschäftsführung im Zeitpunkt der Aktivierung des Geschäfts- oder Firmenwertes voraussehen lässt, zugrunde zu leben. Pauschalabschreibungen, wie sie bisher als Wahlrecht galten und wie sie in der Bilanzrichtlinie Art. 37 Abs. 2 Satz 2 i.V.m. Art. 34 Abs. 1 Buchst. a vorgegeben sind, sollen zugunsten der individuell zu bestimmenden Nutzungsdauer aufgegeben werden.

Als **Anhaltspunkte für die Schätzung** der individuellen betrieblichen Nutzungs-dauer des Geschäfts- oder Firmenwertes werden im RegE (BT-Drucks. 16/10067, S. 48) angegeben:

- Die Art und die voraussichtliche Bestandsdauer des erworbenen Unternehmens.
- Sie Stabilität und Bestandsdauer der Branche des erworbenen Unternehmens.
- Der Lebenszyklus der Produkte des erworbenen Unternehmens.
- Die Auswirkungen von Veränderungen der Absatz- und Beschaffungsmärkte sowie der wirtschaftlichen Rahmenbedingungen auf das erworbene Unternehmen.
- Der Umfang der Erhaltungsaufwendungen, die erforderlich sind, um den erwarteten ökonomischen Nutzen des erworbenen Unternehmens zu realisieren.
- Die Laufzeit wichtiger Absatz- oder Beschaffungsverträge des erworbenen Unternehmens.

- Die voraussichtliche Tätigkeit von wichtigen Mitarbeitern oder Mitarbeitergruppen für das erworbene Unternehmen.
- Das erwartete Verhalten potentieller Wettbewerber des erworbenen Unternehmens.
- Die geplante oder voraussichtliche Dauer der Beherrschung des erworbenen Unternehmens.

Wenngleich die angeführten Sachverhalte zur Schätzung der individuellen betrieblichen Nutzungsdauer- und Wertbestimmung des entgeltlich erworbenen Geschäfts- oder Firmenwertes jeweils einzeln von Bedeutung sein können, ist **fraglich**, wie aus der Einzelangabe und der Summe der vorgegebenen Angaben eine **numerische Nutzungsdauer** und eine **angemessene Abschreibungsmethode** des entgeltlich erworbenen Geschäfts- oder Firmenwertes bestimmt werden kann. Die obige Auflistung zeigt in keiner Weise, wie stark die einzelnen Sachverhalte gewichtet werden sollen und wie aus einer numerisch nicht bestimmbaren Größe die individuelle betriebliche Nutzungsdauer eines Geschäfts- oder Firmenwertes bestimmt werden kann.

Wie im RegE (BT-Drucks 16/10067) angeführt, steht die planmäßige Abschreibung des Geschäfts- oder Firmenwertes über die geschätzte betriebliche Nutzungsdauer im Einklang mit der Bilanzrichtlinie. Allerdings sieht letztere vor, dass der Geschäfts- oder Firmenwert **innerhalb von fünf Jahren abzuschreiben** ist. Dieser Regelung schließt sich das Abschreibungskonzept des BilMoG insoweit an, als die planmäßige Abschreibung des Geschäfts- oder Firmenwertes bei Überschreitung der Fünfjahresfrist zu rechtfertigen ist. Entsprechend verlangt § 285 Nr. 13 HGB die Anführung der Gründe für die Annahme einer längeren (mehr als fünf Jahre) betrieblichen Nutzungsdauer eines entgeltlich erworbenen Geschäfts- oder Firmenwertes.

Die planmäßige Abschreibung des Geschäfts- oder Firmenwertes **über die fünf Jahre** hinaus kann gestattet werden, sofern die von dem Unternehmen festgelegte individuelle Nutzungsdauer nicht überschritten wird und dies im Anhang angegeben und begründet wird. Die Regelung ist nicht unproblematisch, da man i.d.R. die Nutzungsdauer eines Geschäfts- oder Firmenwertes nur sehr schwer bestimmen kann und die individuelle Nutzungsdauer sich stark auf die Bewertungspolitik eines Unternehmens auswirken kann.

Eine **Abschreibungsmethode** für den entgeltlich erworbenen Geschäfts- oder Firmenwert schreibt § 246 Abs. 1 Satz 4 HGB, wie angeführt, nicht vor. Daraus kann abgeleistet werden, dass auf die Abschreibung eines entgeltlich erworbenen Geschäfts- oder Firmenwertes alle Abschreibungsmethoden zulässig sind, die nach den Erwartungen der Geschäftsleitung eines Unternehmens im Wesentlichen die Wertminderung abbilden. Dazu zählt neben der linearen vor allem die degressive Abschreibungsmethode.

Nicht explizit geregelt ist der **Beginn der planmäßigen Abschreibung** des entgeltlich erworbenen Geschäfts- oder Firmenwertes. Bei Anwendung der allgemeinen Regeln zur Abschreibung von Anlagegegenständen ist die planmäßige Abschreibung des Geschäfts- oder Firmenwertes auf die Geschäftsjahre zu verteilen, in denen er voraussichtlich genutzt wird. Daraus folgt, dass die planmäßige Abschreibung des entgeltlich erworbenen Geschäfts- oder Firmenwertes im Geschäftsjahr des Zugangs der erworbenen Vermögensgegenstände und der übertragenen Schulden zu beginnen hat.

b) Außerplanmäßige Abschreibungen

Eine außerplanmäßige Abschreibung ist nach § 253 Abs. 3 Satz 3 HGB vorzunehmen, wenn der im Rahmen der Übernahme des anderen Unternehmens bei dem erwerbenden Unternehmen angesetzte Geschäfts- oder Firmenwert unter den Betrag gesunken ist, der sich bei Vornahme der planmäßigen Abschreibung ergeben hat. Die Ursachen für Wertminderung können in unterschiedlichen ökonomischen Bereichen und in Fehleinschätzungen der Geschäftsführung liegen.

Die im Schrifttum angeführten Sachverhalte für die Vornahme außerplanmäßiger Abschreibungen können einzelne der im RegE vorgetragenen Ursachen von Wertminderungen oder im Schrifttum vorgetragene Sachverhalte, wie Fehleinschätzungen, Markteinbruch mit gesunkenem Absatz, Umsatz und gesunkener Rentabilität sein, die bei entgeltlich erworbenem Geschäfts- oder Firmenwert zu Wertminderungen führen. Dies sind nur Fälle aus einer Vielzahl von Sachverhalten, die zu einer Wertminderung des Geschäfts- oder Firmenwertes führen. Konzeptionell kann man darauf mit mehreren Arten von Abschreibungen reagieren. Neben der angenommenen Verkürung der Nutzungsdauer, der Änderung der Abschreibungsmethode bei planmäßiger Abschreibung kann die Vornahme einer außerplanmäßigen Abschreibung zur Wertanpassung erfolgen.

Beispiel 02: Übernahme eines Unternehmens mit Geschäfts- oder Firmenwert

Die größere A AG hat zum 31.12.10 das Unternehmen B bei einem Kaufpreis von 75 Mill. € durch Übernahme aller Vermögensgegenstände und Schulden des Unternehmens B erworben. Die Übernahme wurde durch einen langfristigen Kredit der Hausbank der A AG finanziert.

Die Bilanz der A AG zum 31.12.10 vor Übernahme des Unternehmens B stellt sich wie folgt dar (alle folgenden Beträge in Tsd. €):

Aktiva	Bilanz A AG zum 31.12.10		Passiva
Sachanlagen	120.000	Gezeichnetes Kapital	50.000
Finanzanlagen	280.000	Kapitalrücklage	90.000
Vorräte	60.000	Gewinnrücklagen	100.000
Forderungen	120.000	Jahresüberschuss	24.000
		Verbindlichkeiten	316.000
	580.000		580.000

Die Bilanz des Unternehmens B zum 31.12.10 stellt sich wie folgt dar:

Aktiva	Bilanz B zum 31.12.10		Passiva
Sachanlagen	100.000	Gezeichnetes Kapital	10.000
Finanzanlagen	50.000	Kapitalrücklage	24.000
Vorräte	36.000	Gewinnrücklagen	10.000
Forderungen	40.000	Jahresüberschuss	6.000
Bank	20.000	Rückstellungen	54.000
Kasse	14.000	Verbindlichkeiten	156.000
	260.000		260.000

Zur Übernahme der Vermögensgegenstände und Schulden des Unternehmens B stehen weiterhin die folgenden Informationen bezüglich relevanter Ansatz- und Bewertungsprobleme zum 31.12.10 außerhalb der HGB-Bilanz zur Verfügung:

- Augrund des Aktivierungswahlrechts des § 248 Abs. 2 HGB sind selbst erstellte immaterielle Vermögensgegenstände mit Herstellungskosten von 3.000 und einem Zeitwert von 10.000 nicht aktiviert.
- Die Finanzanlagen haben einen Marktwert von 70.000.
- Die Vorräte enthalten stille Reserven von 4.000.
- Pensionszusagen von 24.000 sind gem. Art. 28 EGHGB nicht passiviert.

1. Es ist die Bilanz des Unternehmens B zum 31.12.10 um die nicht angesetzten Vermögensgegenstände und Schulden zu ergänzen.
2. Durch Gegenüberstellung von erbrachter und empfangener Leistung der A AG ist der Geschäfts- oder Firmenwert der Transaktion zu ermitteln und die Bilanz der A AG zum 31.12.10 um die Transaktion des Unternehmenskaufs zu ergänzen.
3. Es sind die alternativen bilanziellen Behandlungen des Geschäfts- oder Firmenwertes der Transaktion mit bzw. ohne Ansatz aufzuzeigen.
4. Angenommen, der Kaufpreis der Unternehmens betrage bei sonst gleichen Daten des Unternehmens B bei einem lucky buy der A AG lediglich 50 Mill. €. Es ist festzustellen, wie sich die bereinigte Bilanz der A AG zum 31.12.10 darstellt.

C. Wertdifferenzen bei Verschmelzung

I. Umwandlung durch Verschmelzung

Mit Inkrafttreten des Umwandlungsgesetzes (UmwG) vom 28.10.1994 zuletzt geändert durch Gesetz vom 17.12.2008 BGBl. I. S. 2586 ist die Bilanzierung einer Wertdifferenz bei Verschmelzung (Verschmelzungsmehrwert) für die übernehmende Gesellschaft gegenüber früher neu geregelt.

Die **Verschmelzung** ist nach BT-Drucks 12/6699 S. 71 aus Sicht des Gesetzgebers ein Rechtsinstitut der Umwandlung. Unter Verschmelzung wird die Übertragung des gesamten Vermögens eines Rechtsträgers, z.B. eines Unternehmens, auf einen anderen, schon bestehenden oder neu gegründeten Rechtsträger im Wege der Gesamtrechtsnachfolge unter Auflösung ohne Abwicklung angesehen. Dabei wird den Anteilsinhabern des übertragenden Rechtsträgers im Wege des Anteilstausches eine Beteiligung an dem übernehmenden oder neuen Rechtsträger gewährt.

Nach § 2 UmwG ist zu unterscheiden zwischen:

- **Verschmelzung durch Aufnahme**, bei der ein Rechtsträger sein Vermögen oder mehrere Rechtsträger ihr Vermögen als Ganzes auf einen anderen, bereits bestehenden Rechtsträger überträgt/übertragen (§§ 4 bis 35 UmwG);
- **Verschmelzung durch Neugründung**, bei der zwei oder mehrere Rechtsträger ihr Vermögen als Ganzes auf einen neuen, von ihnen für die Verschmelzung gegründeten Rechtsträger übertragen (§§ 36 bis 38 UmwG als ergänzende Regelung zur Verschmelzung durch Aufnahme).

Nach der **Begründung** zu § 24 UmwG wird durch die im früheren Recht geforderte Buchwertfortführung das Prinzip des § 253 Abs. 1 HGB durchbrochen. Enthalten die übernommenen Vermögensgegenstände erhebliche stille Reserven, können bei dem übernehmenden Rechtsträger Verluste entstehen, die den Wert der Anteile der bisherigen Gesellschafter des übernehmenden Rechtsträgers mindern, obwohl wirtschaftlich keine Wertminderung vorliegt. Mit Auflösung der stillen Reserven und stillen Lasten nach dem BilMoG tritt dieses Problem in Zukunft in der bisherigen Form nicht mehr auf.

Die Argumentation zu § 24 UmwG (BT-Drucks 12/6699 S. 93) stellt darauf ab, dass die Beibehaltung der strikten **Buchwertverknüpfung** zu Übernahmeverlusten führen kann, wenn bei zwei beteiligten Rechtsträgern in unterschiedlichem Umfang bestehen. Diese Übernahmeverluste belasten nicht nur das Unternehmen, sondern sie mindern auch den Wert der Anteile der Altgesellschaft. Die Nachteile sollen durch den erfolgten Übergang auf das **Anschaffungswertprin-**

zip und die jedenfalls teilweise Aufgabe der Buchwertverknüpfung vermieden werden.

Nach der Neuregelung müssen stillen Reserven aufgelöst werden, die beim übertragenden Rechtsträger entstanden und vom übernehmenden Rechtsträger „bezahlt“ worden sind. Die Methode der strikten Buchwertverknüpfung ist durch ein Wahlrecht ersetzt worden, nach dem entweder das **Anschaffungswertprinzip** angewandt oder die **Buchwertfortführung** gewählt werden kann.

Nach § 5 Abs. 1 Nr. 6 UmwG muss der Verschmelzungsvertrag oder sein Entwurf den Zeitpunkt enthalten, von dem an die Handlungen des übertragenden Rechtsträgers als für Rechnung des übernehmenden Rechtsträgers vorgenommen gelten (Verschmelzungsstichtag). Der Stichtag dient der Abgrenzung des Ergebnisses, das der übertragende Rechtsträger für eigene Rechnung bzw. für Rechnung des übernehmenden Rechtsträgers erwirtschaftet. Deshalb ist auf den Zeitpunkt unmittelbar vor dem Verschmelzungsstichtag eine Schlussbilanz nach § 17 Abs. 2 UmwG aufzustellen. Ist Stichtag der Verschmelzung z.B. der 1.7. (0.00 Uhr), so ist die Schlussbilanz auf den 30.6. (24 Uhr), d.h. auf den Stichtag der Verschmelzung, aufzustellen.

II. Rechnungslegung beim übertragenden Rechtsträger

1. Schlussbilanz des übertragenden Rechtsträgers

Nach § 17 Abs. 2 UmwG ist der Anmeldung der Verschmelzung zum Register des Sitzes jedes der übertragenden Rechtsträger eine Bilanz dieses Rechtsträgers (Schlussbilanz) beizufügen. Für die Bilanz gelten die **Vorschriften über die Jahresbilanz** entsprechend, d.h., die Schlussbilanz ist wie eine Jahresbilanz nach den Grundsätzen ordnungsmäßiger Buchführung unter Beachtung der handelsrechtlichen Rechnungslegungsvorschriften unter Einbeziehung des BilMoG zu entwickeln.

Die Verschmelzung soll nach Auffassung im **Schrifttum** einen begründeten Ausnahmefall i.S. des § 252 Abs. 2 HGB zur **Durchbrechung der Bewertungsstetigkeit** darstellen, was insbesondere dann gelten soll, wenn nach § 24 UmwG eine Buchwertverknüpfung vorgesehen ist und eine Anpassung an die Bewertungsmethoden des übernehmenden Rechtsträgers bereits in der Schlussbilanz des übertragenden erfolgen soll. Aus § 252 Abs. 2 HGB lässt sich entsprechend der Vorauflagen dieses Buches eine Durchbrechung der Bewertungsstetigkeit in dieser Schlussbilanz, die die Wertdifferenz bei der Verschmelzung beeinflusst, **nicht überzeugend** ableiten.

2. Jahresabschluss des übertragenden Rechtsträgers

Auch nach dem Verschmelzungsbeschluss besteht für den übertragenden Rechtsträger die Pflicht zur handelsrechtlichen Rechnungslegung nach §§ 238 ff. HGB, bis zum Zeitpunkt der Eintragung der Verschmelzung in das HR. Maßgeblich für die vorzunehmende periodische Rechnungslegung sind die **Rechnungslegungsgrundsätze**, wobei nach IDW HFA 2/97, geändert 2000 bezüglich der Vermögens- und Erfolgszuordnung in den Jahresabschlüssen der beteiligten Rechtsträger zwischen verschmelzungswirksamer und verschmelzungsunwirksamer Behandlung differenziert wird.

a) Verschmelzungswirksame Vermögens- und Erfolgszuordnung

Die verschmelzungswirksame Vermögenszuordnung auf den übernehmenden Rechtsträger beruht auf der Überlegung, dass das **wirtschaftliche Eigentum** bereits vor Eintragung der Verschmelzung ab dem Verschmelzungsstichtag von dem übertragenden Rechtsträger auf den übernehmenden Rechtsträger **übergeht**. Als **Voraussetzungen des Eigentumsübergangs** werden genannt:

- Abschluss eines Verschmelzungsvertrags mit Vorlage der Verschmelzungsbeschlüsse beider Rechtsträger und Zustimmungserklärungen der Anteilsinhaber nach § 13 UmwG.
- Verschmelzungsstichtag vor dem Abschlussstichtag.
- Bis zur Aufstellung des Jahresabschlusses muss die Verschmelzung eingetragen sein oder es muss mit an Sicherheit grenzender Wahrscheinlichkeit davon ausgegangen werden können, dass die Eintragung erfolgen wird.
- Es muss faktisch oder durch Vertrag sichergestellt sein, dass der übertragende Rechtsträger über die Vermögensgegenstände verfügen kann.

Bei Erfüllung der Voraussetzungen hat der übernehmende Rechtsträger unmittelbar oder als Ausgleichsposten die **Vermögensgegenstände und Schulden** des übertragenden Rechtsträgers zu **bilanzieren**.

Ab dem Verschmelzungsstichtag gelten die **Geschäfte des übertragenden Rechtsträgers** als für Rechnung des übernehmenden Rechtsträgers vorgenommen. Wenngleich die Zuordnung erst mit Eintragung der Verschmelzung endgültig rechtswirksam wird, hat sie dennoch für die Zeit zwischen dem Verschmelzungsstichtag und der Eintragung der Verschmelzung Auswirkungen auf die Rechnungslegung der beteiligten Rechtsträger. Dabei wird **unterschieden**, ob das wirtschaftliche Eigentum an dem übertragenden Vermögen bereits zum jeweiligen Abschlussstichtag auf den übernehmenden Rechtsträger übergegangen ist:

- Liegt das **wirtschaftliche Eigentum** am Abschlussstichtag **beim übernehmenden Rechtsträger**, hat er zum Zeitpunkt des Übergangs des wirtschaftlichen Eigentums die Vermögensgegenstände und Schulden buchtechnisch zu erfassen. Ab diesem Zeitpunkt entstehen bei dem übernehmenden Rechtsträger Aufwendungen und Erträge aus dem übergegangenen Vermögen. Entsprechend entstehen bei dem übertragenden Rechtsträger ab diesem Zeitpunkt keine Aufwendungen und Erträge.

- Liegt das **wirtschaftliche Eigentum** am Abschlussstichtag **beim übertragenden Rechtsträger**, hat dieser aus den weiterhin bei ihm zu erfassenden Geschäftsvorfällen Aufwendungen und Erträge. Beim übernehmenden Rechtsträger gelten Vermögensmehrung insoweit nicht als realisiert und sind daher auch nicht im Jahresabschluss zu berücksichtigen.

b) Verschmelzungsunwirksame Vermögens- und Erfolgszuordnung

Unter Berücksichtigung der Rechtswirkungen, nach denen erst mit Eintragung der Verschmelzung die Vermögensgegenstände und Schulden sowie die Auswirkungen aus den zwischen Verschmelzungsstichtag und Eintragung abgeschlossenen **Rechtsgeschäften auf den übernehmenden Rechtsträger** übergehen, wird eine **vereinfachte Regelung** zugelassen. Nach Auffassung im Schrifttum kann der übertragende Rechtsträger unabhängig davon, ob wirtschaftliches Eigentum auf den übernehmenden Rechtsträger übergegangen ist, im Jahresabschluss die Vermögensgegenstände, Schulden und erfolgswirksamen Rechtsgeschäfte wie eigene erfassen, wobei allerdings die Auswirkungen des Verschmelzungsvertrags im Sinn der Führung der Geschäfte für Rechnung des übernehmenden Rechtsträgers im Anhang zu erläutern sind.

III. Rechnungslegung beim übernehmenden Rechtsträger

Aus der fehlenden Regelung eines Verschmelzungsmehrwertes in § 24 UmwG ist zu schließen, dass der Gesetzgeber die Bilanzierung eines **Verschmelzungsmehrwertes** in der Bilanz des übernehmenden Rechtsträgers nicht vorsieht. Dennoch wurden im Schrifttum mehrere **Alternativen für die Behandlung des aktiven Differenzbetrags** als zulässig eingestuft, nämlich:

- Der Ansatz eines Aktivpostens als Geschäfts- oder Firmenwert.
- Die Verrechnung mit Rücklagen.
- Die Behandlung als Aufwand der Periode der Verschmelzung.
- Die Verrechnung mit dem Bilanzgewinn bzw. die Zuordnung zu einem Bilanzverlust.
- Die Aufwertung der nichtnominalen Vermögensgegenstände.

Wendet man das Konzept der Einstufung des entgeltlich erworbenen Geschäfts- oder Firmenwertes auf den Verschmelzungsmehrwert an, ist die Anwendung der Alternativen bis auf die Aktivierung unter den Immateriellen Anlagegegenständen unzulässig.

Nach § 24 UmwG hat der übernehmende Rechtsträger bei der buchtechnischen Erfassung der übertragenen Vermögensgegenstände, Schulden und Rechnungsabgrenzungsposten ein **Methodenwahlrecht**. Er kann zwischen zwei Methoden des Ansatzes und der Bewertung der übertragenen Vermögensgegenstände und Schulden wählen:

- Nach § 24 UmwG können in den Jahresbilanzen des übernehmenden Rechtsträgers als Anschaffungskosten im Sinn des § 253 Abs. 1 HGB die Werte aus der Schlussbilanz eines übertragenden Rechtsträgers übernommen werden **(Buchwertfortführung)**. Anzusetzen sind die Posten, die in der Schlussbilanz des übertragenden Rechtsträgers angesetzt sind.
- Aus § 24 UmwG ist ableitbar, dass als Anschaffungskosten im Sinn des § 253 Abs. 1 HGB die den übernommenen Vermögensgegenständen und Schulden zuzuordnenden Werte angesetzt werden können **(Neubewertung)**. Anzusetzen sind unabhängig von der Schlussbilanz des übertragenden Rechtsträgers alle übernommenen Vermögensgegenstände und Schulden.

1. Buchwertfortführung des übernehmenden Rechtsträgers

a) Ansatzfortführung

Die sich aus dem Wortlaut des § 24 UmwG ergebende Ansatzkonzeption entspricht der nach früherem Recht geltenden **Buchwertfortführung**. Durch die Formulierung, dass in der Schlussbilanz des übertragenden Rechtsträgers angesetzte Werte als Anschaffungskosten des übernehmenden Rechtsträgers gelten, ist klargestellt, dass die **angesetzten Werte** (Posten) **vollständig** in der Bilanz des übernehmenden Rechtsträgers anzusetzen sind. Dies gilt grundsätzlich für die in Beachtung der Ansatzpflichten und der Ansatzwahlrechte angesetzten Bilanzposten. Gleichzeitig ist festgelegt, dass Ansatzverbote, die für den übertragenden Rechtsträger bestehen, auch für den übernehmenden Rechtsträger gelten, jedoch nur bei dem Konzept der Buchwertfortführung. Damit scheidet u.a. der Ansatz übernommener, von dem übertragenden Rechtsträger selbst erstellter immaterieller Vermögensgegenstände des Anlagevermögens aus.

Eine **Ausnahme** von dem Grundsatz des vollständigen Ansatzes der Bilanzposten des übertragenden Rechtsträgers stellt das in dessen Schlussbilanz angesetzte **Eigenkapital** dar. Das Eigenkapital zeigt den Unterschiedsbetrag zwischen dem Wert der Vermögensgegenstände und der Schulden unter Berücksichtigung der Sonderposten auf. Es wird im Gegensatz zu den anderen Bilanzposten nicht auf den übernehmenden Rechtsträger übertragen, so dass insoweit ein Ansatz in dessen Bilanz nicht erfolgen kann.

Eine mögliche **Verrechnung von Bilanzposten** des übernehmenden und des übertragenden Rechtsträgers wird nicht bei Übernahme der Vermögensgegenstände und der Schulden, sondern erst nach Durchführung der Übernahme vorgenommen. Dies gilt für gegenseitige Forderungen und Verbindlichkeiten, die aufgrund des Tatbestands der Verschmelzung durch Konfusion erlöschen. Auch gehen eigene Anteile des übertragenden Rechtsträgers, die in dessen Schlussbilanz angesetzt sind, mit dessen Erlöschen unter.

b) Wertfortführung

Die Buchwertverknüpfung als Wahlrecht in § 24 UmwG sieht vor, dass die in der Bilanz des übertragenden Rechtsträgers angesetzten Werte für die Vermögensgegenstände und Schulden übernommen werden können. Der **Wertverknüpfung** in § 24 UmwG liegt eine Anschaffungskostenfiktion zugrunde. Es wird unterstellt, dass die in der Schlussbilanz des übertragenden Rechtsträgers angesetzten Werte des Anlage- und Umlaufvermögens den Anschaffungskosten des übernehmenden Rechtsträgers entsprechen. Damit lassen sich auftretende **Bewertungsfragen** beantworten:

- **Anschaffungsnebenkosten**, aus der Übertragung der Vermögensgegenstände auf den übernehmenden Rechtsträger sind als Aufwand zu verrechnen. Nach der Anschaffungskostenfiktion des Buchwertfortführungskonzeptes bilden die Werte in der Schlussbilanz des übertragenden Rechtsträgers die Anschaffungskosten i.S. des § 255 Abs. 1 Satz 1 HGB. Weitere bei der Übertragung entstehende Aufwendungen, z.B. Grunderwerbsteuer bei Übertragung von Grundstücken auf den übernehmenden Rechtsträger, sind nicht aktivierbar, sondern als Aufwand zu behandeln.
- Unklar könnte sein, ob für den übernehmenden Rechtsträger der Grundsatz der **Bewertungsstetigkeit** im Sinn der Anwendung gleicher Bewertungsmethoden bezüglich der Bewertung der übernommenen Vermögensgegenstände gilt. Wird die von dem übertragenden Rechtsträger angewandte Bilanzierung fortgeführt, besteht eine Bindung an die von diesem festgelegten Bewertungsmethoden. Mit Verweis auf § 252 Abs. 2 HGB wird von der h.M. eine Abweichung von der Bewertung des übertragenden Rechtsträgers unter Vernachlässigung des Umwandlungsvorgangs als zulässig angesehen.

c) Verschmelzungsdifferenzen

Gesetzlich nicht explizit geregelt ist die Behandlung aktiver und passiver bei der Verschmelzung entstehenden Verschmelzungsdifferenzen. Es sind die folgenden Fälle zu unterscheiden.

11) Aktive Differenz

Übersteigt die Gegenleistung, d.h. die an die Anteilseigner des übertragenden Rechtsträgers hingegebenen Anteile des übernehmenden Rechtsträgers, **den Buchwert** des von dem übertragenden Rechtsträger übernommenen Nettovermögens im Sinn von Vermögensgegenständen abzüglich Schulden, entsteht in Höhe des übersteigenden Betrages eine aktive Differenz. § 24 UmwG sieht einen Ansatz dieser Differenz als **Verschmelzungsmehrwert** nicht vor.

Nach im Schrifttum vertretener Auffassung soll stattdessen der Ansatz eines **Geschäfts- oder Firmenwertes** zulässig sein. Gegen die Auffassung spricht, dass § 24 UmwG einen Ansatz für die aktive Differenz nicht vorsieht.

Davon abweichend wird verlangt, den aktiven Differenzbetrag sowohl im Fall der Verschmelzung mit Kapitalerhöhung als auch im Fall der Verschmelzung ohne Kapitalerhöhung des übernehmenden Rechtsträgers bei der Einbuchung der übernommenen Vermögensgegenstände und Schulden als Aufwendung anzusetzen. Dagegen wird der Ansatz eines Geschäfts- oder Firmenwertes oder die Verrechnung mit Rücklagen nicht als zulässig angesehen.

22) Passive Differenz

Ist die **Gegenleistung** als Wert der von dem übernehmenden Rechtsträger hingegebenen Anteile **geringer als der Buchwert** des übernommenen Nettovermögens des übertragenden Rechtsträgers, entsteht ein **passiver Differenzbetrag**.

Bezüglich der Behandlung eines passiven Differenzbetrages wurde unterschieden, ob der übernehmende Rechtsträger die Gegenleistung an die bisherigen Anteilseigner des übertragenden Rechtsträgers in Form von neu zu schaffenden Anteilen oder in Form von bestehenden (eigenen) Anteilen erbringt. Da nach neuer Regelung durch das BilMoG eigene Anteile mit dem Eigenkapital und den frei verfügbaren Rücklagen verrechnet werden, tritt nur noch der Fall der Kapitalerhöhung auf.

Erfolgt die **Gegenleistung** des übernehmenden Rechtsträgers in Form **neu geschaffener Anteile**, d.h., erfolgt zur Erbringung der Gegenleistung bei dem übernehmenden Rechtsträger eine Kapitalerhöhung, kann der entstehende passive Differenzbetrag als Aufgeld im Sinn des § 272 Abs. 2 Nr. 1 HGB interpretiert und als Kapitalrücklage angesetzt werden. Der Ansatz in der GuV als Ertrag beim übernehmenden Rechtsträger ist unzulässig.

2. Neubewertung des übernehmenden Rechtsträgers

a) Neuansatz der Vermögensgegenständen und Schulden

Wird der Übernahme der Vermögensgegenstände und Schulden bei dem übernehmenden Rechtsträger das **Anschaffungswertprinzip** zugrunde gelegt, so gilt in Bezug auf den Ansatz das **Vollständigkeitsgebot** des § 246 Abs. 1 HGB. Die von dem übertragenden Rechtsträger übernommenen, d.h. erworbenen, Vermögensgegenstände und Schulden sind in der Bilanz des übernehmenden Rechtsträgers vollständig anzusetzen und zwar unabhängig davon, ob sie in der Bilanz des übertragenden Rechtsträgers angesetzt waren.

Bei den Vermögensgegenständen besteht somit Ansatzpflicht auch für die von dem übertragenden Rechtsträger unentgeltlich erworbenen **immateriellen Vermögensgegenstände des Anlagevermögens**, u.a. für selbst erstellte Patente, aber auch für Vermögensgegenstände, die in Ausübung von Ansatzerleichterungen bzw. Erleichterungen in Bezug auf die Abgangsfiktion in der Bilanz des übertragenden Rechtsträgers nicht bzw. nicht mehr bilanziert sind.

Die **Anwendung des Vollständigkeitsprinzips** des § 246 Abs. 1 HGB auf den Ansatz der übernommenen Schulden verlangt, dass die Schulden bei dem übernehmenden Rechtsträger unabhängig davon zu passivieren sind, ob sie in der Bilanz des übertragenden Rechtsträgers angesetzt sind. Ansatzpflicht besteht danach vor allem für aus Sicht des übertragenden Rechtsträgers nicht passivierungspflichtige Rückstellungen für **Pensionsverpflichtungen** nach Art. 28 EGHGB als Altzusagen für laufende Pensionen und für Pensionsanwartschaften, soweit sie unmittelbare Verpflichtungen darstellen für Pensionen oder Anwartschaften, sofern es sich um mittelbare Verpflichtungen handelt.

Mit Blick auf die Wirkungen des § 20 Abs. 1 Nr. 1 UmwG, wonach das Vermögen des übertragenden Rechtsträgers einschließlich der Schulden auf den übernehmenden Rechtsträger übergeht, lässt sich der Grundsatz aufstellen, dass das Anschaffungswertprinzip auf den Ansatz der übertragenen Vermögensgegenständen und Schulden beschränkt ist.

Eine Durchbrechung des Grundsatzes der Beschränkung der Ansatzpflicht auf übernommene Vermögensgegenstände und Schulden ist für **Rechnungsabgrenzungsposten**, die von dem übernehmenden Rechtsträger fortgeführt werden, anzunehmen. Das Vollständigkeitsprinzip des § 246 Abs. 1 Satz 1 HGB sieht neben der Verpflichtung zum Ansatz sämtlicher Vermögensgegenstände und Schulden auch die **Verpflichtung zum Ansatz von Rechnungsabgrenzungsposten des übertragenden Rechtsträgers** vor, sofern diese Vermögensgegenstands- oder Schuldencharakter haben. Sind die Voraussetzungen des § 250 Abs. 1 Satz 1, Abs. 2 HGB erfüllt, indem Ausgaben bzw. Einnahmen vor dem Abschlussstichtag erfolgt sind, die danach aufwands- bzw. ertragswirksam werden, besteht in der Bilanz des übernehmenden Rechtsträgers Ansatzpflicht.

b) Neubewertung der Vermögensgegenstände

Hinsichtlich der Bewertung der übernommenen Vermögensgegenstände wird vom Schrifttum in Abhängigkeit von der Art der gewährten Gegenleistung differenziert. Sie kann in der Gewährung von Anteilen aus einer bei dem übernehmenden Rechtsträger im Zusammenhang mit der Verschmelzung vorgenommenen Kapitalerhöhung oder in der Hingabe eigener Anteile bestehen.

11) Bewertung bei Hingabe von Anteilen aus einer Kapitalerhöhung

Führt der übernehmende Rechtsträger im Zusammenhang mit der Verschmelzung eine Kapitalerhöhung durch, sind bei der Bewertung der übertragenen Vermögensgegenstände unter Anwendung des Neubewertungskonzepts nach Auffassung im Schrifttum die **Grundsätze zur Bewertung von Sacheinlagen** heranzuziehen. Damit besteht für die übernommenen Vermögensgegenstände nach h.M. ein Bewertungswahlrecht zwischen den folgenden Alternativen:

- Bewertung der Vermögensgegenstände mit ihren beizulegenden Zeitwerten;

- Bewertung der Vermögensgegenstände mit dem Nennbetrag der hingegebenen Anteile des übernehmenden Rechtsträgers zuzüglich eines vereinbarten Aufgeldes, d.h. mit einem Ausgabebetrag.
- Ist nur der Betrag der Nominalkapitalerhöhung festgelegt, erfolgt die Bewertung mit dem Nominalbetrag oder mit dem Nominalbetrag zuzüglich eines Aufgeldes. Im letztgenannten Fall muss die Summe von Nominalbetrag und Aufgeld kleiner oder höchstens gleich der Summe des beizulegenden Zeitwertes des Nettovermögens sein.

22) Bewertung bei Hingabe eigener Anteile

Besteht die Gegenleistung des übernehmenden Rechtsträgers bei der Verschmelzung in der Hingabe eigener Anteile, sind bei Anwendung der Neubewertungsmethode nach überwiegender Auffassung im Schrifttum für die Bewertung der übernommenen Vermögensgegenstände die mehrfach angeführten **Tauschgrundsätze** heranzuziehen. Damit ergibt sich für die **Bewertung der übernommenen Vermögensgegenstände** in der Bilanz des übernehmenden Rechtsträgers ein Wahlrecht zwischen den angeführten Alternativen als Bewertung der Vermögensgegenstände mit:

- dem Buchwert der hingegebenen eigenen Anteile des übernehmenden Rechtsträgers; oder
- dem beizulegenden Zeitwert der hingegebenen eigenen Anteile des übernehmenden Rechtsträgers.

Abweichend von der Bewertung wird die Auffassung vertreten, dass im Interesse richtiger Erfassung der Beziehungen der bisherigen und der neuen Gesellschafter des übernehmenden Rechtsträgers und im Interesse eines zutreffenden Kapitalausweises allein die **beizulegenden Zeitwerte** der eingebrachten Vermögensgegenstände als maßgebend anzusehen sind.

33) Verschmelzungsdifferenzen

Übersteigt die von dem übernehmenden Rechtsträger gewährte Gegenleistung den Wert der übernommenen Vermögensgegenstände abzüglich der Schulden, so stellt sich die Frage nach der **bilanziellen Behandlung der Wertdifferenz** als aktivem Differenzbetrag.

Grundsätzlich ist zwischen erfolgsneutraler und erfolgswirksamer Behandlung der Wertdifferenz zu unterscheiden. Nach dem Anschaffungswertprinzip sind Anschaffungsvorgänge in Unternehmen erfolgsneutral zu behandeln. Eine erfolgswirksame Behandlung als Aufwandsverrechnung eines aktiven Differenzbetrages ist danach nicht zulässig. Für die **erfolgsneutrale Behandlung** stellen sich die folgenden Alternativen:

- Der Differenzbetrag wird durch proportionale Erhöhung der Werte den übernommenen nicht nominalen **Vermögensgegenständen zugerechnet**.

Die Verteilung kann dazu führen, dass Vermögensgegenstände entsprechend dem Anschaffungswertprinzip beim Zugang zu einem Wert über ihrem beizulegenden Zeitwert angesetzt werden. Dabei ist in dem auf die Verschmelzung folgenden Jahresabschluss des übernehmenden Rechtsträgers eine entsprechende **Wertminderung** vorzunehmen.

Die Werterhöhung über den beizulegenden Zeitwert hinaus ist auf die Bewertung von Nichtnominalgütern beschränkt. Dieser Bewertungsansatz wird von der h.M. abgelehnt. Die vorgeschlagene Alternative, nach der der Differenzbetrag in der GuV als Aufwand anzusetzen ist, verstößt gegen das Anschaffungswertprinzip des § 255 Abs. 1 HGB und ist insoweit abzulehnen.

- Die **Höherbewertung der Vermögensgegenstände** wird entsprechend der h.M. auf deren beizulegenden Zeitwert beschränkt. Ein **verbleibender aktiver Differenzbetrag** wird gesondert als **Geschäfts- oder Firmenwert** in der Bilanz des übernehmenden Rechtsträgers angesetzt.

Beispiel 03: Verschmelzung bei unterschiedlicher Gegenleistung

Die A AG und die B AG sollen zum 31.12.10 zu einer einheitlichen A AG verschmolzen werden. Die B AG ist danach übertragender Rechtsträger, der seine Vermögensgegenstände und Schulden auf die A AG als übernehmenden Rechtsträger überträgt. Im Gegenzug erhalten die Aktionäre der B AG Aktien der A AG.

Die Bilanz der B AG zum 31.12.10 stellt sich wie folgt dar (Beträge in Tsd. €):

Aktiva	Bilanz B AG	zum 31.12.10	Passiva
Geschäfts- oder Firmenwert	500	Gezeichnetes Kapital	3.000
Sachanlagen	2.300	Kapitalrücklage	800
Finanzanlagen	3.150	Gewinnrücklagen	1.250
Vorräte	1.440	Jahresüberschuss	500
Forderungen	1.380	Rückstellungen	2.010
Sonstiges Umlaufvermögen	2.160	Verbindlichkeiten	3.490
Rechnungsabgrenzungsposten	120		
	11.050		11.050

Zusätzlich sind die folgenden Informationen über bilanzierte und nicht bilanzierte Aktiv- und Passivposten gegeben (Beträge in Tsd. €):

- Ein von der B AG selbst erstelltes Patent hat einen Marktwert von 500.
- Ein Grundstück, dessen Buchwert 200 beträgt, hat einen Verkehrswert von 1.200.
- In den Vorräten sind stille Reserven in Höhe von 250 enthalten.
- Der aktive Rechnungsabgrenzungsposten betrifft Mietvorauszahlungen für eine von Dritten gemietete Lagerhalle.
- Die Verbindlichkeiten enthalten eine Schuld gegenüber der A AG in Höhe von 730.
- Die Rückstellungen enthalten unterlassene Aufwendungen für Instandhaltung von 300 sowie eine Garantierückstellung von 200, die für Lieferungen an die A AG gebildet wurde.

Die Bilanz des übernehmenden Rechtsträger A AG zum 31.12.010 stellt sich vor der Vornahme der Verschmelzung wie folgt dar (Beträge in Tsd. €):

Aktiva — Bilanz A AG zum 31.12.10 — Passiva

Aktiva		Passiva	
Sachanlagen	13.500	Gezeichnetes Kapital	10.000
Finanzanlagen	12.500	- eigene Aktien	-5.000
Vorräte	7.500	Kapitalrücklage	14.000
Forderungen	6.200	Gewinnrücklagen	4.000
Sonstiges Umlaufvermögen	10.400	Jahresüberschuss	2.300
		Rückstellungen	12.600
		Verbindlichkeiten	12.200
	50.100		50.100

Zur Durchführung der Verschmelzung stehen der A AG zwei Alternativen der Erbringung der Gegenleistung zur Verfügung:

- o Erhöhung des Grundkapitals (Gezeichnetes Kapital) um 8 Mill. €, oder
- o Ausgabe der eigenen Aktien in Höhe der Anschaffungskosten von 5 Mill. €.

Die Kosten der Verschmelzung belaufen sich auf 15 Tsd. € für Grunderwerbsteuer und auf 25 Tsd. € für Anwalts- und Notariatskosten; die Zahlung erfolgt Anfang 11.

1. Es ist die Wirkung der Verschmelzung bei den angeführten Alternativen (a) der Erhöhung des Grundkapitals und (b) der Hingabe von eigenen Aktien der A AG unter Anwendung des Buchwertfortführungskonzeptes aufzuzeigen.

2. Es ist die Wirkung der Verschmelzung bei den angeführten Alternativen (a) der Erhöhung des Grundkapitals und (b) der Hingabe von eigenen Aktien der A AG unter Anwendung des Neubewertungskonzeptes aufzuzeigen.

D. Umwandlung durch Spaltung

I. Grundlagen der Umwandlung durch Spaltung

Wichtigste **Anlässe für Spaltungen** in der Unternehmenspraxis sind nach allgemeiner Auffassung: Schaffung kleinerer, am Markt selbständig auftretender Einheiten; Vorbereitung der Veräußerung von Unternehmensteilen; Isolierung von Haftungsrisiken; Betriebsaufspaltungen; Umwandlung eines gewerblichen Unternehmens in eine Holding; Trennung von operativem und nicht betriebsnotwendigem Vermögen; Auseinandersetzung unter Mitinhabern oder Familien; Vorwegnahme bzw. Vorbereitung von Erbauseinandersetzungen; Rückgängigmachung erfolgloser Verschmelzungen; Auflösungen von Unternehmenszusammenschlüssen nach dem Gesetz gegen Wettbewerbsbeschränkungen und Entflechtungsmaßnahmen.

Nach § 123 Abs. 1 bis 3 UmwG kann die Spaltung eines Unternehmens in Form der Aufspaltung, der Abspaltung oder der Ausgliederung erfolgen. Die Spaltungsformen stellen sich wie folgt dar:

- Eine **Aufspaltung** liegt vor, wenn der übertragende Rechtsträger unter Auflösung ohne Abwicklung sein Vermögen durch Übertragung von Vermögensteilen und Schulden auf einen oder mehrere übernehmende Rechtsträger gegen Gewährung von Anteilen oder Mitgliedschaften dieser Rechtsträger an die Anteilsinhaber des übertragenden Rechtsträgers aufspaltet.

- Eine **Abspaltung** liegt vor, wenn der übertragende Rechtsträger Teile seines Vermögens und seiner Schulden durch Übertragung auf einen oder mehrere übernehmende Rechtsträger gegen Gewährung von Anteilen oder Mitgliedschaften dieser Rechtsträger an die Anteilsinhaber des übertragenden Rechtsträgers abspaltet.

- Eine **Ausgliederung** liegt vor, wenn der übertragende Rechtsträger Teile seines Vermögens und seiner Schulden durch Übertragung auf einen oder mehrere übernehmende Rechtsträger gegen Gewährung von Anteilen oder Mitgliedschaften dieser Rechtsträger an den übertragenden Rechtsträger ausgliedert.

Die Übertragung des Vermögens eines Rechtsträgers im Wege der partiellen Gesamtrechtsnachfolge kann nach § 123 Abs. 4 UmwG auf einen neu gegründeten oder einen bereits bestehenden Rechtsträger vorgenommen werden. Das **übertragene Nettovermögen** kann aus einem einzelnen Vermögensgegenstand, aus mehreren Vermögensgegenständen oder aus Vermögensgegenständen und Schulden bestehen.

Der Kreis der **spaltungsfähigen Rechtsträger** ist durch Einfügung der Partnerschaftsgesellschaften durch das Gesetz zur Änderung des Umwandlungsgesetzes, des Partnerschaftsgesellschaftsgesetzes und anderer Gesetze erweitert worden. Er umfasst nunmehr mögliche übertragende Rechtsträger nach § 124 Abs. 1 i.V.m. § 3 Abs. 1 UmwG Kapitalgesellschaften (GmbH, AG, KGaA), Personenhandelsgesellschaften (OHG, KG), Partnerschaftsgesellschaften, eingetragene Genossenschaften, Versicherungsvereine auf Gegenseitigkeit und Stiftungen.

Die **Bilanzierungspflichten** bei Spaltung bestehen für den übertragenden und den übernehmenden Rechtsträger. Bezüglich der Probleme der Spaltungsbilanzierung beim übernehmenden Rechtsträger wird auf den obigen Abschnitt „Wertdifferenzen bei Verschmelzung" verwiesen. Im Folgenden wird neben der Schlussbilanz die Bilanzierung des Spaltungsvorgangs in den Fällen der **Abspaltung** und der **Ausgliederung** dargestellt. Da die Besonderheiten der Spaltung beim übertragenden Rechtsträger liegen, dieser aber bei Aufspaltung untergeht, kann mit dem Verweis auf die Bilanzierung der Verschmelzung auf eine wiederholte Darstellung der Bilanzierung beim übernehmenden Rechtsträger verzichtet werden.

II. Schlussbilanz des übertragenden Rechtsträgers

1. Zweck und Umfang der Aufstellung einer Schlussbilanz

a) Zweck der Schlussbilanz

Nach § 125 i.V.m. § 17 Abs. 2 UmwG ist der **Anmeldung** der Spaltung zum Register des Sitzes des übertragenden Rechtsträgers eine Bilanz (Schlussbilanz) beizufügen, die auf einen höchstens acht Monate vor der Anmeldung der Spaltung liegenden Stichtag aufgestellt worden ist.

Die Notwendigkeit der Erstellung einer Schlussbilanz des übertragenden Rechtsträgers lässt sich zum einen mit den GoB begründen. Sie verlangen eine lückenlose Dokumentation und Rechnungslegung über alle Geschäftsvorfälle. Zum anderen müssen i.d.R. auf der Grundlage der Schlussbilanz **Rechtsansprüche** festgestellt werden, die Gewinnansprüche der Anteilseigner betreffen können.

In der Schlussbilanz werden die einzelnen Abgangswerte der auf den übernehmenden Rechtsträger zu übertragenden Vermögensgegenstände, Schulden, Rechnungsabgrenzungsposten und Sonderposten festgelegt. Bei Anwendung der Buchwertmethode auf die übertragenen Abgangswerte durch den übernehmenden Rechtsträger werden damit gleichzeitig die **Übernahmewerte** der bei dem übernehmenden Rechtsträger fortzuführenden Bilanzposten bestimmt. Die Schlussbilanz des übertragenden Rechtsträgers sichert damit die Bilanzkontinuität.

Dem Registergericht wird mit der Schlussbilanz der Nachweis eines in der Regel beim übertragenden Rechtsträger bestehenden **positiven Nettovermögens** erbracht.

b) Einreichungs- und Aufstellungsgegenstand

Nach § 125 i.V.m. § 17 Abs. 2 UmwG ist **Einreichungsgegenstand** zum elektronischen Bundesanzeiger des übertragenden Rechtsträgers eine **Bilanz** (Schlussbilanz). Die Einreichung weiterer Teile der externen Rechnungslegung, wie die GuV für das abgelaufene volle oder Rumpfgeschäftsjahr, eine Kapitalflussrechnung wird nicht verlangt. Die Beschränkung des Einreichungsgegenstandes auf die Bilanz gilt unabhängig davon, ob die Schlussbilanz **Teil eines periodischen Jahresabschlusses** des übertragenden Rechtsträgers oder eine gesondert aufgestellte **Zwischenbilanz** für ein Rumpfgeschäftsjahr ist.

Strittig ist, ob die zum Register **einzureichenden Unterlagen** des übertragenden Rechtsträgers um einen **Anhang** zu erweitern sind. Die h.M. verlangt die Einreichung. Nach dem Gesetzeswortlaut ist Einreichungsgegenstand ausschließlich die Bilanz. Der Anhang ist zwar Teil des Jahresabschlusses der Kapitalgesellschaft und der kapitalistischen Personenhandelsgesellschaft, aber nicht Teil der Bilanz. Die Angabepflicht setzt voraus, dass Angaben zu Bilanzposten, die wahlweise in der Bilanz oder im Anhang gemacht werden können, in der Bilanz zu machen sind.

Von dem **Einreichungsgegenstand** „Schlussbilanz“ ist der **Aufstellungsgegenstand** zu unterscheiden. Der Aufstellungsgegenstand enthält nach § 264 Abs. 1 Satz 1 HGB als periodische externe Rechnung auf den Schluss eines Geschäftsjahres des übertragenden Rechtsträgers den Jahresabschluss mit der Bilanz, der Gewinn- und Verlustrechnung und dem Anhang und den Lagebericht. Wird der Spaltung eine Zwischenbilanz zugrunde gelegt, ist als Aufstellungsgegenstand ebenso wie bei der Jahresbilanz zur Ermittlung des Jahresüberschusses eine GuV auf den Zeitraum zwischen dem letzten Abschlussstichtag und dem Spaltungsstichtag aufzustellen.

2. Aufstellungs- und Spaltungsstichtag

Nach § 125 i.V.m. § 17 Abs. 2 Satz 4 UmwG darf die Spaltung nur eingetragen werden, wenn die Schlussbilanz auf einen höchstens acht Monate vor der Anmeldung liegenden Stichtag aufgestellt wurde. Die Frist gilt einheitlich für alle Rechtsformen. Die gegenüber dem alten Recht verlängerte Frist für die elektronische Einreichung der Bilanz beim Betreiber des elektronischen Bundesanzeigers soll es ermöglichen, die Schlussbilanz des letzten Geschäftsjahres als **Einreichungsbilanz** zu verwenden.

Von dem **Aufstellungsstichtag** der Schlussbilanz ist der **Spaltungsstichtag** zu unterscheiden als der Zeitpunkt, von dem an gemäß § 126 Abs. 1 Nr. 6 UmwG die Handlungen des übertragenden Rechtsträgers als für Rechnung jedes der übernehmenden Rechtsträger vorgenommen gelten. Nach IDW HFA 2/97 sind Aufstellungs- und Spaltungsstichtag in der Regel insoweit identisch, als das Ende des Aufstellungsstichtages, z.B. der 31.12.10, 24.00 Uhr, mit dem Beginn des Spaltungsstichtages, hier der 1.1.11, 0.00 Uhr, übereinstimmt.

Technisch ist Übereinstimmung von Stichtag der Schlussbilanz und Spaltungsstichtag bei Zugrundelegung des **Anschaffungswertprinzips** zur Buchung der Vorgänge der Spaltung beim übernehmenden Rechtsträger nicht erforderlich. Der Grundsatz der Bilanzkontinuität ist insoweit aufgehoben. Anzusetzende Aktiva und Passiva beim übernehmenden Rechtsträger sind weder der Art noch der Höhe nach zwingend der Schlussbilanz des übertragenden Rechtsträgers zu entnehmen. Dies gilt in aller Regel bei Anwendung der Neubewertungsmethode. Dennoch ist auch in diesem Fall eine auf den Spaltungsstichtag von dem übertragenden Rechtsträger aufgestellte Schlussbilanz erforderlich, um die im Rahmen der Spaltung des übertragenden Rechtsträgers erfolgenden Abgänge von Aktiva und Passiva zu erfassen.

3. Gesamtbilanz versus Teilbilanz

Nach § 125 i.V.m. § 17 Abs. 2 Satz 1 UmwG ist der Anmeldung der Spaltung zum Betreiber des elektronischen Bundesanzeigers eine Bilanz (Schlussbilanz) des übertragenden Rechtsträgers beizufügen, für die die Vorschriften über die Jahresbilanz gelten. Das Gesetz stellt auf den übertragenden Rechtsträger und dessen Bilanz ab. Mit der einzureichenden Bilanz ist die **Gesamtbilanz** gemeint. Eine Verpflichtung oder Berechtigung, neben oder an Stelle der Gesamtbilanz eine Teilbilanz für das zu übertragende Nettovermögen und eine Teilbilanz für das beim übertragenden Rechtsträger verbleibende Nettovermögen oder nur eine Teilbilanz für das zu übertragende Nettovermögen einzureichen, ist dem Gesetz nicht zu entnehmen. Danach wäre beim übertragenden Rechtsträger eine Gesamtbilanz aufzustellen.

Dessen ungeachtet wird eine Auslegung des § 17 Abs. 2 Satz 1 UmwG zur Einreichung einer Schlussbilanz des übertragenden Rechtsträgers abhängig von der Art der Spaltung vorgenommen. Danach wird verlangt für die:

- **Aufspaltung** unverändert die Einreichung einer Gesamtbilanz des zu übertragenden Nettovermögens.
- **Abspaltung** wahlweise an Stelle der Gesamtbilanz die Einreichung einer Teilbilanz für das abzuspaltende und zu übertragende Nettovermögen und eine Teilbilanz für das bei dem übertragenden Rechtsträger verbleibende Nettovermögen bzw. bei Unwesentlichkeit des zu übertragenden Nettovermögens nur eine Teilbilanz des zu übertragenden Nettovermögens.
- **Ausgliederung** wahlweise an Stelle der Gesamtbilanz eine Teilbilanz des zu übertragenden Nettovermögens.

Gesetzesauftrag und Gleichheit der Behandlung der Spaltungsfälle sowie Gleichheit des Umfangs der Jahresbilanz und der Zwischenbilanz in Bezug auf die einzureichende Schlussbilanz sprechen eher für die Gesamtbilanz als für die Pflicht zur Einreichung von Teilbilanzen bzw. die differenzierten Wahlrechte entsprechend der Art der Spaltung. Dem stehen die nur schwer zu rechtfertigenden i.d.R. sehr hohen **Kosten** der Aufstellung einer Gesamtbilanz in den Fällen gegenüber, in denen bei mittleren und großen Unternehmen nur kleine Teile abgespalten oder ausgegliedert werden.

4. Inhalt der Schlussbilanz des übertragenden Rechtsträgers

a) Ansatz der Posten in der Schlussbilanz

Nach dem **Vollständigkeitsgebot** des § 246 Abs. 1 HGB sind in der Schlussbilanz sämtliche Vermögensgegenstände, Schulden, Rechnungsabgrenzungsposten und Sonderposten anzusetzen. Dies gilt auch für die von dem übertragenden Rechtsträger gehaltenen Anteile an dem übernehmenden Rechtsträger und die Forderungen und Verbindlichkeiten gegenüber dem übernehmenden Rechtsträger. Die aus Sicht des übernehmenden Rechtsträgers vorzunehmenden Umqualifizierungen, Verrechnungen und Ausbuchungen berühren nicht die Ansätze in der Schlussbilanz des übertragenden Rechtsträgers.

§ 246 Abs. 3 HGB verlangt **Ansatzmethodenstetigkeit**, d.h., die auf den vorhergehenden Jahresabschluss angewandten Ansatzmethoden sind beizubehalten. Mit dem BilMoG hat die Ansatzmethodenstetigkeit insoweit an Bedeutung verloren, als bisher bestehende Ansatzwahlrechte weitgehend aufgehoben wurden. Besteht kein Ansatzwahlrecht, kann es auch keine unterschiedlich ansetzbare Ansatzmethoden geben.

Nach § 249 Abs. 1 HGB besteht in der Schlussbilanz Ansatzpflicht für die **Verbindlichkeitsrückstellungen**, soweit es sich nicht um Pensionsrückstellungen mit unmittelbaren Altzusagen oder mittelbare Pensionsverpflichtungen handelt. Zudem sind Rückstellungen für ungewisse Verbindlichkeiten anzusetzen, die dem übertragenden Rechtsträger durch die Spaltung entstehen. Dies gilt u.a. für die Rechts- und Beratungskosten, die im Zusammenhang mit der Vorbereitung der Spaltung entstehen.

Die **Steuerschulden** des übertragenden Rechtsträgers sind in der Schlussbilanz als Verbindlichkeiten bzw. als Steuerrückstellungen anzusetzen. Zu den Steuerschulden gehört auch die Steuerbelastung, die entsteht, wenn stillen Reserven in der Schlussbilanz aufgedeckt werden. Fraglich kann sein, ob Ansatzpflicht für **passive latente Steuern** nach § 274 Abs. 2 HGB in der Schlussbilanz besteht, da bei der Aufspaltung generell, bei Abspaltung und Ausgliederung bei Übergang der die passive latente Steuer verursachenden Posten auf den übernehmenden Rechtsträger eine Umkehrung der Gewinndifferenz zwischen Handelsbilanz und Steuerbilanz bei dem übertragenden Rechtsträger nicht mehr eintreten kann.

Eine Durchbrechung des Grundsatzes der Beschränkung der Ansatzpflicht auf die übernommenen Vermögensgegenstände und Schulden des übertragenden Rechtsträger ist für **Rechnungsabgrenzungsposten**, die von dem übernehmenden Rechtsträger fortgeführt werden, anzunehmen. Das Vollständigkeitsprinzip des § 246 Abs. 1 Satz 1 HGB sieht auch die Verpflichtung zum Ansatz von Rechnungsabgrenzungsposten des übertragenden Rechtsträgers vor, sofern diese Vermögens- oder Schuldencharakter haben. Sind die Voraussetzungen des § 250 Abs. 1 Satz 1 HGB erfüllt, indem Ausgaben bzw. Einnahmen vor dem Abschlussstichtag erfolgt sind, die danach aufwands- bzw. ertragswirksam werden, besteht Ansatzpflicht in der Bilanz des übernehmenden Rechtsträgers.

Aufgrund der Verpflichtung zur entsprechenden Anwendung der Vorschriften für den Jahrsabschluss müssen für die Schlussbilanz die **Aktivierungsverbote** generell für die Vermögensgegenstände gelten, an denen der übertragende Rechtsträger kein wirtschaftliches Eigentum hat. Zudem gilt das **Passivierungsverbot** des § 249 Abs. 2 Satz 1 HGB, nach dem für andere als die in § 249 Abs. 1 HGB bezeichneten Zwecke Rückstellungen nicht gebildet werden dürfen.

b) Ausweis und Gliederung der Schlussbilanz

Für den Ausweis und die Gliederung der Aktiva und der Passiva in der Schlussbilanz des übertragenden Rechtsträgers gelten die **Vorschriften für die Gliederung der Jahresbilanz**. Danach hat die Kapitalgesellschaft (AG, KGaA, GmbH) und die kapitalistische Personenhandelsgesellschaft (oHG, KG) §§ 265 HGB anzuwenden, es sei denn es greift 274a HGB.

Die **Aufteilung einer als Schlussbilanz eingereichten Gesamtbilanz** nach den auf den übernehmenden Rechtsträger übergehenden und bei dem übertragenden Rechtsträger verbleibenden Aktiva und Passiva wird nicht gefordert. Das schließt nicht aus, dass in der Schlussbilanz ein Bilanzposten in zu übertragende und verbleibende Bestandteile aufgegliedert oder der zu übertragende bzw. verbleibende Teil in einem Davon-Vermerk angegeben wird.

Sollen **Aktiv- und Passivposten auf mehrere übernehmende Rechtsträger** übertragen werden, ist fraglich, ob in der Gesamtbilanz eine Kennzeichnung dahingehend vorgenommen wird, dass die auf die einzelnen Rechtsträger zu übertragenden Aktiva- und Passiva gesondert auszuweisen und entsprechend zu kennzeichnen sind. Bei der gegebenen Rechtslage wird nicht verlangt, die Buchwerte der auf die einzelnen übernehmenden Rechtsträger zu übertragenden Aktiva und Passiva der Schlussbilanz zu entnehmen. Die Anmeldung nach § 17 UmwG sieht weder eine entsprechende Aufspaltung noch eine Zerlegung der Gesamtbilanz in einem die Schlussbilanz ergänzenden Anhang vor.

c) Bewertung der Schlussbilanzposten

Für die Bewertung der Aktiv- und Passivposten in der Schlussbilanz gelten unter Beachtung der Rechtsform und des Wirtschaftszweiges des übertragenden Rechtsträgers die §§ 252 bis 256a HGB für alle rechnungslegungspflichtige Unternehmen, §§ 340e bis 340h HGB ergänzend für Kreditinstitute und Finanzdienstleistungsinstitute und die §§ 341b bis 341d HGB ergänzend für Versicherungsunternehmen und Pensionsfonds. Sie umfassen die **allgemeinen und speziellen Bewertungsgrundsätze** für die anzusetzenden Vermögensgegenstände und Schulden.

Zu den **allgemeinen Bewertungsgrundsätzen** des § 252 HGB, die durch das BilMoG nicht verändert wurden, gehören:

- Die **Bilanzidentität** als formale Bilanzkontinuität verlangt die Bewertung der Vermögensgegenstände und Schulden in der Eröffnungsbilanz zu den Werten der vorhergehenden Schlussbilanz unabhängig davon, ob diese eine Jahresbilanz oder eine Zwischenbilanz ist.

- Für die Schlussbilanz ist bei allen Formen der Spaltung von der fiktiven **Fortsetzung der Unternehmenstätigkeit** des übertragenden Rechtsträgers auszugehen. Auch der Untergang des übertragenden Rechtsträgers bei Aufspaltung steht der Annahme der going concern Prämisse nichts entgegen. Daraus folgt, dass der Bewertung der Vermögensgegenstände und Schulden die Fiktion zugrunde liegt, dass der übertragende Rechtsträger fortbesteht.

- Aus der **Einzelbewertung** erfolgt eine Wertzuordnung auf jeden einzelnen in der Schlussbilanz angesetzten Vermögensgegenstand und für jede einzelne Schuld. Nach der Neufassung des § 254 HGB durch das BilMoG ist die Bildung von Bewertungseinheiten zulässig.

- Die Bewertung der Schlussbilanz hat unter Beachtung des **Vorsichts-, Realisations- und Imparitätsprinzips** zu erfolgen; namentlich sind alle vorhersehbaren Risiken und Verluste, die bis zum maßgeblichen Abschlussstichtag entstanden sind, zu berücksichtigen, selbst wenn diese erst zwischen dem Abschlussstichtag und dem Tag der Aufstellung der Schlussbilanz bekannt geworden sind. Außer den zu Handelszwecken erworbenen Finanzinstrumenten ist in der Schlussbilanz die Bewertung der Vermögensgegenstände mit einem über den Anschaffungs- oder Herstellungskosten liegenden Zeitwert unzulässig.

- In § 252 Abs. 1 Nr. 6 HGB wird das Gebot der **Bewertungsstetigkeit** verschärft. Die auf dem vorhergehenden Jahresabschluss angewandten Bewertungsmethoden sind in der Schlussbilanz des übertragenden Rechtsträgers grundsätzlich beizubehalten. Von der Bewertungsstetigkeit darf nach § 252 Abs. 2 HGB nur in begründeten Ausnahmefällen abgewichen werden. Die Frage, ob die Verschmelzung oder Spaltung einen begründeten Ausnahmefall im Sinn des § 252 Abs. 2 HGB darstellt, wird im Falle der Buchwertfortführung nach § 24 UmwG durch den übernehmenden Rechtsträger im Schrifttum bejaht, jedoch ohne überzeugende Begründung.

Mögliche **Bewertungsprobleme** in der Schlussbilanz des übertragenden Rechtsträgers sind vor allem bei Bilanzposten denkbar, die von der Spaltung unmittelbar berührt werden, wie Anteile des übertragenden Rechtsträgers an dem übernehmenden Rechtsträger und Forderungen gegenüber dem übernehmenden Rechtsträger.

- Die Bewertung von **Anteilen des übertragenden Rechtsträgers** an den übernehmenden Rechtsträger richtet sich in der Schlussbilanz des übertragenden Rechtsträgers entsprechend ihrer Eigenart als Finanzanlagen des Anlagevermögens oder als Wertpapiere des Umlaufvermögens nach dem durch das BilMoG geänderten § 253 Abs. 1 HGB. Spaltungsbezogene Abschreibungen sind nur für Wertminderungen, die bis zum Stichtag der Schlussbilanz eingetreten sind, zulässig. Spaltungsbezogene Zuschreibungen sind bei Wertpapieren des Umlaufvermögens unzulässig.

- **Forderungen gegen den übernehmenden Rechtsträger** gehen bei Übertragung mit Eintragung der Spaltung in den elektronischen Bundesanzeiger durch Konfusion unter. Die Forderungen bestehen jedoch zum Stichtag der Schlussbilanz des übertragenden Rechtsträgers unverändert. Sie sind nach § 253 Abs. 4 HGB zu bewerten.

III. Bilanzierung des Spaltungsvorgangs

Mit Eintragung der Spaltung in den elektronischen Bundesanzeiger gehen die übertragenen Gegenstände auf den übernehmenden Rechtsträger über. Bei dem übertragenden Rechtsträger entstehen insoweit **Abgänge**. Sie sind in den Fällen, in denen er mit Eintragung der Spaltung in den elektronischen Bundesanzeiger nicht erloschen ist (Abspaltung, Ausgliederung), bilanztechnisch zu erfassen. Nach § 131 Abs. 1 Nr. 2 UmwG erlischt bei Aufspaltung der übertragende Rechtsträger mit Eintragung in den elektronischen Bundesanzeiger.

1. Abspaltung aus dem übertragenden Rechtsträger

Bei Vornahme einer Abspaltung kann der übertragende Rechtsträger nach § 123 Abs. 2 UmwG von seinem Vermögen einen Teil oder mehrere Teile abspalten und auf den übernehmenden Rechtsträger übertragen. Dessen **Gegenleistung** besteht in der Gewährung von Anteilen oder Mitgliedschaften an die Anteilsinhaber des übertragenden Rechtsträgers.

Der bei der Abspaltung zu übertragende Teil der Vermögensgegenstände und Schulden des übertragenden Rechtsträgers darf bei **Bewertung zu Zeitwerten** nicht negativ sein. Bei negativem Nettovermögen würde eine gesetzlich nicht zulässige Unterpari-Emission vorliegen. Dagegen kann bei Bewertung zu **Buchwerten** bei der Abspaltung das zu übertragende Nettovermögen positiv aber auch negativ sein, sofern der Buchwert des übertragenen Nettovermögens unter dessen Zeitwert liegt.

In den beiden angeführten Fällen stellt sich die **Frage nach** der **erfolgswirksamen bzw. erfolgsneutralen Behandlung** der Differenz zwischen dem Betrag des auf den übernehmenden Rechtsträger übertragenen Nettovermögens und der

Gegenleistung des übertragenden Rechtsträgers. Ihre Beantwortung hängt davon ab, ob der Spaltungsvorgang als laufender Geschäftsvorfall mit realisiertem Gewinn bzw. Verlust oder entsprechend der h.M. als gesellschaftsrechtlicher Vorgang mit direkter Berührung der Eigenkapitalposten zu sehen ist.

a) Positiver Differenzbetrag

Ist der Buchwert der von dem übertragenden Rechtsträger übertragenen Aktiva größer als der Buchwert der übertragenen Passiva, so ist bei erfolgsneutraler Behandlung der Differenzbetrag durch Verminderung der Eigenkapitalposten auszugleichen. Es lassen sich die im Folgenden angeführten Fälle unterscheiden.

11) Eigenkapitalminderung ohne Kapitalherabsetzung

Eigenkapitalminderungen ohne Kapitalherabsetzung beim übertragenden Rechtsträger sind zunächst **Verminderungen von ausschüttungsoffenen Eigenkapitalposten**. Hierzu zählt bei der AG der Jahresüberschuss bereinigt um einen Gewinn- oder Verlustvortrag und um Einstellungen in die gesetzliche und satzungsmäßige Rücklage. Verrechnungsoffen sind darüber hinaus die Kapitalrücklage aus anderen Zuzahlungen der Gesellschafter nach § 272 Abs. 2 Nr. 4 HGB und die Beträge, die im Rahmen der Verwendung des Jahresüberschusses von Vorstand und Aufsichtsrat bzw. der Hauptversammlung nach § 58 Abs. 2, 2a und 3 AktG in die anderen Gewinnrücklagen eingestellt werden.

Eigenkapitalminderungen des übertragenden Rechtsträgers ohne Kapitalherabsetzung sind theoretisch auch durch **Auflösung der gebundenen Kapitalrücklage** nach § 272 Abs. 2 Nr. 1 bis 3 HGB und der gesetzlichen Rücklage nach § 150 Abs. 1 und 2 AktG möglich.

Für die Prüfung der **Zulässigkeit der Rücklagenverrechnung** ist entscheidend, ob das Handelsrecht mit den Ausschüttungsbeschränkungen oder das Recht der Unternehmensspaltung vorrangig ist. Von der h.M. wird dem **Spaltungsrecht der Vorrang** eingeräumt. Dafür sprechen:

- Die Vereinfachung und Beschleunigung des Spaltungsvorgangs.
- Der bei Verrechnung der gebundenen Rücklagen gesicherte Kapitalschutz bei dem übertragenden Rechtsträger.
- Die in Fällen nicht mögliche Vornahme der Spaltung, obwohl ausreichendes Eigenkapital bei dem übertragenden Rechtsträger vorhanden ist.
- Aus buchtechnischer Sicht die einfache und schnelle Abwicklung des Vorgangs der Abspaltung beim übertragenden Rechtsträger.

22) Eigenkapitalminderung mit Kapitalherabsetzung

Eigenkapitalminderungen mit Kapitalherabsetzung des übertragenden Rechtsträgers in der Rechtsform der AG als ordentliche Kapitalherabsetzung nach

§§ 222 ff. AktG bzw. als vereinfachte Kapitalherabsetzung nach §§ 229 ff. AktG sieht § 145 UmwG im Fall der „**Erforderlichkeit**" vor. Entsprechendes gilt nach § 139 UmwG für die Herabsetzung des Stammkapitals des übertragenden Rechtsträgers der GmbH als ordentliche Kapitalherabsetzung nach § 58 GmbHG bzw. als vereinfachte Kapitalherabsetzung nach § 58a GmbHG.

Erforderlich ist nach h.M. die **Kapitalherabsetzung** dann, wenn **ohne sie die Abspaltung nicht durchgeführt** werden könnte, d.h., wenn zur Vermeidung einer Unterbilanz infolge der Übertragung des positiven Nettovermögens bei dem übertragenden Rechtsträger nicht ausreichend auflösungsoffenes Eigenkapital (i.d.R. andere Gewinnrücklagen, u.a. Rücklagen für Anteile an einem herrschenden oder mehrheitlich beteiligten Unternehmen) vorhanden ist. In diesem Fall ist das Kapital im Sinn der §§ 139, 145 UmwG in Höhe des Restbetrages herabzusetzen.

Da die Kapitalherabsetzung zeitlich vor der Eintragung der Abspaltung vorgenommen und in den elektronischen Bundesanzeiger eingetragen werden muss (§§ 139, 145 UmwG), ist der Betrag der Herabsetzung des Grundkapitals bei der AG bzw. des Stammkapitals bei der GmbH nicht unter dem Posten „Gezeichnetes Kapital", sondern in einem besonderen Eigenkapitalposten auszuweisen. Es erfolgt insoweit ein **Passiventausch innerhalb des Eigenkapitals**. Bei Abgang des auf den übernehmenden Rechtsträger übertragenen Nettovermögens mit Eintragung der Spaltung ist der positive Differenzbetrag mit dem besonderen Eigenkapitalkonto zu verrechnen. Ein verbleibender Restbetrag ist in die Kapitalrücklage einzustellen.

b) Negativer Differenzbetrag

Der Buchwert des auf den übernehmenden Rechtsträger übertragenen Nettovermögens kann kleiner sein als der Buchwert der übertragenen Passivposten. Bei erfolgsneutraler Behandlung des negativen Differenzbetrags im Rechnungswesen des übertragenden Rechtsträgers ist der negative Differenzbetrag durch Erhöhung des Eigenkapitals des übertragenden Rechtsträgers auszugleichen. Aus der Interpretation der Abspaltung als gesellschaftsrechtlicher Vorgang folgt zwingend ein Ausweis unter der Kapitalrücklage. Die Höhe des gezeichneten Kapitals bleibt unverändert.

Für den Ausweis unter der Kapitalrücklage ist mit Blick auf eine spätere Verwendung die Zuordnung unter der gebundenen oder freien Rücklage von Bedeutung. Obwohl bei der Spaltung tatsächliche Zuzahlungen der Gesellschafter an den übertragenden Rechtsträger nicht vorliegen, lassen sie sich fingieren. Nach der Fiktion erhalten die Gesellschafter in Höhe der negativen Differenz Auszahlungen, die sie als freiwillige Zuzahlungen unmittelbar an die Gesellschaft zurückführen, ohne dass ihnen im Gegenzug gesellschaftsrechtliche Vorteile gewährt werden. Damit liegt entsprechend der h.M. ein Fall des § 272 Abs. 2 Nr. 4 HGB als Einstellung in die nicht gebundene Kapitalrücklage vor.

2. Ausgliederung aus dem übertragenden Rechtsträger

Bei Ausgliederung kann der übertragende Rechtsträger nach § 123 Abs. 3 UmwG aus seinem Vermögen einen Teil ausgliedern gegen Gewährung von Anteilen oder Mitgliedschaften an dem übernehmenden Rechtsträger.

Ebenso wie bei der Abspaltung muss bei der **Ausgliederung** das zu übertragende Nettovermögen des übertragenden Rechtsträgers **bei Bewertung mit Zeitwerten positiv** sein. Dagegen kann bei Bewertung zu Buchwerten das zu übertragende Nettovermögen positiv oder auch negativ sein. Die dem übertragenden Rechtsträger für die erbrachte Gegenleistung der Übertragung des Nettovermögens auf den übernehmenden Rechtsträger zufließende **Leistung besteht in Anteilen an dem übernehmenden Rechtsträger**, die abweichend von der Abspaltung nicht den Aktionären oder Gesellschaftern des übertragenden Rechtsträgers, sondern dem übertragenden Rechtsträgers selbst zufließen. Kernproblem der Bilanzierung des Ausgliederungsvorgangs ist die Bewertung der dem übertragenden Rechtsträger zugehenden Anteile.

a) Übertragung von positivem Nettovermögen

Entscheidend für die Bewertung der für den Übergang eines positiven Nettovermögens erhaltenen Leistung ist die Qualifizierung der im Rahmen des Spaltungsvorgangs erfolgenden **Art der Übertragungen**. Wird darin entsprechend der h.M. ein dem Tausch ähnlicher Vorgang gesehen, sind die Tauschgrundsätze unmittelbar anwendbar. Die dem übertragenden Rechtsträger zugehenden Anteile an dem übernehmenden Rechtsträger können aufgrund des **Bewertungswahlrechts** zum **Buchwert** oder zum **Zeitwert** des übertragenen Nettovermögens angesetzt werden. Bei einem den Buchwert übersteigenden Zeitwert des Nettovermögens entstehen bei Ansatz zum Zeitwert Veräußerungsgewinne bei dem übertragenden Rechtsträger.

Mit der uneingeschränkten Gewährung des Wahlrechts werden bei Ausgliederung das **Anschaffungswertprinzip und** das **Realisationsprinzip in Bezug auf das auszugliedernde Vermögen aufgehoben**. Dies zeigt sich vor allem bei einem von dem übertragenden Rechtsträger gegründeten oder bei einem bestehenden übernehmenden Rechtsträger, an dem der übertragende Rechtsträger alle Anteile hält. Der Transaktion fehlt ebenso wie anderen konzerninternen Geschäften die Wertbestimmung durch einen externen Markt. Die volle Ausschüttung der aus der Transaktion entstehenden Gewinne bei dem übertragenden Rechtsträger muss daher wegen der u.U. vorliegenden Umgehung des Anschaffungs- und Realisationsprinzips kritisch beurteilt werden.

b) Übertragung von negativem Nettovermögen

Die Übertragung einer buchmäßig negativen Nettovermögensdifferenz tritt in dem in Zukunft nicht mehr relevanten Fall auf, dass das übertragene Nettovermögen stille Reserven in solcher Höhe enthält, dass es bewertet zu Zeitwerten positiv ist. Werden für die Übertragung die gleichen Grundsätze wie bei der Übertragung eines positiven buchmäßigen Nettovermögens angewandt, ist zwischen **Unabhängigkeit und Abhängigkeit des übernehmenden Rechtsträgers** von dem übertragenden Rechtsträger zu unterscheiden.

- Im Fall der **Unabhängigkeit** des übernehmenden Rechtsträgers unter Anwendung der Tauschgrundsätze sind bei Zugrundelegung des **Buchwertes** des übertragenen Nettovermögens keine Anschaffungskosten für die Anteile an dem übernehmenden Rechtsträger anzusetzen. In Höhe der negativen Differenz ist ein Ertrag in der GuV des übertragenden Rechtsträgers anzusetzen.
- Im Fall der **Abhängigkeit** des übernehmenden Rechtsträgers unter Abstellen auf den **Buchwert** des übertragenen Nettovermögens entstehen bei dem übertragenden Rechtsträger negative Anschaffungskosten der Anteile an dem übernehmenden Rechtsträger. Da negative Vermögensgegenstände nicht bilanzierungsfähig sind, der Vorgang aber erfolgsneutral zu behandeln ist, muss der Differenzbetrag in einem besonderen Posten der Kapitalrücklage ausgewiesen werden.

IV. Haftungsverhältnisse

Nach § 133 Abs. 1 Satz 1 UmwG haften die an der Spaltung beteiligten Rechtsträger als Gesamtschuldner für die Verbindlichkeiten des übertragenden Rechtsträgers, die vor dem Wirksamwerden der Spaltung begründet worden sind. Werden die Verbindlichkeiten im Rahmen der Abspaltung oder der Ausgliederung auf den übernehmenden Rechtsträger übertragen, bleibt die **gesamtschuldnerische Mithaftung des übertragenden Rechtsträgers** bestehen.

Die h.M. geht davon aus, dass eine **Vermerkpflicht** als Haftungsverhältnis für die an der Spaltung beteiligten Rechtsträger grundsätzlich **nicht besteht**, da § 251 HGB nicht für gesetzlich normierte Haftungsverhältnisse greift. Das würde bedeuten, dass außen stehende Rechnungslegungsadressaten nicht über die das Risiko der Inanspruchnahme des übertragenden Rechtsträgers aus der gesamtschuldnerischen Mithaftung unterrichtet würden und damit eine falsche Vorstellung von der wirtschaftlichen Lage des übertragenden Rechtsträgers hätten. Deshalb muss der abweichenden Auffassung gefolgt werden, nach der die **gesamtschuldnerische Mithaftung** als „Gewährleistungsobligo“ nach §§ 251, 268 Abs. 4 HGB unter der Bilanz zu vermerken oder im Anhang **anzugeben** ist.

Beispiel 04: Wertdifferenzen bei Abspaltung

Die A AG spaltet zum 30.12.10 einen Fertigungsbereich ab und überträgt die dem Bereich zuordenbaren Vermögensgegenstände des Anlage- und des Umlaufvermögens sowie die den Bereich betreffenden Rückstellungen und Verbindlichkeiten auf die neu gegründete B AG als übernehmender Rechtsträger.

Die Zwischenbilanz der A AG zum 30.12.10 vor Abspaltung stellt sich wie folgt dar (Beträge in Tsd. €):

Aktiva	Zwischenbilanz A AG zum 30.12.10		Passiva
Sachanlagen	13.750	Gezeichnetes Kapital	10.000
Finanzanlagen	9.830	Kapitalrücklage	2.200
Vorräte	5.960	Gewinnrücklagen	3.780
Forderungen	1.170	Bilanzgewinn	1.640
Sonstiges Umlaufvermögen	4.510	Rückstellungen	4.850
		Verbindlichkeiten	12.750
	35.220		35.220

Von dem Eigenkapital der A AG sind ausschüttungsoffene Posten:

Gewinnrücklagen 3.780 Tsd. €, Jahresüberschuss 1.640 Tsd. €.

Laut Spaltungsvertrag zwischen den Spaltungspartnern ist aufgrund der Verlagerung von Teilen des Fertigungsbereichs die Übertragung folgender Aktiv- und Passivposten mit den angegebenen Beträgen als Buchwerte auf den übernehmenden Rechtsträger B AG vorgesehen:

Sachanlagen 6.750 Tsd. €, Vorräte 2.900 Tsd. €, Forderungen 440 Tsd. €, sonstiges Umlaufvermögen 1.980 Tsd. €, Rückstellungen 2.000 Tsd. €, Verbindlichkeiten 8.500 Tsd. €.

Zur Ermittlung der beizulegenden Zeitwerte der Vermögensgegenstände sind folgende Informationen gegeben:

- Das zu übertragende Vermögen beinhaltet von der A AG selbst erstellte Patente mit einem Marktwert von 500 Tsd. €;
- ein zu übertragendes Grundstück mit Buchwert von 4.000 Tsd. € hat einen Verkehrswert von 6.000 Tsd. €;
- die zu übertragenden Vorräte enthalten einen zusätzlichen Mehrwert in Höhe von 1.200 Tsd. €.

1. Es ist die Bilanz des übertragenden Rechtsträgers A AG zum 31.12.10 nach Durchführung der Abspaltung zu erstellen.

2. Es ist die Bilanzierung des Spaltungsvorgangs bei der A AG unter der Annahme vorzunehmen, dass laut Spaltungsvertrag neben dem angegebenen Posten „Sachanlagen" zusätzlich ein Betrag in Höhe von 4.000 Tsd. € auf den übernehmenden Rechtsträger übertragen wird.

3. Es ist die Bilanzierung des Spaltungsvorgangs beim übertragenden Rechtsträgers A AG unter der Annahme vorzunehmen, dass laut Spaltungsvertrag neben den angegebenen Posten die gesamten Sachanlagen und Vorräte auf den übernehmenden Rechtsträger übertragen werden.

4. Es ist die Wirkung der Spaltung auf die Bilanz des übernehmenden Rechtsträges B AG für die Fälle der Anwendung des Buchwertfortführungskonzepts und des Neubewertungskonzepts aufzuzeigen. Bei der Aufzeigung soll Das Gezeichnete Kapital soll mit 1,5 Mill. € zugrunde gelegt werden.

E. Sachanlagen

I. Begriff, Umfang und Nachweis der Sachanlagen

1. Begriff und Umfang der Sachanlagen

Der **Begriff „Sachanlagen"** im Sinn der nach § 266 Abs. 2 A. II. HGB unter dem Posten auszuweisenden Vermögensgegenstände des Sachanlagevermögens ist theoretisch nicht definierbar. Man kann zwar Sachanlagen als greifbare Gegenstände (Sachen) unter den Posten subsumieren. Zu den Sachanlagen gehören nach § 266 Abs. 2 A. I. Nr. 4 HGB auch geleistete Anzahlungen und Anlagen im Bau.

Der **Umfang** geht über die Sachanlagen hinaus. Unter dem Posten sind aber auch Vermögensgegenstände auszuweisen, die keine Sachen darstellen. So sind die unter den Sachanlagen angeführten grundstücksgleichen Rechte Sachanlagevermögen, obwohl sie keine greifbaren Sachen darstellen. Gleiches gilt für die im sechsten Teil I. angeführten geleisteten Anzahlungen auf Sachanlagen, die unter dem Posten auszuweisen, aber keine Sachen sind.

Als unter Sachanlagen **auszuweisende Vermögensgegenstände des Anlagevermögens** werden in § 266 Abs. 2 A. II. HGB explizit die folgenden Posten angeführt:

- Grundstücke, grundstücksgleiche Rechte und Bauten einschließlich der Bauten auf fremden Grundstücken;
- technische Anlagen und Maschinen;
- andere Anlagen, Betriebs- und Geschäftsausstattung;
- geleistete Anzahlungen.

2. Nachweis der Sachanlagen

Der Nachweis richtet sich auf die am Abschlussstichtag bei dem Unternehmen vorhandenen Sachanlagen. Sie können

- bereits zu Beginn des Geschäftsjahres vorhanden (Altbestände),
- im Geschäftsjahr zugegangen sein (Zugänge); oder
- im Geschäftsjahr abgegangen sein (Abgänge).

Der Nachweis wird für die einzelnen Posten der Sachanlagen auf verschiedene Art und Weise geführt. Zu unterscheiden sind vor allem **Grundstücke** und **anderen Sachanlagen**.

(1) Der Nachweis der Grundstücke wird, soweit es sich um Altbestände durch Erwerb in vorhergehenden Geschäftsjahren handelt, der Nachweis des tatsächlichen Vorhandenseins durch **Grundbuchauszüge** oder notariell beglaubigte **Kaufverträge** erbracht. Das Grundbuch gibt Auskunft über den Grundstückseigentümer sowie das Bestehen und den Inhalt dinglicher Rechte.

Für die Feststellung der Rechtsverhältnisse an Grundstücken ist zu berücksichtigen, dass nach dem Erwerb Rechtsänderungen eintreten können, die kraft Gesetzes auch **ohne Eintragung in das Grundbuch** wirksam werden. Daraus folgt, dass die Grundbucheinsicht nicht generell ein vollständiges Bild über den Eigentümer und über das Bestehen und den Inhalt dinglicher Rechte vermittelt. Es können nach h.M. u.a. die folgenden Vorgänge zu **Rechtsänderungen** geführt haben, ohne dass dies aus dem Grundbuch ersichtlich ist. Darunter fallen u.a.:

- Eigentumsänderung durch Gesamtrechtsnachfolge.
- Änderung der persönlichen Beteiligung an Gesamthandsverhältnissen.
- Gläubigerwechsel bei verbrieften Rechten.

Zudem ist zu berücksichtigen, dass **schuldrechtliche Beschränkungen** an Grundstücken, z.B. die Verpflichtung, das Grundstück nicht zu veräußern, nicht in dem Grundbuch eingetragen sind.

Darüber hinaus können **Belastungen an Grundstücken** bestehen, die nicht im Grundbuch eingetragen sind. Dies gilt u.a. für öffentliche Lasten, Anliegerbeiträge und Vorkaufsrechte. Im Grenzfall können die nicht eingetragenen Belastungen dem Wert eines Grundstücks entsprechen.

(2) Der Nachweis des Vorhandelseins **anderer Sachanlagen** in dem Unternehmen kann durch Inaugenscheinnahme geführt werden. Als Alternativen für die Inaugenscheinnahme von anderen Sachanlagen werden im Schrifttum u.a. die Einsicht in Kaufverträge, in Eingangsrechnungen, in Frachtbriefe, Lieferscheine, Eingangskontrollen oder andere Belege genannt.

Eine **jährliche Kontrolle** der Sachanlagen durch Vergleich der Sollbestände der **Anlagenkartei** mit den Istbeständen wird im Schrifttum als nicht erforderlich angesehen, wenn eine ständige Kontrolle der wesentlichen Teile der Sachanlagen während des Geschäftsjahres durchgeführt wird, und die Zu- und Abgänge erfasst werden. Die Kartei der Sachanlagen muss nach IDW HFA 1/1990 mindestens enthalten:

- die genaue Bezeichnung des Gegenstandes;
- den Tag der Anschaffung oder Herstellung des Gegenstandes;
- die Höhe der Anschaffungs- oder Herstellungskosten;

- die Abschreibungsmethode und die Nutzungsdauer;
- den Bilanzwert am Abschlussstichtag; und
- den Tag des Abgangs.

Der **Nachweis** der **veräußerten, verschrotteten und verlorenen Sachanlagen** umfasst gesondert den **Abgang von Sachanlagen des Anlagevermögens** des abgelaufenen Geschäftsjahres. Dabei ist der Verkauf der Sachanlagen an Beschäftigte des Unternehmens und an fremde Dritte, insbesondere an die für den Abgang Verantwortlichen nahe stehende Dritte, und der Verkauf verschrotteter Sachanlagen aufzuzeichnen. Der Verkaufsnachweis und der Nachweis der Verschrottung erfolgen anhand von Belegen externer Erwerber oder Übernehmer von Verschrottungsgegenständen und von internen Aufzeichnungen.

II. Ansatz der Sachanlagen

Sachanlagen sind nach § 246 Abs. 1 Satz 2 HGB nur in die Bilanz aufzunehmen, wenn sie dem Eigentümer auch wirtschaftlich zuzurechnen sind, d.h., maßgeblich für den Ansatz ist das wirtschaftliche Eigentum. Die entsprechenden Sachanlagen des bilanzierenden Unternehmens sind **bilanzierungspflichtig**. Ansatzpflicht besteht für alle Sachanlagen, die im Vorjahresabschluss des Unternehmens angesetzt waren (**Altbestände**) und bei denen kein Abgang vorliegt. Sie werden aufgrund der formellen Bilanzkontinuität aus der letzten Schlussbilanz in die Bilanz des laufenden Geschäftsjahres übernommen. Ansatzpflichtig sind zudem Sachanlagen, die im laufenden Geschäftsjahr zugegangen (**Neubestände**) und nicht wieder abgegangen sind. Maßgeblich ist, dass ein Zugang im Sinn der GoB vorliegt und dass das bilanzierende Unternehmen wirtschaftlicher Eigentümer ist.

Ansatzpflicht kann auch vorliegen, wenn bei einem Vermögensgegenstand des Anlagevermögens **kein rechtliches Eigentum** besteht. Für Sachanlagen gilt dies nach h.M. bei:

- Lieferung unter **Eigentumsvorbehalt**. Dabei sind die Vermögensgegenstände bei dem Erwerber als wirtschaftlichem Eigentümer anzusetzen, sofern nicht mit einer Geltendmachung des Eigentumsvorbehalts zu rechnen ist.
- **Sicherungsübereignung.** Die Vermögensgegenstände sind beim Sicherungsgeber als wirtschaftlichem Eigentümer anzusetzen, sofern nicht mit einer Geltendmachung des juristischen Eigentums aus der Sicherungsübereignung zu rechnen ist.
- **Treuhandverhältnissen.** Bezüglich der Rechtsstellung des Treuhänders ist zwischen echter (fiduziarischer) Treuhand und unechter (Ermächtigungstreuhand) zu unterscheiden.
  - Bei der **fiduziarischen Treuhand** ist die bilanzielle Behandlung des Treugutes strittig. Nach klassischer Auffassung ist entsprechend dem Grundsatz, dass das wirtschaftliche Eigentum über die Bilanzierung ent-

scheidet, beim Treugeber und nicht beim Treuhänder zu bilanzieren. Davon abweichend wird die Auffassung vertreten, dass das Treugut beim **Treuhänder** zu bilanzieren ist und zwar entweder durch Aufnahme in die Bilanz oder zumindest als Bilanzvermerk.

  - Bei der **Ermächtigungstreuhand** wird dem Treuhänder gemäß § 185 BGB die Ermächtigung erteilt, im eigenen Namen über das Treugut zu verfügen oder daran Rechte zu begründen, zu verändern oder aufzuheben. Eine Übertragung des Treuguts auf den Treuhänder erfolgt nicht. Das wirtschaftliche Eigentum an dem Treugut ist in der Bilanz des **Treugebers** anzusetzen.

- **Leasingverhältnisse:** bei Leasingverträgen ist bezüglich des Ansatzes der Vermögensgegenstände zwischen dem Operating-Leasing und dem Finanzierungs-Leasing zu unterscheiden.

  - Das **Operating-Leasing** entspricht einer Vermietung von Sachanlagen entsprechend den Konditionen eines Mietvertrages. Daraus folgt, wirtschaftlicher Eigentümer ist der Leasinggeber, bei ihm ist die vermietete Sachanlage anzusetzen. Das Investitions- und Sachrisiko liegt beim Leasinggeber. Das Leasing ist i.d.R. kurzfristig.

  - Das **Finanzierungs-Leasing** entspricht eher einem Teilzahlungsgeschäft. In diesem Fall ist wirtschaftlicher Eigentümer der Leasingnehmer. Bei ihm ist die vermietete Sachanlage anzusetzen. Das Investitions- und Sachrisiko liegt beim Leasingnehmer. Leasing ist i.d.R. langfristig.

Die wesentlichen (steuerliche) **Regelungen** zum Ansatz von Leasinggegenständen enthalten mehrere Stellungnahmen der Finanzverwaltung zum Ansatz von Leasinggegenständen in der Steuerbilanz, die in der Handelsbilanz entsprechend angewandt werden.

Die Ansatzpflicht von Sachanlagen betrifft auch **geringwertige Gegenstände des Anlagevermögens**. Abweichend von der früheren Regelung wird steuerlich für Wirtschaftsgüter des Anlagevermögens, die ab 2010 angeschafft, hergestellt oder eingelegt, werden unter bestimmten Voraussetzungen in dem Unternehmen bei einem Betrag von 410 Euro als **geringwerte Wirtschaftsgüter** nach § 6 Abs. 2 EStG abgeschrieben werden. Alternativ können die Gegenstände bis zu einem Wert von 1 Tsd. Euro einem Sammelposten Zugeordnet werden. Dem steht in der Handelsbilanz eine Bilanzierung mit **Vollabschreibung** der geringwertigen Gegenstände des Anlagevermögens im Zugangsjahr gegenüber. Die Vollabschreibung wird als handelsrechtlicher GoB beurteilt.

Abgesehen von der Vollabschreibung sind Zugang, Abschreibung und Abgang der **geringwertigen Gegenstände** des Anlagevermögens im **Anlagenspiegel** auszuweisen. Zum Zweck der Vereinfachung geht die h.M. zur handelsrechtlichen Bilanzierung davon aus, dass neben der Vollabschreibung Zugangsjahr geringwertiger Anlagegegenstände ein Abgang zu fingieren ist. Die Fiktion eines Abgangs der geringwertigen Gegenstände des Anlagevermögens verletzt allerdings die Ansatzvorschrift des § 246 Abs. 1 Satz 1 HGB, nach dem der Jahresabschluss sämtliche Vermögensgegenstände eines Unternehmens zu enthalten hat. Dies gilt auch für alle voll abgeschriebenen geringwertigen Gegenstände des Anlagevermögens.

III. Ausweis der Sachanlagen

Der Ausweis der Gegenstände des Sachanlagevermögens betrifft den horizontalen Ausweis im Sinn der gesetzlichen Mindestgliederung der Gegenstände des Sachanlagevermögens für mittelgroße und große Kapitalgesellschaften und den vertikalen Ausweis im Sinn der Entwicklung der einzelnen Posten des Sachanlagevermögens (Anlagenspiegel).

1. Anlagenspiegel

Der **horizontale Ausweis** im Anlagenspiegel (Anlagengitter) betrifft sämtliche **Vermögensgegenstände des Anlagevermögens**. Der Ansatz wird an dieser Stelle exemplarisch für alle in den Anlagenspiegel aufzunehmenden Posten der Gegenstände des Anlagenvermögens (Immaterielle Vermögensgegenstände, Sachanlagen, Finanzanlagen) aufgezeigt.

Nach § 268 Abs. 2 Satz 2 und 3 HGB ist ein **Anlagenspiegel** zu erstellen, in dem die aufzunehmenden Sachverhalte in getrennten Spalten dargestellt sind. Die Vorgabe betrifft nur den Inhalt der geforderten Informationen, während die Form des Anlagenspiegels unterschiedlich gestaltet sein kann. Eine mögliche **Form** des Anlagenspiegels, bei der die unten angeführten Gliederungsposten in Spalten nebeneinander (nicht wie hier wegen der Seitengestaltung untereinander) angeführt werden, kann für den Jahresabschluss eines Unternehmens mit Abschlussstichtag 31.12. wie folgt dargestellt werden:

- Wert zum 31.12. des Vorjahres
- Zugänge
- Abgänge
- Umbuchungen
- Zuschreibungen
- Summe der gesamten Abschreibungen
- Abschreibungen
- Wert am 31.12. des abgelaufenen (beendeten) Jahres.

Die in den einzelnen Spalten (hier in den einzelnen Zeilen) des Anlagenspiegels anzuführenden Sachverhalte stellen sich wie im Folgenden angeführt dar.

(1) Die **Zugänge** im abgelaufenen Geschäftsjahr sind alle während des laufenden Geschäftsjahres dem Unternehmen zugegangene Gegenstände des Anlagevermögens. Der Zugangswert entspricht den Anschaffungs- oder Herstellungskosten, bei Sachanlagen dem beizulegenden Zeitwert. Unter den Zugängen des abgelaufenen Geschäftsjahres sind auch geringwertige Gegenstände des Anlagevermögens aufzunehmen, die handelsbilanziell im Zugangsjahr in voller Höhe abgeschrieben werden und damit in die Abgangsspalte des Anlagenspiegels aufzunehmen sind.

(2) Die **Abgänge** der Vermögensgegenstände des Anlagevermögens im abgelaufenen Geschäftsjahr werden im Anlagenspiegel mit dem vollen Betrag der ursprünglichen, bei dem Unternehmen entstandenen Anschaffungs- oder Herstellungskosten, ausgewiesen. Abgänge sind nur dann auszuweisen, wenn die Vermögensgegenstände des Anlagevermögens zum Abschlussstichtag des abgelaufenen Geschäftsjahres wegen Veräußerung, Vernichtung, Diebstahl oder anderen Verlusten in dem Unternehmen nicht mehr vorhanden, d.h. abgegangen, sind. Keine Abgänge stellen Vollabschreibungen auf noch vorhandene Vermögensgegenstände des Anlagevermögens dar.

(3) Die **Umbuchungen** des abgelaufenen Geschäftsjahres stellen Ausweisänderungen zwischen einzelnen Posten der Vermögensgegenstände des Anlagevermögens, z.B. zwischen dem Posten „Anlagen im Bau“ und dem Posten „technische Anlagen und Maschinen“ dar. Darüber hinaus treten Umgliederungen von Posten des Umlaufvermögens in Posten der Vermögensgegenstände des Anlagevermögens auf, z.B. von dem Posten „fertige Erzeugnisse und Waren" in den Posten „Betriebs- und Geschäftsausstattung“.

(4) Die **Zuschreibungen** des abgelaufenen Geschäftsjahres sind Korrekturen von in früheren Geschäftsjahren vorgenommenen Abschreibungen auf Vermögensgegenstände des Anlagevermögens. Die Zuschreibungen stellen eine Werterhöhung entsprechend § 253 Abs. 5 Satz 1 HGB dar. Im Gegensatz zu Abschreibungen sind im Anlagenspiegel lediglich die Zuschreibungen des laufenden Geschäftsjahres auszuweisen. Zuschreibungen früherer Geschäftsjahre sind im Anlagenspiegel nicht anzugeben.

(5) Die **kumulierten Abschreibungen** entsprechen dem Betrag der Summe aller Abschreibungen der noch vorhandenen Vermögensgegenstände des Anlagevermögens aus Vorjahren und dem abgelaufenen Geschäftsjahr. Der Betrag der kumulierten Abschreibungen ist um die kumulierten Abschreibungen auf Abgänge des laufenden Geschäftsjahres zu vermindern.

(6) Die **Abschreibungen des abgelaufenen Geschäftsjahres** sind in § 268 Abs. 2 Satz 3 HGB geregelt. Danach sind die Abschreibungen auf die Vermögensgegenstände des Anlagevermögens des Geschäftsjahres (a) entweder in der Bilanz bei dem betreffenden Posten zu vermerken oder (b) im Anhang in einer Gliederung der Vermögensgegenstände des Anlagevermögens entsprechenden Aufgliederungen anzugeben.

- Im Fall (a) stimmen die im Anlagenspiegel ausgewiesenen Abschreibungen des laufenden Geschäftsjahres auf die Vermögensgegenstände des Anlagevermögens nicht mit den entsprechenden Abschreibungen in der Gewinn- und Verlustrechnung überein.

- Im Fall (b) führt die Aufnahme der Abschreibungen der Vermögensgegenstände des Anlagevermögens auf die Abgänge des laufenden Geschäftsjahres hinzu, dass die entsprechenden Abschreibungen zwar in den Abschreibungen des Geschäftsjahres, nicht aber in den kumulierten Abschreibungen enthalten sind.

2. Bilanzposten der Sachanlagen

Der **Ausweis** der Sachanlagen umfasst die gesetzliche Gliederung der Posten des Sachanlagevermögens sowie die möglichen Ergänzungen durch:

- weitere Untergliederung der Posten bei Beachtung der vorgeschriebenen Gliederung nach § 265 Abs. 5 Satz 1 HGB; oder
- Hinzufügung neuer Posten, sofern der Inhalt nicht von einem vorgeschriebenen Posten gedeckt wird nach § 265 Abs. 5 Satz 2 HGB.

Die in § 266 Abs. 2 A. II. HGB vorgesehene Untergliederung der Gegenstände des Anlagevermögens betrifft die im Folgenden angeführten Posten.

a) Grundstücke, grundstücksgleiche Rechte und Bauten einschließlich der Bauten auf fremden Grundstücken

Der Posten „Grundstücke, grundstücksgleiche Rechte und Bauten einschließlich der Bauten auf fremden Grundstücken" umfasst das Grundvermögen des Unternehmens einschließlich der Bauten, soweit die Vermögensgegenstände des Anlagevermögens dazu bestimmt sind, dauernd dem Geschäftsbetrieb des Unternehmens zu dienen und nicht spekulativ gehalten werden. Maßgebliches **Zuordnungskriterium** ist bei Grundstücken, grundstücksgleichen Rechten und Bauten einschließlich der Bauten auf fremden Grundstücken das wirtschaftliche Eigentum. Rechtliches und wirtschaftliches Eigentum können nach Entscheidungen des BFH und des BGH auseinander fallen, z.B. bei:

- **Sachherrschaft** an den Grundstücken durch einen Dritten in einer Weise, die den rechtlichen Eigentümer von der wirtschaftlichen Einwirkung auf die Grundstücke ausschließt.
- **Vereinbarungen** zwischen wirtschaftlichem und rechtlichem Eigentümer, die die Verfügungsmacht des rechtlichen Eigentümers über die Grundstücke zu beschränken.

Zur Bilanzierung von **Leasingverhältnissen bei Grundvermögen** bestehen keine allgemein anerkannten handelsbilanziellen GoB. Im Schrifttum wird weitgehend auf die steuerrechtlich orientierte breite Rechtsprechung des BFH und die BMF-Schreiben zum Immobilienleasing, zur ertragsteuerlichen Behandlung von Finanzierungs-Leasing-Verträgen über unbewegliche Wirtschaftsgüter sowie zur ertragsteuerlichen Behandlung von Teilamortisations-Leasing-Verträgen über unbewegliche Wirtschaftsgüter verwiesen.

11) Grundstücke und Gebäude

Nach der Definition sind **Grundstücke** begrenzte, durch Vermessung gebildete Teile der Erdoberfläche, für die jeweils ein eigenes Grundbuchblatt geführt wird. Der Posten „Grundstücke“ kann freiwillig weiter untergliedert werden, z.B. in die Bilanzposten „unbebaute Grundstücke“ und „bebaute Grundstücke“.

- **Unbebaute Grundstücke** sind Grundstücke auf denen keine Bauten errichtet wurden. Als unbebaut aus Sicht des wirtschaftlichen Eigentümers gelten auch Grundstücke, auf denen ein Dritter ein oder mehrere Gebäude errichtet hat. Dies gilt unabhängig davon, ob die Gebäude später von dem wirtschaftlichen Eigentümer übernommen werden oder von dem Errichter der Grundstücke wieder abgerissen werden. Ist eine Übernahme der Gebäude durch den wirtschaftlichen Eigentümer vorgesehen oder zu erwarten, ist das unbebaute Grundstück zum Übernahmezeitpunkt als bebautes Grundstück des wirtschaftlichen Eigentümers in der Bilanz anzusetzen. Unbebaut sind auch ausgebeutete Grundstücke, z.B. Steinbrüche, Kohle- und Kiesgruben.
- **Bebaute Grundstücke** sind Grundstücke mit Geschäfts-, Fabrik-, Wohn- und anderen Bauten und zwar unabhängig davon, ob sie von dem wirtschaftlichen Eigentümer genutzt oder an Dritte zur Nutzung vermietet sind.

Nach der Definition des BFH (BStBl. II 551 1987) sind **Gebäude** Bauwerke, die Menschen oder Sachen durch räumliche Umschließung Schutz gegen äußere Einflüsse, z.B. Regen, Sturm, Kälte, gewähren, den Aufenthalt von Menschen gestatten, fest mit dem Grund und Boden verbunden und ausreichend standfest sind. Zu den Gebäuden rechnen **unselbständige Bestandteile**, wie Heizungs-, Beleuchtungs-, Lüftungsanlagen, Installationen, Rolltreppen, Fahrstühle und alle Elektro- und Wasseranlagen. Zu den Gebäuden rechnen Hallen und bei ausreichender Befestigung auch Zelthallen.

Nicht zu den Gebäuden gehören **transportable Einrichtungen** zum Zwecke der Bewohnung und der Lagerung von Vermögensgegenständen, z.B. die unterschiedlichen Container bei Baustellen.

22) Grundstücksgleiche Rechte

Grundstücksgleiche Rechte sind Rechte, die aus rechtlicher Einschätzung wie Grundstücke behandelt werden. Hierunter fallen u.a. das Erbbaurecht, das Teileigentum, das Abbaurecht, das Dauerwohnrecht und das Dauernutzungsrecht.

Nicht zu den grundstücksgleichen Rechten zählen Grunddienstbarkeiten im Sinn des §§ 1018 ff. BGB, der Nießbrauch an einem Grundstück nach §§ 1030 ff. BGB sowie die beschränkt persönliche Dienstbarkeit nach §§ 1090 ff. BGB. Wurde für die Erlangung dieser Rechte ein Entgelt entrichtet, sollen die nicht grundstücksgleichen Rechte unter den immateriellen Vermögensgegenständen auszuweisen sein. Die Vorgabe ist handelsbilanzrechtlich zu bejahen.

33) Bauten auf eigenen und fremden Grundstücken

Der Begriff „**Bauten**“ umfasst neben den Gebäuden Arten von Bauten (Hoch- und Tiefbauten) wie bautechnische Anlagen, die nicht die Definitionsvoraussetzungen des Gebäudes erfüllen. Zu den **Bauten** zählen u.a. Straßenbauten, Schienenbauten, Kanal- und Flussbauten, Tunnel- und Brückenbauten.

Bauten auf fremden Grundstücken sind Gebäude und andere Bauten, die auf der Grundlage eines obligatorischen Vertrages errichtet wurden. Hierzu rechnen u.a. Wohn-, Geschäfts- und Industriegebäude Der Ausweis der Bauten auf fremden Grundstücken ist unabhängig von der Zeit der Nutzung, d.h., auch Bauten, die nur kurze Zeit mit dem fremden Grund und Boden verbunden wurden, sind in der Bilanz des Bauherrn unter dem Posten „Grundstücke, grundstücksgleiche Rechte und Bauten einschließlich der Bauten auf fremden Grundstücken“ oder bei einer weiteren Untergliederung nach § 265 Abs. 5 Satz 1 HGB, z.B. unter dem Posten „Bauten auf fremden Grundstücken“ auszuweisen.

Ausweisprobleme können bei **Mietereinbauten und Mieterumbauten** auftreten. Die Ein- und Umbauten sind als selbständige Gebäudeteile in der Bilanz des Bauherrn (Mieters) unter dem Posten „Bauten auf fremden Grundstücken“ auszuweisen, wenn sie zur Nutzung eines Gebäudes durch den Mieter beitragen. Dies gilt unabhängig davon, ob es sich um selbständige oder um unselbständige Gebäudeteile handelt. Selbständig sind die Ein- und Umbauten dann, wenn sie in einem Funktions- und Nutzungszusammenhang mit dem Betrieb des Bauherrn (Mieters) stehen.

b) Technische Anlagen und Maschinen

Unter dem Posten „technische Anlagen und Maschinen“ sind alle Vermögensgegenstände des Sachanlagevermögens auszuweisen, die ihrer Art nach dem Beschaffungsbereich, dem gesamten Produktionsprozess, dem Forschungs- und Entwicklungsbereich und dem Absatzbereich des bilanzierenden Unternehmens oder einem Dritten (Mieter) dienen.

Der Ausweis unter dem Posten ist unabhängig davon, ob die technischen Anlagen und Maschinen **eigengenutzt** oder durch Vermietung **fremdgenutzt** werden. Auch soweit die vermieteten technischen Anlagen und Maschinen durch Einbau des Mieters in fremde Bauten rechtliches aber nicht wirtschaftliches Eigentum eines Dritten wurden, sind sie in der Bilanz des Vermieterunternehmen, der wirtschaftlicher Eigentümer bleibt, unter dem Posten „technische Anlagen und Maschinen“ anzusetzen.

Technischen Anlagen und Maschinen sind alle Arten von **Kraft- und Arbeitsmaschinen**, z.B. Hochöfen, Gießereien, Transportanlagen, Krane, Rohrleitungen, Krafterzeugungsanlagen und Raffinerien. Zu den technischen Anlagen rechnen auch **Fundamente** und ähnliche Einrichtungen, die der Stabilisierung der technischen Anlagen und Maschinen dienen.

Unter dem Posten „technische Anlagen und Maschinen“ sind auch alle Arten von **Reservegegenstände** für Maschinen und technischen Anlagen sowie alle Arten von **Werkzeug**, die dem Einsatz von technischen Anlagen und Maschinen dienen, auszuweisen. Dabei ist der Begriff „Werkzeug“ weit auszulegen. Zu Werkzeugen rechnen auch Formen, Modelle und Matrizen, die bei der Herstellung von Produkten eingesetzt werden.

In Fällen von Vermietung **hochwertigen Anlagen und Maschinen**, verlangt ein Teil des Schrifttums Vermerke über das fehlende rechtliche Eigentum in der Bilanz oder im Anhang des vermietenden Unternehmens. Dies ist insoweit unverständlich, als das rechtliche Eigentum für die Bilanzierung generell irrelevant ist. Im Übrigen gibt es keine gesetzliche Vorschrift, die eine unterschiedliche Bewertung von nicht hochwertigen und hochwertigen Anlagen und Maschinen vorsieht. Zudem lassen sich Fälle konstruieren, in denen das bilanzierende Unternehmen an keinem der bilanzierten Vermögensgegenstände des Sachanlagevermögens rechtliches Eigentum hat.

c) Andere Anlagen, Betriebs- und Geschäftsausstattung

Unter dem Posten „andere Anlagen, Betriebs- und Geschäftsausstattung“ sind Vermögensgegenstände des Anlagevermögens auszuweisen, die nicht unter Grundstücken und Gebäuden und nicht unter technischen Anlagen und Maschinen ausgewiesen werden. Hierzu rechnen:

(1) Betriebsausstattung als Einrichtungen im Entwicklungs-, Beschaffungs- und Fertigungsbereich der Gegenstände des Sachanlagevermögens sowie im Vertrieb eines Unternehmens. Betriebsausstattungen sind u.a. Sachanlagen in der Art von Einrichtungen von Labors, Wareneingangslager, Fertigungslager, Ausgangslager, und Personaleinrichtungen im Betriebsbereich des Unternehmens. Zur Betriebsausstattung rechnet auch der Fahrzeugpark des Unternehmens unter Einbeziehung aller Transport- und anderer Fahrzeuge.

(2) Geschäftsausstattung sind alle Einrichtungen im Bürobereich des Unternehmens, z.B. Büromobiliar, sämtliche bürotechnische Anlagen und Geräte einschließlich EDV-Anlagen und Büromaterialien.

(3) Andere Anlagen sind als Sammelposten für alle Anlagen eines Unternehmens, die nicht unter die technischen Anlagen und Maschinen und nicht unter die Betriebs- und Geschäftsausstattung fallen.

d) Anlagen im Bau

Eine Anlage im Bau ist ein **nicht fertig gestellter Vermögensgegenstand des Sachanlagevermögens**. Voraussetzung für den Ausweis ist, dass die Anlagen im wirtschaftlichen Eigentum des herstellenden Unternehmens stehen. In der Regel besteht darüber hinaus rechtliches Eigentum an den Anlage. Die Anlagen können unterschiedliche Bereiche betreffen. Hierunter fällt u.a. die Fertigung des Unternehmens von Bauten für den Beschaffungs-, Forschungs-, Entwicklungs-, Fertigungs-, Werbe- und Absatzbereich sowie von Verwaltungsräumen.

Anlagen im Bau sind streng von den Fällen zu unterscheiden, in denen das Unternehmen **Bauten für Dritte** errichtet, z.B. Häuser oder Wohnungen, und daraus für das Fertigungsunternehmen lediglich Forderungsrechte gegen den Auftraggeber aus Lieferungen oder Leistungen entstehen.

Die **aktivierungspflichtigen Aufwendungen** für Anlagen im Bau sind ohne Aufgliederung nach Innen- und Außenleistungen und ohne Aufgliederung nach Posten der Vermögensgegenstände des Sachanlagevermögens unter dem Posten „geleistete Anzahlungen und Anlagen im Bau“ auszuweisen. Bei Erweiterung der Gliederung kann dabei der Posten in die Posten „geleistete Anzahlungen“ und „Anlagen im Bau“ aufgegliedert werden.

Die unter dem Posten ausgewiesenen Beträge des Postens „Anlagen im Bau“ sind bei Eigenfertigung mit der **Fertigstellung der Anlagen** bzw. bei Erfüllung des schwebenden Geschäftes bei Fremdfertigung von dem Posten „geleistete Anzahlungen und Anlagen im Bau“ auf die Posten der Vermögensgegenstände des Sachanlagevermögens nach § 266 Abs. 2 A. II. Nr. 1 bis 3 HGB umzubuchen. Maßgeblicher Umbuchungszeitpunkt ist das Ende der Herstellung der Anlagen bzw. die Bewirkung der Gegenleistung durch den herstellenden Dritten.

3. Ausweis des Leasingvermögens

Der Ausweis des Leasingvermögens beim Leasinggeber erfolgt entsprechend dem allgemeinen **Zuordnungskriterium** des § 247 Abs. 2 HGB unter den maßgebenden Posten des Anlage- oder dem Umlaufvermögen. Maßgebend für den Ausweis ist die Absicht des Unternehmens, den Leasinggegenstand dauernd bzw. vorübergehend zu nutzen. Im erstgenannten Fall erfolgt der Ausweis unter den Vermögensgegenständen des Anlagevermögens. In dem Ausweis soll nach h.M. die Besonderheit in dem Jahresabschluss zum Ausdruck kommen, dass es sich bei einem Vermögensgegenstand des Anlagevermögens um Leasingvermögen handelt.

Es ist fraglich, ob die Leasinggegenstände innerhalb der arabischen Ziffern der entsprechenden Posten der Gegenstände des Sachanlagevermögens **gesondert auszuweisen** sind oder ob zum gesonderten Ausweis für das Leasingvermögen ein **spezieller Posten** einzuführen ist, der das Leasingvermögen von den anderen Posten des Anlagevermögens abgrenzt. Zu der Frage des Ausweises werden unterschiedliche Auffassungen vertreten:

- Es soll nach § 265 Abs. 5 Satz 2 HGB bei jedem Posten des Sachanlagevermögens, der unter dem Leasingvermögen auszuweisen ist, eine weitere Untergliederung des entsprechenden Postens mit Ausweis des Leasingvermögens hinzugefügt werden.

- Es soll das Leasingvermögen in der Bilanz in einer besonderen Gruppe ausgewiesen werden, die in der Bilanz oder im Anhang nach Art der Sachanlagen untergliedert wird.

Das Leasingvermögen ist entsprechend dem obigen Absatz II in der Handelsbilanz nach den GoB beim wirtschaftlichen Eigentümer anzusetzen. Ist das bilanzierende Unternehmen wirtschaftlicher Eigentümer des Leasinggutes, ist der gesonderte Ausweis des Leasinggegenstandes in der Bilanz zwar zulässig, aber im Gesetz nicht vorgeschrieben.

IV. Bewertung der Sachanlagen

Die Bewertung der Vermögensgegenstände des Sachanlagenvermögens erstreckt sich auf die Bestimmung der Anschaffungs- und Herstellungskosten, der Vornahme planmäßiger und der außerplanmäßiger Abschreibungen und der Höhe von Zuschreibungen. Bezüglich der für die Bewertung geltenden Bewertungsgrundsätze wird auf den Ersten Teil „II. Bilanzierungsvorschriften" verwiesen. Die folgende Darstellung beschränkt sich auf **Besonderheiten** bezüglich der Bewertung der Sachanlagen.

1. Besonderheiten der Anschaffungs- oder Herstellungskosten

a) Zuwendungen und Zuschüsse an Unternehmen

11) Öffentliche Zuwendungen an Unternehmen

Bei der Anschaffung von Vermögensgegenstände des Sachanlagenvermögens werden im Rahmen **staatlicher Förderprogramme** den Unternehmen vielfach öffentliche Zuwendungen (Zuschüsse, Zulagen, Prämien, Subventionen) gewährt, die die Anschaffungskosten von Vermögensgegenstände des Sachanlagenvermögens der Unternehmen vermindern oder als Darlehen des Staates den Erwerb der Sachanlagen unterstützen.

Für die bilanzielle Behandlung einer dem Unternehmen staatlich gewährten Zuwendung ist zwischen zurückzuzahlenden und nicht rückzahlungspflichtigen Zuwendungen zu unterscheiden:

- **Zurückzuzahlende öffentliche Zuwendungen** berühren bei dem Empfänger-Unternehmen nicht die Anschaffungskosten der erworbenen Sachanlagen. Die als öffentliche Zuwendungen zugeflossenen flüssigen Mittel zum Erwerb der Sachanlagen sind in der Bilanz des Empfänger-Unternehmens bis zur Rückzahlung an die maßgebliche öffentliche Stelle als sonstige Verbindlichkeiten anzusetzen.
- **Nicht zurückzuzahlende öffentliche Zuwendungen** sind i.d.R. staatliche Unterstützungen von Unternehmen, die unter bestimmten Voraussetzungen

Unternehmen ohne Rückzahlungsverpflichtung zugeordnet werden. Ein typischer Fall des Einsatzes der öffentlichen Zuwendungen ist die Unterstützung der Unternehmen bei dem Erwerb von Vermögensgegenständen des Sachanlagevermögens. Die nicht zurückzuzahlenden öffentlichen Zuwendungen des Staates, der Länder oder der Gemeinden sind bei dem Empfänger-Unternehmen nicht als sonstige betriebliche Erträge in der Gewinn- und Verlustrechnung anzusetzen und somit als Gewinn in der Gewinn- und Verlustrechnung anzusetzen. Sie sind vielmehr Unterstützungen zur Verminderung der Anschaffungs- oder Herstellungskosten des Empfänger-Unternehmens durch den Einsatz der öffentlichen Zuwendungen.

Bezüglich der Vereinnahmung der öffentlichen Zuwendung besteht nach h.M. ein **Wahlrecht**, nach dem (1) die Zuwendung als Kürzung der Anschaffungskosten des erworbenen Vermögensgegenstandes des Sachanlagenvermögens oder (2) als passiver Rechnungsabgrenzungsposten ausgewiesen werden kann. Nicht zulässig ist unstreitig eine sofortige erfolgswirksame Vereinnahmung der öffentlichen Zuwendung. Die Alternativen der bilanziellen Behandlung stellen sich im Einzelnen wie folgt dar.

- **Kürzung der Anschaffungskosten**: Nach h.M. muss die Ertragswirksamkeit der öffentlichen Zuwendung an die Erfüllung der Voraussetzungen der öffentlichen Hand und die Verrechnung der Aufwendungen gewährleistet werden. Hierzu ist eine öffentliche Zuwendung für die Sachanlage entsprechend ihrer Nutzungsdauer erfolgswirksam aufzulösen. Die Auflösung kann durch Kürzung der Anschaffungskosten der erworbenen Sachanlage um den Anteil der gewährten öffentlichen Zuwendung erfolgen.

- **Ansatz als passiver Rechnungsabgrenzungsposten:** Nach dem Ansatz wird die öffentliche Zuwendung beim Erwerb einer Sachanlage als anteiliger Gegenposten zu den Anschaffungskosten nicht als Anschaffungskostenminderung, sondern als Gegenposten unter den passiven Rechnungsabgrenzungsposten ausgewiesen. Die passive Rechnungsabgrenzung wird in den Folgeperioden über die Nutzungsdauer der erworbenen Sachanlage erfolgswirksam aufgelöst.

Nach h.M. sind **beide Verfahren zulässig**. Der Unterschied zwischen den angeführten bilanztechnischen Behandlungen der nicht rückzahlbaren öffentlichen Zuwendung besteht darin, dass die Kürzung der Anschaffungskosten ein **Nettoverfahren** darstellt, bei dessen Anwendung der Ertrag aus der öffentlichen Zuwendung nicht ohne weiteres erkennbar ist, da er in der verkürzten Abschreibung der erworbenen Sachanlage untergeht.

Demgegenüber ist der Ansatz der öffentlichen Zuwendung als passiver Rechnungsabgrenzungsposten ein **Bruttoverfahren**, bei dessen Anwendung sowohl die Höhe der Abschreibungen auf die Sachanlage ohne die öffentliche Zuwendung als auch der Ertrag aus der Verteilung der öffentlichen Zuwendung auf die Nutzungsdauer der Sachanlage erkennbar sind.

22) Private Zuschüsse an Unternehmen

Ebenso wie staatliche Stellen können **Privatpersonen**, z. B. Gesellschafter oder andere Dritte sowie Zulieferer oder Abnehmer, einem Unternehmen finanzielle Zuwendungen bei der Anschaffung von Sachanlagen durch das Empfängerunternehmen gewähren.

Der Gewährung privater Zuschüsse liegt i.d.R. ein Vertrag mit mehreren **Pflichten des Empfängerunternehmen** zugrunde. Dazu rechnet die Verpflichtung des Empfänger-Unternehmens zur Anschaffung oder Herstellung von Sachanlagen für seinen Fertigungsbereich oder zur Sicherung der Lieferbereitschaft. Die von dem Empfängerunternehmen eingegangene Verpflichtung zur Lieferbereitschaft als Gegenleistung für den gewährten und direkt oder indirekt zurück zu gewährenden privaten Zuschuss kann zeitbezogen oder mengenbezogen sein:

- Bei **zeitbezogener Lieferbereitschaft** hat das Empfängerunternehmen des privaten Zuschusses, d.h. der erbrachten Vorauszahlungen, für einen bestimmten Zeitraum die vereinbarte Belieferung des Zuschussgebers zu einem vereinbarten Preis sicherzustellen.
- Bei **mengenbezogener Lieferbereitschaft** hat das Empfängerunternehmen des privaten Zuschusses für eine bestimmte Menge zu liefernder Produkte die vereinbarte Belieferung des Zuschussgebers zu einem vereinbarten Preis sicherzustellen.

In jedem der angeführten Fälle ist von dem Empfängerunternehmens der erhaltene private Zuschuss für den Erwerb der Sachanlage, z.B. einer technischen Anlage oder einer Maschine, als sonstige Verbindlichkeit auszuweisen und nach der zugrunde gelegten Bezugsgröße entsprechend der vereinbarten Zeitgröße oder Mengengröße erfolgswirksam aufzulösen. Die abweichende Auffassung verlangt den Ausweis des privaten Zuschusses unter dem passiven Rechnungsabgrenzungsposten.

b) Abbruchkosten von Unternehmensgebäuden

Erwirbt ein Unternehmen ein bebautes Grundstück mit der Absicht, das auf dem Grundstück stehende Gebäude abzureißen, stellt sich hier die Frage der handelsbilanziellen Behandlung der bei dem **Abbruch entstehenden Kosten**. Sie wird in Rechtsprechung und Schrifttum unterschiedlich beantwortet:

- Nach **steuerlicher Rechtsprechung** sind die Abbruchkosten eines noch nutzungsfähigen Erstgebäudes **Herstellungskosten** des neu zu errichtenden Zweitgebäudes, wenn das Erstgebäude mit der Absicht des Abbruchs erworben wurde. Der Beschaffungsvorgang des Erstgebäudes soll in diesem Fall den Beginn der Herstellung des Zweitgebäudes darstellen. Die steuerliche Behandlung ist nach Streichung des § 281 HGB durch das BilMoG für die handelsrechtliche Bilanzierung irrelevant, so dass die angeführte steuerliche Alternative ausfällt.

- Nach abweichender Auffassung ist das erworbene Altgebäude unabhängig von der beim Erwerb verfolgten Zwecksetzung mit den **Anschaffungskosten** zu bilanzieren und während der Nutzung entsprechend der Bilanzierungsgrundsätze so lange planmäßig abzuschreiben, wie es genutzt wird oder noch nutzbar ist. Wird das erworbene Altgebäude abgerissen, sollen die **Abbruchkosten als Aufwand** behandelt werden.

- Wurde abweichend von dem obigen Fall das Grundstück mit Altgebäude ausschließlich in der Absicht erworben, das auf dem Grundstück stehende Altgebäude als solches nicht für das erwerbende Unternehmen zu nutzen, sondern abzureißen und das Grundstück unbebaut zu nutzen, sind die **Abbruchkosten Anschaffungsnebenkosten des Grund und Bodens**.

c) Nachträgliche Anschaffungskosten

Unterschiedlich sind die Auffassungen zur Auslegung des **Begriffs der nachträglichen Anschaffungskosten** von Vermögensgegenständen des Sachanlagevermögens im Sinn des § 255 Abs. 1 Satz 2 HGB. Dies gilt bezüglich des zeitlichen Abstandes zwischen der Anschaffung und dem Entstehen von Aufwendungen für die erworbene Sachanlage und bezüglich der für die Aktivierung in Betracht kommenden Aufwandsarten:

- Nachträgliche Anschaffungskosten zu Vermögensgegenständen des Sachanlagevermögens werden angenommen, wenn es sich um **anschaffungsnahe Aufwendungen** der Sachanlage handelt. Davon abweichend werden auch bei größerem zeitlichem Abstand zur Anschaffung der Sachanlage nachträgliche Anschaffungskosten angenommen.

- Als aktivierbare bzw. aktivierungspflichtig werden als nachträglich Aufwendungen eingestuft, deren späterer Anfall bei der Bemessung des Kaufpreises berücksichtigt worden ist, z.B., nach dem Erwerb eines Grundstücks Reparaturarbeiten an dem auf dem Grundstück stehenden Gebäude vorzunehmen sind. Im Allgemeinen wird unterstellt, dass erwartete **Reparaturenaufwendungen** zu einer Verminderung des Kaufpreises des erworbenen Gebäudes führen. Nachträgliche Anschaffungskosten sollen nach h.M. auch später zu zahlende Beiträge für Straßenanliegeranteile, Erschließung und Kanalgebühren darstellen.

- Nachträgliche Aufwendungen in Form öffentlicher Abgaben sollen als **nachträgliche Anschaffungskosten** nur dann vorliegen, wenn die Abgaben die Benutzbarkeit des angeschafften Grundstücks erhöhen und seinen Wert steigern. Dies soll gelten für Erschließungsbeiträge bei der Erstanlage einer Straße, bei dem Erstanschluss der Kanalisation und weiteren technischen Verbindungen.

d) Betriebsbereiter Zustand

Zu den Anschaffungskosten rechnen nach § 255 Abs. 1 Satz 1 HGB die Aufwendungen, die geleistet werden, um eine Anlage in einen betriebsbereiten Zustand zu versetzen, soweit sie dem Vermögensgegenstand einzeln zugeordnet werden kann. Die Aufwendungen werden im Schrifttum mit Verweis auf die Anschaffungskosten entsprechend dem gesetzlichen Wortlaut als Anschaffungsnebenkosten interpretiert.

Zu den Anschaffungskosten entstehen bei Sachanlagen neben den extern anfallenden Aufwendungen, wie Fracht, Ladekosten und Transportversicherungen, nicht selten **innerbetrieblich anfallende Aufwendungen**. Hierzu zählen Kosten für Fundamentierungsarbeiten, Montagearbeiten und Arbeiten zum Starkstromanschluss von technischen Anlagen und Maschinen **durch die Arbeitskräfte des Unternehmens**. Die dabei anfallenden Lohnkosten sind nach dem durch das BilMoG neu gefassten § 255 Abs. 2 HGB der entsprechenden Sachanlage, z.B. einer technischen Anlage oder Maschine, zugeordnet, wenn es sich bei den innerbetrieblich anfallende Aufwendungen um Einzelkosten und variable Gemeinkosten handelt.

Die wichtigsten aktivierungspflichtigen Aufwendungen sind Einzellohn- und Einzelmaterialkosten der unternehmensinternen Montagearbeiten. Werden die **Montagearbeiten von einem Dritten** durchgeführt, sind die gesamten Kosten für Fundamentierungs-, Montage- und Elektrizitätsarbeiten den Anschaffungskosten zuzurechnen.

Bezüglich der Ermittlung der **Herstellungskosten** von Sachanlagen treten keine Besonderheiten auf, so dass auf die allgemeinen Ausführungen zu den Herstellungskosten verwiesen werden kann.

2. Abschreibungen auf Sachanlagen

Sachanlagen können nicht abnutzbare und abnutzbare Vermögensgegenstände des Anlagevermögens sein. Beide Gruppen sind grundsätzlich zu den Anschaffungs- oder Herstellungskosten nach dem durch das BilMoG neu gefassten § 253 Abs. 3 Satz 1 HGB zu bewerten. Dabei gilt das Folgende:

- Ist bei einem **abnutzbaren Vermögensgegenstand des Sachanlagevermögens**, z.B. bei einem Gebäude, dessen Nutzung zeitlich begrenzt ist, nach dem mit dem BilMoG neu formulierten § 253 Abs. 3 Satz 1 HGB die Anschaffungs- oder Herstellungskosten der Sachanlage planmäßige um Abschreibungen zu vermindern.
- Ist bei einem **nicht abnutzbaren Vermögensgegenstand des Sachanlagevermögens**, z.B. bei einem Grundstück, der beizulegende Zeitwert am Abschlussstichtag niedriger als der Buchwert der Sachanlage, sind nach § 253 Abs. 3 Satz 3 HGB bei voraussichtlich dauernder Wertminderung außer-

planmäßige Abschreibungen vorzunehmen, um die Sachanlage mit ihrem niedrigeren beizulegenden Zeitwert anzusetzen.

a) Planmäßige Abschreibungen von Sachanlagen

Bei Sachanlagen, deren Nutzung zeitlich begrenzt ist, sind nach § 253 Abs. 3 Satz 1 HGB die Anschaffungs- oder Herstellungskosten um planmäßige Abschreibungen zu vermindern. **Sachanlagen** sind alle beweglichen und unbeweglichen Vermögensgegenstände des Anlagevermögens mit Ausnahme der Grundstücke.

Grundstücke unterliegen **keinem planmäßig bestimmbaren Wertverschleiß**. Ihre Anschaffungskosten sind daher nicht planmäßig abzuschreiben. Planmäßige Abschreibungen von Grundstücken können im Sonderfall der **Ausbeutung** z.B. bei Kies-, Stein-, Marmor- oder Kohleabbau, erforderlich sein. In den angeführten Fällen kann neben der Verpflichtung zur Vornahme einer planmäßigen Abschreibung die Verpflichtung zur Passivierung einer Rückstellung für die vertraglich vereinbarte oder staatlich vorgegebene „Wiederherstellung“ des Grundstücks stehen. Unter „Wiederherstellung“ versteht man die Nutzbarkeit der ausgebeuteten Kiesfläche, z.B. zur die Herstellung eines von den Menschen oder von Tieren benutzbare Wasserfläche.

11) Grundsatz der Planmäßigkeit

Planmäßigen Abschreibungen liegt der Grundsatz der Verteilung (Periodisierung) der Anschaffungs- oder Herstellungskosten auf die Nutzungsdauer der abzuschreibenden Sachanlage zugrunde. Von dem Grundsatz bestehen Abweichungen, die im Schrifttum als **Bewertungsvereinfachungen** gelten. Die wichtigsten Abweichungen sind:

- die **Festbewertung** von Vermögensgegenständen des Sachanlagevermögens nach § 240 Abs. 3 HGB;
- die **Gruppenbewertung** gleichartiger oder annähernd gleichwertiger beweglicher Vermögensgegenständen des Sachanlagevermögens nach § 240 Abs. 4 HGB.

Für die Vornahme der Abschreibungen auf Vermögensgegenständen des Sachanlagevermögens gilt nach h.M. der **Grundsatz der Planmäßigkeit**. Er besagt, dass für jeden Vermögensgegenstand des Sachanlagevermögens, dessen Nutzung zeitlich begrenzt ist, bei der Vornahme der ersten Abschreibung ein **Abschreibungsplan** aufzustellen ist, der die folgenden Größen beinhalten muss:

- die Bestimmung der für die planmäßige Abschreibung der Sachanlage maßgeblichen **Anschaffungskosten oder Herstellungskosten**;
- die Schätzung der voraussichtlichen **Nutzungsdauer** der abnutzbaren Sachanlage; und

- die der Abschreibung der abnutzbaren Sachanlage zugrunde zu legende **Abschreibungsmethode**.

Nach § 252 Abs. 1 Nr. 6 HGB ist der Abschreibungsplan grundsätzlich für die gesamte Nutzungsdauer eines Vermögensgegenstandes des Sachanlagevermögens beizubehalten. Von dem darin festgelegten **Grundsatz der Bewertungsstetigkeit** ist abzuweichen, wenn aufgrund neuer Erkenntnisse oder sich verändernder Verhältnisse der ursprüngliche Abschreibungsplan zu ändern ist.

Änderungen des Abschreibungsplanes einer Sachanlage können mehrfach vorzunehmen sind. Sie sind zwingend vorzunehmen, wenn:

- abzusehen ist, dass die Anschaffungs- oder Herstellungskosten einer Sachanlage bei Beendigung ihrer wirtschaftlichen Nutzung voraussichtlich nicht abgeschrieben ist. die Änderung des Abschreibungsplans betrifft dabei die Änderung der **Nutzungsdauerschätzung**;
- Abschreibungen nach dem bisherigen Abschreibungsplan der Sachanlagen die Anfangsjahre der Nutzung zu gering belasten; die notwendige Planänderung betrifft die Änderung der **Abschreibungsmethode**;
- Änderungen der unter den ursprünglichen Anschaffungs- oder Herstellungskosten im Anlagevermögen angesetzten Sachanlagen in der Form von Sachanlagen durch nachträgliche Anschaffung- oder Herstellungskosten eintreten; die Planänderungen betreffen die **Änderungen der als Anschaffungs- oder Herstellungskosten** anzusetzenden Beträge.

Nach § 252 Abs. 2 HGB darf in begründeten Ausnahmefällen von dem zuvor einer Abschreibung zugrunde gelegten Abschreibungsplan eines Vermögensgegenständen des Sachanlagevermögens abgewichen werden. Die vorzunehmende Planänderung betrifft im Wesentlichen die angewandte Abschreibungsmethode und die Änderung der Schätzung der Nutzungsdauer einer Sachanlage. Eine Änderung der planmäßigen Abschreibung wird nach h.M. auch dann als zulässig angesehen, wenn die planmäßige Abschreibung eine Alternative zu einer sonst vorzunehmenden außerplanmäßigen Abschreibung der Sachanlage darstellt.

22) Nutzungsdauer

Die Nutzungsdauer eines Vermögensgegenstandes des Sachanlagevermögens, die der planmäßigen Abschreibung zugrunde zu legen ist, kann deren **technische oder wirtschaftliche Nutzungsdauer** sein. Dabei ist die wirtschaftliche Nutzungsdauer in der Praxis vielfach geringer als die technische. Die Vorschrift des § 253 Abs. 3 Satz 2 HGB spricht weder von einer technischen noch von einer wirtschaftlichen Nutzungsdauer, sondern von den Geschäftsjahren, in denen der Vermögensgegenstand, d.h. hier die Sachanlage, voraussichtlich genutzt werden kann. Maßgeblich ist die betriebsindividuelle Nutzungsdauer einer Sachanlage, die i.d.R. mit der wirtschaftlichen und vielfach nicht mit der technischen Nutzungsdauer übereinstimmt.

Wesentliche **Bestimmungsfaktoren der betriebsindividuellen Nutzungsdauer** einer erworbenen oder selbst hergestellten Sachanlage ist u.a.:

- der Verschleiß als abnutzungsbedingter und Ruheverschleiß;
- die technische Entwicklung im Bereich der erworbenen Sachanlage;
- die Verschiebung der mit der Sachanlage hergestellten Produktnachfrage;
- die Beschädigung oder Zerstörung der erworbenen Sachanlage.

Die **Schätzung der voraussichtlichen Nutzungsdauer** eines erworbenen oder selbst erstellten abnutzbaren Vermögensgegenstandes des Sachanlagevermögens erfolgt in der Praxis unter Zugrundelegung von Erfahrungswerten bei Berücksichtigung der erwarteten Wirkung der angeführten Bestimmungsfaktoren der betriebsindividuellen Nutzungsdauer. Zentrale Bedeutung hat der abnutzungsbedingte Verschleiß einer Anlage bzw. bei langfristig einzusetzenden Anlagen die technische Entwicklung, die vielfach vor dem Ablauf der Nutzungsdauer der Altanlage zum Einsatz einer fertigungstechnisch moderneren oder einer Energie einsparenden Anlage zwingt.

Vereinfacht erfolgt die Schätzung der Nutzungsdauer durch die Heranziehung von **Abschreibungstabellen**, wie sie für die Festlegung der Nutzungsdauer von Sachanlagen für die Steuerbilanz vorgegeben sind. Das Verfahren ist i.d.R. ausschließlich vergangenheitsbezogen und vielfach für die Nutzungsdauerschätzung ungeeignet.

33) Abschreibungsmethoden

Eine bestimmte Abschreibungsmethode für die Vornahme der planmäßigen Abschreibungen von Vermögensgegenständen des Sachanlagevermögens nach § 253 Abs. 3 Satz 2 HGB sieht das Gesetz nicht vor. Die **Wahl der Methode** liegt mithin im **Ermessen der Unternehmensleitung**, d.h. des Vorstandes bei der AG bzw. der Geschäftsführung der GmbH. Nach dem RegE (BT-Drucks 16/8020 S. 56 zum BilMoG), ist weiterhin die Anwendung der in der Praxis verwendeten Methoden, d.h. der linearen Abschreibung, der degressiven Abschreibung, der Leistungsabschreibung und der progressiven Abschreibung als mit den GoB vereinbar anzusehen, soweit die angewandte Methode den tatsächlichen Verlauf des Werteverzehrs abbildet. Weitere Anforderungen, wie sie im Schrifttum verlangt werden, schreibt der Gesetzgeber nicht vor.

b) Außerplanmäßige Abschreibungen von Sachanlagen

Außerplanmäßige Abschreibungen auf Vermögensgegenständen des Sachanlagevermögens sind nach § 253 Abs. 3 Satz 3 HGB ohne Rücksicht darauf vorzunehmen, ob die Nutzung der Sachanlagen zeitlich begrenzt ist. Die Abschreibungen sind unabhängig von Rechtsform, Größe und Wirtschaftszweig eines Unternehmens vorzunehmen, wenn ihnen am Abschlussstichtag ein niedrigerer Zeitwert beizulegen ist und die Wertminderung voraussichtlich von Dauer ist. Die

Sachanlagen sind mit dem niedrigeren Wert anzusetzen, der ihnen am Abschlussstichtag beizulegen ist.

Für Vermögensgegenständen des Sachanlagevermögens, deren **Nutzung zeitlich begrenzt** ist, und die bei planmäßiger Abschreibung in den Jahren der Nutzung zu einem Restwert von null bzw. zu einem erwarteten Veräußerungswert als möglicher Veräußerungs- oder Schrottwert führen, stellt sich die Frage, ob eine in einem Geschäftsjahr aufgetretene Wertminderung von Dauer sein kann. Niedrigere beizulegende Zeitwerte können bei Sachanlagen vor allem in den ersten Jahren der Nutzungsdauer nach Inbetriebnahme oder bei Auftreten von Problemen während der Nutzungsdauer entstehen und von der planmäßige Abschreibung nicht erfasst werden.

Die nicht geplanten und nicht erfassten Wertminderungen führen zu außerplanmäßigen **Abschreibungen auf den niedrigeren beizulegenden Zeitwert**, der den Sachanlagen zum Abschlussstichtag beizulegen ist. Zum Begriff des niedrigeren beizulegenden Zeitwertes wird auf die Ausführungen zu den Bilanzierungsgrundsätzen verwiesen.

3. Wertaufholungen von Sachanlagen

Nach § 253 Abs. 5 Satz 1 HGB darf ein niedrigerer Wertansatz nach § 253 Abs. 3 Satz 3 oder 4 HGB, d.h., eine Wertminderung eines Vermögensgegenstandes des Sachanlagevermögens, durch Vornahme einer außerplanmäßigen Abschreibung in einer Vorperiode nicht beibehalten werden, wenn in einer Folgeperiode die Gründe für die Minderung des Wertansatzes nicht mehr bestehen. Bei Wegfall der Gründe für die Wertminderung in der Vorperiode, die bei einer Sachanlage zu einer außerplanmäßigen Abschreibung geführt hat, ist eine **Wertaufholung** im Wege der **Zuschreibung** vorzunehmen.

Der **Zeitpunkt der Wertaufholung** ist dasjenige spätere Geschäftsjahr, in dem sich herausstellt, dass die Gründe für die in einer Vorperiode vorgenommene außerplanmäßige Abschreibung auf den Vermögensgegenstand des Sachanlagevermögens nicht mehr bestehen.

Der **Umfang der Wertaufholung** im Sinn der Zuschreibung bei der in einer Vorperiode vorgenommenen außerplanmäßigen Abschreibung, d.h. die Wertminderung“ eines Vermögensgegenstandes des Sachanlagevermögens ist begrenzt. Dabei gelten die folgenden Einschränkungen:

- Die Wertaufholung einer Sachanlage darf höchstens in Höhe der in vorhergehenden Geschäftsjahren vorgenommenen Wertminderungen vorgenommen werden.
- Die Wertaufholung ist unter Berücksichtigung der Abschreibungen vorgenommen zu werden, die in der Zeit zwischen Wertminderung und Wertaufholung auf der Grundlage der ursprünglichen Abschreibungsbasis vorzunehmen gewesen wären.

Neben den Wertaufholungen können andere **Zuschreibungen** bei der Sachanlage vorgenommen werden. Genannt wird die Nachaktivierung und die Zuschreibung zur Berichtigung unzulässigerweise vorgenommener Abschreibungen. Wertaufholungen unterscheiden sich von den genannten Zuschreibungsarten dadurch, dass der Vorstand und Aufsichtsrat bei der AG nach § 58 Abs. 2 a AktG bzw. die Geschäftsführer mit Zustimmung des Aufsichtsrats oder der Gesellschafter bei der GmbH nach § 29 Abs. 4 GmbHG den Eigenkapitalanteil der Wertaufholungen in andere Gewinnrücklagen einstellen können.

4. Bewertung von Leasing-Sachanlagen

Für die Bewertung der beim Leasinggeber bilanzierten Vermögensgegenstände des Sachanlagevermögens als Leasingvermögen sind die Vorschriften der §§ 253, 255 HGB anzuwenden.

Neben den allgemeinen Regeln für die Bestimmung der Anschaffungs- oder Herstellungskosten können bei der Bewertung des Leasingvermögens **Besonderheiten** auftreten:

- Bei **Herstellung** des Leasinggegenstandes durch den Leasinggeber gelten für die Ermittlung der Herstellungskosten des Vermögensgegenstandes des Sachanlagevermögens die Vorschriften des § 255 Abs. 2, 3 HGB.
- Bei **Erwerb** des Leasinggegenstandes von Dritten durch den Leasinggeber gelten für die Ermittlung der Anschaffungskosten des Vermögensgegenstandes des Sachanlagevermögens die Vorschriften des § 255 Abs. 1 HGB. Dabei ist die Einbeziehung von in die Anschaffungskosten nicht zulässig.

Die **Kosten** des Leasingvertrages, z.B. die Kosten der Vermittlung des Geschäftes, können nicht aktiviert werden und zwar weder als Anschaffungskosten noch als Herstellungskosten des Leasinggegenstandes.

Das **Leasingvermögen** als Summe der Vermögensgegenstände des Sachanlagevermögens ist planmäßig über die Nutzungsdauer der jeweiligen einzelnen Sachanlage als Leasinggegenstand **abzuschreiben**. Die Abschreibung beginnt im Zeitpunkt des Zugangs des Leasinggegenstandes zum Anlagevermögen des Leasinggebers unabhängig von einem späteren Mietbeginn.

Bei voraussichtlich dauernder Wertminderung eines Vermögensgegenstandes des Sachanlagevermögens als Leasinggegenstand sind, wie dies für andere Sachanlagen gilt, außerplanmäßige Abschreibungen auf den niedrigeren beizulegenden Zeitwert ders Leasinggegenstand des vorzunehmen.

Beispiel 05: Zugangs- und Folgebewertung einer Fertigungsanlage

Die A AG beabsichtigt eine technische Anlage in den USA zu beschaffen. Zur Prüfung der Tauglichkeit der Anlage für die Produktion lässt sie vor dem Erwerb ein Tauglichkeitsgutachten zu einem Preis von 100 Tsd. € erstellen. Der Preis der Anlage beträgt 15 Mill. US-$. Die

Bestellung erfolgt im Januar 10, die Lieferung im Mai 10, die Montage im eigenen Werk der A AG im Juni 10. Die Anlage wird ab Anfang Juli 10 für die Produktion eingesetzt.

Nach der Vereinbarung sind jeweils 5 Mill. US-$ zu zahlen zum Zeitpunkt der Bestellung mit 5 % Nachlass, der Lieferung mit 3 % Nachlass und dem Produktionsbeginn zum Nominalbetrag. Zu den angeführten drei Zeitpunkten ist der Devisenkurs des US-$ für 1 €: 1,15, 1,20 und 1,25. Die Transportkosten betragen 50 Tsd. US-$, die Versicherung 22 Tsd. US-$.

Die Kosten für die Einrichtung der Anlage sind gegenüber einer Einrichtungsfirma, die den Hauptteil der Einrichtung der Anlage übernimmt 120 Tsd. €, für Lohn von Beschäftigten der A AG 15 Tsd. € und für von der AG erworbenes Material 6 Tsd. €.

Zum 31.12.10 ist der Neupreis der Anlage auf 13 Mill. US-$ gefallen; Preisnachlässe werden allerdings nicht mehr gewährt; der Devisenkurs ist 1,1 US-$ für 1 €. Es ist davon auszugehen, dass der Preis der Maschine für die nächste Zeit unverändert bleib, ebenso der Devisenkurs von 1,1 US-$ = 1 Euro.

1. Es sind die Anschaffungskosten der Anlage zum 1.7.10 zu ermitteln.

2. Es ist bei einer voraussichtlichen Nutzungsdauer der Anlage von 12 Jahren bei linearer planmäßiger Abschreibung und unter Berücksichtigung einer möglichen außerplanmäßigen Abschreibung der Bilanzwert der Anlage zum 31.12.10 zu bestimmen.

Beispiel 06: Private und öffentliche Zuwendungen in das Anlagevermögen

Die B AG ist Systemlieferant des Automobilunternehmens A AG. Zu Beginn des Jahres 10 gewährt die A AG dem Systemlieferanten eine nicht rückzahlungspflichtige Zuwendung in Höhe von 5 Mill. € zum Erwerb einer Fertigungsanlage mit Anschaffungskosten von 20 Mill. €. Die Fertigungsanlage hat eine voraussichtliche Nutzungsdauer von 10 Jahren bei linearem Abschreibungsverlauf. Als Gegenleistung für die Zuwendung verpflichtet sich die B AG auf der Fertigungsanlage ein von der A AG entworfenes Produkt zu einem vereinbarten selbstkostenorientierten Preis zu liefern. Unter der angeführten Annahme entsteht bei der B AG unter Erfüllung der Gegenleistung aus den Lieferungen ein Gewinn von insgesamt 5 Mill. €. Im Jahr 10 werden 12.000 Einheiten des Produkts geliefert.

1. Es ist die Behandlung von privaten Zuwendungen unter den Annahmen, dass die Zuwendungen aus der Lieferverpflichtung während des Zeitraums der Nutzungsdauer der Fertigungsanlage von 10 Jahren bzw. auf der Lieferung einer Fixmenge von 200.000 Produkteinheiten beruhen, zu beschreiben.

2. Es sind die bilanziellen Wirkungen der Zuwendung im Jahresabschluss zum 31.12.10 der B AG darzustellen.

3. Es ist zu beschreiben und darzustellen, wie die Zuwendung an die B AG bilanziell zu behandeln wäre, wenn sie als öffentliche Zuwendung unter der Bedingung, dass der Personalbestand innerhalb von 5 Jahren nicht abgebaut wird, erfolgt wäre.

Beispiel 07: Grundstückserwerb durch Tausch

Die A AG hat am 15.12.10 ein Verwaltungsgebäude mit Grundstück G_2 zu einem Preis von 40 Mill. € im Wege des Tauschs erworben. Die von der A AG erbrachte Gegenleistung bestand in der Hingabe eines Wohngebäudes mit Grundstück G_1 der A AG bei einem Buchwert von 10 Mill. € und einem Zeitwert von 38 Mill. € sowie einer Barzahlung von 2 Mill. €. Die Differenz zwischen Zeitwert und Buchwert des hingegebenen Grundstücks G_1 sei ertragsteuerpflichtig bei einem Steuersatz von 40 %.

1. Es sind die Anschaffungskosten des Verwaltungsgebäudes zu ermitteln.
2. Es sind die alternativen Auswirkungen auf den Jahresabschluss der A AG zum 31.12.10 darzustellen.

Beispiel 08: Abrisskosten

Die AG B errichtet im ersten Halbjahr 10 auf dem Grundstück eines Dritten ein Fertigungsgebäude mit Herstellungskosten von 6 Mill. €. Nach dem Vertrag mit dem Dritten entrichtet die AG B eine jährliche Pacht von 200 Tsd. € ab 1.1.10. Ende des Jahres 29 ist das Grundstück in den ursprünglichen Zustand zurück zu versetzen. Die Abrisskosten für das Fertigungsgebäude im Jahr 29 werden auf 500 Tsd. € geschätzt. Der Zinssatz ist 7 % p.a.

Der Vorgang ist für den Jahresabschluss der AG B zum 31.12.10 darzustellen.

F. Finanzanlagen

I. Nachweis und Ansatz der Finanzanlagen

1. Nachweis der Finanzanlagen

Der Bilanzpostengruppe „Finanzanlagen“ kommt in Unternehmen beachtliches Gewicht zu. Entsprechend ist der **Nachweis der Finanzanlagen** als Grundlage für die Bilanzierung von großer Bedeutung. Er erstreckt sich auf das Vorhandensein der Finanzanlagen. Sie können als **Altbestände** zu Beginn des Geschäftsjahres vorhanden oder als **Zugänge** im Geschäftsjahr zugegangen sein.

Für Finanzanlagen werden in der Praxis **Bestandsverzeichnisse** geführt. Sie enthalten als Angaben die Art der Finanzanlage, die Nominalwerte, die Stückelungen, den Anschaffungszeitpunkt, die Anschaffungskosten, vorgenommene Abschreibungen und Zuschreibungen sowie den Buchwert zum Abschlussstichtag. Darüber hinaus sind für die Berichterstattung im Anhang die nach § 285 Nr. 11 HGB anzugebenden Daten von Unternehmen zu erfassen, an denen die Kapitalgesellschaft mindestens 20 % der Anteile besitzt.

Für den **Nachweis** des Vorhandenseins von Finanzanlagen kann zwischen verbrieften und nicht verbrieften Finanzanlagen unterschieden werden:

- **Verbriefte Finanzanlagen** können selbst verwahrt oder fremd verwahrt sein. Bei der seltenen Selbstverwahrung erfolgt der Nachweis mit dem Aufnahmeprotokolle durch körperliche Bestandsaufnahme. Bei Fremdverwahrung, die den Regelfall darstellt, wird der Nachweis in Form von Depotauszügen oder sonstigen Bestätigungen der Verwahrer, z.B. der Hausbanken, erbracht.
- Bei **nicht verbrieften Finanzanlagen** erfolgt der Nachweis ausschließlich anhand von Protokollen, Kaufverträgen, und anderen Unterlagen des Unternehmens.

2. Ansatz der Finanzanlagen

Für die Finanzanlagen des bilanzierenden Unternehmens besteht bei Vorliegen der Vermögensgegenstandseigenschaft **Ansatzpflicht**.

Der Zugang einer Finanzanlage setzt die Erhöhung des mengenmäßigen Bestandes dieser Finanzanlage voraus. Sie kann eintreten durch Anschaffung der Finanzanlage als Erst- und Folgeanlage oder durch Umgliederung einer Finanzanlage aus dem Umlaufvermögen nach § 266 Abs. 2 B. II. HGB „Wertpapiere“ in das Anlagevermögen nach § 266 Abs. 2 A. III. HGB.

Bezüglich eines zu bilanzierenden **Zugangs** einer Finanzanlage im Sinn einer Beteiligung gelten die folgenden Feststellungen:

- Ein Zugang stellt die Gewährung von **Anteilen an einer Kapitalgesellschaft** gegen Einlagen nach § 182 ff. AktG bzw. nach § 55 f. GmbHG dar. Die Gegenleistung des erwerbenden Unternehmens kann in Bar- und Sacheinlagen liegen.
- Inwieweit der Erwerb von **Anteilen an einer Personenhandelsgesellschaft** im Jahresabschluss der Kapitalgesellschaft einen Zugang darstellt, richtet sich nach allgemeinen Grundsätzen. Ist in dem Gesellschaftsvertrag vereinbart, dass der Gewinnanteil eines Gesellschafters in das Vermögen der Personenhandelsgesellschaften eingelegt werden kann, und nimmt ein Gesellschafter eine Einlage vor, so stellt nach h.M. die Einlage einen Zugang bei der Beteiligung dar. Die Einlage kann beim vollhaftenden Gesellschafter durch Zeitablauf, beim beschränkt haftenden Gesellschafter durch Erklärung erfolgen.

Nicht zu den Zugängen rechnet die Gewährung von Gratisaktien bei einer Kapitalerhöhung aus Gesellschaftsmitteln der Kapitalgesellschaft. Mit der Gewährung von Gratisaktien erhält der Aktionär keine zusätzlichen Vermögenswerte. Seine Anteile werden lediglich stärker gestückelt. Die Gewährung von Gratisanteilen erfolgt für den Aktionär nach §§ 207 ff. AktG, für den GmbH-Gesellschafter nach §§ 57c ff. GmbHG.

II. Ausweis der Finanzanlagen

Der Ausweis der Finanzanlagen eines Unternehmens betrifft die horizontale Gliederung der Bilanzposten nach § 266 Abs. 2 A. III. Nr. 1. bis 6. HGB und die vertikale Gliederung als **Ausweis** der unter den Finanzanlagen des Unternehmens anzusetzenden Bilanzposten.

1. Anlagenspiegel

Zur horizontalen Gliederung eines Bilanzpostens der Finanzanlagen und der in den Anlagenspiegel nach § 268 Abs. 2 HGB aufzunehmenden Sachverhalte, wird auf die Ausführungen zum Anlagenspiegel (Anlagengitter) bei Sachanlagen verwiesen. Entsprechend beschränkt sich die folgende Darstellung auf Besonderheiten des Ausweises im Anlagenspiegel bei dem Bestehen von Anteilen an Kapitalgesellschaften und an Personenhandelsgesellschaften.

Der Ausweis der Finanzanlagen ist im Zusammenhang mit den Posten „Anteile an verbundenen Unternehmen“ „Beteiligungen“ und „Wertpapieren des Anlagevermögens“ aufzuzeigen, stellen sich wie im Folgenden angeführt dar. Besonderheiten im Zusammenhang des Anlagenspiegels ist der Ausweis der Finanzanlagen in der Erfassung von Zugängen und Abhängen der angeführten Posten von Finanzanlagen.

a) Zugänge von Finanzanlagen

Die Ursache für **Zugänge** von Finanzanlagen eines Unternehmens sind insbesondere auf die folgenden Vorgänge zurückzuführen: (1) Erstmaliger Erwerb von Anteilen (Aktien) an einer Kapitalgesellschaft; (2) Erwerb weitere Anteile (Aktien) an einer Kapitalgesellschaft, an der bereits Anteile gehalten werden, (3) Teilnahme an einer Kapitalerhöhung gegen Einlagen, (4) Umwandlung von Wandelschuldverschreibungen und Optionsanleihen in Anteile (Aktien).

Bestehen Anteile eines Unternehmens an einer Personenhandelsgesellschaft, so ist es am Gewinn der Gesellschaft beteiligt, wenn es einen Gewinnanspruch hat, über den es ohne Zustimmung der anderen Gesellschafter verfügen kann. Der Gewinnanspruch ist als **Zugang** anzusetzen und wenn das Unternehmen § 266 Abs. 2 A. III HGB anzuwenden hat, unter dem Posten „sonstige Vermögensgegenstände" auszuweisen. Wird der Gewinnanspruch wieder in das gebundene Vermögen der Personenhandelsgesellschaft wieder eingelegt, entstehen Anschaffungskosten der Beteiligung an der Personenhandelsgesellschaft, die als **Zugang** unter dem Bilanzposten „Beteiligungen" nach § 266 Abs. 2 A. III 3. HGB auszuweisen ist.

Offen ist, ob die Einlage des die Anteile haltenden Unternehmens im Anlagenspiegel als Zugang oder als Umbuchung auszuweisen ist. Für die Zuordnung kommt es darauf an, ob der Gewinnanspruch und die Einlage im gleichen Geschäftsjahr oder in unterschiedlichen Geschäftsjahren erfolgen. Im erstgenannten Fall ist der Vorgang als Zugang, im zweitgenannten Fall als Umbuchung auszuweisen.

b) Abgänge von Finanzanlagen

Werden unter einem Posten des Finanzanlagevermögens Anteile ausgewiesen, die in Aktien verbrieft sind, und führt die **AG**, an der die Aktien gehalten werden, eine **Kapitalerhöhung gegen Einlagen** unter Gewährung von Bezugsrechten durch, so ist, soweit alle oder Teile der für die gehaltenen Aktien gewährten Bezugsrechte veräußert werden, der aus der Veräußerung dem Unternehmen zufließende Betrag im Anlagenspiegel als **Abgang** auszuweisen.

Bei einer **Kapitalherabsetzung** als ordentliche Kapitalherabsetzung, (1) als Kapitalherabsetzung durch Einziehung von Anteilen bei der AG oder der GmbH bzw. (2) als vereinfachte Kapitalherabsetzung bei der AG sowie bei der GmbH nach §§ 58 a ff. GmbHG erlöschen in Höhe der Herabsetzungsquote der ausgewiesenen Anteile an der die Kapitalherabsetzung vornehmenden Kapitalgesellschaft. Die Kapitalherabsetzung kann zur **Ausschüttung** von gezeichnetem Kapital (Grund- bzw. Stammkapital), aber auch anderen Zwecken, z.B. dem **Verlustausgleich**, dienen. Unabhängig davon liegen insoweit Anteile vor, die durch eine Kapitalherabsetzung erlöschen. In der Bilanz des beteiligten Unternehmens stellt die Kapitalherabsetzung einen **Abgang** dar, der im Anlagenspiegel auszuweisen ist.

Die **Liquidation** einer Gesellschaft, an der die Anteile eines Unternehmens gehalten werden, führt anders als im Schrifttum ohne ausreichend Begründung dargestellt, nicht zu einem Abgang bei dem die Anteile haltenden Unternehmen, solange die Liquidationsgesellschaft nicht die Schlussbilanz aufgestellt hat. Wertminderungen der Anteile führen allenfalls zu einer Abschreibung der Anteile an der Liquidationsgesellschaft.

2. Bilanzposten der Finanzanlagen

Die vertikale Gliederung der Finanzanlagen ergibt sich unmittelbar aus § 266 Abs. 2 A. III. HGB. Die vorgegebene Gliederung ist gegebenenfalls nach § 265 Abs. 5 Satz 2 HGB zu erweitern, sofern ansatzpflichtige Sachverhalte nicht von einem der vorgeschriebenen Posten gedeckt werden, wie z.B. beim gesonderten Ausweis von Beteiligungen an assoziierten Unternehmen.

a) Anteile an verbundenen Unternehmen

Die Anteile an verbundenen Unternehmen werden bestimmt durch die unter dem Finanzanlagevermögen auszuweisenden Vermögensgegenstände. Sie sind gekennzeichnet sind durch die zu behandelnden Merkmale „Anteile“ und „verbundene Unternehmen“.

11) Anteile

Anteile an einem verbundenen Unternehmen sind Mitgliedschaftsrechte, die gekennzeichnet sind als:

- **Vermögensrechte**, die Gewinnrechte, Bezugsrechte bei der Ausgabe neuer Anteile, Rechte auf Anteile an dem nach Liquidation verbleibenden und zu verteilenden Vermögen eines aufgelösten Unternehmens umfassen; und
- **Verwaltungsrechte,** die abhängig von der Rechtsform des Unternehmens, an dem die Mitgliedschaftsrechte als Geschäftsführungsrechte, Stimmrechte und Informationsrechte bestehen.

Anteile können **verbriefte** oder **unverbriefte** gesellschaftsrechtliche Kapitalanteile, z.B. Aktien bei der AG und KGaA, Geschäftsanteile an der GmbH, oder gesellschaftsvertraglich vereinbarte Kapitalanteile bei Personenhandelsgesellschaften, sein. Anteile sind auch Mitgliedschaftsrechte an einer Gesellschaft des bürgerlichen Rechts (GbR).

Ein **persönlich haftender Gesellschafter** einer Personenhandelsgesellschaft (OHG, KG) kann eine Position einnehmen, in der er nicht an dem Kapital der Gesellschaft beteiligt und auch nicht zur Einbringung von Einlagen verpflichtet ist. Dennoch kann ein Mitgliedschaftsrecht vorliegen. Der persönlich haftende Gesellschafter hält Anteile an der Personenhandelsgesellschaft. Sie stellen einen Vermögensgegenstand dar, der bei fehlender Einlage und bisher nicht erhaltenen

Gewinnen mit einem Betrag von null in seiner Bilanz unter den Finanzanlagen anzusetzen ist.

Zu den Anteilen können nach h.M. auch **stille Beteiligungen gehören,** wenn der stille Gesellschafter Verlustanteile aus dem Beteiligungsunternehmen zu übernehmen hat und darüber hinaus über Mitsprache- und Kontrollrechte bei dem Beteiligungsunternehmen verfügt und sich damit seine Stellung an die eines Kommanditisten annähert.

22) Verbundene Unternehmen

(1) Das HGB beinhaltet keinen einheitlichen Rechtsbegriff „**Unternehmen**". Der Begriff im Sinn des § 271 Abs. 1 Satz 1 HGB ist nach h.M. aus dem Zusammenhang abzuleiten. Ein Unternehmen ist danach eine rechtlich selbständige Einheit, die über umfassende materielle und immaterielle Vermögensgegenstände und über eine organisatorische Einheit, die am Markt auftritt, verfügt. Kein Unternehmen im Sinn des § 271 Abs. 1 Satz 1 HGB ist ein rechtlich unselbständiger Bereich, z.B. eine Filiale oder ein Betriebsbereich, eines Unternehmens.

Ein Unternehmen kann neben der Kapitalgesellschaft (AG, KGaA, GmbH) und der Personenhandelsgesellschaft (OHG, KG) auch eine Gesellschaft des bürgerlichen Rechts (GbR) sein, wenn ihre Zwecksetzungen auf ökonomische Vorgänge gerichtet ist.

(2) Die unter dem Posten auszuweisenden Anteile müssen an einem **verbundenen Unternehmen** bestehen. Zur Definition des verbundenen Unternehmens nimmt § 271 Abs. 2 HGB Bezug auf die Bestimmungen des § 290 HGB. Verbundene Unternehmen sind danach Mutterunternehmen und Tochterunternehmen und ergänzend durch das BilMoG nach § 290 Abs. 2 Nr. 4 HGB bestimmten Zweckgesellschaften, die nach den Vorschriften über die Vollkonsolidierung grundsätzlich in einen Konzernabschluss einzubeziehen sind. Zudem sind nach § 271 Abs. 2 zweiter Halbsatz HGB auch diejenigen Tochterunternehmen verbundene Unternehmen, die nach dem Wahlrecht des § 296 HGB nicht in den Konzernabschluss einbezogen zu werden brauchen.

Die weitere Voraussetzung für das Vorliegens, nämlich die Zugehörigkeit des Unternehmens zum Konsolidierungskreis des obersten, nach § 290 HGB zur Aufstellung des Konzernabschlusses verpflichteten Mutterunternehmens, stellt auf die Einbeziehung im Wege der Vollkonsolidierung ab. Sie gilt nur für Mutter-, Tochterunternehmen und Zweckgesellschaften, jedoch nicht für Gemeinschaftsunternehmen und assoziierte Unternehmen.

Werden Tochterunternehmen und Zweckgesellschaften aufgrund des **Einbeziehungswahlrechts** des § 296 HGB in den Konzernabschluss des obersten Mutterunternehmens oder eines untergeordneten Mutterunternehmens nicht einbezogen, so sind sie dessen ungeachtet verbundene Unternehmen. Die Anteile, die ein Mutterunternehmen an einem grundsätzlich einzubeziehenden Tochterunternehmen bzw. einer Zweckgesellschaft oder die das Tochterunternehmen als Rückbeteiligung an dem Mutterunternehmen hält, sind in der Bilanz des die Anteile haltenden Unternehmens unter dem Posten „Anteile an verbundenen Unternehmen" auszuweisen.

Verbundene Unternehmen sind auch diejenigen Unternehmen, die als Mutterunternehmen oder Tochterunternehmen bzw. Zweckgesellschaften in einen **befreienden Konzernabschluss**, den ein übergeordnetes Mutterunternehmen nach § 290 HGB pflichtgemäß aufstellt, einzubeziehen sind oder einbezogen werden könnten.

Offen ist die Frage, ob bei **Nichtaufstellung des Konzernabschlusses** aufgrund der Inanspruchnahme der größenabhängigen Befreiung von der Konzernrechnungslegungspflicht nach § 293 HGB das Merkmal des verbundenen Unternehmens erfüllt ist.

- Ein Teil des Schrifttums vertritt die Auffassung, dass § 293 HGB für die Umschreibung der verbundenen Unternehmen ohne Bedeutung ist, weil es auf die tatsächliche Aufstellung eines Konzernabschlusses nicht ankommt.
- Abweichend davon wird die Auffassung vertreten, dass die tatsächliche Aufstellung des Konzernabschlusses nur dann nicht maßgeblich ist, wenn nach den Vorschriften der §§ 290 bis 315a HGB ein Konzernabschluss nach HGB oder nach den IFRSs aufzustellen wäre.

Es ist der **erstgenannten Auffassung zu folgen**. Der Ausweis von Anteilen an einem verbundenen Unternehmen hat keine Verbindung zur Aufstellung eines Konzernabschlusses. Mit dem gesonderten Ausweis sollen Verbindungen zwischen herrschendem und abhängigen Unternehmen sowie von Unternehmen mit Mehrheitsbeteiligungen an abhängigen Unternehmen von einfachen Beteiligungen getrennt dargestellt werden, damit starke Unternehmensverbindungen unabhängig davon, ob ein Konzernabschluss aufgestellt wird, im Jahresabschluss sichtbar werden.

Nicht zu den **verbundenen Unternehmen** zählen Unternehmen im Sinn des § 310 HGB, die von einem in den Konzernabschluss einbezogenen Unternehmen gemeinsam mit einem oder mehreren nicht in den Konzernabschluss einbezogenen Unternehmen nach der Quotenkonsolidierung (anteilmäßige Konsolidierung) oder unter Anwendung der Equity-Methode in den Konzernabschluss einbezogen werden. Zu den nicht verbundenen Unternehmen rechnen auch assoziierte Unternehmen im Sinn des § 311 Abs. 1 HGB, die bei Vorliegen der Voraussetzungen nach § 312 HGB unter Anwendung der Equity-Methode in den Konzernabschluss einzubeziehen sind.

b) Ausleihungen an verbundene Unternehmen

Ausleihungen sind langfristige **Finanz- und Kapitalforderungen gegenüber Dritten**, die nicht in Wertpapieren verbrieft sind. Forderungsinhaber ist das ausleihende Unternehmen, Schuldner das verbundene Unternehmen. Allerdings wird unter Berücksichtigung des Kriteriums, dass Vermögensgegenstände der Finanzanlagen nur solche sind, die eine lange Laufzeit haben, im Allgemeinen eine bestimmte Mindestgesamtzeit der Forderung vorausgesetzt. Nach h.M. wird eine **Gesamtlaufzeit von wenigstens einem Jahr** als ausreichend für den Ausweis der Ausleihungen unter dem Posten „Ausleihungen an verbundene Unternehmen" gesehen. Über die Dauer der mindestens anzunehmenden Gesamtlaufzeit sagt das Gesetz nichts aus, so dass die Gesamtlaufzeit offen und nicht an eine Mindestzeit von einem Jahr gebunden ist.

Zu den als Ausleihungen eines Unternehmens an verbundene Unternehmen auszuweisenden **langfristigen** Finanz- bzw. Kapitalforderungen rechnen langfristige Darlehen, Hypotheken, Grundschulden und Rentenschulden sowie Genussrechte, soweit sie nicht in Wertpapieren verbrieft sind.

Nicht zu den Ausleihungen an verbundene Unternehmen rechnen Forderungen aus Lieferungen und Leistungen. Dies gilt auch für langfristige Forderungen an verbundene Unternehmen. Lediglich in den Fällen, in denen sich der Charakter einer Forderung aus Lieferungen und Leistungen gegen verbundene Unternehmen im Wege der Novation von einer Forderungen aus Lieferungen und Leistungen in eine Kapitalforderung gegen verbundene Unternehmen ändert, ist auch eine Änderung des Ausweises der ursprünglichen Forderung aus Lieferungen und Leistungen gegen verbundene Unternehmen unter dem Posten „Ausleihungen an verbundene Unternehmen" auszuweisen.

c) Beteiligungen

Unter dem Finanzanlageposten sind Beteiligungen im Sinn des § 271 Abs. 1 HGB auszuweisen, soweit sie nicht Anteile an einem verbundenen Unternehmen im Sinn des § 271 Abs. 2 HGB sind. Die unter dem Posten auszuweisenden Vermögensgegenstände sind durch die Merkmale „Anteile", „Unternehmen", „dauernde Verbindung", „Geschäftsbetrieb dienen" gekennzeichnet.

Bezüglich der Merkmale „Anteile" und „Unternehmen" wird auf die obige Umschreibung der Anteile an verbundenen Unternehmen verwiesen. Die weiteren Merkmale des Beteiligungsbegriffs stellen sich wie folgt dar.

11) Herstellung einer dauernde Verbindung

Beteiligungen sind nach § 271 Abs. 1 Satz 1 HGB Anteile an anderen Unternehmen, die bestimmt sind, dass die Anteile durch Herstellung einer **dauernden Verbindung** zu jenem Unternehmen dem Geschäftsbetrieb des bilanzierenden Unternehmens dienen.

Für die Herstellung der **Daueranlage** gelten die allgemeinen Definitionen des § 247 Abs. 2 HGB bezüglich der dort geregelten Zuordnung von Vermögensgegenständen zum Anlagevermögen. Danach sind im Anlagevermögen nur diejenigen Gegenstände anzusetzen, die bestimmt sind, dauernd dem Geschäftsbetrieb des bilanzierenden Unternehmens zu dienen.

Nach der Auslegung des § 271 Abs. 1 Satz 1 HGB ist der Begriff **„dauernd"** kein Zeitbegriff im Sinn von „immer". Das Schrifttum sieht in einer längeren Verweildauer eines Vermögensgegenstandes im Betriebsvermögen einen Hinweis auf das Vorliegen einer Daueranlage. Dies soll vor allem für Finanzanlagen gelten, die dem eigentlichen Unternehmenszweck dienen.

Die Auffassung zu der Daueranlage ist nicht überzeugend. Die bisherige Verweildauer von Anteilen in einem Unternehmen sagt nichts über deren zukünftige Behandlung aus. Zudem muss die Entscheidung über den Ausweis von Anteilen an einem anderen Unternehmen nicht nach einer gewissen Verweildauer, sondern spätestens bei der Aufstellung des ersten Jahresabschlusses nach Erwerb der Anteile getroffen werden, soweit ein Ausweis sowohl im Anlagevermögen als auch im Umlaufvermögen möglich ist. Daraus folgt, dass es bei der i.d.R. **fehlenden Objektivierung** weitgehend auf die **Absicht der Unternehmensleitung** ankommt, die Anteile voraussichtlich als langfristige Anlage zu halten. Zur zeitlichen Festlegung sind die Regeln heranzuziehen, nach denen Vermögensgegenstände, deren Veräußerung in absehbarer Zeit, d.h. in einem Zeitraum von einem bis zwei Jahren nicht ins Auge gefasst wird, als langfristig angelegt gelten.

Eine **Objektivierung** kann insoweit der Zuordnung zugrunde gelegt werden, als bestimmte Anteile ihrer Art nach i.d.R. nur **zur Daueranlage geeignet** sind. Dies gilt für unverbriefte Anteile, z.B. für Anteile an einer Personenhandelsgesellschaft oder für Geschäftsanteile an einer GmbH, die vielfach länger gehalten werden als Anteile in Form von Aktien. Bei derartigen Anteilen kann sich der Anteilsinhaber nicht ohne weiteres von dem Anteilsbesitz trennen, da die Veräußerung an Mitgesellschafter oder an außen stehende Dritte vielfach die Zustimmung der Mitgesellschafter bedarf. Darüber hinaus besteht für unverbriefte Anteile regelmäßig kein Markt, so dass sich im Allgemeinen die Absicht einer kurzfristigen Veräußerung nicht verwirklichen lässt.

22) Dem Geschäftsbetrieb dienen

Das Vorliegen einer Beteiligung setzt weiter voraus, dass die Anteile des beteiligten Unternehmens dem eigenen Geschäftsbetrieb durch Herstellung einer Verbindung zu dem Beteiligungsunternehmen dienen. Der Begriff des „dem eigenen Geschäftsbetrieb dienen" lässt sich negativ in der Weise abgrenzen, dass **mit den Anteilen mehr verfolgt** werden muss **als die Absicht einer Kapitalanlage gegen angemessene Verzinsung**. Die reine verzinsliche Kapitalanlage dient zwar aufgrund der Kapitalerträge gleichfalls dem Unternehmen, nicht jedoch dessen Geschäftsbetrieb, z.B. im Sinn der Beschaffung und Sicherung von Rohstoffen und Waren oder der Sicherung der Produktion, des Vertriebs und des Absatzes.

Das „dem eigenen Geschäftsbetrieb dienen" verlangt andererseits **nicht**, dass das beteiligte Unternehmen maßgeblichen **Einfluss auf die Finanz- und Geschäftspolitik** des Beteiligungsunternehmens ausübt. Letzteres wird nach h.M. bei der weitergehenden Art, bei Beteiligung an assoziierten Unternehmen, verlangt. Dessen ungeachtet ist mit Blick auf die Wahrnehmung der Eigeninteressen in der

Praxis davon auszugehen, dass ein beteiligtes Unternehmen i.d.R. Einfluss auf die Finanz- und Geschäftspolitik des Beteiligungsunternehmens ausübt. Die Ausübung ist keine zwingende Voraussetzung für das Vorliegen einer Beteiligung.

In dem Bereich, in dem das Vorliegen einer Beteiligung mehr verlangt als eine Kapitalanlage mit angemessener Verzinsung, wird das Merkmal des „dem eigenen Geschäftsbetrieb Dienen" nicht abschließend definiert. An Stelle einer Begriffsabgrenzung des Merkmals „dem eigenen Geschäftsbetrieb Dienen" steht die **Darstellung von Merkmalen**, die jedes für sich allein oder als Gruppe maßgeblich sein sollen. Hierzu werden im Schrifttum u.a. angeführt:

- Kooperation von Unternehmensbereichen des beteiligten Unternehmens mit dem Beteiligungsunternehmen, wie Forschung und Entwicklung, Einkauf, Produktion, Vertrieb.
- Langfristige Liefer- und Leistungsbeziehungen zwischen den Unternehmen im Beschaffungs- und Absatzbereich.
- Finanzielle Verflechtungen der Unternehmen.

33) Beteiligungsvermutung des beteiligten Unternehmen

Nach § 271 Abs. 1 Satz 3 HGB gelten im Zweifel Anteile an einer Kapitalgesellschaft, die insgesamt den fünften Teil des Nennkapitals der Gesellschaft, an der die Anteile gehalten werden, überschreiten.

Die Beteiligungsvermutung bezieht sich auf **alle Merkmale der Beteiligung**, d.h. sowohl auf die Daueranlageabsicht als auch auf die besondere Zweckbestimmung von Beteiligungen, dem eigenen Geschäftsbetrieb des Unternehmens durch Herstellung einer dauernden Verbindung zu dienen. Sprechen keine Anhaltspunkte gegen die genannten Kriterien, ist bei Anteilen an der Gesellschaft bei der **Beteiligungsquote von mehr als 20 %** des Nennkapitals von dem Vorliegen einer Beteiligung des beteiligten Unternehmens an dem Beteiligungsunternehmen auszugehen.

Die **Beteiligungsvermutung** des § 271 Abs. 1 Satz 3 HGB ist **widerlegbar**. Für die Widerlegung ist es ausreichend, wenn wenigstens eines der Merkmale der Beteiligungsdefinition widerlegt wird. Die Widerlegung kann sich insoweit auf die Absicht der Daueranlage und auf die verfolgte Zweckbestimmung „dem eigenen Geschäftsbetrieb dienen" richten.

Die **Widerlegung** der Absicht der Daueranlage kann im Allgemeinen nur **bei verbrieften Anteilen**, wie Aktien, vergleichsweise leicht geführt werden. Bei nicht verbrieften Anteilen, wie Geschäftsanteilen an einer GmbH oder bei Anteilen an einer Personenhandelsgesellschaft, kann die Widerlegung der Absicht der Daueranlage nur in Fällen gelingen, in denen Unterlagen, z.B. Dokumente über Verkaufsverhandlungen, vorgelegt werden können, die belegen, dass die Anteile veräußert werden sollen.

44) Berechnung der Anteile an dem Beteiligungsunternehmen

Für die **Berechnung** der Anteile verweist § 271 Abs. 1 Satz 4 HGB auf § 16 Abs. 2 und 4 AktG, die entsprechend anzuwenden sind. Im Einzelnen stellt sich die Berechnung wie folgt dar.

- Nach § 16 Abs. 2 AktG bestimmt sich bei Kapitalgesellschaften der Teil der Anteile, der einem Unternehmen gehört, nach dem Verhältnis des Betrages der ihm gehörenden Anteile zum Nennkapital. Bei Kapitalgesellschaften mit Stückaktien berechnet sich der Teil der Anteile, der einem Unternehmen gehört, nach der Zahl der Aktien.

  Eigene Aktien und Aktien, die Dritte für Rechnung der Kapitalgesellschaft (AG, KGaA) halten, bleiben bei der Berechnung außer Ansatz; sie sind vom Nennkapital, bei Kapitalgesellschaften mit Stückaktien von der Zahl der Aktien abzusetzen.

- Nach § 16 Abs. 4 AktG gelten als Anteile, die einem Beteiligungsunternehmen gehören, auch die Anteile, die einem von ihm abhängigen Unternehmen oder einem Dritten für Rechnung des Beteiligungsunternehmens gehören.

55) Ausweisverbot

Nach § 271 Abs. 1 Satz 5 HGB gelten **Anteile an einer eingetragenen Genossenschaft** nicht als Beteiligung im Sinn des Dritten Buchs des HGB. Mit der Regelung wird erreicht, dass bei Vorliegen von **Kleinanteilen**, wie sie an Genossenschaften, z.B. an Volks- und Raiffeisenbanken, üblich sind, ein Ausweis der Geschäftsbeziehungen eines Unternehmens zu einer Genossenschaft unter dem besonderen Posten „Unternehmen, mit denen ein Beteiligungsverhältnis besteht", vermieden wird.

Würden Anteile an einer eingetragenen Genossenschaft als Beteiligung eingestuft, müssten Verbindlichkeiten des Unternehmens gegenüber der Genossenschaft in der Bilanz **irreführend** für den Außenstehenden unter dem Posten „Verbindlichkeiten gegenüber Unternehmen, mit denen ein Beteiligungsverhältnis besteht" ausgewiesen werden. Liegen bei einem Unternehmen Genossenschaftsanteile vor, die Finanzanlagen sind, erfolgt ein Ausweis nach § 265 Abs. 5 Satz 2 HGB unter neu hinzugefügten Posten.

d) Ausleihungen an Unternehmen mit Beteiligungsverhältnis

Ausleihungen an Unternehmen, mit denen ein Beteiligungsverhältnis besteht, können in zwei Richtungen gehen: (1) Ausleihungen an das Unternehmen, das die Beteiligung hält (beteiligtes Unternehmen) und (2) Ausleihungen an das Unternehmen, an dem die Beteiligung gehalten wird (Beteiligungsunternehmen). Die Bezeichnung des Postens „Ausleihungen an Unternehmen, mit denen ein Beteiligungsverhältnis besteht" bezieht sich auf die angeführten beiden Seiten des Beteiligungsverhältnisses.

Eine Ausleihung an ein Unternehmen, mit dem ein Beteiligungsverhältnis besteht, liegt auch dann vor, wenn zwischen dem ausleihenden und dem die Ausleihe empfangenden Unternehmen nur eine **indirekte Beteiligungsbeziehung** bestehen. Als Beispiel wird der Fall angeführt, in dem das Unternehmen A die Mehrheit der Kapitalanteile und der Stimmrechte an dem Unternehmen B hält. Das Unternehmen B ist an dem Unternehmen C mit 25 % der Anteile beteiligt. Nach § 16 Abs. 4 AktG gelten als Anteile, die dem Unternehmen A gehören auch die Anteile, die dem von ihm abhängigen Unternehmen B gehören. Eine Ausleihung von dem Unternehmen A an das Unternehmen C ist in der Bilanz von A unter Ausleihungen an Unternehmen, mit denen ein Beteiligungsverhältnis besteht, anzusetzen.

Bezüglich der unter dem Bilanzposten „Ausleihungen an Unternehmen, mit denen ein Beteiligungsverhältnis besteht" auszuweisenden Vermögensgegenstände wird auf die obigen Ausführungen zu den Unterabschnitt „Ausleihungen an verbundene Unternehmen" verwiesen.

e) Wertpapiere des Anlagevermögens

Die nach § 266 Abs. 2 A. III. Nr. 5. HGB auszuweisenden Wertpapiere des Anlagevermögens können übertragbare Inhaberpapiere oder Orderpapiere sein. Die unter dem Posten auszuweisenden Wertpapiere lassen sich gliedern in:

- Wertpapiere mit **festem oder variablem Zins**, wie Staatsanleihen, Industrieanleihen, Zero-Bonds, Schatzanweisungen, Pfandbriefe, Wandelschuldverschreibungen und Optionsanleihen;
- Wertpapiere mit **Gewinnansprüchen**, wie Aktien, Genussscheine, Gewinnschuldverschreibungen, Investmentanteile, Anteile an offenen Immobilienfonds.

Zu dem Posten „Wertpapiere des Anlagevermögens" gehören auch bestimmte **Rechte ohne Wertpapiereigenschaft,** wie Bundesschatzbriefe A und B; Finanzierungsschätze und Schuldbuchforderungen, d.h. Anleihen, bei denen die Rechte der Gläubiger nicht in effektiven Stücken verbrieft sind, sondern in ein Schuldbuch des Emittenten, z.B. die Bundesrepublik Deutschland, eingetragen werden .

Unter dem Posten „Wertpapiere des Anlagevermögens" **nicht auszuweisen** sind Wertpapiere, für die eine abweichender Ausweis vorgeschrieben ist, wie der Ausweis eigener Anteile.

f) Sonstige Ausleihungen

Unter dem Posten „sonstige Ausleihungen" des Anlagevermögens sind alle Ausleihungen auszuweisen, die nicht zu den langfristigen Ausleihungen an verbundene Unternehmen oder an Unternehmen, mit denen ein Beteiligungsverhältnis besteht, gehören. Voraussetzung ist jedoch, dass die Ausleihungen im Sinn des

§ 247 Abs. 2 HGB **langfristig**, d.h. bestimmt sind, dauernd dem Geschäftsbetrieb eines Unternehmens zu dienen.

Bei erstmaligem Ausweis einer Ausleihung unter dem Posten „sonstige Ausleihungen" nach § 266 Abs. 2 A. III. Nr. 6 HGB in der Bilanz des Gläubigerunternehmens ist Voraussetzung, dass sie **voraussichtlich langfristig dem Geschäftsbetrieb** des Unternehmens **dient**, d.h. zumindest mehr als ein Jahr gehalten werden.

Kommt es in einem späteren Geschäftsjahr zu einer **Änderung der Absicht**, eine in ihrer Laufzeit durch das Gläubigerunternehmen kurzfristig zu kündigen, so ist dessen ungeachtet die Ausleihung weiterhin unter den Posten des Anlagevermögens auszuweisen. Die Kurzfristigkeit der **früher langfristigen Anleihe** ist u.U. in der Bilanz oder im Anhang zu vermerken. Abweichend davon wir im Schrifttum zuweilen der Ausweis einer früher langfristigen Anleihe bei Änderung der Fristigkeit unter dem Umlaufvermögen verlangt.

Liegt bei der Ausgabe eine **kurzfristige Ausleihung** mit einer Laufzeit von höchstens einem Jahr vor, so ist ein Ausweis unter dem Posten „sonstige Ausleihungen" im Anlagevermögen nicht zulässig. Dies gilt auch für den Fall, dass ein Unternehmen eine langfristige Ausleihung, die ursprünglich eine lange, beim Erwerb jedoch nur noch eine kurze Laufzeit hat, von einem Dritten übernimmt. Erwirbt das Unternehmen eine Anleihe von 5 Mill. €, die eine Laufzeit von 5 Jahren und beim Erwerb eine Restlaufzeit von 10 Monaten hat, so ist die Anleihe unter dem Posten „sonstige Wertpapiere" nach § 266 Abs. 2 B. III Nr. 2. HGB auszuweisen.

III. Bewertung von Finanzanlagen

Bei der Bewertung der Anteile an einem anderen Unternehmen, der Wertpapiere und der Ausleihungen des Anlagevermögens ist zwischen den Gruppen von Vermögensgegenständen der Finanzanlagen, für die arteigene Probleme auftreten, zu unterscheiden. Dies gilt für Anteile an Kapitalgesellschaften und an Personenhandelsgesellschaften, für Wertpapiere und für Ausleihungen.

1. Bewertung von Anteilen an Kapitalgesellschaften

a) Zugangsbewertung von Anteilen an Kapitalgesellschaften

Die Zugangsbewertung von Anteilen an Kapitalgesellschaften erfolgt zu **Anschaffungskosten**. Diese ergeben sich bei der Gründung, der Kapitalerhöhung gegen Einlagen und dem Erwerb von Dritten aus dem Kaufpreis zuzüglich aller Nebenkosten abzüglich der Anschaffungspreisminderungen. Bei Anschaffung von Anteilen an Kapitalgesellschaften in fremder Währung sind nach dem mit dem BilMoG neu eingeführten § 256a HGB die Anschaffungskosten die Kosten in fremder Währung, umgerechnet mit dem Devisenkassamittelkurs.

Die **Anschaffungsnebenkosten** sind die beim Erwerb von Anteilen an einer Kapitalgesellschaft anfallenden Kosten, die neben dem Preis der Anteile entstehen, z.B. Maklergebühren, Provisionen, Courtagen und Spesen. Dazu zählen nicht die der Anschaffung vorgelagerten Aufwendungen der Entscheidungsfindung des Erwerbers, z.B. die Kosten eines Bewertungsgutachtens zu Anteilen vor dem Erwerb. Als Begründung wird zu Recht darauf verwiesen, dass Kosten der Entscheidungsfindung für den Erwerb von Aktien nicht in unmittelbarem Zusammenhang mit dem Erwerb eines Vermögensgegenstandes, hier dem Erwerb von Anteilen an einer Kapitalgesellschaft, stehen. Der Ausschluss ist damit zu begründen, dass die Aufwendungen für die Beratung zur Entscheidungsfindung auch dann anfallen, wenn der Erwerb der Anteile nicht erfolgt.

Die **Anschaffungspreisminderungen** betreffen Rückzahlungen des Veräußerers oder Kürzungen der Zahlungen an den Veräußerer, die nach dem Erwerb der Anteile im Wege von Verhandlungen des Erwerbers mit dem Veräußerer, als Ergebnis von Prozessen oder bei Streit über die Anschaffungskosten durch Vergleich mit dem Veräußerer erreicht werden.

Werden **mit dem Erwerb** von Anteilen gleichzeitig **Gewinnansprüche** aus dem Erwerb der Anteile **erworben**, stellt sich die Frage, ob der zur Abgeltung der erworbenen Gewinnansprüche bestimmte Teil den Anschaffungskosten der Anteile zuzurechnen ist, oder ob in Höhe der erworbenen Gewinnansprüche eine Forderung gegenüber dem Beteiligungsunternehmen entsteht. Abweichend von der früheren Auffassung wird der gesonderte Ausweis eines Gewinnanspruchs abgelehnt und der entsprechende Teil des Kaufpreises den Anschaffungskosten der Anteile zugerechnet.

Bei dem **Erwerb der Anteile gegen Sacheinlagen** bestehen zur Bestimmung der Anschaffungskosten der erworbenen Anteile unterschiedliche Auffassungen. (1) Eine Minderheitenmeinung verlangt die Festsetzung der Anschaffungskosten bei Tausch in Höhe des Buchwertes des Einlageobjektes. (2) Nach h.M. besteht für die Bestimmung der Anschaffungskosten von Anteilen ein Wahlrecht zwischen erweitertem Buchwert und dem beizulegendem Zeitwert. Nach heutiger Auffassung kann als Wertmaßstab des Erwerbes der Anteile gegen Sacheinlagen allein der beizulegen Zeitwert der Sacheinlage in Betracht kommen.

Abweichend von dem Standardfall können bei der Zugangsbewertung **nachträgliche Anschaffungskosten** für früher erworbene Anteile in unterschiedlichen Fällen anzusetzen sein:

- Eine Ursache kann eine spätere **Preiserhöhung der Anteile sein,** die darin besteht, dass die Höhe des Kaufpreises teilweise von einem Eintreten bestimmter künftiger Ereignisse abhängig gemacht worden ist, z.B. von künftigen Erträgen in einer bestimmten Höhe oder davon, dass der Kaufpreis nachträglich im **Prozess** aufgrund eines Schiedsspruches oder eines Vergleichs heraufgesetzt wird.

- Einem Gesellschafter können Vorteile gewährt werden, die einem Nichtgesellschafter bei Anwendung der Sorgfalt eines ordentlichen Kaufmanns nicht einräumen werden. Diese **Vorteilsgewährung** stellt eine Vermögensmehrung dar, für die von dem Gesellschafter eine Gegenleistung zu erbringen hat. Bei ihm entstehen zusätzliche Zahlungen, die bei späterer Leistung als nachträgliche Anschaffungskosten eingestuft werden können.

Bei der **Kapitalerhöhung aus Gesellschaftsmitteln** entstehen für den Anteilseigner keine Anschaffungsauszahlungen. Er erhält entsprechend der Kapitalerhöhung zusätzliche Anteile. Dennoch dürfen im Rahmen der Neubewertung die Anschaffungskosten der neuen Anteile in der Bilanz des Anteilsinhabers nicht mit null festgelegt werden. Nach § 220 AktG, § 57o GmbHG sind die Anschaffungskosten der alten Anteile nach dem Verhältnis der Nennbeträge auf die alten und mit der Kapital neu geschaffenen Anteile zu verteilen.

Nachträgliche Anschaffungskosten bei dem zweistufigen Erwerb von Anteilen über den Einsatz von **Call-Optionen**. Sie stellen sich wie folgt dar:

- Wird ein späterer Anteilserwerb über den Erwerb von Call-Optionen gesichert oder ist die Ausübung von **Optionsrechten** Voraussetzung für den Erwerb der Anteile, so ist das für den Erwerb der Call-Optionen gezahlte Entgelt bei Ausübung der Call-Optionen grundsätzlich als **Anschaffungsnebenkosten** der erworbenen Anteile zu behandeln.
- Werden die Anteile zu dem gleichen Betrag, ohne dass die erworbenen Optionsrechte eingesetzt werden, erworben, stellen nach überwiegender Auffassung im Schrifttum die Ausgaben für den Erwerb der Optionen keine Anschaffungskosten dar, da im Zweifel nur werterhöhende Faktoren unter den Anschaffungskostenbegriff zu subsumieren seien.

  Nach richtiger Auffassung ist das für die Optionen gezahlte Entgelt bei **Ausübung der Optionen immer** als **Anschaffungsnebenkosten** zu behandeln. Dies gilt auch dann, wenn die Anschaffungskosten aus der Summe von Options- und Erwerbspreis höher ist als der Marktpreis. Notwendige Wertkorrekturen des entstehenden, über dem beizulegenden Zeitwert liegenden Kaufpreises der Anteile, sind nicht beim Erwerb der Anteile vorzunehmen. Die **Wertkorrektur** der erworbenen Anteile ist in der **Folgebewertung** über die Vornahme außerplanmäßiger Abschreibungen im darauf folgenden Jahresabschluss unter Beachtung des § 253 Abs. 3 Satz 3 HGB vorzunehmen.

b) Folgebewertung von Anteilen an Kapitalgesellschaften

11) Abschreibungen von Anteilen

Auf Anteile als Vermögensgegenstände des Anlagevermögens an Kapitalgesellschaften sind nach § 253 Abs. 3 Satz 3 HGB ohne Rücksicht darauf, ob ihre Nutzung zeitlich begrenzt ist, bei voraussichtlich dauernder Wertminderung außerplanmäßigen Abschreibung vorzunehmen, um sie mit dem niedrigeren Wert anzusetzen. Die Vornahme außerplanmäßiger Abschreibungen ist in der fehlenden Abnutzbarkeit der Finanzanlagen und der voraussichtlich dauernder Wertminderung der Anteile begründet. Es besteht **Abschreibungspflicht.**

Die Abschreibungspflicht bei voraussichtlicher dauernder Wertminderung wird ergänzt um das **Abschreibungswahlrecht** des § 253 Abs. 3 Satz 4 HGB. Danach **können** bei Finanzanlagen außerplanmäßige Abschreibungen auch bei voraussichtlich nicht dauernden Wertminderungen vorzunehmen, um sie mit dem niedrigeren beizulegenden Zeitwert anzusetzen.

Werden bei voraussichtlich **nicht dauernder Wertminderung** in Ausübung des Bewertungswahlrechts des § 253 Abs. 3 Satz 4 HGB außerplanmäßige Abschreibungen auf Finanzanlagen nicht vorgenommen, sind im Anhang anzugeben:

- nach § 285 Nr. 18 Buchst. a) HGB der Buchwert und der beizulegende Zeitwert der einzelnen Vermögensgegenstände oder angemessener Gruppierungen von Vermögensgegenständen sowie
- nach § 285 Nr. 18 Buchst. b) HGB die Gründe für das Unterlassen der Abschreibung einschließlich der Anhaltspunkte, die darauf hindeuten, dass die Wertminderung voraussichtlich nicht von Dauer ist.

Werden außerplanmäßige Abschreibungen bei erwarteter dauernder Wertminderung oder vorübergehender Wertminderung von Anteilen vorgenommen, stellt sich die Frage der **Bestimmung des (niedrigeren) beizulegenden Zeitwertes** der entsprechenden Finanzanlagen. Maßgeblich für die Bewertung von Anteilen an Kapitalgesellschaften ist deren beizulegender Zeitwert.

22) Zuschreibungen von Anteilen

Zuschreibungen eines Unternehmens auf Anteile an börsennotierten Kapitalgesellschaften sind vorzunehmen, wenn in vorhergehenden Geschäftsjahren unter Zugrundelegung eines gefallenen Börsenkurses (niedriger beizulegender Zeitwert) außerplanmäßige Abschreibungen auf die Anteile vorgenommen wurden und der Börsenkurs der Anteile in einem folgenden Geschäftsjahr wieder gestiegen ist bzw. mit einer Steigerung des Börsenkursen mit hoher Wahrscheinlichkeit zu rechnen ist.

Entsprechend ist bei dem Unternehmen zu verfahren, wenn bei Anteilen nicht börsennotierter Kapitalgesellschaften in vorhergehenden Geschäftsjahren auf die Anteile außerplanmäßige Abschreibungen vorgenommen wurden, weil der beizulegende Zeitwert der Anteile unter deren Anschaffungskosten lag und der aktuell ermittelte beizulegende Zeitwert gestiegen ist und mit Wertminderungen nicht zu rechnen ist.

In beiden Fällen darf nach § 253 Abs. 5 Satz 1 HGB der niedrigere Wertansatz nicht beibehalten werden. Es gilt das **Wertaufholungsgebot** des BilMoG das zwingend vorschreibt, dass ein niedrigerer Wertansatz nach § 253 Abs. 3 Satz 3 oder 4 und Abs. 4 HGB nicht einbehalten werden darf, wenn die Gründe der in vorhergehenden Geschäftjahren vorgenommenen Wertminderungen, d.h. der zuvor vorgenommenen außerplanmäßigen Abschreibungen, nicht mehr bestehen.

2. Bewertung von Anteilen an Personenhandelsgesellschaften

a) Zugangsbewertung der Anteile an Personenhandelsgesellschaften

Für die Bestimmung der Höhe der **Anschaffungskosten** von Anteilen an Personenhandelsgesellschaften gilt § 255 Abs. 1 HGB. Aktivierungspflichtig sind der bei dem Kauf der Anteile oder der späteren Einlage geleistete sowie der eingeforderte, aber noch nicht geleistete Betrag. Die Beteiligung kann auch mit einem darüber hinausgehenden bedungenen Betrag aktiviert werden.

Ohne Bedeutung für die Bestimmung der Anschaffungskosten von Anteilen an einer Personenhandelsgesellschaft ist die **Höhe der Hafteinlage**. Übersteigt diese die bedungene Einlage, ist der Unterschiedsbetrag nach dem durch das BilMoG neu eingefügten § 285 Satz 1 Nr. 3a HGB im Gesamtbetrag der sonstigen finanziellen Verpflichtungen, die nicht in der Bilanz erscheinen und nicht nach § 251 HGB oder unter dem ersetzten § 285 Satz 1 Nr. 3 HGB im Anhang anzugeben und zu erläutern sind, anzugeben.

Bei **Sacheinlagen** besteht bezüglich der Höhe der Anschaffungskosten von Anteilen das oben angeführte Wahlrecht zwischen dem Buchwert der erbrachten Gegenleistung und dem beizulegenden Zeitwert der erbrachten Gegenleistung, der gleich dem beizulegenden Zeitwert der empfangenen Leistung ist.

Wird ein einem beteiligten Unternehmen zustehender **Gewinnanteil** zur Erfüllung einer Einlageverpflichtung oder -erhöhung verwendet, über den das beteiligte Unternehmen noch kein Verfügungsrecht hat, ist der Gewinnanteil im Zeitpunkt der Beschlussfassung, frühestens jedoch am Abschlussstichtag der Personenhandelsgesellschaft, zu vereinnahmen. Die Vereinnahmung erfolgt als Zugang unter dem Posten „Beteiligungen" oder als Verminderung des Postens „sonstige Verbindlichkeiten aus Einlageverpflichtungen".

b) Folgebewertung der Anteile an Personenhandelsgesellschaften

Zur Bestimmung des **Bilanzwertes** der Beteiligung an der Personenhandelsgesellschaft sind bei Wertminderungen außerplanmäßige Abschreibungen auf die Anschaffungskosten der Anteile nach § 253 Abs. 3 Satz 3 HGB vorzunehmen, um sie mit dem niedrigeren Zeitwert anzusetzen, der ihnen am Abschlussstichtag beizulegen ist. Bei nur vorübergehender Wertminderung besteht, wie angeführt, das Abschreibungswahlrecht des § 253 Abs. 3 Satz 4 HGB mit der Verpflichtung zu den Angaben im Anhang nach § 285 Satz 1 Nr. 18 HGB bei Nichtvornahme der außerplanmäßigen Abschreibungen.

Fraglich ist die Berücksichtigung von **Verlusten** und **Ergebnisverschlechterungen** des Beteiligungsunternehmens. Sie führen nur dann zu außerplanmäßigen Abschreibungen der Anteile bei dem beteiligten Unternehmen, wenn den Anteilen ein niedrigerer Zeitwert im Sinn des § 253 Abs. 3 Satz 3 HGB beizulegen ist, d.h., wenn der beizulegende Zeitwert der Anteile gesunken ist.

Bei Werterhöhungen der Anteile greift das **Wertaufholungsgebot** des § 253 Abs. 5 Satz 1 HGB, nach dem, wie oben angeführt, ein niedrigerer Wertansatz nach § 253 Abs. 3 Satz 3 oder 4 und Abs. 4 HGB nicht beibehalten werden darf, wenn die Gründe dafür nicht mehr bestehen.

3. Bewertung von Wertpapieren der Finanzanlagen

a) Zugangsbewertung von Wertpapieren der Finanzanlagen

Wertpapiere der Finanzanlagen verbriefen Mitgliedschaftsrechte oder Forderungsrechte. Bezüglich der Bewertung von Wertpapieren, die **Mitgliedschaftsrechte** verbriefen, auf die obigen Ausführungen zur Bewertung der Anteile an Kapitalgesellschaften zu verweisen.

Für die **Anschaffungskosten** von Wertpapieren mit Forderungsrechten gilt § 255 Abs. 1 HGB. Danach setzen sich, wie angeführt, die Anschaffungskosten von Wertpapieren aus dem Kaufpreis zuzüglich der Anschaffungsnebenkosten (Provision, Maklergebühr, Spesen) abzüglich etwaiger Minderung des Anschaffungspreises zusammen.

Die Anschaffungskosten von Wertpapieren, die Forderungsrechte verbriefen, durch die Anschaffungsausgaben bestimmt werden, gelten auch dann, wenn der **Nennbetrag der Wertpapiere** vom **Erfüllungsbetrag** abweicht. Grund der Abweichung kann ein Auszahlungsdisagio oder ein Erfüllungszahlungsagio sein. In der Regel ist Ursache für das Agio oder Disagio, dass der Zinssatz eines Wertpapiers über oder unter dem marktüblichen Zinssatz liegt.

Mit dem Erwerb von Wertpapieren, die **Forderungsrechte verbriefen**, z.B. Anleihen, werden die bis zu dem Erwerbstag entstandenen Stückzinsen gesondert vergütet. In diesem Fall werden als Vermögensgegenstände das Wertpapier zu seinem aktuellen Kurs und die Zinsforderung erworben. Die Zinsforderung ist gesondert mit unter dem Posten „sonstige Vermögensgegenstände" des Umlaufvermögens anzusetzen.

Wertpapiere eines Unternehmens, die **Forderungsrechte verbriefen**, können **ohne periodische Zinszahlungen**, d.h. lediglich am Ende der Laufzeit, mit einer Zinszahlung für die gesamte Laufzeit ausgegeben werden, wie z.B. die Bundesschatzbriefe B der Bundesrepublik Deutschland. Abweichend von den Zinszahlungen werden hierbei die Zinserträge periodisch den Wertpapieren zugeschrieben. Die Inhaber der Wertpapiere vereinnahmen jährlich die Zinserträge, die jedoch während der Laufzeit der Wertpapiere angesammelt, d.h. nicht ausgeschüttet werden. Die Gegenbuchung auf der Aktivseite der Bilanz kann (1) entweder als Erhöhung des Wertes der Wertpapiere im Sinn nachträglicher Anschaffungskosten vorgenommen werden oder (2) unter den sonstigen Vermögensgegenständen bzw. unter einem gesonderten Posten „Zinsforderung" im Umlaufvermögen angesetzt werden.

Eine typische Art von **Wertpapieren, die Forderungsrechte verbriefen** ohne periodische Zinszahlungen sind Zero-Bonds. Sie sind beim Zugang in der Bilanz des Erwerbers mit ihren Anschaffungskosten zu aktivieren. Nach dem BMF sind die jährlichen Zinsgutschriften als nachträgliche Anschaffungskosten zu aktivieren. Die Gegenbuchung ist in der Gewinn- und Verlustrechnung unter dem Posten „sonstige Zinsen und ähnliche Erträge" auszuweisen. Tatsächlich ist die Fiktion nachträglicher Anschaffungskosten eine zweckmäßige Lösung, da über die Summe der Anschaffungskosten ein einfacher Vergleich mit dem Marktwert eines Zero-Bonds vorgenommen und gleichzeitig auf eine Behandlung der Zinserträge als Zuschreibung, die über die Anschaffungskosten hinausgeht, verzichtet werden kann.

b) Folgebewertung von Wertpapieren der Finanzanlagen

Der **Bilanzwert** von Wertpapieren des Anlagevermögens hat den Vorgaben des § 253 Abs. 3 Satz 3 und 4 HGB zu entsprechen. Die Bewertung erfolgt zu den Anschaffungskosten einschließlich der oben angeführten Anschaffungsnebenkosten oder zu dem niedrigeren beizulegenden Zeitwert. Letzterer entspricht inputorientiert dem Wiederbeschaffungswert, d.h. dem Börsenkurs am Abschlussstichtag zuzüglich der Anschaffungsnebenkosten.

Wertminderungen zur **Ermittlung des niedrigeren beizulegenden Zeitwertes** erfolgen ausschließlich über die Vornahme außerplanmäßiger Abschreibungen. Dies gilt auch für die Bestimmung des niedrigeren beizulegenden Zeitwertes von erworbenen Zero-Bonds.

Zur **Wertbemessung** der Wertpapiere des Anlagevermögens in der Folgebilanzierung bei niedrigerem Börsenkurs kommt es darauf an, ob die Vermögensgegenstände weiterhin in dem Unternehmen verbleiben (Halteabsicht) oder veräußert werden sollen (Veräußerungsabsicht):

- Bei **Halteabsicht** der Wertpapiere des Anlagevermögens entspricht der niedrigere beizulegende Zeitwert dem Börsenkurs am Abschlussstichtag zuzüglich der Anschaffungsnebenkosten.
- Bei **Veräußerungsabsicht** der Wertpapiere des Anlagevermögens ist zur Bestimmung des niedrigeren beizulegenden Zeitwertes der Börsenkurs um die entstehenden Veräußerungskosten, z.B. Maklerprovision, Gebühren und Spesen, zu vermindern.

Entfallen die Gründe für in früheren Geschäftsjahren vorgenommene Wertminderung der Wertpapiere der Vermögensgegenstände des Anlagevermögens in späteren Geschäftsjahren eines Unternehmens, so ist nach § 253 Abs. 5 Satz 1 HGB eine **Zuschreibung** bis zur Höhe des Börsenkurses, höchstens jedoch bis zu den Anschaffungskosten, vorzunehmen. Bei Zero-Bonds erfolgt die Zuschreibung bis höchstens zu den unter Einbeziehung von periodischen Zinserträgen fortgeschriebenen Anschaffungskosten.

4. Bewertung von Ausleihungen der Finanzanlagen

a) Zugangsbewertung von Ausleihungen der Finanzanlagen

Die **Anschaffungskosten** von Ausleihungen eines Unternehmens sind nach § 255 Abs. 1 HGB beim Zugang mit dem tatsächlichen **Auszahlungsbetrag** zu bewerten. Dies gilt unabhängig davon, ob der Auszahlungsbetrag einer Ausleihung mit dem Erfüllungsbetrag des Schuldnerunternehmens übereinstimmt oder ob der Erfüllungsbetrag der Ausleihung höher oder niedriger ist als der Auszahlungsbetrag.

Bei **unverzinslichen oder niedrig verzinslichen Ausleihungen** des Finanzanlagevermögens eines Unternehmens soll nach Auffassung im Schrifttum grundsätzlich der **Barwert** der Ausleihungen als Anschaffungskosten gelten. Begründet wird dies damit, dass eine niedrig verzinsliche bzw. unverzinsliche Forderung aus den Ausleihungen, die für eine längere Zeit unkündbar ist, einen gegenüber dem Erfüllungsbetrag niedrigeren Barwert hat.

Die Auffassung ist abzulehnen. Sie widerspricht § 255 Abs. 1 Satz 1 HGB sowie der h.M. nach der auch überhöhte Auszahlungen Anschaffungskosten der entsprechenden Vermögensgegenstände, hier der Ausleihungen, darstellen. Der sich aufgrund der Unverzinslichkeit bzw. der Niedrigverzinslichkeit ergebende niedrigere beizulegende Zeitwert der Ausleihung führt nicht zu einer Verminderung der Anschaffungskosten, sondern allenfalls in dem auf den Anschaffungszeitpunkt folgenden Jahresabschluss zur Vornahme einer außerplanmäßigen Abschreibung nach § 253 Abs. 3 Satz 3 HGB.

b) Folgebewertung von Ausleihungen der Finanzanlagen

Die zur Ermittlung des Bilanzwertes von Ausleihungen vorzunehmenden außerplanmäßigen Abschreibungen sind zwingend erforderlich, wenn der Erfüllungsbetrag ganz oder teilweise **gefährdet** ist. Gefährdungen können sich aus den Vermögens- und Liquiditätsverhältnissen des Schuldnerunternehmens ergeben. Bei den aufgrund festgestellter Wertminderungen vorzunehmenden außerplanmäßigen Abschreibungen sind gewährte Sicherheiten, z.B. Hypotheken oder Bürgschaften, zu berücksichtigen.

Der niedrigere beizulegende Zeitwert von **unverzinslichen oder niedrig verzinslichen Ausleihungen** ist durch die Abzinsung des Nennwertes bzw. des Erfüllungsbetrages der Ausleihung auf den Abschlussstichtag zu ermitteln. Über den der Barwertermittlung zugrunde zu legenden Zinssatz besteht im Schrifttum keine Einigkeit. Zum Teil wird der steuerrechtliche Zinsfuss für Pensionsverpflichtungen und für die Verschiebung von Steuerzahlungen von 6 % p.a. zugrunde gelegt, ein für die Handelsbilanz eher willkürliches Vorgehen, das nach der Streichung des § 281 HGB durch das BilMoG aufzulösen ist. Andere stellen auf den bei einer vergleichbaren Kapitalanlage marktüblichen Zinssatz ab.

Bezüglich der Bestimmung des niedrigeren beizulegenden Wertes bei Ausleihungen in **Fremdwährung** wird auf die entsprechenden Ausführungen zu den Bewertungsgrundsätzen und zur Bewertung von Forderungen und sonstigen Vermögensgegenständen im Umlaufvermögen in fremder Währung unter Beachtung des durch das BilMoG neu eingeführten § 256a HGB verwiesen.

Beispiel 09: Aktienerwerb

Die A AG erwirbt zum 4.7.10 eine Quote von 70 % der Anteile und der Stimmrechte an der B AG in Form von 1 Mill. Aktien zu 30 € pro Aktie. Die Kosten für die Erstellung eines Bewertungsgutachtens über den Wert der B AG betragen 250 Tsd. €, Maklerprovisionen für den Erwerb der Aktien 300 Tsd. €. Der Börsenkurs der erworbenen Anteile beträgt zum Abschlussstichtag 31.12.10 27 € pro Aktie, am 10.02.11 zum Zeitpunkt der Feststellung des Jahresabschlusses der B AG 33,35 € pro Aktie. Die B AG weist in ihrem Jahresabschluss zum 31.12.10 einen Bilanzgewinn von 10 Mill. € aus. Am 20.02.11 beschließt die Hauptversammlung der B AG auf Vorschlag des Vorstands die Ausschüttung von 50 % des Bilanzgewinns. Der Jahresabschluss der A AG für das Geschäftsjahr 10 wird am 31.12.10 aufgestellt.

1. Es sind die von der A AG erworbenen Anteile an der B AG zum Zeitpunkt ihres Zugangs und zum Abschlussstichtag 31.12.10 zu bilanzieren; dabei ist davon auszugehen, dass die A AG sofern zulässig, eine außerplanmäßige Abschreibung auf die Anteile vornehmen möchte.
2. Es sind die Voraussetzungen anzuführen, unter denen die Dividende zum 31.12.10 bei der A AG zu vereinnahmen ist; zudem ist die phasengleiche Bilanzierung der Dividende unter Vereinnahmung im Geschäftsjahr 10 vorzunehmen.
3. Es ist aufzuzeigen, wie der unter 2. angeführte Vorgang zu behandeln wäre, wenn die Anteile an einer KG bestehen würden und die A AG Komplementärin der KG wäre.

Beispiel 10: Bezugsrechte

Die A AG besitzt 500 Tsd. Aktien der B AG, die mit 60 € pro Aktie als sonstige Wertpapiere im Umlaufvermögen ausgewiesen werden. Die B AG nimmt am 1.10.10 eine Kapitalerhöhung vor, bei der auf zwei alte Aktien eine junge Aktie zum Preis von 70 € zuzüglich 1 % Maklerprovision bezogen werden können (Börsenkurs 90 €, Börsenpreis des Bezugsrechts 7,50 €).

1. Es sind die buchtechnischen Wirkungen bei der A AG für den Fall der Bezugsrechtsausübung und für den Fall des Verkaufs des Bezugsrechts aufzuzeigen; in beiden Fällen sollen die Maklerprovisionen für die Bezugsrechte vernachlässigt werden.
2. Zum 31.12.10 ist der Börsenkurs der Aktien der B AG auf 60 € gefallen. Es ist für die angeführten Fälle die Bilanzierung der Wertpapiere vorzunehmen.

Beispiel 11: Kommanditbeteiligung

Die B AG hat Anfang 09 bei der C KG, die über einen Zeitraum von 5 Jahren mehrere Bauprojekte fertig stellen soll, einen Kommanditanteil von 5 % mit einer Einlage von 1 Mill. € übernommen. Im Jahresabschluss für das Geschäftsjahr 05 weist die C KG einen Verlust von 9,5 Mill. €, für das Geschäftsjahr 10 von 12 Mill. € auf.

1. Es sind Wirkungen der Ergebnisse der C KG auf die Beteiligung der B AG für die Jahre 09 und 10 in der jeweiligen Bilanz und GuV der B AG aufzuzeigen. Dabei ist zu berücksichtigen, dass der nach der Vornahme von außerplanmäßigen Abschreibungen verbleibende Wert der Beteiligung deren innerem Wert entspricht.

2. An der C KG ist die A AG mit 10 % bei einer Einlage von 2 Mill. € als alleinige Komplementärin beteiligt. Es ist die Bilanzierung der Komplementärbeteiligung an der C KG für die Jahre 09 und 10 aufzuzeigen.

G. Derivative Finanzinstrumente

I. Kaufoptionsgeschäfte

1. Begriff der Kaufoption

Eine Kaufoption (Call) ist ein vertragliches Recht, bestimmte Mengen von Basisobjekten zu einem vereinbarten Preis (Basispreis, Exercise Price, Striking Price) **zu einem vorgeschriebenen Zeitpunkt** (zeitpunktbezogene europäische Option) oder **während eines vorgegebenen Zeitraums** (zeitbezogene amerikanische Option) zu erwerben. Das wichtigste Verfahren ist die zeitbezogene Option.

An der Kaufoption sind zwei **Kontrahenten** beteiligt, der Käufer als aktiver Kontrahent und der Verkäufer als passiver Kontrahent (Stillhalter):

- Der **Käufer der Kaufoption** entscheidet über die Ausübung der Option und den Zeitpunkt der Ausübung bei der üblichen amerikanischen Option. Für dieses ihm zustehende Entscheidungsrecht zahlt er einen Optionspreis.
- Der **Verkäufer der Kaufoption** wartet während der Zeit der Optionsfrist auf die Entscheidung des Käufers. Für das Stillhalten erhält er den Optionspreis.

Bei Kaufoptionen können bezüglich des möglichen Basisgeschäftes unterschieden werden in **Kaufoptionen auf konkreter Basis** Objekte der Option sind Aktien, Rentenwerte oder Devisen und in **Kaufoptionen auf abstrakter Basis**. Objekt der Option ist die Entwicklung von Indizes oder die Entwicklung der Verzinsung bestimmter Wertpapiergruppen.

2. Bilanzierung der Kaufoption beim Stillhalter

a) Ansatz, Ausweis der Kaufoption beim Stillhalter

Bilanzierungsprobleme stellen sich beim Verkäufer eines Call (Stillhalter, Short Call) einer Kaufoption bezüglich des erhaltenen Optionspreises als **Optionsprämie** und bezüglich des **Optionsrisikos**.

Für den **Ansatz** des vom Käufer des Call erhaltenen **Optionspreises** beim Stillhalter ist zu prüfen, ob eine zeitbezogene Vorleistung, eine Schuld oder ein realisierter Ertrag vorliegt.

- Die Annahme eines **Rechnungsabgrenzungspostens** wird damit begründet, dass der Käufer des Call mit der Zahlung des Optionspreises seine Leistungspflicht erfüllt hat, die Erfüllung der Leistungspflicht des Stillhalters aber während der gesamten Optionsfrist besteht. Die passive Rechnungsabgrenzung soll während der Optionsfrist pro rata temporis aufgelöst werden.

Diese Behandlung des Optionspreises ist abzulehnen. Es liegen weder die Voraussetzungen für die Passivierung eines Rechnungsabgrenzungspostens vor, noch lässt sich die zeitanteilige Auflösung als adäquat zu einer zeitanteiligen Erfüllung der Leistungspflicht des Stillhalters rechtfertigen.

- Weiterhin wird die Bildung einer **Rückstellung** vorgeschlagen, da weder Grund noch Höhe der zu erbringenden Leistung genau feststehen.

  Die Argumentation für die Rückstellungsbildung ist nicht überzeugend. Insbesondere sind die Höhe des Optionspreises und das Ende der Laufzeit der Option bekannt, so dass insoweit nicht von einer ungewissen Verbindlichkeit, die Voraussetzung für eine Rückstellungsbildung ist, ausgegangen werden kann.

- Nach h.M. ist der vereinnahmte Optionspreis beim Stillhalter als **Verbindlichkeit** zu passivieren. Der Optionspreis kann beim Zugang nicht ertragswirksam vereinnahmt werden, da er als Gegenleistung für die Verpflichtung des Stillhalters zu interpretieren ist, dieser aber bis zum Ende der Optionsfrist seine Verpflichtung noch nicht erfüllt hat. Der Optionspreis ist auch nicht zeitanteilig zu vereinnahmen, da die Verpflichtung bis zum Ende der Optionsfrist in voller Höhe besteht.

Der **Ausweis** des vereinnahmten Optionspreises beim Stillhalter ist unter den sonstigen Verbindlichkeiten vorzunehmen.

Beim **Optionsgeschäft** ist der Hauptvertrag **über die Lieferung des Optionsobjektes**, z.B. bestimmter Aktien, bis zum Ende der Optionsfrist bzw. bis zur Ausübung der Option durch den Käufer **schwebend**. Droht dem Stillhalter daraus ein Verlust, indem er etwa das zu liefernde Optionsobjekt bei Ausübung der Option durch den Käufer zu einem über den vereinnahmten Preis liegenden Marktpreis beschaffen muss, besteht in Höhe des Differenzbetrages eine Verpflichtung, die nach § 246 Abs. 1 HGB unter Beachtung des Vollständigkeitsprinzip als Rückstellung anzusetzen ist.

Ein bestehendes **Optionsrisiko** ist in der Bilanz des Stillhalters unter Rückstellungen für drohende Verluste aus schwebenden Geschäften auszuweisen. Es ist der Höhe nach ungewiss.

b) Bewertung der Kaufoption beim Stillhalter

Bezüglich der Bewertung des von dem Stillhalter **vereinnahmten Optionspreises** in der Bilanz des Stillhalters treten keine Probleme auf. Die Verbindlichkeit ist mit dem eingegangenen Betrag, d.h. des vereinnahmten Optionspreises abzüglich der angefallenen Spesen, zu bewerten. Die Bewertung wird von einer u.U. notwendigen Rückstellungsbildung für das Optionsrisiko nicht berührt.

Bezüglich der Bewertung der **Rückstellung** für drohende Verluste aus schwebenden Geschäften für das Optionsrisiko kann zwischen **ungedeckten und gedeckten Geschäften** unterschieden werden. Bei ungedeckten Geschäften muss der Stillhalter das Optionsobjekt am Markt beschaffen, bei gedeckten Geschäften hat er das Optionsobjekt im Bestand, so dass ein Beschaffungsrisiko nicht besteht.

(1) Für die Bewertung der **Rückstellung für drohende Verluste aus schwebenden, ungedeckten Geschäften** bestehen zwei Alternativen. Die Bewertung erfolgt entweder nach der Ausübungsfiktion oder nach der Glattstellungsfiktion. In aller Regel führt die Unterstellung der unterschiedlichen Fiktionen zu einer unterschiedlichen Bewertung der Drohverlustrückstellung.

- Bei der **Ausübungsfiktion** bestimmt sich die Höhe der Drohverlustrückstellung nach dem Marktpreis, der am Bewertungsstichtag für den Erwerb des Optionsobjektes aufzuwenden wäre, abzüglich des vereinbarten Preises als Basispreis für das Optionsobjekt und der vereinnahmten Optionsprämie.
- Bei der **Glattstellungsfiktion** bestimmt sich die Höhe der Drohverlustrückstellung nach dem Kurs des Optionspreises am Bewertungsstichtag abzüglich der vereinnahmten Optionsprämie.

(2) Die Passivierung von Rückstellungen für Drohverluste aus **schwebenden, gedeckten Geschäften** ist strittig. Damit eine Verpflichtung zur Rückstellungsbildung entstehen kann, muss der Stillhalter für das Optionsobjekt einen Basispreis zugrunde legen, der zusammen mit dem Optionspreis (Optionsprämie) geringer ist als die Anschaffungskosten für das Optionsobjekt. Dies kann dann der Fall sein, wenn er kurzfristig mit einem Sinken, langfristig mit einem Steigen des Marktpreises für das Optionsobjekt rechnet.

Die **Verlustantizipation** kann unter Anwendung eines der folgenden Verfahren vorgenommen werden:

- durch die Passivierung einer **Drohverlustrückstellung** in Höhe des Unterschiedsbetrags zwischen den (höheren) Anschaffungskosten des Optionsobjekts und dem Basispreis abzüglich des vereinnahmten Optionspreises, oder
- durch die Bildung einer **Bewertungseinheit** aus Aktie und Stillhalterverpflichtung bei Vornahme einer verlustfreien Bewertung durch entsprechende Abschreibungen auf das Investitionsobjekt (h.M.).

3. Bilanzierung der Kaufoption beim Erwerber

a) Ansatz, Ausweis der Kaufoption beim Erwerber

Die Option stellt für den Erwerber das vertragliche Recht dar, das Optionsobjekt, z.B. bestimmte Aktien, nach den Optionsbedingungen zu erwerben. Das Recht erfüllt die Eigenschaften eines Vermögensgegenstandes des Erwerbers der Kaufoption. Das Recht ist einzeln verwertbar und dem Erwerber wirtschaftlich zuzurechnen. Daraus ergibt sich die Ansatzpflicht nach § 246 Abs. 1 HGB.

Im Schrifttum ist strittig, ob das Optionsrecht in der Bilanz des Erwerbers im **Anlage- oder im Umlaufvermögen** auszuweisen ist:

- Für den Ausweis im **Anlagevermögen** wird vorgetragen, dass es für den Fall der Ausübung der Option (bis dahin) dauernd dem Geschäftsbetrieb dient und daher nach § 247 Abs. 2 HGB zwingend zum Anlagevermögen rechnet.
- Tatsächlich ist mit dem Ausweis im Anlagevermögen ein längerer Zeitbezug verbunden. Kaufoptionen haben jedoch vielfach nur kurze Laufzeiten, so dass ein Ausweis im **Umlaufvermögen** unter den sonstigen Vermögensgegenständen der Intention der Bilanzierung von Optionsrechten entspricht.

b) Bewertung der Kaufoption beim Erwerber

Bei der Zugangsbewertung ist das Optionsrecht mit den Anschaffungskosten, d.h. dem Optionspreis zuzüglich der Anschaffungsnebenkosten, zu bewerten.

Fällt in die Laufzeit des Optionsrechts ein Abschlussstichtag, greifen für die Bewertung des Optionsrechts die allgemeinen **Regeln** des § 253 Abs. 4 HGB zur **Bewertung von Vermögensgegenständen des Umlaufvermögens**. Bei gegenüber den Anschaffungskosten niedrigerem beizulegendem Zeitwert des Optionsrechts ist es zwingend auf den niedrigeren Wert am Abschlussstichtag abzuschreiben. Ein niedrigerer Wertansatz darf nach der Neuregelung des § 253 Abs. 5 HGB, wie angeführt, nicht beibehalten werden, wenn die Gründe dafür nicht mehr bestehen.

Bei **Ausübung der Option** durch den Erwerber des Optionsrechts ist strittig, ob der Buchwert des Optionsrechts als Aufwand anzusetzen ist, da er mit der Ausübung das Optionsrecht entfällt, oder ob der Buchwert des Optionsrechts zu den Anschaffungskosten des erworbenen Optionsobjektes rechnet.

- Für die **Abschreibung** wird angeführt, dass das Optionsrecht mit der Ausübung als selbständiges Recht verfällt und damit abzuschreiben ist. Dieser Auffassung wird hier nicht gefolgt.
- Tatsächlich ist das Optionsrecht Voraussetzung nicht nur für den Erwerb des Optionsobjektes, sondern auch für die Festlegung des Kaufpreises (vereinbarter Basispreis). Der **Buchwert des Optionsrechtes** ist danach als **Teil der Anschaffungskosten des Optionsobjektes** zu behandeln. Würde man dem nicht folgen, käme es zu erheblichen Verzerrungen bei den Anschaffungskosten von Optionsobjekten.

  Nur bei dem zweistufigen Erwerb des Optionsobjektes, nämlich dem Erwerb des Optionsrechts im ersten Schritt und dem Erwerb des Optionsobjekts im zweiten Schritt werden die Anschaffungskosten des Optionsobjektes korrekt ermittelt.

Bei **Glattstellung** als Schließung der offenen Position aus dem Kauf eines Call verkauft der Käufer des Call einen Call mit gleichen Bedingungen. Der dabei erzielte Optionspreis ist mit dem aktivierten Optionsrecht zu verrechnen. Ein Unterschiedsbetrag ist in der GuV anzusetzen.

II. Verkaufsoptionsgeschäfte

1. Begriff der Verkaufsoption

Eine Verkaufoption (Put) ist das vertragliche Recht, bestimmte Mengen von Vermögensgegenständen zu einem vereinbarten Preis (Basispreis) **bis zu einem vorbestimmten Zeitpunkt** bei amerikanischer Option oder **an einem vorbestimmten Zeitpunkt** bei europäischer Option zu veräußern.

An der Verkaufoption (Put) sind zwei Kontrahenten beteiligt, der Käufer als aktiver Kontrahent und der Verkäufer als passiver Kontrahent (Stillhalter).

- Der **Käufer des Put** entscheidet über die Ausübung der Option und über den Zeitpunkt der Ausübung bei der üblichen amerikanischen Option. Für dieses Entscheidungsrecht zahlt er einen Optionspreis.
- Der **Verkäufer des Put** wartet auf die Entscheidung des Käufers während der Zeit der Optionsfrist. Für das Stillhalten erhält er einen Optionspreis.

Verkaufoptionen können bezüglich des möglichen Basisgeschäftes unterschieden werden in **Verkaufoptionen auf konkreter Basis** als Objekte wie Aktien, Rentenwerte und Effektenoptionen oder Devisen und **Verkaufoptionen auf abstrakter Basis** als Objekte, die Entwicklung von Indizes oder die Entwicklung der Verzinsung bestimmter Wertpapiergruppen.

2. Bilanzierung der Verkaufoption beim Stillhalter

a) Ansatz, Ausweis der Verkaufoption beim Stillhalter

Ansatzprobleme stellen sich beim Stillhalter eines Put ebenso wie beim Call für den erhaltenen Optionspreis (Optionsprämie) und das Optionsrisiko.

Ebenso wie beim Call ist nach h.M. der vereinnahmte **Optionspreis beim Stillhalter anzusetzen**. Der Optionspreis kann beim Zugang nicht erfolgswirksam vereinnahmt werden, da er als Gegenleistung für die Verpflichtung des Stillhalters interpretiert wird, dieser aber bis zum Ende der Optionsfrist seine Verpflichtung nicht erfüllt hat. Der Optionspreis ist auch nicht während der Optionsfrist pro rata temporis zu vereinnahmen. Es besteht **Passivierungspflicht** nach § 246 Abs. 1 HGB.

Der **Ausweis der vereinnahmten Optionsprämie** erfolgt unter dem Posten „sonstige Verbindlichkeiten“.

Wie beim Call ist auch beim Put der Hauptvertrag über die Abnahme des Optionsobjektes, z.B. über die Abnahme bestimmter Aktien, bis zum Ende der Optionsfrist bzw. bis zur Ausübung der Option durch den Käufer schwebend.

Droht dem Stillhalter des Put Optionsgeschäftes ein Verlust, indem er etwa verpflichtet ist, das zu übernehmende Optionsobjekt bei Ausübung der Option durch den Käufer zu einem über dem Marktpreis liegenden Preis zu übernehmen, besteht in Höhe des Differenzbetrags ein **Verpflichtungsüberhang**, der nach § 246 Abs. 1 HGB passivierungspflichtig ist.

Ein drohender Verpflichtungsüberhang aus dem Optionsgeschäft ist in der Bilanz des Stillhalters unter den **Rückstellungen für drohende Verluste aus schwebenden Geschäften** (Optionsgeschäften) auszuweisen.

b) Bewertung der Verkaufoption beim Stillhalter

Bezüglich der Bewertung des vereinnahmten Optionspreises in der Bilanz des Stillhalters treten keine Probleme auf. Die **Verbindlichkeit** ist mit dem eingegangenen Betrag, d.h. dem **vereinnahmten Optionspreis** für den Verkauf des Put abzüglich der Spesen, zu bewerten.

Für die Bewertung der **Rückstellungen für drohende Verluste aus schwebenden Geschäften** kommen, wie bei der Call-Option, die Ausübungsfiktion und die Glattstellungsfiktion in Betracht:

- Bei der **Ausübungsfiktion** bestimmt sich die Höhe der Rückstellung nach dem vereinbarten Basispreis für das Optionsobjekt abzüglich der vereinnahmten Optionsprämie für den Verkauf des Put und abzüglich des Marktpreises des Optionsobjektes am Bewertungsstichtag.
- Bei der **Glattstellungsfiktion** bestimmt sich die Höhe der Rückstellung nach dem Optionspreis des Put am Bewertungsstichtag abzüglich der vereinnahmten Optionsprämie.

Bei **Ausübung der Option** muss der Stillhalter das Optionsobjekt zu dem vereinbarten Basispreis übernehmen. Es entstehen **Anschaffungskosten in Höhe des Basispreises** zuzüglich der beim Erwerb von Aktien angeführten Anschaffungsnebenkosten, wie Spesen und Gebühren.

Es kann, wie bei der Call-Option, fraglich sein, ob der vereinnahmte und bis dahin als Verbindlichkeit passivierte Optionspreis eine Minderung der Anschaffungskosten darstellt oder ob der erzielte Optionspreis mit Ausübung der Option erfolgswirksam zu vereinnahmen ist.

- Nach der Auffassung, dass **mit Ausübung der Option** der Stillhalter seine **Leistung erbracht** hat, ist der Optionspreis zu diesem Zeitpunkt erfolgswirksam zu vereinnahmen. Das ist auch der Fall, wenn bis zum Ablauf der Optionsfrist das Optionsrecht vom Käufer der Put-Option nicht ausgeübt worden ist.

- Geht man, wie oben bei der Bewertung des Call dargestellt, von einer **Gesamtbetrachtung von Option und Optionsobjekt** aus, ermittelt der Verkäufer eines Put die Anschaffungskosten des Optionsobjektes aus dem vereinbarten Basispreis abzüglich der Optionsprämie. Bei dieser Betrachtung führt die von dem Stillhalter vereinnahmte Optionsprämie zu einer Minderung der Anschaffungskosten der von ihm zu übernehmenden Wertpapiere.

3. Bilanzierung der Verkaufoption beim Erwerber

a) Ansatz, Ausweis der Verkaufoption beim Erwerber

Die Option stellt für den Erwerber das **vertragliche Recht** dar, das **Optionsobjekt**, z.B. bestimmte Aktien, nach den Optionsbedingungen **zu veräußern**. Das Recht erfüllt die Eigenschaften eines Vermögensgegenstandes. Es ist einzeln verwertbar und dem Eigentümer wirtschaftlich zuzurechnen. Somit besteht **Ansatzpflicht** nach § 246 Abs. 1 HGB.

Über den **Ausweis des Optionsrechts einer Put-Option** in der Bilanz des Erwerbers gelten die Ausführungen zum Erwerb einer Call-Option entsprechend. Verkaufoptionen haben ebenso wie Kaufoptionen nur kurze Laufzeiten, so dass ein Ausweis im Umlaufvermögen unter dem Posten „sonstige Vermögensgegenstände" des Erwerbers zu erfolgen hat.

b) Bewertung der Verkaufoption beim Erwerber

Bei der **Erstverbuchung** ist das Optionsrecht mit den Anschaffungskosten, d.h. dem gezahlten Preis für die Put-Option zuzüglich der angefallenen Spesen, zu bewerten.

Fällt in die Laufzeit des Optionsrechts ein Abschlussstichtag, greifen für die Bewertung des Optionsrechts die Regeln des § 253 Abs. 4 HGB zur Bewertung des Umlaufvermögens. Bei niedrigerem beizulegendem Zeitwert ist zwingend eine Abschreibung der Option vorzunehmen. Werterhöhungen dürfen nach der Neuregelung des § 253 Abs. 5 Satz 1 HGB nicht beibehalten werden.

Bei **Ausübung der Put-Option** verfällt das Optionsrecht. Es entsteht in Höhe des Buchwertes in der GuV anzusetzende **sonstige betriebliche Aufwendungen**. Gleichzeitig entsteht ein Abgang der Optionsobjekte zu dem vereinbarten Basispreis. Bei dem anzunehmenden Regelfall, dass der Basispreis über dem Buchwert der Optionsobjekte liegt, entsteht gleichzeitig ein Veräußerungsgewinn, der in der GuV unter dem Posten „Erträge aus Wertpapieren" auszuweisen ist.

Bei **Glattstellung**, d.h. bei Schließung einer offenen Position, verkauft der Käufer eines Put einen Put mit gleichen Bedingungen. Der dabei erzielte Optionspreis ist mit dem aktivierten Optionsrecht zu verrechnen. Ein Unterschiedsbetrag ist in der GuV des Käufers und Verkäufers erfolgswirksam anzusetzen.

Beispiel 12: Optionen

Am 2.1.10 erwirbt die A AG 10.000 Call-Optionen (amerikanisch) auf die Aktie der B AG zu einem Preis von 2 € je Stück zuzüglich Gebühren von 250 €. Der Basispreis beträgt 125 €. Zum 30.4.10 übt die A AG das Optionsrecht aus; Maklerprovision und Spesen 6 Tsd. €.

1. Es sind die Anschaffungskosten der 10.000 B-Aktien zu bestimmen, wenn der Kurs der Option bei Ausübung 15 € pro Stück beträgt, und die Aktie an der Börse mit 140 € notiert wird.

Am 20.11.10 erwirbt die A AG zur Absicherung eines Teils ihres Bestands an B-Aktien 7.500 Put-Optionen zu einem Preis von 3 € je Stück bei einem Basispreis von 135 €; Gebühren 300 €. Zum 31.12.10 wird die B-Aktie mit einem Kurs von 150 €, die Put-Option mit 0,50 € notiert.

2. Es ist die Bilanzierung der Put-Optionen und der B-Aktien in der Jahresbilanz der A AG zum 31.12.10 darzustellen. Dabei sind hinsichtlich der Bewertung die Fälle (1) der Einzelbewertung, (2) der Bildung von Bewertungseinheiten und (3) der Bewertung zum Zeitwert zu unterscheiden.

III. Financial Futures

1. Begriff der Financial Futures

Financial Futures sind hinsichtlich Nominalbetrag, Laufzeit und Basiswert standardisierte, an Terminbörsen mit Clearing-System gehandelte **Finanzterminkontrakte**. Diese sind durch die Verpflichtung zum Kauf oder Verkauf von Fremdwährung (Currency Futures), von Zinsinstrumenten (Interest Rate Futures) und von Aktienindizes (Stock Index Futures) gekennzeichnet.

Der **Handel** in Financial Futures findet an speziell dafür vorgesehenen Börsen, z.B. an der Europäischen Terminbörse (EuTB), statt.

Hauptwesensmerkmal der Financial Futures ist die Standardisierung der Kontrakte hinsichtlich Basiswert, Kontraktgröße, Liefermonat, maximale Laufzeit und Abwicklungsmodus.

- **Basiswert** kann ein lieferbarer Handelsgegenstand, z.B. ein Wertpapier, eine Geldanlage, ein Fremdwährungsbetrag, oder ein nicht lieferbarer Handelsgegenstand, z.B. ein Aktienindex oder ein Rentenindex, sein. Der Basiswert wird qualitativ genau charakterisiert. So liegt z.B. den langfristigen Bund-Futuren der EuTB eine fiktive Bundesanleihe mit einer Nominalverzinsung von 6 % und einer Restlaufzeit von 8,5 bis 10 Jahren zugrunde.
- Die **Kontraktgröße** gibt den Wert einer Kontrakteinheit an; diese beträgt z.B. für den langfristigen Bund-Future 100.000 €. Alle Transaktionen müssen auf die vorgegebene Kontraktgröße oder ein Vielfaches davon lauten.
- Eine **Erfüllung** der Futures ist nur in bestimmten **Liefermonaten** möglich, z.B. für den europäischen Bereich an der EuTB in den Monaten März, Juni, September und Dezember.

- Die maximale **Laufzeit** der Futures ist festgelegt; sie beträgt z.B. an der EuTB 9 Monate.
- Der **Abwicklungsmodus** regelt, welche Werte bei einer physischen Andienung der Basiswerte lieferbar sind, bzw. ob eine Abwicklung nur in bar erfolgen kann, wie z.B. beim Dax-Future der EuTB.

Die **Clearing-Stelle** ist nicht nur Abrechnungsstelle, sondern auch selbst Kontrahent zwischen Anbieter und Nachfrager. Damit wird das Erfüllungsrisiko der Käufer bzw. Verkäufer von Financial Futures auf die Bonität des Clearing-Hauses beschränkt. Für Käufer und Verkäufer von Financial Futures, die nicht Abrechnungsteilnehmer der Clearing-Stelle sind, verbleibt ein **Bonitätsrisiko** bezüglich des zwischengeschalteten Broker-Hauses oder des mit der Abrechnung beauftragten Börsenmitgliedes.

Sowohl Käufer als auch Verkäufer sind beim Abschluss eines Financial Future verpflichtet, einen **zinslosen Einschuss** (**Initial Margin**) in Geld oder Wertpapieren als Sicherheit an das Clearing-Haus zu leisten. Die Höhe der Initial Margin variiert in der Regel zwischen 2 und 10 % des Kontraktwertes. Sie hängt ab von der Kontraktart, der Volatilität des Basiswertes und den Marktteilnehmern.

Die **Wertentwicklung** der offenen Position wird börsentäglich den Margin-Konten (**Margin Accounts**) gutgeschrieben bzw. belastet (**Variation Margin**). Führt die Abbuchung von Verlusten aus dem Financial Future aufgrund von Preisbewegungen offener Positionen bei einem Teilnehmer zu einem Unterschreiten der Margin-Untergrenze (**Maintenance Margin**), müssen von dem entsprechenden Teilnehmer Nachschusszahlungen erbracht werden.

Teilnehmer an Futures-Märkten sind im wesentlichen Hedger und Trader:

- Ein **Hedger** ist ein Marktteilnehmer, der einen Vermögenswert oder eine finanzielle Verpflichtung durch eine kompensatorische Futures-Position (Hedge-Position) absichert.
- Ein **Trader** ist ein Marktteilnehmer, der mit dem Kauf oder Verkauf von Futures-Kontrakten auf eine bestimmte Kursentwicklung spekuliert.

2. Bilanzierung offener Futures-Positionen

a) Grundgeschäft offener Futures-Positionen

Dem Financial Future liegt ein Kaufvertrag im Sinn eines zweiseitig verpflichtenden gegenseitigen Vertrags zugrunde, der auf den Kauf (**Future Long Position**) oder auf den Verkauf (**Future Short Position**) eines Future-Kontrakts zu einem vereinbarten Preis für den Basisgegenstand gerichtet ist.

Während der Vertragslaufzeit erfolgt keine Lieferung des Basisgegenstandes; d.h., für Käufer und Verkäufer liegt ein schwebendes Geschäft vor, das nicht bilanzierungsfähig ist.

Zum Zeitpunkt des **Abschlusses** des Grundgeschäftes kann angenommen werden, dass sich Ansprüche im Sinn der nach der Verpflichtung gegenüber Dritten zu erbringenden Leistung und der von Dritten zu erbringenden Gegenleistung ausgeglichen gegenüberstehen; d.h., zum Zeitpunkt des Abschlusses des Grundgeschäfts gilt die Annahme des **Ausgeglichenheitsprinzips**.

Während der **Laufzeit** des Financial Future tritt in der Regel eine **Abweichung der Ausgeglichenheit** von Leistung und Gegenleistung auf. Übersteigt die eigene zu erbringende Leistung die Gegenleistung, besteht die Verpflichtung zur Passivierung einer Rückstellung für drohende Verluste aus schwebenden Geschäften in Höhe des Unterschiedsbetrags zwischen Leistung und Gegenleistung. Im Einzelnen bemisst sich der Unterschiedsbetrag nach der Differenz zwischen Stichtagskurs und Abschlusskurs der Kontrakte multipliziert mit der Anzahl der dem schwebenden Geschäft zugrunde liegenden Kontrakte.

b) Initial Margin offener Futures-Positionen

Mit Vertragsabschluss ist der Käufer und der Verkäufer eines Financial Future verpflichtet, einen **zinslosen Einschuss**, d.h. den Initial Margin, in Geld oder in Wertpapieren als **Sicherheit für die Erfüllung ihrer Verpflichtungen** an das Clearing-Haus der Terminbörse zu leisten. Bei Glattstellung oder Erfüllung des Kontrakts zahlt diese die Sicherheitsleistung zurück bzw. gibt das hinterlegte Pfand frei.

Wird der Initial Margin in bar erbracht, ist er zur Gewährleistung seiner Erfolgsneutralität sowohl beim Käufer wie beim Verkäufer eines Financial Future zu aktivieren. Der Ausweis erfolgt im Umlaufvermögen unter dem Posten „sonstige Vermögensgegenstände“.

Für **Ansatz, Ausweis und Bewertung des Initial Margin** gelten die folgenden Grundregeln:

- Wird der **Initial Margin durch Verpfändung von Wertpapieren** erbracht, verbleiben die Wertpapiere im rechtlichen und wirtschaftlichen Eigentum des die Sicherheit leistenden Teilnehmers. Ansatz und Ausweis der Wertpapiere werden von der Sicherheitsleistung nicht berührt. Sie sind von dem die Sicherheit leistenden Teilnehmer weiterhin im Anlagevermögen bzw. im Umlaufvermögen anzusetzen. Die Bewertung des Initial Margin ist auch unabhängig von der täglichen Entwicklung der Kontraktnotierung.
- Eine Neubewertung des **Initial Margin** wird nur dann vorgenommen, wenn die Terminbörse eine **Anpassung des Initial Margin vorsieht**, sobald sich die Volatilität des Futures-Kurses aufgrund der Marktentwicklung verändert. Der Initial Margin ist dann in Höhe des neuen Rückforderungsanspruches gegenüber der Clearing-Stelle zu bewerten. Die Wertänderung erfolgt im Zusammenhang mit zusätzlichen Einzahlungen bzw. Erstattungen der Finanzterminkontrakte abgeschlossenen Unternehmens.

c) Variation Margin offener Futures-Positionen

Die Wertentwicklung von Futures-Kontrakten wird von der Clearing-Stelle börsentäglich den geführten Margin-Konten gutgeschrieben oder belastet (Variation Margin).

Im Gegensatz zum Initial Margin, der den Charakter einer Sicherheitsleistung hat und daher immer erfolgsneutral ist, bieten sich für den Variation Margin als Alternativen die erfolgswirksame und die erfolgsneutrale Behandlung an.

- Der **erfolgswirksame Ansatz** vor Glattstellung oder Erfüllung des Financial Future bedeutet nach deutschem Bilanzrecht einen Verstoß gegen das Realisationsprinzip, da sie zum Ausweis von noch nicht realisiertem Gewinn führt. Insoweit lehnt die h.M. zu Recht die erfolgswirksame Behandlung gutgeschriebener Variation Margins ab.
- Der **erfolgsneutrale Ansatz** enthält mehrere Ausweisalternativen. Die h.M. geht davon aus, dass Variation Margins, soweit sie gutgeschrieben werden, unter den Posten „flüssige Mittel“ und „sonstige Verbindlichkeiten“, soweit sie belastet werden, unter den Posten „sonstige Vermögensgegenstände“ und „flüssige Mittel“ ,oder in beiden Fällen auf einem gesonderten, erfolgsneutralen Margin-Konto auszuweisen werden.

Für die **Bewertung** des Variation Margin stellen sich keine Probleme. Die gutgeschriebenen bzw. belasteten Beträge sind mit dem Nominalwert des Margin-Kontos zu bewerten. Am Abschlussstichtag erfolgt die Bewertung des Variation Margin zum aktuellen Wert des Margin Account.

Strittig ist, ob die **Antizipation von drohenden Verlusten aus schwebenden Geschäften** auch durch eine Abschreibung des aktivierten Variation Margin vorgenommen werden kann, oder ob die Antizipation nur über die Passivierung der entsprechenden Rückstellung zulässig ist. Das von der h.M. vertretene letztgenannte Vorgehen hat den Vorteil des vollständigen Ausweises des aktivierten Variation Margin. Es entspricht der generell zu befürwortenden Auffassung, nach der Bruttoausweise in der Bilanz und der GuV informativer sind als der Nettoausweis.

d) Maintenance Margin offener Futures-Positionen

Der Maintenance Margin gibt die von der Clearing-Stelle festgelegte betragsmäßige Mindesthöhe der **zur Sicherheit zu leistenden Geldbeträge oder Wertpapierbeträge** an, die der Initial Margin während der Laufzeit einer Finanzterminkontraktposition nicht unterschreiten soll.

Treten bei einem der Teilnehmer an einem Financial Future Kursverluste ein, die die festgelegte Grenze des Maintenance Margin unterschreiten, wird der Kontraktteilnehmer aufgefordert, einen **Nachschuss auf das Sicherheitskonto** einzuzahlen oder weitere Sicherheiten, z.B. Wertpapiere, bei der Clearing-Stelle zu hinterlegen, damit der Initial Margin wieder erreicht wird. Die zu leistenden Sicherheiten sollen vermeiden, dass die Teilnehmer Financial Futures Geschäfte in einem Umfang abschließen, der ihre finanziellen Möglichkeiten überschreitet.

3. Bilanzierung bei Abwicklung offener Futures-Positionen

a) Glattstellung offener Futures-Positionen

Werden Futures in Form der Glattstellung durch den Abschluss ausdrücklich gegenläufiger Geschäfte (Closing) abgerechnet, entfallen die gegenseitigen Rechte und Pflichten.

Grundsätzlich werden zu diesem Zeitpunkt die erhaltenen und die gezahlten Variation Margins in voller Höhe erfolgswirksam und sind entsprechend zum Zeitpunkt der Glattstellung in der GuV des Teilnehmers als sonstige betriebliche Erträge oder als sonstige betriebliche Aufwendungen anzusetzen.

b) Lieferung und Abnahme offener Futures-Positionen

Wird ein Futures-Kontrakt erfüllt, sind die dem Kontrakt zugrunde liegenden **Basisgegenstände entsprechend der Futures-Position zu liefern oder abzunehmen**. Es entstehen beim Käufer Anschaffungskosten für die übernommenen Vermögensgegenstände, z.B. die dem Financial Future zugrunde liegenden Wertpapiere.

Die **Anschaffungskosten der übernommenen Vermögensgegenstände** ergeben sich für die beteiligten Vertragspartner aus dem Kurs des dem Kontrakt zugrunde liegenden Basisgegenstandes (Settlement Price) zum Stichtag der Lieferung bzw. der Abnahme zuzüglich bzw. abzüglich der bis dahin angefallenen Belastungen bzw. Gutschriften auf dem Variation Margin-Konto. Sie entsprechen dem ursprünglich von dem beteiligten Vertragspartner vereinbarten Preis. Damit errechnen sich die Anschaffungskosten des Basisgegenstandes aus:

- dem **in Rechnung gestellten Betrag**, der dem Kurs des Basisgegenstandes zum Zeitpunkt der Lieferung bzw. der Abnahme entspricht (Settlement Price zum Zeitpunkt der Lieferung, Closing Price) zuzüglich den Variation Margins, oder
- dem **ursprünglich vereinbarten Preis.**

Beispiel 13: Financial Future

Die A AG hat im Jahr 10 eine zehnjährige Anleihe des Bundes von nominell 2,5 Mill. € mit einer Verzinsung von 6 % zu pari erworben. Aufgrund des gefallenen Marktzinssatzes notiert die Anleihe zum 1.10.10 mit 116. Die A AG möchte den Kursgewinn von 16 je 100 € nicht realisieren. Stattdessen soll der Kursgewinn durch ein Geschäft über den **Verkauf** von 10 Bund-Futures mit der Kontraktgröße von zusammen 2,5 Mill. €, Laufzeit 9 Monate, Basispreis 116 €

gesichert werden. Der zu leistende Initial Margin beträgt 4 % des Kontraktwertes; er wird in Geld geleistet.

Die Wertentwicklung des Bund-Future bis zum Jahr 11 wird (bei starker Zusammenfassung von Abrechnungsterminen) vereinfacht für die im Folgenden angeführten Zeitpunkte dargestellt: 15.10.10 116,8; 31.10.10 117,25; 15.11.10 117,80; 30.11.10 116,45; 15.12.10 115,70; 31.12.10 115,0; 31.3.11 114,4.

1. Es ist die buchtechnische Behandlung des Financial Future bei der A AG im Jahr 10 darzustellen.
2. Es ist die bilanzielle Wirkung des Financial Future bei Zugrundelegung der Glattstellungsfiktion zum 31.12.10 aufzuzeigen.
3. Es ist bilanzielle Wirkung des Financial Future bei Ausübung zum 31.3.11 darzustellen.
4. Für die angegebenen Daten ist die gewinnmaximale Entscheidung der A AG zu bestimmen.

IV. Swapgeschäfte

1. Begriff und Gegenstand von Swapgeschäften

Als Swap bezeichnet man den **Tausch von Zahlungsforderungen oder von Zahlungsverbindlichkeiten** zwischen Vertragspartnern in der Weise, dass die Vertragspartner in den Genuss **komparativer Marktvorteile**, primär in Zins- und Währungsvorteile, kommen.

Im Allgemeinen unterscheidet man **Swaps von Vermögenspositionen** (Asset-Swaps), z.B. Tausch von Forderungen und **Swaps von Verbindlichkeiten** (Liability-Swaps).

Bezüglich der **Gegenstände von Swapgeschäften** lassen sich vor allem die folgenden Gruppen unterscheiden.

- **Zins-Swap** (Interest Rate Swap): Beim Zins-Swap kommt es zu einem **Tausch von festen und variablen Zinsverpflichtungen** auf einen Kapitalbetrag für einen bestimmten Zeitraum. Dabei muss kein effektiver Tausch der Zinszahlungen stattfinden. Zu den vereinbarten Zahlungszeitpunkten können Ausgleichszahlungen, z.B. in Höhe der Differenz zwischen festem und variablem Zinssatz, geleistet werden. Kapitalforderungen werden durch den Zins-Swap nicht begründet. Beim Zins-Swap können aber auch ausschließlich variable Zinsverpflichtungen getauscht werden. In diesem Fall spricht man von Basis Rate Swap.
- **Währungs-Swap** (Currency Swap): Bei einem Währungs-Swap werden Forderungen oder Zahlungsverpflichtungen **in unterschiedlichen Währungen** einschließlich der damit verbundenen Zinszahlungen **getauscht**. Nach Ablauf der Vereinbarung erfolgt der Rücktausch der Beträge zum ursprünglich vereinbarten, entsprechend des nach dem BilMoG eingeführten § 256a HGB als Devisenkassamittelkurs der beiden Währungen.

- **Kombinierter Zins-Währungs-Swap** (Cross Currency Interest Rate Swap). Dabei werden **feste und variable Währungspositionen** gleichfalls nach dem Devisenkassamittelkurs **getauscht**.

Swapgeschäfte werden abgeschlossen, wenn die beteiligten Vertragspartner über die Geschäfte **günstigere Konditionen** für Forderungen und Verbindlichkeiten erhalten. Dies ist z.B. bei zwei Vertragspartnern dann möglich, wenn sie aus dem Swapgeschäft Konditionsvorteile auf den in Betracht kommenden Finanzmärkten erzielen können. Benötigt z.B. ein deutsches Unternehmen A einen Dollarkredit, ein US-amerikanisches Unternehmen B einen Eurokredit und hat A bessere Euro-Konditionen und B besserte US-Dollar-Konditionen, so ist es für beide vorteilhaft, wenn A einen Euro-Kredit, B einen US-Dollar-Kredit aufnimmt und beide die Kredite tauschen.

Für die Bilanzierung von Swapgeschäften ist von Bedeutung, ob dem Swapgeschäft eine Anfangstransaktion zugrunde liegt, z.B. in der Form von Tausch von Verbindlichkeiten in unterschiedlicher Währung (Währungs-Swap, Currency-Swap), oder Swapgeschäfte ohne Anfangstransaktionen vorliegen, wie bei dem Zins-Swap.

2. Bilanzierung von Zins-Swaps

a) Grundgeschäft und Zins-Swaps

Als **Ausgangssituation** für den Abschluss eines Zins-Swap wird unterstellt, dass jeder der beiden Kontrahenten A und B für denselben Zeitraum von einem Gläubiger X oder von verschiedenen Gläubigern Y und Z der gleiche Kapitalbetrag aufgenommen wird. Dabei leistet z.B. der eine Kontrahent A feste Zinszahlungen der Kontrahent B variable Zinszahlungen.

Als **Grundgeschäft** bestehen bei beiden Vertragspartnern A und B Darlehensverbindlichkeiten über den gleichen Betrag in gleicher Währung, z.B. in Euro oder in US-Dollar. Die Grundgeschäfte unterscheiden sich lediglich darin, dass bei dem Vertragspartner **A feste Zinsen**, bei dem Vertragspartner **B variable Zinsen** zu leisten sind.

In Bezug auf die Zinsentwicklung haben die beiden Kontrahenten A und B konträre Erwartungen. Zur Erfüllung dieser Erwartungen vereinbaren sie, sich gegenseitig Zahlungen zu leisten, die auf den Zinskosten des jeweiligen Vertragspartners basieren. Die **Übernahme der Zinsverpflichtungen** und die **gegenseitigen Zinszahlungen** stellen sich wie folgt dar:

- Durch die Swapvereinbarung übernimmt z.B. der Vertragspartner A mit fester Zinsverpflichtung die variablen Zinsen des Vertragspartners B; B im Gegenzug die Festzinsverpflichtungen des A.
- Die Kapitalbeträge werden nicht getauscht, da sie der Höhe nach identisch sind. **Getauscht wird ausschließlich der Zinsaufwand**. Fallen die Zinszah-

lungen der Vertragspartner A und B auf den gleichen Zeitpunkt, leistet nicht jeder die volle Höhe des jeweiligen Zinsaufwands. Es wird lediglich die Differenz zwischen dem festen und variablen Zinssatz ausgeglichen.

b) Ansatz und Ausweis von Zins-Swaps

Der Zins-Swap stellt bilanziell für beide Vertragspartner ein **schwebendes Dauerschuldverhältnis** dar. Die Zins-Swap Vereinbarung ist ein von beiden Seiten unerfüllter Vertrag mit den periodisch (z.B. monatlich oder jährlich) zu erbringenden Leistungen über den vereinbarten Zeitraum der Kreditgeschäfte der Vertragspartner. Das schwebende Dauerschuldverhältnis ist entsprechend dem Bilanzierungsgrundsatz bei beiden Vertragsparteien nicht bilanzierungsfähig.

Bei **Abschluss** des Zins-Swap Geschäftes ist davon auszugehen, dass Leistung und Gegenleistung gleich hoch sind. Dies kann sich während der **Laufzeit** des Vertrags ändern. Es entspricht dem Regelfall, dass der Wert der erbrachten Leistung des einen Vertragspartners den Wert der empfangenen Gegenleistung übersteigt. Dies ist z.B. der Fall, wenn von einem Vertragspartner die Verpflichtung zu variabler Zinszahlung übernommen worden ist und sich die variablen Zinssätze erhöhen. Gleiches gilt, wenn von einem Vertragspartner die Verpflichtung zur Zahlung eines Festzinses übernommen worden ist und der variable Zinssatz sinkt.

Übersteigt der Wert der zu erbringenden eigenen Leistung des einen Vertragspartners den Wert der empfangenen Gegenleistung, entstehen sonstige betriebliche Aufwendungen, die nicht durch sonstige betriebliche Erträge ausgeglichen werden können. Bei dem davon betroffenen Vertragspartner ist in Höhe der erwarteten Differenz eine Rückstellung für drohende Verluste aus schwebenden Geschäften nach § 249 Abs. 1 Satz 1 HGB anzusetzen.

c) Bewertung von Zins-Swaps

Die Bewertung der Rückstellung für drohende Verluste aus **schwebenden Geschäften** erfordert die Schätzung der in den Perioden des Vertragszeitraums voraussichtlich auftretenden, auf Grund des Swapgeschäftes gegenüber den ursprünglichen Zinsen erhöhten Zinsaufwendungen.

Im Schrifttum besteht keine Einigkeit für die Ermittlung der Rückstellungshöhe. Vor allem ist strittig, ob die Rückstellungsbildung nur bis zum nächsten Zinsanpassungszeitraum, z.B. Monat, Quartal oder Jahr, vorzunehmen ist oder für die gesamte Laufzeit des Zins-Swap Geschäftes gilt. Unter Zugrundelegung der Bewertungsregeln für mehrjährige unsichere Verpflichtungen kann auf die Veränderung des Zinssatzes nur abgestellt werden, wenn diese dem Zeitpunkt und der Höhe nach feststeht. Ansonsten ist der Ermittlung der Rückstellungshöhe die gesamte noch offene Laufzeit des Swapgeschäftes zugrunde zu legen.

3. Bilanzierung von Währungs-Swaps

a) Grundgeschäft und Währungs-Swaps

Wie angeführt werden beim Währungs-Swap Verbindlichkeiten zwischen zwei Unternehmen mit unterschiedlichem Währungssitz in unterschiedlichen Währungen ausgetauscht. Daher müssen beim Währungs-Swap, anders als beim Zins-Swap, auch die Verbindlichkeiten berücksichtigt werden. Beide Verbindlichkeiten können bei abweichender Währung einen festen Zinssatz oder einen variablen Zinssatz haben.

Die Verbindlichkeiten werden zu Beginn der Laufzeit der Swapvereinbarung nach dem durch das BilMoG neu eingefügten § 256a HGB zum **Devisenkassamittelkurs** ausgetauscht. Am **Ende der Laufzeit** werden die Verbindlichkeiten zurückgetauscht und zwar zum **historischen Devisenkassamittelkurs**. Damit werden genau die gleichen Beträge, die zu Beginn ausgetauscht wurden, am Ende der Laufzeit zurückgetauscht. Durch den Tausch der Verbindlichkeiten zu Beginn und zum Ende der Laufzeit des Vertrags zum selben Devisenkassamittelkurs entsteht beim Währungs-Swap kein Währungsrisiko.

Darin unterscheiden sich **Währungs-Swap** und **Devisen-Swap**. Bei letzterem kann der Devisenkassamittelkurs zu Beginn und zum Ende der Laufzeit des Vertrags für den Tausch der Verbindlichkeiten voneinander abweichen.

Beim **Währungs-Swap** werden sowohl die Verbindlichkeiten als auch die jeweiligen Zinszahlungsverpflichtungen in den betreffenden Währungen getauscht. Für den Währungs-Swap lassen sich mit Blick auf die Bonität der Vertragspartner die folgenden Fälle unterscheiden:

- Bei **gleicher Bonität** übernimmt jeder der Swap-Partner die Verpflichtung für die Zinszahlung des anderen Partners. Am Ende der Laufzeit des Swapgeschäftes werden die Anleiheverbindlichkeiten zwischen den Swap-Partnern zum ursprünglichen Devisenkassamittelkurs zurückgetauscht.
- Bei Swap-Partnern mit **unterschiedlicher Bonität** ist davon auszugehen, dass der Swap-Partner mit der größeren Bonität seine Position dafür einsetzen wird, überproportional an dem komparativen Vorteil des Swapgeschäftes zu partizipieren.

b) Ansatz und Ausweis von Währungs-Swaps

Die bilanzielle Behandlung der Übertragung der Verbindlichkeiten beim Währungs-Swap ist abhängig von der **rechtlichen Einordnung**. Im Schrifttum werden die folgenden Auffassungen vertreten:

- Von einer Seite wird der **Währungs-Swap als wechselseitige, verzinsliche Darlehensgewährung** mit Hingabe flüssiger Mittel Kapitalhingabe, Zinszahlung und Kapitalrückgabe interpretiert. Daraus wird nach den Ansatzgrundsätzen des § 246 Abs. 1 HGB sowohl die Verpflichtung zur Aktivierung einer **Forderung** gegen den Vertragspartner als auch die Passivierung einer Verpflichtung als **Verbindlichkeit** gegenüber dem Vertragspartner abgeleitet.

- Nach h.M. wurden bislang in einem Währungs-Swap rechtlich getrennte Geschäfte gesehen, nämlich (1) einen **Devisenkassakauf** (Erwerb fremder Währung), (2) einen **Devisenterminverkauf** (Veräußerung fremder Währung), wobei Devisenkassakauf und Devisenterminkurs identisch sind, und (3) ein Zinstausch mit unterschiedlichen Währungen.

Aus dem Konzept der h.M. ergibt sich, dass zwischen den **Vertragspartnern keine bilanzierungsfähigen Forderungen oder Verbindlichkeiten** begründet werden, da es an dem Vorliegen von Vermögensgegenständen und Schuldet fehlt. Die Anfangsübertragung des flüssigen Mittel und der entsprechenden Verbindlichkeiten sowie der Rücktausch werden als schwebendes Geschäft interpretiert, die grundsätzlich nicht bilanzierungsfähig sind.

Notwendig ist allerdings bei Vorliegen der Voraussetzungen der **Ansatz einer Rückstellung für drohende Verluste aus schwebenden Geschäften**. Dies gilt, wenn man die Übertragung des Kapitals und der entsprechenden Verbindlichkeiten als Einzelgeschäfte interpretiert.

Nach dem Imparitätsprinzip wären bei der angeführten Annahme Kursverluste zu berücksichtigen, wenn sich die Währungsrelation zwischen den dem Vertrag zugrunde liegenden Währungen zu Lasten eines Unternehmens entsprechend verändert. Tatsächlich sind jedoch Kapital- und Darlehensgeschäft als eine **Bewertungseinheit** anzusehen. Aus dieser Sicht können beim Währungs-Swap keine währungsbezogenen Drohverlustrückstellungen angesetzt werden.

Für die **bilanzielle Behandlung der Zinstransaktionen beim Währungs-Swap** gelten die Ausführungen zum Zins-Swap. Auch hier handelt es sich um Ansprüche und Verpflichtungen aus einem schwebenden Dauerschuldverhältnis, die zunächst nicht bilanziell erfasst werden.

Eine Rückstellung für drohende Verluste aus schwebenden Geschäften wird allerdings aufgrund der vereinbarten Zinssätze angenommen, wenn der Marktzins einer der für den Vertrag relevanten Währungen gegenüber dem vereinbarten Zinssatz sinkt. Ein drohender Verlust liegt nach der vertretenen Auffassung dann vor, wenn die zu zahlenden Zinsen in der getauschten Währung unter Zugrundelegung der Bonität des Anleiheschuldners nicht mehr marktgerecht sind. Dem wird hier aus grundsätzlicher Sicht der Rückstellungsbildung für Drohverluste nicht gefolgt.

Beispiel 14: Zins-Swap

Am 2.1.10 hat die A AG eine Floating Rate Note (FRN) im Nennbetrag von 20 Mill. €, Laufzeit 5 Jahre mit einem Zinssatz von „FIBOR + 1,5 %" emittiert. Die Zinsen sind nachschüssig jeweils zum 31.12. zu zahlen.

Anschließend schließt die A AG einen Swapkontrakt mit gleicher Laufzeit ab, der den Austausch der aus der FRN entstehenden Zinsverpflichtung gegen eine feste Zahlungsverpflichtung der A AG in Höhe von 8 % vorsieht. Der FIBOR wurde am 2.1.10 mit 6 %, am 31.12.10 mit 6,25 % und am 31.12.11 mit 6,95 % festgestellt. Für Veränderungen des FIBOR während eines Jahres ist der Zinsermittlung der Mittelwert von Jahresanfang und Jahresende zugrunde zulegen.

1. Es sind die Auswirkungen der angeführten Sachverhalte im Jahresabschluss der A AG zum 31.12.10 aufzuzeigen.
2. Es sind die Auswirkungen der angeführten Sachverhalte im Jahresabschluss der A AG zum 31.12.11 aufzuzeigen.

Beispiel 15 : Zins-Währungs-Swap

Die A AG mit Sitz in Deutschland beabsichtigt eine Investition in den USA zum Teil mit der Aufnahme eines Kredits in den USA in Höhe von 15 Mill. US-$ zu finanzieren. Für den aufzunehmenden Kredit wird der in den USA nicht bekannten A AG ein Zinssatz von 11,75 % p.a. verlangt; Unternehmen mit gutem Ranking und Sitz in den USA erhalten Investitionskredite zu einem Zinssatz von 8 % p.a.

Gleichzeitig beabsichtigt ein Unternehmen B mit Sitz in den USA in Deutschland eine Investition in Höhe von 12 Mill. Euro durch Kreditaufnahme in Deutschland zu finanzieren. Der geforderte Zinssatz ist 7,75 % p.a.; die A AG kann in Deutschland Kredite mit einem Zinssatz von 7,5 % aufnehmen.

Die A AG schließt mit B einen Swap-Vertrag, nach dem das Unternehmen B in den USA einen Kredit in Höhe von 15 Mill. US-Dollar zu einem Zinssatz von 8 % p.a. aufnimmt und den Betrag an die A AG weiterreicht, während die A AG in Deutschland einen Kredit in Höhe von 12 Mill. Euro mit einem Zinssatz von 7,5 % p.a. aufnimmt und den Betrag an B weiterreicht.

Durch das Swap-Geschäft entsteht ein Zinsvorteil bei dem Dollar-Kredit von 3,75 %, bei dem Euro-Kredit von 0,25 %, d.h. von zusammen 4 %. Bei den Verhandlungen über die Aufteilung des Zinsvorteils erhält die A AG 1 %, das Unternehmen B 3 %.

Die Kreditaufnahmen erfolgen am 1.1.10; der Devisenkurs ist: 1 € = 1,25 US-$. Es wird vereinbart, dass Änderungen des Devisenkurses zu Lasten des jeweils Verpflichteten gehen. Steigt der Kurs des US-$, ist dies die A AG. Da diese Entwicklung den Vorgaben aus dem Beispiel entspricht, trifft sie die Belastung aus der Erhöhung des Devisenkurses.

1. Es sind die Auswirkungen der angeführten Sachverhalte im Jahresabschluss der A AG zum 31.12.10 aufzuzeigen.
2. Im Jahr 07 ist der Devisenkurs 1 € = 1,2 US-$. Es sind die Auswirkungen der angeführten Sachverhalte im Jahresabschluss der A AG zum 31.12.11 aufzuzeigen.

Dritter Teil

Bilanzierung der Gegenstände des Umlaufvermögens

A. Vorräte

I. Nachweis der Gegenstände des Vorratsvermögens

Gegenstände des Vorratsvermögens bedürfen bei geringer, besonders jedoch bei wichtiger Bedeutung für Unternehmen einer **Überwachung**. Sie wird vorgenommen durch Einsatz einer laufenden und zuverlässigen Bestandsbuchführung während des gesamten Geschäftsjahres, oder durch Auswahl einer körperlichen Bestandsaufnahme zu einem bestimmten Zeitpunkt.

Der Nachweis des Vorratsvermögens ist abhängig davon, ob sich die Vorräte bei dem Unternehmen befinden oder von Dritten verwahrt werden, auf unterschiedliche Weise erbracht. Der Bestand der im Unternehmen verwahrten Vorräte wird durch die Anwendung eines gesetzlich zulässigen **Inventurverfahrens** erbracht. Nach h.M. sind bei der Inventur der Vermögensgegenstände die folgenden **Grundsätze** zu beachten:

- **Vollständigkeit** der Inventuraufnahme durch Erfassung des gesamten Vorratsvermögens.
- **Richtigkeit** der Inventuraufnahme im Sinn zutreffender Feststellung von Art und Menge der nachgewiesenen Vorräte.
- **Einzelerfassung** der Vorräte nach Art, Menge und Beschaffenheit.
- **Nachprüfbarkeit** der Inventuraufnahme durch einen sachverständigen Dritten innerhalb angemessener Zeit.

Die Inventur kann unter Anwendung **unterschiedlicher Verfahren** durchgeführt werden. Die gesetzlich normierten Verfahren lassen sich zunächst in die Verfahren der Vollinventur, der Stichprobeninventur und der Sonderverfahren gliedern.

1. Verfahren der Vollinventur der Vorräte

Gesetzlich zulässige Verfahren der Vollinventur von Vorräten in einem Unternehmen sind die Stichtagsinventur, die ausgeweitete Stichtagsinventur, die vor- und die nachgelagerte Stichtagsinventur und die permanente Inventur.

a) Stichtagsinventur

Die Stichtagsinventur stellt das **traditionelle Inventurverfahren** dar. Bei ihr erfolgt die körperliche Bestandsaufnahme der Vorräte eines Unternehmens zum Jahresabschlussstichtag. Die Vorräte werden zu diesem Tag durch zählen, messen, wiegen oder auf andere Weise vollständig aufgenommen. Bei der Aufnahme muss sichergestellt werden, dass **keine Erfassungslücken** entstehen **und Doppelzählungen** vermieden werden.

Die **Bestandsaufnahme** umfasst die Art und Menge der Vorräte. Die Bestandsaufnahme umfasst darüber hinaus Angaben zur Bewertung, wie die Anschaffungskosten der bei der Inventur erfassten Vorräte, die Lagerdauer und andere wertbeeinflussende Faktoren der aufzunehmenden Vorräte.

In die Bestandsaufnahme sind **Vorräte** einzubeziehen, an denen das Unternehmen **wirtschaftliches Eigentum** hat, deren Lieferung jedoch zum Zeitpunkt der Stichtagsinventur noch nicht eingegangen ist. Andererseits sind Vorräte aus der Inventur auszuschließen, die noch bei dem Unternehmen vorhanden sind, aber zu dem wirtschaftlichen Eigentum des zu beliefernden Unternehmens gehören.

b) Ausgeweitete Stichtagsinventur

Es kann bei einem Unternehmen die Situation auftreten, dass die körperliche Bestandsaufnahme der Vorräte des Unternehmens aufgrund betrieblicher, technischer, ökonomischer oder sonstiger Gründe nicht am Abschlussstichtag erfolgen kann. Es nach den **Grundsätzen ordnungsmäßiger Inventur** (GoI) zulässig, die Bestandsaufnahme **wenige Tage vor oder nach dem Abschlussstichtag** des Unternehmens durchzuführen (ausgeweitete Stichtagsinventur). Die Zeitspanne zwischen Abschlussstichtag und Aufnahmestichtag darf i.d.R. einen Zeitraum von zehn Tagen vor oder nach dem Abschlussstichtag nicht überschreiten.

Bei der ausgeweiteten Stichtagsinventur handelt es sich trotz des abweichenden Aufnahmestichtages um eine **Bestandsermittlung auf den Abschlussstichtag**. Sie verlangt eine wertmäßige und eine art- und mengenmäßige Fortschreibung bei der ausgeweiteten Stichtagsinventur **vor** den Abschlussstichtag (z.B. der Inventur am 20.12.10, bei dem Abschlussstichtag des Unternehmens am 31.12.10) oder bei der ausgeweiteten Stichtagsinventur **nach** dem Abschlussstichtag (z.B. der Inventur am 10.1.11, Abschlussstichtag des Unternehmens am 31.12.10). Grundlage für die Fortschreibung bzw. Rückrechnung sind die Belege oder Aufzeichnungen über Bewegungen der einzelnen Vorratsbestände zwischen dem Aufnahmestichtag und dem Abschlussstichtag des Unternehmens.

c) Vor- und nachgelagerte Stichtagsinventur

Die vor- und nachgelagerte Stichtagsinventur nach § 241 Abs. 3 HGB hat einen **weiteren Bereich der Bestandaufnahme** als die ausgeweitete Stichtagsinventur. Die Bestandsaufnahme kann ganz oder teilweise innerhalb der letzten drei Monate vor oder der ersten zwei Monate nach dem Abschlussstichtag des Unternehmens durchgeführt werden.

Die **Durchführung** der vor- und nachgelagerte Stichtagsinventur wird ebenso vorgenommen, wie bei der Inventur auf den Abschlussstichtag des Unternehmens. Die vor- und nachgelagerte Stichtagsinventur erfolgt grundsätzlich mit vollständiger Aufnahme der Vorräte durch zählen, messen, wiegen oder auf andere Weise.

Die nach Art und Menge erfassten Vorräte sollen auf den Tag der Bestandsaufnahme bewertet werden. Diese Art der Wertbestimmung der Vorräte entspricht nicht dem Prinzip der wertaufhellenden Bewertung, die grundsätzlich auf den Stichtag des Jahresabschlusses des Unternehmens abstellt.

Zur **Ermittlung des Inventars** der Vorräte eines Unternehmens ist der festgestellte **Gesamtwert** durch ein dem GoI entsprechendes Verfahren auf den Abschlussstichtag **vorzuschreiben bzw. zurückzurechnen**. Dabei wird es als ausreichend angesehen, wenn die Fortschreibung oder Rückrechnung **wertmäßig** vorgenommen wird; eine Fortschreibung oder Rückrechnung der Art und der Menge der einzelnen Vorräte soll nicht erforderlich sein. Die Begrenzung auf die wertmäßige Fortschreibung bzw. Rückrechnung des Vorratsbestandes führt dazu, dass der Bestand der Vorräte am Abschlussstichtag nicht nach Art und Menge festgestellt wird und damit auch nicht kontrolliert werden kann.

d) Permanente Inventur

Nach § 241 Abs. 2 HGB bedarf es bei der Aufstellung des Inventars einer körperlichen Bestandsaufnahme der Vorräte für den Schluss des Geschäftsjahres nicht, soweit durch Anwendung eines den GoI entsprechenden anderen Verfahrens gesichert ist, dass der Bestand der Vorräte nach Art, Menge und Wert auch **ohne die körperliche Bestandsaufnahme** zum Abschlussstichtag festgestellt werden kann. Ein solches Verfahren ist die permanente Inventur.

Die permanente Inventur ist eine Kombination aus körperlicher Bestandsaufnahme und buchmäßiger Wertfortschreibung der Vorräte. Die **Buchwerte der fortgeschriebenen Lagerbuchführung** können dem Inventar zugrunde gelegt werden, sofern die folgenden **Voraussetzungen** erfüllt sind:

- In der Lagerbuchführung sind alle Vorratsbestände und alle Zugänge und Abgänge einzeln nach Zeit, Art und Menge erfasst.
- Während eines Geschäftsjahres wird mindestens einmal durch körperliche Bestandsaufnahme geprüft, ob die Vorräte, die in der Lagerbuchführung ausgewiesen sind, mit den vorhandenen Vorratsbeständen übereinstimmen und bei festgestellten Abweichungen die Lagerbuchführung entsprechend berichtigt wurde.
- Die Durchführung und das Ergebnis der körperlichen Bestandsaufnahme sind durch Aufzeichnungsprotokolle belegt.

Die permanente Inventur hat den Vorteil, dass Leerzeiten im Lagerbereich während des Geschäftsjahres schrittweise zur Inventur der Lagerbestände genutzt werden können. Der Nachteil liegt u.a. in der späten Feststellung von Abweichungen zwischen Soll- und Istbestand der einzelnen Vorratsgegenstände zum Abschlussstichtag. Allerdings gilt dies auch für die Stichtagsinventur.

2. Verfahren der Stichprobeninventur

a) Stichprobenverfahren

Die Stichprobeninventur ist nach § 240 Abs. 2, § 241 Abs. 2 und 3 HGB für den Schluss des Geschäftsjahres eines Unternehmens vorzunehmen. Die Anwendung verlangt die Beachtung der GoB, die Verwendung anerkannter mathematisch-statistischer Methoden und im Ergebnis den gleichen Aussagewert, wie ein aufgrund einer körperlichen Bestandsaufnahme aufgestelltes Inventars.

Die **Voraussetzungen für** die Anwendung der Verfahren der **Stichprobeninventur** stellen sich wie im Folgenden angeführt dar.

- Vereinbarkeit mit den **Grundsätzen ordnungsmäßiger Buchführung**: Zu den GoB im Sinn der speziellen Ausprägung als GoI rechnen die bei Vornahme der Inventur zu beachtenden Grundsätze der **Vollständigkeit**, der **Einzelbewertung**, der **Richtigkeit** und der **Nachprüfbarkeit**. Es liegt auf der Hand, dass bei Anwendung von Stichprobenverfahren einzelne der angeführten Grundsätze nicht einhaltbar sind. Dies gilt vor allem für die Grundsätze der Vollständigkeit und der Einzelbewertung. Stichproben sind dadurch gekennzeichnet, dass sie nicht alle Elemente erfassen und gerade **keine Einzelbewertung** vornehmen.
- Vorliegen eines anerkannten **mathematisch-statistischen Verfahrens**: Als solches gilt jedes **Stichprobenverfahren, das wahrscheinlichkeitstheoretisch abgesichert ist**. Bei einem derartigen Verfahren ist es möglich, bei vorgegebenem Konfidenzniveau (Sicherheit) das Konfidenzintervall (Genauigkeit) eines auf der Basis der Stichprobenerhebung geschätzten bzw. getesteten gesamten Inventurwertes mit Hilfe wahrscheinlichkeitstheoretischer Methoden der Intervallschätzung bzw. des Tests anzugeben.

  Die Anerkennung als ein mathematisch-statistisches Stichprobenverfahren setzt voraus, dass die Stichprobenelemente zufällig aus der zuvor exakt abgegrenzten Grundgesamtheit ausgewählt werden (**Zufallsauswahl**). Dabei muss jedes Element der Grundgesamtheit eine von Null verschiedene und gleiche Wahrscheinlichkeit haben, in die Auswahl zu gelangen.

  Anerkannte mathematisch-statistische Stichprobenverfahren sind als **Schätzverfahren** u.a. die freie Mittelwertschätzung in der einfachen Zufallsstichprobe und in der geschichteten Zufallsstichprobe sowie die gebundenen Schätzverfahren, insbesondere die **Verhältnis-** und **Differenzenschätzung**. Anwendbare **Testverfahren** sind der Test über das Fehlerausmaß in der

Grundgesamtheit „Lagerbestand" als einfacher **Hypothesentest** und als **Sequentialtest**.

- Bezüglich der **Aussagenäquivalenz** folgert die h.M. dass hinsichtlich der Feststellung der am Abschlussstichtag vorhandenen Vorräte nach Art, Menge und Wert ein auf einer **Stichprobenerhebung** beruhendes Inventar dieselben Angaben enthalten muss wie ein **herkömmliches Inventar**. Daraus wird abgeleitet, dass die Anwendung von Stichprobenverfahren nur zulässig ist bei Vorliegen einer Bestandsbuchführung, die bei Nichtablehnung durch den Test das Inventar darstellt.

  Die Aussage entspricht nicht § 241 Abs. 1 Satz 3 HGB. Dieser verlangt, dass der **Aussagewert** einer Stichprobeninventur dem Aussagewert eines aufgrund einer körperlichen Bestandsaufnahme aufgestellten Inventars gleichkommt. Aus theoretischer Sicht ist bei Anwendung der freien Mittelwertschätzung und dem Test über das Fehlerausmaß eine Bestandsbuchführung nicht erforderlich.

Für die Durchführung der **Stichprobeninventur als Testverfahren** (Alternativtest) sind die folgenden Verfahrensschritte zu unterscheiden:

- Abgrenzung der **Grundgesamtheit**, d.h. eindeutige Bestimmung derjenigen Vorratsgruppe, für die der Wert der Bestandsbuchführung zum Abschlussstichtag unter Anwendung eines Testverfahrens geprüft werden soll.
- Bestimmung des **Elements** der Grundgesamtheit, d.h. der Größe, aus der sich die Grundgesamtheit zusammensetzt, z.B. das Stück oder der Artikel.
- Formulierung der **Hypothesen** mit der Nullhypothese „Die Bestandsbuchführung ist nicht über- und nicht unterbewertet" und der Gegenhypothese „Die Bestandsbuchführung ist wesentlich überbewertet bzw. die Bestandsbuchführung ist wesentlich unterbewertet".
- Festlegung der **Testfunktionen** für die Höchst- und Mindesthypothese.
- Bestimmung des **Stichprobenumfangs**. Sie erfolgt unter Beachtung der geforderten Sicherheit und des maximal zulässigen Fehlers (Genauigkeit);
- Vornahme der **Zufallsauswahl** und Erhebung der in die Auswahl gelangten Elemente der Grundgesamtheit.
- **Auswertung** der Auswahlelemente der Grundgesamtheit durch Ermittlung des tatsächlichen Wertes für jedes in die Auswertung gelangte Element, Gegenüberstellung mit dem entsprechenden Buchwert des Elements in der Bestandsbuchführung und Ermittlung der Testwerte für die Höchst- und Mindesthypothese.
- Bestimmung der **Ablehnungsbereiche** für die Nullhypothese und der Gegenhypothese jeweils für die Höchst- und Mindesthypothese.
- Prüfung, ob der Testwert (Testergebnis, Stichprobenergebnis) bei der Höchst- und der Mindesthypothese im Nichtablehnungsbereich der Nullhypothese liegt.

b) Sonderverfahren der Inventur

11) Einlagerungsinventur bei vollautomatischen Lagersystemen

Automatische Lagersysteme sind so entwickelt, dass mit der rechnergestützten Steuerung der Ein- und Auslagerungen der Vorräte eine **automatische Bestandsfortschreibung** im Sinn einer automatischen Bestandsbuchführung verbunden ist. Die Einlagerung der einzelnen Artikel erfolgt nach dem **Prinzip der Freiplatzregelung**.

Die **Einlagerung** wird in der Weise vorgenommen, dass eine bestimmte, durch eine Nummer zu identifizierende Palette jeweils nur gleiche Artikel mit bestimmten Stückzahlen enthält. Die **Palette** wird bei der Einlagerung **auf Richtigkeit und Vollständigkeit geprüft**. Hat sie bei der Einlagerung in das automatische Lagersystem den Lagerplatz (Freiplatz) erreicht, werden durch einen Rechner das Palettenkennzeichen (Nummer) und der Lagerort archiviert. Gleichzeitig wird der Buchbestand der Palette nach Art und Lagerort fortgeschrieben.

Die **Auslagerung** erfolgt durch **Entnahme der Palette**. Bei Verlassen des Lagerplatzes wird der Buchbestand der Palette nach Art und Lagerort bereinigt. Teilmengen des in der Palette zusammengefassten Artikels sind nur in der Weise entnehmbar, dass eine Auslagerung der gesamten Palette erfolgt. Von der Palette wird nach Auslagerung die erforderliche Teilmenge entnommen und der Restbestand des Artikels als neue Palette mit Bestandsfortschreibung neu eingelagert.

Der Bestand der Vorräte zum Abschlussstichtag kann dann aus dem automatischen Lagersystem und dessen Verbindung mit dem Buchführungssystem, aus dem sich die Bestandsfortschreibung ergibt, übernommen werden.

22) Systemgestützte Werkstattinventur

Bei Einsatz moderner Fertigungstechniken sind traditionelle Inventurverfahren vielfach nicht anwendbar. Dies gilt z.B. bei der Herstellung von Halbleitern. Sie **setzt eine kontinuierlich verlaufende Fertigung voraus**. Unterbrechungen, wie sie für die Durchführung der Inventur notwendig sind, stellen Eingriffe dar, die den Ablauf des Fertigungsverfahrens und das herzustellende Erzeugnis gefährden.

Die modernen Fertigungstechniken werden vielfach mit Hilfe rechnergestützter Produktionsplanungs- und Steuerungssysteme (**PPS-Systeme**) gesteuert. Es wird vorgeschlagen, die von dem PPS-System zur Verfügung gestellten Informationen neben der Fertigung zur systemgestützten Werkstattinventur zu verwenden.

Die **Vorräte im Werkstattbereich** sind dadurch gekennzeichnet, dass sie in einem oder in mehreren Fertigungsaufträgen gebunden sind. Dabei ist der Auftragsbestand in der Werkstatt fließend ist, so dass der Vorratsbestand zu einem bestimmten Zeitpunkt (Abschlussstichtag) nur über die zu diesem Zeitpunkt in Arbeit befindlichen Aufträge zu ermitteln ist. **Zur Auftragssteuerung liefert**

das PPS-System nach einem oder nach mehreren Arbeitsgängen eines Auftrages **eine Rückmeldung**. Mit der Rückmeldung über den Auftragsfortschritt kann das PPS-System Informationen bereitstellen, aus denen die für die Inventur der in der Werkstatt gebundenen Vorräte erforderlichen Daten abgeleitet werden können.

Als **notwendige Daten**, die das PPS-System zur Verfügung stellen muss, werden genannt: Typenbezeichnung (Artikelnummer), Auftragsnummer, Auftragseröffnungsdatum, Sollmenge des Auftrages, Istmenge ohne festgestellten Ausschuss, definierte Rückmeldepunkte, Arbeitsfortschritt entsprechend der Rückmeldung sowie fehlende Bauteile oder Stoffe.

Den **Werkstattbestand** bilden diejenigen Aufträge, die zum Inventurstichtag, d.h. dem Abschlussstichtag eines Unternehmens vorhanden sind. Die **Bewertung der Vorräte erfolgt nach dem Bearbeitungszustand**. Abhängig davon, ob das PPS-System die Bestandsdaten der Vorräte nur nach Art und Menge bereitstellt oder bereits Kosteninformationen enthält, wird die Bewertung der Vorräte im PPS-System durchgeführt.

3. Fremdverwahrte Vorräte

Werden Vorräte von Dritten verwahrt, kann der **Bestand** der Vorräte **von dem Eigentümer oder dem Dritten aufgenommen** werden. Die Inventuraufnahme erfolgt in beiden Fällen unter Anwendung der Inventur durch eines der oben angeführten Verfahren. Werden die Vorräte von dem **Verwahrer** aufgenommen, hat dieser dem Eigentümer ein Protokoll über die Inventuraufnahme und das Ergebnis der Inventur vorzulegen.

Einen **Sonderfall** der Inventuraufnahme stellen, wie oben unter der Stichtagsinventur angeführt, die **am Abschlussstichtag unterwegs befindlichen Vorräte** dar. Für sie kann weder eine Bestandsaufnahme erfolgen, noch liegt die Bestätigung eines Verwahrers vor. Stattdessen erfolgt die bestandsmäßige Erfassung der Vorräte an Hand von **Unterlagen**, z.B. Lieferscheine, Speditionspapiere oder Frachtbriefe.

II. Ansatz und Ausweis der Vorräte

1. Ansatz der Vorräte

Der Ansatz von Vorräten setzt voraus, dass es sich um **Vermögensgegenstände** im Sinn des § 246 Abs. 1 Satz 1 HGB handelt. Bezüglich der Vermögensgegenstandseigenschaft wird auf die Ausführungen zum Anlagevermögen verwiesen. Die Aktivierung von Vorräten setzt **wirtschaftliches Eigentum** des bilanzierenden Unternehmens voraus. Bei Vorräten ist wirtschaftlicher Eigentümer auch dasjenige Unternehmen, das ohne rechtliches Eigentum die tatsächliche Sachherrschaft über einen Vorratsgegenstand ausübt und dadurch der rechtliche Eigentümer von der Einwirkung auf den Vermögensgegenstand des Umlaufvermögens ausgeschlossen ist.

Auf wichtige **Beispiele des Auseinanderfallens von rechtlichem und wirtschaftlichem Eigentum** wurde oben bei der Darstellung des Ansatzes von Vermögensgegenständen des Anlagevermögens hingewiesen. Unter Beachtung des § 246 Abs. 1 Satz 2 und 3 HGB wird zur Ergänzung auf die folgenden, im Schrifttum angeführten Sachverhalte des Auseinanderfallens von rechtlichem und wirtschaftlichem Eigentum verwiesen. Typische Fälle sind:

- Erwerb unter **Eigentumsvorbehalt, Verpfändung an Dritte oder Übertragung als Sicherheit**: Vorräte, die von A unter Eigentumsvorbehalt erworben oder an Dritte verpfändet oder als Sicherheit übertragen wurden, sind nach § 246 Abs. 1 Satz 2 HGB in der Bilanz des Sicherungsgebers A anzusetzen.
- **Einkaufskommission** in Form von Vorräten des Kommissionärs B für Rechnung des Kommittenten B: Der Kommissionär B wird mit dem Einkauf rechtlicher Eigentümer der Vorräte. Wirtschaftlicher Eigentümer und damit bilanzierungspflichtig bleibt der Kommittent B.
- **Verkaufskommission** durch Überlassung von Vorräten an einen Kommissionär C durch den Kommittenten B: Dieser ist rechtlicher und wirtschaftlicher Eigentümer und damit bilanzierungspflichtig.

2. Ausweis und Gliederung der Vorräte

Der Gliederung der Vorräte in § 266 Abs. 2 B. I. HGB liegt die **Struktur eines Fertigungsbetriebs** zugrunde. Die Zuordnung von Vorräten zu den einzelnen Vorratsgruppen kann zu Problemen führen, wenn ein Fertigungsbetrieb mit mehrstufiger Fertigung nicht nur die **Endprodukte**, sondern auch **Zwischenprodukte** aus verschiedenen Fertigungsstufen an Dritte veräußert. In diesem Fall ist, sofern Anhaltspunkte für die Aufteilung vorhanden sind, der Vorratsbestand entsprechend der geplanten Verwendung den einzelnen Vorratsposten zuzuordnen.

Bestehen keine Anhaltspunkte für eine Zuordnung, soll nach h.M. eine Zusammenfassung der Posten „unfertige Erzeugnisse, unfertige Leistungen“ und „fertige Erzeugnisse und Waren“ zulässig sein. Tatsächlich verlangt § 266 Abs. 2 B. I. HGB einen **getrennten Ausweis der Posten**. Anhaltspunkte für die im Gesetz vorgeschriebene Zuordnung lassen sich in aller Regel finden.

a) Auszuweisende Vorratsposten

11) Roh-, Hilfs- und Betriebsstoffe

Roh-, Hilfs- und Betriebsstoffe sind Produktionsfaktoren, die bei der betrieblichen Leistungserstellung entweder unmittelbar in die hergestellten Erzeugnisse eingehen oder bei der Herstellung der Produkte bzw. bei der Erbringung der Dienstleistung verbraucht werden.

Für den Inhalt der Vorratsarten „Rohstoffe“, Hilfsstoffe“ „Betriebsstoffe“ gelten die im Folgenden angeführten Umschreibungen:

- **Rohstoffe** sind alle Stoffe, die in die hergestellten Erzeugnisse eingehen und deren Hauptbestandteil bilden. Dazu zählen sowohl Produkte der Urerzeugung, z.B. Erze, Kohle, Rohöl, Holz, Baumwolle und Häute, als auch Erzeugnisse vorgelagerter Produktionsstufen, die von anderen Unternehmen erworben und im eigenen Fertigungsprozess bearbeitet, verarbeitet oder eingebaut werden, z.B. Stahlbleche, Kupferbleche, Holz, Stoffe, und Plastik, sowie komplexe Produktteile, z.B. bei der Herstellung von Automobilen: Sitze, Armaturen, elektronische Teile oder Motoren.

- **Hilfsstoffe** sind alle Stoffe, die ebenso wie Rohstoffe in die hergestellten Erzeugnisse eingehen, aber nur untergeordnete Bedeutung haben, z.B. Nägel, Schrauben, Leim, Lacke und Farben. Zu den Hilfsstoffen zählt auch Verpackungsmaterial, das für die Verkaufsfähigkeit der Erzeugnisse oder Waren wesentlich und im Verkaufspreis enthalten ist. Dies gilt u.a. für die innere Verpackung von Produkten, z.B. für die Verpackung von Lebensmitteln, Einwegflaschen für Getränke und für Parfümflaschen.

- **Betriebsstoffe** sind alle Stoffe, die bei der Herstellung von Erzeugnissen verbraucht werden, aber keinen festen Bestandteil der Erzeugnisse bilden, z.B. Strom, Gas, Brennstoffe, Fette, Schmierstoffe und Reinigungsmaterial. Betriebsstoffe sind nicht nur die beim eigentlichen Fertigungsprozess verbrauchten Stoffe. Zu den Betriebsstoffen rechnen auch Stoffe, die in der Verwaltung oder im Vertrieb verbraucht werden, z.B. Heizöl, Büromaterial und Reinigungsmaterial für Büroräume.

22) Unfertige Erzeugnisse, unfertige Leistungen

(1) Unfertige Erzeugnisse: Zu den unfertigen Erzeugnissen zählen alle **Vorratsbestände**, bei denen bis zum Abschlussstichtag bereits **Herstellungskosten**, insbesondere in Form von **Fertigungs- und Materialeinzelkosten**, angefallen sind, deren Fertigung aber noch nicht beendet ist. Dabei ist der Begriff „Beendigung der Fertigung“ nach Auffassung im Schrifttum weit zu fassen, d.h., auch notwendige Lagerungen zur Erlangung der „Reife“ von Produkten sind der Fertigung zuzurechnen, z.B. bei den Endprodukten Spirituosen, Champagner, Portwein, Wein oder Käse. Aus dieser Sicht ist die Zuordnung von Vorräten von der Planung des Unternehmens abhängig.

Soll von einem abgefüllten Portwein ein Teil zehn, ein anderer Teil fünfundzwanzig und ein weiterer Teil fünfzig Jahre gelagert werden, so ist nach zehn Jahren der erste Teil ein fertiges Erzeugnis, die anderen Teile unfertige Erzeugnisse. Der Begriff **„unfertig“** lässt sich danach aus der Nichtauslieferbarkeit eines Erzeugnisses ableiten, der Begriff **„fertig“** aus der Auslieferbarkeit. Der für den Fertigungszustand vielfach verwendete Begriff der Verkaufsfähigkeit ist irreführend, da auch unfertige Erzeugnisse veräußerbar sind, was für viele Wirtschaftsbereiche sogar typisch ist.

Zu den unfertigen Erzeugnissen werden im Schrifttum auch **Abfälle** gerechnet, die in der Produktion entstanden sind und anderweitig in der Fertigung weiterverwertet werden. Dieser Zuordnung wird hier nicht gefolgt. Werden Abfälle aus einem Produktionsbereich eines Unternehmens bei der Fertigung eines anderen Bereichs eingesetzt, so sind sie abhängig von ihrem Wert entweder **Roh- oder Hilfsstoffe**. Sollen sie ohne weitere Bearbeitung veräußert werden, sind sie fertige Erzeugnisse. Letzteres gilt in der Regel für:

Unfertige Erzeugnisse können auch **immaterielle Vermögensgegenstände** des Umlaufvermögens des Unternehmens sein. Dies gilt z.B. für nicht fertig gestellte, für die Veräußerung an ein beauftragendes Unternehmen oder eine öffentlich rechtliche Organisation bestimmte EDV-Software.

(2) Unfertige Leistungen: Unter dem Bilanzposten des § 266 Abs. 2 B. I. 2. HGB sind neben den unfertigen Erzeugnissen unfertige Leistungen auszuweisen. Es handelt sich um Leistungen des bilanzierenden Unternehmens gegenüber Dritten, die am Abschlussstichtag bereits begonnen, aber noch nicht abgeschlossen sind.

(3) Der Posten „unfertige Erzeugnisse, unfertige Leistungen" beinhaltet **Vermögensgegenstände mit unterschiedlichem rechtlichem Gehalt**. Im Gegensatz zu unfertigen Erzeugnissen bei Werklieferungsvertrag nach § 651 BGB, handelt es sich bei unfertigen Leistungen rechtlich nicht um Sachen, sondern um Rechte aus Werkverträgen nach §§ 631 ff. BGB, bei denen das zugesagte Werk noch nicht hergestellt bzw. fertiggestellt ist.

33) Fertige Erzeugnisse und Waren

(1) Fertige Erzeugnisse: Sie liegen vor, wenn Gegenstände des Vorratsvermögens, an denen ein Herstellungsvorgang stattgefunden hat, **auslieferungsbereit oder versandfertig** sind.

Zu den fertigen Erzeugnissen rechnen auch **Zwischenprodukte**, die bei dem gegebenen Fertigungsstand von dem Fertigungsunternehmen nicht weiterverarbeitet, sondern für ein Auftragsunternehmen weiterveräußert werden sollen, z.B. Fertigungsteile in der Automobil- und Maschinenbauindustrie, die nicht als Materialeinzelkosten in die herzustellenden Produkte des Unternehmens eingehen, sondern ohne weitere Bearbeitung als (fertige) Ersatzteile an die Händler geliefert werden sollen.

Fertige Erzeugnisse sind auch **Abfallstoffe**, die bei der Herstellung entstehen und an Dritte weiterveräußert werden, z.B. verbleibende Reste bei der Verarbeitung von Kupferblechen oder Kupferkabeln, Lederreste bei der Fertigung von Möbel und Personenwagen.

(2) Waren: Sie sind Gegenstände des Vorratsvermögens, die von dem bilanzierenden Unternehmen nicht oder nur geringfügig bearbeitet werden, und die zur Weiterveräußerung an Dritte bestimmt sind. Waren sind auch Vermögensgegenstände, die als selbständiges Zubehör zu den von einem Unternehmen ausgelieferten Fertigerzeugnissen veräußert werden, z.B. Zubehör bei der Auslieferung von Computern oder von Kraftfahrzeugen.

b) Zuordnungsprobleme

In Einzelfällen können sich Zuordnungsprobleme zu den in Betracht kommenden Posten des Umlaufvermögens ergeben. Sie betreffen die im Folgenden angeführten Sachverhalte.

Zuordnung von Vorräten zu Roh-, Hilfs- und Betriebsstoffen bzw. zu Waren: Die Zuordnung gilt, wenn Vorräte angeschafft werden, die teilweise für die eigene Fertigung verwendet und zum Teil ohne Be- oder Verarbeitung an Dritte weiterveräußert werden. **Zuordnungskriterium** ist die **von dem Unternehmen beabsichtigte Verwendung** der am Abschlussstichtag vorhandenen Bestände. Kauft z.B. ein Automobilunternehmen Reifen ein, so können die Reifen für die zu fertigenden Automobile oder als Ersatzteile für früher hergestellte und bereits genutzte Automobile verwendet werden. Im erstgenannten Fall sind die Reifen „Rohstoffe", im zweitgenannten Fall „Waren".

Zuordnung einzelner Vermögensgegenstände: Die Zuordnung betrifft Waren und sonstigen Vermögensgegenständen. Unter **Waren** sind nach Auffassung des Schrifttums nur Vermögensgegenstände aufzunehmen, die **innerhalb des typischen Absatzprogramms** des Unternehmens liegen. Außerhalb dieses Programms liegende Vermögensgegenstände, z.B. im Rahmen von Kompensationsgeschäften angeschaffte Waren, sollen danach nicht unter den Vorräten als Waren, sondern unter dem Posten „sonstige Vermögensgegenstände" ausgewiesen werden. Entsprechend sollen die als Gegenbuchung in der GuV anzusetzenden Erträge nicht unter dem Posten „Umsatzerlöse" sondern unter dem Posten „sonstige betriebliche Erträge" ausgewiesen werden. Der Übergang von typischen Vermögensgegenständen und normalem Absatzprogramm ist fließend, so dass auch die Zuordnung fließenden Charakter hat.

III. Bewertung der Vorräte

1. Zugangsbewertung der Vorräte

a) Anschaffungskosten der Vorräte

Die Anschaffungskosten von Vorräten werden ermittelt nach § 255 Abs. 1 HGB. Sie sind nur solche **Aufwendungen**, die unmittelbar dem **Zweck der Anschaffung** der Vorratsgegenstände dienen. Diese sind nach wirtschaftlichen Grundsätzen zu ermitteln, wonach die Aufwendungen dazu bestimmt sind, die Vorratsgegenstände zu erwerben.

Zu den Anschaffungskosten zählen darüber hinaus die Aufwendungen, die beleistet werden, um den Vermögensgegenstand in einen betriebsbereiten Zustand zu versetzen, z.B. die einzelnen Teile für den Verkauf zu montieren (z.B. IKEA).

Im Einzelnen wird auf die Ausführungen zu den Anschaffungskosten im Ersten Teil unter „Grundlagen der Bilanzierung" verwiesen. Entsprechendes gilt für anschaffungsähnliche Vorgänge.

b) Herstellungskosten der Vorräte

Herstellungskosten von Vorräten sind nach § 255 Abs. 2 Satz 1 HGB die Aufwendungen, die durch den Verbrauch von Gütern und die Inanspruchnahme von Diensten für Herstellungsvorgänge entstehen.

Maßgeblicher Vorgang der Fertigung ist die Herstellung des Unternehmens von neuen Vorratsarten durch Be- oder Verarbeitung. Der für die **Herstellung eingesetzte Fertigungsprozess** bewirkt eine **Wertumschichtung** (Wertumformung). Roh-, Hilfs- und Betriebsstoffe werden im Rahmen des betrieblichen Fertigungsprozesses durch Einsatz von menschlicher Arbeitskraft und von Betriebsmitteln in unfertige und fertige Erzeugnisse (Vorräte) oder in selbst erstellte Vermögensgegenstände des Anlagevermögens (Eigenleistungen des Unternehmens) umgewandelt.

Der **Herstellungsvorgang von Vorräten** kann sich vollziehen in:

- dem bilanzierenden Unternehmen als **Eigenherstellung;** oder
- einem anderen Unternehmen als **Fremdherstellung**; letztere besteht bei Auftragsfertigung, wenn das bilanzierende Unternehmen wirtschaftlicher Eigentümer des von einem Dritten hergestellten unfertigen oder fertigen Erzeugnisses (Vorräte) ist.

Der **Begriff „Herstellung"** im Sinn des § 255 Abs. 2 Satz 1 HGB wird **weit gefasst**. Herstellung umfasst nicht nur die produktionstechnischen Vorgänge, sondern auch die Planungs- und Vorbereitungsmaßnahmen, z.B. die Vorbereitung des Fertigungsvorgangs oder die Einrichtung einer Baustelle. Zur Herstellung rechnet auch die Beschaffung und Lagerung der für die Fertigung benötigten Roh-, Hilfs- und Betriebsstoffe.

Herstellungsvorgänge im Sinn des § 255 Abs. 2 Satz 1 HGB sind:

- die erstmalige Fertigung eines Vermögensgegenstandes (Vorrat);
- die Erweiterung eines vorhandenen Vermögensgegenstandes (Vorrat); und
- die wesentliche Verbesserung eines vorhandenen Vermögensgegenstandes (Vorrat).

Nach dem der Bewertung zugrunde zu legenden **pagatorischen Kostenbegriff** erfolgt die Bewertung des Verbrauchs der Produktionsfaktoren zum netto **Auszahlungsbetrag**. Die bei Herstellung eines Vermögensgegenstandes durch den Verbrauch von Gütern und Diensten entstehenden Aufwendungen (Herstellungskosten) sind, ebenso wie die Anschaffungskosten, grundsätzlich **pagatorisch** (zahlungsorientiert).

Die in der Kostenrechnung vielfach diskutierten und begründeten **kalkulatorischen Kosten** gehen grundsätzlich nicht in die Herstellungskosten nach § 255 Abs. 2 Satz 1 ein. Nach h.M. gilt dies generell. Das Konzept der Zugrundelegung ausschließlich pagatorischer Kosten wird jedoch in Einzelfällen durch Abstellen auf kalkulatorische Kosten durchbrochen.

2. Folgebewertung der Vorräte

a) Niederstwertprinzip bei der Vorratsbewertung

Für die Bewertung von Vorräten in der Bilanz gilt das strenge Niederstwertprinzip. Es besagt, dass beim Buchwert eines Vorrates, der über dem beizulegenden Zeitwert des Vorrates liegt, eine Abschreibung auf den niedrigeren beizulegenden Zeitwert vorzunehmen ist. Die Verpflichtung ergibt sich aus § 253 Abs. 4 HGB. Er verlangt, dass bei Vermögensgegenständen des Umlaufvermögens außerplanmäßige Abschreibungen vorzunehmen sind, um die Vermögensgegenständen mit dem niedrigeren beizulegenden Zeitwert anzusetzen.

b) Beizulegender Zeitwert bei der Vorratsbewertung

Das strenge **Niederstwertprinzip** im Sinn des § 253 Abs. 4 HGB ist **stichtagsbezogen**. Maßgeblich ist der dem Vorrat beizulegende Zeitwert zum Abschlussstichtag. Für die Wertermittlung gilt das **Wertaufhellungsprinzip**, nach dem Erkenntnisse über den beizulegenden Zeitwert eines Vorratsgegenstandes zum Abschlussstichtag nicht nur zu berücksichtigen sind, wenn sie zu diesem Zeitpunkt bekannt sind. Erkenntnisse über den beizulegenden Zeitwert eines Vorratsgegenstandes sind auch dann in die Bewertung einzubeziehen, wenn sie nach dem Bilanzstichtag bis zum Tag der Aufstellung des Jahresabschlusses bekannt geworden sind.

Die **Ermittlung des beizulegenden Zeitwertes** regelt der durch das BilMoG neu eingeführte § 255 Abs. 4 HGB. Danach entspricht der beizulegende Zeitwert dem Marktpreis. Bei der Bestimmung des Marktpreises am Abschlussstichtag als niedrigerer beizulegender Zeitwert im Sinn des § 255 Abs. 4 Satz 1 HGB lässt das Gesetz ebenso wie die bisherige Regelung offen, ob der **Preis des Beschaffungs- oder des Absatzmarktes** zugrunde zu legen ist. Die h.M. stellt bezüglich der Maßgeblichkeit des Beschaffungs- bzw. Absatzmarktes für die einzelnen Vorräte auf die folgenden im Gesetz **nicht angeführten Regeln** ab. Danach soll gelten:

- **Roh-, Hilfs- und Betriebsstoff** wird **inputorientiert** ausgelegt. Daraus folgt, maßgeblich ist der Preis des Beschaffungsmarktes.
- **Unfertige und fertige Erzeugnisse** werden **outputorientiert** ausgelegt. Aus diesem Ansatz folgt, dass zur Wertbestimmung maßgeblich auf den Preis des Absatzmarktes abzustellen ist. Soweit neben der Eigenerstellung auch Fremdbezug eines Erzeugnisses möglich ist, kommt es auf den Beschaffungsmarkt an. Soweit es sich um Überbestände an unfertigen und fertigen Erzeugnissen handelt, sind die Erzeugnisse mit dem niedrigeren Zeitwert aus dem Beschaffungs- und Absatzmarkt maßgeblich.
- **Handelswaren** werden **input- und outputorientiert** ausgelegt. Daraus folgt, maßgeblich ist der niedrigere beizulegende Zeitwert aus Beschaffungs- und Absatzmarkt.

Der **beizulegende Zeitwert** ist nach dem RegE zum BilMoG (BT-Drucks 16/10067 S. 61) der Marktpreis. Er wird als an einem aktiven Markt ermittelt angesehen, wenn er an einer Börse, von einem Händler, von einer Branchengruppe oder von einer Aufsichtsbehörde leicht und regelmäßig erhältlich ist und auf aktuellen und regelmäßig auftretenden Markttransaktionen zwischen unabhängigen Dritten beruht. Das Vorhandensein eines öffentlich notierten Marktpreises eines Vorratsgegenstandes ist der bestmögliche objektive Hinweis für den beizulegenden Zeitwert. Maßgebend ist der **notierte Marktpreis**.

Der niedrigere beizulegende Zeitwert wird nach traditioneller Auffassung wie folgt errechnet:

- bei **fertigen Erzeugnissen** aus dem **Nettoverkaufspreis**, d.h. aus dem Marktpreis als Verkaufspreis eines Vorrates abzüglich der bei der Veräußerung anfallenden Kosten;
- bei **unfertigen Erzeugnissen** gleichfalls aus dem Nettoverkaufspreis, d.h. jedoch aus dem Marktpreis eines Vorrates als Verkaufspreis abzüglich der bis zur Veräußerung noch anfallenden Fertigungskosten des Vorrates zuzüglich der bei der Veräußerung anfallenden Kosten.

Für **Vorräte** in der Form fertiger und unfertiger Erzeugnisse gilt der **Grundsatz der verlustfreien Bewertung**. Danach darf der Wert eines Erzeugnisses in der Bilanz nicht höher sein als der Marktpreis im Sinn des Bruttoverkaufspreises abzüglich der bis zur Veräußerung noch anfallenden Herstellungskosten und der bei der Veräußerung anfallenden Kosten.

Nach der Neufassung des § 255 Abs. 2 HGB durch das BilMoG lassen sich als Gruppen von Bestandteilen der Herstellungskosten anführen:

- **Pflichtbestandteile** als Einzelkosten und variable Gemeinkosten;
- **Wahlbestandteile** als angemessene Teile der fixen Gemeinkosten soweit sie auf den Zeitraum der Herstellung entfallen.

3. Bewertungsvereinfachungsverfahren bei Vorräten

Abhängig von der Zuordnung der **Vermögensgegenstände des Vorratsvermögens** zu im Gesetz vorgegebenen **Gruppen** können für die Bewertung von Vorräten die in § 256 HGB genannten Verfahren, die durch das BilMoG in geringem Umfang und nur bei der Zulassung von Verbrauchsfolgeverfahren eingeschränkt wurden. Das Bewertungsvereinfachungsverfahren gilt für:

- gleichartige Gegenstände des Vorratsvermögens die **Verbrauchsfolgeverfahren** nach § 256 Satz 1 HGB;
- Roh-, Hilfs- und Betriebsstoffe die **Festbewertung** nach § 256 Satz 2 i.V.m. § 240 Abs. 3 HGB; und
- gleichartige Gegenstände des Vorratsvermögens die **Gruppenbewertung** nach § 256 Satz 2 i.V.m. § 240 Abs. 4 HGB.

a) Verbrauchsfolgeverfahren bei der Vorratsbewertung

Nach den Verbrauchsfolgeverfahren des mit dem BilMoG eingeschränkten § 256 Satz 1 HGB kann an Stelle der tatsächlichen Verbrauchsfolge von Vorräten vereinfachend eine **fiktive Verbrauchsfolge** unterstellt werden. Die Vorschrift beinhaltet eine Beschränkung, nach der die Verbrauchsfolge den GoB entsprechen zu entsprechen hat. Was darunter im Einzelnen zu verstehen ist, sagt das Gesetz nicht. Im Schrifttum besteht Einigkeit, dass ein Abweichen der fiktiven von der tatsächlichen Verbrauchsfolge von Vorräten nicht den GoB widerspricht, was bedeutet, dass falsche Bewertung den Bewertungsgrundsätzen entsprechen kann.

Nach § 256 Satz 1 HGB ist die Anwendung von Verbrauchsfolgeverfahren nur für **gleichartige Gegenstände** des Vorratsvermögens zulässig. Der Begriff der Gleichartigkeit von Vorräten wird durch die Merkmale der Zugehörigkeit zur gleichen Warengattung (**Gegenstandsgleichheit**) oder der Gleichheit der Verwendbarkeit (**Funktionsgleichheit**) bestimmt.

Im Schrifttum wird als weiteres Merkmal der Gleichartigkeit von Vorräten „**annähernde Preisgleichheit**" verlangt. Die Auffassung widerspricht dem Gesetzeswortlaut. Unterschiedliche Preise können allerdings ein Indiz dafür sein, dass bei Vorräten gleicher Warenkategorie, z.B. der Kategorie „Auto" oder der Kategorie „Armbanduhr", eine eindeutig unterschiedliche Warengattung und damit keine Gleichartigkeit der Vorräte besteht. Es liegt damit an der **Abgrenzung der Warengattungen innerhalb** einer gegebenen **Warenkategorie**, die Gleichartigkeit zu definieren. Bei der Abgrenzung der Warengattungen spielt vielfach der **Preis** eine bedeutende Rolle. Ein abweichender Preis stellt ein Indiz für unterschiedliche Qualitätsmerkmale von Vorräten und eine nicht bestehende Gleichartigkeit dar.

Die Neuformulierung des § 256 Satz 1 HGB durch das BilMoG schränkt gegenüber der bisherigen Regelung die **anwendbaren Verbrauchsfolgeverfahren** auf das **Fifo**-Verfahren (first in - first out) mit der Annahme, dass die zuerst eingegangenen Vorräte einer Warengruppe zuerst weiterveräußert werden, und das **Lifo**-Verfahren (last in - first out) mit der Annahme, dass die zuletzt eingegangenen Vorräte in der Form des permanenten Lifo und des Perioden-Lifo zuerst veräußert werden, ein.

Weitere Verfahren, wie das **Hifo**-Verfahren, das **Kifo**-Verfahren und das Kilo-Verfahren, die bisher im Schrifttum breit diskutiert und umstritten waren, wurden mit dem BilMoG ausgeschlossen.

b) Festwertverfahren für Roh-, Hilfs- und Betriebsstoffe

Der Anwendungsbereich des Festwertverfahrens umfasst neben den Gegenständen des **Sachanlagevermögens** nach § 256 Satz 2 i.V.m. § 240 Abs. 3 HGB die Gegenstände des Vorratsvermögens, die zur Gruppe der **Roh-, Hilfs- oder Betriebsstoffe** zählen.

Die **Voraussetzungen für die Anwendung** des Festwertverfahrens werden in § 240 Abs. 3 HGB angeführt. Sie stellen sich wie folgt dar:

- regelmäßiger Ersatz der Roh-, Hilfs- oder Betriebsstoffe;
- nachrangige Bedeutung ihres Gesamtwertes für das Unternehmen; und
- geringe Bestandsveränderung in seiner Größe, seinem Wert und seiner Zusammensetzung.

Das Festwertverfahren hat vor allem Bedeutung für die **Bewertung von Vermögensgegenständen des Sachanlagevermögens**. Die Anwendung des Festwertverfahrens auf Vermögensgegenstände der **Roh-, Hilfs- und Betriebsstoffe** ist i.d.R. auf wenige Arten von Vorräten, die die obigen Voraussetzungen erfüllen, begrenzt. Im Schrifttum werden als Beispiele für die Festbewertung von Vorräten Brennstoffe, z.B. Gas und Heizöl sowie Ersatzteile und Kleinmaterialien angeführt. Unterschiede bestehen abhängig vom Zeithorizont:

- Für die **erstmalige Festwertbildung** von **Roh-, Hilfs- und Betriebsstoffen** wird eine körperliche Bestandsaufnahme verlangt. Die dabei ermittelten Mengen der einzelnen Arten oder Gruppen von Vorräten sind mit den Anschaffungskosten oder dem niedrigeren beizulegenden Zeitwert zu bewerten.
- Für die **Folgeperioden** kann der sich aus der Erstbewertung der **Roh-, Hilfs- und Betriebsstoffe** ergebende Wert als Festwert so lange beibehalten werden, wie der Bestand der zu dem Festwert bewerteten Roh-, Hilfs- und Betriebsstoffe in Größe, Wert und Zusammensetzung nur geringfügigen Veränderungen unterliegt.

Nach § 240 Abs. 3 Satz 2 HGB ist alle drei Jahre eine **körperliche Bestandsaufnahme** durchzuführen. Weicht der dabei festgestellte Wert der Vorräte von deren Festwert der Vorperiode ab, bildet der im Rahmen der körperlichen Bestandsaufnahme ermittelte Wert der erfassten Roh-, Hilfs- und Betriebsstoffe den neu anzusetzenden Festwert.

Änderungen des Festwertes sind weiterhin vorzunehmen bei wesentlichen Änderungen in der Zusammensetzung des Bestandes und der Abschreibungen auf die Roh-, Hilfs- und Betriebsstoffe.

c) Gruppenbewertungsverfahren bei gleichartigen Vorräten

Das Verfahren der Gruppenbewertung umfasst nach § 256 Satz 2 i.V.m. § 240 Abs. 4 HGB **gleichartige Vermögensgegenstände des Vorratsvermögens** sowie andere gleichartige oder annähernd gleichwertige bewegliche Vermögensgegenstände und Schulden. Sie können jeweils zu einer Gruppe zusammengefasst und mit dem gewogenen Durchschnittswert angesetzt werden. Bezüglich des Begriffs der Gleichartigkeit wird auf obige Ausführungen verwiesen.

Die Gruppenbewertung erfolgt nach § 240 Abs. 4 HGB wie angeführt zum **gewogenen Durchschnittswert**. Zulässige Verfahren sind die Bildung der einfach und der gleitend gewogenen Durchschnittswertbildung:

- Beim **einfach gewogenen Durchschnittswert** werden die Anfangsbestands- und Zugangsmengen der gruppenbewerteten gleichartigen Vermögensgegenstände des Vorratsvermögens jeweils mit den Anschaffungs- oder Herstellungskosten pro Einheit multipliziert, der Gesamtpreis durch die Gesamtmenge dividiert.

  Das Verfahren in dem angeführten Sinn wird als nicht zulässig angesehen, wenn der Bestand der gruppenbewerteten, gleichartigen Vermögensgegenstände während des Jahres verbraucht wurde. Dann soll die einfach gewogene Durchschnittswertbildung nur auf die Neuzugänge angewandt werden.

- Bei der **gleitenden gewogenen Durchschnittswertbildung** wird der Bestand der gruppenbewerteten, gleichartigen Vermögensgegenstände des Vorratsvermögens laufend zu gewogenen Durchschnittspreisen bewertet und mit jedem Zugang und Abgang ein neuer Durchschnittswert ermittelt. Nach Auffassung im Schrifttum entspricht das Verfahren wegen seiner aufwendigen Rechenmethode nicht dem Zweck der Gruppenbewertung als Vereinfachungsregelung. Die Aussage ist bei moderner Bestandsführung in einem Unternehmen nicht nachvollziehbar.

4. Zuschreibungen bei der Vorratsbewertung

Sind bei Vorräten Abschreibungen nach § 253 Abs. 4 HGB vorgenommen worden, und stellt sich in einem späteren Geschäftsjahr heraus, dass die Gründe für die Abschreibungen entfallen sind, darf in dem eher seltenen Fall, dass die in der Vorperiode abgeschriebenen Vermögensgegenstände des Vorratsvermögens zum Abschlussstichtag noch vorhanden sind, nach § 253 Abs. 5 Satz 1 HGB der **niedrigere Wertansatz nicht beibehalten** werden, wenn die ursprünglichen Gründe für die zuvor vorgenommenen Abschreibungen nicht mehr bestehen. Der Betrag der vorgenommenen Abschreibungen ist dem Vorrat als Werterhöhung zuzuschreiben.

5. Bewertung der Vorgänge bei langfristiger Fertigung

a) Begriff der langfristigen Fertigung

Unter langfristiger Fertigung versteht man einen **Herstellungsprozess**, der sich **auf mehrere Geschäftsjahre** erstreckt. Typisch für die langfristige Fertigung sind Großprojekte als Auftragsfertigung, wie die Herstellung von Raffinerien, Kraftwerke, Kernkraftwerke, Stauanlagen, Brücken, Pipelines, Tunnel, Straßen, oder Hochhäuser. Vielfach ist die langfristige Fertigung durch die Zusammenfassung eines Konsortiums mehrerer Unternehmen aus dem nationalen und internationalen Bereich gekennzeichnet.

Probleme der langfristigen Fertigung sind in erster Linie die **Bewältigung von Organisations- und Steuerungsproblemen** des Projektes, die Steuerung der finanziellen Mittel für den Gesamtkomplex der involvierten Unternehmen und die Bewältigung der mit dem Projekt verbundenen Risiken.

b) Bewertung als Gewinnrealisierung und Auftragsverfahren

Aus bilanzieller Sicht ist das Kernproblem der langfristigen Fertigung die Festlegung des Zeitpunktes zu dem der Gewinn bzw. Verlust aus dem über mehrere Perioden gefertigten Produktes auszuweisen ist. Bei strenger Betrachtung erfolgt der Ausweis unter Beachtung des § 252 Abs. 1 Nr. 4 zweiter Halbsatz HGB sind **Gewinne erst zu berücksichtigen**, wenn sie **realisiert** sind.

Die **Realisation** setzt aber voraus, dass eine Lieferung vollzogen und der Gefahrenübergang von dem herstellenden Unternehmen auf den Auftraggeber übergegangen ist. Bei langfristiger Fertigung ist dies erst bei Abnahme der gefertigten Großanlage der Fall. In den vorhergehenden Perioden der Fertigung ist danach bei strenger Betrachtung ein (auch nur anteiliger) Gewinn nicht realisiert und damit nicht in der Bilanz und der GuV ansetzbar. Ein festgestellter Verlust ist dagegen aufgrund des **Imparitätsprinzips** auch in den Vorperioden der Fertigung in der GuV des Herstellerunternehmens anzusetzen.

Die **IFRS** heben das Realisations- und Imparitätsprinzip in der Weise auf, dass dem mehrjährigen Fertigungsauftrag Gewinne vor der vollständigen Fertigstellung und Übertragung der fertiggestellten Anlage periodenbezogene Aufwendungen und Erträge zugeordnet werden. Für deren Ermittlung werden nach IAS 11.3 die folgenden Auftragsverfahren unterschieden:

- Der **Fertigungsauftrag** (construction contract) als ein Vertrag über die kundenspezifische Fertigung einzelner Vermögensgegenstände oder einer Anzahl von Vermögensgegenständen, die hinsichtlich Design, Technologie und Funktion oder hinsichtlich ihrer Verwendung aufeinander angestimmt oder voneinander abhängig sind.
- Der **Fertigungsvertrag** (fixed price contract) als ein Fertigungsauftrag, für den der Auftragnehmer einen festen Preis bzw. einen festgelegten Preis pro Fertigungseinheit vereinbart, wobei diese an eine Preisgleitklausel gekoppelt sein können.
- Der **Kostenzuschlagsvertrag** (cost plus contract) als ein Fertigungsauftrag, bei dem der Auftragnehmer abrechenbare oder anderweitig festgelegte Kosten zuzüglich eines vereinbarten Prozentsatzes dieser Kosten oder ein festes Entgelt vergütet bekommt.

c) Erfassung von Auftragserlösen und Auftragsaufwendungen

Ist der Ertrag des Fertigungsauftrages zuverlässig zu schätzen, sind nach IAS 11.22 die Auftragserlöse und Auftragsaufwendungen, sofern voraussichtlich ein Gewinn entsteht, in Verbindung mit dem Fertigungsauftrag entsprechend dem Leistungsfortschritt am Abschlussstichtag jeweils auf Erlöse und Aufwendungen zu erfassen. Ist es wahrscheinlich, dass die gesamten Auftragskosten die gesamten Auftragserlöse übersteigen, sind die erwarteten Verluste nach IAS 11.36 sofort als Aufwand anzusetzen.

Bezüglich der angeführten zuverlässigen Schätzung des Ergebnisses aus dem Fertigungsauftrag ist nach IAS 11. 23,24 zwischen **Festpreisvertrag** und **Kostenzuschlagsvertrag** zu unterscheiden:

Bei **Abschluss eines Festpreisvertrages** kann das Ergebnis eines Fertigungsauftrages **zuverlässig geschätzt** werden, wenn die folgenden Kriterien sämtlich erfüllt sind:

- Die gesamten Auftragserlöse können zuverlässig bewertet werden.
- Es ist wahrscheinlich, dass der wirtschaftliche Nutzen aus dem Vertrag dem Unternehmen zufließt.
- Sowohl die bis zur Fertigstellung des Auftrages noch anfallende Kosten als auch der Grad der erreichten Fertigstellung können am Bilanzstichtag zuverlässig bewertet werden.
- Die dem Vertrag zurechenbare Aufwendungen können eindeutig bestimmt und zuverlässig geschätzt werden, so dass die bislang entstandenen Aufwendungen mit früheren Schätzungen verglichen werden können.

Bei **Abschluss eines Kostenzuschlagsvertrages** kann das Ergebnis eines Fertigungsauftrages zuverlässig geschätzt werden, wenn die folgenden Kriterien erfüllt sind:

- Es ist wahrscheinlich, dass der wirtschaftliche Nutzen aus dem Vertrag dem Unternehmen zufließt.
- Die dem Vertrag zurechenbaren Auftragsaufwendungen können eindeutig bestimmt und zuverlässig bewertet werden, unabhängig davon, ob sie gesondert abrechenbar sind.

Beispiel 16: Anschaffungskosten in Fremdwährung

Der Elektronikhändler E GmbH mit Sitz in Deutschland hat am 15.12.09 einen Vertrag über den Kauf von 1.000 PC zum Preis von zusammen 800 Tsd. US-$ bei einem Devisenkurs von 1 € = 0,82 US-$ mit den folgenden Bedingungen abgeschlossen: Lieferzeit 1.4.10, Zahlung 1.6.10.

Am 31.12.09 ist bei gleichem Stückpreis in US-$ der Devisenkurs 1 € = 0,92 US-$. Zur Absicherung des Währungsrisikos schließt die A AG am 15.2.10 ein Devisentermingeschäft über den Kauf von 800 Tsd. US-$ auf den Lieferzeitpunkt zu einem Kurs von 1 € = 0,95 US-$ ab. Zum Zeitpunkt der Lieferung 1.4.10 ist der Devisenkurs für 1 € = 1,02 US-$.

Bis zum 31.12.10 wurden 700 PC zu einem Stückpreis von 900 € veräußert, 300 PC sind im Lagerbestand. Zum 31.12.10 ist davon auszugehen, dass vergleichbare PCs einen Wiederbeschaffungspreis von 700 US-$ pro Stück bei einen Verkaufspreis von 780 € pro Stück haben. Der Devisenkurs zum 31.12.10 ist 1 € = 1,30 US-$.

1. Es sind die Anschaffungskosten der PC und die aus dem Erwerb entstandenen Verbindlichkeiten der E GmbH zu ermitteln.

2. Es ist der Jahresabschluss der E GmbH bezüglich des PC-Geschäfts zum 31.12.10 darzustellen, wobei zu berücksichtigen ist, dass die Auszahlungen für den Erwerb der PCs und die Einzahlungen aus ihrem Verkauf über ein Kreditinstitut abgewickelt wurden.

Beispiel 17: Anschaffungskosten mit Gesamtpreis und zinslosem Kredit

Die A AG erwirbt am 1.7.10 eine Holzbearbeitungsmaschine mit gleichzeitigem Erwerb von Eichenholz zu einem Gesamtpreis von 1.300 Tsd. € unter Einräumung eines zinslosen Lieferantenkredites über einen Zeitraum von 5 Jahren. Der Kapitalmarktzins ist 6 %. Der Listenpreis der Maschine ist zum Lieferungszeitpunkt 900 Tsd. €, der Listenpreis des Holzes 100 Tsd. €. Für die Maschine wird eine voraussichtliche Nutzungsdauer von 10 Jahren angenommen bei linearer Abschreibung.

Zum Abschlussstichtag 31.12.10 ist der Listenpreis der Maschine 750 Tsd. €, der Listenpreis für das Holz 75 Tsd. €. Es kann mit großer Wahrscheinlichkeit davon ausgegangen werden, dass beide Preise in Zukunft erheblich ansteigen werden.

1. Es sind zum Zweck der späteren Bilanzierung der A AG die getrennten Anschaffungskosten der erworbenen Maschine und des erworbenen Holzes zum 1.7.10 zu bestimmen. Zudem ist zu prüfen, ob bei der notwendigen Festlegung der getrennten Einzelpreise ein Bewertungswahlrecht besteht.

2. Es ist die Bilanzierung der Maschine und des Holzes zum 31.12.10 aufzuzeigen.

3. Es ist die Bilanzierung der Maschine und des Holzes zum 31.12.10 für den Fall aufzuzeigen, dass von einer dauernden Wertminderung der Maschine und des Holzes ausgegangen werden kann.

Beispiel 18: Herstellungskosten

Die C AG produziert ausschließlich ein Produkt. Von den im Jahr 10 hergestellten 25.000 Stück des Produktes wurden 19.000 Stück zum Preis von 200 € pro Stück abgesetzt. Zu den entstandenen Aufwendungen stehen folgende Daten zur Verfügung:

- Materialaufwand 100 € pro Stück;
- Löhne und Gehälter im Fertigungsbereich zusammen 500.000 €;
- Angemessene Teile der notwendigen Gemeinkosten des Material- und Fertigungsbereichs, die auf den Zeitraum der Herstellung entfallen und im Materialbereich 246.000 €, im Fertigungsbereich 310.000 € betragen;
- Abschreibungen auf die Fertigungsanlage 900.000 € p.a., bei maximaler Auslastung können mit der Anlage 35.000 Stück des Produktes pro Jahr produziert werden, die bisherige durchschnittliche Auslastung lag bei 30.000 Stück pro Jahr;
- Aufwendungen für die allgemeine Verwaltung, die auf den Zeitraum der Herstellung entfallen 540.000 €;
- Aufwendungen für den Vertrieb 584.000 €.

Für die im Jahr 10 nicht abgesetzten Produkte wird mit einer Veräußerung im Jahr 11 zu einem Preis von 190 € pro Stück bei anfallenden Vertriebskosten von 30 € pro Stück gerechnet.

1. Es sind die Ober- und Untergrenze der Herstellungskosten der Lagerprodukte zu ermitteln.

2. Es ist für das Jahr 10 bei Bewertung der Lagerprodukte zu verlustfreien Werten die Bilanz und die GuV der C AG nach dem Umsatzkostenverfahren darzustellen.

Beispiel 19: Langfristige Fertigung

Die A AG erhält am 1.4.10 den Auftrag zum Bau einer Großanlage zu einem Festpreis von 10,5 Mill. €; Fertigstellungstermin ist der 31.12.12. Die AG plant Herstellungskosten als Vollkosten von 9,6 Mill. €, als Teilkosten von 7,1 Mill. € sowie einem Gewinn von 0,9 Mill. € bzw. einem Deckungsbeitrag von 3,4 Mill. €.

Bis zum 31.12.10 sind 20 % der Großanlage fertig gestellt. Die entstandenen Herstellungskosten betragen als Teilkosten 1,5 Mill. €, als Vollkosten 2 Mill. €. Nach dem bisherigen Anfall von Aufwendungen ist damit zu rechnen, dass zur Fertigstellung der Großanlage voraussichtlich noch Teilkosten von 6,4 Mill. € und Vollkosten von 8,9 Mill. € anfallen werden.

1. Nehmen Sie die Bewertung der unfertigen Anlage im Jahresabschluss der A AG zum 31.12.10 auf der Grundlage der Vollkosten- und der Teilkostenbilanzierung, jeweils nach dem Gesamtkostenverfahren und dem Umsatzkostenverfahren vor.

2. Angenommen, das HGB würde in Zukunft die Teilgewinnrealisierung bei langfristiger Fertigung vorschreiben. Die dafür notwendige Schätzung der Umsatzerlöse für die Teilherstellung sei als Quote der Gesamtfertigung (fertigungsbezogene Betrachtung) oder als Zuschlag auf die bis zu dem Abschlussstichtag angefallenen Herstellungskosten (kostenbezogene Betrachtung) zulässig.

   Es sind für die unfertige Großanlage die geschätzten Umsatzerlöse für die Teilfertigung bis zum 31.12.10 nach der fertigungsbezogenen und nach der kostenbezogenen Betrachtung zu ermitteln.

   Auf der Basis der ermittelten Schätzwerte für die Umsatzerlöse ist die bilanztechnische Erfassung des Vorgangs der Teilgewinnrealisierung mit den obigen Daten für die fertigungsbezogene und die kostenbezogene Betrachtung im Jahresabschluss der A AG zum 31.12.10 bei Anwendung des Umsatzkostenverfahrens aufzuzeigen.

B. Forderungen und sonstige Vermögensgegenstände

I. Nachweis und Ansatz der Forderungen und sonstigen Vermögensgegenstände

1. Nachweis der Forderungen und sonstigen Vermögensgegenstände

Grundlage für den Nachweis bestehender Forderungen und sonstiger Vermögensgegenstände sind die **Saldenlisten**, die als **Inventar** anzusehen sind. Anders als **Inventurlisten**, die auf einer körperlichen Aufnahme der Vermögensgegenstände beruhen, weisen Saldenlisten lediglich die **Sollbestände** der Forderungen und der sonstigen Vermögensgegenstände aus. Die Übereinstimmung von Sollbestand mit dem Istbestand kann durch die Einholung von Saldenbestätigungen festgestellt werden.

Saldenbestätigungen können von dem Unternehmen oder von dem Abschlussprüfer im Rahmen der Jahresabschlussprüfung bei den Geschäftspartnern eingeholt werden. Bei einer großen Zahl von Forderungen erfolgt die Einholung zweckmäßigerweise im Rahmen von Stichproben. In der Praxis wird das Verfahren der bewussten Auswahl angewandt. Als Auswahlkriterien werden vor allem die Höhe der einzelnen Forderung, der Umfang des Geschäftsverkehrs und wiederholt auftretende Zielüberschreitungen herangezogen.

Bei der Einholung von Saldenbestätigungen werden drei **Verfahren** der Bestätigungsanfrage unterschieden:

- Die **positive Methode**: bei ihr wird der Adressat gebeten, seine Übereinstimmung oder Nichtübereinstimmung mit dem ausgewiesenen Saldo schriftlich zu bestätigen.
- Die **negative Methode**: bei ihr wird der Adressat gebeten, nur dann zu antworten, wenn er mit dem ausgewiesenen Saldo nicht einverstanden ist.
- Die **offene Methode**: bei ihr wird der Adressat um die Mitteilung eines Saldos gebeten.

In der **Praxis** wird die **positive und die offene Methode** angewandt. Problematisch ist die Saldenbestätigung über die negative Methode, da bei dem Verfahren ein Schweigen des Schuldners nicht unbedingt als sicheres Indiz für seine Zustimmung angesehen werden kann. Dies wird vor allem dann befürchtet, wenn der ausgewiesene Saldo niedriger als der in den Büchern des Schuldners ausgewiesene Saldo ist. In diesem Fall hätte der Geschäftspartner gegenüber dem nachfragenden Unternehmen bei Zustimmung einen finanziellen Vorteil.

Nach h.M. kann von der **Einholung von Saldenbestätigungen abgesehen** werden, wenn nach Art der Erfassung, Verwaltung und Abwicklung der Forderungen der Nachweis der Salden in anderer Weise einfacher und mit mindestens gleicher Zuverlässigkeit erbracht wird.

Wird der Nachweis von Forderungen und sonstigen Vermögensgegenständen nicht anhand von Saldenbestätigungen erbracht, dienen nach h.M. **postenspezifische Unterlagen** der Feststellung des Nachweises. Als solche gelten Verträge, Schriftverkehr und Zahlungsunterlagen.

2. Ansatz Forderungen und sonstige Vermögensgegenstände

Für Forderungen und sonstige Vermögensgegenstände, die bis zum Abschlussstichtag des bilanzierenden Unternehmens entstanden sind, besteht **Ansatzpflicht**. Forderungen aus Lieferungen und Leistungen sind bilanzierungspflichtig, wenn das liefernde oder leistende Unternehmen seine Verpflichtungen aus dem Vertrag im Wesentlichen erfüllt hat.

Im Einzelnen stellen sich nach Auffassung im Schrifttum die **Entstehung von Forderungen** bei den **unterschiedlichen Vertragstypen** wie folgt dar.

(1) Bei Kaufverträgen entsteht die Forderung mit dem Übergang der Preisgefahr auf den Käufer, d.h. mit dem Gefahren- und Risikoübergang. Bei **Bringschulden** geht die Preisgefahr nach § 446 Satz 1 BGB mit der Übergabe der verkauften Sache über, bei **Schickschulden** nach § 447 Abs. 1 BGB mit Auslieferung an den Spediteur oder an einen anderen Beförderer.

Neben der grundsätzlichen Regelung der Forderungsentstehung gelten laut Schrifttum die im Folgenden angeführten **Sonderfälle**:

- Beim **Sukzessivlieferungsvertrag** entsteht die Forderung mit jeder Teillieferung.
- Bei **bedingtem Verkauf** mit Rückgaberecht des Käufers entsteht das Forderungsrecht mit dem Ablauf des Rückgaberechts des Käufers.
- Bei **Verkauf auf Probe** entsteht das Forderungsrecht mit Erklärung der vertraglichen Billigung des Kaufgegenstandes durch den Käufer.
- Bei **Verkauf nach Wahl** entsteht das Forderungsrecht mit der Wahl des Käufers aus den ihm zugegangenen Sachen.

(2) Bei Werkverträgen entsteht die Forderung mit Übergang der Preisgefahr auf den Besteller bzw. Erwerber. Die Preisgefahr kann übergehen mit der Fertigstellung des Werkes. In der Regel geht jedoch die Preisgefahr mit der Abnahme durch den Erwerber über. Bei Versand geht die Preisgefahr mit der Übergabe des Werkes an den Beförderer über.

(3) Bei Dienstverträgen entsteht die Forderung gegenüber dem Auftraggeber zu dem Zeitpunkt, zu dem die Lieferung oder Leistung vereinbarungsgemäß erbracht ist. Das Entstehen der Forderung gegenüber dem Auftraggeber kann bei

Dienstleistungen auch bei dem Eintritt weiterer Ereignisse eintreten. So entsteht die Provisionsforderung eines Handelsvertreters mit Beendigung des Geschäftes des Unternehmers mit Dritten.

Die **Ansatzpflicht** für Forderungsrechte in der Bilanz des Gläubigers besteht so lange, bis der **Abgang** des Forderungsrechts durch Zahlung oder Aufrechnung erfolgt ist. Bei Verfall oder Uneinbringlichkeit einer Forderung wird nicht ein Forderungsabgang, sondern eine Wertminderung mit Abschreibung der entsprechenden Forderung nach § 253 Abs. 4 Satz 1 HGB entsteht.

II. Ausweis von Forderungen und sonstigen Vermögensgegenständen

Den Ausweis der Forderungen und der sonstigen Vermögensgegenstände regelt § 266 Abs. 2 B. II. HGB. Die Gliederung ist zwingend, aber nicht abschließend. Gegebenenfalls sind neue Posten nach § 265 Abs. 5 Satz 2 HGB, z.B. für Forderung gegen GmbH-Gesellschafter nach § 42 Abs. 3 GmbHG, einzufügen.

Die Gliederung der Forderungen und der sonstigen Vermögensgegenstände umfasst die im Folgenden angeführten Posten.

1. Forderungen aus Lieferungen und Leistungen

Forderungen aus Lieferungen und Leistungen sind **Ansprüche** des jeweils Berechtigten Unternehmens aus **gegenseitigen Verträgen**, i.d.R aus **Kaufverträgen**. Wichtigste Verträge sind Kauf-, Werk- oder Dienstverträgen. Forderungen aus Lieferungen und Leistungen entstehen durch Erfüllung des bilanzierenden Unternehmens mit seiner Lieferungen oder Leistungen. Die Forderungen aus Lieferungen und Leistungen entsprechen dem in der Gewinn- und Verlustrechnung unter dem Posten „Umsatzerlöse" auszuweisenden Betrag. Die Forderung entfällt mit Erfüllung der Verpflichtung durch den Schuldner. Unter dem Posten „Forderungen aus Lieferungen und Leistungen" sind nach h.M. nur Forderungen aus Lieferungen und Leistungen auszuweisen, die die **Haupttätigkeit** des Unternehmens betreffen.

Forderungen, die **nicht** auf die **Haupttätigkeit** des Unternehmens zurückgehen, d.h. die nicht Folge der typischen Lieferung oder Leistung des Unternehmens sind, sollen nach h.M. in der Bilanz nicht unter dem Posten „Forderungen aus Lieferungen und Leistungen" sondern unter dem Posten „sonstige Vermögensgegenstände" ausgewiesen werden. Dies gilt z.B. für Forderungen aus **Vermietung und Verpachtung**, sofern die Vermietung und Verpachtung nicht die Haupttätigkeit des Unternehmens darstellt. Zu den unter dem Posten „sonstige Vermögensgegenstände" auszuweisenden Forderungen zählen in der Praxis vor allem Forderungen aus dem **Verkauf immaterieller Gegenständen** des Anlagevermögens und von Gegenständen des Sachanlagevermögens sowie aus dem **Verkauf nicht unternehmenstypischer** Gegenstände des **Umlaufvermögens**.

Unter den Forderungen aus Lieferungen und Leistungen sind auch **gestundete Forderungen** auszuweisen. Dies gilt nach h.M. nicht in dem Fall, in dem Forderungen aus Lieferungen und Leistungen in Darlehen mit vereinbarten Zins- und Tilgungszahlungen umgewandelt werden, d.h. in denen eine Schuldumwandlung (**Novation**) vorliegt. Abhängig von der Laufzeit ist das aus der Novation einer Forderung aus Lieferungen und Leistungen entstandene Darlehen im Anlage- bzw. Umlaufvermögen unter dem Posten „Ausleihungen" oder „sonstige Vermögensgegenstände" auszuweisen.

Forderungen aus Lieferungen und Leistungen, für die der **Schuldner dem Gläubiger** (bilanzierendes Unternehmen) an Stelle der Zahlung einen **Besitzwechsel** übergeben hat, sind:

- Solange der **Besitzwechsel nicht** an **einen Dritten weitergegeben** wird, unverändert unter dem Posten „Forderungen aus Lieferungen und Leistungen" auszuweisen.
- Bei **Weitergabe des Besitzwechsels** wird der Posten „Forderungen aus Lieferungen und Leistungen" gegen entsprechendes Bankguthaben ausgeglichen. Ergänzend entsteht ein Wechselobligo, das während der Laufzeit des weitergegebenen Besitzwechsels nach § 251 bzw. § 268 Abs. 7 HGB in der Bilanz als Davon-Vermerk oder im Anhang der Bilanz des Gläubigers anzugeben ist.

Bei **Forderungszession** und beim **unechten Factoring**, bei dem das Factoring-Unternehmen das Ausfallrisiko nicht übernimmt, sind Forderungen aus Lieferungen und Leistungen weiterhin unter dem Bilanzposten nach § 266 Abs. 2 B. II. 1. HGB auszuweisen. Demgegenüber erwirbt beim **echten Factoring** der Factor die Forderung aus Lieferungen und Leistungen. Sie ist bei dem Unternehmen, das die Lieferung oder Leistung erbracht hat, gegen den Posten „sonstige Vermögensgegenstände", bzw. bei Zahlung des Factoring-Unternehmens, gegen den Posten „Kassenbestand, Bankguthaben, Guthaben bei Kreditinstituten und Schecks" auszubuchen.

Forderungen aus Lieferungen und Leistungen gegen **verbundene Unternehmen** bzw. gegen Unternehmen, mit denen ein **Beteiligungsverhältnis** besteht, sind nach § 266 Abs. 2 B. II Nr. 2 und 3 HGB unter dem Posten „Forderungen gegen verbundene Unternehmen" bzw. unter dem Posten „Forderungen gegen Unternehmen, mit denen ein Beteiligungsverhältnis besteht" auszuweisen.

In einer Reihe von Fällen sind **Forderungen** aus Lieferungen und Leistungen in der Bilanz **gesondert auszuweisen oder** bei fehlendem **gesondertem Bilanzausweis** im **Anhang zu vermerken**. Dies gilt für:

- Forderungen aus Lieferungen und Leistungen bei einer **GmbH** gegenüber einem **Gesellschafter**. Sie sind nach § 42 Abs. 3 GmbHG in der Regel als solche jeweils gesondert auszuweisen oder im Anhang anzugeben. Werden sie unter anderen Posten ausgewiesen, muss nach § 42 Abs. 3 zweiter Halbsatz GmbHG dies vermerkt werden.
- Fallen bei einer **KGaA** die Forderungen aus Lieferungen und Leistungen unter § 89 AktG, und richten sie sich gegen einen persönlich haftenden Gesellschafter der KGaA oder andere in § 286 Abs. 2 Satz 4 AktG bezeichnete

Personen, so ist mit einem Davon-Vermerk der Betrag der Forderungen aus Lieferungen und Leistungen gegenüber den angeführten Personen zu vermerken.

- Nach § 268 Abs. 4 Satz 1 HGB ist der Betrag der Forderungen aus Lieferungen und Leistungen mit einer **Restlaufzeit** von mehr als einem Jahr ausgewiesen in der Bilanz als Davon-Vermerk oder im Anhang zu vermerken.

Forderungen aus Lieferungen und Leistungen dürfen nach § 246 Abs. 2 HGB grundsätzlich **nicht mit Verbindlichkeiten verrechnet** werden. Abweichend davon war bislang nach h.M. die Verrechnung zulässig, wenn:

- Forderungen und Verbindlichkeiten gegenüber derselben Person, sich am Abschlussstichtag so gegenüber stehen, dass sie nach § 387 BGB von beiden Seiten gegeneinander aufgerechnet werden können;
- die Forderung des bilanzierenden Unternehmens am Abschlussstichtag fällig ist, während die ihr gegenüberstehende Verbindlichkeit noch nicht fällig, aber erfüllbar ist, so dass das bilanzierende Unternehmen nach § 387 BGB aufrechnen kann;
- Forderungen und Verbindlichkeiten zwischen denselben Personen am Abschlussstichtag zwar nicht fällig sind, aber die Zeitpunkte der Fälligkeit der Forderung und der Erfüllbarkeit der Verbindlichkeit nahezu identisch sind.

Mit der Einführung des § 246 Abs. 2 Satz 3 und 4 HGB durch das BilMoG sind **Vermögensgegenstände, die ausschließlich** der **Erfüllung von Schulden** dienen, **nicht auf der Aktivseite der Bilanz anzusetzen**, sondern mit diesen Schulden zu verrechnen. Dabei gilt die einschränkende Vorgabe, dass Vermögensgegenstände dann ausschließlich der Erfüllung von Schulden dienen, wenn sie der Verfügung durch den Kaufmann und dem Zugriff aller Gläubiger entzogen sind und nur zur Erfüllung der Schulden verwendet werden können.

Dies ist nach dem RegE zum BilMoG (BT-Drucks 16/10067) dann der Fall, wenn sie unwiderruflich auf ein von dem Unternehmen unabhängiges Rechtssubjekt übertragen werden. Voraussetzung ist weiter, dass die Übertragung so gestaltet sein, dass alle Gläubiger des Unternehmens als auch die Gläubiger des unabhängigen Rechtssubjekts keinen Zugriff auf die Vermögensgegenstände haben. Die Verrechnung ist damit auf den Schuldner bei den angegebenen Voraussetzungen beschränkt.

2. Forderungen gegen verbundene Unternehmen

Bezüglich des Begriffs des verbundenen Unternehmens wird auf die Ausführungen zum Finanzanlagevermögen verwiesen. Unter den Forderungen gegen verbundene Unternehmen sind unabhängig von ihrer Entstehungsursache alle dem **Umlaufvermögen** zurechenbaren Forderungen gegen verbundene Unternehmen auszuweisen. Hierzu rechnen: Forderungen aus Lieferungen und Leistungen, Darlehensforderungen und realisierte Gewinnansprüche aus Gewinnausschüttungen und aus Gewinnabführungsverträgen.

Es kann fraglich sein, ob es bezüglich des Ausweises einer Forderung aus Lieferung oder Leistung gegen verbundene Unternehmen darauf ankommt, ob die **Forderung in dem Zeitbereich entstanden** ist, in dem das Schuldnerunternehmen gegenüber dem die Forderung aus Lieferung oder Leistung besteht, verbundenes Unternehmen war.

Davon abweichend stellt die h.M. darauf ab, dass es für den Ausweis unter dem Posten allein darauf ankommt, dass das Schuldnerunternehmen zu dem **maßgeblichen Abschlussstichtag** verbundenes Unternehmen ist:

- Ist z.B. eine Forderung aus Lieferungen und Leitungen im abgelaufenen Geschäftsjahr gegenüber einem nicht verbundenen Dritten entstanden, so sind die entsprechenden Forderungen in der Buchführung unter dem Posten „Forderungen aus Lieferungen und Leistungen" auszuweisen.
- Erwirbt das Gläubigerunternehmen nach Entstehen der Forderung die Mehrheit der Anteile an dem zuvor nicht verbundenen Dritten, ist dieses ein verbundenes Unternehmen. Das hat zur Folge, dass die Forderung unter dem Posten „Forderungen gegen verbundene Unternehmen" auszuweisen ist.

Bestehen Forderungen gegen ein verbundenes Unternehmen, das gleichzeitig ein Unternehmen ist, mit dem ein **Beteiligungsverhältnis** besteht, ist nach h.M. der Ausweis unter dem Posten „Forderungen gegen verbundene Unternehmen" vorzuziehen. Begründen lässt sich die Präferenz für diesen Ausweis mit der stärkeren Bindung zwischen den beiden verbundenen Unternehmen gegenüber der Bindung zwischen einem beteiligten Unternehmen und dem Beteiligungsunternehmen, die keine verbundenen Unternehmen sind.

Forderungen gegen verbundene Unternehmen mit einer **Restlaufzeit** von **mehr als einem Jahr** sind nach § 268 Abs. 4 Satz 1 HGB bei jedem gesondert ausgewiesenen Posten in der Bilanz oder im Anhang zu vermerken.

3 Forderungen gegen Unternehmen mit Beteiligungsverhältnis

Forderungen gegen Unternehmen, mit denen ein Beteiligungsverhältnis besteht, können Forderungen sein:

- des beteiligten Unternehmens A, das eine Beteiligung an dem Beteiligungsunternehmen B hält. oder
- des Beteiligungsunternehmens B, an dem das beteiligte Unternehmen A die Beteiligung hält.

Bezüglich des Inhalts der unter dem Posten „Forderungen gegen Unternehmen, mit denen ein Beteiligungsverhältnis besteht" auszuweisenden Forderungen gelten die Ausführungen zu dem Posten „Forderungen gegen verbundene Unternehmen" entsprechend.

Forderungen gegen Unternehmen, mit denen ein Beteiligungsverhältnis besteht, mit einer **Restlaufzeit** von mehr als einem Jahr sind nach § 268 Abs. 4 Satz 1 HGB bei jedem gesondert ausgewiesenen Posten zu vermerken.

4. Sonstige Vermögensgegenstände

Unter dem Posten „sonstige Vermögensgegenstände" nach § 266 Abs. 2 B. II. Nr. 4 HGB als einem Sammelposten sind alle Vermögensgegenstände des Umlaufvermögens auszuweisen, die nicht einem anderen Posten der Forderungen und sonstigen Vermögensgegenstände zugeordnet werden können. Hierzu zählen nach allgemeiner Auffassung zu dem breiten Bereich der nicht gesonderten Posten des Umlaufvermögens zuordenbaren sonstigen Vermögensgegenstände u.a.:

- Ansprüche auf Boni und Warenrückvergütungen.
- Ansprüche auf finanzielle Zuwendungen der öffentlichen Hand.
- Ansprüche auf Schadenersatzleistungen, Rückgriffsansprüche aus Bürgschaften und Forderungen aus Treuhandverhältnissen.
- Beträge für Vermögensgegenstände, die erst nach dem Abschlussstichtag rechtlich entstehen (antizipative Aktiva).
- Darlehen und geleistete Anzahlungen, soweit sie nicht besonders auszuweisen sind.
- Erwerb von Kauf- oder Verkaufsoptionen.
- Forderungen aus kurzfristigen Krediten an Vorstandsmitglieder bzw. an Mitglieder des Aufsichtsrats, soweit sie nicht unter anderen Posten ausgewiesen werden.
- Forderungen gegenüber Lieferanten (debitorische Kreditoren).
- Personaldarlehen und sonstige kurzfristige Darlehen.
- Steuererstattungsansprüche.

Bei dem oben angeführten Bilanzposten „sonstige Vermögensgegenstände" des Umlaufvermögens sind u.a. die im Folgenden angeführten **Vermerkpflichten** zu erfüllen:

- Nach § 268 Abs. 4 Satz 1 HGB ist der Betrag **der Forderungen mit einer Restlaufzeit von mehr als einem Jahr** zu vermerken. Nach § 274a Nr. 2 HGB über größenabhängige Erleichterungen sind kleine Kapitalgesellschaften von der Anwendung des § 268 Abs. 4 Satz 2 HGB über die Pflicht zur Erläuterung von Forderungen mit einer Restlaufzeit von mehr als einem Jahr im Anhang befreit.
- Nach § 268 Abs. 4 Satz 2 HGB sind Beträge für **antizipative Aktiva**, die einen größeren Umfang haben, im Anhang zu erläutern.
- Nach § 286 Abs. 2 Satz 4 AktG sind **bei der KGaA** die **unter § 89 AktG fallenden Kredite**, die die Gesellschaft persönlich haftenden Gesellschaftern, deren Ehegatten oder Lebenspartnern oder minderjährigen Kindern oder Dritten, die für Rechnung dieser Personen handeln, gewährt hat, sind auf der Aktivseite bei den entsprechenden Posten unter der Bezeichnung „davon an persönlich haftende Gesellschafter und deren Angehörige" zu vermerken.

- Nach § 42 Abs. 3 2. Halbsatz GmbHG sind bei der **GmbH Forderungen an Gesellschafter**, die unter dem Posten „sonstige Vermögensgegenstände" ausgewiesen werden, zu vermerken.

5. Sonderposten der Forderungen und sonstigen Gegenständen

Als Posten im Sinn des § 265 Abs. 5 Satz 2 HGB sind unter der Postengruppe des § 266 Abs. 2 B. II. HGB „Forderungen und sonstige Vermögensgegenstände" die im Folgenden angeführten Sachverhalte auszuweisen.

Ein **eingeforderter**, aber noch **nicht eingezahlter Betrag der Einlagen** ist nach der Neufassung des § 272 Abs. 1 Satz 2 dritter Halbsatz HGB durch das BilMoG unter den Forderungen gesondert auszuweisen und entsprechend zu bezeichnen. Mit dem gesonderten Ausweis der Forderungen gegenüber den Anteilseignern soll nach Auffassung des Gesetzgeber (RegE) eine Vereinheitlichung und Vereinfachung in der bilanziellen Abbildung erreicht und ein den tatsächlichen Verhältnissen entsprechendes Bild der Vermögens-, Finanz- und Ertragslage erzeugt werden.

Bei der **GmbH** treten vor allem die folgenden Fälle des Ausweises von Vorgängen unter dem Posten **„sonstige Vermögensgegenstände"** bzw. unter einem gesondert bezeichneten Posten auf:

- In dem Fall, dass die **Einziehung von Nachschüssen der Gesellschafter** bereits beschlossen ist und den Gesellschaftern ein Recht, sich durch Verweisung auf den Geschäftsanteil von der Zahlung der Nachschüsse zu befreien, nicht zusteht, ist nach § 42 Abs. 2 Satz 2 GmbHG der nachzuschießende Betrag unter den Forderungen gesondert mit der Bezeichnung „eingeforderte Nachschüsse" auszuweisen.
- In der Regel sind nach § 42 Abs. 3 GmbHG **Ausleihungen und Forderungen gegenüber Gesellschaftern** als solche jeweils gesondert auszuweisen oder im Anhang anzugeben. Bei dem gesondertem Ausweis ist der eingefügte Bilanzposten entsprechend dem Sachverhalt zu bezeichnen.

Bei der **KGaA** sind **Einzahlungsverpflichtungen der persönlich haftenden Gesellschafter** in der Bilanz gesondert auszuweisen. Übersteigt der auf den Kapitalanteil eines persönlich haftenden Gesellschafters entfallende Verlust die Höhe des Kapitalanteils, ist er nach § 286 Abs. 2 Satz 3 AktG auf der Aktivseite unter der Bezeichnung „Einzahlungsverpflichtungen persönlich haftender Gesellschafter" nach dem Posten 266 Abs. 2 B. II. Nr. 4. HGB unter den Forderungen gesondert auszuweisen, soweit eine Zahlungsverpflichtung besteht. Besteht keine Zahlungsverpflichtung, ist der Betrag als „Nicht durch Vermögenseinlage gedeckter Verlustanteil persönlich haftender Gesellschafter" zu bezeichnen und nach § 268 Abs. 3 HGB auszuweisen.

Für alle **Sonderposten von Forderungen** gilt, dass nach § 268 Abs. 4 Satz 1 HGB der Betrag der Forderungen mit einer **Restlaufzeit** von mehr als einem Jahr bei jedem ausgewiesenen Posten zu vermerken ist.

III. Bewertung von Forderungen und sonstigen Vermögensgegenständen

Bewertungsprobleme bei Forderungen und sonstigen Vermögensgegenständen können hinsichtlich der Bestimmung der **Zugangsbewertung** und der bei der **Folgebewertung** in der Regel notwendigen Anwendung des Niederstwertprinzips auftreten.

1. Zugangsbewertung von Forderungen und sonstigen Vermögensgegenständen

Für den in der Praxis häufigen Fall, dass Forderungen und sonstige Vermögensgegenstände entstehen, ist es zweckmäßig zur Bestimmung der Zugangskosten entsprechend der Auffassung im Schrifttum zwischen gewinnrealisierenden und nicht gewinnrealisierenden Forderungen zu unterscheiden.

a) Bewertung gewinnrealisierender Forderungen

Gewinnrealisierende Forderungen entstehen i.d.R. als Gegenbuchung zu Erträgen, vor allem zu Umsatzerlösen aus der Veräußerung von Vermögensgegenständen (Lieferungen) oder der Erbringung von Leistungen. Bei der gewinnrealisierenden Forderung entspricht der Nennbetrag der Forderung aus Lieferung oder Leistung deren Anschaffungskosten. An die Stelle des beim Erwerb von Vermögensgegenständen (Zugang) geltenden erfolgsneutralen Anschaffungswertprinzips greift bei gewinnrealisierenden Forderungen (Abgang) das **erfolgswirksame Realisationsprinzip**. Mit der Forderung auf Grund einer Lieferung oder Leistung entsteht aus dem Geschäft in aller Regel in der Gewinn- oder Verlustrechnung auszuweisender Gewinn oder Verlust.

Entgegen den IFRS entspricht bei gewinnrealisierenden Forderungen nach Auffassung im Schrifttum der Nennbetrag auch dann den Anschaffungskosten der Forderung, wenn bei der Zahlung durch den Abnehmer mit Inanspruchnahme von **Skonto** zu rechnen ist.

Die **Auffassung ist angreifbar**. Tatsächlich ist die Skonto-Gewährung eine auflösend bedingte Verpflichtung zur Vorteilsgewährung gegenüber dem Abnehmer. Ist z.B. eine Rechnung (ohne Berücksichtigung von Umsatzsteuer) mit 1.000 € fakturiert, entspricht dieser Betrag auch bei Gewährung eines Skonto von z.B. 3 % = 30 € nach allgemeiner Auffassung dem Nennbetrag der Forderung von 1.000 €. Tatsächlich hat jedoch das liefernde Unternehmen ab dem Zeitpunkt der Rechnungsstellung lediglich einen Rechtsanspruch aus der Forderung in Höhe von 970 €. Erst mit dem Eintritt der auflösenden Bedingung, nach der der Erwerber durch Zeitablauf auf die Inanspruchnahme des Skontos verzichtet hat, erhöht sich der Forderungsanspruch auf den Betrag von 1.000 €.

In der **deutschen Praxis** der Rechnungsstellung wird unabhängig davon, ob Skonto für eine vorgegebene Zahlungszeit gewährt wird, der Rechnungsbetrag mit dem Bruttobetrag ohne Berücksichtigung des Skontobetrages ausgewiesen.

Bei Zahlung des Nettobetrages durch den Geschäftspartner ist der ursprüngliche Umsatzerlös um den Skontobetrag zu reduzieren.

Sind gewinnrealisierende **Forderungen unterverzinslich** (unverzinslich, niedrig verzinslich), ist nach h.M. bei mittlerer oder längerer Laufzeit mit dem Ansatz des Nennbetrages eine Verletzung des Realisationsprinzips verbunden, da bei den gegebenen Voraussetzungen mit der Bewertung der Forderung zum Nennbetrag ein noch nicht realisierter, zukünftiger Zinsgewinn ausgewiesen werde. Daher entspreche in diesen Fällen der **Barwert** den Anschaffungskosten.

Tatsächlich ist die Barwertbilanzierung von gewinnrealisierenden Forderungen kein Problem der Unterverzinslichkeit oder der Laufzeit der Zahlungsfrist, sondern eine konzeptionelle Frage der Bestimmung der Anschaffungskosten des Erwerbers eines Vermögensgegenstandes. Allerdings ist zu beachten, dass dabei die Barwertbilanzierung nicht nur zu einem erheblichen Buchungsaufwand beim Veräußerer führen. Auch ist die Wertbestimmung unsicher, da zum Zeitpunkt der Rechnungsstellung i.d.R. der Zeitpunkt des Zahlungseingangs nicht bekannt ist und daher geschätzt werden muss.

b. Bewertung nicht gewinnrealisierender Forderungen

Nicht gewinnrealisierende Forderungen entstehen i.d.R. als **Gegenbuchung zu Auszahlungen an Dritte**, die mit dem gleichen, einem niedrigeren oder einem höheren Betrag zurückzuzahlen sind. Bei nicht gewinnrealisierenden Forderungen, z.B. der Forderung aus einer Darlehenshingabe an einen Dritten, werden die Zugangswerte durch die Auszahlung an den Dritten bestimmt.

Streit besteht zu den Zugangswerten bei nicht gewinnrealisierenden Forderungen, die unterverzinslich sind. Bezüglich des mit einem **unterverzinslichen Darlehen** entstehenden **Zinsverlustes** des Bilanzierenden Unternehmens werden die folgenden Alternativen unterschieden: Danach soll Zinsverlust entstehen:

- Aufgrund der Verpflichtung, einem Dritten ein Darlehen zu unterverzinslichen Bedingungen zu gewähren. In diesem Fall wäre mit Abschluss des Darlehensvertrages eine Rückstellung für drohende Verluste aus schwebenden Geschäften zu bilden.
- Mit der Darlehenshingabe bei der die Zugangswerte des Darlehens mit dem Barwert festgelegt werden.

Unbeantwortet bleibt die generelle Frage, weshalb ein Unternehmen ohne Gegenleistung **unterverzinsliche Darlehen** hingeben soll. Hat das Unternehmen gegenüber dem Darlehensnehmer eine schwächere Position, und kann deshalb für die Hingabe eines Darlehens nur geringere Zinsen vereinnahmen, liegt kein unterverzinsliches Darlehen vor.

Bei einer nicht gewinnrealisierenden Forderung unter einer Darlehenshingabe mit **Auszahlungsdisagio** sollen nach Auffassung im Schrifttum die Grundsätze für die Bilanzierung von Zero-Bonds gelten. Das bedeutet, dass der Zugangswert des Darlehens mit dem unter dem Nennbetrag liegenden **Auszahlungsbetrag** anzusetzen ist. In den Folgeperioden wird die Darlehensforderung um den Zinsertrag erhöht oder der Zinsertrag wird auf dem Posten „sonstige Vermögensgegenstände“ gutgeschrieben.

c) Zugangsbewertung von Fremdwährungsforderungen

Die Zugangswerte von Fremdwährungsforderungen in Euro ergeben sich aus der Umrechnung bei Erstverbuchung mit dem maßgeblichen Devisenkassamittelkurs. Nach dem mit dem BilMoG neu eingeführte § 256a HGB werden alle Währungsforderungen mit dem **Devisenkassamittelkurs** umgerechnet. Fremdwährungsforderungen in Euro können u.a. auftreten, wenn ein Unternehmen mit Hauptsitz in Deutschland eine Betriebsstätte im Ausland unterhält, die Lieferungen und Leistungen erbringt, die an Dritte in fremder Währung, z.B. in $, in Rechnung gestellt werden. Zum Abschlussstichtag sind die in $ gestellten Forderungen aus Lieferungen und Leistungen und sonstige Vermögensgegenstände der Betriebsstätte nach § 256a HGB unter Zugrundelegung des Devisenkassamittelkurses von der Fremdwährung in die Inlandswährung zu transferieren.

Entsprechend ist zur Bestimmung des **Bilanzwertes** von Fremdwährungsforderungen eine Umrechnung zum Devisenkassamittelkurs am Abschlussstichtag vorzunehmen. Dabei sind das Anschaffungswertprinzip sowie das Realisations- und das Imparitätsprinzip zu beachten.

Die Regelung gilt nicht für kurzfristige Fremdwährungspositionen. Nach § 256a Abs. 2 HGB sind bei einer Restlaufzeit von einem Jahr oder weniger § 253 Abs. 1 Satz 1 HGB und § 252 Abs. 1 Nr. 4 Halbsatz 2 HGB nicht anzuwenden. Damit wird für diesen Fall die Verpflichtung aufgehoben, nach der Vermögensgegenstände höchstens mit den Anschaffungs- oder Herstellungskosten, vermindert um die Abschreibungen nach Abs. 3 bis 5 anzusetzen sind. Gleiches gilt für die Aufhebung der Berücksichtigung der Gewinne, wenn sie am Abschlussstichtag realisiert sind. Sie können also entgegen den Bilanzierungsgrundsätzen des § 252 HGB bei Restlaufzeit der auf fremde Währung lautenden Vermögensgegenstände und Verbindlichkeiten einem Jahr oder weniger Gewinne auszuweisen, die am Abschlussstichtag noch nicht realisiert sind.

2. Niederstwertprinzip zur Bewertung von Forderungen

a) Grundsätze der Bewertung von Forderungen

Forderungen sind im Jahresabschluss eines Unternehmens als Vermögensgegenstände des **Umlaufvermögens höchstens mit den Anschaffungskosten** vermindert um außerplanmäßige Abschreibungen nach § 253 Abs. 4 HGB anzusetzen. Ist der einer Forderung am Abschlussstichtag **beizulegende Zeitwert** niedriger als die Anschaffungskosten bzw. der Buchwert, sind außerplanmäßige Abschreibungen vorzunehmen, um die Forderung mit dem niedrigeren beizulegenden Zeitwert anzusetzen. Ein Beispiel ist der Fall der Zahlungsunfähigkeit des Gläubigers. Der Beizulegende Zeitwert ist in diesem Fall der Betrag, den das Unternehmen aus der erbrachten Lieferung oder Leistung voraussichtlich noch erhalten wird.

Für Forderungen gilt ebenso wie für die sonstigen Vermögensgegenstände der **Grundsatz der Einzelbewertung** des § 252 Abs. 1 Nr. 3 HGB. Unter Beachtung Grundsatzes und des **Niederstwertprinzips** ist für jede Forderung bezogen auf den Schuldner und jeden sonstigen Vermögensgegenstand zu prüfen, ob auf den jeweiligen Buchwert eine (außerplanmäßige) Abschreibung auf den niedrigeren beizulegenden Zeitwert vorzunehmen ist.

b) Wertberichtigungen bei der Bewertung von Forderungen

Einzelwertberichtigungen haben bei zweifelhaften und voraussichtlich uneinbringlichen Forderungen zu erfolgen. Für die einzelne Forderung ist eine Einstufung vorzunehmen, wobei zwischen zweifelhafter und uneinbringlicher Forderung zu unterscheiden ist. Eine Forderung wird nach der Insolvenzordnung eingestuft als:

- **zweifelhaft**, wenn drohende Zahlungsunfähigkeit nach § 18 InsO besteht. Drohende Zahlungsunfähigkeit liegt vor, wenn der Schuldner voraussichtlich nicht in der Lage sein wird, die bestehenden Zahlungsverpflichtungen im Zeitpunkt der Fälligkeit zu erfüllen.
- **uneinbringlich**, wenn Zahlungsunfähigkeit nach § 17 InsO besteht. Zahlungsunfähigkeit liegt vor, wenn der Schuldner nicht in der Lage ist, die fälligen Zahlungsverpflichtungen zu erfüllen. Zahlungsunfähigkeit ist in der Regel anzunehmen, wenn der Schuldner seine Zahlungen gegenüber einzelnen oder allen Gläubigern eingestellt hat.

Neben der Einzelwertberichtigung durch außerplanmäßigen Abschreibung auf die einzelne Forderung werden aus Vereinfachungsgründen in der Praxis **Forderungen mit gleichartigen Risiken** zu **Bewertungseinheiten** zusammengefasst und entsprechend dem Risiko der Bewertungseinheit abgeschrieben.

Auf Forderungen und sonstige Vermögensgegenstände werden vielfach als Wertkorrektur **Pauschalwertberichtigungen** in der Weise vorgenommen, dass im ersten Schritt Einzelwertberichtigungen der Forderungen, in einem anschließenden zweiten Schritt pauschale Abschreibungen auf die verbleibende Bewertungseinheit erfolgen.

In die **Pauschalwertberichtigung nicht einzubeziehen** sind die sicheren Forderungen, z.B. Forderungen gegen die öffentliche Hand und gegenüber solventen Unternehmen. **Bestimmungsfaktor** für die Bemessung der Pauschalwertberichtigung ist das **Ausfallrisiko**. Die Höhe der Pauschalwertberichtigung wird in der Praxis vielfach durch Anwendung eines geschätzten Prozentsatzes auf den pauschal zu bewertenden Forderungsbestand ermittelt. Grundlage für die Ermittlung sind Forderungsausfälle der letzten Geschäftsjahre, an die Schätzung für das aktuelle Geschäftsjahr angepasst werden.

Tatsächlich ist die Ausfallschätzung abweichend von dem angeführten Konzept nicht auf der Basis von Vergangenheitsdaten, sondern der ermittelten Schätzwerten zu dem möglichen Ausfallrisiko vorzunehmen. Dabei ist das bei der Schätzung ermittelte Intervall mit seinem Mittelwert als Basis für die Wertbestimmung zugrunde zu legen.

c) Sicherung von Forderungen

Bestehen für eine Forderung **Sicherheiten**, z.B. in Form von Bürgschaften oder Garantien, sind diese bei der Schätzung des Ausfallrisikos der Forderung zu berücksichtigen. Dabei steht das Maß der Sicherheiten im Zentrum.

Unterschiedliche Auffassungen bestehen bezüglich der Berücksichtigung einer **Debitorenversicherung** (Delkredereversicherung) bei der Festlegung der Pauschalwertberichtigung:

- Nach h.M. schließt das Bestehen einer Debitorenversicherung die Berücksichtigung eines Ausfallrisikos bei der Bewertung der Forderung insoweit aus, als ein **Forderungsausfall** durch die **Versicherung** gedeckt ist. Das Vorgehen der Einbeziehung der Sicherung in die Forderung unterstellt, dass Forderungsausfall und Forderung gegenüber der Delkredereversicherung eine Einheit darstellen.
- Nach abweichender Auffassung handelt es sich bei der **Forderung** und der **Delkredereversicherung** um zwei **getrennte Geschäftsvorfälle**, die nach dem Prinzip der Einzelbewertung zu behandeln seien. Danach bleibt bei der Forderungsbewertung die Debitorenversicherung unberücksichtigt. Bei einem endgültigen Forderungsausfall wird die Forderung abgeschrieben und der Anspruch aus der Delkredereversicherung gegenüber der Versicherung erfolgswirksam aktiviert.

Die letztgenannte Auffassung führt dazu, dass die **Bewertung von Forderungen unabhängig** davon ist, ob das Unternehmen eine **Debitorenversicherung** abgeschlossen hat, auf die es bei Forderungsausfällen zurückgreifen kann, oder ob auf den Abschluss einer Debitorenversicherung verzichtet wurde. Zwei vergleichbare Unternehmen mit gleichem Debitorenbestand würden danach den gleichen beizulegenden Zeitwert der ausstehenden Forderungen ausweisen. Die Nichtberücksichtigung der Debitorenversicherung würde bei dem Unternehmen mit Versicherung kein den tatsächlichen Verhältnissen entsprechendes Bild der Vermögens- und Ertragslage vermitteln. Die Auffassung ist insoweit abzulehnen.

Andererseits setzt die Zusammenfassung von **Forderungsausfall und Delkredereversicherung als Einheit** voraus, dass die Bilanzierung des Anspruchs gegenüber der Delkredereversicherung entgegen dem Realisationsprinzip aktiviert wird, obwohl er zum Abschlussstichtag nicht realisiert ist.

Beispiel 20: Unterpari-Ausgabe eines Darlehens

Die A AG gibt der B GmbH am 31.12.09 ein Darlehen mit einer Laufzeit von 3 Jahren mit einem Rückzahlungsbetrag von nominal 2 Mill. €, Ausgabebetrag 1,6 Mill. €.

1. Es sind die Zinserträge aus der Darlehensgewährung für die Jahre 10 bis 12 zu errechnen, die in den Bilanzen zum 31.12.10 bis 31.12.12 für die Darlehensforderung anzusetzende Beträge zu bestimmen und in den Jahresabschlüssen für die Jahre 10 bis 12 aufzuzeigen.
2. Es sind die Ausweisalternativen der Darlehensforderung für das Jahr 10 aufzuzeigen.

Beispiel 21: Forderung in Fremdwährung

Die A AG mit Sitz in Deutschland erhält am 1.10.09 den Auftrag zur Lieferung einer Fertigungsanlage nach China. Der Auftrag hat ein Volumen von 10 Mill. US-$; die Lieferung soll am 1.10.10 erfolgen. Als Zahlungstermin wird der 1.4.11 vereinbart.

Zur Sicherung der Einnahmen aufgrund von Kursschwankungen des US-$ schließt die A AG am 30.6.10 ein Devisentermingeschäft über der Verkauf von 10 Mill. US-$ zum 1.4.11 bei einem Devisenkurs von 1 US-$ = 0,9 € ab.

Zum Lieferzeitpunkt 1.10.10 ist der Devisenkurs 1 US-$ = 0,92 €, zum Abschlussstichtag 31.12.10 ist der Devisenkurs 1 US-$ = 0,86 € und zum Zahlungszeitpunk 1.4.11 ist der Devisenkurs 1 US-$ = 0,83 €.

1. Es ist die Bewertung der Forderung aus der Lieferung der Fertigungsanlage als Zugangswert und als Bilanzwert zum 31.12.10 unter Berücksichtigung des Devisengeschäfts über den Verkauf von 10 Mill. US-Dollar vorzunehmen.
2. Es ist die Bewertung der Forderung aus der Lieferung der Fertigungsanlage als Zugangswert und als Bilanzwert zum 31.12.10 für den Fall vorzunehmen, dass die A AG kein Devisengeschäft über den Verkauf der 10 Mill. US-$ abgeschlossen hätte, vorzunehmen.

Beispiel 22: Forderung aus Besserungsscheinen

Die Bilanz der A AG weist zum 31.12.09 gegenüber der B GmbH Forderungen aus Lieferungen und Leistungen in Höhe von 5 Mill. € aus. Die B GmbH, ein wichtiger Abnehmer der A AG, ist zum 31.12.09 rechnerisch überschuldet. Die Verbindlichkeiten aus Lieferungen und Leistungen der B GmbH betragen zu diesem Zeitpunkt insgesamt 60 Mill. €.

Zur Vermeidung der Insolvenz der B GmbH erklären deren Zulieferer den Verzicht auf 40 % ihrer Forderungen aus Lieferungen und Leistungen gegenüber der B GmbH. Als Gegenleistung erhalten die Zulieferer in Höhe der Hälfte des Forderungsverzichts Besserungsscheine im Wert von zusammen 12 Mill. €. Sie gewähren einen Anspruch auf die Hälfte des Jahresüberschusses der B GmbH, bis die bedingten Forderungsrechte der Zulieferer vollständig befriedigt sind.

1. Es ist der Vorgang des Forderungsverzichts der A AG im Jahresabschluss zum 31.12.09 aufzuzeigen.
2. Die B GmbH erzielt im Geschäftsjahr 10 einen Jahresüberschuss In Höhe von 1,5 Mill. €. Die Zahlungen erfolgen am 1.4.11. Der Vorgang ist im Jahresabschluss der AG zum 31.12.10 darzustellen.

C. Wertpapiere des Umlaufvermögens

Wertpapiere des Umlaufvermögens unterscheiden sich dem Grunde nach nicht von Wertpapieren des Anlagevermögens. Die Zuordnung zum Umlaufvermögen beruht auf der Zwecksetzung des Unternehmens, die Wertpapiere einen **kürzeren Zeitraum** zu halten. Der bisher vorgeschriebene gesonderte Ausweis der eigenen Anteile unter dem Posten „Wertpapiere“ des Umlaufvermögens ist mit dem BilMoG aufgehoben worden.

I. Nachweis und Ansatz der Wertpapiere des Umlaufvermögens

Wertpapiere können im Unternehmen (Selbstverwahrung) oder außerhalb des Unternehmens, i.d.R. im Depot einer Bank (Fremdverwahrung), aufbewahrt werden. Der **Nachweis** der Wertpapiere hängt von der Art der Verwahrung ab.

- Bei **Selbstverwahrung** sind die kurzfristig gehaltenen Wertpapierbestände entsprechend den Vorschriften der §§ 240, 241 HGB für den Schluss eines jeden Geschäftsjahres körperlich aufzunehmen. Über die Aufnahme ist ein Protokoll anzufertigen, das den Nachweis über den Wertpapierbestand des Unternehmens dokumentiert.

- Bei **Fremdverwahrung** von kurzfristig gehaltenen Wertpapieren im Depot einer Bank sind die Angaben auf der Depotbescheinigung der Bank mit der unternehmensinternen Dokumentation des Wertpapierbestands abzustimmen. Im Inventar ist jedes einzelne Wertpapier bzw. bei mehreren Wertpapieren der gleichen Art jede Art des Wertpapiers aufzunehmen.

Für den **Ansatz** von Wertpapieren des Umlaufvermögens gelten die Grundsätze des Ansatzes anderer Vermögensgegenstände. Hat ein Wertpapier die Eigenschaft eines Vermögensgegenstandes und das bilanzierende Unternehmen an den Wertpapieren wirtschaftliches Eigentum, besteht **Ansatzpflicht**.

Der spezielle Ansatz **eigener Anteile** unter den Wertpapieren des Umlaufvermögens und ihre Charakterisierung als Vermögensgegenstände bzw. als Korrekturposten zum Eigenkapital ist mit der Änderung des § 272 Abs. 1 HGB in Anpassung an die IFRS durch das BilMoG neu geregelt. Die danach vorgeschriebene **Behandlung der eigenen Anteile** regelt § 272 Abs. 1a HGB. Eigene Anteile werden nicht wie bisher unter den Wertpapieren des Umlaufvermögens gesondert ausgewiesen. Nunmehr sind sie vielmehr nach § 266 Abs. 3 A. in der Vorspalte mit dem Posten **„Gezeichnetes Kapital“ zu verrechnen**. Zu Einzelheiten wird auf die Darstellung des Postens „Gezeichnetes Kapital“ im Vierten Teil verwiesen. Bei dieser Darstellung wird auch eingegangen auf den zulässigen und nicht zulässigen **Erwerb eigener Anteile** der AG und der GmbH.

II. Ausweis der Wertpapiere des Umlaufvermögens

Die in der Bilanz nach § 266 Abs. 2 B. III. HGB auszuweisenden Wertpapiere des Umlaufvermögens betreffen die Posten „Anteile an verbundenen" und „Unternehmen und sonstige Wertpapieren". Die bisher vorgeschriebene Einbeziehung eigener Anteile unter den Wertpapieren des Umlaufvermögens ist durch die Neuformulierung des § 272 Abs. 1a HGB durch das BilMoG nunmehr unzulässig.

1. Anteile an verbundenen Unternehmen

Verbundene Unternehmen sind nach § 15 AktG rechtlich selbständige Unternehmen, die im Verhältnis zueinander in Mehrheitsbesitz stehende Unternehmen und mit Mehrheit beteilige Unternehmen nach § 16 AktG, abhängige und herrschende Unternehmen nach § 17 AktG, Konzernunternehmen nach § 18 AktG, wechselseitig beteiligte Unternehmen nach § 19 AktG oder Vertragsteile eines Unternehmensvertrags nach §§ 291, 292 AktG.

Unter dem Posten des § 266 Abs. 2 B. III. HGB sind Anteile an verbundenen Unternehmen auszuweisen. Der **Ausweis** setzt (1) das Bestehen von Anteilen an verbundenen Unternehmen und (2) die Kurzfristigkeit des Haltens er Anteile an verbundenen Unternehmen voraus. Nach der Planung des bilanzierenden Unternehmens dürfen die Anteile an verbundenen Unternehmen voraussichtlich nur kurzfristig gehalten werden.

Als **Beispiele** für im Umlaufvermögen auszuweisende Anteile an verbundenen Unternehmen werden im Schrifttum u.a. genannt: (1) **Vorratsaktien**, die eine AG zur Vorbereitung einer Verschmelzung, des Abschlusses eines Unternehmensvertrages oder einer Eingliederung erworben hat zum Zweck der Weiterleitung der Aktien an die Gesellschafter des übertragenden Rechtsträgers und (2) **Rückbeteiligungen** als Aktien an einem herrschenden oder an einem mit Mehrheit beteiligten Unternehmen, die durch Anordnung des herrschende Unternehmen veräußert werden können.

Da der Ausweis der Anteile an verbundenen Unternehmen auf **Wertpapiere** gemäß § 266 Abs. 2 B. III. HGB beschränkt ist, können bei streng formaler Betrachtungsweise nur **Aktien einer verbundenen AG** unter dem Posten „Anteile an verbundenen Unternehmen" eingeordnet werden. Anteile, die keine Wertpapiere sind, wie GmbH-Anteile an verbundenen Unternehmen, sind unter einem nach § 265 Abs. 5 Satz 2 HGB neu einzufügenden Posten des Umlaufvermögens auszuweisen.

Obwohl eine Zuordnung zu dem Posten des § 266 Abs. 2 B. III. Nr. 1 HGB aufgrund der **fehlenden Wertpapiereigenschaft von GmbH-Anteilen** formal unzulässig ist, wird der Ausweis der entsprechenden Anteile mit der **Einheitlichkeit der Vorgehensweise** begründet. Damit entsteht eine Ausnahme von der Regelung, dass unter dem Posten nur in Wertpapieren verbriefte Anteile ausgewiesen werden dürfen. Die Ausnahme betrifft Anteile an verbundenen Unternehmen in der Rechtsform der GmbH. Der Ausweis ist zweckgerechter als ein zuweilen vorgeschlagener Ausweis der GmbH-Anteile unter dem Posten „sonstige Vermögensgegenstände" oder unter einem nach § 265 Abs. 5 Satz 2 HGB neu eingefügten Posten, dessen Einordnung in das Umlaufvermögen eher irreführend ist.

2. Sonstige Wertpapiere

Unter dem Posten „sonstige Wertpapiere" sind alle Wertpapiere des Umlaufvermögens auszuweisen, die nicht Anteile an verbundenen Unternehmen sind. Darunter fallen alle Arten von kurzfristigen Eigenkapital- und Gläubigerpapieren, u.a. Aktien, Genussscheine und kurzfristige, festverzinsliche Wertpapiere.

Für abgetrennte **Zins- und Dividendenscheine** besteht nach h.M. ein Ausweiswahlrecht, nach dem sie unter dem Posten „sonstige Wertpapiere" nach § 266 Abs. 2 B. III. Nr. 2. HGB oder dem Posten „sonstige Vermögensgegenstände" nach 266 Abs. 2 B. II. Nr. 4. HGB ausgewiesen werden können. Bei Zins- und Dividendenscheinen handelt es sich jedoch nicht um Wertpapiere, auch nicht um wertpapierähnliche Vermögensgegenstände des Umlaufvermögens, sondern um Forderungsrechte, die entgegen der h.M. ausschließlich im Umlaufvermögen unter dem Posten „sonstige Vermögensgegenstände" nach 266 Abs. 2 B. II. Nr. 4. HGB auszuweisen sind.

Unterliegen Wertpapiere des Umlaufvermögens, die unter dem Posten „sonstige Wertpapiere" auszuweisen sind, gesetzlichen oder vertraglichen **Veräußerungsbeschränkungen**, ist nach h.M. der Ausweis unter den sonstigen Wertpapieren um einen ergänzenden Davon-Vermerk zu erweitern. Das Gesetz sieht eine ergänzende Berichterstattung über die Veräußerungsbeschränkung nicht vor. Fraglich könnte dagegen sein, ob bei Veräußerungsbeschränkung ein Ausweis im Umlaufvermögen unter § 266 Abs. 2 B. II oder III HGB zulässig ist oder ob die entsprechenden Wertpapiere im Anlagevermögen unter § 266 Abs. 2 A. III HGB auszuweisen sind.

III. Bewertung der Wertpapiere des Umlaufvermögens

1. Zugangsbewertung der Wertpapiere des Umlaufvermögens

Bei Erwerb sind die Wertpapiere des Umlaufvermögens mit den **Anschaffungskosten** zu bewerten. Diese ergeben sich aus dem Kaufpreis einschließlich der Anschaffungsnebenkosten in Form von Provisionen und Gebühren, die beim Erwerb der Wertpapiere anfallen.

Die Anschaffungskosten für das einzelne Wertpapier bei gleichzeitigem Erwerb mehrerer **Wertpapiere der gleichen Art** werden nach dem **Durchschnittsprinzip** ermittelt. Provisionen und Gebühren sind proportional den erworbenen Wertpapieren zuzurechnen. Andere Verfahren der **Wertbildung**, wie Gruppenbewertung und Bewertungsvereinfachungsverfahren, sind entgegen der h.M. bei der Ermittlung der Anschaffungskosten von Wertpapieren ebenso wenig zulässig wie bei der Bestimmung des Bilanzwertes.

2. Folgebewertung der Wertpapiere des Umlaufvermögens

Die Folgebewertung basiert vielfach im Rahmen der **Durchschnittsbewertung** der Wertpapiere des Umlaufvermögens. Dies gilt sowohl für den eher seltenen Fall der Eigenverwahrung wie für den typischen Fall der Verwahrung der Wertpapiere im Depot einer Bank. Die Besonderheit der Verwahrung der Wertpapiere im **Girosammeldepot** besteht darin, dass das Unternehmen als Hinterleger das Eigentum an den von ihm gelieferten Wertpapier-Stücken verliert und dafür Miteigentum an dem Sammeldepot des Verwahrers entsprechend der Einlieferung erwirbt. Gleiches gilt für stücklose Papiere.

Die Bewertung ist ausschließlich auf der Grundlage der **Durchschnittsbewertung** möglich. Lässt ein Unternehmen Wertpapiere der gleichen Art in Sammeldepots unterschiedlichen Kreditinstituten verwahren, wird eine Durchschnittsbildung für die Wertpapiere, die im jeweils gleichen Kreditinstitut verwahrt werden, als zulässig angesehen.

Vereinzelt wird die Auffassung vertreten, dass auf **Wertpapiere des Umlaufvermögens** auch die **Bewertungsvereinfachungsverfahren** des § 256 Satz 1 HGB anwendbar sind. Zwar wird gesehen, dass die Verfahren dem Wortlaut des § 256 HGB nach nur für das Vorratsvermögen anwendbar sind. Mit Hinweis auf die Handhabung zum AktG 1965 wird der Standpunkt vertreten, dass diese Beschränkung nicht gewollt sein dürfte, so dass die Anwendbarkeit des Lifo- und Fifo-Verfahren auch für die Wertpapiere des Umlaufvermögens zulässig sei. Davon abweichend hält die h.M. richtigerweise aufgrund der expliziten Beschränkung der Verbrauchsfolgeverfahren aufgrund der fehlenden gesetzlichen Zulassung für die Bewertung von Wertpapieren des Umlaufvermögens für unzulässig.

Eine Besonderheit besteht bezüglich der Bewertung der **Wertpapiere in Form von Zero-Bonds**. Sie sind beim Erwerber mit den Anschaffungskosten zuzüglich der Zinsforderungen zu bewerten. Ist der Börsenkurs zum Jahresabschluss niedriger als der Betrag der fortgeschriebenen Anschaffungskosten, sind nach Maßgabe des § 253 Abs. 4 HGB **Abschreibungen** vorzunehmen. Diese Bilanzierung wird hier nicht problematisiert, da Zero-Bonds aufgrund ihrer langen Laufzeit, z.B. von 30 und mehr Jahren, in der Regel nicht unter den Posten der Wertpapiere des Umlaufvermögens fallen.

Für die Wertpapiere des Umlaufvermögens gilt das **Niederstwertprinzip** des § 253 Abs. 4 HGB. Dabei stellt sich, wie im Finanzanlagevermögen, das Problem der Berücksichtigung der Anschaffungsnebenkosten und der Verkaufsspesen bei Veräußerung der Wertpapiere. Es ist nach h.M. wie folgt zu lösen:

- Besteht am Abschlussstichtag **keine Veräußerungsabsicht**, sind die Wertpapiere des Umlaufvermögens bei gesunkenem Börsenkurs mit dem Börsenkurs zuzüglich Anschaffungsnebenkosten, d.h. zu dem niedrigeren inputorientierten beizulegenden Zeitwert in Form der Wiederbeschaffungskosten, zu bewerten.
- Besteht am Abschlussstichtag **Veräußerungsabsicht**, sind die Wertpapiere des Umlaufvermögens mit dem niedrigeren Börsenkurs ohne Anschaffungs-

nebenkosten, abzüglich zu entstehenden Verkaufsspesen als outputorientierter beizulegender Zeitwert zu bewerten.

Unklar ist, ob ohne konkrete Verkaufsabsicht eines Wertpapiers ein Bewertungswahlrecht zur Bestimmung des niedrigeren Wertes darin besteht, den niedrigeren Börsenkurs am Abschlussstichtag ohne Anschaffungsnebenkosten und abzüglich entstehender Verkaufsspesen in der Bilanz anzusetzen. Maßgeblich für die Bewertung der Wertpapiere sei das **Wiederbeschaffungswertprinzip**. Die Bewertung mit dem niedrigeren Nettoverkaufspreis würde dazu führen, dass die nach § 255 Abs. 1 HGB geforderte Aktivierungspflicht für Anschaffungsnebenkosten aufgehoben würde.

Der Auffassung wird hier nicht gefolgt. Der Ausweis von Wertpapieren im Umlaufvermögen setzt voraus, dass die Wertpapiere nur kurzfristig gehalten werden sollen. Ansonsten ist ein Ausweis der Wertpapiere im Anlagevermögen vorgeschrieben. Kurzfristig gehaltene Wertpapiere sind aber ausschließlich mit dem Betrag anzusetzen, der voraussichtlich bei Veräußerung zum Abschlussstichtag mit dem Veräußerungsbetrag abzüglich der mit der Veräußerung entstehenden Aufwendungen netto erzielt würde. Der **niedrigere beizulegende Zeitwert** in diesem Sinne ist der niedrigere Börsenkurs am Abschlussstichtag ohne Anschaffungsnebenkosten und abzüglich voraussichtlicher Verkaufsspesen.

3. Wertaufholungsgebot für Wertpapiere des Umlaufvermögens

Nach der Neuregelung des § 253 Abs. 5 Satz 1 HGB durch das BilMoG darf ein niedrigerer Wertansatz der Wertpapiere des Umlaufvermögens nach § 253 Abs. 4 HGB nicht beibehalten werden, wenn die Gründe dafür nicht mehr bestehen. Es ist eine **Werterhöhung bis zu dem höheren beizulegenden Zeitwert**, höchstens jedoch bis zu den Anschaffungskosten der Wertpapiere vorzunehmen.

Mit der Neuregelung wird nach dem RegE zum BilMoG (BT-Drucks 16/10067, S. 57) ein umfassendes und rechtsformunabhängiges Wertaufholungsgebot bezüglich aller Formen von außerplanmäßigen Abschreibungen, d.h. auch bezüglich der Wertpapiere des Umlaufvermögens, im HGB verankert.

Beispiel 23: Bewertung von Wertpapieren

Die A AG erwirbt in mehreren Stufen Aktien der C AG über ihre Hausbank. Jeweils Anfang der Monate September bis Dezember 10 werden bei steigendem Aktienkurs Käufe von 50 Tsd. 65 Tsd. 70 Tsd. und 40 Tsd. C-Aktien zu den Kursen der Aktie von 40, 60, 82 und 100 € abgewickelt. Die Provisionen betragen jeweils ein halbes Prozent des Kaufpreises.

Zum Abschlussstichtag 31.12.10 notiert die Aktie mit 78 €. Da ein weiteres Sinken des Aktienkurses erwartet wird, veräußert die A AG am 31.12.10 100 Tsd. C-Aktien.

1. Es ist der Wert des Bestandes von C-Aktien der A AG zum Abschlussstichtag 31.12.10 zu ermitteln und im Jahresabschluss der A AG unter der Annahme darzustellen, dass die A

AG beabsichtigt, die restlichen C-Aktien innerhalb eines kurzen Zeithorizonts zu veräußern.

2. Nach zuweilen vertretener Auffassung im Schrifttum seien bei der Wertzuordnung auf die Aktienbestände der Wertpapiere des Umlaufvermögens die für Vorräte vorgesehenen Verbrausfolgeverfahren nach § 256 HGB die LIFO-Methode, die FIFO-Methode zulässig. Es ist für den unter 1. genannten Fall die Wirkung der gesetzlich lediglich für das Vorratsvermögen zulässigen Bewertungsvereinfachungsverfahren aufzuzeigen.

Beispiel 24: Anteile an verbundenen Unternehmen, eigene Anteile

Im Februar 10 erwirbt die A AG mit Finanzierung der Hausbank 10 % ihres Grundkapitals. Der Erwerb umfasst 120.000 eigene Aktien mit einem Nennwert pro Aktie von 5 €. Die Anschaffungskosten betragen 8 Mill. €, die Maklerprovision 40 Tsd. € und die Vermittlung des Aktienpaketes 25 Tsd. €.

Im März 10 erwirbt die A AG gleichfalls mit Finanzierung der Hausbank 25 % der Anteile der B AG, die herrschendes Unternehmen gegenüber der A AG ist, bei Anschaffungskosten von 80 € pro Aktie zum Preis von 10 Mill. €, zuzüglich Maklerprovision und Gebühren von zusammen 50 Tsd. €. Der Bestimmung der Anschaffungskosten liegt ein Bewertungsgutachten mit Kosten von 30 Tsd. € zugrunde.

1. Es sind die Anschaffungskosten der eigenen Anteile der A AG sowie die Anschaffungskosten der Anteile an der B AG zu ermitteln.
2. Es ist festzustellen, unter welchen Posten der Bilanz der A AG die eigenen Anteile und die Anteile an der B AG auszuweisen sind, wenn die A AG beabsichtigt, die Anteile langfristig zu halten. Zudem ist die buchmäßige Erfassung der Vorgänge bei der A AG aufzuzeigen.
3. Zum 31.12.10 werden die eigenen Anteile der A AG mit einem Kurs von 60 €, die Anteile an der B AG mit einem Kurs von 70 € notiert. Es ist der zu bilanzierende beizulegende Wert der Anteile zu ermitteln. Dabei ist zu berücksichtigen, dass die beim Verkauf der Aktien entstehenden Maklerprovisionen und Spesen zusammen 0,5 % des Veräußerungspreises der Aktien beträgt.
4. Zum 31.12.11 werden entgegen der ursprünglichen Absicht die von der A AG an der B AG gehaltenen Anteile an letztere zu einem Preis von 9,5 Mill. € veräußert. Mit der Einnahme werden Teile der Verbindlichkeiten gegenüber Kreditinstituten getilgt. Es ist die Wirkung des Vorgangs auf den Jahresabschluss der A AG zum 31.12.11 aufzuzeigen.

D. Kassenbestand, Bundesbankguthaben, Guthaben bei Kreditinstituten und Schecks

Unter dem Posten „Kassenbestand, Bundesbankguthaben, Guthaben bei Kreditinstituten und Schecks“ sind nach § 266 Abs. 2 B. IV. HGB die flüssigen Mittel eines Unternehmens in Form der erhaltenen und noch nicht weitergegebenen Kassenbeträge, des nicht weitergegebenen Bundesbankguthaben, der noch nicht weitergegebenen Guthaben bei Kreditinstituten in Form von Kontokorrentguthaben.

I. Nachweis und Ansatz von Kassenbestand, Bundesbankguthaben, Guthaben bei Kreditinstituten und Schecks

(1) Zum des **Nachweises** des Bestandes an **Schecks** hat am Abschlussstichtag durch eine **Inventuraufnahme** zu erfolgen. Das Ergebnis der Inventur ist durch ein Aufnahmeprotokoll zu dokumentieren. Zeitdifferenzen zwischen Bankeinreichen und Eingang der Schecks bei dem Kreditinstitut sind gesondert zu dokumentieren. Maßgebend für den Nachweis des eingereichten, zum Bilanzstichtag noch nicht gutgeschriebenen Schecks ist die Prüfung des Kontokorrentkontos des Unternehmens zu Beginn des folgenden Geschäftsjahres.

(2) Der **Nachweis** des **Kassenbestandes** erfolgt am Ende des Abschlussstichtags erfolgt durch ein Aufnahmeprotokoll. Hierbei wird der Nachweis durch Prüfung aller in dem Unternehmen vorhandenen Kassen geführt. Als Kontrolle ist festzustellen, ob der Kassenbestand laut Kassenaufnahmeprotokoll mit dem Saldo des Kassenkontos übereinstimmt. Das Ergebnis der Kassenprüfung ist von dem Leiter der Kassenverwaltung zu unterzeichnen.

Der **Nachweis** des Kassenbestandes umfasst auch die **Sortenbeständen in fremder Währung**. Die Feststellung des Vorhandenseins wird ebenso durchgeführt wie die Kassenbestände. Der Nachweis richtet auf die Sortenbestände. Als Kontrolle der Sortenbestände ist festzustellen, ob der Sortenbestand laut Aufnahmeprotokoll mit dem Saldo des Sortenkontos der einzelnen Sortenbestände übereinstimmt. Die Umrechnung der Sortenbestände in inländischer Währung ist nicht Gegenstand des Nachweises.

(3) Der **Nachweis** des **Bundesbankguthabens** erfolgt, in gleicher Weise wie der Nachweis der **Guthaben bei Kreditinstituten,** über Kontoauszüge oder Saldenbestätigungen. Die Nachweisprüfung muss sich auf die in dem Unternehmen und der Bundesbank auf aufgetretenen Abweichungen richten. Wie bei dem Einreichen von Schecks bei Kreditinstituten ist bei Kontodifferenzen der Unterschied zwischen Bestand bei dem Unternehmen und des Bundesbank festzustellen und auf die Richtigkeit zu prüfen.

Flüssige Mittel in Form von erhaltenen Schecks, von Kassenbeständen einschließlich der Bestände in fremder Währung, von Guthaben bei der Bundesbank sowie Guthaben bei Kreditinstituten sind Vermögensgegenstände. Bei Vorliegen des wirtschaftlichen Eigentums an den flüssigen Mitteln besteht **Ansatzpflicht**. Nicht anzusetzen sind flüssige Mittel, an denen kein wirtschaftliches Eigentum besteht, z.B. für Dritte verwahrtes Treuhandvermögen in Form einer der angeführten Arten von flüssigen Mitteln.

II. Ausweis von Kassenbestand, Bundesbankguthaben, Guthaben bei Kreditinstituten und Schecks

Die Zusammenfassung der **flüssigen Mittel** unter dem Posten des § 266 Abs. 2 B. IV. HGB soll nicht nur der Vereinfachung auf einen Posten dienen. Nach Auffassung im Schrifttum soll sie vermeiden, dass die sonst auftretenden Abgrenzungs- und Zuordnungsprobleme, z.B. in dem Fall, dass bei einem Kreditinstitut ein Scheck eingereicht ist, der zum Abschlussstichtag des Unternehmens noch nicht gutgeschrieben ist. Es könnte sich dabei die Frage stellen, ob der Vermögensgegenstand unter einem Posten „Schecks" oder dem Posten „Guthaben bei Kreditinstituten" auszuweisen ist. Ähnliches gilt für den Fall des Einwurfs einer Bargeldkassette bei einer Bank. Hier könnte sich die Frage stellen, ob der Vermögensgegenstand unter dem Posten „Kassenbestand" oder dem Posten „Guthaben bei Kreditinstituten" auszuweisen ist.

Zum **Kassenbestand** rechnet das am Abschlussstichtag in den Kassen des Unternehmens befindliche Bargeld einschließlich des Bargelds in fremder Währung (Sorten). Unter Kassenbestand sind auch nicht verbrauchte Bestände an Briefmarken oder anderen Frankierungsgegenständen auszuweisen. Nicht zum Kassenbestand gehört Bargeld in Form von Geld in Edelmetall, z.B. in Goldmünzen.

Zu den **Guthaben bei Kreditinstituten** rechnen Forderungen gegen ein inländisches Kreditinstitut im Sinn des § 1 KWG oder gegen ein gleichartiges ausländisches Kredit- oder Finanzinstitut. Der Ausweis unter dem Sammelposten ist unabhängig davon, ob es sich um Guthaben in inländischer oder ausländischer Währung handelt.

Bei den Guthaben kann es sich um täglich fällige Gelder oder um Festgelder handeln. Zu den Guthaben bei Kreditinstituten rechnen alle Beträge, die gutgeschrieben sind. Darüber hinaus zählen dazu Gutschriften, die von dem Kreditinstitut noch nicht vorgenommen wurden.

Der Ausweis von **Guthaben bei Bausparkassen** ist **strittig**. Die vorgeschlagene Einordnung unter den Sammelposten der flüssigen Mittel ist irreführend, da während der Einzahlungszeit in aller Regel nicht über die Guthaben verfügt werden kann. Andererseits handelt es sich bei den eingezahlten Beträgen um Guthaben bei Kreditinstituten, für die die Gliederungsvorschrift des § 266 HGB nur den Ausweis unter dem Sammelposten vorsieht. Man kann dazu die im Folgenden angeführten Fälle unterscheiden:

- Der Verfügbarkeit über ein Guthaben bei einer Bausparkasse aufgrund der **erbrachten Einzahlungen** und des **Erreichens des notwendigen Zeitrahmens**. In diesem Fall ist das Guthaben zwingend unter dem Sammelposten auszuweisen.
- Der Nichtverfügbarkeit über ein Guthaben bei einer Bausparkasse wegen der **nicht in ausreichendem Umfang erbrachten Einzahlungen** und des nicht erfüllten vorgegebenen Zeitrahmens. In diesem Fall wird gleichfalls für den Ausweis unter dem Sammelposten plädiert, allerdings mit Angabe der voraussichtlichen Verfügbarkeit des Guthabens.

Zu den unter dem Posten „Kassenbestand, Bankguthaben, Guthaben bei Kreditinstituten und Schecks" auszuweisenden **Schecks** gehören alle Arten von Inhaber- und Orderschecks, Bar- und Verrechnungsschecks. Nicht unter den flüssigen Mitteln auszuweisen sind nach richtiger Auffassung im Schrifttum die an den Aussteller bzw. Einreicher zurückgesandten oder von der bezogenen Bank mit Protestvermerk zurückgegebenen Schecks.

Für **Guthaben bei Kreditinstituten**, die **verbundene Unternehmen sind** oder mit denen ein Beteiligungsverhältnis besteht, gilt nach § 265 Abs. 3 HGB die Verpflichtung der Angabe der Mitzugehörigkeit. Als zulässig wird angesehen:

- Der Ausweise der Guthaben unter dem Sammelposten mit Angabe der Mitzugehörigkeit zu dem Posten „Forderungen gegen **verbundene Unternehmen**" bzw. „Forderungen gegen Unternehmen, mit denen ein Beteiligungsverhältnis besteht".
- Der Ausweis der Guthaben unter dem Posten „Forderungen gegen verbundene Unternehmen" bzw. „Forderungen gegen **Unternehmen, mit denen ein Beteiligungsverhältnis** besteht" mit Angabe der Mitzugehörigkeit zu dem Sammelposten.

Nicht einheitlich ist der Ausweis gültiger **Edelmetallmünzen**. Nach Auffassung im Schrifttum gehören gültige Edelmetallmünzen grundsätzlich zum Kassenbestand. Dies gilt nicht, wenn der Edelmetallwert der Münzen erheblich von deren Nominalwert abweicht, z.B. bei Goldmünzen. Von dem Grundsatz gibt es **Abweichungen**. Für Unternehmen, die Edelmetallmünzen herstellen oder damit handeln, sind Edelmetallmünzen unter dem Posten „Waren", bei anderen Unternehmen unter dem Posten „sonstige Vermögensgegenstände" auszuweisen.

Nicht unter dem Posten „Kassenbestand, Bundesbankguthaben, Guthaben bei Kreditinstituten und **Schecks**" auszuweisen sind Schecks, die an den Aussteller oder Einreicher ohne oder mit **Protestvermerk** zurückgingen und Guthaben bei Kreditinstituten, über die aufgrund einer Sperrung nicht frei verfügt werden kann.

III. Bewertung von Kassenbestand, Bundesbankguthaben, Guthaben bei Kreditinstituten und Schecks

Die **Zugangsbewertung** (Anschaffungskosten) und die Folgebewertung der einzelnen flüssigen Mittel richten sich nach der Art der Vermögensgegenstände.

Der **Kassenbestand** in inländischer Währung ist mit dem Nennbetrag zu bewerten. Für Sortenbestände in ausländischer Währung gelten die allgemeinen Regeln über die Bestimmung der Anschaffungskosten und des niedrigeren beizulegenden Zeitwertes nach § 253 Abs. 4 Satz 1 und 2 HGB.

Nach Auffassung im Schrifttum können, ohne dass dies begründet wird, entgegen dem Gesetzeswortlaut, auf **Sortenbestände** die Verbrauchsfolgeverfahren des § 256 HGB angewandt werden. Die Bewertung ist unzulässig.

Für die Bewertung von **Schecks** gelten die Bewertungsgrundsätze für Forderungen. Bei Schecks in Fremdwährung bestimmen sich die Anschaffungskosten entsprechend dem mit dem BilMoG neu eingefügten § 256a HGB, nach dem Devisenkassamittelkurs der ausländischen Währung. Für die Bilanzbewertung von Schecks in fremder Währung gelten die Grundsätze des § 256a HGB für die Bewertung von Forderungen in fremder Währung.

Guthaben bei der **Bundesbank** sind mit dem Nennbetrag zu bewerten. Guthaben bei **Kreditinstituten** in inländischer Währung sind im Normalfall, d.h. sofern keine Risiken bei dem Kreditinstitut bestehen, gleichfalls mit dem Nennbetrag zu bewerten. Guthaben bei Kreditinstituten in fremder Währung sind gleichfalls mit dem Devisenkassamittelkurs zum Abschlussstichtag in inländische Währung umzurechnen.

Vierter Teil
Bilanzierung des Eigenkapitals

A. Gezeichnetes Kapital

I. Grundlagen zum Gezeichneten Kapital

Nach § 272 Abs. 1 Satz 1 HGB ist Gezeichnetes Kapital als Teil des Eigenkapitals dasjenige Kapital, auf das die **Haftung der Gesellschafter** für die Verbindlichkeiten der Kapitalgesellschaft gegenüber den Gläubigern beschränkt ist. Der Gesetzeswortlaut ist missverständlich. Tatsächlich haften bei der Kapitalgesellschaft nicht die Gesellschafter den Gläubigern der Gesellschaft. Nach § 1 Abs. 1 Satz 2 AktG, § 13 Abs. 2 GmbHG **haftet** für die Verbindlichkeiten der Gesellschaft nur **das Gesellschaftsvermögen**.

Als Gezeichnetes Kapital sind bei der AG und der KGaA nach § 152 Abs. 1 Satz 1, § 278 Abs. 3 AktG das **Grundkapital**, bei der GmbH nach § 42 Abs. 1 GmbHG das Stammkapital in der Bilanz auszuweisen. Die Kapitalanteile der persönlich haftenden Gesellschafter der KGaA sind nach § 286 Abs. 2 Satz 1 AktG nach dem Posten „Gezeichnetes Kapital" gesondert auszuweisen. Mit der Bezeichnung **„Gezeichnetes Kapital"** an Stelle von Grundkapital und Stammkapital soll die Lesbarkeit des Jahresabschlusses erhöht werden. Zudem soll mit der Bezeichnung zum Ausdruck gebracht werden, dass es sich um das gezeichnete, nicht notwendigerweise um das eingezahlte Kapital, handelt.

Der **Mindestnennbetrag** des Gezeichneten Kapitals richtet sich nach den Vorschriften des AktG bzw. des GmbHG. Nach § 7 AktG beträgt bei der AG der Mindestnennbetrag des Grundkapitals 50 Tsd. Euro. Der Mindestnennbetrag der Gesellschaftsanteile der GmbH auch nach dem MoMiG weiterhin nach dem nicht veränderten § 5 Abs. 1 erster Halbs. GmbHG 25 Tsd. Euro.

Form und Mindestbeträge der **Aktien** sind durch § 8 AktG neu geregelt. Es gilt:

- Nach § 8 Abs. 2 AktG müssen **Nennbetragsaktien** auf mindestens einen Euro lauten. Aktien zu einem geringeren Nennbetrag sind nichtig. Höhere Aktiennennbeträge müssen auf volle Euro lauten.
- Nach § 8 Abs. 3 AktG lauten **Stückaktien** auf keinen Nennbetrag. Die Stückaktien einer Gesellschaft sind am Grundkapital in gleichem Umfang beteiligt. Der auf die einzelne Aktie entfallende anteilige Betrag des Grundkapitals darf auch einen Euro nicht unterschreiten.

- Nach § 9 Abs. 1 AktG dürfen für einen **geringeren Betrag** als den Nennbetrag oder den auf die einzelne Stückaktie entfallenden anteiligen Betrag des Grundkapitals Aktien nicht ausgegeben werden (geringster Ausgabebetrag). Damit verbietet die Vorschrift Unterpariemission und legt den geringsten Ausgabebetrag fest.

Für Form und Mindestbeträge der **GmbH-Anteile** gelten die folgenden, durch das MoMiG vorgenommenen Regelungen:

- Nach § 5 Abs. 2 GmbHG muss der **Nennbetrag jedes Geschäftsanteils auf volle Euro** lauten. Der einzelne Gesellschafter kann ebenso wie ein Teil der Gesellschafter oder alle Gesellschafter bei Errichtung der Gesellschaft mehrere Geschäftsanteile übernehmen.

- Nach § 5 Abs. 3 GmbHG kann abweichend von der früheren Regelung die **Höhe der Nennbeträge der einzelnen Geschäftsanteile** verschieden bestimmt werden. Die Summe der Nennbeträge aller Gesellschaftsanteile muss jedoch mit dem Stammkapital übereinstimmen.

II. Gründung der Kapitalgesellschaft

1. Entstehung und Errichtung der Gesellschaft

Der erster Schritt der Gründung der Kapitalgesellschaft ist die **Feststellung der Satzung** nach § 23 Abs. 1 AktG, § 2 Abs. 1 Satz 1 GmbHG durch notarielle Beurkundung. **Bedeutung für die Rechnungslegung** hat die Festsetzung der Höhe des Grundkapitals bei der AG bzw. des Nennkapitals des Gesellschaftsanteils bei der GmbH nach § 23 Abs. 3 Nr. 3, AktG, § 3 Abs. 1 Nr. 3 GmbHG als Bestandteil der Satzung bzw. des Gesellschaftsvertrags. Darüber hinaus ist von Bedeutung bei der AG die Zerlegung des Grundkapitals nach § 23 Abs. 2 Nr. 4 AktG entweder in **Nettobetragsaktien** oder in **Stückaktien**. Bei Nennbetragsaktien ist deren Nennbeträge und die Zahl der Aktien jeden Nennbetrages anzugeben, bei Stückaktien deren Zahl.

Von der Entstehung ist die **Errichtung** der Kapitalgesellschaft zu unterscheiden. Sie erfolgt durch **Abschluss des Gesellschaftsvertrags**. Die künftige Kapitalgesellschaft (AG, KGaA oder GmbH) besteht wie angeführt zwischen der Errichtung und der Eintragung in das HR als **Vorgesellschaft**. Die Vorgesellschaft stellt eine zwischen den Gründern bestehende gesellschaftsrechtliche Verbindung dar, die bereits die körperschaftliche Struktur der künftigen Kapitalgesellschaft aufweist, die jedoch lediglich Gesamthandsgemeinschaft ist.

Nach h.M. handelt es sich bei der Vorgesellschaft weder um eine GbR noch um einen Verein, sondern um eine **Gesamthandsgemeinschaft eigener Art**, die abgesehen von der Rechtsfähigkeit bereits der zu gründenden Kapitalgesellschaft (AG, KGaA GmbH) entspricht. Die Vorgesellschaft endet dadurch, dass sie durch Eintragung in das HR entsprechend dem Gesellschaftsvertrag in eine AG, KGaA bzw. eine GmbH übergeht.

Die **Vorgesellschaft** kann als **Gesamthandsgemeinschaft** wie jede andere Gesellschaft am Rechtsverkehr ohne Einschränkung teilnehmen. Der Beginn der Teilnahme am Rechtsverkehr kann der Stichtag für die Eröffnungsbilanz der Gesamthandsgemeinschaft sein. Das Schrifttum stellt für den Stichtag der Eröffnungsbilanz auf den Beginn des Handelsgewerbes ab. Es ist zu bedenken, dass die Vorgesellschaft nicht ohne weiteres Handelsgesellschaft ist. § 3 AktG bzw. § 13 Abs. 3 GmbHG, nach dem die AG bzw. die GmbH als Handelsgesellschaft gilt, greift erst mit der Eintragung in das HR.

Der Grundsatz der **Maßgeblichkeit der Eintragung in das HR** für die Höhe des Grundkapitals bzw. des Nennkapitals des Gesellschaftsanteils gilt nicht nur bei der Gründung, sondern auch bei Veränderungen des gezeichneten Kapitals durch Kapitalerhöhung oder Kapitalherabsetzung.

2. Nachweis und Ansatz des gezeichneten Kapitals

Der **Nachweis** der Bilanzierung des Postens „Gezeichnetes Kapital" erfolgt für die Gesellschaft durch die Satzung und deren notarielle Beurkundung.

Für das gezeichnete Kapital der Kapitalgesellschaft besteht **Ansatzpflicht**. Zudem bestehen weitere Ansatzpflichten innerhalb des Eigenkapital-Postens „Gezeichnetes Kapital" für die nicht eingeforderten, ausstehenden Einlagen und für die eingeforderten, aber noch nicht eingezahlten Einlagen.

Ansatzpflicht als Korrekturposten besteht weiterhin innerhalb des Eigenkapital-Postens Gezeichnetes Kapital" für erworbene **eigene Aktien**.

3. Ausweis des gezeichneten Kapitals

Die Vorschriften zum **Ausweis** des Eigenkapital-Postens „Gezeichnetes Kapital" nach § 266 Abs. 3 A. I HGB betreffen auf der Haupt- und Vorspalte der Bilanz die folgenden Vorgänge:

(1) Voll eingezahltes Kapital: Es ist unter dem Eigenkapital-Postens „Gezeichnetes Kapital" auf der Passivseite der Bilanz in der Hauptspalte auszuweisen. Dies gilt bei der AG und der KGaA nach § 152 Abs. 1 Satz 1 AktG für das **Grundkapital**, bei der GmbH nach § 42 Abs. 1 GmbHG für das **Nennkapital** des Gesellschaftsanteils.

(2) Voll eingezahltes, gezeichnetes Kapital: Es ist bei unterschiedlichen Anteilsrechten bei der AG und der KGaA in folgenden Fällen ein gesonderter Ausweis oder ein Vermerk erforderlich:

- Bestehen **verschiedene Aktiengattungen**, ist nach § 152 Abs. 1 Satz 2 AktG der auf jede Aktiengattung entfallende Betrag des Grundkapitals gesondert anzugeben. Darüber hinaus sind nach § 160 Abs. 1 Nr. 3 AktG im Anhang Angaben zu machen über die Zahl und bei Nennbetragsaktien den Nennbetrag der Aktien jeder Gattung, sofern die Angaben nicht der Bilanz zu entnehmen sind.

- Bestehen **Mehrstimmrechtsaktien**, sind nach § 152 Abs. 1 Satz 4 AktG beim gezeichneten Kapital die Gesamtstimmenzahl der Mehrstimmrechtsaktien und die der übrigen Aktien zu vermerken.

Bedingtes oder genehmigtes Kapital: Es sind besondere Angaben und Vermerke zu machen:

- Besteht **bedingtes Kapital** nach § 192 Abs. 1 AktG, ist es nach § 152 Abs. 1 Satz 3 AktG mit dem Nennbetrag zu vermerken. Darüber hinaus sind bei den Angabepflichten nach § 160 Abs. 1 Nr. 3 AktG die Aktien, die bei einer bedingten Kapitalerhöhung im Geschäftsjahr gezeichnet wurden, gesondert anzugeben.
- Besteht **genehmigtes Kapital** nach §§ 202 bis 206 AktG, sind nach § 160 Abs. 1 Nr. 4 AktG hierzu im Anhang der AG Angaben zu machen.

(3) Bei den Einlagen sind abhängig von den **Einforderungen der Gesellschaft** in Bezug auf den Ausweis die folgenden, für die Bilanzierung des Eigenkapitals maßgebliche Fälle zu unterscheiden:

- **Nicht eingeforderte ausstehende Einlagen:** Es ist ein besonderer Ausweis erforderlich. Nach der Änderung durch das BilMoG ist ein **Nettoausweis** vorgeschrieben. Die Posten „Gezeichnetes Kapital“ und „Nicht eingeforderte ausstehende Einlagen“ sind auf der Passivseite der Bilanz in der Vorspalte auszuweisen.

  Nach dem neu gefassten § 272 Abs. 1 Satz 2 HGB sind die nicht eingeforderte ausstehende **Einlagen in der Vorspalte von dem Posten „Gezeichnetes Kapital“ offen abzusetzen**. Der nach der Saldierung der beiden Posten verbleibende Betrag ist unter dem Eigenkapital-Posten „**Eingefordertes Kapital**“ in der Hauptspalte zu zeigen.
- **Eingeforderte, aber noch nicht eingezahlte Beträge:** Sie sind nach § 272 Abs. 1 Satz 2 HGB unter einem gesonderten Aktiv-Posten „**Forderungen gegen Gesellschafter**“ gesondert in der Bilanz auszuweisen und entsprechend zu bezeichnen.

(4) Einlagen vor der Eintragung: Unklar ist, wie Bar- oder Sacheinlagen in ein Unternehmen im Zusammenhang mit einer Kapitalerhöhung in der Bilanz dieses Unternehmens auszuweisen sind, wenn die Einlagen vor Eintragung der Kapitalerhöhung in das HR geleistet werden und die Eintragung der Kapitalerhöhung am Abschlussstichtag noch nicht erfolgt ist. Insoweit bestehen für die einzahlenden Gesellschafter keine Gesellschafterrechte. Die Einleger sind bezüglich der für die Kapitalerhöhung geleisteten Einlagen nicht Anteilseigner, sondern Gesellschaftsgläubiger.

Primär handelt es sich bei **geleisteten Einlagen** um **Vermögensgegenstände**, die von den Gesellschaftern auf die Gesellschaft übertragen wurden. Aus Sicht der Passivseite sind sie unter den genannten Voraussetzungen nicht Teil des Eigenkapitals. Sie sind dort gesondert auszuweisen, wobei nach h.M. die folgenden Fälle zu unterscheiden sind:

- Die geleisteten Einlagen sind, wie angeführt, auf der Passivseite der Bilanz gesondert nach dem Eigenkapital unter dem Eigenkapital-Posten „**Zur Kapitalerhöhung geleistete Einlagen**" auszuweisen.
- Ist die Eintragung der Kapitalerhöhung zwar nach dem Abschlussstichtag aber zum Zeitpunkt der Aufstellung der Bilanz erfolgt, wird es als zulässig für den Ausweis angesehen, den Kapital-Posten „**Zur Kapitalerhöhung geleistete Einlagen**" unmittelbar nach dem Kapital-Posten „Gezeichnetes Kapital", auszuweisen.

(5) Eigene Aktien: Für eigene Aktien gelten nach Änderung des HGB durch das BilMoG die vorgegebenen Besonderheiten des Ausweises. Abweichend von der bisherigen Regelung dürfen eigene Aktien nicht mehr als Vermögensgegenstände unter einem gesonderten Posten des Umlaufvermögens auf der Aktivseite der Bilanz ausgewiesen werden. Nach dem mit dem BilMoG neu eingefügten § 272 Abs. 1a HGB, sind eigene Aktien **auf der Passivseite** der Bilanz **in der Vorspalte offen** von dem Kapitalposten „Gezeichnetes Kapital" als quasi Kapitalrückzahlung eines Teils des Kapitals abzusetzen. Nach der unterstellten Fiktion kann angenommen werden, dass für den Erwerb der ausstehenden eigenen Aktien die Einzahlungen erbracht und Teile davon wieder zurückgezahlt werden.

Ein **Unterschiedsbetrag** zwischen dem niedrigeren Nennbetrag oder rechnerischen Wert und dem höheren Kaufpreis der erworbenen eigenen Aktien ist **mit dem Posten „andere Gewinnrücklagen" zu verrechnen**. Ist der Unterschiedsbetrag größer als die anderen Gewinnrücklagen, ist er zunächst mit den Gewinnrücklagen zu verrechnen; der verbleibende Restbetrag ist als Aufwand in die Gewinn- und Verlustrechnung einzustellen.

4. Bewertung des gezeichneten Kapitals

Probleme der Bewertung des gezeichneten Kapitals treten nicht auf. Nach § 272 Abs. 1 Satz 2 HGB ist das gezeichnete Kapital mit dem **Nennbetrag** anzusetzen. Der Ansatz zum Nennbetrag des gezeichneten Kapitals gilt auch für die nicht eingeforderten ausstehenden Einlagen.

Die **eingeforderten, aber noch nicht eingezahlten Einlagen** haben, wie angeführt, Forderungscharakter der Gesellschaft gegen die Gesellschafter. Sie sind entsprechend mit den vereinbarten Einzahlungsbeträgen der Gesellschafter zu bewerten. Unter Umständen ist der **niedrigere beizulegende Zeitwert der Forderung** gegenüber einem nicht oder nicht vollständig zahlungsfähigen Gesellschafter anzusetzen.

Die **eigenen Aktien** sind nach § 272 Abs. 1a HGB mit dem **Nennbetrag** oder, falls ein solcher nicht vorhanden ist, dem **rechnerischen Wert** der erworbenen eigenen Aktien anzusetzen. Ein **Unterschiedsbetrag** ergibt sich als Differenz zwischen Nennbetrag oder rechnerischem Wert und dem Kaufpreis des Erwerbs der eigenen Aktien der AG. Er ist zunächst mit dem Betrag der anderen Gewinnrücklagen nach § 266 Abs. 3 III. Nr. 4 HGB zu verrechnen. Ein verbleibender **Restbetrag** ist als Aufwand in der Gewinn- und Verlustrechnung anzusetzen.

III. Ausstehende Einlagen auf das gezeichnete Kapital

1. Nachweis und Ansatz der ausstehenden Einlagen

Der **Nachweis** des Bestehens von ausstehenden Einlagen auf das gezeichnete Kapital erfolgt bei der AG anhand der Eintragungen in das Aktienregister der Gesellschaft (§ 67 Abs. 1 AktG), bei der GmbH durch Aufnahme in den Gesellschaftsvertrag (§ 3 Abs. 1 Nr. 4 GmbHG) oder anhand der Eintragungen in die Gesellschafterliste (§ 8 Abs. 1 Nr. 3 GmbHG).

Aktien können grundsätzlich auf den Inhaber oder auf den Namen lauten (§ 10 Abs. 1 AktG); sie müssen jedoch auf den Namen lauten, wenn sie vor der vollen Leistung des Nennbetrages oder des höheren Ausgabebetrages ausgegeben werden (§ 10 Abs. 2 Satz 1 AktG).

Der **Ansatz** des gezeichneten Kapitals der AG und der GmbH ist begrenzt. Das gezeichnete Kapital muss, wie unten dargestellt, nicht in voller Höhe einbezahlt werden. Die **Differenz** zwischen dem Betrag des gezeichneten Kapitals und dem Betrag des eingezahlten Kapitals bildet die ausstehenden Einlagen auf das gezeichnete Kapital. Sie lassen sich unterschiedlich interpretieren:

- Aus **rechtlicher Sicht** werden die ausstehenden Einlagen auf das gezeichnete Kapital als **Forderungen der Gesellschaft** gegen die Gesellschafter, die das Kapital gezeichnet haben, interpretiert. Dies sollte nach altem Recht unabhängig davon gelten, ob sie eingefordert sind oder nicht. Forderungen aus ausstehenden Einlagen wurden auf das gezeichnete Kapital als Vermögensgegenstände interpretiert, für die grundsätzlich Ansatzpflicht besteht.
- Aus **wirtschaftlicher Sicht** war schon bisher die Ansatzpflicht davon abhängig, ob die Forderungen zum Zeitpunkt der Bilanzierung entstanden sind. Das sind sie erst mit der Einforderung der Gesellschaft an die Gesellschafter. Soweit eine Einforderung nicht vorliegt, sind nach der mit dem BilMoG geänderten Fassung des § 272 Abs. 1 HGB ausstehende **Einlagen auf das gezeichnete Kapital Korrekturposten**, die als gesonderte Posten von dem gezeichneten Kapital offen abzusetzen sind und damit nicht, wie der Bilanzierung vor dem BilMoG, als Vermögensgegenstände unter den Aktiven ausgewiesen werden.

Bezüglich des **rechtlichen Entstehens von ausstehenden Einlagen auf das gezeichnete Kapital** ist zu unterscheiden zwischen ausstehenden Einlagen auf das gezeichnete Kapital bei Gründung der Gesellschaft und ausstehenden Einlagen aus Kapitalerhöhungen gegen Einlagen.

Für die **Gründung** der Kapitalgesellschaft gelten die folgenden Regeln:

Bei der **AG** darf bei Bareinlagen die Anmeldung zur Eintragung in das HR erst erfolgen, wenn auf jede Aktie, soweit nicht Sacheinlagen vereinbart sind, der **eingeforderte Betrag ordnungsgemäß eingezahlt** worden ist und endgültig zur freien Verfügung der Gesellschaft, d.h. des Vorstands, steht (§ 36 Abs. 2 Satz 1 AktG). Die Höhe des Betrages kann in der Satzung festgelegt werden. Bei **Bareinlagen** muss der eingeforderte Betrag **mindestens ein Viertel** des geringsten

Ausgabebetrages und bei Ausgabe der Aktien für einen höheren als den geringsten Ausgabebetrag auch den Mehrbetrag umfassen (§ 36a Abs. 1 AktG). Das **Mindestnennkapital** des Grundkapitals der AG beträgt 50.000 Euro (§ 7 AktG), Nennbetragsaktien müssen auf mindestens 1 Euro lauten (§ 8 Abs. 2 AktG). Sacheinlagen sind demgegenüber vollständig zu leisten (§ 36a Abs. 2 Satz 1 AktG).

Bei der **GmbH** darf bei Bareinlagen die Anmeldung zur Eintragung in das HR in entsprechender Weise erst dann erfolgen, wenn auf jede **Stammeinlage**, die **mindestens 100 Euro** betragen muss, ein Viertel eingezahlt ist (§ 7 Abs. 2 Satz 1 GmbHG). Zudem muss auf das **Stammkapital** mindestens so viel eingezahlt sein, dass der Gesamtbetrag der eingezahlten Geldeinlagen zuzüglich des Gesamtbetrages für Sacheinlagen die Hälfte des **Mindeststammkapitals von 25.000** Euro nach § 5 Abs. 1 GmbHG, d.h. 12.500 Euro, erreicht (§ 7 Abs. 2 Satz 2 GmbHG). Die Zahlung der ausstehenden Einlagen wird bei der GmbH entweder zu dem im Gesellschaftsvertrag angegebenen Zeitpunkt oder bei Einforderungen aufgrund eines Gesellschafterbeschlusses (§ 46 Nr. 2 GmbHG) fällig.

Im Rahmen der **Modernisierung** des GmbH-Rechts ist mit dem **MoMiG** vom 23.5.2008 in dem neu eingefügten § 5a GmbHG eine **Unterform der GmbH-Gesellschaft** eingeführt worden. Abs. 1 GmbH sieht vor, dass eine Gesellschaft, die mit einem Stammkapital gegründet wird, das den Betrag des Mindestkapitals der GmbH nach § 5 Abs. 1 GmbHG (§ 25 Tsd. Euro) unterschreitet, in der Firma abweichend von § 4 GmbHG die Bezeichnung „**Unternehmergesellschaft haftungsbeschränkt**“ führen muss. Die Unternehmergesellschaft darf abweichend von der Regelung der normalen GmbH nur angemeldet werden, wenn das Stammkapital in voller Höhe eingezahlt ist; darüber hinaus dürfen die Gesellschafter keine Sacheinlagen erbringen. **Bilanzielle Besonderheiten** der Unternehmergesellschaft schreibt § 5a Abs. 3 GmbHG vor.

Für die AG wie die GmbH ist die **Eintragung in das HR** konstitutiv. Die Gesellschaft entsteht mit der Eintragung in das HR. Zu einem davor liegenden Zeitpunkt (z.B. den Abschlussstichtag) ist die Gesellschaft als AG oder GmbH nicht existent. Sie kann als AG oder GmbH demnach auch keine Bilanz und keinen Lagebericht erstellen, somit auch keine ausstehenden Einlagen auf das gezeichnete Kapital ansetzen.

Es ist zu beachten, dass an die Stelle der AG bzw. GmbH vor Eintragung der Gesellschaft in das HR die **Vorgesellschaft** (Vor-AG, Vor-GmbH) tritt. Die Vorgesellschaft **entsteht mit notarieller Beurkundung des Gesellschaftsvertrages**. Sie ist nach h.M. eine **Gesellschaftsform sui generis**, auf die die Vorschriften des AktG und GmbHG Anwendung finden, sofern die Eintragung nicht Voraussetzung für die Anwendung der einzelnen Vorschriften ist. Auf die Vorgesellschaft sind neben den aktienrechtlichen auch die handelsrechtlichen Vorschriften, soweit sie die Rechnungslegung betreffen, anzuwenden. Danach hat die Vor-AG, Vor-GmbH auf einen **Abschlussstichtag** vor Eintragung in das HR **eine Bilanz aufzustellen**, in der die ausstehenden Einlagen auf das gezeichnete Kapital bei Einforderung als Aktivposten unter den Forderungen an die Gesellschafter oder bei Nichteinforderung als offener Verrechnungsbetrag in der Vorspalte mit dem gezeichneten Kapital zu verrechnen sind.

Bei der **Kapitalerhöhung** einer bereits in das HR eingetragenen Kapitalgesellschaft **gegen Einlagen** ist erst mit der Eintragung der Kapitalerhöhung in das HR das Grundkapital der AG erhöht (§ 189 AktG). Entsprechendes gilt für die GmbH (§ 54 Abs. 3 GmbHG). Soweit eine Kapitalerhöhung der AG bzw. der GmbH zum Abschlussstichtag nicht in das HR eingetragen ist, kann eine Kapitalerhöhung durch Aufstockung des gezeichneten Kapitals nicht erfolgen, ebenso wenig wie die offene Verrechnung von ausstehenden Einlagen auf das gezeichnete Kapital bei nicht voller Einzahlung des Betrags der Kapitalerhöhung. Stattdessen hat die AG bzw. GmbH den eingezahlten Betrag als gesonderten Posten unter den Passiva als Verbindlichkeiten gegenüber Gesellschaftern anzusetzen.

2. Ausweis der ausstehenden Einlagen

Ausstehende Einlagen auf das gezeichnete Kapital sind wirtschaftlich betrachtet Korrekturposten zum gezeichneten Kapital. Aus rechtlicher Sicht sind sie nicht eingeforderte Forderungen gegenüber den Gesellschaftern eines Unternehmens. Den Ausweis der nicht eingeforderten und der eingeforderten ausstehenden Einlagen regelt die Neufassung des § 272 Abs. 1 HGB durch das BilMoG.

- Nach § 272 Abs. 1 Satz 3 HGB sind die **nicht eingeforderten ausstehenden Einlagen von dem Posten „Gezeichnetes Kapital" offen abzusetzen**. Das bisher bestehende Wahlrecht der nicht eingeforderten ausstehenden Einlagen als Vermögensgegenstände (Forderungen) und als Korrekturposten zum gezeichneten Kapital (offene Absetzung von dem Posten „Gezeichnetes Kapital") wurde, wie oben angeführt, mit dem BilMoG aufgehoben. Mit der Vorschrift werden entsprechend dem RegE (BT-Drucks. 16/10067, S. 65) das bisher dem Unternehmen zustehende **Ausweiswahlrecht**, die ausstehenden Einlagen im Wege des Brutto- oder Nettoausweises in der Handelsbilanz auszuweisen, **beseitigt** und damit gleichzeitig zwingend der Nettoausweis vorgeschrieben.

  Nach dem RegE (BT-Drucks. 16/10067, S. 65) zum BilMoG werden die Kapital-Posten „Gezeichnetes Kapital" und „Nicht eingeforderte ausstehende Einlagen" auf der Passivseite der Bilanz unter **Anwendung der Nettomethode in der Vorspalte ausgewiesen**.

  Der nach Saldierung der Posten verbleibende Betrag ist unter dem Posten „Eingefordertes Kapital" auf der Passivseite der Bilanz in der Hauptspalte anzusetzen. Damit soll eine **Vereinheitlichung und Vereinfachung** in der bilanziellen Abbildung erreicht und ein den tatsächlichen wirtschaftlichen Verhältnissen entsprechendes Bild der Vermögens-, Finanz- und Ertragslage erzeugt werden. Worin die Erzeugung der tatsächlichen Verhältnisse der wirtschaftlichen Lage eines Unternehmens durch Umbuchung der ausstehenden, nicht eingeforderten Einlagen bestehen soll, wird nicht näher ausgeführt und begründet.

- Sind ausstehende **Einlagen** auf das gezeichnete Kapital **eingefordert**, stellen sie insoweit **aktivierungspflichtige Vermögensgegenstände** dar, die nach § 272 Abs. 1 Satz 3 zweiter Halbs. HGB in der Bilanz unter den Forderungen gesondert auszuweisen und entsprechend zu bezeichnen sind.

Die nach bisheriger Übung mögliche Anwendung der **Brutto- oder Nettomethode** für den Ansatz der ausstehenden, eingeforderten Einlagen auf das gezeichnete Kapital ist mit dem BilMoG aufgehoben worden.

Bei Anwendung der **Bruttomethode** wurden die ausstehenden Einlagen unter dem Aktivposten „ausstehenden Einlagen auf das gezeichnete Kapital" ausgewiesen. Sie wurde ergänzt durch einen Davon-Vermerk mit der Bezeichnung „davon eingefordert". Der Vermerk hat die Umbuchung des Teils der ausstehenden, eingeforderten Einlagen auf das gezeichnete Kapital auf einen Forderungsposten ersetzt. Bei Anwendung der **Nettomethode** wurden die ausstehenden, eingeforderten Einlagen unter dem Posten „Forderungen gegen Gesellschafter" oder dem Posten „sonstige Vermögensgegenstände" ausgewiesen.

Forderungen auf eingeforderte Aufgelder sind nicht unter dem Posten „ausstehenden Einlagen auf das gezeichnete Kapital", sondern als Forderungen unter dem Posten „sonstige Vermögensgegenstände", bei der GmbH unter dem Posten „Forderungen gegen Gesellschafter" auszuweisen. Bei Zusammentreffen von eingeforderten ausstehenden Einlagen und von Aufgeldern erfolgt somit ein Ausweis der Forderung unter dem gleichen Aktivposten.

Der Sachverhalt des Ausweises von Einlagen und Aufgeldern unter dem gleichen Bilanzposten kann bei der GmbH für **Bareinlagen** eintreten, bei der AG gilt das zusätzlich für **Sacheinlagen**. Nach § 36a Abs. 2 Satz 2 AktG muss die zu erbringende Leistung (Sacheinlage) nicht sofort, sondern spätestens innerhalb von fünf Jahren nach der Eintragung der AG in das HR erbracht sein. Entspricht der Wert der Sacheinlagen bei Ausgabe der Aktien für einen höheren als den Barausgabebetrag auch dem Mehrbetrag im Sinne des § 36a Abs. 2 Satz 3 AktG (Gesellschafter Sacheinlagenaufgeld), kann die Forderung als eingeforderte, ausstehende Einlage unterstellt und entsprechend ausgewiesen werden.

Ausstehende, noch zu erbringende, aber **eingeforderte Einlagen auf Zeichnungsscheine** nach § 185 AktG, die im Rahmen einer Kapitalerhöhung der AG ausgestellt wurden, sind, solange die Kapitalerhöhung nicht in das HR eingetragen ist, keine ausstehenden Einlagen auf das gezeichnete Kapital im Sinn des § 272 Abs. 1 Satz 3 HGB. Bei dieser Situation ist nach h.M. wegen des schwebenden Charakters des Geschäftes weder der Ansatz von ausstehenden Einlagen am gezeichneten Kapital noch der Ansatz von Forderungen gegen Gesellschafter zulässig. Gleiches gilt für ausstehende, zu erbringende Leistungen der Einlagen auf das neue Stammkapital nach § 56a GmbHG bei der GmbH.

Bei **Abwertungen ausstehender, eingeforderter Einlagen** auf das gezeichnete Kapital aufgrund fehlender Zahlungsfähigkeit eines Gesellschafters, ist der gesondert ausgewiesene und entsprechend bezeichnete Aktiv-Posten „Forderungen gegen Gesellschafter" entsprechend der Wertminderung abzuschreiben. Der Passivposten „Gezeichnetes Kapital" bleibt von der Abwertung der Forderung gegen den Gesellschafter unberührt.

Bei **Abwertungen ausstehender, nicht eingeforderten Einlagen** auf das gezeichnete Kapital gilt das Folgende: Die Anwendung der durch das BilMoG vorgeschriebenen Methode verlangt den **Ausweis des Korrekturpostens** zu dem

Posten „Gezeichneten Kapital“ in der Bilanz. Die Abwertung der Forderungen des Unternehmens gegenüber den Gesellschaftern ist bei dem Eigenkapital-Posten „Ausstehende Einlagen auf das gezeichnete Kapital“ durch entsprechende **Betragsminderung** vorzunehmen. Die **Abwertung** schlägt sich in der Gewinn- und Verlustrechnung **als Aufwand**, in der Bilanz als Verlust nieder.

3. Bewertung der ausstehenden Einlagen

Sind ausstehende **Einlagen** auf das gezeichnete Kapital **eingefordert**, stellen sie, wie oben angeführt, insoweit aktivierungspflichtige Vermögensgegenstände dar. Sie sind mit dem **Wert** anzusetzen, der ihnen am Abschlussstichtag **beizulegen** ist (beizulegender Zeitwert).

Zur Ermittlung des beizulegenden Zeitwertes ist schon bisher eine Bewertung in Anlehnung an die **für das Umlaufvermögen geltende Grundsätze** des § 253 Abs. 4 HGB vorzunehmen. Dabei soll nach h.M. das Einzelrisiko gegenüber jedem einzelnen Gesellschafter mit ausstehenden Einlagen als Schuldner der Gesellschaft zu beurteilen, um bei mangelnder Zahlungsfähigkeit eines Gesellschafters eine entsprechende Wertberichtigung vorzunehmen.

Bei der **AG** ist der **Schuldner** bei Ausgabe der **nicht voll eingezahlten Aktien** als Namensaktien und der Eintragung in das Aktienregister der AG zu ermitteln. Ist ein im Aktienregister eingetragener Schuldner nicht zur Zahlung der eingeforderten Resteinlage fähig, **haftet jeder im Aktienregister verzeichnete Vormann** für die Beträge, die innerhalb von zwei Jahren nach Eintragung der Übertragung der Aktien im Aktienregister eingefordert wurden (§ 65 Abs. 1 und 2 AktG). Erfolgt die **Zahlung auch nicht von den Vormännern**, hat die AG nach § 65 Abs. 3 AktG die Aktien unverzüglich zum amtlichen Börsenpreis durch Vermittlung eines Kursmaklers, bzw. bei Fehlen eines Börsenpreises, durch **öffentliche Versteigerung** zu veräußern. In der Bilanz der AG sind die ausstehenden Einlagen mit den erwarteten Einzahlungen zu bewerten.

Aktionäre, die den eingeforderten Betrag **nicht rechtzeitig einzahlen**, haben für die Zeit zwischen Eintritt der Fälligkeit und Erfüllung der Zahlungsverpflichtung **Zinsen** bei Zugrundelegung eines **Zinssatzes von 5 % p.a.**, eventuell auch **Schadenersatzansprüche** oder Ansprüche aus satzungsmäßigen **Vertragsstrafen** (§ 63 Abs. 2 und 3 AktG) zu leisten. Die Zinsforderungen sind „sonstige Vermögensgegenstände auszuweisen.

Bei **ausstehenden Einlagen** auf das gezeichnete Kapital auf Stammeinlagen der GmbH ist i.d.R. eine Abwertung wegen fehlender Zahlungsfähigkeit eines GmbH-Gesellschafters nicht erforderlich. Grund ist das GmbHG, nach dem:

- wegen des von einem **ausgeschlossenen Gesellschafter** nicht bezahlten Betrages der Stammeinlage der Gesellschaft nach § 22 Abs. 1 GmbHG der letzte und jeder frühere, bei der Gesellschaft angemeldete Rechtsvorgänger des Ausgeschlossenen haftet;
- bei **Nichterlangung der Zahlung** des rückständigen Betrages von Rechtsvorgängern nach § 23 Satz 1 GmbHG die Gesellschaft im Wege öffentlicher

Versteigerung oder des freihändigen Verkaufs des Geschäftsanteils erlangen kann; sowie

- bei **Nichteinbeziehung der Stammeinlage** entsprechend §§ 22, 23 GmbHG die übrigen Gesellschafter nach § 24 Satz 1 GmbHG den Fehlbetrag nach Verhältnis ihrer Geschäftsanteile aufzubringen haben (§ 24 GmbHG).

Ausstehende Einlagen auf das gezeichnete Kapital sind, abgesehen von Sonderfällen mit Zinssanktionen, nicht belastet. Insoweit stellt sich die Frage, ob die **ausstehenden Einlagen mit dem Barwert oder mit dem Nominalwert** zu bewerten sind. Im Hinblick auf den durch das BilMoG hervorgehobenen Charakter der eingeforderten, ausstehenden Einlagen als Korrekturposten zum gezeichneten Kapital ist auf eine **Bewertung zum Nominalwert** abzustellen.

Beispiel 25: Einlagen bei Gründung

Die Eintragung der A AG in das HR erfolgte zum 30.11.10. Das Grundkapital der AG in Höhe von 3 Mill. € wurde von den sechs Gründern zu gleichen Teilen übernommen. Dabei wurde von einem Aktionär eine Sacheinlage (Patent) eingebracht, die mit ihrem Zeitwert von 1,25 Mill. € bewertet wurde. Für die anderen fünf Aktionäre wurde eine Bareinlage mit einem Aufgeld von 20 % vereinbart. Die Einzahlungsquote der Bareinlage lag bei jeweils 30 % zuzüglich 100 % des vereinbarten Aufgeldes. Die AG hat von den Bareinlegern zum 30.12.10 weitere 20 % des Grundkapitals eingefordert. Der Gründungsaufwand betrug 30 Tsd. €.

1. Es soll die Bilanz der A AG zum 31.12.10 unter der Annahme erstellt werden, dass sich keine weiteren Geschäftsvorfälle ergeben haben.
2. Einer der Aktionäre mit Bareinlage ist die GmbH B. Es ist die Bilanzierung der obigen Sachverhalte bei der GmbH B aufzuzeigen.

Beispiel 26: Ausstehende und geleistete Einlagen

Die B AG hat bei der Gründung am 1.7.2010 ein gezeichnetes Kapital in Höhe von 3 Mill. € mit 25 % und einem Aufgeld von 40 % jeweils als Bareinlagen festgelegt. Es wird vereinbart, dass von dem gezeichneten Kapital zum 1.7.2010 die 25 % des gezeichneten Kapitals von 3 Mill. € einzuzahlen sind.

Mit Schreiben vom 15.12.2010 werden die Aktionäre aufgefordert bis zum 31.1.2011 weitere 20 % des gezeichneten Kapitals als Bareinlage einzuzahlen. Die Einzahlung erfolgt nur zu einem Teil in Höhe von 0,5 Mill. €.

1. Es ist die Behandlung des Eigenkapitals in der Bilanz zum 31.12.2010 aufzuzeigen.
2. Das Eigenkapitalteil der Zwischenbilanz zum 31.1.2011 ist unter Berücksichtigung der geleisteten und der ausstehenden Einzahlungen darzustellen.

IV. Bilanzierung von Kapitalerhöhungen

1. Kapitalerhöhung gegen Einlagen

Die Kapitalerhöhung gegen Einlagen AG und KGaA ist die in §§ 182 bis 191 AktG, für die GmbH in §§ 55 bis 57b GmbHG geregelt. Die **Kapitalerhöhung kann gegen Bar- oder Sacheinlagen** durchgeführt werden. Sie wird nach § 189 AktG, § 54 Abs. 3 GmbHG erst mit der **Eintragung der Durchführung** der Erhöhung des Grundkapitals bzw. des Stammkapitals in das HR wirksam. Nach h.M. ist von diesem Zeitpunkt an in der Bilanz das erhöhte Grundkapital bzw. Stammkapital anzusetzen.

Bar- oder Sacheinlagen auf das erhöhte Grund- bzw. Stammkapital, die vor der Eintragung der Kapitalerhöhung der Gesellschaft zugeführt wurden, liegen Gesellschaftsrechte noch nicht vor. Mit der Bar- oder Sacheinlagen stehen an Stelle von Gesellschaftsrechten bei den Einlegern **Forderungsrechte** der Gesellschafter. Daraus folgt, dass die Einleger bei einem vor der Eintragung der Kapitalerhöhung in das HR eröffneten Insolvenz insoweit nicht Eigentümer, sondern **Insolvenzgläubiger** sind. Der fehlende Eigenkapitalcharakter der Einlagen kommt auch darin zum Ausdruck, dass der Beschluss der Erhöhung des Eigenkapitals der AG oder des Stammkapitals der GmbH mit einfacher Mehrheit vor seiner Eintragung in das HR aufgehoben werden kann.

2. Kapitalerhöhung aus Gesellschaftsmitteln

Bei der Kapitalerhöhung aus Gesellschaftsmitteln werden umwandelbare Rücklagen (Kapitalrücklagen und andere Gewinnrücklagen) in Eigenkapital, d.h. in Grundkapital bzw. in Nennkapital des Gesellschaftsanteils umgewandelt. Die Kapitalerhöhung ist für die AG und KGaA in §§ 207 bis 220 AktG, für die GmbH in §§ 57c bis 57o GmbHG geregelt. Die Kapitalerhöhung wird nach § 211 Abs. 1 AktG, § 57c i.V.m. § 54 Abs. 3 GmbHG mit **Eintragung** des Beschlusses über die Kapitalerhöhung in das HR **wirksam**.

Umwandelbar sind nach § 208 Abs. 1 Satz 1 AktG, § 57d Abs. 1 GmbHG bestimmte Kapital- und Gewinnrücklagen, die sich wie folgt darstellen;

- Bei der **AG und KGaA** ist die **Umwandlung** einzelner Kapital- und Gewinnrücklagen in Grundkapital **begrenzt**. Die Kapitalrücklage und die gesetzliche Gewinnrücklage können nach § 150 Abs. 4 Satz 1 Nr. 3 AktG nur insoweit in Grundkapital umgewandelt werden, als sie zusammen den zehnten oder den in der Satzung bestimmten höheren Teil des bisherigen Grundkapitals übersteigen. Die Rücklage für Anteile an einem herrschenden oder mehrheitlich beteiligten Unternehmen darf, solange die Anteile gehalten werden, nicht aufgelöst werden.
- Nicht zulässig ist nach § 208 Abs. 2 Satz 1 AktG, § 57d Abs. 2 GmbHG die **Umwandlung für die anderen Arten von Rücklagen** in Höhe eines in der Bilanz ausgewiesenen Verlustes einschließlich eines Verlustvortrages. Eben-

so dürfen Gewinnrücklagen, die einem Zweck vorbehalten sind, (gesetzliche Rücklagen, Rücklagen für Anteile an einem herrschenden oder mehrheitlich beteiligten Unternehmen, satzungsmäßige Rücklagen), nach § 208 Abs. 2 Satz 2 AktG, § 57d Abs. 3 GmbHG grundsätzlich nicht umgewandelt werden.

Die Kapitalerhöhung aus Gesellschaftsmitteln erfolgt durch **Gesellschafterbeschluss**, dem eine Bilanz zugrunde liegen muss. Eine Gewinn- und Verlustrechnung ist nicht erforderlich. Die **zugrunde gelegte Bilanz** kann eine Jahresbilanz oder eine Zwischenbilanz sein. Bei der AG bzw. GmbH darf nach § 209 Abs. 1 und 2 AktG, § 57f Abs. 1 Satz 2 GmbHG der Stichtag der Jahresbilanz oder der Zwischenbilanz höchstens acht Monate vor der Anmeldung des Beschlusses zur Eintragung in das HR liegen. Nach § 209 Abs. 1 und 3 AktG, §§ 57c Abs. 2, 57f Abs. 2 GmbHG muss es sich bei der zugrunde gelegten Bilanz um eine **geprüfte, mit einem uneingeschränkten Bestätigungsvermerk versehene Bilanz** handeln. Strittig ist, ob die Bilanz festzustellen ist. Nach neuerer Auffassung ist die Feststellung funktionslos, da die HV ohnedies über die Kapitalerhöhung beschließen muss.

3. Bedingte Kapitalerhöhung

Die bedingte Kapitalerhöhung ist in §§ 192 bis 201 AktG geregelt. Sie liegt nach § 192 Abs. 1 AktG vor, wenn die **HV eine Erhöhung des Grundkapitals beschlossen** hat. Sie ist nur für die **AG und die KGaA**, jedoch nicht für die GmbH zulässig. Eine bedingte Kapitalerhöhung ist nur soweit durchzuführen, wie durch die Berechtigten von einem Umtausch- oder Bezugsrecht Gebrauch gemacht wird.

Die bedingte Kapitalerhöhung soll nach § 192 Abs. 2 AktG **folgenden Zwecken beschlossen** werden:

- Gewährung von Umtausch- oder Bezugsrechten an Gläubiger von Wandelschuldverschreibungen im weiten Sinn verstanden wird, so dass Umtausch- und Bezugsrechte auch Gläubiger von Optionsanleihen einschließt.
- Vorbereitung des Zusammenschlusses mehrerer Unternehmen, z.B. der Abschluss eines Beherrschungs- oder eines Gewinnabführungsvertrages oder der Erwerb der Mehrheitsbeteiligung an einem Unternehmen.
- Gewährung von Bezugsrechten aus eingeräumten Gewinnanteilen an die Arbeitnehmer und Mitglieder der Geschäftsführung der Gesellschaft oder eines verbundenen Unternehmens.

Das Ausmaß der bedingten Kapitalerhöhung ist beschränkt. Nach § 192 Abs. 3 AktG darf der Nennbetrag des bedingten Kapitals **10 % des Grundkapitals**, das zur Zeit der Beschlussfassung über die bedingte Kapitalerhöhung vorhanden ist, nicht übersteigen.

In Bezug auf das **Wirksamwerden** der bedingten Kapitalerhöhung sind nach h.M. die folgenden Vorgänge zu unterscheiden:

- **Beschlussfassung** der HV über die bedingte Kapitalerhöhung. Mit dem Beschluss ist nach § 152 Abs. 1 Satz 3 AktG das bedingte Kapital mit dem Nennbetrag zu vermerken.
- **Eintragung** des Beschlusses über die bedingte Kapitalerhöhung in das HR Die Eintragung führt nicht zu einer Erhöhung des gezeichneten Kapitals, solange die Bezugsaktien nicht ausgegeben sind.
- **Bezugserklärung** der Bezugsberechtigten nach § 198 AktG. Sie hat die gleiche Wirkung wie eine Zeichnungserklärung. D.h., sie muss von der AG angenommen werden. Allein mit der Bezugserklärung ist das Kapital nicht erhöht.
- **Ausgabe der Bezugsaktien** nach § 199 AktG. Sie bestimmt die Kapitalerhöhung. Nach § 200 AktG ist mit dem Zeitpunkt der Ausgabe der Bezugsaktien das Grundkapital um den der Ausgabe entsprechenden Betrag erhöht.

4. Genehmigtes Kapital

Der Zweck des genehmigten Kapitals besteht darin, dem Vorstand die Möglichkeit zu eröffnen, zum bestmöglichen Zeitpunkt ohne Einberufung der HV das **Grundkapital der Gesellschaft innerhalb eines vorgegebenen Rahmens zu erhöhen**. Die Bildung eines genehmigten Kapitals ist ebenso wie die bedingte Kapitalerhöhung nur für die **AG** und die **KGaA**, nicht für die GmbH vorgesehen.

Die **Regelungen** zum genehmigten Kapital beinhalten §§ 202 bis 206 AktG. Nach § 202 Abs. 1 AktG kann die Satzung den **Vorstand für höchstens fünf Jahre ermächtigen**, das Grundkapital bis zu einem bestimmten Nennbetrag als genehmigtes Kapital durch Ausgabe neuer Aktien gegen Einlagen zu erhöhen. Die Einlagen können in **Bar- oder Sachen** bestehen; allerdings dürfen nach § 205 Abs. 1 AktG Aktien gegen Sacheinlagen nur ausgegeben werden, wenn die Ermächtigung dies vorsieht.

Die **Höhe** des genehmigten **Kapitals** ist begrenzt. Nach § 202 Abs. 3 Satz 1 AktG darf der Nennbetrag des genehmigten Kapitals die Hälfte des Grundkapitals, das zur Zeit der Ermächtigung vorhanden ist, nicht übersteigen.

Das genehmigte Kapital ist **kein Eigenkapital** im bilanzrechtlichen Sinn und daher auch nicht unter dem gezeichneten Kapital in der Bilanz auszuweisen. Zur **Kapitalerhöhung** aufgrund des genehmigten Kapitals sind für den Ansatz des gezeichneten Kapitals und der entsprechenden Kapitalrücklagen die folgenden Schritte zu unterscheiden:

- **Ermächtigung des Vorstands**, das Grundkapital bis zu einem bestimmten Nennbetrag als genehmigtes Kapital durch Ausgabe neuer Aktien gegen Einlagen zu erhöhen. Ermächtigung zur **Schaffung von genehmigtem Kapital** nach § 203 Abs. 1 Satz 2 AktG. Solange von der Satzungsermächtigung nicht Gebrauch gemacht wird, hat sie keine bilanziellen Auswirkungen.

  - **Beschluss der HV** mit mindestens drei Viertel des bei der Beschlussfassung vertretenen Grundkapitals entsprechend § 202 Abs. 2 Satz 2 AktG. Der HV ist nach § 181 Abs. 1 AktG als Änderungsbeschluss zur Eintragung in das HR anzumelden. Er wird nach § 181 Abs. 3 AktG erst mit der Eintragung wirksam.
  - **Ausübung der Ermächtigung durch den Vorstand** nach § 202 Abs. 3 AktG. Nach Eintragung kann der Vorstand beschließen, neue Aktien auszugeben. Danach bestimmt der Vorstand, ob, zu welchem Zeitpunkt und in welcher Höhe im Rahmen des genehmigten Kapitals das Grundkapital erhöht werden soll. Die Ausübung der Ermächtigung durch den Vorstand hat keine bilanziellen Wirkungen.

- **Zeichnung der neuen Aktien** nach §§ 203, 185 AktG. Die Zeichnung erfolgt durch schriftliche Erklärung im Zeichnungsschein. Die Zeichnung hat keine Wirkung auf den bilanziellen Ausweis des Grundkapitals.
- **Anmeldung** der Durchführung der Erhöhung des Grundkapitals zur Eintragung in das HR nach § 203 Abs. 1 Satz 1 , § 188 Abs. 1 AktG. Die Anmeldung hat keine bilanziellen Wirkungen.
- **Eintragung** der durchgeführten Kapitalerhöhung aus genehmigtem Kapital in das HR mit geändertem Grundkapital. Nach § 203 Abs. 1 Satz 1, § 189 AktG wird mit der Eintragung die Kapitalerhöhung rechtswirksam. Die Eintragung wirkt konstitutiv. Mit der Eintragung ist das Grundkapital der AG erhöht. Das erhöhte Grundkapital ist in der Bilanz der AG als Grundkapital auszuweisen.
- **Bekanntmachung** der Eintragung der durchgeführten Kapitalerhöhung mit den nach § 190 AktG notwendigen Angaben.
- **Aktienausgabe** entsprechend der Regelung des § 204 AktG.

Beispiel 27: Gründungsbilanz

Nach dem Beschluss von fünf Personen zur Gründung der G AG erfolgen am 1.4.10 die notarielle Beurkundung des Gesellschaftsvertrages und die Übernahme der Aktien durch die Gesellschafter. Die G AG soll mit einem Grundkapital von 5 Mill. € und einem Aufgeld von 200 % ausgestattet werden.

Die Gesellschafter A bis D erbringen die Einlage in bar; Gesellschafter E erbringt als Einlage ein Einzelunternehmen. Am 1.5.10 leisten die Gesellschafter A bis D die gesetzlich vorgeschriebene Mindesteinlage in bar, der Gesellschafter E überträgt das Einzelunternehmen.

Die Bilanz des Einzelunternehmens zum 1.5.10 stellt sich wie folgt dar (Beträge in Tsd. €):

Aktiva	Bilanz Einzelunternehmen zum 1.5.10		Passiva
Geschäfts- oder Firmenwert	300	Eigenkapital	1.300
Grundstücke und Gebäude	800	Garantierückstellungen	400
Technische Anlagen	500	Aufwandsrückstellungen	200
Wertpapiere	200	Verbindlichkeiten	600
Sonstiges Umlaufvermögen	600		
Aktive Rechnungsabgrenzungen	100		
	2.500		2.500

Am 1.6.10 melden die Gründer und die Mitglieder des Vorstands und des Aufsichtsrats die G AG zur Eintragung in das HR an. Am 1.9.10 erfolgt die Eintragung.

Zur Erstellung der Gründungsbilanz liegen bezüglich des als Sacheinlage eingebrachten Unternehmens die folgenden Angaben vor:

- Gesellschafter E verpflichtet sich zusätzlich die Geschäftsführertätigkeit der eingebrachten Gesellschaft ohne Entgelt für 3 Jahre auszuüben; die dadurch entstehende Ersparnis der G AG beträgt 200 Tsd. € p.a.
- Die Grundstücke und Gebäude enthalten 1.400 Tsd. €, die technischen Anlagen 200 Tsd. € und die Wertpapiere 700 Tsd. € stille Reserven.
- Der aktive Rechnungsabgrenzungsposten bezieht sich auf eine Mietvorauszahlung für eine weiterhin zu nutzende Produktionshalle.
- Pensionszusagen von 500 Tsd. € wurden in Ausübung des Passivierungswahlrechts des Art. 28 EGHGB nicht passiviert.
- Notariats- und Rechtsanwaltskosten betragen 150 Tsd. €; Kosten für den Druck der Aktien 20 Tsd. € und Maklerprovisionen 100 Tsd. €.

1. Es sind die Daten zu den Bar- und Sacheinlagen als Basis für die Aufstellung der Eröffnungsbilanz der G AG aufzubereiten.
2. Es ist die Bilanzierung der Bareinlagen und der Sacheinlage in der Eröffnungsbilanz der G AG vorzunehmen.

Beispiel 28: Kapitalerhöhung gegen Einlagen

Die HV der E AG beschließt am 1.5.10 die Erhöhung des Grundkapitals unter Ausschluss des Bezugsrechts durch Ausgabe von 2 Mill. gleichberechtigter Aktien zum Kurs von 15 € pro Stück bei einem Nennwert von 5 € pro Aktie. Die Einzahlung erfolgt bis 30.11.10. Die Eintragung der Kapitalerhöhung in das HR wird am 31.1.11 vorgenommen.

1. Es ist die bilanzielle Behandlung der Einzahlungen auf die Kapitalerhöhung aufzuzeigen.
2. Es sind die Voraussetzungen für die Vornahme der Kapitalerhöhung und die Ausweisprobleme der Einzahlungen für den Fall anzuführen, dass zum Abschlussstichtag 31.12.10 die Eintragung der Kapitalerhöhung in das HR noch nicht erfolgt ist.

Beispiel 29: Kapitalerhöhung aus Gesellschaftsmitteln

Die C AG möchte durch Erhöhung der Anzahl der Aktien bei gleichem Eigenkapital den Börsenkurs senken, um mit niedrigerem Aktienkurs einer größeren Anzahl von Aktionären den Erwerb der Aktien des Unternehmens zu ermöglichen bzw. erleichtern. Hierzu beschließt die Hauptversammlung eine Erhöhung des gezeichneten Kapitals durch Umwandlung der zulässigen Teile der Kapitalrücklage und der Gewinnrücklagen. Dem Beschluss liegt die Bilanz der C AG zum 31.12.10 zugrunde. Die Eigenkapitalposten stellen sich wie folgt dar (Beträge in Tsd. €):

Aktiva	Bilanz C AG zum 31.12.10		Passiva
Umlaufvermögen Wertpapiere:		Gezeichnetes Kapital	5.000
Anteile an verbundenen Unternehmen	400	Kapitalrücklage	20.000
		Gewinnrücklagen:	
		- gesetzliche Rücklage	450
		-.Rücklage Ant. verb. Unternehmen	400
		- satzungsmäßige Rücklage	6.200
		- andere Gewinnrücklagen	32.700
		Bilanzgewinn	1.300

Die Summe des Eigenkapitals in der Bilanz der C AG zum 31.12.10 ist 66,050 Mill. €.

Es liegen zudem die folgenden Informationen vor.

- Die Kapitalrücklage setzt sich zusammen aus Rücklagen in Höhe von 18 Mill. € nach § 272 Abs. 2 Nr. 1 bis 3 HGB sowie aus Rücklagen in Höhe von 2 Mill. € aus Zuzahlungen von Gesellschaftern nach § 272 Abs. 2 Nr. 4 HGB.
- Die Rücklagen für 0,4 Mill. € für Aktien eines herrschenden Unternehmens, die die C AG in ihrer Bilanz angesetzt hat.
- Die satzungsmäßige Rücklage dient dem gesonderten Ausweis von nicht ausgeschütteten Gewinnen der C AG, die allein dem Zweck Expansion im Ausland dienen.
- Über den gesamten Bilanzgewinn in Höhe von 1,3 Mill. € wurde in der Hauptversammlung der C AG ein Ausschüttungsbeschluss getroffen.

Es ist die maximal mögliche Erhöhung des gezeichneten Kapitals der C AG zum 31.12.10 zu ermitteln.

V. Bilanzierung von Kapitalherabsetzungen

1. Ordentliche Kapitalherabsetzung

Die ordentliche Kapitalherabsetzung kann **bei Kapitalgesellschaften** vorgenommen werden. Für die AG ist die ordentliche Kapitalherabsetzung in §§ 222 bis 228 AktG, für die GmbH in § 58 GmbHG geregelt. Voraussetzung für die Herabsetzung des Grundkapitals der AG ist nach § 222 Abs. 1 AktG ein **Mehrheitsbeschluss** von drei Viertel des vertretenen Grundkapitals.

a) Kapitalherabsetzung der Aktiengesellschaft

Bei der AG erfordert die ordentliche Kapitalherabsetzung nach § 222 Abs. 4 AktG für Gesellschaften mit Nennbetrags-Aktien die **Herabsetzung des Nennbetrags der Aktien**. Soweit der auf die einzelne Aktie entfallende anteilige Betrag des herabgesetzten Grundkapitals den Mindestbetrag nach § 8 Abs. 2 AktG von einem Euro unterschreitet, ist die Herabsetzung durch Zusammenlegung der Aktien vorzunehmen.

Nach § 223 AktG ist der Beschluss über die Herabsetzung des Grundkapitals zur Eintragung in das HR anzumelden. § 224 AktG schreibt vor mit der **Eintragung des Beschlusses** das Grundkapital herabgesetzt. Neben dem Beschluss über die Herabsetzung des Grundkapitals hat nach § 227 AktG der Vorstand die Durchführung der Herabsetzung in das HR anzumelden. Maßgeblich für die Kapitalherabsetzung in der Bilanz ist die Eintragung des Beschlusses.

b) Kapitalherabsetzung der GmbH

Bei der GmbH erfolgt die ordentliche Kapitalherabsetzung durch **Herabsetzung des Nennbetrags** der Stammeinlage der Gesellschafter und des Stammkapitals der GmbH. Nach § 58 Abs. 2 Satz 1 GmbHG darf die Herabsetzung nicht unter den in § 5 Abs. 1 GmbHG geregelten Mindestbetrag des Nennkapitals von 25 Tsd. Euro erfolgen.

Strittig war früher, ob die Herabsetzung unter den **Mindestbetrag** zulässig ist, wenn sie mit einer den Mindestbetrag wiederherstellenden oder ihn überschreitenden Kapitalerhöhung verbunden wird. Nach der durch Art. 48 Nr. 4. EGInsO vorgenommenen Änderung des GmbHG gilt nunmehr für die GmbH eine der AG entsprechende Behandlung. Nach § 58a Abs. 4 Satz 1 GmbHG kann das **Stammkapital unter** den in § 5 Abs. 1 GmbHG **bestimmten Mindestnennbetrag herabgesetzt** werden, wenn der Mindestbetrag durch eine Kapitalerhöhung mit Bareinlage wieder erreicht und die Kapitalerhöhung gleichzeitig mit der Kapitalherabsetzung beschlossen wird.

Anders als die Regelung des AktG sieht § 58 Abs. 1 Nr. 3 GmbHG für die Anmeldung des Herabsetzungsbeschlusses **ein Sperrjahr vor**. Zuvor muss der **Herabsetzungsbeschluss dreimal** in den Blättern der Gesellschaft **bekannt ge-**

macht werden. Gleichzeitig sind die Gläubiger aufzufordern, sich bei der Gesellschaft zu melden, sofern sie nicht nach § 58 Abs. 1 Nr. 1 GmbHG durch besondere Mitteilungen zur Anmeldung aufzufordern sind. Haben sich die Gläubiger bei der Gesellschaft gemeldet und stimmen sie der Herabsetzung nicht zu, sind sie nach § 58 Abs. 1 Nr. 2 GmbHG wegen der erhobenen Ansprüche zu befriedigen oder die Befriedigung ist sicherzustellen.

Die Kapitalherabsetzung bei der GmbH wird nach § 54 Abs. 3 GmbHG mit der **Eintragung des Beschlusses** über die Herabsetzung des Stammkapitals **wirksam**. Mit dem Wirksamwerden des Herabsetzungsbeschlusses und nicht erst in der später aufgestellten Bilanz der GmbH ist im Rechnungswesen das herabgesetzte Stammkapital als gezeichnetes Kapital anzusetzen.

2. Vereinfachte Kapitalherabsetzung

Die vereinfachte Kapitalherabsetzung ist **für alle Kapitalgesellschaften** zulässig. Sie ist für die AG und die KGaA in §§ 229 bis 236 AktG, für die GmbH in § 58a GmbHG geregelt. Die vereinfachte Kapitalherabsetzung kann nach § 229 Abs. 1 Satz 1 AktG, § 58a Abs. 1 GmbHG nur für die folgenden **Vorgänge** vorgenommen werden:

- zum Ausgleich von Wertminderungen;
- zur Deckung von Verlusten; oder
- zur Einstellung von Beträgen in die Kapitalrücklage.

Die vereinfachte Kapitalherabsetzung ist **zulässig**, wenn zuvor die **Rücklagen und ein Gewinnvortrag aufgelöst** worden sind. Gesetzliche Rücklagen und Kapitalrücklage dürfen nur aufgelöst werden, wenn entsprechend:

- § 229 Abs. 2 Satz 1 AktG bei der AG der verbleibende Betrag zehn Prozent des nach der Herabsetzung verbleibenden Grundkapitals ausmacht;
- § 58a Abs. 2 Satz 1 GmbHG bei der GmbH der Teil der Kapital- und Gewinnrücklagen, der über zehn Prozent des nach der Herabsetzung verbleibenden Stammkapitals hinausgeht, vorweg aufgelöst wird.

Die vereinfachte Kapitalherabsetzung dient allein der **Buchsanierung**, d.h. dem Ausgleich von Bilanzverlusten. Beträge aus der Auflösung der Kapital- oder Gewinnrücklagen und aus der Kapitalherabsetzung dürfen nach § 230 AktG **nicht zu Zahlungen an die Aktionäre** verwendet werden. Ein § 230 AktG entsprechendes Verbot von Zahlungen an die Gesellschafter der GmbH fehlt zwar im GmbHG, ergibt sich aber aus den Gesetzesmaterialien.

Für das **bilanzielle Wirksamwerden** der vereinfachten Kapitalherabsetzung kommt es nicht auf die Eintragung des Beschlusses über die Herabsetzung des Grundkapitals in das HR an. In § 234 AktG, § 58e GmbHG besteht ein Wahlrecht, die vereinfachte Kapitalherabsetzung bereits im Jahresabschluss für das letzte Geschäftsjahr vor der Beschlussfassung über die Kapitalherabsetzung vorzunehmen. § 234 AktG, § 58e GmbHG gestatten nur eine **bilanzielle Rückwir-**

kung. Das bedeutet, mit der Vorschrift wird nicht von dem Grundsatz abgewichen, dass die Kapitalherabsetzung erst mit der Eintragung des Herabsetzungsbeschlusses in das HR wirksam ist.

Eine Rückwirkung gilt nicht nur für den Fall der ausschließlich vereinfachten Kapitalherabsetzung. Nach § 235 Abs. 1 Satz 1 AktG, § 58f Abs. 1 Satz 1 GmbHG kann auch in den Fällen, in denen mit der **vereinfachten Kapitalherabsetzung** gleichzeitig eine **Kapitalerhöhung** vorgenommen wird, die Kapitalerhöhung im Jahresabschluss für das letzte, vor Beschlussfassung über die Kapitalerhöhung abgelaufene Geschäftsjahr als vollzogen berücksichtigt werden.

3. Kapitalherabsetzung durch Einziehung von Anteilen

Die Kapitalherabsetzung durch Einziehung von Anteilen ist für die AG in §§ 237 bis 239 AktG, für die GmbH in § 34 GmbHG geregelt. Sie betrifft die Einziehung von Aktien und von GmbH-Anteilen.

a) Einziehung von Aktien

Bei der Kapitalherabsetzung durch Einziehung von Aktien ist entsprechend § 237 Abs. 1 Satz 1 AktG zwischen dem Fall der **zwangsweisen Einziehung** und dem Fall der **Einziehung nach Erwerb** durch die Gesellschaft zu trennen. Die Zwangseinziehung setzt eine Regelung in der ursprünglichen Satzung der AG oder in einer vor Übernahme oder vor Zeichnung der Aktien vorgenommenen Änderung der Satzung voraus.

Die **Formen der Kapitalherabsetzung** durch Einziehung von Aktien stellen sich wie folgt dar:

- Die Aktionäre erhalten bei einer Zwangseinziehung oder bei einem Erwerb der Aktien durch die Gesellschaft zum Zwecke der Einziehung ein **Entgelt**. In diesem Fall gelten nach § 237 Abs. 2 Satz 1 AktG die Vorschriften über die ordentliche Kapitalherabsetzung.

- Die Einziehung von Aktien, auf die der Nennbetrag oder der höhere Ausgabebetrag voll geleistet ist, wird von den Aktionären der Gesellschaft **unentgeltlich** zur Verfügung gestellt. Die Aktien werden zu Lasten des Bilanzgewinns oder zu Lasten des Postens „andere Gewinnrücklagen" nach § 266 Abs. 3 A. III. Nr. 4 HGB eingezogen. In diesem Fall brauchen nach § 237 Abs. 3 AktG die **Vorschriften über die ordentliche Kapitalherabsetzung nicht befolgt** zu werden. Stattdessen ist nach § 237 Abs. 5 AktG in die Kapitalrücklage ein Betrag in Höhe des auf die eingezogenen Aktien entfallenden Betrages einzubeziehen.

Für die **bilanzielle Wirkung** der **Kapitalherabsetzung** durch Einziehung von Aktien sind die folgenden Fälle zu unterscheiden:

- Werden im Rahmen der Kapitalherabsetzung die **Aktien durch Beschluss der HV einbezogen**, wird nach § 238 Satz 1 AktG die Kapitalherabsetzung mit der Eintragung des Beschlusses in das HR oder, bei nachfolgender Einziehung, mit der Einziehung der Aktien wirksam. Das gezeichnete Kapital wird um den Nennbetrag der eingezogenen Aktien herabgesetzt.

- Beseht für die **Zwangseinziehung eine Satzungsregelung**, ist nach § 238 Satz 2 AktG das Grundkapital der AG mit der Einziehung herabgesetzt.

b) Einziehung von GmbH-Anteilen

Für die GmbH ist die **Kapitalherabsetzung durch Einziehung** von Anteilen gesetzlich nicht geregelt. Die Herabsetzung des Stammkapitals und die Einziehung von Anteilen nach § 34 GmbHG sind zwei getrennte Vorgänge, die jedoch zusammenfallen können.

Bei **Zusammenfallen** der **Herabsetzung des Stammkapitals und** der **Einziehung der Anteile** führt die Einziehung der Anteile zu einer Veränderung des Stammkapitals. Bei Nichtzusammenfassung führt die Einziehung der Anteile nicht zu einer Veränderung des Stammkapitals, da dessen Betrag nicht mehr mit der Summe der Nennbeträge der Anteile übereinstimmt.

Beispiel 30: Vereinfachte Kapitalherabsetzung als Buchsanierung

Die B AG hat in den abgelaufenen Jahren Verluste in einer Höhe erwirtschaftet, die die Rücklagen übersteigen und Teile des Gezeichneten Kapitals aufgezehrt haben. Zum 31.12.10 stellt sich die vorläufige Bilanz der B AG wie folgt dar (Beträge in Tsd. €):

Aktiva	Vorläufige Bilanz B AG zum 31.12.10		Passiva
Immaterielle Vermögensgegenst.	2.650	Gezeichnetes Kapital	20.000
Grundstücke und Gebäude	8.200	Kapitalrücklage	2.320
Techn. Anlagen und Maschinen	12.300	Verlustvortrag	- 5.680
Vorräte	5.710	Jahresfehlbetrag	- 1.370
Sonstiges Umlaufvermögen	2.100	Rückstellungen	5.500
		Verbindlichkeiten	10.190
	30.960		30.960

Der Vorstand der B AG beschließt eine buchmäßige Kapitalherabsetzung der Gesellschaft um 40 % des Grundkapitals zum Abschlussstichtag 31.12.10, die in der endgültigen Bilanz der B AG vorgenommen werden soll. Die um die Kapitalherabsetzung bereinigte, von dem Abschlussprüfer mit einem uneingeschränkten Bestätigungsvermerk versehene Bilanz zum 31.12.10 soll der nächsten Hauptversammlung zur Abstimmung vorgelegt werden. Bei Zustimmung sind sowohl der Jahresabschluss als auch die Abschlussprüfung rechtsgültig; bei Ablehnung ist die Bilanz um die Kapitalherabsetzung zu berichtigen und der berichtigte Jahresabschluss erneut durch einen Abschlussprüfer zu prüfen.

1. Es ist die buchmäßige Kapitalherabsetzung vorzunehmen und die bereinigte Bilanz der B AG zum 31.12.10 zu erstellen.
2. Es ist die buchmäßige Kapitalherabsetzung vorzunehmen und die bereinigte Bilanz der B AG zum 31.12.10 für den Fall zu erstellen, dass die Kapitalherabsetzung 25 % des Grundkapitals betragen soll.

B. Kapitalrücklage

Der **Begriff** „Kapitalrücklage" ist irreführend. Er will nicht sagen, dass Beträge aus der Tätigkeit eines Unternehmens als Reserve zurückgelegt werden. Die **in die Kapitalrücklage einzustellenden Beträge werden von außen**, und zwar überwiegend von Seiten der Gesellschafter, aber auch von Seiten der Gläubiger des Unternehmens (im Zusammenhang mit Emissionen von Wandelschuldverschreibungen und Optionsanleihen) **zugeführt**. Die Kapitalrücklage wird zur Information außenstehender Informationsberechtigter von den Gewinnrücklagen, die aus dem erwirtschafteten Ergebnis der Gesellschaft gebildet werden, getrennt.

Vorschriften für die Bilanzierung der Kapitalrücklage sind § 272 Abs. 2 und der durch das BilMoG neu eingefügte § 272 Abs. 4 Satz 1 HGB zur Rücklage für Anteile an einem herrschenden oder mit Mehrheit beteiligten Unternehmen.

I. Nachweis und Ansatz der Kapitalrücklage

Der **Nachweis des Bestandes der Kapitalrücklage** erfolgt anhand der Unterlagen, aus denen sich eine Verpflichtung zur Einstellung von Beträgen oder ein Recht zur Auflösung von Teilen der Kapitalrücklage ergibt. Neben dem **Buchnachweis** stehen damit die Vorgänge, die die Kapitalrücklage berühren.

- **Bedeutendste Ursache** der Einstellung von Beträgen in die Kapitalrücklage sind die bei Gründung oder Kapitalerhöhung **von den Gesellschaftern zu erbringenden Aufgelder**.
- **Ursachen der Auflösung** von Beträgen der Kapitalrücklage sind vor allem die Deckung von Verlusten und Verlustvorträgen und die Kapitalerhöhung aus Gesellschaftsmittel.

Der **Ansatz** einer Kapitalrücklage nach § 272 Abs. 2 und 4 HGB in der Bilanz der Kapitalgesellschaft setzt voraus, dass zum Abschlussstichtag Aufgelder vorliegen oder eingeforderte Forderungen auf Aufgelder bestehen, die nicht gezeichnetes Kapital sind.

1. Einstellungen in Kapitalrücklagen

a) Aufgeld bei der Ausgabe von Anteilen

Nach § 272 Abs. 2 Nr. 1 HGB ist als Kapitalrücklage der **Betrag** anzusetzen, der bei der Ausgabe von Anteilen an die Kapitalgesellschaft **über den Nennbetrag der Anteile von den Gesellschaftern geleistet wird**. Die Einstellungspflicht erstreckt sich auf den über den Nennbetrag hinaus einbezahlten Betrag. Dagegen sind die bei der Ausgabe von Anteilen entstandenen **Emissionskosten** nicht in die Kapitalrücklage einzustellen, sie gehen direkt in die Gewinn- und Verlustrechnung ein.

Aufgelder, die von Gesellschaftern geleistet werden, treten vielfach bei der Gründung von Kapitalgesellschaften und bei Kapitalerhöhungen auf, ebenso beim Rechtsformwechsel z.B. von einer Personengesellschaft in eine Kapitalgesellschaften.

- Bei der **Gründung der AG** muss nach § 23 Abs. 2 Nr. 2 AktG der höhere Ausgabebetrag in der Satzung angegeben sein. Bei der Kapitalerhöhung ist nach § 185 Abs. 1 Satz 3 Nr. 2 AktG das Agio im Kapitalerhöhungsbeschluss und im Zeichnungsschein anzugeben.
- Bei der **Gründung der GmbH** kann nach § 3 Abs. 2 GmbHG eine Regelung über die Zahlung eines Aufgeldes in den Gesellschaftsvertrag aufgenommen werden.

Nach § 272 Abs. 2 Nr. 1 HGB ist weiterhin das **Aufgeld bei Bezugsanteilen** in die Kapitalrücklage einzustellen. Unter **Bezugsanteilen** sind die nach § 192 Abs. 1 AktG bei der bedingten Kapitalerhöhung entstehenden Bezugsaktien zu verstehen. Sie werden bei der Gewährung von Umtausch- oder Bezugsrechten Gläubigern, die **Inhaber von Wandelschuldverschreibungen und/oder von Optionsanleihen** sind, eingeräumt.

Für das in die Kapitalrücklage nach § 272 Abs. 2 Nr. 1 HGB einzustellende Aufgeld sind darüber hinaus **Vorgänge im Wege der Verschmelzung, Spaltung und Umwandlung** von Bedeutung. Sie betreffen die folgenden Vorgänge:

- **Das Agio bei Verschmelzung nach dem Anschaffungskostenprinzip mit Kapitalerhöhung:** Erfolgt bei einer Verschmelzung nach dem Anschaffungskostenprinzip eine Kapitalerhöhung, ist der Vermögensüberhang aus Sicht des übernehmenden Rechtsträgers als Sacheinlage der Gesellschaft des übertragenden Rechtsträgers zu behandeln. Erfolgt die **Kapitalerhöhung beim übernehmenden Rechtsträger mit Aufgeld**, ist das Agio in die Kapitalrücklage nach § 272 Abs. 2 Nr. 1 HGB einzustellen.
- **Das Agio bei Spaltung nach dem Anschaffungskostenprinzip:** Bezüglich der Spaltungsalternativen „Aufspaltung, Abspaltung, Ausgliederung) gelten für die Bilanzierung des übernommenen Nettovermögens, und damit für das Eigenkapital des übernehmenden Rechtsträgers die Grundsätze für die Verschmelzung. Bei Spaltungen nach dem Anschaffungskostenprinzip gelten die Regeln für Sacheinlagen. Erfolgt die Gründung bzw. die Kapitalerhöhung beim übernehmenden Rechtsträger mit Aufgeld, ist das **Agio in die Kapitalrücklage** nach § 272 Abs. 2 Nr. 1 HGB einzustellen.
- **Das Agio bei Umwandlung:** Bei Umwandlung einer Personenhandelsgesellschaft in eine Kapitalgesellschaft darf nach § 220 Abs. 1 UmwG das nach Abzug der Schulden verbleibende Vermögen der formwechselnden Gesellschaft nicht übersteigen, d.h. es gilt der sog. **Kapitalschutz**. Ist das verblei-

bende **Nettovermögen** der formwechselnden Gesellschaft **höher als der Nennbetrag des Grundkapitals** bzw. des Stammkapitals, ist der Differenzbetrag in die Kapitalrücklage nach § 272 Abs. 2 Satz 1 HGB einzustellen.

Die in die Kapitalrücklage einzustellenden **Einlagen mit Aufgeld** können als **Geldeinlagen** (Bareinlagen) oder als **Sacheinlagen** geleistet werden:

- Einstellungen in Kapitalrücklagen nach § 272 Abs. 2 Nr. 1 HGB bei der Ausgabe von Anteilen betreffen vor allem **Anteilsausgaben gegen Bareinlagen**. Der Aktivierung der Forderung für das Aufgeld, bzw. des geleisteten Aufgeldes als Zugang flüssiger Mittel, steht als Gegenbuchung die Einstellung der Kapitalrücklage gegenüber. Maßgebender Zeitpunkt für die Einstellung der Kapitalrücklage ist die Leistung des Entgelts oder die Entstehung des Anspruchs auf Leistung des Entgelts.

  Beruht die Verpflichtung zur Leistung von Aufgeldern auf einem in das HR **eintragungspflichtigen Beschluss,** z.B. über die Kapitalerhöhung gegen Einlagen nach §§ 182 bis 191 AktG, so kann fraglich sein, ob für den Ansatz des Agio die Eintragung des Beschlusses in das HR maßgebend ist.

- Für die **Anteilsgewährung gegen Sacheinlagen** gelten bezüglich der Passivierung von vereinbarten Aufgeldern die obigen Grundsätze. Die Einstellung der Kapitalrücklage ist zu dem Zeitpunkt vorzunehmen, zu dem die Gesellschaft einen Anspruch auf das Aufgeld hat. Der Vertrag über die Sacheinlage ist bei der Gründung einer AG nicht Bestandteil des Gesellschaftsvertrags. Vertragspartei sind auf der einen Seite die Gründer, die sich verpflichten, die Sacheinlage einzubringen, auf der anderen Seite die Gründer, die den Sacheinlegern Aktionärsrechte gewähren. Entsprechend ist bei Vereinbarung eines Aufgeldes im Zusammenhang mit den Vereinbarungen von Sacheinlagen die Einstellung einer Kapitalrücklage vorzunehmen. Gleiches gilt bei der Einbringung von Sacheinlagen bei Kapitalerhöhungen.

b) Aufgeld bei Ausgabe von Wandelschuldverschreibungen und Optionsanleihen

Den Wandelschuldverschreibungen und Optionsanleihen ist gemeinsam, dass sie nach der Definition des § 221 Abs. 1 Satz 1 AktG **Schuldverschreibungen** darstellen, bei denen den Gläubigern ein Umtausch- und/oder ein Bezugsrecht auf Aktien eingeräumt wird. Die Schuldverschreibungen stellen sich wie folgt dar.

- **Wandelschuldverschreibungen** räumen dem Inhaber ein **Wahlrecht** ein, am Ende der Laufzeit entweder (a) die Rückzahlung des Nominalbetrags der Wandelschuldverschreibung zuzüglich Zinsen zu erhalten oder (b) die Wandelschuldverschreibung in Aktien der Gesellschaft umzutauschen. Bei Umtausch tritt für den Inhaber der Wandelschuldverschreibung an die Stelle eines Gläubigerrechts ein Mitgliedschaftsrecht an der Gesellschaft.

- **Optionsanleihen** räumen dem Inhaber das Recht ein, am Ende der Laufzeit die Rückzahlung des Nominalbetrags der Optionsanleihe zuzüglich Zinsen und als Wahlrecht zusätzlich Aktien der Gesellschaft zu beziehen. Hierzu werden neben der Schuldverschreibung **Optionsscheine** ausgegeben, die das Recht einräumen Aktien der Gesellschaft zu beziehen. Dem Inhaber der Optionsanleihe steht damit das Recht zu, bei voller Rückzahlung der Anleihe zu dem Bezugskurs Anteile an der Gesellschaft zu erwerben.

Für die Anwartschaft auf **spätere Mitgliedschaftsrechte entrichtet der Zeichner der Emission** der Wandelschuldverschreibung bzw. der Optionsanleihe ein **zusätzliches Entgelt**. Der Betrag für das erworbene Wandlungs- oder Optionsrecht ist nach § 272 Abs. 2 Nr. 2 HGB in die Kapitalrücklage einzustellen.

Bei Wandelschuldverschreibungen und Optionsanleihen mit Ausübung des Wandlungsrechts werden i.d.R. **zweimal Beträge in die Kapitalrücklage** eingestellt. Auf die spätere Inanspruchnahme des Wandlungs- bzw. des Optionsrechts durch die Erwerber der Wandelschuldverschreibung bzw. der Optionsanleihe kommt es für die Bildung der Kapitalrücklage nicht an. Die Einstellung in die Kapitalrücklage bleibt von der Ausübung der Rechte aus der Wandelschuldverschreibung bzw. der Optionsanleihe unberührt.

Zur **Ausgabe** von **Wandelschuldverschreibungen** und von **Optionsanleihen** bestehen nach einheitlicher Auffassung in Bezug auf die **Verzinslichkeit** mehrere Möglichkeiten.

- **Normalverzinslichkeit mit Aufgeld**: Bei Begebung einer normalverzinslichen Wandelschuldverschreibung oder Optionsanleihe mit einem über den Rückzahlungsbetrag hinausgehenden Aufgeld ist das **Agio in die Kapitalrücklage** nach § 272 Abs. 2 Nr. 2 HGB einzustellen.
- **Unterverzinslichkeit zu pari**: Bei der Ausgabe von Optionsanleihen zu pari mit einem unter dem Marktzins liegenden Nominalzins kann die Unterverzinslichkeit der Anleihe als Aufgeld im Sinn des § 272 Abs. 2 Nr. 2 HGB interpretiert werden. Danach ist bei der Ausgabe der Optionsanleihe in Höhe des Vorteils aus der Unterverzinslichkeit ein **Betrag in die Kapitalrücklage** nach § 272 Abs. 2 Nr. 2 HGB einzustellen.

Die **Einstellung in die Kapitalrücklage** nach § 272 Abs. 2 Nr. 2 HGB bei den Schuldverschreibungen für Wandlungs- und Optionsrechte **erfolgt mit der Ausgabe der Schuldverschreibung**. Das vereinnahmte Aufgeld stellt die Gegenleistung für das Recht zu, eine mitgliedschaftsrechtliche Rechtsposition in dem Unternehmen einzunehmen. Auf die spätere Entscheidung des Inhabers der Wandelschuldverschreibung oder der Optionsanleihe kommt es für das Aufgeld und die Einstellung in die Kapitalrücklage nicht an.

Beispiel 32: Disagio und Aufgeld bei Wandelschuldverschreibungen

Die A AG gibt am 1.1.10 eine Wandelschuldverschreibung mit nominal 10 Mill. € aus. Der Rückzahlungsbetrag ist gleich dem Nominalbetrag der Schuldverschreibung. Der Ausgabebetrag ist 11 Mill. €. Die Anleihe wird mit 4 % verzinst. Der Kapitalmarktzins ist 6 %. Die Anleihe hat eine Laufzeit von 10 Jahren.

Es ist der unter dem aktiven Rechnungsabgrenzungsposten und der in die Kapitalrücklage nach § 272 Abs. 2 Nr. 2 HGB einzustellende Betrag zu bestimmen und der Vorgang zum 1.1.10 darzustellen.

c) Zuzahlungen gegen Gewährung eines Vorzugs

Erbringen Gesellschafter Zuzahlungen gegen Gewährung eines Vorzugs, ist nach § 272 Abs. 2 Nr. 3 HGB die Einstellung des Betrages der **Zuzahlungen in die Kapitalrücklage** vorzunehmen.

Vorzugsgewährungen aufgrund der Zuzahlungen von Gesellschaftern beim Erwerb von Anteilen sind u.a. besondere Rechte bei der Gewinnverteilung oder der Verteilung des Gesellschaftsvermögens nach §§ 11 Abs. 1 Satz 1 AktG, 29 Abs. 3 GmbHG. Hinzu kommen andere Vorteile, z.B. die Einräumung von Mehrstimmrechten für den zuzahlenden Gesellschafter. Jedenfalls muss es sich bei der Gewährung eines Vorzugs eines Gesellschafters für die Anteile um einen **gesellschaftsrechtlichen Vorteil** für den einzahlenden Gesellschafter handeln. Der aus den erworbenen Anteilen entstandene Vorteil ist in der Satzung bzw. dem Gesellschaftsvertrag festgeschrieben.

d) Andere Zuzahlungen in das Eigenkapital

Nach § 272 Abs. 2 Nr. 4 HGB ist der Betrag anderer Zuzahlungen, die Gesellschafter in das Eigenkapital leisten, in die Kapitalrücklage einzustellen. Es handelt sich hierbei um **Zuzahlungen** der Gesellschafter **ohne die Gewährung von Vorzügen**, d.h. von gesellschaftsrechtlichen Vorteilen der Gesellschaft. Allerdings ist nicht jede Leistung eines Gesellschafters als andere Zuzahlung erfassbar. Die Leistung muss in das Eigenkapital der Gesellschaft eingestellt werden.

Anderen Zuzahlungen in das Eigenkapital müssen **nicht zwingend Einzahlungen** in Geld an die Gesellschaft vorliegen. Möglich ist auch die Erbringung von **Sachleistungen** oder der **Erlass von Forderungen**, die von einem Gesellschafter gegenüber der Gesellschaft geleistet wurden, indem der Gesellschafter ohne Gegenleistung auf sein Forderungsrecht verzichtet.

Da nach § 272 Abs. 2 Nr. 4 HGB sind nicht alle Vorteile, die die Gesellschafter der Gesellschaft gewähren, als Kapitalrücklage ausgewiesen werden können, sind bei gewährten **Zuschüssen einstellungspflichtige** von **nicht einstellungspflichtigen** zu unterscheiden. Maßgeblich ist die **Zwecksetzung des Zuschusses**. Sie kann sich aus der Vereinbarung zwischen der Gesellschaft und dem leistenden Gesellschafter oder aus der Art des Zuschusses ergeben.

- So ist die Leistung eines Gesellschafters zur **Abdeckung eines Jahresfehlbetrages** entsprechend der Zwecksetzung nicht in die Kapitalrücklage einzustellen, sondern in der Gewinn- und Verlustrechnung als Ertrag auszuweisen.
- Andererseits ist die Leistung eines Gesellschafters zur **Liquiditätssicherung der Gesellschaft** in die Kapitalrücklage einzustellen um die Liquiditätssituation der Gesellschaft zu verbessern.

Einen **Zeitpunkt der Einstellung** in die Kapitalrücklage nach § 272 Abs. 2 Nr. 4 HGB der Zuzahlungen der Gesellschafter in das Eigenkapital der Kapitalgesellschaft führt das Gesetz nicht an. Nach h.M. soll es der Zeitpunkt sein, zu dem der Anspruch der Gesellschaft gegenüber dem Gesellschafter auf die Leistung der Zuzahlung eintritt.

e) Kapitalrücklage aus Nachschüssen

Eine **Nachschusspflicht** kann für die **Gesellschafter einer GmbH** bestehen. Nach § 26 Abs. 1 GmbHG ist es zulässig, im Gesellschaftsvertrag zu bestimmen, dass die Gesellschafter über den Betrag der Stammeinlagen hinaus die Einforderung von weiteren Einzahlungen (Nachschüssen) beschließen können. Die Nachschusspflicht kann unbeschränkte nachschusspflichtig nach § 27 GmbHG oder beschränkte nachschusspflichtig nach § 28 GmbHG ausgestaltet sein.

- Bei **unbeschränkter Nachschusspflicht** ist der Gesellschafter berechtigt, sich von der Zahlung des eingeforderten Nachschusses zu befreien. Hierzu muss er innerhalb eines Monats nach Aufforderung zur Einzahlung des Nachschusses seinen Geschäftsanteil der Gesellschaft zur Befriedigung aus dem Geschäftsanteil zur Verfügung stellt (**Abandonrecht**). Verweigert der Gesellschafter die Einzahlung innerhalb einer angemessenen Frist und macht er auch nicht von dem Abandonrecht Gebrauch, kann nach § 27 Abs. 1 Satz 2 GmbHG die Gesellschaft erklären, dass sie den Geschäftsanteil dieses Gesellschafters als zur Verfügung gestellt betrachtet.
- Bei **beschränkter Nachschusspflicht** besteht bezüglich des Abandonrechts Vertragsfreiheit. Der Gesellschaftsvertrag kann das Abandonrecht des § 27 Abs. 1 Satz 1 GmbHG anwenden oder ausschließen.

Die Vorschrift des § 42 Abs. 2 GmbHG regelt die Aktivierung der **Forderung bei eingeforderten Nachschüssen** und die Passivierung des **Gegenpostens unter der Kapitalrücklage**. Nach § 42 Abs. 2 Satz 1 GmbHG ist das Recht der GmbH zur Einziehung von Nachschüssen der Gesellschafter in der Bilanz zu aktivieren, soweit die Einziehung beschlossen ist und dem Gesellschafter, der den Nachschuss nicht erbringt, ein Recht, sich von der Zahlung der Nachschüsse zu befreien (Abandonrecht, Preisgaberecht), nicht zusteht.

Der **Ansatz von Forderungen** der GmbH gegenüber den Gesellschaftern für zu leistenden Nachschuss ist nur zulässig, wenn **kein Abandonrecht** besteht. Dies gilt nach § 28 GmbHG bei beschränkter Nachschusspflicht, aber nur dann, wenn im Gesellschaftsvertrag das Abandonrecht explizit ausgeschlossen wurde.

Bei Vorliegen der Voraussetzungen des § 42 Abs. 2 Satz 1 GmbHG für den Ansatz der **Forderung auf Nachschüsse** gegen die Gesellschafter der GmbH, ist der nachzuschießende Betrag bei den Forderungen gesondert unter der Bezeichnung „eingeforderte Nachschüsse" auszuweisen. Als Gegenposten ist nach § 42 Abs. 2 Satz 3 GmbHG ein entsprechender Betrag in dem Posten „Kapitalrücklage" gesondert auszuweisen.

Der als **Nachschusskapital** bezeichnete Posten ist nur zulässig, soweit die Voraussetzungen für die Aktivierung der eingeforderten Nachschüsse nach § 42 Abs. 2 Satz 1 und 2 GmbHG erfüllt sind.

Strittig ist die Auslegung der gesetzlichen Vorschriften bezüglich des **gesonderten Ausweises** unter dem Posten „Kapitalrücklage“:

- Eine Minderheit verlangt einen **gesonderten Ausweis** im Sinn einer gesonderten Bilanzzeile oder eines Davon-Vermerks solange die **Nachschüsse von den Gesellschaftern nicht geleistet** sind. Werden die Nachschüsse geleistet, soll das gesondert ausgewiesene Nachschusskapital in die anderen Zuzahlungen nach § 272 Abs. 2 Nr. 4 HGB umgegliedert werden.
- Nach h.M. ist das **Nachschusskapital** unabhängig von der Leistung der Nachschüsse unter dem Posten „Kapitalrücklage“ **gesondert auszuweisen**. Eine Umbuchung auf den Posten des § 272 Abs. 2 Nr. 4 HGB wird als nicht zulässig angesehen, da dadurch der Hinweis auf die besonderen Verwendungs- und Rückzahlungsmöglichkeiten für Nachschüsse entfällt. Zweifelsfrei stellt das **Nachschusskapital einen neuen Posten** im Sinn des § 265 Abs. 5 Satz 2 HGB dar, dessen Inhalt bezüglich der Verwendung nicht von dem frei verwendbaren Posten „andere Zuzahlungen“ gedeckt wird, so dass ein gesonderter Ausweis erforderlich ist.

f) Kapitalrücklage aus vereinfachter Kapitalherabsetzung

Nach § 58b Abs. 2 Satz 1 GmbHG dürfen Beträge aus der vereinfachten Kapitalherabsetzung der GmbH in die **Kapitalrücklage eingestellt** werden, soweit die **Kapitalrücklage 10 % des Stammkapitals nicht übersteigt**. Nach h.M. stellt die Regelung keine Buchungsgrenze dar, sondern soll eine quantitative Grenze für die Herabsetzung des Stammkapitals der GmbH bilden. Es soll eine zu **starke Herabsetzung des Stammkapitals verhindert** werden. Stellt sich jedoch nach der Kapitalherabsetzung heraus, dass die ökonomische Situation der GmbH günstiger ist als beim Beschluss über die Kapitalherabsetzung, kann auch ein **höherer Betrag als** die vorgegebenen **10 % des Stammkapitals in die Kapitalrücklage** eingestellt werden.

In gleicher Weise sind bei zu hoch angenommenen Verlusten nach § 58c Satz 1 GmbHG Beträge in die Kapitalrücklage einzustellen, wenn sich bei Aufstellung der Bilanz für das Geschäftsjahr, in dem der Beschluss über die Kapitalherabsetzung gefasst wurde ergibt, dass **Wertminderungen und sonstige Verluste** in der bei der Beschlussfassung angenommenen Höhe tatsächlich nicht eingetreten sind.

Beispiel 33: Kapitalrücklage bei Kapitalherabsetzung

Die A GmbH beabsichtigt aufgrund eines erwarteten hohen Jahresfehlbetrags für das Geschäftsjahr 10, der durch die Auflösung der Gewinn- und Kapitalrücklagen der Gesellschaft voraussichtlich nicht ausgeglichen werden kann, das Stammkapital in Höhe von 5 Mill. € um 40 %

oder 2 Mill. € herabzusetzen. Als Grundlage für den von der Gesellschafterversammlung zu treffenden Beschluss über die vereinfachte Kapitalherabsetzung erstellt die A GmbH auf den Stichtag des Jahresabschlusses 31.12.10 eine Plan-Bilanz unter Einbeziehung der erwarteten Daten. Die Plan-Bilanz stellt sich wie folgt dar (Beträge in Tsd. €):

Aktiva	Plan-Bilanz A GmbH zum 31.12.10		Passiva
Anlagevermögen	7.690	Gezeichnetes Kapital	5.000
Umlaufvermögen	2.410	Kapitalrücklage	200
		Gewinnrücklagen	600
		Jahresfehlbetrag	- 2.800
		Rückstellungen	2.300
		Verbindlichkeiten	4.800
	10.100		10.100

Zum Ausgleich des erwarteten Fehlbetrags von 2,8 Mill. € sollen die Kapitalrücklage und die Gewinnrücklagen vollständig aufgelöst werden. Darüber hinaus soll aus Mangel an auflösbaren Rücklagen das gezeichnete Kapital um die fehlenden 2 Mill. € herabgesetzt werden.

Die bereinigte Plan-Bilanz mit Kapitalherabsetzung und Auflösung der Rücklagen stellt sich mit Angabe der Leerposten wie folgt dar (Beträge in Tsd. €):

Aktiva	Bereinigte Plan-Bilanz A GmbH zum 31.12.10		Passiva
Anlagevermögen	7.690	Gezeichnetes Kapital	3.000
Umlaufvermögen	2.410	Kapitalrücklage	0
		Gewinnrücklagen	0
		Jahresfehlbetrag	0
		Rückstellungen	2.300
		Verbindlichkeiten	4.800
	10.100		10.100

Auf der Grundlage der geschätzten Daten beschließt die Gesellschafterversammlung der A GmbH die vereinfachte Kapitalherabsetzung um den von den Geschäftsführern vorgeschlagenen Betrag von 2 Mill. €. Nach Ablauf des Geschäftsjahrs 10 erweist sich die Planung als fehlerhaft. Tatsächlich beträgt der Jahresfehlbetrag 1,2 Mill. €.

Es ist die Einstellung in die Kapitalrücklage nach Vornahme der Kapitalherabsetzung unter Ausweis eines ausgeglichenen Jahresergebnisses vorzunehmen und der Sachverhalt in der Bilanz der A GmbH zum 31.12.10 abzubilden.

2. Verwendung der Kapitalrücklage

a) Kapitalrücklagenverwendung der Aktiengesellschaft

Die **Verwendung der Kapitalrücklage** ist für die AG in § 150 Abs. 3 und 4 AktG geregelt. Bezüglich der Verwendung der Kapitalrücklage ist zu unterscheiden zwischen der Kapitalrücklage, deren Verwendung **eingeschränkt** und der Kapitalrücklage, deren Verwendung **uneingeschränkt** ist.

Entnahmen aus der Kapitalrücklage nach § 272 Abs. 2 Nr. 1 bis 3 HGB sind auf die **Einschränkungen** des § 150 Abs. 3 und 4 AktG beschränkt, wobei Abs. 3 und Abs. 4 unterschiedliche Sachverhalte regeln.

§ 150 Abs. 3 AktG regelt die **Verwendung der Kapitalrücklage** zum **Ausgleich** eines Jahresfehlbetrages und eines **Verlustvortrages** eines Unternehmens. Nur soweit die gesetzliche Rücklage und die Kapitalrücklage nach § 272 Abs. 2 Nr. 1 bis 3 HGB zusammen 10 % oder den in der Satzung bestimmten höheren Teil des Grundkapitals nicht übersteigen, ist die Auflösung für die im Folgenden angeführten Zwecke erlaubt:

- zum **Ausgleich eines Jahresfehlbetrages** bei Vorliegen der genannten Voraussetzungen, wenn der Jahresfehlbetrag nicht anderweitig, z.B. durch Auflösung eines Gewinnvortrages, anderer Gewinnrücklagen oder u.U. satzungsmäßiger Rücklagen, ausgeglichen werden kann;
- zum **Ausgleich eines Verlustvortrages**, sofern er nicht durch Auflösung anderer Gewinnrücklagen ausgeglichen werden kann.

§ 150 Abs. 4 AktG regelt die **Verwendung der Kapitalrücklage** neben dem **Ausgleich** eines **Jahresfehlbetrages** und eines **Verlustvortrages**. Soweit die gesetzliche Rücklage und die Kapitalrücklage nach § 272 Abs. 2 Nr. 1 bis 3 HGB zusammen 10 % oder den in der Satzung bestimmten höheren Teil des Grundkapitals übersteigen, darf der übersteigende Betrag verwendet werden:

- zum **Ausgleich eines Jahresfehlbetrages**, soweit er nicht durch einen Gewinnvortrag aus dem Vorjahr gedeckt ist;
- zum **Ausgleich eines Verlustvortrages** aus dem Vorjahr, soweit er nicht durch einen Jahresüberschuss gedeckt ist;
- zur **Kapitalerhöhung aus Gesellschaftsmittel** nach §§ 207 bis 220 AktG.

Entnahmen aus der Kapitalrücklage nach § 272 Abs. 2 Nr. 4 HGB von Zuzahlungen, die Gesellschafter in das Eigenkapital eingebracht haben, sind ohne Einschränkungen möglich. Über sie kann nach h.M. bei der AG, ebenso wie über den Posten „andere Gewinnrücklagen", der Vorstand frei verfügen.

b) Kapitalrücklagenverwendung der GmbH

Abweichend von der Regelung der Rücklagenverwendung der AG ist bei der GmbH die **Verwendung bzw. Auflösung der Kapitalrücklage** bis auf die Auflösung der Rücklage für eingeforderte Nachschüsse und die Auflösung einer bei der vereinfachten **Kapitalherabsetzung eingestellten Kapitalrücklage** gesetzlich nicht geregelt. An die Stelle der fehlenden gesetzlichen Vorschriften können gesellschaftsvertragliche Regelungen treten. Liegen derartige Regelungen nicht vor, kann die Gesellschafterversammlung über die Verwendung und die evtl. Rückzahlung der Kapitalrücklagen entscheiden.

Trotz der fehlenden gesetzlichen Regelung entspricht der Zweck der Kapitalrücklage bei der GmbH und damit deren Verwendung weitgehend **den Vorgaben des**

§ 150 Abs. 3 und 4 AktG. Sie dient primär der Verrechnung eines eingetretenen Jahresfehlbetrages bzw. eines Bilanzverlustes sowie der Verrechnung eines Verlustvortrages.

Das unter den Kapitalrücklagen in der Bilanz der GmbH gesondert ausgewiesene **Nachschusskapital** darf nur zur Deckung eines Verlustvortrages, eines Jahresfehlbetrages oder eines Bilanzverlustes verwendet werden. Darüber hinaus ist das Nachschusskapital eine umwandlungsfähige Rücklage im Sinn der §§ 57c Abs. 1, 57d Abs. 1 GmbHG, sobald sie als Kapitalrücklage ausgewiesen ist. Typisch für die GmbH ist die Regelung, nach den eingezahlten Nachschüsse nach § 30 Abs. 2 GmbHG, soweit sie nicht zur Deckung eines Verlustes am Gezeichneten Kapital (Stammkapital) erforderlich sind, an die GmbH-Gesellschafter zurückgezahlt werden können.

Besondere Regelungen zur **Verwendung der aus der Kapitalherabsetzung gewonnenen Beträge** beinhaltet § 58b GmbHG. Sie verlangen:

- Nach § 58b Abs. 1 GmbHG dürfen die Beträge, die aus der Auflösung der Kapital- oder Gewinnrücklagen und aus der Kapitalherabsetzung gewonnen werden, nur verwandt werden um Wertminderungen auszugleichen und sonstige Verluste zu decken.
- Nach § 58b Abs. 2 GmbHG dürfen die gewonnenen Beträge in die Kapitalrücklage eingestellt werden, soweit diese 10 % des Stammkapitals nicht übersteigt. Als Stammkapital gilt dabei der Nennbetrag, der sich durch die Herabsetzung ergibt.
- Nach § 58b Abs. 3 GmbHG darf ein Betrag, der auf Grund des Abs. 2 in die Kapitalrücklage eingestellt wurde, vor Ablauf des fünften nach der Beschlussfassung über die Kapitalherabsetzung beginnenden Geschäftsjahres nur verwandt werden:
    - zum **Ausgleich eines Jahresfehlbetrages**, soweit dieser nicht durch einen Gewinnvortrag aus dem Vorjahr gedeckt ist und nicht durch Auflösung von Gewinnrücklagen ausgeglichen werden kann;
    - zum **Ausgleich eines Verlustvortrages** aus dem Vorjahr, soweit er nicht von Gewinnrücklagen ausgeglichen werden kann; oder
    - zur **Kapitalerhöhung** der GmbH aus Gesellschaftsmitteln.

II. Ausweis der Kapitalrücklagen

Nach § 266 Abs. 3 A. II. HGB ist unter dem Eigenkapital ein **gesonderter Posten „Kapitalrücklage“** anzusetzen, unter dem alle Kapitalrücklagen eines Unternehmens auszuweisen sind. Gleichzeitig sieht § 272 Abs. 2 HGB unterschiedliche Zuordnungsgründe für den Ausweis der einzelnen Einstellungen von Kapitalrücklagen vor. In beiden Vorschriften verwendet der Gesetzgeber den Begriff „Kapitalrücklage“ im Singular. Gleiches gilt für § 152 Abs. 2 AktG, wonach zu dem Posten „Kapitalrücklage“ in der Bilanz oder im Anhang besondere Angaben zu machen sind.

Aus der Verwendung des Begriffs „Kapitalrücklage“ und der nicht vorgeschriebenen Untergliederung in § 266 Abs. 3 A. II. HGB wird von dem überwiegenden Schrifttum gefolgert, dass für die in Betracht kommenden Beträge ein **gesonderter Ausweis** nicht vorgeschrieben ist.

Der Argumentation kann schon deshalb nicht gefolgt werden, weil der Gesetzgeber den Begriff nicht auf „Kapitalrücklage“ beschränkt. So verwendet er u.a. in § 150 Abs. 3 und 4 AktG den Begriff „**Kapitalrücklagen**“.

Gegen diese Auslegung spricht auch, dass die amtliche Begründung zu § 272 Abs. 2 Nr. 1 HGB ausdrücklich von einem gesonderten Ausweis des Agios spricht und dabei auf die Vierte EG-Richtlinie verweist, nach der das Agio gesondert auszuweisen ist. Hinzu kommt, dass in § 150 Abs. 2 bis 4 AktG der Begriff „Kapitalrücklage“ verwendet wird, wobei für die Kapitalrücklage nach § 272 Abs. 2 Nr. 1 bis 3 HGB die besonderen Verwendungsregeln des § 150 Abs. 3 und 4 AktG gelten. Schließlich ist nach § 42 Abs. 2 Satz 3 GmbHG für den gesondert ausgewiesenen Posten „Eingeforderte Nachschüsse“ ein entsprechender Betrag in dem Posten „Kapitalrücklage“ gesondert auszuweisen, während nach § 58b Abs. 2 Satz 1 GmbHG die bei der Kapitalherabsetzung gewonnene Beträge in die Kapitalrücklage eingestellt werden dürfen.

Es lässt sich die Auffassung vertreten, dass für die Information Außenstehender der **gesonderte Ausweis einzelner Arten der Kapitalrücklage erforderlich** ist, wenngleich sich aus der nicht nachvollziehbaren unterschiedlichen Begriffsverwendung eine Absicht des Gesetzgebers nicht ableiten lässt. Eine Untergliederung lässt sich allenfalls über § 264 Abs. 2 HGB begründen, soweit der Posten „Kapitalrücklage“ Einstellungen mit unterschiedlichem Verwendungsbereich, unterschiedlicher Auflösungsmöglichkeit und unterschiedlicher zeitlicher Bindung enthält. Dies gilt:

- **bei der AG** im Hinblick auf die unterschiedlichen Verwendungsregeln des § 150 Abs. 3 und 4 AktG, nach denen ein gesonderter Ausweis der Posten des § 272 Abs. 2 Nr. 1 bis 3 HGB und des Postens nach § 272 Abs. 2 Nr. 4 HGB erforderlich ist;

- **bei der GmbH** im Hinblick auf den gesonderten Ausweis des dem Posten „Eingeforderte Nachschüsse“ entsprechenden Betrages unter dem Posten „Kapitalrücklage“, für den § 42 Abs. 2 Satz 3 GmbHG ausdrücklich einen gesonderten Ausweis vorschreibt und die nach § 58b Abs. 2 und 3 GmbHG eingestellten Beträge aus der Kapitalherabsetzung, die bezüglich der Auflösung einer fünfjährigen Bindung unterliegen.

Nach § 152 Abs. 2 AktG besteht für die **AG** die Verpflichtung, in der Bilanz oder im Anhang den **Betrag**, der während des Geschäftsjahres **in die Kapitalrücklage eingestellt wurde**, und den Betrag, der für das Geschäftsjahr entnommen wird, anzugeben. Eine Angabe im Eigenkapitalspiegel, die im Schrifttum empfohlen wird, ist im AktG nicht vorgeschrieben, ist aber zulässig. Für die **GmbH** fehlt eine Angabe über die Veränderungen der Kapitalrücklage für Einstellungen und Entnahmen.

III. Bewertung der Kapitalrücklagen

Bei **Bareinlagen** der Gesellschafter aus der Ausgabe von Anteilen nach § 272 Abs. 2 Nr. 1 HGB ist die Kapitalrücklage mit dem **Betrag des Aufgeldes** zu bewerten.

Erfolgt die Ausgabe von Anteilen der Gesellschaft gegen **Sacheinlagen** der Gesellschafter, ist das unter Berücksichtigung des beizulegenden Zeitwertes der eingebrachten Sacheinlagen vereinbarte Aufgeld in die Kapitalrücklage einzustellen.

Aufgelder bei der Ausgabe von **Schuldverschreibungen** in Form von **Wandelschuldverschreibungen** oder von **Optionsanleihen** sind nach § 272 Abs. 2 Nr. 2 HGB mit dem Betrag, der bei der Ausgabe der Schuldverschreibungen zum Erwerb der Anteile durch die Gesellschafter erzielt wird, in die Kapitalrücklage einzustellen. Bewertungsprobleme können bei Unterverzinslichkeit der Schuldverschreibungen auftreten.

Bei **Zuzahlungen zur Gewährung von Vorzügen** ist nach § 272 Abs. 2 Nr. 3 HGB der Betrag der Zuzahlungen in die Kapitalrücklage einzustellen. Handelt es sich bei den Zuzahlungen um Barzahlungen, treten keine Bewertungsprobleme auf. Erfolgen die Zuzahlungen durch Sacheinlagen, die höchstens mit dem beizulegenden Zeitwert anzusetzen sind, ergibt sich der in die Kapitalrücklage einzustellende Betrag aus der Vereinbarung zwischen Gesellschaft und Gesellschafter. Bei **anderen Zuzahlungen** in das Eigenkapital nach § 272 Abs. 2 Nr. 4 HGB, wie bei Zuzahlungen nach § 272 Abs. 2 Nr. 3 HGB gilt Gleiches.

Bei **Nachschüssen** ergibt sich die Höhe der Kapitalrücklage aus der Nachschusspflicht in Höhe des als Forderung ausgewiesenen, **eingeforderten Betrages**. Die Höhe der Forderung richtet sich gemäß § 42 Abs. 2 Satz 2 GmbHG nach dem eingeforderten oder als Einzahlung **erwarteten niedrigeren Betrag**.

Bei Einstellungen aufgrund von **Kapitalherabsetzungen** ergibt sich der Betrag als Differenz zwischen der Höhe der Kapitalherabsetzung und den zum Ausgleich von Wertminderungen und zum Decken von Verlusten **notwendigen Beträgen**.

C. Gewinnrücklagen

I. Gesetzliche Rücklage

1. Nachweis und Ansatz gesetzlicher Rücklage

Der **Nachweis** des Bestandes einer gesetzlichen Rücklage ist buchtechnisch unter Berücksichtigung der Ansatzpflichten, d.h., der nach Gesetz **einzustellenden Beträge** und der bei bestimmten Voraussetzungen auflösbaren bzw. aufgelösten Beträge, zu führen. Primäre Bedeutung hat die Einhaltung der gesetzlichen Vorschriften bei vorgenommenen Auflösungen gesetzlicher Rücklagen zur Deckung von Verlustvorträgen und Jahresfehlbeträgen.

Die **Ansatzpflicht** einer gesetzlichen Rücklage besteht für Kapitalgesellschaften in der Rechtsform der **AG** und **KGaA**. Maßgeblich ist § 150 Abs. 1 AktG, nach dem in der Bilanz des nach §§ 242, 264 HGB aufzustellenden Jahresabschlusses eine gesetzliche Rücklage zu bilden ist. Sie soll der Kapitalerhaltung und damit dem Gläubigerschutz dienen.

a) Bildung der gesetzlichen Rücklage

Voraussetzung für die Bildung der gesetzlichen Rücklage ist das Vorliegen eines Jahresüberschusses der AG oder KGaA. Eine gesetzliche Rücklage ist nur dann einzustellen, wenn für die Rücklagenbildung Beträge zur Verfügung stehen. Vor der Zuweisung einer gesetzlichen Rücklage ist bei einem Verlustvortrag aus dem Vorjahr zunächst der Verlustvortrag zu reduzieren. Ein nach der Verminderung verbleibender Jahresüberschuss (Restbetrag) ist die Grundlage für die Einstellung des Betrages in die gesetzliche Rücklage.

Die Bildung der gesetzlichen Rücklage der AG kann zu **unterschiedlichen Zeitpunkten** und durch **unterschiedliche Organe** erfolgen:

- Unter Beachtung der Einstellung aufgrund gesetzlicher Vorschriften ist die gesetzliche Rücklage im Rahmen der **Aufstellung des Jahresabschlusses** durch den Vorstand der AG oder KGaA zu bilden. Dies folgt aus der Formulierung des § 150 Abs. 1 AktG, nach dem in der Bilanz des nach den §§ 242, 264 HGB aufzustellenden Jahresabschlusses ist die Rückstellung zu bilden ist.
- Neben dem **Vorstand** kann die **HV** im **Beschluss über die Verwendung des Bilanzgewinns** nach § 58 Abs. 3 Satz 1 AktG weitere Beträge in die Gewinnrücklagen und somit auch in die gesetzliche Rücklage einstellen. Voraussetzung ist eine Satzungsbestimmung, die den Betrag der Rücklagenzuführung eindeutig bestimmt. Zu der Einstellung kann der Vorstand im Zu-

sammenhang mit dem Vorschlag über die Gewinnverwendung nach § 170 Abs. 2 Nr. 2 AktG i.V.m. § 175 Abs. 2 Satz 1 AktG einen Vorschlag zur Einstellung eines bestimmten Betrages in die gesetzliche Rücklage vorlegen.

Der Beschluss der HV, **weitere Beträge** in die gesetzliche Rücklage **einzustellen**, führt nach § 174 Abs. 3 AktG nicht zu einer Änderung des festgestellten Jahresabschlusses. Die Einstellung des Jahresüberschusses in die gesetzliche Rücklage auf Grund eines Beschlusses der HV kann erst im Jahresabschluss des Folgejahres berücksichtigt werden.

b) Verwendung der gesetzlichen Rücklage

Zweck der Regelung zur Verwendung der gesetzlichen Rücklage ist die Kapitalerhaltung, die zu einer Einschränkung der Verwendung und damit zum **Gläubigerschutz** führt. Die Verwendung schreibt § 150 AktG vor. Eine nach § 150 Abs. 2 AktG gebildete gesetzliche Rücklage der AG bzw. der KGaA kann nur für die in § 150 Abs. 3 und 4 AktG genannten Zwecke verwendet werden. Es sind die im Folgenden angeführten **Verwendungsbereiche** zu unterscheiden.

Soweit die gesetzliche Rücklage zusammen mit der Kapitalrücklage nach § 272 Abs. 2 Nr. 1 bis 3 HGB nicht den zehnten oder den in der Satzung bestimmten höheren Teil des Grundkapitals übersteigt, dürfen die gesetzliche Rücklage und die Kapitalrücklage nach § 150 Abs. 3 HGB nur verwendet werden zum Ausgleich eines:

- **Jahresfehlbetrages**, soweit dieser nicht durch einen Gewinnvortrag aus dem Vorjahr gedeckt ist und nicht durch Auflösung anderer Gewinnrücklagen ausgeglichen werden kann; und
- **Verlustvortrages** aus dem Vorjahr, soweit dieser nicht durch einen Jahresüberschuss gedeckt ist und nicht durch Auflösung anderer Gewinnrücklagen ausgeglichen werden kann.

Übersteigen die gesetzliche Rücklage und die Kapitalrücklage nach § 272 Abs. 2 Nr. 1 bis 3 HGB zusammen den zehnten oder den in der Satzung bestimmten höheren Teil des Grundkapitals, darf der **übersteigende Betrag** nach § 150 Abs. 4 HGB nur **verwendet** werden:

- zum **Ausgleich eines Jahresfehlbetrages**, soweit dieser nicht anderweitig ausgeglichen werden kann, z.B. durch einen Gewinnvortrag aus dem Vorjahr gedeckt ist;
- zum **Ausgleich eines Verlustvortrages** aus dem Vorjahr, soweit dieser nicht durch einen Jahresüberschuss gedeckt ist; oder
- zur **Kapitalerhöhung** aus Gesellschaftsmitteln nach §§ 207 bis 220 AktG.

Die Verwendung der gesetzlichen Rücklage zum Ausgleich eines Jahresfehlbetrages oder eines Verlustvortrages aus dem Vorjahr ist nach § 150 Abs. 4 Satz 2 AktG nicht zulässig, wenn gleichzeitig andere Gewinnrücklagen, z.B. satzungsmäßige Rücklagen zur Gewinnausschüttung aufgelöst werden.

2. Ausweis der gesetzlichen Rücklage

Die gesetzliche Rücklage als Teil der Gewinnrücklagen ist **gesondert** unter dem Passivposten des § 266 Abs. 3 A. III. 1. HGB **auszuweisen.**

Kleine Kapitalgesellschaften können nach § 266 Abs. 1 Satz 3 HGB die gesetzliche Rücklage zusammen mit anderen Gewinnrücklagen unter einem Passivposten „Gewinnrücklagen" ausweisen. Gleiches gilt nach § 327 Abs. 1 Nr. 1 HGB für mittelgroße Kapitalgesellschaften bei der Offenlegung des Jahresabschlusses.

3. Bewertung und Höhe der gesetzlichen Rücklage

Die Höhe des von dem Vorstand einer AG bei der Aufstellung des Jahresabschlusses für ein Geschäftsjahr in die gesetzliche Rücklage **einzustellenden Betrags** regelt § 150 Abs. 2 AktG. Er beinhaltet folgende Vorgaben:

- Die Einstellung in die **gesetzliche Rücklage** beträgt (genau) **fünf Prozent** des um einen Verlustvortrag aus dem Vorjahr geminderten Jahresüberschusses. Es ist weder die Einstellung eines höheren noch eines niedrigeren Betrages zulässig.
- Die Einstellung in Höhe von fünf Prozent des bereinigten Jahresüberschusses ist nur so lange zulässig, bis die gesetzliche Rücklage und die Kapitalrücklagen nach § 272 Abs. 2 Nr. 1 bis 3 HGB zusammen **zehn Prozent oder** den in der Satzung bestimmten **höheren Teil des Grundkapitals** erreichen.

  Unklar könnte sein, wie hoch der in der Satzung bestimmbare höhere Teil des Grundkapitals maximal sein kann. Nach h.M. ist es nicht zulässig, dass die Satzung die gesetzliche Rücklage auf ein Mehrfaches des Grundkapitals festsetzt. Aus § 150 Abs. 2 AktG „oder den in der Satzung bestimmten höheren Teil des Grundkapitals" wird gefolgert, dass der in der Satzung bestimmte **höhere Teil kleiner** sein muss als die **Höhe des Grundkapitals**.

Die **Höhe** der gesetzlichen Rücklage erfährt neben der Einstellung **Änderungen durch die Verwendung**. Die Vorschriften zur Verwendung der gesetzlichen Rücklage und der Kapitalrücklage nach § 272 Abs. 2 Nr. 1 bis 3 HGB beinhalten keine Regelungen zur Reihenfolge der **Rücklagenverwendung**. Im **Schrifttum** wird eine **Reihenfolge** präferiert, nach der **zuerst die gesetzliche Rücklage und anschließend die Kapitalrücklage** nach § 272 Abs. 2 Nr. 1 bis 3 HGB verwendet werden sollen. Eine überzeugende Begründung für eine bestimmte Reihenfolge der Verwendung der Rücklagearten wird nicht gegeben. Die Reihenfolge der Verwendung liegt wegen der fehlenden gesetzlichen Regelung im Ermessen des den Jahresabschluss aufstellenden Vorstandes.

II. Rücklage für Anteile an einem herrschenden oder mehrheitlich beteiligten Unternehmen.

Durch das BilMoG ist nach dem RegE (BT. Drucks. 16/10067) der bisherige Posten der Gewinnrücklagen „Rücklage für eigene Anteile" aufgehoben worden.

Die **Aufhebung entspricht der Änderung der Bilanzierung der ausstehenden, nicht eingeforderten eigenen Anteilen**, die nicht mehr als Aktivposten, sondern als Verrechnungsposten mit dem gezeichneten Kapital als Passivkosten in der Bilanz auszuweisen ist. Abweichend von der nicht mehr zu bildenden Rücklage für eigene Anteile ist in den Gewinnrücklagen weiterhin der Posten „Rücklage für Anteile an einem herrschenden oder mehrheitlich beteiligten Unternehmen" anzusetzen.

1. Zweck und Ansatz der Rücklage für Anteile an einem herrschenden oder mehrheitlich beteiligten Unternehmen

Der **Zweck der Rücklage** für die Anteile an einem herrschenden oder mehrheitlich beteiligten Unternehmen dient der **Ausschüttungssperre** der beim Erwerb der Anteile angesetzten Beträge. Mit dem Ansatz der Rücklage wird durch die gesetzliche Vorschrift in Höhe des passivierten Betrages eine **Rückzahlung oder Ausschüttung von Eigenkapital an die Gesellschafter verhindert**. Aus der Ausschüttungssperrfunktion folgt, dass die Rücklage für Anteile an einem herrschenden oder mehrheitlich beteiligten Unternehmen nur insoweit aufgelöst werden darf, als sich die für Anteile an einem herrschenden oder mehrheitlich beteiligten Unternehmen aktivierten Beträge, z.B. durch Abschreibung oder Veräußerung der Anteile, vermindern.

Die **Verpflichtung** zur **Bildung einer Rücklage** für Anteile an einem herrschenden oder mehrheitlich beteiligten Unternehmen besteht für die Kapitalgesellschaft. Die Zulässigkeit des Erwerbs von Anteilen an einem herrschenden oder mehrheitlich beteiligten Unternehmen setzt voraus, dass die **Gesellschaft die Rücklage** nach § 266 Abs. 3 Posten A. III. 2. HGB **aus frei verfügbaren Mitteln bilden kann**. Hierzu darf weder das Grundkapital der AG oder Stammkapital der GmbH noch eine nach Gesetz oder Satzung bzw. Gesellschaftsvertrag gebildete Rücklage gemindert werden.

Die **Bildung** der Rücklage für Anteile an einem herrschenden oder mehrheitlich beteiligten Unternehmen kann **durch Umbuchung** der Eigenkapitalposten „andere Gewinnrücklagen Gewinnvortrag Bilanzgewinn" der Kapitalrücklage nach § 272 Abs. 2 Nr. 4 HGB vorgenommen werden.

Die **Bezeichnung** des Postens betrifft die unter § 266 Abs. 3 A. III. 2. HGB als „Anteile an einem herrschenden oder mehrheitlich beteiligten Unternehmen" einzustellenden Beträge:

- Ein **herrschendes Unternehmen** ist nach § 17 Abs. 1 AktG ein Unternehmen, das auf ein abhängiges Unternehmen unmittelbar oder mittelbar einen beherrschenden Einfluss ausüben kann.
- Ein **mehrheitlich beteiligtes Unternehmen** ist nach § 16 Abs. 1 AktG ein Unternehmen, dem die Mehrheit der Anteile eines rechtlich selbständigen Unternehmens gehört oder dem die Mehrheit der Stimmrechte zusteht (Mehrheitsbeteiligung). Das andere Unternehmen ist ein in Mehrheitsbesitz stehendes Unternehmen.

Die **Rücklage** für Anteile an einem herrschenden oder mehrheitlich beteiligten Unternehmen ist **so lange anzusetzen, wie Anteile** an dem herrschenden oder mit Mehrheit beteiligten Unternehmen auf der Aktivseite der Bilanz **angesetzt sind**. Die Rücklage darf nach § 272 Abs. 4 Satz 3 HGB aus vorhandenen frei verfügbaren Rücklagen gebildet werden. Sie ist nach § 272 Abs. 4 Satz 4 HGB aufzulösen, soweit die Anteile an dem herrschenden oder mehrheitlich beteiligten Unternehmen veräußert, ausgegeben oder eingezogen werden. Wird auf der Aktivseite für die Anteile aufgrund von Wertminderungen ein niedrigerer Betrag angesetzt, ist die Rücklage in entsprechender Höhe aufzulösen.

2. Ausweis der Rücklage für Anteile an einem herrschenden oder mehrheitlich beteiligten Unternehmen

Die Rücklage für Anteile an einem herrschenden oder mehrheitlich beteiligten Unternehmen ist in der Bilanz unter dem Posten des § 266 Abs. 3 A. III. 2. HGB unter den Gewinnrücklagen als zweiter Posten gesondert auszuweisen.

3. Höhe der Rücklage für Anteile an einem herrschenden oder mehrheitlich beteiligten Unternehmen

Die Höhe der Rücklage für Anteile an einem herrschenden oder mehrheitlich beteiligten Unternehmen muss nach § 272 Abs. 4 Satz 2 HGB mit dem **Betrag angesetzt** werden, der dem auf der Aktivseite der Bilanz für die Anteile an einem herrschenden oder mehrheitlich beteiligten Unternehmen **angesetzten Betrag** entspricht. Dies führt nicht zu Problemen, wenn ausreichend umwandelbares Eigenkapital in Form von auflösbaren Gewinnrücklagen vorhanden ist.

Reichen die umwandelbaren **Gewinnrücklagen** zur Dotierung der Rücklage für Anteile an einem herrschenden oder mehrheitlich beteiligten Unternehmen **nicht aus**, stellt sich die Frage, ob:

- nach Zuführung der vorrangig zu bedienenden gesetzlichen Rücklage nur eine **teilweise Zuführung** zur Rücklage für Anteile an einem herrschenden oder mehrheitlich beteiligten Unternehmen mit Nachholung in späteren Geschäftsjahren erfolgt; oder
- die **Zuführung in voller Höhe** vorgenommen wird und in Höhe des Fehlbetrages ein Bilanzverlustes ausgewiesen wird.

§ 272 Abs. 4 HGB ist insoweit zwingend, als er **keine Einschränkung der Zuführungen** zur Rücklage für Anteile an einem herrschenden oder mehrheitlich beteiligten Unternehmen im Fall nicht ausreichender umwandelbarer Gewinnrücklagen erlaubt. Dem Zweck der Vorschrift entspricht es auch nicht, die Zuführung auf eine spätere, unbestimmte Zeit zu verschieben, in der gegebenenfalls frei verfügbare Gewinnrücklagen vorhanden sind. Damit ist nicht gewährleistet, dass im Fall einer zwischenzeitlichen Ausgabe, Veräußerung oder Einziehung der Anteile an einem herrschenden oder mehrheitlich beteiligten Unternehmen der nach § 272 Abs. 4 HGB in die Gewinnrücklage für Anteile an einem herrschenden oder mehrheitlich beteiligten Unternehmen einzustellende Betrag überhaupt eingestellt würde. Damit steht fest, dass die **Rücklage in voller Höhe** des aktivierten Betrages der Anteile zu bilden ist, und zwar auch dann, wenn die Rücklagenbildung zu einem Bilanzverlust führt oder ein bereits entstandener Bilanzverlust des Unternehmens erhöht wird.

Bei **Abwertung der Anteile** an einem herrschenden oder mehrheitlich beteiligten Unternehmen ist **entsprechend die Rücklage** für Anteile an einem herrschenden oder mehrheitlich beteiligten Unternehmen **aufzulösen**.

Beispiel 34: Rücklage für Anteile an einem herrschenden oder mehrheitlich beteiligten Unternehmen

Am 1.10.10 erwirbt die B AG 2 % der ausgegebenen Aktien des sie beherrschenden Mutterunternehmens M AG zum Preis von 31 € pro Aktie zuzüglich Maklerprovision von 0,2 %. Es sind 7,5 Mill. Aktien der M AG ausgegeben mit einem Nennbetrag von 5 € pro Aktie.

Zum 31.12.10 entsprechen die Börsekurse der Aktien der M AG den Kursen bei Anschaffung der Aktien durch die B AG. Zum 31.3.11 ist der Kurs der Aktie der M AG von 31 € auf 34 € pro Aktie gestiegen.

Die maßgeblichen Eigenkapitalposten der B AG zum 31.12.10 stellen sich wie folgt dar (Beträge in Tsd. €):

Aktiva	Bilanz B AG zum 31.12.10		Passiva
Summe Vermögensgegenstände	44.680	Gezeichnetes Kapital	20.000
		Kapitalrücklage	12.850
		Gewinnrücklagen:	
		- gesetzliche Rücklage	450
		- satzungsmäßige Rücklage	2.200
		- andere Gewinnrücklagen	8.080
		Bilanzgewinn	1.100

1. Es sind die Anschaffungskosten der B AG beim Erwerb der Anteile an dem Mutterunternehmen M AG zu ermitteln.
2. Es ist der Ausweis der Anteile an dem Mutterunternehmen M in der Bilanz der B AG zum 31.12.10 aufzuzeigen.
3. Es sind Ansatz, Ausweis und Bewertung der Bilanzposten „Anteile an verbundenen Unternehmen“ zum Quartalsabschluss 31.3.11 vorzunehmen.

III. Satzungsmäßige Rücklagen

1. Grundlagen satzungsmäßiger Rücklagen

Die Bildung von satzungsmäßigen Rücklagen betrifft die Kapitalgesellschaft, d.h. die **AG**, die **KGaA** und die **GmbH**. Die Satzung der AG und KGaA bzw. der Gesellschaftsvertrag der GmbH können vorsehen, dass unter bestimmten Voraussetzungen Gewinnrücklagen als satzungsmäßige bzw. gesellschaftsvertragsmäßige Rücklagen zu bilden sind oder gebildet werden können.

Der **Begriff** „satzungsmäßige Rücklagen" ist nach h.M. auf solche Rücklagen beschränkt, für deren Bildung eine bindende **Verpflichtung in der Satzung bzw. im Gesellschaftsvertrag** besteht. Die Rücklagenbildung in der Satzung der Gesellschaft ist zwingend vorgeschrieben. Rücklagen, die aufgrund einer Ermächtigung in der Satzung gebildet werden, sind nach dieser Auffassung keine satzungsmäßigen Rücklagen im Sinn des § 266 Abs. 3 A. III. 3. HGB, sondern „andere Gewinnrücklagen".

Auf den **Zweck** der satzungsmäßigen Rücklagenbestimmung kommt es bezüglich des Ansatzes von satzungsmäßigen Rücklagen in der Bilanz der Kapitalgesellschaft nicht an. Die **Verwendung der Rücklage kann an bestimmte Zwecke** gebunden sein. Beispiele sind die Substanzerhaltung, die Rationalisierung oder die Erweiterung der Gesellschaft durch internes Wachstum oder durch Erwerb anderer Unternehmen, d.h. externes Wachstum (siehe Volkswagen AG). Der Ansatz satzungsmäßiger Rücklagen ist auch dann zulässig, wenn eine Bindung der satzungsmäßigen Rücklage nicht durch die Satzung, den Vorstand oder die Unternehmensleitung an einen bestimmten Zweck festgelegt wurde.

2. Nachweis und Ansatz satzungsmäßiger Rücklagen

Der **Nachweis** der eingestellten satzungsmäßigen Rücklagen lässt sich aus einem Vergleich der Satzungsregelung einer Kapitalgesellschaft mit der eindeutigen Vorgabe der einzustellenden Beträge und den tatsächlich eingestellten Beträgen führen. Bei Rücklageneinstellungen aufgrund einer Ermächtigung kann der **Nachweis** der Rücklageneinstellung der einzelnen Beträge **durch Vergleich des Beschlusses und der eingestellten Beträge** geführt werden.

Bei der strengen Auslegung der satzungsmäßigen Rücklagenbildung ist die **Rücklage zwingend zu bilden**, d.h., für die satzungsmäßige Rücklage besteht **Ansatzpflicht**, wenn die Satzung bzw. der Gesellschaftsvertrag der Kapitalgesellschaft eine entsprechende Festlegung beinhaltet.

3. Ausweis satzungsmäßiger Rücklagen

Die satzungsmäßige Rücklage deren spezielle Bildung in der Satzung bzw. dem Gesellschaftsvertrag der Kapitalgesellschaft zwingend vorgeschrieben ist, ist **gesondert** unter dem Posten des § 266 Abs. 3 A. III. 3. HGB **auszuweisen**.

Nicht zu den satzungsmäßigen Rücklagen, sondern unter anderen Gewinnrücklagen sind nach h.M. die sogenannten Ermächtigungsrücklagen auszuweisen. Dies soll jedoch nicht gelten, wenn die Ermächtigung des Vorstand bzw. der Geschäftsführer vorsieht, dass allein nach ihrem Ermessen Beträge in eine Rücklage einzustellen Teil der Satzung bzw. des Gesellschaftsvertrags sei. Dies ist insoweit abzulehnen, als das Gesetz nicht vorsehe.

4. Höhe satzungsmäßiger Rücklagen

Die **Höhe** des in die satzungsmäßigen Rücklagen einzustellenden Betrages ergibt sich **aus der Bestimmung der Satzung**. Satzungsmäßige Rücklagen sind bei Vorliegen einer bindenden Verpflichtung zur Rücklagenbildung in der Satzung einzustellen. Die Satzung beinhaltet jedoch in aller Regel **keinen einzustellenden festen Betrag**, sondern ein Verfahren nach dem der Betrag der Einstellung in die satzungsmäßigen Rücklagen ermittelt wird. Grundlage für die Einstellung kann ein numerischer Anteil an dem ausschüttbaren Bilanzgewinn sein. Bei der Ermittlung der satzungsmäßigen Rücklagen haben sich Vorstand und Aufsichtsrat zwingend die Satzungsregelung zu halten. Eine Ermessensregelung der Organe ist, wie angeführt, im Gesetz nicht vorgesehen.

IV. Andere Gewinnrücklagen

1. Ansatz der anderen Gewinnrücklagen

In den Posten „andere Gewinnrücklagen“ sind Beträge einzusetzen, die zurückzuführen sind auf Rücklageneinstellungen **aufgrund von Ermächtigungen** in der Satzung bzw. im Gesellschaftsvertrag, auf der Grundlage von Gewinnverwendungsbeschlüssen der HV der AG und der KGaA bzw. der Gesellschafterversammlung der GmbH.

Für den **Ansatz** anderer Gewinnrücklagen besteht abhängig von gesetzlichen Regelungen und Gewinnverwendungsbeschlüssen der Organe der Kapitalgesellschaft in einzelnen Fällen **Ansatzpflicht**, in anderen Fällen **Ansatzwahlrecht**.

Nach h.M: sind im Einzelnen die **Rücklageneinstellungen** nach den folgenden Vorschriften vorzunehmen. Einstellungen:

- bei der AG nach § 58 Abs. 1 AktG;
- bei der AG bei Feststellung des Jahresabschlusses aufgrund der gesetzlichen oder einer satzungsmäßigen Ermächtigung nach § 58 Abs. 2 AktG;
- bei der KGaA im Rahmen der Feststellung des Jahresabschlusses in Anwendung des § 58 Abs. 2 AktG.
- bei der GmbH im Rahmen der Feststellung des Jahresabschlusses aufgrund einer gesellschaftsvertraglichen Ermächtigung; sowie
- bei Haupt- oder Gesellschafterversammlung im Rahmen der Ergebnisverwendung nach § 58 Abs. 3 AktG, § 29 Abs. 2 GmbHG.

2. Ausweis der anderen Gewinnrücklagen

Die Bezeichnung „andere Gewinnrücklagen“ ist ein **Sammelbegriff**, in dem alle Gewinnrücklagen auszuweisen sind, für die das Gesetz keinen gesonderten Posten vorsieht. Der Ausweis erfolgt unter dem Bilanzposten des § 266 Abs. 3 A. III. 4. HGB.

Bezüglich der Satzungsbestimmung bei der AG kann unterschieden werden, ob der Jahresabschluss durch den Vorstand und Aufsichtsrat nach § 172 AktG oder durch die HV nach § 173 AktG festgestellt wird:

- Stellen **Vorstand und Aufsichtsrat den Jahresabschluss fest**, kann nach § 58 Abs. 2 Satz 2 AktG die Satzung Vorstand und Aufsichtsrat ermächtigen, einen größeren Teil als die Hälfte des Jahresüberschusses in andere Gewinnrücklagen einzustellen. Werden aufgrund der Satzungsbestimmung Beträge in die Gewinnrücklagen eingestellt, sind diese nicht unter den satzungsmäßigen Rücklagen, sondern unter den anderen Gewinnrücklagen auszuweisen.
- Stellt die **HV den Jahresabschluss fest**, kann nach § 58 Abs. 1 Satz 1 AktG die Satzung bestimmen, dass Beträge aus dem Jahresüberschuss in andere Gewinnrücklagen einzustellen sind. Besteht eine derartige Satzungsbestimmung, stellt sie eine bindende Verpflichtung zur Rücklagenbildung dar. Nach dem Gesetzeswortlaut des § 58 Abs. 1 Satz 1 AktG sind die in die Gewinnrücklagen einzustellenden Beträge unter dem Posten „andere Gewinnrücklagen“ auszuweisen.

3. Höhe der anderen Gewinnrücklagen

Die maximale Höhe der in andere Gewinnrücklagen einstellbaren Beträge richtet sich nach § 58 Abs. 1 Satz 2 AktG. Sie ergibt sich aus der Satzungsbestimmung. Die Einstellung von Beträgen in den Posten „andere Gewinnrücklagen“ erfolgt i.d.R. durch einen **Beschluss von Vorstand und Aufsichtsrat** oder im Rahmen des Ergebnisverwendungsbeschlusses durch die **HV** bei der AG bzw. der Gesellschafterversammlung bei der GmbH. Darüber hinaus können Vorstand und Aufsichtsrat der AG nach § 58 Abs. 2a AktG bzw. die Geschäftsführer der GmbH nach § 29 Abs. 4 GmbHG den Eigenkapitalanteil von **Wertaufholungen** nach der Neufassung des § 253 Abs. 5 Satz 1 HGB durch das BilMoG Vermögensgegenständen des Anlage- und Umlaufvermögens in den Posten „andere Gewinnrücklagen“ einstellen.

a) Rücklageneinstellung nach § 58 Abs. 1 Satz 1 AktG

Nach § 58 Abs. 1 Satz 1 AktG kann die Satzung bestimmen, dass Beträge aus dem Jahresüberschuss in den Posten „andere Gewinnrücklagen“ einzustellen sind. Dies gilt jedoch nur für den Fall, dass die HV den Jahresabschluss feststellt. Nach h.M. muss in der Satzung die **Höhe der Rücklage** festgelegt sein. Es wird verlangt, dass die Satzungsregelung so ausgestaltet ist, dass die Höhe der in die Rücklage einzustellenden Beträge eindeutig bestimmbar ist. Hierzu muss nach h.M. die Satzungsregelung die Einstellung eines **bestimmten Prozentsatzes** von dem Jahresüberschuss verlangen.

Ersteres ist faktisch nicht umsetzbar, da bei der Feststellung der Satzung ein verfügbarer Betrag für die Einstellung in den Posten „andere Gewinnrücklagen" nicht bekannt ist.

Die Einstellung in den Posten „andere Gewinnrücklagen" wird durch § 58 Abs. 1 Satz 2 und 3 HGB beschränkt. Unabhängig von der Satzungsbestimmung kann höchstens die Hälfte des Jahresüberschusses in den Posten „andere Gewinnrücklagen" eingestellt werden. Der Betrag, der in die gesetzliche Rücklage einzustellen ist und ein Verlustvortrag darstellt, ist zunächst von dem Jahresüberschuss abzuziehen.

b) Rücklageneinstellung nach § 58 Abs. 2 Satz 1 AktG

Nach § 58 Abs. 2 Satz 1 AktG können **Vorstand und Aufsichtsrat einen Teil des Jahresüberschusses, höchstens** jedoch **die Hälfte**, in den Posten „andere Gewinnrücklagen" einstellen. Voraussetzung ist jedoch, dass Vorstand und Aufsichtsrat den Jahresabschluss feststellen. Für diesen Fall kann nach § 58 Abs. 2 Satz 2 und 3 AktG die Satzung Vorstand und Aufsichtsrat ermächtigen, einen größeren oder kleineren Teil des Jahresabschlusses in die anderen Gewinnrücklagen einzustellen.

Bei der Einstellung gilt die restriktive Regelung, nach der aufgrund der Satzungsbestimmung Vorstand und Aufsichtsrat **keine Beträge in den Posten „andere Gewinnrücklagen"** einstellen dürfen, wenn die anderen Gewinnrücklagen die Hälfte des Grundkapitals übersteigen oder nach Einstellung übersteigen würden. Zudem sind der Betrag, der in die gesetzliche Rücklage einzustellen ist und ein Verlustvortrag zunächst von dem Jahresüberschuss zu kürzen

Der Satzungsregelung zur Verwendung des Jahresüberschusses durch Einstellung von Beträgen in den Posten „andere Gewinnrücklagen" folgen **gesetzliche Einschränkungen und Erweiterungen**:

- **Abschlagszahlungen**: Nach § 59 Abs. 2 Satz 2 AktG darf der Vorstand, wenn die Voraussetzungen für eine Abschlagszahlung erfüllt sind, eine **Interimsdividende** zahlen, die in der Praxis im angloamerikanischen Raum vielfach pro Quartal ausgeschüttet wird. Als Abschlag darf höchstens die Hälfte des Betrags gezahlt werden, der von dem Jahresüberschuss nach Abzug der Beträge verbleibt, die nach Gesetz oder Satzung in die Gewinnrücklagen einzustellen sind.
- **Arbeitnehmeraktien**: Aktien an Arbeitnehmer ihrer Gesellschaft können bei uneingeschränktem Bestätigungsvermerk nach § 204 Abs. 3 AktG in der Weise ausgegeben werden, dass die auf die Aktien zu leistenden Einlagen aus dem Teil des Jahresüberschusses gedeckt wird, den nach den § 58 Abs. 2 AktG Vorstand und Aufsichtsrat in andere Gewinnrücklagen einstellen können.

Beispiel 35: Wertaufholung

Die B AG hat im Jahresabschluss zum 31.12.09 aufgrund des Einbruchs wichtiger Geschäftsbeziehungen mit Abnehmern und dem Einbruch der Finanzmärkte außerplanmäßige Abschreibungen auf erworbene immaterielle Vermögensgegenstände, Sachanlagen, Finanzanlagen und Vorräte vorgenommen.

Die maßgeblichen Posten der Bilanz zum 31.12.09 und der GuV für das Jahr 09 stellen sich wie folgt dar (Beträge in €):

Aktiva	Bilanz B AG zum 31.12.09	Passiva
Immaterielle Vermögensg.	1.250.000	
Sachanlagen	5.375.000	
Finanzanlagen	3.645.000	
Vorräte	2.910.000	

Aufwendungen	Gewinn- und Verlustrechnung B AG zum 31.12.09	Erträge
Abschreibungen immaterielle Vermögensgegenstände:		
planmäßig	150.000	
außerplanmäßig	450.000	
Abschreibungen Sachanlagen:		
planmäßig	575.000	
außerplanmäßig	1.125.000	
Abschreibungen Finanzanlagen	2.655.000	
Abschreibungen Vorräte	625.000	

Zum 31.12.10 erweisen sich die außerplanmäßigen Abschreibungen im Jahresabschluss der B AG zum 31.12.09 von zusammen 4.855 Tsd. € ex post als nicht gerechtfertigt, da sich im Jahr 10 die Geschäftsbeziehungen verbessert und die Finanzmärkte erholt haben.

Zur Berichtigung der außerplanmäßigen Abschreibungen wird zum 31.12.10 eine Wertaufholung mit Korrektur der außerplanmäßigen Abschreibungen vorgenommen. Abweichend von der erfolgswirksamen Behandlung wird die Wertzuschreibung nach § 58 Abs. 2a HGB erfolgsneutral vorgenommen. Für die B AG beträgt der Gewerbesteuersatz 5 %, der Körperschaftsteuersatz 15 %.

1. Es ist die Steuerbelastung der Wertaufholung und der Eigenkapitalanteil, der in die Gewinnrücklagen eingestellt werden soll, zu ermitteln.

2. Es sind die Wertaufholung der außerplanmäßig abgeschriebenen Bilanzposten und ihre Wirkungen aufzuzeigen.

D. Genussrechtskapital

I. Bilanzierungsgrundlagen

1. Konzept des Genussreckskapital

Das Genussrecht ist eine **Rechtsgestaltung**, durch die eine Gesellschaft (Genussrechtsemittent) einem oder mehreren Dritten (Genussrechtsinhaber), als Gegenleistung für eine Kapitalzuführung oder eine sonstige Leistung besondere Rechte einräumt. Die Rechte sind **Gläubigerrechte** des Genussrechtsinhabers. Sie sind schuldrechtlicher Art.

Dem Genussrechtsinhaber kann durch **Vertrag** eine Rechtsposition eingeräumt werden, z.B. Beteiligung am Gewinn der Gesellschaft und/oder am Liquidationserlös bei Auflösung der Gesellschaft, wie sie grundsätzlich den Gesellschaftern zukommt.

Unabhängig von der Rechtsgestaltung gewähren Genussrechte den Genussrechtsinhabern **lediglich schuldrechtliche Ansprüche** auf Vermögen, Gewinn und Liquidationserlös. Weitere Gesellschafterrechte, wie die Teilnahme an der HV bzw. der Gesellschafterversammlung der Gesellschaft und die Stimmrechtsausübung, stehen dem Genussrechtsinhaber nicht zu.

Die **gesetzlichen Regelungen** zu Genussrechten sind knapp. § 221 Abs. 3 und 4 AktG enthält Einzelvorschriften zur Begebung von Genussrechten durch eine AG. Für die GmbH fehlt eine entsprechende Regelung. Dennoch können auch von der GmbH als Genussrechtsinhaberin Genussrechte entsprechend der Regelung des AktG an Dritte begeben werden.

Genussrechte können in **Genussscheinen** verbrieft oder nicht verbrieft sein. Sie können als Inhaber-, Order- oder Namenspapiere begeben werden. Der **wichtigste Grund der Begebung** von Genussrechten durch ein Unternehmen ist die Beschaffung von Fremdkapital ohne dass das Unternehmen Kreditinstitute in Anspruch nehmen muss.

Für die **bilanzielle Behandlung des Genussrechtskapitals** bei dem die Genussscheine emittierenden Unternehmen (Genussrechtsinhaber) werden drei Fälle unterschieden:

- Passivierung der Kapitalzuführung zu dem emittierenden Unternehmen als Fremdkapital;
- Einstellung der Kapitalzuführung zu dem emittierenden Unternehmen das Eigenkapital;
- Erfolgswirksame Vereinnahmung der Kapitalzuführung zu dem emittierenden Unternehmen.

2. Qualifizierung des Genussrechtskapital

Die Qualifizierung der Kapitalzuführung aus der Begebung von Genussrechten als **Eigenkapital** oder als **Fremdkapital** wird verschieden eingeschätzt. Traditionell ist das Genussrechtskapital **Eigenkapital** wenn:

- die Bedingungen der Ausgabe von Genussscheinen eine Rückzahlung des von dem Genussrechtsinhaber eingebrachten Kapitals nicht beinhalten;
- bei Liquidation der Gesellschaft die Kapitaleinlage des Genussrechtsinhabers aus dem Liquidationserlös zu tilgen ist, wie das gezeichnete Kapital der Gesellschafter;
- bei Insolvenz der Gesellschaft die Kapitaleinlage des Genussrechtsemittenten verloren geht; und
- die Mittel ohne zeitliche Begrenzung dem Genussrechtsemittenten zur Verfügung stehen und nur von diesem gekündigt werden können.

Die Kriterien für die Qualifizierung einer Eigenkapitalzufuhr als bilanzielles Eigenkapital sind nach h.M. weiter präzisiert worden. Danach kommt es grundsätzlich darauf an, dass aufgrund der Gläubigerschutzfunktion des handelsrechtlichen Jahresabschlusses das dem Genussrechtsemittenten überlassene Kapital eine Haftung wie Eigenkapital besitzt.

Eine schuldrechtlich begründete Kapitalüberlassung führt zu **bilanziellem Eigenkapital** bei:

- Nachrangigkeit;
- Erfolgsabhängigkeit der Vergütung und Teilnahme am Verlust in voller Höhe des Genussrechtskapitals;
- Langfristigkeit der Kapitalüberlassung; und
- ausschließlichem Kündigungsrecht des Genussrechtsemittenten.

Ist entsprechend der Behandlung in der Praxis u.a. aufgrund fehlender oder zu geringen Stimmrechte des Genussrechtsinhabers eine der genannten Voraussetzungen nicht erfüllt, ist das Genussrechtskapital in der Bilanz als **Fremdkapital** anzusetzen.

II. Bilanzielle Behandlung des Genussrechtskapitals

1. Ansatz Eigenkapital versus Erfolg

Für das in das Unternehmen eingezahlte Genussrechtskapital besteht **Ansatzpflicht**. Dies gilt für die Alternativen der Passivierung des Genussrechtskapitals als Eigenkapital oder der erfolgswirksame Ansatz in der Gewinn- und Verlustrechnung. Maßgebend für die Ansatzalternativen ist nach Auffassung im Schrifttum die **Charakterisierung des eingezahlten Genussrechtskapitals** in Eigenkapital- und Erfolgscharakter:

- Liegt **Eigenkapitalcharakter** vor, soll das Genussrechtskapital in der Bilanz des Genussrechtsemittenten grundsätzlich unter dem **Eigenkapital** anzusetzen sein. Dies gelte bei Zuführung von Vermögensgegenständen als **Kapitalzufuhr** und bei **Forderungsverzicht** des Genussrechtsinhabers.
- Liegt **Erfolgscharakter** vor, könne das Genussrechtskapital in der Gewinn- und Verlustrechnung des Genussrechtsemittenten unter den **Ertragsposten** angesetzt, d.h. in der Gewinn- und Verlustrechnung von der Gesellschaft erfolgswirksam vereinnahmt werden, wenn ein Rückforderungsrecht des Genussrechtsinhabers nicht besteht und er mit der Kapitalzufuhr und dem Forderungsverzicht ausdrücklich einen **Ertragszuschuss** zugunsten des Genussrechtsemittenten leistet.

2. Ausweis des Genussrechtskapitals

Der Ausweis des Genussrechtskapitals als gesonderter Posten des Eigenkapitals ist im Gesetz nicht vorgeschrieben. Das Genussrechtskapital gehört nicht unter einen der Eigenkapitalposten des § 266 Abs. 3 A. HGB. Stattdessen greift § 265 Abs. 5 Satz 2 HGB. Unter dem Eigenkapital ist ein **neuer Posten** „Genussrechtskapital" einzuführen und unter dem Posten das Genussrechtskapitals gesondert auszuweisen.

Bei der **AG** sind nach § 160 Abs. 1 Nr. 6 AktG **im Anhang Angaben** zu machen **über Genussrechte** unter Angabe der Art und Zahl der Genussrechte zu Beginn des Geschäftsjahres sowie der im Geschäftsjahr neu entstandenen Genussrechte. Darüber hinaus wird im Schrifttum verlangt, im Anhang zu erläutern, für welche Dauer feststeht, dass das ausgewiesene Genussrechtskapital die Kriterien der Nachrangigkeit und der Teilnahme am Verlust bis zur vollen Höhe erfüllt. Anzugeben seien zudem der Kündigungs- und Auszahlungstermin.

Ausweisprobleme treten in den Fällen auf, in denen die **Ausgabe von Genussrechten nicht zum Nominalbetrag** erfolgt. Zu unterscheiden sind **Agio- und Disagio-Emissionen** von Genussrechten:

- Bei **Agio-Emissionen** muss das **Aufgeld** getrennt von dem nominellen Genussrechtskapital ausgewiesen werden. Obwohl es nicht die Voraussetzungen einer Kapitalrücklage im Sinn des § 272 Abs. 2 Nr. 1, Nr. 3 und 4 HGB erfüllt, ist nach Auffassung im Schrifttum mit Blick auf die externe Einstellung von Eigenkapital der Ausweis als Kapitalrücklage zulässig. Für den **Ausweis des Aufgeldes** geben sich als Alternativen:
  - Den Ausweis unter der Kapitalrücklage durch **Einfügung eines neuen Postens** im Sinn des § 265 Abs. 5 Satz 2 HGB bzw. durch Aufnahme in die Kapitalrücklage mit Davon-Vermerk;
  - Die Aufnahme des Aufgeldes als **Unterposten** in den Posten „Genussrechtskapital" nach § 265 Abs. 5 Satz 2 HGB.
- Bei **Disagio-Emissionen** ist ebenso wie bei Agio-Emissionen das **Genussrechtskapital** ohne den Unterschiedsbetrag als gesonderter Posten innerhalb

des Eigenkapitals auszuweisen. Der **Unterschiedsbetrag** zwischen dem Ausgabekurs und dem höheren Erfüllungsbetrag wird vergleichbar mit der Bilanzierung von Zero-Bonds nicht bei der Ausgabe dem Genussrechtskapital zugerechnet. Das **Genussrechtskapital** wird während der Laufzeit der Genussrechte aufwandswirksam um den jeweiligen Disagio-Betrag zu Gunsten des Genussrechtsinhabers erhöht.

3. Bewertung des Genussrechtskapitals

Beim Normalfall der Ausgabe von Genussrechten zum Nennwert treten keine Bewertungsprobleme auf. Das Genussrechtskapital ist mit dem **Nominalbetrag** zu bewerten.

Für die angeführten **Sonderfälle** der Ausgabe von Genussrechten bei Agio- und Disagio-Emissionen gelten die folgenden Grundsätze:

- Bei **Agio-Emissionen** ist das Genussrechtskapital mit dem Nominalbetrag zu bewerten. Das Agio als Differenzbetrag zwischen höherer Zahlung und niedrigerem Genussrechtskapital ist erfolgswirksam zu vereinnahmen.
- Bei **Disagio-Emissionen** wird das Genussrechtskapital mit dem Ausgabekurs (unter pari) bewertet. Wie angeführt wird die bestehende, aber nicht bilanzierte Differenz in Höhe des Disagios entsprechend dem Vorgehen bei der Bilanzierung von Zero-Bonds aufwandswirksam, periodenanteilig dem Genussrechtskapital bis zur Erreichung des Nominalbetrages zugerechnet.

Die **Vergütung**, die dem Genussrechtsinhaber zusteht, ist **getrennt** von dem Genussrechtskapital zu bewerten. Das Genussrechtskapital stellt eine Verbindlichkeit der Gesellschaft gegenüber den Genussrechtsinhabern dar. Die als Vergütung zu erbringende Gegenleistung ist unabhängig davon, ob das Genussrechtskapital bilanziell den Charakter von Eigen- oder von Fremdkapital hat

Der von dem **Genussrechtsinhaber zu tragende Verlust** bei Verlust der Gesellschaft führen zu einer Verminderung der Höhe des Genussrechtskapitals. Dabei gilt:

- Bei Behandlung des Genussrechtskapitals als **Eigenkapital** wird bei eintretenden Verlusten des Unternehmens das Genussrechtskapital in Höhe des von den Genussrechtsinhabern jeweils zu tragenden Verlustanteiles vermindert.
- Bei Behandlung des Genussrechtskapitals als **Fremdkapital** wird bei eintretenden Verlusten die Erfüllungsverpflichtung der Gesellschaft gegenüber dem Genussrechtsinhabers in Höhe des von diesem zu übernehmenden, in der Gewinn- und Verlustrechnung angesetzten, anteiligen Verlustes vermindert.

Beispiel 36: Genussrechtskapital mit Verlustbeteiligung und Vergütung

Die A AG schließt zur Erhöhung des Kapitals als Genussrechtsemittent am 15.12.08 mit D als Genussrechtsinhaber einen schuldrechtlichen Vertrag über eine Kapitalzuführung in Höhe von nominal 1,3 Mill. € zum 1.1.09 ab. Aus dem Genussrecht soll D eine Quote von jährlich 10 % des jeweiligen Jahresüberschusses zufließen. Entsprechend hat D 10 % eines entstehenden Jahresfehlbetrags zu übernehmen, maximal bis zu seiner Kapitalzuführung von 1,3 Mill. €.

Nach der Kapitalzuführung stellt sich bei Zusammenfassung der betroffenen Daten der Buchführung der A AG zum 1.1.09 wie folgt dar (Beträge in Tsd. €):

Aktiva	Buchführung A AG zum 1.1.09		Passiva
Anlagevermögen	3.900	Eigenkapital	2.500
Umlaufvermögen	2.600	Genussrechtskapital D	1.300
Flüssige Mittel aus Genussrechten	1.300	Fremdkapital	4.000
	7.800		7.800

1. Im Geschäftsjahr 09 sind Erträge in Höhe von 15,60 Mill. € und Aufwendungen in Höhe von 16,42 Mill. € entstanden. Die Änderungen aus dem entstandenen Verlust auf der Aktivseite der Bilanz betrifft das Umlaufvermögen. Es ist die Bilanz und die GuV der A AG zum 31.12.09 zu erstellen.

2. Im Geschäftsjahr 10 sind Erträge in Höhe von 18,76 Mill. € und Aufwendungen in Höhe von 17,74 Mill. € entstanden. Die Änderungen aus dem entstandenen Gewinn auf der Aktivseite der Bilanz betrifft das Umlaufvermögen. Es ist die Bilanz und die GuV der A AG zum 31.12.10 zu erstellen.

E. Ergebnisverwendung

Das HGB erlaubt als Alternativen für den Ergebnisausweis die Eigenkapitalposten mit und ohne Berücksichtigung der ganzen oder einer teilweisen Gewinnverwendung vor. Nach dem Grundsatz der **Ausweisstetigkeit** kann zwischen der Anwendung der Alternativen im Zeitablauf grundsätzlich nicht gewechselt werden. Im Einzelnen stellen sich die Alternativen wie im Folgenden angeführt dar.

Die Eigenkapitalposten nach § 266 Abs. 3 A. HGB sind **ohne Berücksichtigung** der Verwendung des **Jahresergebnisses**. In diesem Fall sind in der Bilanz unter dem Eigenkapital als gesonderte Bilanzposten anzusetzen:

- **Gewinnvortrag/Verlustvortrag**: Die Höhe des Gewinnvortrags ergibt sich aus dem Beschluss der HV bzw. der Gesellschafterversammlung über die Verwendung des Bilanzgewinns des abgelaufenen Geschäftsjahres (§ 174 Abs. 1, Abs. 2 Nr. 4 AktG, § 29 Abs. 2 GmbHG). Der Ansatz eines Verlustvortrages ergibt sich bei einem Bilanzverlust des abgelaufenen Geschäftsjahres.

- **Jahresüberschuss/Jahresfehlbetrag**: Die Höhe des Posteninhalts stimmt mit dem in der Gewinn- und Verlustrechnung nach § 275 Abs. 2 Nr. 20 HGB (Gesamtkostenverfahren) bzw. nach § 275 Abs. 3 Nr. 19 HGB (Umsatzkostenverfahren) angesetzten Betrag überein.

Bei den Eigenkapitalposten nach § 268 Abs. 1 Satz 1 HGB darf die Bilanz auch unter Berücksichtigung der vollständigen oder teilweisen Verwendung des Jahresergebnisses aufgestellt werden. An Stelle der Bilanzposten des § 266 Abs. 3 A. IV. und V. HGB ist dann der Posten „Bilanzgewinn/Bilanzverlust" gesondert auszuweisen:

- Die **Aufstellung der Bilanz** unter Berücksichtigung der **vollständigen Verwendung des Jahresergebnisses** setzt einen der vollständigen Verrechnung des Jahresergebnissen entsprechenden, bei der Erstellung des Jahresabschlusses zu berücksichtigenden Verwendungsbeschluss voraus.

  Nach Auffassung im Schrifttum darf die Bilanz nach § 268 Abs. 1 Satz 1 HGB unter Berücksichtigung der vollständigen Verwendung des Jahresergebnisses auch dann aufgestellt werden, wenn ein Verlustvortrag durch einen Jahresüberschuss oder ein Jahresfehlbetrag durch Auflösung von Rücklagen ausgeglichen wird.

- Die **Aufstellung der Bilanz** unter **teilweiser Verwendung des Jahresergebnisses** ist zwingend, soweit gesetzliche Gewinnrücklagen oder vorgeschriebene satzungsmäßige Rücklagen aus dem Jahresergebnis des Unternehmens einzustellen sind. Gleiches gilt bei der AG für Abschlagszahlungen auf den Bilanzgewinn nach § 59 AktG.

Eine durch das BilMoG eingefügte **Restriktion** beinhaltet § 268 Abs. 8 HGB. Die Vorschrift legt fest, dass Erträge aus der Aktivierung selbst geschaffener immaterieller Anlagegegenstände oder latenter Steuern sowie aus der Bewertung von zu Handelszwecken erworbenen Finanzinstrumente oder Vermögensgegenstände zum beizulegenden Zeitwert abzüglich der hierfür gebildeten passiven latenten Steuern nur ausgeschüttet werden dürfen, wenn die nach der Ausschüttung verbleibenden frei verfügbaren Rücklagen abzüglich eines Verlustvortrags oder zuzüglich eines Gewinnvortrags dem Gesamtbetrag der Erträge mindestens entsprechen.

Die Vorschrift schränkt nach dem BilMoG bezüglich der **Rückzahlungen von Einlagen** an einen Kommanditgesellschafter die Vorgaben des § 172 Abs. 4 HGB ein. Danach gilt, dass soweit die Einlage eines Kommanditisten zurückbezahlt wird, sie den Gläubigern gegenüber als nicht geleistet gilt. Gleiches gilt, soweit ein Kommanditist Gewinnanteile entnimmt, während sein Kapitalanteil durch Verluste unter den Betrag der geleisteten Einlage gemindert ist oder soweit durch die Entnahme der Kapitalanteile unter den bezeichneten Betrag fällt. Hierzu wird § 172 Abs. 4 HGB der Satz 3 angefügt „Bei der Berechnung des Kapitalanteils nach Satz 2 sind Beträge im Sinn des § 268 Abs. 8 HGB nicht zu berücksichtigen".

Fünfter Teil

Bilanzierung der Verpflichtungen

A. Pensions- und ähnliche Rückstellungen

I. Grundlagen der Pensionsrückstellungen

Mit dem BilMoG hat die Bilanzierung von **Pensions- und ähnlichen Rückstellungen** wesentliche Änderungen erfahren. Ursache ist die Aufhebung des Art. 28 Abs. 1 Satz 2 EGHGB nach dem für eine mittelbare Pensionsverpflichtung aus einer Zusage für eine laufende Pension oder eine Anwartschaft auf eine Pension sowie für eine ähnliche unmittelbare oder mittelbare Pensionsverpflichtung eine Rückstellung in keinem Fall gebildet zu werden brauche. Dagegen bleibt das Wahlrecht für die sogenannten Altzusagen, nach dem weiterhin eine Rückstellung des bilanzierenden Unternehmens für eine laufende Pension aufgrund einer unmittelbaren Zusage nicht gebildet zu werden braucht. Das BilMoG hat damit einen Schritt zur **Aufhebung des Ansatzwahlrechts** bzw. des Informationswahlrechts für bestimmte Pensions- und ähnliche Verpflichtungen erreicht.

Nach der **Übergangsvorschrift** des Art. 65 Abs. 1 EGHGB darf, soweit aufgrund der geänderten Rückstellungsbewertung eine Zuführung zu den Rückstellungen für laufende Pensionen oder Anwartschaften erforderlich ist, dieser Betrag bis zum 31. Dezember 2023 in gleichmäßig bemessenen Jahresraten angesammelt werden. Gleiches gilt, soweit erstmals eine Rückstellung für eine mittelbare Verpflichtung aus einer Zusage für eine laufende Pension oder eine Anwartschaft auf eine Pension sowie für eine ähnliche unmittelbare oder mittelbare Pensionsverpflichtung gebildet werden muss.

Wesentliche Änderungen ergeben sich bezüglich der **Bewertung** von Pensions- und ähnlichen Rückstellungen. Nach dem neu gefassten § 253 Abs. 2 Satz 2 HGB dürfen abweichend von § 253 Abs. 2 Satz 1 HGB Rückstellungen für Altersversorgungsverpflichtungen oder vergleichbare langfristige Verpflichtungen (laufende Pensionen oder Anwartschaften auf Pensionen) pauschal mit dem **durchschnittlichen Marktzinssatz** abgezinst werden, der sich bei einer angenommenen **Laufzeit von 15 Jahren** ergibt. Dies gilt nach § 253 Abs. 2 Satz 3 HGB auch für auf Rentenverpflichtungen beruhende Verbindlichkeiten, für die eine Gegenleistung nicht mehr zu erwarten ist. Soweit die geänderte Rückstellungsbewertung eine Auflösung von Rückstellungen für Pensionen oder Anwartschaften erfordert, kann nach Art. 65 Abs. 1 Satz 3 EGHGB unterbleiben, wenn der Auflösungsbetrag in den folgenden Jahren wieder zugeführt werden müsste.

II. Arten von Versorgungsverpflichtungen

Die Verpflichtungen, bei der Passivierung von Rückstellungen für Pensionen und ähnliche Verpflichtungen werden im Gesetz nicht im Einzelnen angeführt. Generell lassen sich die Sachverhalte nach den folgenden **Merkmalen** gliedern. Nach der Umschreibung des Bilanzpostens in § 266 Abs. 3 B. 1. HGB und nach Art. 65 EGHGB kann man unterscheiden nach der:

- **Verpflichtungsart:** Pensionen, ähnliche Verpflichtungen;
- **Bestandsart:** laufende Pensionen, Pensionsanwartschaften;
- **Zusage:** unmittelbare Pensionen, mittelbare Pensionen;
- **Entstehung** des Rechtsanspruchs: Altzusagen (vor dem 1.1.1987), Neuzusagen (nach dem 31.12.1986).

Die Abgrenzung der für die Verpflichtungsarten angeführten Merkmale und die Gegenstände der entsprechenden Verpflichtungen stellen sich wie im Folgenden erläutert dar.

1. Pensionen und ähnliche Verpflichtungen

Pensionsverpflichtungen sind rechtsverbindliche Zusagen über spätere Zahlungen an Arbeitnehmer zum Zwecke der Versorgung, die bei Eintreten bestimmter Ereignisse fällig werden. Entscheidende **Ereignisse** sind das Erreichen der vorgesehenen Altersgrenze und die volle oder teilweise Erwerbsminderung eines Arbeitnehmers. Die **Zahlungen** werden dem Versorgungsberechtigten oder den berechtigten Hinterbliebenen des Versorgungsberechtigten lebenslänglich, und wenn dies vereinbart wurde, befristet gezahlt. Es zwischen den folgenden Alternativen zu unterscheiden:

- Pensionsverpflichtungen mit der Zusage der **Zahlung laufender Bezüge**, z.B. als Pension oder als Ruhegeld des bilanzierenden Unternehmens zusätzlich zu den Renten der Berechtigten aus der staatlichen Sozialversicherung oder einer Privatversicherung.
- Pensionsverpflichtung als **Einmalzahlung** eines Kapitalbetrages bei Eintritt des Versorgungsfalls.

Ein **Wesensmerkmal** der Pensionsverpflichtung besteht darin, dass das Unternehmen als Verpflichteter an den Berechtigten im Pensionsfall i.d.R. Leistungen in Form von Zahlungen erbringt.

Die Pensionsverpflichtung ist eine **ungewisse Verbindlichkeit** im Sinn des § 249 Abs. 1 Satz 1 HGB. Nach den Zusagen des Unternehmens liegt eine Verpflichtung gegenüber dem Pensionsberechtigten vor. Die **Leistung des Unternehmens** gegenüber dem Pensionsberechtigten ist erzwingbar, quantifizierbar und für das zur Leistung verpflichtete Unternehmen belastend. Zudem besteht Ungewissheit über die Höhe der Pensionsverpflichtung der Pensionsberechtigten zwischen dem Zeitpunkt der Beendigung ihrer Beschäftigung in dem Unternehmen, da die Zeitdauer der Zahlungsverpflichtung lediglich mit der durchschnittlichen Lebensdauer für den einzelnen Beschäftigten ungewiss ist und nur mit einem Durchschnittsatz geschätzt werden kann.

Der Begriff der **ähnlichen Verpflichtung** wird weder im Gesetz noch in der Gesetzesbegründung definiert. Dies gilt auch für das BilMoG, das sich der Umschreibung der ähnlichen Verpflichtung im Zusammenhang mit der Bilanzierung von Pensionsrückstellungen nicht auseinandersetzt. Aber auch das Schrifttum hat kein eindeutiges Bild zur Abgrenzung der ähnlichen Verpflichtung.

Als **Beispiel** für die **ähnliche Verpflichtung** wird im Schrifttum vielfach die Verpflichtung zur Zahlung von **Vorruhestandsgeld** angeführt. Die Frage, ob die Verpflichtung zur Zahlung von Vorruhestandsgeld eine ähnliche Verpflichtung im Sinn des Art. 28 Abs. 1 Satz 2 EGHGB darstellt, ist umstritten, wobei die h.M. zu Recht von der Vermutung ausgeht, dass der Gesetzgeber mit dem Begriff die Verpflichtung zur Zahlung von Vorruhestandsgeld gemeint hat. Das offene Problem ist auch von dem BilMoG nicht definitiv gelöst worden.

2. Laufende Pensionen und Pensionsanwartschaften

Der Unterscheidung zwischen laufenden Pensionen und Pensionsanwartschaften kommt Bedeutung bei der Bewertung der Rückstellungen zu. Sie unterscheiden sich dadurch, dass bei laufenden Pensionen der vertraglich vorgesehene Versorgungsfall, z.B. die Erreichung eines bestimmten Lebensalters, bereits eingetreten sein kann, während bei Pensionsanwartschaften der Zeitpunkt des vorgesehenen Versorgungsfalls noch nicht eingetreten ist.

Pensionsanwartschaften kann man weiter danach unterscheiden, ob ein Anwartschaftsberechtigter in dem Unternehmen, in dem er tätig ist noch eine Gegenleistung zu der Pensionszusage zu erbringen hat, d.h. in dem Unternehmen noch arbeitet, oder ob eine Gegenleistung nicht mehr erbracht wird.

3. Unmittelbare und mittelbare Pensionen

Unter **unmittelbaren Verpflichtungen** werden Pensionsverpflichtungen verstanden, die ohne Zwischenschaltung eines anderen Rechtsträgers, z.B. einer Pensionskasse oder einer Unterstützungskasse, zwischen dem verpflichteten Unternehmen und dem anspruchsberechtigten Arbeitnehmer bestehen. Unmittelbare Verpflichtungen entstehen aus direkten Zusagen des bilanzierenden Unternehmens gegenüber dem einzelnen Arbeitnehmer dieses Unternehmens oder gegenüber einer Gruppe von Arbeitnehmern, gegenüber denen dieses Unternehmen rechtlich verpflichtet wird.

Mittelbare Verpflichtungen bestehen, wenn die Verpflichtungen gegenüber den Beschäftigten nicht durch das bilanzierende, die Einzahlungen an Dritte leistende Unternehmen direkt, sondern unter Einschaltung Dritter, z.B. einer Unterstützungskasse, Pensionskasse, Pensionsfonds oder Versicherungsunternehmens, indirekt erfüllt werden. Aufgrund der Mittelbarkeit des Unternehmens haftet es für die Erfüllung der Verpflichtungen des Dritten gegenüber den Arbeitnehmern.

4. Pensionszusagen als Alt- und Neuzusagen

Altzusagen sind die **vor dem 1.1.1987** an alle oder einen Teil der Arbeitnehmer eines Unternehmens erteilte Pensionszusagen. Maßgebend ist der **Zeitpunkt des erstmaligen Entstehens eines Rechtsanspruches** der berechtigten Arbeitnehmer auf Versorgungsleistungen gegenüber diesem Unternehmen. Die Unterscheidung in Altzusagen und Neuzusagen hat Bedeutung bezüglich der Passivierung von unmittelbaren Pensionsverpflichtungen des Unternehmens nach Art. 28 EGHGB. Bedeutung im Zusammenhang mit der Qualifizierung von Pensionszusagen als **Altzusagen** haben die folgenden Fälle:

- **Spätere Änderungen** oder der Übergang von einer Pensionsanwartschaft auf eine laufende Pension ändern nichts an der erstmaligen Entstehung.
- Die **Umwandlung einer mittelbaren Pensionsverpflichtung**, z.B. aus einer Pensions- oder Unterstützungskasse, in eine unmittelbare Verpflichtung des Unternehmens ändert nichts an dem Charakter der Altzusage, sofern der Anspruch des Berechtigten auf Versorgungsleistungen vor dem 1.1.1987 entstanden ist.
- Unter die Regelung der Altzusagen fallen auch die **nach dem 31.12.1986 vorgenommenen Erhöhungen oder Veränderungen** der ursprünglichen Zusagen des Unternehmens. Dies gilt auch dann, wenn eine bewusst vor dem 1.1.1987 erteilte unmittelbare Zusage des Unternehmens lediglich die Minimalversorgung gewährt, und spätere Erhöhungen folgen.

Neuzusagen sind die **nach dem 31.12.1986** den Beschäftigten eines Unternehmens erteilten Pensionszusagen. Maßgebend ist der Zeitpunkt des erstmaligen Entstehens eines Rechtsanspruchs der berechtigten Arbeitnehmer auf Versorgungsleistungen gegenüber diesem Unternehmen Die Abgrenzung zwischen Neu- und Altzusagen hat für unmittelbare Pensionsverpflichtungen Bedeutung. Für mittelbare Neuzusagen gelten abweichende Ansatzvorschriften.

III. Nachweis und Ansatz von Pensionsverpflichtungen

Pensionsverpflichtungen entstehen in einem Unternehmen rechtlich durch **Einzelvertrag** als Einzelpensionszusage eines Unternehmens an einen Arbeitnehmer oder durch **Gesamtzusage** an eine Gruppe oder an alle Arbeitnehmer des Unternehmens aufgrund einer unternehmensspezifischen Pensions- oder Versorgungsordnung. Sie erfolgt durch die **Betriebsvereinbarung** nach § 87 BetrVG, **Tarifvertrag** oder **Besoldungsordnung** bei unmittelbarer Versorgungszusage durch das Unternehmen als Arbeitgeber.

Den **Nachweis** für das Bestehen von Pensionsverpflichtungen bilden die rechtsverbindlichen Dokumente des Unternehmens zu den Einzelpensionszusagen, Gesamtpensionszusagen, Betriebsvereinbarungen, Tarifverträgen und unternehmensinternen Daten betreffend die Beschäftigten des Unternehmens einschließlich der Dokumente über die Pensionsverpflichtungen gegenüber den Mitgliedern des Vorstandes bei der AG bzw. der Geschäftsführer bei der GmbH.

Die Verpflichtungen aus laufenden Pensionen und Anwartschaften auf Pensionen sowie ähnliche Verpflichtungen sind Verbindlichkeiten des Unternehmens, die der Höhe und dem Zeitpunkt der Leistungsverpflichtung noch unsicher sind. Entsprechend besteht nach § 249 Abs. 1 Satz 1 HGB die Verpflichtung von **Rückstellungspassivierung** des Unternehmens, d.h. der **Ansatzpflicht** der Rückstellungen für Pensionen und Anwartschaften auf Pensionen. Von dem Grundsatz der Ansatzpflicht für Pensionsverpflichtungen macht Art. 28 Abs. 1 EGHGB durch die Gewährung von Passivierungswahlrechten Ausnahmen.

Nach den Änderungen durch das BilMoG gilt das Folgende:

Ansatzpflicht besteht:

- bei **unmittelbaren Zusagen** für laufende Pensionen und Anwartschaften auf Pensionen, bei denen der Pensionsberechtigte seinen Rechtsanspruch nach dem 31.12.1986 erworben hat (Neuzusagen);
- bei **mittelbaren Verpflichtungen** aus Zusagen für eine laufende Pension oder die Anwartschaft auf eine Pension sowie für eine ähnliche unmittelbare oder mittelbare Verpflichtung.

Ansatzwahlrecht besteht nach Art. 65 Abs. 1 EGHGB, jedoch weiterhin zeitbegrenzt für:

- **unmittelbare Zusagen**, bei denen der pensionsberechtigte Arbeitnehmer seinen Rechtsanspruch gegenüber dem Unternehmen vor dem 1.1. 1987 erworben hat (Altzusagen) und dessen Erhöhung nach dem 31.12.1986;
- **unmittelbare Zusagen**, bei denen der Berechtigte seinen einer Pension ähnlichen Rechtsanspruch gegenüber dem Unternehmen vor dem 1.1.1987 erworben hat (Altzusage) und dessen Erhöhung nach dem 31.12.1986.

Das für direkte Pensionsverpflichtungen (Altzusagen) des Unternehmens bestehende **Ansatzwahlrecht** gilt nicht nur für das Geschäftsjahr, in dem der Pensionsberechtigte seinen Rechtsanspruch erworben hat, sondern auch für die folgenden Geschäftsjahre. Mit dem Ansatz einer Pensionsverpflichtung entfällt jedoch das Wahlrecht.

IV. Ausweis von Pensionsverpflichtungen

Rückstellungen für Pensionen und ähnliche Verpflichtungen sind unter dem Bilanzposten des § 266 Abs. 3 B. 1. HGB auszuweisen. Ein getrennter Ausweis der einzelnen Arten von Pensionsverpflichtungen, z.B. von unmittelbaren Pensionsverpflichtungen, mittelbaren Pensionsverpflichtungen oder ähnlichen Verpflichtungen, schreibt das Gesetz nicht vor.

Für den Fall, dass Kapitalgesellschaften, Kreditinstitute und Finanzdienstleistungsinstitute im Sinn des § 340 HGB, Versicherungsunternehmen und Pensionsfonds im Sinn des § 341 HGB, eingetragene Genossenschaften und Personengesellschaften im Sinn des § 264a HGB die Rückstellungen für die Verpflichtungen in der Bilanz nicht ausweisen, sind nach dem mit dem BilMoG neu eingefügten

Art. 65 Abs. 2 EGHGB die nicht ausgewiesenen **Verpflichtungen** für laufende Pensionen, Anwartschaften auf Pensionen und ähnliche Verpflichtungen jeweils **im Anhang anzugeben**.

Wird nur ein Teil der Verpflichtungen nach Art. 28 Abs. 1 Satz 2 EGHGB (Altzusagen) passiviert, ist der **Betrag des nicht passivierten Teils im Anhang anzugeben**.

V. Bewertung von Pensionsverpflichtungen

1. Bewertung unmittelbarer Pensionsverpflichtungen

Für die Bewertung von Pensionsverpflichtungen gilt nach dem BilMoG § 253 Abs. 2 Satz 2 HGB. Es sind die folgenden Fälle zu unterscheiden:

- Für die Bewertung von Verbindlichkeiten eines Unternehmens, die auf **Pensionsverpflichtungen** beruhen, für die eine **Gegenleistung nicht mehr zu erwarten** ist, d.h. der Arbeitnehmer aus der Tätigkeit im Unternehmen ausgefallen ist, gilt § 253 Abs. 2 Satz 3 HGB mit Verweis auf die entsprechende Geltung des § 253 Abs. 2 Satz 1 und 2 HGB. Danach gelten die allgemeine Regelung zur Bewertung von Rückstellungen und die abweichende Regelung für die Bewertung von Rückstellungen für laufende Pensionen und für Anwartschaften auf Pensionen.
- Für die Bewertung von Rückstellungen, die auf **Pensionsverpflichtungen** eines Unternehmens beruhen, für die **noch Gegenleistungen** von Beschäftigten des Unternehmens zu erwarten sind, gilt § 253 Abs. 1 Satz 2 HGB. Abweichend von der allgemeinen Regelung zur Bilanzierung von Rückstellungen sind diese für laufende Pensionen oder Anwartschaften auf Pensionen pauschal mit dem durchschnittlichen Marktzins abzuzinsen, der sich bei einer angenommenen Laufzeit von 15 Jahren ergibt.
- Nach § 253 Abs. 1 Satz 3 HGB sind, soweit sich die Höhe von Altersversorgungen ausschließlich nach dem **beizulegenden Zeitwert von Wertpapieren** im Sinn des § 266 Abs. 2 A. III. 5 HGB bestimmt, die Rückstellungen hierfür zum beizulegenden Zeitwert dieser Wertpapiere anzusetzen, soweit er einen garantierten Mindestbetrag übersteigt. Nach der Begründung des Rechtsausschusses zum BilMoG (BT-Drucks 16/12407, S. 168) ist es für diese Rückstellungen nicht erforderlich, ein Pensionsgutachten erstellen zu lassen, so dass Kosten eingespart werden können.

a) Bewertung bei Bildung von Pensionsrückstellungen

Der **Barwert** der laufenden Pensionsverpflichtungen ist nach **versicherungsmathematischen Verfahren** zu ermitteln. Dabei werden die aufgrund der biometrischen Wahrscheinlichkeiten als Sterbewahrscheinlichkeit oder als Invalidisierungswahrscheinlichkeit zu erwartenden zukünftigen Auszahlungen unter

Zugrundelegung des durchschnittlichen Marktzinssatzes bei einer von dem Gesetzgeber angenommenen Laufzeit von 15 Jahren ermittelt.

Zur **Barwertbestimmung** von Pensionen und Pensionsanwartschaften eines Unternehmens sind die folgenden Rechnungsgrundlagen einzubeziehen:

- Die **biometrischen Grundlagen** als Sterbe- und Invalidisierungswahrscheinlichkeiten unter Verwendung aktueller, anerkannter Tabellen und mathematisch-statistischer Methoden;
- die **Wahrscheinlichkeiten** für das Ausscheiden von Anspruchsberechtigten durch Fluktuation;
- die für das Ausscheiden von Anspruchsberechtigten maßgebliche **Altersgrenze**;
- der durchschnittliche **Marktzinssatz**, der sich bei einer angenommenen Laufzeit von 15 Jahren ergibt;
- die Pensionen als laufende Pensionen, für die **Gegenleistungen nicht mehr erbracht** werden;
- die Pensionen als Anwartschaften für die **Gegenleistungen noch erbracht** werden.

Nach Art. 65 Abs. 1 EGHGB darf, soweit aufgrund der geänderten Rückstellungsbewertung eines Unternehmens eine Zuführung zu den Rückstellungen für laufende Pensionen oder Anwartschaften erforderlich ist, dieser Betrag (Differenzbetrag) bis zum 31.12.2023 in **gleichmäßig bemessenen Jahresraten**, z.B. entsprechend der PUC-Methode (projected unit credit method) nach IAS 19 angesammelt werden.

Nach IAS 19 wird die **PUC-Methode (projected unit credit method)** bei sogenannten **leistungsorientierten Pensionsvereinbarungen** als Vergütungspläne nach Beendigung des Arbeitsverhältnisses eines Arbeitnehmers (defined benefit plan) angewandt. In dem Vergütungsplan macht das Unternehmen einem Arbeitnehmer eine Zusage über Versorgungsleistung nach folgendem Verfahren:

- Im ersten Schritt wird auf der Basis des laufenden Gehalts unter Berücksichtigung der jährlichen Gehaltserhöhung der für die Pension maßgebliche Endbetrag, der die Funktion des Rentenbarwertes hat, ermittelt.
- Im zweiten Schritt wird der Betrag auf die Perioden linear umgelegt.
- Im dritten Schritt wird die Umlage unter Heranziehung des Marktzinssatzes dynamisiert. Man erhält damit die den einzelnen Geschäftsjahren zuzurechnenden Aufwendungen für Pensionen.

b) Bewertung bei Auflösung von Pensionsrückstellungen

Die angeführten Grundsätze für die Bewertung der Pensionsrückstellungen eines Unternehmens, bei deren Bildung gelten entsprechend für die Bewertung nach

Eintritt des Versorgungsfalls und der Zahlung laufender Pensionen. Für die Auflösung von Pensionsrückstellungen werden als Verfahren diskutiert, die **versicherungsmathematische** und die **buchhalterische Auflösungsmethode**. Aufgrund der Mängel der buchhalterischen Methode, die auf einem nicht mathematischen Konzept beruht und die Veränderung der Zahlungsverpflichtung negiert, ist allein die versicherungsmathematische Methode anwendbar.

- Bei Anwendung der **versicherungsmathematischen Methode** sind Pensionsrückstellungen in Höhe des Unterschiedsbetrages zwischen dem versicherungsmathematischen Barwert am Schluss eines Geschäftsjahres des Unternehmens und am Schluss des vorangegangenen Geschäftsjahres aufzulösen.
- **Buchtechnisch** werden die Auflösungen mit den Zuführungen für Anwartschaften und laufende Pensionen innerhalb des Bilanzpostens „Rückstellungen für Pensionen und ähnliche Verpflichtungen" verrechnet. Die Gegenbuchung erfolgt in der Gewinn- und Verlustrechnung. Ist die Bildung der Pensionsrückstellungen höher als deren Auflösung, erhöhen sich die Rückstellungen in der Bilanz und die Aufwendungen in der Gewinn- und Verlustrechnung umgekehrt.

2. Bewertung mittelbarer Pensionsverpflichtungen

Die Bewertung mittelbarer Pensionsverpflichtungen umfasst die **Deckungslücke**, d.h. den Differenzbetrag zwischen den ermittelten Pensionsverpflichtungen des Unternehmens, das die Zuwendungen leistet (Trägerunternehmen) und dem Kassenvermögen der Unterstützungskasse. Der Betrag der Verpflichtung ergibt sich bei gleicher Leistung unabhängig davon, ob eine unmittelbare oder eine mittelbare Pensionsverpflichtung besteht.

Ebenso wie die Höhe der Pensionsverpflichtungen des Trägerunternehmens ist das **Kassenvermögen** der Unterstützungskasse zu bewerten. Die Bewertung erfolgt nach § 4d Abs. 1 Satz 2 EStG (Zuwendungen an Unterstützungskassen). Danach ist der Grundbesitz der Unterstützungskasse mit 200 % der Einheitswerte. Das übrige Vermögen mit dem beizulegenden Zeitwert, d.h. Wertpapiere mit ihrem Kurswert zum Abschlussstichtag, zu bewerten. Die Differenz zwischen bewerteten Pensionsverpflichtungen des Trägerunternehmens und dem bewertetem Vermögen der Unterstützungskasse bestimmt die **Deckungslücke**.

Beispiel 37: Pensionen mit Rentenbarwert

Der früher bei der A AG beschäftigte Rentner R erhält eine jährliche Rente von 6.000 €; Zahlung jeweils zu Beginn des Jahres. R ist Anfang des Jahres 10 siebzig Jahre alt. Die durchschnittliche Lebenserwartung für Männer ist 75 Jahre.

1. Es ist der Rentenbarwert des Rentners R (1) zum 1.1.10 vor der Vornahme der Rentenzahlung für 10 und (2) zum 31.12.10 jeweils bei einem Zinssatz von 6 % zu ermitteln.

2. Es ist der Rentenbarwert des Rentners R zum 31.12.10 bei einer erhöhten Lebenserwartung von 75,5 Jahren, z.B. durch Änderung der Sterbetafeln, bei einem Zinssatz (1) von 6 % und bei einem Zinssatz (2) von 5 % zu ermitteln.

3. Es ist die Behandlung der Pensionsrückstellung zum 1.1.10 und die Veränderung des Rentenbarwertes in der Bilanz der A AG zum 31.12.10 und in der GuV für das Jahr 10 unter Berücksichtigung der erhöhten Lebenserwartung aufzuzeigen und zu erklären.

4. Es ist der vorgenommenen versicherungsmathematischen Auflösung der Pensionsrückstellung die buchhalterische Auflösung mit Darstellung der Unterschiede gegenüberzustellen.

Beispiel 38: Pensionsanwartschaften mit Gegenleistung

Die A AG hat den Arbeitnehmern X und Y zu Beginn des Jahres 10 Pensionszusagen als Einzelzusagen gemacht. Zum Zeitpunkt der Zusage am 1.1.10 wird (vereinfachte Unterstellung):

- X 32 Jahre alt, Eintrittsalter in die A AG mit 26 Jahren;
- Y 35 Jahre alt, Eintrittsalter in die A AG mit 30 Jahren.

1. Es ist die Höhe der Pensionsrückstellungen bei einem Zinssatz von 6 % für den Arbeitnehmer X für das Jahr 10 und das Jahr 11 unter der Annahme des Rentenbeginns mit Vollendung des 65. Lebensjahres unter Anwendung der Teilwertmethode zu ermitteln. Die Pension ist ab dem 1.1.43 zu zahlen; Basis ist der Rentenbarwert von 50 Tsd. € zum 31.12.42. Bilanztechnisch ist der Ansatz in den Bilanzen und Gewinn- und Verlustrechnungen des Jahres 11 und des Jahres 15 darzustellen.

2. Es ist die Höhe der Pensionsrückstellungen bei einem Zinssatz von 6 % für den Arbeitnehmer Y für das Jahr 10 und das Jahr 15 unter der Annahme des Rentenbeginns mit Vollendung des 65. Lebensjahres unter Anwendung der Teilwertmethode zu ermitteln. Die Pension ist ab dem 1.1.40 zu zahlen; Basis ist der Rentenbarwert von 50 Tsd. € zum 31.12.39. Bilanztechnisch ist der Ansatz in den Bilanzen und Gewinn- und Verlustrechnungen des Jahres 10 und des Jahres 15 darzustellen.

Beispiel 39: Versicherungsmathematische Bewertungsmethode PUC

Ein Beschäftigter X erhält 5 Jahre vor dem planmäßigen Ausscheiden aus dem Unternehmen die Zusage auf eine Rentenzahlung in Höhe der mit dem Marktzins von 8 % per anno aufgezinsten Beträge, die jährlich 2 % des voraussichtlichen Jahresgehalts entsprechen. Das laufende Jahresgehalt ist 48 Tsd. €. Es wird während der noch anstehenden Beschäftigungszeit von 5 Jahren mit einer jährlichen Gehaltserhöhung von 5 % gerechnet.

1. Es sind für den Zeitraum von 5 Jahren die folgenden Werte zu ermitteln: a) der Endbetrag, d.h. die gesamte Verpflichtung des Unternehmens am Ende des Berichtszeitraums (closing obligation); b) die Leistungen im jeweils laufenden Jahr 1 bis 5 (benefit per anno); c) die Leistungen der jeweiligen Vorjahre; d) die Summe der pro Jahr addierten Leitungen (summe der benefits) für die Jahre 1 bis 5; e) die Verpflichtung zu Beginn des Berichtszeitraums Ende Jahr 1 (opening obligation); f) der laufende Zinsaufwand von 8 % zu Beginn des Berichtszeitraums Ende Jahr 1 (interest); g) laufender Dienstaufwand (zu current service cost) für die Zeit von Jahr 1 bis 5; und h) die Verpflichtung am jeweiligen Jahresende der Jahre 1 bis 5.

2. Es sind tabellarisch für die Zeit der 5 Jahre für den Beschäftigten X darzustellen: jeweils die benefits für die früheren Jahre, das laufende Jahr und die Summe aus früheren Jahren und dem laufenden Jahr.

3. Es sind weiter tabellarisch für die Zeit der 5 Jahre für den Beschäftigten X darzustellen: opening obligation, interest, current service cost sowie closing obligation.

B. Sonstige Rückstellungen

I. Ansetzbare sonstige Rückstellungen

Mit dem BilMoG ist die Bildung von Rückstellungen als **Aufwandsrückstellungen weitgehend aufgehoben** worden. Die sonstigen Rückstellungen umfassen ganz überwiegend Verbindlichkeitsrückstellungen und nur in Sonderfällen Aufwandsrückstellungen.

Nach der mit dem BilMoG vorgenommenen Streichung der Zulässigkeit einer Reihe von bisher zulässigen Aufwandsrückstellungen umfassen die verbleibenden **ansetzbaren sonstigen Rückstellungen** nach § 249 Abs. 1 HGB lediglich die folgenden Fälle:

- Rückstellungen für ungewisse Verbindlichkeiten (ohne Rückstellungen für Pensionen und ähnliche Verpflichtungen) nach § 249 Abs. 1 Satz 1 HGB.
- Rückstellungen für drohende Verluste aus schwebenden Geschäften (Drohverlustrückstellungen) nach § 249 Abs. 1 Satz 1 HGB.
- Rückstellungen für im abgelaufenen Geschäftsjahr unterlassenen Aufwendungen für Instandhaltung, die im folgenden Geschäftsjahr innerhalb von drei Monaten nachgeholt werden nach § 249 Abs. 1 Satz 2 Nr. 1 HGB.
- Rückstellungen für im abgelaufenen Geschäftsjahr unterlassenen Aufwendungen für Abraumbeseitigung, die im folgenden Geschäftsjahr nachgeholt werden nach § 249 Abs. 1 Satz 2 Nr. 1 HGB.
- Rückstellungen für Gewährleistungen, die ohne rechtliche Verpflichtung erbracht werden (Kulanzrückstellungen) nach § 249 Abs. 1 Satz 2 Nr. 2 HGB;

II. Nachweis und Ansatz sonstiger Rückstellungen

Die Verpflichtung zum **Nachweis** von Rückstellungen eines Unternehmens ergibt sich aus § 246 Abs. 1 HGB. Die Nachweispflicht besteht für sämtliche ansatzpflichtige Rückstellungen. Nach h.M. ist hierfür eine sogenannte **Inventur der Risiken** vorzunehmen, aus der auch die Einhaltung des Vollständigkeitsgebots der Verbindlichkeitsrückstellungen überwacht wird. Der Nachweis richtet sich darauf, dass keine nicht passivierbaren Rückstellungen angesetzt sind.

Beim **Ansatz** von Rückstellungen ist zwischen Verbindlichkeitsrückstellungen und Aufwandsrückstellungen zu unterscheiden. Für sämtliche **Verbindlichkeitsrückstellungen** folgt aus deren Charakter eine Verpflichtung, der sich das Unternehmen nicht entziehen kann. Es besteht zwingende **Ansatzpflicht**. Gleiches gilt für **Aufwandsrückstellungen** nach § 249 Abs. 1 Satz 2 Nr. 1 HGB für im Geschäftsjahr unterlassene Aufwendungen für Instandhaltung, die im folgenden

Geschäftsjahr innerhalb von drei Monaten oder für Abraumbeseitigung, die im folgenden Geschäftsjahr nachgeholt werden.

1. Rückstellungen für ungewisse Verbindlichkeiten

Ungewisse Verbindlichkeiten, für die nach § 249 Abs. 1 Satz 1 HGB **Ansatzpflicht** besteht, werden durch **zwei Merkmale** bestimmt, den Schuldcharakter und die Ungewissheit über das Bestehen und/oder die Höhe der Verbindlichkeit.

a) Schuldcharakter ungewisser Verbindlichkeiten

Der Schuldcharakter ungewisser Verbindlichkeiten setzt voraus, dass eine **Verpflichtung** des bilanzierenden Unternehmens gegenüber einem außen stehenden **Dritten** besteht. Innenverpflichtungen, wie sie bei Aufwandsrückstellungen nach § 249 Abs. 1 Nr. 1 HGB angenommen werden, führen nicht zu rückstellungspflichtigen, ungewissen Verbindlichkeiten. Die Verpflichtung gegenüber einem außen stehenden Dritten kann rechtlich oder faktisch begründet seit.

- Die **rechtliche Begründung** einer Verpflichtung kann nach h.M. aus einem Vertrag, einem Verwaltungsakt oder aus dem Gesetz ableitbar sein. Bei **rechtlicher Verpflichtung** mit privatrechtlichem Vertrag, muss der Gläubiger nicht bekannt sein. Dies gilt z.B. für die Produkthaftung gegenüber nicht bekannten Dritten, die von dem Unternehmen ein schadhaftes Produkt erworben haben.
- Ein **faktische Verpflichtung** ist gegeben, wenn ohne dass eine rechtliche Verpflichtung besteht, ein Unternehmen der Erfüllung einer Geld- oder Sachleistung nicht entziehen kann. Die Verpflichtung kann auf moralische, sittliche oder ökonomischen Erwägungen beruhen. Um faktische Verpflichtungen handelt es sich z.B. bei **verjährten Verbindlichkeiten**, die nach Ablauf der Zahlungsfrist ein lieferndes Unternehmen beansprucht.

  Will das belieferte Unternehmen bei Anspruch des liefernden Unternehmens (Zulieferer) trotz der Verjährung die verjährte Verbindlichkeit begleichen, um Nachteile aus Zulieferungen des liefernden Unternehmens an den Abnehmer und um Imagenachteile des beliefernden Unternehmens zu vermeiden, ist in Höhe der Verbindlichkeit eine Rückstellung zu bilden. Geht das belieferte Unternehmen davon aus, dass es bei Geltendmachung der (wirtschaftlichen) verjährten Forderungsrechte des liefernden Unternehmens von einem Absehen der Einrede der Verjährung keinen Gebrauch machen wird, sind für die verjährten Ansprüche Rückstellungen zu bilden.

Verpflichtungen mit Schuldcharakter bestehen vielfach aus **Dauerschuldverhältnissen**, bei denen das Schuldnerunternehmen mit den zu erbringenden Leistungen im Rückstand ist. Derartige passivierungspflichtige **Leistungs- oder Erfüllungsrückstände** treten in der Praxis u.a. auf als:

- Gewinnbeteiligungen, Gratifikationen, Pensionsverpflichtungen, Ruhestands- und Übergangsvergütungen; und

- Miet- und Pacht-, Leasing- und Darlehensverhältnissen und aus vorzunehmender Rekultivierung bei in Anspruch genommenen Grundstücke und deren Ausbeutung, Abbau von Industrieanlagen Wiederherstellung des ursprünglichen Zustandes bei Bauten auf fremdem Grund und Boden.

b) Ungewissheit über das Bestehen von Verbindlichkeiten

Weitere Voraussetzung für die Passivierung von Rückstellungen für ungewisse Verbindlichkeiten ist die Ungewissheit über das Bestehen und/oder die Höhe von Verpflichtungen. Die Ungewissheit über den Grund einer Verpflichtung kann sich nach h.M. auf das **rechtliche Bestehen am Abschlussstichtag**, z.B. bei bestrittenen Verbindlichkeiten, oder auf das **künftige rechtliche Entstehen,** z.B. bei Bürgschaftsverpflichtungen, beziehen.

Für den Ansatz einer Rückstellung sollen das Bestehen der Verpflichtung sowie die Inanspruchnahme des Unternehmens durch den Berechtigten **wahrscheinlich** sein. Allerdings ist der **Begriff** der **Wahrscheinlichkeit** vielfach nicht bzw. nicht ausreichend präzise formuliert. Unter Wahrscheinlich im Sinn einer Inanspruchnahme durch einen außen stehenden Dritten sind im Allgemeinen Vorgänge mit hoher Eintrittswahrscheinlichkeit gemeint. Die in der Rechtsprechung und im Schrifttum verwendeten Wahrscheinlichkeitsinterpretationen unterscheiden sich vor allem hinsichtlich der Quantifizierung:

- Nach **höchstrichterlicher Rechtsprechung** ist die Voraussetzung für den Ansatz einer Rückstellung erfüllt, wenn mehr Gründe für als gegen das Bestehen einer Verbindlichkeit und für eine künftige Inanspruchnahme sprechen.
- Die Voraussetzung ist nicht nach den subjektiven Erwartungen, sondern auf der Grundlage objektiver, am Abschlussstichtag vorliegender und spätestens bei Aufstellung der Bilanz erkennbarer Tatsachen aus der Sicht eines gewissenhaften und sorgfältigen Kaufmanns zu beurteilen. Die Umschreibung ist, auch wenn auf objektive Tatsachen verwiesen wird, subjektiv und damit im Ergebnis durch den Kaufmann bestimmbar.
- **Im Schrifttum** werden zur Konkretisierung der erforderlichen Wahrscheinlichkeit für das Bestehen der Verpflichtung und die künftige Inanspruchnahme die vorgetragenen verbalen Umschreibungen vorgenommen, z.B. „eine gewisse Wahrscheinlichkeit“, „mit einiger Wahrscheinlichkeit“, „recht wahrscheinlich“, sowie die Vorgabe quantitativer Eintrittswahrscheinlichkeiten, „mehr als 50 %“.

Beide Merkmale stellen dann, wenn es sich um eine Wahrscheinlichkeitsschätzung handeln soll, die in einem objektiv nachprüfbaren Rahmen liegt, keine zur Lösung des realen Einzelfalls geeigneten Kriterien dar. Die Schätzungen des Bestehens und der Höhe von Rückstellungen sind bis auf wenige Ausnahmen, z.B. der Schätzung der Pensionsverpflichtungen, **weitgehend subjektiv** und damit i.d.R. in hohem Maße bilanzpolitisch beeinflussbar.

Besteht die Ungewissheit lediglich bezüglich der Höhe der Verpflichtung, wird von der h.M. eine **Aufspaltung** der zu **passivierenden Verpflichtung** als zulässig angesehen. Für den Teil, der sicher ist, soll eine Verbindlichkeit, für den Teil, der ungewiss ist, eine Rückstellung für ungewisse Verbindlichkeiten angesetzt werden. Die Aufspaltung widerspricht dem Grundsatz, nach dem Verbindlichkeitsrückstellungen gerade dadurch gekennzeichnet sind, dass sie dem Eintritt und/oder der Höhe nach ungewiss sind. Diese **Ungewissheit** lässt sich durch Aufspaltung nicht beseitigen.

Als **Rückstellungen für ungewisse Verbindlichkeiten** werden im Folgenden unter der Vielzahl der allgemein passivierten Rückstellungen anführt mit:

- Garantieverpflichtungen und Kulanzen;
- Haftungsrisiken aus Wechselobligo, Bürgschaften, Gewährleistungsobligo, Sicherheitsobligo;
- Jahresabschluss- und Prüfungskosten;
- Leasingverhältnisse, sofern sich Leistung und Gegenleistung nicht gleichwertig gegenüberstehen;
- Provisionsverpflichtungen;
- Prozessrisiken;
- Sozialplanverpflichtungen;
- Tantiemen und Gratifikationen;
- Umweltschäden bei Verpflichtungen nach den Umweltgesetzen;
- Wiederherstellungsverpflichtungen bei gemieteten oder gepachteten Vermögensgegenständen.

Der **Zeitpunkt** für die **Passivierung** von Rückstellungen für ungewisse Verbindlichkeiten ist das Entstehen der Verpflichtung:

- bei **ungewissen Verbindlichkeiten** durch Rechtsgeschäft, aufgrund einer öffentlich-rechtlichen oder privatrechtlichen Verpflichtung;
- bei **ungewissen Verbindlichkeiten** nach wirtschaftlichen Kriterien ist das Entstehen nicht eindeutig bestimmbar. Im Schrifttum wird die wirtschaftliche Verursachung aus dynamischer und statischer Sicht diskutiert:
    - Aus **dynamischer Sicht** ist die spätere Zahlung als Aufwand demjenigen Geschäftsjahr des Unternehmens zu belasten, in dem das Ereignis eingetreten ist, das das Entstehen der Verbindlichkeit zur Folge hat.
    - Aus **statischer Sicht** ist die Verbindlichkeit verursacht, wenn sie eine Schuld im Sinn des § 246 Abs. 1 HGB ist.
    - Nach **Auffassung des BFH** liegt eine Verursachung dann vor, wenn der Tatbestand, dessen Rechtsfolge die Verbindlichkeit ist, im Wesentlichen vor dem Abschlussstichtag verwirklicht wird und die Ereignisse, die zum Entstehen der Verpflichtung führen, wirtschaftlich dem abgelaufenen Geschäftsjahr zuzurechnen sind.

Beispiel 40: Garantierückstellungen

Die A AG hat für den Jahresabschluss zum 31.12.10 den Betrag der Garantierückstellung für die veräußerten Produkte des laufenden Geschäftsjahrs festzulegen. Zur Schätzung der Höhe der Garantierückstellung stehen die im Folgenden angeführten Daten zur Verfügung:

(1) Garantieinanspruchnahme im Vorjahr 09 in Höhe von 14 Mill. €;

(2) Garantieinanspruchnahme in den letzten fünf Jahren 10 bis 15, d.h. einschließlich der abgelaufenen Geschäftsjahr 10,

in steigender Höhe von 7,5; 9,2; 10; 11,5 und 14 Mill. € unter Anwendung der Methode der kleinsten Quadrate.

(3) Ergebnisse aus der Schätzung der Unternehmensleitung, die mit einer Wahrscheinlichkeit von 75 % eine Inanspruchnahme aus Garantien von 17 Mill. €, mit einer Wahrscheinlichkeit von 5 % eine Inanspruchnahme von 20 Mill. € und mit einer Wahrscheinlichkeit von 20 % eine Inanspruchnahme von 15 Mill. € erwartet.

1. Es ist für die Alternativen Ermittlungs- bzw. Schätzverfahren die Höhe der Rückstellung für Garantien für den Jahresabschluss zum 31.12.10 zu ermitteln.
2. Es ist bezüglich der Objektivität der Schätzungen der Alternativen eins bis drei Stellung zu nehmen.

Beispiel 41: Rückstellungen für Rekultivierung

Die B AG ist Spezialist für den Abbau von Braunkohle. Im Jahr 2009 schließt sie einen Vertrag über den Braunkohleabbau eines abgegrenzten Braunkohlebereichs für einen Zeitraum von 10 Jahren, beginnend am 1.1.2010 bis 31.12.2019. Die Kosten umfassen die Abbaugebühren von 8 Mill. € pro Jahr, zu zahlen jeweils zu Jahresbeginn. Nach den vertraglichen Vereinbarungen ist nach Beendigung des Abbaus das Gebiet zu rekultivieren. Die Rekultivierungskosten werden zum 1.1.2010 mit 5 Mill. € geschätzt; bei der Aufstellung des Jahresabschlusses der B AG zum 31.12.2010 werden die Rekultivierungskosten mit 5,25 Mill. € geschätzt.

1. Es ist zu der Frage Stellung zu nehmen, ob die Rückstellung mit Abschluss des Vertrages, während der des Braunkohleabbau oder zum Zeitpunkt der Beendigung des Braunkohleabbau zu passivieren ist, und wie sich die alternativen Ansätze auf die Jahresabschlüsse (Bilanzen und Gewinn- und Verlustrechnungen) der B AG zum 31.12.2010, zum 31.12.2015 und zum 31.12.1019 auswirken.
2. Aufgrund der zeitlichen Preiserhöhung der Rekultivierung ist davon auszugehen, dass nicht nur im Jahresabschluss zum 31.12.2010, sondern auch in den Folgeperioden die Kosten der Rekultivierung pro Jahr um 5 % steigen werden. Es sind die um die Kostensteuerungen erhöhten Rückstellungen für das Jahr 31.12.2015 zu ermitteln.

2. Rückstellungen für drohende Verluste aus schwebenden Geschäften

Stehen sich, wie im Normalfall, bei einem schwebenden Geschäft Leistung und Gegenleistung gleichwertig gegenüber, werden nach h.M. die beiderseits nicht erfüllten Können die Ansprüche und Verpflichtungen in der Bilanz nicht angesetzt werden. Der im Allgemeinen geltende **Grundsatz der Nichtbilanzierung** gilt jedoch nicht, wenn Leistung und Gegenleistung sich nicht gleichwertig gegenüberstehen, da bei dem bilanzierenden Unternehmen ein **Verpflichtungsüberschuss** vorliegt. Dieser ist nach § 252 Abs. 1 Nr. 4 HGB als **Drohverlustrückstellung** passivierungspflichtig.

Voraussetzungen für den Ansatz einer Drohverlustrückstellung des bilanzierenden Unternehmens sind das Vorliegen eines schwebenden Geschäftes und eines aus dem Verpflichtungsüberschuss drohenden Verlustes des Unternehmens.

a) Gegenstand des schwebendes Geschäftes

Der Begriff „schwebendes Geschäfts" ist im Gesetz nicht definiert. Es handelt sich um einen unbestimmten Rechtsbegriff. Unter **Geschäft** im Sinn des § 249 Abs. 1 Satz 1 HGB werden **zweiseitig verpflichtenden Verträge** verstanden.

Gegenstand eines schwebenden Geschäftes kann eine Lieferung von Gegenständen des Anlage- oder des Umlaufvermögens oder eine Leistung in Form einer Nutzungsüberlassung oder Verpflichtung zu einem Tun oder Unterlassen sein. Die Geschäfte im Sinn der Vorschrift dürfen von beiden Seiten nicht erfüllt, d.h. schwebend, sein. Damit sind Rückstellungen bei **zweiseitigen verpflichtenden Geschäften** für das bilanzierende Unternehmen **ansatzpflichtig**.

Schwebende Geschäfte können eng oder weit ausgelegt werden. Nach h.M. verlangt das Vorliegen eines schwebenden Geschäftes einen auf **Leistungsaustausch** gerichteten schuldrechtlichen Vertrag. In weiter Auslegung des Begriffs „schwebendes Geschäft" werden auch andere Rechtsverhältnisse einbezogen.

Die **Typen schwebender Geschäfte** lassen sich einteilen in schwebende:

- Beschaffungsgeschäfte;
- Absatzgeschäfte; und
- Dauerschuldverhältnisse.

Schwebende Geschäfte beginnen mit dem Abschluss eines **beiderseitig schuldrechtlichen Vertrages**. Bei einem Vertrag mit aufschiebender Bedingung liegt zum Zeitpunkt des Vertragsabschlusses noch kein schwebendes Geschäft vor. Der Schwebezustand besteht so lange, bis die Sachleistung erfolgt ist.

b) Entstehen eines Drohverlustes

Als Voraussetzung für das Entstehen einer Drohverlustrückstellung aus dem schwebenden Geschäft muss ein **negatives Ergebnis** (Drohverlust) erwartet werden. Für das jeweilige Geschäft muss ein Verlust drohen. Dies gilt, wenn der erwartete Wert der Leistungsverpflichtung des bilanzierenden Unternehmens den erwarteten Wert seines Leistungsanspruchs gegenüber einem Dritten übersteigt, d.h., wenn für das bilanzierende Unternehmen ein **Verpflichtungsüberschuss** besteht, der im Jahresabschluss des bilanzierenden Unternehmens anzusetzen ist.

Der **Verlust muss drohen**. Das ist noch nicht anzunehmen, wenn bei dem bilanzierenden Unternehmen ein Verlust aus dem einzelnen schwebenden Geschäft möglich ist. Drohen bedeutet darüber hinaus, dass Anzeichen dafür gegeben sind, nach denen insgesamt ein **Verlust mit hoher Wahrscheinlichkeit**, d.h. nach Rechtsprechung und h.M. mit mehr als 50 %, erwartet wird. Danach muss eine gewisse, aus der Erfahrung gewonnene Wahrscheinlichkeit für den Eintritt eines Verlustes bestehen.

Die **Definition ist unpräzise**. Sie geht in keiner Weise darauf ein, welche Wahrscheinlichkeit gemeint ist und bei welcher Höhe der Wahrscheinlichkeit, z.B. mehr als 50 % oder mehr als 75 %, bzw. bei Erreichen oder Überschreiten einer anderen subjektiv geschätzten Eintrittswahrscheinlichkeit, der Eintritt eines Verlustes droht. Die angegebene maßgebliche Quote ist mehr oder minder willkürlich. Während vielfach auf die Quote von 50 % verwiesen wird, verlangen andere, wie Ackermann für die Deutsche Bank, für die Gewährung von Krediten eine Sicherheit von mindestens 80 %, das Risiko dürfte danach höchstens 20 % sein. Es handelt sich um eine **Sicherheitsquote**, die die Deutsche Bank bei hohen Krediten an Griechenland bei weitem nicht eingehalten hat. Im Übrigen sagt die vorgegebene Sicherheitsquote nicht, wie die Wahrscheinlichkeitsquoten ermittelt werden sollen.

Die Bildung von **Drohverlustrückstellungen** kann mit der Abschreibung eines Vermögensgegenstandes zum Zwecke der **verlustfreien Bewertung** kollidieren. Ist ein bestimmter Vermögensgegenstand des bilanzierenden Unternehmens Gegenstand **eines schwebenden Absatzgeschäftes**, und **droht daraus ein Verlust**, so sind die folgenden Schritte zu beachten:

- Im ersten Schritt ist der entsprechende Vermögensgegenstand nach § 253 Abs. 4 HGB auf den niedrigeren beizulegenden Zeitwert abzuschreiben.
- Im zweiten Schritt ist in Höhe eines darüber hinausgehenden Verlustes ist eine Drohverlustrückstellung zu bilden.

Drohverlustrückstellungen unterscheiden sich von **Rückstellungen für ungewisse Verbindlichkeiten** durch die **Ermittlung eines negativen Saldobetrages**. Der rückstellungsfähige Drohverlust ergibt sich als Saldogröße aus den gegenseitigen Ansprüchen und den diesen entsprechenden Verpflichtungen. In den Saldierungs- oder Aufrechnungsbereich sind die gesamten wechselseitigen Leistungen der Geschäftspartner einzubeziehen.

Nach höchstrichterlicher Finanzrechtsprechung ist dabei auf eine **wirtschaftliche Betrachtung** abzustellen. Dieser Betrachtung zufolge sind nicht nur die miteinander verknüpften Hauptleistungspflichten aus dem gegenseitigen Vertrag (**schuldrechtliches Synallagma**) einzubeziehen, sondern auch sämtliche Nebenleistungen und wirtschaftlichen Vorteile, die nach dem Inhalt des Vertrages oder den Vorstellungen der Vertragspartner eine Gegenleistung darstellen sollen (**wirtschaftliches Synallagma**).

Die Finanzrechtsprechung vertritt **Ganzheitsbetrachtung**. Ist ein Rechtsverhältnis in seiner Gesamtlaufzeit ausgeglichen, so ist danach die Bildung einer Drohverlustrückstellung unzulässig. Die Ganzheitsbetrachtung wird von der h.M. mit dem Argument abgelehnt, dass eine Auslegung des § 249 Abs. 1 Satz 1 HGB bei Ertrags- und Aufwandsperiodisierung dazu führen muss, dass von dem bilanzierenden Unternehmen in der Zukunft erkennbare Verluste aus einem gegenseitigen Geschäft zurückgestellt werden. Das müsse auch dann gelten, wenn unter Einbeziehung von Gewinnen in der Vergangenheit das Gesamtgeschäft ausgeglichen ist.

Nach § 5 Abs. 4a EStG dürfen in der **Steuerbilanz** Rückstellungen für drohende Verluste aus schwebenden Geschäften nicht gebildet werden. Das gilt nach § 5 Abs. 1a EStG nicht für die Ergebnisse der in der handelsrechtlichen Rechnungslegung zur Absicherung finanzwirtschaftlicher Risiken gebildeten Bewertungseinheiten. Der Gesetzgeber hat damit weder die Auffassung des Finanzrechtsprechung zur Ganzheitsbetrachtung bestätigt, noch das ursprüngliche Konzept, nach dem eine Drohverlustrückstellung nur gebildet werden kann, wenn die Summe aller drohenden Verluste aus schwebenden Geschäften größer ist als die Summe aller erwarteten nicht realisierten Gewinne aus schwebenden Geschäften. Die steuerrechtliche Regelung gilt allerdings nicht mehr für die Handelsbilanz.

Beispiel 42: Drohverlustrückstellungen aus Beschaffungsgeschäften von Anlagen

Die A AG schließt am 31.10.10 einen Kaufvertrag über die Beschaffung einer technischen Anlage mit voraussichtlicher Nutzungsdauer von fünf Jahren zu einem Preis von 1,25 Mill. € ab. Lieferzeitpunkt ist der 31.3.11. Bei der Erstellung des Jahresabschlusses zum 31.12.10 wird festgestellt, dass der Marktpreis identischer technischer Anlagen lediglich 1,1 Mill. € beträgt.

1. Es ist die Behandlung des Sachverhalts in der Bilanz der A AG zum 31.12.10 aufzuzeigen.
2. Es ist zu prüfen, ob eine abweichende steuerliche Behandlung vorliegt, und es Wirkung auf die Handelsbilanz bei Zugrundelegung eines Ertragsteuersatzes von 40 % darzustellen.

Beispiel 43: Drohrückstellungen aus Beschaffungsgeschäften von Waren

Das Discounter-Unternehmen E GmbH schließt am 30.9.10 einen Vertrag über den Kauf von 20.000 Computer zum Preis von 1.099 € pro Stück. Nach der Kalkulation des Discounter-Unternehmen sollen die Computer zu einem Preis von 1.199 € pro Stück angeboten werden.

Zum Abschlussstichtag 31.12.10 sind Beschaffungs- und Absatzpreis gesunken. Die 20.000 Computern könnten zum Preis von 1.049 € pro Stück bezogen werden. Am Absatzmarkt wird mit einem Preis von 1.139 € pro Stück gerechnet.

Es ist zu prüfen, ob nach § 249 Abs. 1 Satz 1 HGB eine Rückstellung für drohende Verluste aus einem schwebenden Geschäft in der Bilanz der E GmbH zum 31.12.10 anzusetzen ist und wie in diesem Fall ein Ansatz zu erfolgen hat.

Beispiel 44: Drohverlustrückstellungen aus Absatzgeschäften

Die A AG schließt am 1.7.10 einen Vertrag über die Herstellung einer Fertigungsanlage zum Festpreis von 5,3 Mill. €. Die Anlage soll in der Zeit vom 15.12. 10 bis 15.6.11 hergestellt werden. Mit der Ausführung des Auftrags soll eine Beschäftigungslücke in der angegebenen Zeit überbrückt werden. Nach der „knappen" Kalkulation der A AG soll der Auftrag lediglich einen Gewinn von 200 Tsd. € erzielen.

Zum 31.12.10 ist mit der Herstellung der Fertigungsanlage planmäßig begonnen worden. Die mit der Fertigung entstandenen Herstellungskosten betragen 275 Tsd. €. Aufgrund von der starken Steigerung der Materialkosten ist nach entsprechender Korrektur der ursprünglichen Kalkulation mit gesamten Herstellungskosten der Fertigungsanlage von 5,7 Mill. € zu rechnen.

Der Vorgang ist in der Bilanz und in der GuV nach dem Gesamtkostenverfahren der A AG zum 31.12.10 abzubilden (Beträge in Tsd. €):

3. Rückstellungen für unterlassene Aufwendungen für Instandhaltung oder Abraumbeseitigung

Rückstellungen für im abgelaufenen Geschäftsjahr unterlassene Aufwendungen für Instandhaltung oder Abraumbeseitigung sind keine ungewissen Verbindlichkeiten und können deshalb nicht den Verbindlichkeitsrückstellungen zugeordnet werden. Wenn Aufwendungen im abgelaufenen Geschäftsjahr unterlassen wurden, wird gefolgert, dass es sich um **Innenverpflichtungen des Unternehmens** gegen sich selbst handelt. Tatsächlich sind Rückstellungen für im abgelaufenen Geschäftsjahr unterlassene Aufwendungen für Instandhaltung und Abraumbeseitigung **Aufwandsrückstellungen**, die zum Zweck haben, das Geschäftsjahr, in dem die Aufwendungen unterlassen wurden, mit den zuzuordnenden Aufwendungen zu belasten.

a) Rückstellungen bei unterlassenen Aufwendungen für Instandhaltung

Rückstellungen für im abgelaufenen Geschäftsjahr unterlassene Aufwendungen für Instandhaltung betreffen i.d.R. Gegenstände des abnutzbaren Anlagevermögens. Ausnahmsweise können Instandhaltungen auch bei immateriellen Vermögensgegenständen auftreten. Hierunter wird der Fall unterlassener Pflege von Software angeführt.

Rückstellungen der im abgelaufenen Geschäftsjahr unterlassenen Aufwendungen für Instandhaltung unterliegen bei den folgenden Voraussetzungen der Pflicht zur **Passivierung,** wenn die folgenden Voraussetzungen erfüllt sind:

- Die **Aufwendungen** für Instandhaltung wurden **unterlassen**.
- Die **Unterlassung** betrifft das **abgelaufene Geschäftsjahr**.
- Die Aufwendungen werden im folgenden Geschäftsjahr innerhalb von **drei Monaten nachgeholt**.
- Die Aufwendungen stellen **keinen Herstellungsaufwand** dar.

(1) Aufwendungen für Instandhaltung sind dann unterlassen worden, wenn ein ordentlicher Kaufmann die Instandhaltungsmaßnahme vorgenommen hätte. D.h. aus ökonomischer Sicht war die Maßnahme erforderlich. Dies gilt u.a. bei nicht vorgenommener Wartung von Maschinen oder technischer Anlagen oder der Nichtvornahme der Behebung von Schäden, z.B. von Sturm-, Wasser- oder Brandschäden. Die Unterlassung kann auf Versäumnisse des Unternehmens oder deshalb zurückzuführen sein, weil die beauftragten Wartungs- und Reparaturfirmen nicht in der Lage waren, die von dem Unternehmen erteilten Aufträge zur Instandhaltung im abgelaufenen Geschäftsjahr abzuwickeln.

(2) Die Aufwendungen für Instandhaltung müssen **im abgelaufenen Geschäftsjahr unterlassen** worden sein. Nach h.M. besteht nach § 249 Abs. 1 Satz 2 Nr. 1 HGB ein Nachholverbot für nicht im abgelaufenen, sondern in einem früheren Geschäftsjahr unterlassene Aufwendungen für Instandhaltung. Zudem besteht ein Fortführungsverbot einer gebildeten Rückstellung für unterlassene Aufwendungen für Instandhaltung, die im folgenden Geschäftsjahr nicht in Anspruch genommen wurde. Abweichend davon wird im Schrifttum die Auffassung vertreten, dass das Nachholungs- und Fortführungsverbot entgegen dem Gesetzeswortlaut insoweit zu modifizieren sei, als Aufwendungen für Instandhaltung, die im vorhergehenden Geschäftsjahr unterlassen und auch im letzten Geschäftsjahr unterlassen worden sind, so dass im Ergebnis jede wirtschaftlich gebotene Instandhaltung, die im folgenden Geschäftsjahr innerhalb der Dreimonatsfrist nachgeholt wird, rückstellungspflichtig wäre.

(3) Die im abgelaufenen Geschäftsjahr unterlassenen Aufwendungen für Instandhaltung müssen im folgenden Geschäftsjahr **innerhalb der ersten drei Monaten** nach dem Stichtag des **abgelaufenen Geschäftsjahres nachgeholt** werden. Die Nachholung einer unterlassenen Instandhaltung liegt nach h.M. nur dann vor, wenn die Instandhaltungsarbeiten bei Ablauf der Dreimonatsfrist beendet sind. Nur in diesem Fall bestehe die Verpflichtung zum Ansatz einer Rückstellung für unterlassene Aufwendungen für Instandhaltung. Dies ist aus dem Gesetz nicht zwingend abzuleiten. Auch **Teilnachholungen von Instandhaltungen** sind als im Geschäftsjahr unterlassene Aufwendungen für Instandhaltung einzustufen.

(4) Rückstellungen für im abgelaufenen Geschäftsjahr unterlassene Aufwendungen für Instandhaltung sind nur dann ansetzbar, wenn es sich bei den Aufwendungen um **nicht aktivierungspflichtigen Erhaltungsaufwand** handelt. Dagegen ist, soweit die unterlassenen Aufwendungen zu aktivierungspflichtigem Anschaffungs- oder Herstellungsaufwand führen, der Ansatz einer Rückstellung für unterlassene Instandhaltungsaufwendungen nicht zulässig.

b. Rückstellungen bei unterlassenen Aufwendungen für Abraumbeseitigung

Rückstellungen bei im Geschäftsjahr unterlassene **Aufwendungen für Abraumbeseitigung** sind u.a. im Bergbau und dort im Tagebau bei Braunkohleförderung anzusetzen. Bezüglich der **Abraumbeseitigung** wird unterschieden zwischen dem **Abtragen des Deckgebirges**, d.h. dem sog. Grubenaufschluss, der Voraussetzung für den Abbau ist, und dem **Abtragen von Abraummassen**, die für die laufende Förderung notwendig sind. Als Aufwendungen im Sinn des § 249 Abs. 1 Satz 2 Nr. 1 HGB ist nur das Abtragen von Abraummassen relevant.

Bezüglich des **Abtragens für die laufende Förderung** während eines Geschäftsjahres sind die Fälle zu unterscheiden, dass innerhalb des abgelaufenen Geschäftsjahres:

- **mehr Abraummassen** bewegt werden, als für die Förderung des Geschäftsjahres erforderlich ist. In diesem Fall ist der Vermögensgegenstand „Vorabraum" zu aktivieren;
- **weniger Abraummassen** bewegt werden, als für die Förderung während des Geschäftsjahres erforderlich ist. In diesem Fall ist eine Rückstellung für Abraumrückstand zu bilden.

Wird der **Abraumrückstand im folgenden Geschäftsjahr nachgeholt**, besteht nach § 249 Abs. 1 Satz 2 Nr. 1 HGB Ansatzpflicht für die aus dem Rückstand abzuleitende Rückstellung.

Rückstellungen für die im abgelaufenen Geschäftsjahr von einem Unternehmen unterlassene Abraumbeseitigung entstehen ähnlich wie unterlassene Aufwendungen für die Instandhaltung bei **Vorliegen der folgenden Voraussetzungen** des § 249 Abs. 1 Satz 2 Nr. 1 HGB der **Ansatzpflicht,** wenn die maßgeblichen Voraussetzungen erfüllt sind. Sie verlangen:

- **Aufwendungen** für Abraumbeseitigung sind **unterlassen** worden.
- Die **Unterlassung** betrifft das **abgelaufene Geschäftsjahr**.
- Die **Aufwendungen** werden **im folgenden Geschäftsjahr innerhalb von drei Monaten nachgeholt**.
- Die Aufwendungen stellen **keinen Herstellungsaufwand** dar.

Wird der **Abraumrückstand** im folgenden Geschäftsjahr voraussichtlich **nachgeholt**, besteht nach § 249 Abs. 1 Satz 2 Nr. 1 HGB **Ansatzpflicht** für die aus dem Rückstand abzuleitende Rückstellung.

Beispiel 45: Unterlassene Aufwendungen für Instandhaltung

Das Unternehmen A beabsichtigt, während der Stilllegung des Betriebs in der Weihnachtszeit vom 21.12.2009 bis zum Jahresende die Mängel aufweisende EDV-Anlage reparieren zu lassen. Nach dem vorliegenden Angebot der EDV-Firma betragen die Gesamtkosten der Reparatur 20.000 € zuzüglich 19 % Mehrwertsteuer betragen.

Durch einen nicht geplanten Personalmangel der EDV-Firma, kann erst am 28.12.2009 mit der Fertigung begonnen werden. Zudem erhöhen sich die Arbeitungszeit von den geplanten 11 Tagen auf tatsächlich 13 Tage, wobei sich die Gesamtkosten der Reparatur auf 24.000 € zuzüglich 19 % Mehrwertsteuer erhöht haben.

1. Es sind die unterlassenen Aufwendungen für Instandhaltung der EDV-Anlage zum Bilanzstichtag 31.12.2009 zu ermitteln.
2. Es ist zu prüfen, ob in die Aufwendungen für Instandhaltung auch anteilige Mehrwertsteuer einzubeziehen ist.
3. Es ist die Rückstellung der Aufwendungen für Instandhaltung für den Fall zu ermitteln, dass die Verzögerung nicht eingetreten und die höheren Aufwendungen der Instandhaltung nicht entstanden wäre.

4. Rückstellungen ohne rechtliche Verpflichtung

Nach § 249 Abs. 1 Satz 2 Nr. 2 HGB sind Rückstellungen für Leistungen zu bilden, die ohne rechtliche Verpflichtung (**Kulanzleistung)** erbracht werden. Nach Auffassung im Schrifttum soll nicht für jede künftige Kulanzleistung eine Rückstellung nach § 249 Abs. 1 Satz 2 Nr. 2 HGB zulässig sein.

Die **Passivierung** setzte eine faktische Verpflichtung zur Lieferung oder Leistung voraus. Eine solche Verpflichtung liege nur vor, wenn der Aufwand für die Kulanzleistung im Zusammenhang mit einer vorangegangenen eigenen Lieferung oder Leistung des Unternehmens steht.

Aus dem Gesetzestext „Gewährleistungen, die ohne rechtliche Verpflichtung erbracht werden" ist diese Einschränkung nicht ohne weiteres zu entnehmen. So kann bei einem Unternehmen mit mehrstufiger Herstellung und Vertrieb die erbrachten Lieferungen oder Leistungen die erste, die letzte oder eine weitere Stufe die Gewährleistung übernehmen z.B. bei der Fertigung und dem Vertrieb von Kraftfahrzeugen.

Passivierungsvoraussetzungen sind:

- das mögliche Auftreten von **Mängeln** der gelieferten Lieferungen oder Leistungen;
- der Nachweis, dass das liefernde oder leistende Unternehmen die aufgetretenen **Mängel behebt**; und
- die Aufwendungen der Mängelbehebung **von dem liefernden oder leistenden Unternehmen getragen** werden.

Die angeführten Passivierungsvoraussetzungen von Rückstellungen für Kulanzen ergeben sich nicht unmittelbar aus dem Gesetz. Dies gilt für die **Beschränkung der Bilanzen auf Mängel aus eigenen Lieferungen oder Leistungen**. Vielfach kann sich ein Unternehmen einer Kulanzleistung auch dann nicht entziehen, wenn es auf Lieferungen und Leistungen Dritter, die mit dem Unternehmen verbunden sind, zurückgehen.

Zudem ist die **Einschränkung auf Mängel**, die dem bilanzierenden Unternehmen anzulasten sind, in vielen Fällen zu eng, d.h., dem Unternehmen werden Mängel an Lieferungen und Leistungen zugerechnet, deren Ursache eindeutig dem Empfänger zuzurechnen sind. So treten in der Praxis Fälle auf, in denen unklar ist, ob die aufgetretenen Mängel der erworbenen Gegenstände auf Fehler des liefernden oder leistenden Unternehmens oder auf Fehler des Erwerbers, z.B. auf dessen Bedienungsfehler, zurückgehen, deren Aufhebung das liefernden oder leistenden Unternehmens freiwillig übernimmt.

Im erstgenannten Fall ist eine Rückstellung nach § 249 Abs. 1 Satz 1 HGB (Rückstellungen für ungewisse Verbindlichkeiten), im zweitgenannten Fall eine Rückstellung nach § 249 Abs. 1 Satz 2 Nr. 2 HGB (Gewährleistungen, die ohne rechtliche Verpflichtung erbracht werden). In beiden Fällen besteht **Ansatzpflicht** für die Rückstellung.

III. Ausweis und Bewertung von Rückstellungen

1. Ausweis der Rückstellungen

Unter dem Posten des § 266 Abs. 3 B. 3. HGB sind als sonstige Rückstellungen alle Rückstellungen zusammengefasst **auszuweisen**, die nicht Pensions- oder Steuerrückstellungen sind. Der Bilanzposten beinhaltet ganz überwiegend **Verbindlichkeitsrückstellungen**, in wenigeren Fällen Aufwandsrückstellungen. Nach § 265 Abs. 5 Abs. 1 kann eine Untergliederung vorgenommen werden.

Nach § 285 Nr. 12 HGB sind Rückstellungen, die in der Bilanz unter dem Posten „sonstige Rückstellungen" nicht gesondert ausgewiesen werden, im **Anhang** zu erläutern, wenn sie einen nicht unerheblichen Umfang haben. Gesonderte, unter dem Posten „sonstige Rückstellungen" auszuweisende Rückstellungsarten kann in Ausübung des Wahlrechts des § 265 Abs. 5 Satz 1 HGB durch **weitere Untergliederung** des Postens „sonstige Rückstellungen" erfolgen.

2. Bewertung der Rückstellungen

a) Bewertungsgrundsätze

Mit der Neufassung des § 253 Abs. 2 HGB zu den Wertansätzen der Vermögensgegenstände und Schulden durch das BilMoG wird die verpflichtende **Abzinsung der Rückstellungen** eingeführt. Nach der Begründung des RegE kann für Zwecke einer den tatsächlichen Verhältnissen entsprechenden Darstellung der Vermögens-, Finanz- und Ertragslage eines Unternehmens nicht unberücksichtigt bleiben, dass die in den Rückstellungen gebundenen Finanzmittel investiert und daraus Erträge realisiert werden können.

Die Rückstellungsbildung hat grundsätzlich auf der Basis eines **Marktzinssatzes** zu erfolgen. Nicht zu verwenden sind Zinssätze von Staatsanleihen, z.B. Anleihen der Bundesrepublik Deutschland, Zinssätze hochgradiger Industrieanleihen oder unternehmensindividuelle Zinssätze. Zur Vermeidung subjektiver Diskontierungsfaktoren wird nach § 253 Abs. 2 Satz 4 und 5 HGB der **anzuwendende Abzinsungssatz** von dem **Bundesministerium der Justiz und der Deutschen Bundesbank** nach Maßgabe einer Rechtsverordnung ermittelt und monatlich bekannt gegeben.

Der Einbeziehung von **Preis- und Kostensteigerungen** steht nach der Begründung des RegE zum BilMoG zur Herstellung eines den tatsächlichen Verhältnissen entsprechendes Bild der Vermögens-, Finanz- und Ertragslage die nunmehr vorgeschriebene Abzinsung der Rückstellungen entgegen. Es wird als generell zulässig angesehen, bei der **Bewertung von Rückstellungen künftige Preis- und Kostensteigerungen zu berücksichtigen**. Für die Steuerbilanz wird dies abgelehnt, für die Handelsbilanz verlangt. Rückstellungen sind danach mit dem Betrag anzusetzen, mit dem das Unternehmen künftig mit Ausgaben aus Pensionsausgaben belastet wird. Insoweit sind Preis- und Kostensteigerungen in die

Bewertung der Rückstellungen einzubeziehen, soweit sie am jeweiligen Abschlussstichtag zu erwarten sind.

Die Ermittlung der abzuzinsenden Rückstellungen geht von der **Grundregel** des § 253 Abs. 1 Satz 2 HGB aus. Grundlage der Wertbestimmung einer Rückstellung ist weiterhin der nach vernünftiger kaufmännischer Beurteilung notwendige **Erfüllungsbetrag des Unternehmens** gegenüber den berechtigten Arbeitnehmern dieses Unternehmens. Die Regelung bleibt sehr allgemein. Als vernünftig wird nur eine solche Beurteilung einer Rückstellung eingestuft, die in sich schlüssig ist. Die Beurteilung muss nach allgemeiner Auffassung von einem sachverständigen Dritten nachvollzogen werden können.

Da die Werte von Rückstellungen nicht bestimmt sind, erfolgt die Wertermittlung durch Schätzung. Dabei hat die mehrwertige **Intervallschätzung** besondere Bedeutung. Erstreckt sich die Schätzung für die mögliche Inanspruchnahme aus den zugesagten Pensionen des bilanzierenden Unternehmens auf ein Intervall, ist festzulegen, welcher der Werte des Intervalls für die Bewertung der Rückstellung für Pensionen maßgebend ist.

Nach h.M. ist in die vernünftige kaufmännische Beurteilung der Grundsatz der Vorsicht nach § 252 Abs. 1 Nr. 4 HGB einzubeziehen. Daraus wird jedoch nicht gefolgert, dass Rückstellungen mit dem Wert an der Intervallgrenze zu bewerten sind. Rückstellungen sind nach dieser Auffassung weder mit dem für die jeweiligen Arbeitnehmer ungünstigsten noch mit dem günstigsten Betrag anzusetzen. Maßgeblich sei vielmehr der **Betrag**, mit dem das Unternehmen unter Berücksichtigung der Vorsicht mit Pensionszahlungen in Anspruch genommen wird. Dies ist nach h.M. der Betrag mit der **höchsten Wahrscheinlichkeit**.

Die Auffassung ist weder überzeugend noch entspricht sie den international anerkannten Rechnungslegungsgrundsätzen. Sie führt bei einer symmetrischen Verteilung zum **Ansatz der Pensionsrückstellung mit dem Mittelwert**. Der Mittelwert des durch diese Schätzung ermittelten Ergebnisses ist aber nicht vorsichtig, sondern risikoneutral. Bei linkssteiler Verteilung führt die von der h.M. vertretene Bewertung der Pensionsrückstellung zu einer Bewertung unter dem Mittelwert. Das bedeutet im Ergebnis die Vorgabe einer risikofreudigen, aber nicht einer vorsichtigen Bewertung. Sie führt zu einer **Verletzung des Vorsichts- und Imparitätsprinzip** nach § 252 Abs. 1 Nr. 4 HGB.

b) Bewertung von bedeutenden Rückstellungsarten

11) Bewertung der Rückstellungen für ungewisse Verbindlichkeiten

In die Bewertung von Rückstellungen für ungewisse Verbindlichkeiten sind entsprechend der h.M. der **Schuldcharakter** und die **Ungewissheit über die Höhe** der Verbindlichkeit einzubeziehen. Ausgangspunkt für die Bewertung ist der Betrag, mit dem das Unternehmen bei der Erfüllung der Verbindlichkeit voraussichtlich zu rechnen hat. Dies ist der innerhalb des Werteintervalls liegende, vorsichtige Wert über dem Erwartungswert.

Für **Fälle** der Rückstellungen für ungewisse Verbindlichkeiten gelten die im Folgenden angeführten Bewertungsregeln:

- Bei der Bewertung von Rückstellungen für **Gewährleistungsverpflichtungen** des Unternehmens ist von den Umsätzen der bisherigen Geschäftsjahre, für die Gewährleistungen vertraglich zugesagt wurden, auszugehen. Anhaltspunkte für den Betrag der Rückstellungen sind nach traditioneller Auffassung der Betrag der Inanspruchnahmen aus Gewährleistungen in der Vergangenheit oder branchenüblicher Erfahrungssätze. Die vergangenheitsbezogenen Daten bilden allerdings nur die Grundlage für die Ermittlung des Betrages der Garantieverpflichtungen zum Abschlussstichtag.

- Nach h.M. sind **Veränderungen der Verhältnisse**, z.B. durch die Fertigung neuer Produkte und die Anwendung neuer Fertigungsverfahren, **in die Bewertung einzubeziehen**. Unklar ist, ob für die Bestimmung der Betrag der zu erbringenden Gewährleistungen von Vollkosten oder Teilkosten auszugehen ist. Im Schrifttum wird die Bewertung mit Teilkosten unverständlicherweise und ohne Begründung als ausreichend angesehen.

- Rückstellungen für **Zuwendungen** an die Arbeitnehmer des Unternehmens anlässlich des in späteren Jahren stattfindenden **Firmenjubiläums** dieses Unternehmens sind bei vertraglicher Vereinbarung auf der Grundlage der am Abschlussstichtag beschäftigten Arbeitnehmer mit zugesagter Zahlung pro Arbeitnehmer zu bilden. Die **Rückstellungsbildung** für Zahlungen zum Firmenjubiläum des Unternehmens ist in mehrer Hinsicht **problematisch**. Es ist unklar, wie zu verfahren ist bei Arbeitnehmern, die zum Firmenjubiläum nicht mehr bei dem Unternehmen beschäftigt sind, weil sie aus Altersgründen oder wegen Krankheit ausscheiden oder aufgrund des Wechsels zu einem anderen Unternehmen nicht mehr in dem Unternehmen beschäftigt sind.

22) Bewertung der Rückstellungen für drohende Verluste aus schwebenden Geschäften

Rückstellungen für drohende Verluste aus **schwebenden Beschaffungsgeschäften** sind mit dem Betrag zu bewerten, der in der Bilanz des erwerbenden Unternehmens für die vertraglich vereinbarten, aber noch nicht gelieferten Vermögensgegenstände bzw. noch nicht erbrachten Leistungen anzusetzen wäre, wenn die Vermögensgegenstände zum Abschlussstichtag bereits geliefert bzw. die Leistungen bereits erbracht wären. Entsprechend ist bei der Bewertung zu unterscheiden zwischen:

- schwebenden Beschaffungsgeschäften über bilanzierungsfähige Vermögensgegenstände des Anlage- oder des Umlaufvermögens; und

- schwebenden Beschaffungsgeschäften über nicht bilanzierungsfähige Leistungen.

Bei schwebenden **Beschaffungsgeschäften von Vermögensgegenständen** stellt die Drohverlustrückstellung quasi eine Wertminderung dar, die in dem Fall, dass die entsprechenden Vermögensgegenstände zum Abschlussstichtag bereits geliefert wären, zu einer Abschreibung der Vermögensgegenstände geführt hätte. Der Betrag der (fiktiven) Abschreibung auf die Vermögensgegenstände stellt den Betrag der Drohverlustrückstellung dar.

Entsprechend den Bewertungsvorschriften des § 253 Abs. 3 und 4 HGB ist bezüglich der **Passivierung von Drohverlustrückstellungen** bei schwebenden Beschaffungsgeschäften entsprechend der fiktiven Vornahme von Abschreibungen zu unterscheiden zwischen Vermögensgegenständen des Anlage- und des Umlaufvermögens:

- Bei **Gegenständen des Anlagevermögens** ist, soweit es sich um immaterielle Vermögensgegenstände oder Sachanlagen handelt, nach § 253 Abs. 3 Satz 3 HGB eine Drohverlustrückstellung in Höhe der fiktiven außerplanmäßigen Abschreibung eines Vermögensgegenstandes auf den niedrigeren beizulegenden Zeitwert zu passivieren. Dies gilt unabhängig davon, ob es sich um eine dauernde Wertminderung oder eine Wertminderung handelt, die voraussichtlich nur vorübergehend besteht. Der Betrag der Rückstellung ergibt sich aus der Abschreibung, die vorzunehmen wäre, wenn die Vermögensgegenstände zum Abschlussstichtag bereits zugegangen wären.

- Bei **Gegenständen des Umlaufvermögens** besteht nach § 253 Abs. 4 Satz 2 HGB zwingende Pflicht zur Bewertung auf den niedrigeren beizulegenden Zeitwert. Entsprechend ist die Passivierung einer Drohverlustrückstellung für die noch nicht zugegangenen Vermögensgegenstände des Vorratsvermögens vorzunehmen. Der Betrag der Rückstellung ergibt sich aus der Abschreibung, die vorzunehmen wäre, wenn die Vermögensgegenstände zum Abschlussstichtag bereits zugegangen wären.

Für **schwebende Absatzgeschäfte** ist eine Drohverlustrückstellung zu passivieren, wenn der Wert der in Geld zu erbringenden Leistung eines Erwerbers geringer ist als der Wert, der von dem bilanzierenden Unternehmen als Veräußerer in Sachen zu erbringenden Gegenleistung. Grundlage der Ermittlung des Drohverlustes sollen die auf das schwebende Geschäft entfallenden Anschaffungs- oder Herstellungskosten des bilanzierenden Unternehmens sein. Diesen Kosten sind bei unfertigen Erzeugnissen die zur Fertigstellung noch anfallenden Anschaffungs- oder Herstellungskosten als Vollkosten zuzurechnen. Die Zurechnungsregel soll auch dann gelten, wenn das unfertige Erzeugnis nicht zu Vollkosten, sondern zu Teilkosten bewertet wurde.

Bezüglich des **Ansatzes von Drohverlustrückstellungen** bei schwebenden Absatzgeschäften gilt die **Präferenz der Abschreibung**. D.h., vor der Bildung einer Drohverlustrückstellung ist, soweit möglich, das fertige oder unfertige Erzeugnis auf den niedrigeren beizulegenden Zeitwert abzuschreiben. Bei Zugrundelegung dieses Grundsatzes lassen sich die folgenden Fälle unterscheiden:

- Der **Buchwert** des von dem bilanzierenden Unternehmen zu liefernden Vermögensgegenstandes des Umlaufvermögens ist **höher als** der erwartete **Veräußerungswert**. Es sind auf den Vermögensgegenstand Abschreibungen in

Höhe des Drohverlustes vorzunehmen. Eine Drohverlustrückstellung ist nicht zu bilden.

- Der **Buchwert** des zu liefernden Vermögensgegenstandes ist **niedriger als** der erwartete **Veräußerungswert**. Es ist auf den Vermögensgegenstand keine Abschreibungen vorzunehmen und auf den Vermögensgegenstand keine Drohverlustrückstellung zu bilden.

- Der **Buchwert** des zu liefernden Vermögensgegenstandes ist **null**, da die Fertigung noch nicht begonnen hat. Es kann eine Abschreibung auf den Vermögensgegenstand nicht vorgenommen werden. In Höhe des erwarteten Drohverlustes ist eine Drohverlustrückstellung zu passivieren.

Unabhängig von der Art des schwebenden Geschäftes als Beschaffungs- oder als Absatzgeschäft sind bei der Bewertung von **Drohverlustrückstellungen** am Abschlussstichtag vorhersehbare **zukünftige Kosten- und Preisänderungen**, die sich auf die Höhe des zu erwartenden Verlustes eines Unternehmens auswirken, bei der Ermittlung des Drohverlustes aus einem schwebenden Geschäft zu berücksichtigen. Maßgeblich sind alle Kosten- und Preisänderungen, die bis zur Beendigung des Schwebezustandes zu erwarten sind.

C. Verbindlichkeiten

Der **Begriff** „Verbindlichkeiten" ist im Gesetz nicht definiert. Nach h.M. stellen Verbindlichkeiten **Verpflichtungen gegenüber Dritten** dar, die dem Grunde und der Höhe nach sicher sind.

Die Umschreibung ist nicht umfassend. Verbindlichkeiten können auch bei dem Betrag nach **ungewissen Verpflichtungen** vorliegen. Dies gilt für Verbindlichkeiten, die mit dem Barwert anzusetzen sind, z.B. die Verbindlichkeit aus dem Erwerb eines Vermögensgegenstandes auf Leibrente. Ebenso sind Verbindlichkeiten in fremder Währung dem Betrag in Euro nach nicht sicher.

I. Nachweis und Ansatz von Verbindlichkeiten

Grundlage für den **Nachweis** der bestehenden Verbindlichkeiten sind zunächst **Saldenlisten**. Sie zeigen das Inventar der Verpflichtungen des Unternehmens gegenüber Dritten auf. Die Saldenlisten weisen jedoch lediglich die Sollbestände der Verbindlichkeiten aus. Die weitergehende Übereinstimmung von Soll- und Istbeständen kann durch die Einholung von **Saldenbestätigungen** festgestellt werden. Ein Vorgehen, das früher sehr aufwendig war und nach neuen Buchführungssystemen eher leicht abgewickelt werden kann.

Bezüglich der Verpflichtung zur **Einholung von Saldenbestätigungen** sowie der Verfahren der Bestätigungsanfrage wird auf die entsprechenden Ausführungen zu dem Posten „Forderungen und sonstige Vermögensgegenstände" verwiesen. Es ist darauf hinzuweisen, dass bei häufigen Belieferungen durch einen Hauptlieferanten die Abstimmung der Buchführungen in kurzen Zeiträumen erfolgen, damit Abweichungen in den Debitoren- und Kreditorenkonten früh erkannt werden.

Neben der Einholung von Saldenbestätigungen kann der **Nachweis von Verpflichtungen** durch die Heranziehung von **Unterlagen** geführt werden. Spezifische Unterlagen zur Feststellung des Nachweises von Verbindlichkeiten sind u.a. Eingangsrechnungen, Verträge, und Schriftverkehr.

Für die zum Abschlussstichtag bestehenden Verbindlichkeiten eines Unternehmens gilt **Ansatzpflicht**. Passivierungspflichtige Verbindlichkeiten sind solche mit rechtlichem Bestehen oder wirtschaftlicher Verursachung.

1. Rechtliches Bestehen und wirtschaftliche Verursachung

Nach h.M. setzt rechtliches Bestehen oder wirtschaftliche Verursachung der Verpflichtung eines Unternehmens gegenüber einem Dritten Erzwingbarkeit voraus. Sie liegt vor, wenn sich das mit der Schuld belastete Unternehmen rechtlich oder wirtschaftlich der Erfüllung einer Verpflichtung nicht entziehen kann.

Die Frage nach dem Bestehen einer Verpflichtung des mit der Schuld belasteten Unternehmens gegenüber einem Dritten am Abschlussstichtag ist nach Auffassung im Schrifttum für die **rechtlich entstandene** und für die **wirtschaftlich verursachte** Verbindlichkeit unterschiedlich zu beantworten:

- Die **rechtliche Verpflichtung** eines Unternehmens gegenüber einem Dritten kann am Abschlussstichtag voll entstanden sein. In diesem Fall besteht **Ansatzpflicht** nach § 246 Abs. 1 HGB. Hierunter fallen Verpflichtungen, bei denen zum Abschlussstichtag die Merkmale des Entstehens einer Verbindlichkeit erfüllt sind. Die Ansatzpflicht besteht unabhängig davon, ob der Geschäftspartner (Gläubiger) sein Forderungsrecht in der Bilanz erfasst hat.

  Rechtlich nicht voll entstandene Verpflichtungen sind als Verbindlichkeiten anzusetzen, wenn sie im abgelaufenen Geschäftsjahr wenigstens wirtschaftlich verursacht sind. Nach dem BFH ist eine rechtlich nicht voll entstandene Verpflichtung im Allgemeinen dann wirtschaftlich verursacht, wenn der Tatbestand, dessen Rechtsfolge die Verbindlichkeit ist, im Wesentlichen vor dem Abschlussstichtag des Unternehmens verwirklicht ist, und die künftigen Ereignisse, die zum Entstehen der Verpflichtung führen, wirtschaftlich dem abgeschlossenen Geschäftsjahr zuzurechnen sind.

- **Wirtschaftlich verursacht** sind neben dem angeführten BFH Fall sog. **faktische Verpflichtungen**. Sie liegen vor, wenn bei dem Schuldner ein rechtlich nicht vorliegender Leistungszwang besteht. Dies gilt für den Fall, in dem sich das Schuldnerunternehmen der Verpflichtung zur Erbringung der Leistung, i.d.R. der Zahlung, aus sittlichen oder wirtschaftlichen Gründen nicht entziehen kann.

2. Wirtschaftliche Vermögensbelastung

Ein Merkmal für das **Bestehen von Verbindlichkeiten** ist neben der Verpflichtung die wirtschaftliche Vermögensbelastung. Sie wird im Schrifttum angenommen, wenn künftige Aufwendungen bei dem Schuldnerunternehmen entstehen:

- durch **Vermögensabgänge**, z.B. die Tilgung von Darlehensschulden und von Verbindlichkeiten aus Lieferungen und Leistungen. Eine Verbindlichkeit besteht unabhängig davon, ob die künftigen Zahlungen der Höhe nach sicher sind;
- durch **Aufwand**, der den Erträgen gegenüberzustellen ist, d.h. es liegt eine Verbindlichkeit vor, wenn die künftigen Aufwendungen dem Grunde und der Höhe nach sicher sind.

Nach h.M. hängt die wirtschaftliche Vermögensbelastung auch davon ab, ob die **Verpflichtung unbedingt** ist oder erst **durch Eintritt einer Bedingung** entsteht oder entfällt. Danach seien die folgenden Fälle zu unterscheiden:

- Bei **aufschiebend bedingten Verpflichtungen** soll Ansatzpflicht mit Eintritt der Bedingung bestehen. Ist der **Eintritt sicher** und steht nur noch der Zeitpunkt der Bedingung aus, soll die Verpflichtung eine anzusetzende Verbindlichkeit sein. Ist der **Eintritt wahrscheinlich**, soll eine Rückstellung angesetzt werden. Die Vorgabe entspricht nicht der Bilanzierung aufschiebend bedingter Verbindlichkeiten und Forderungen. Aufschiebend bedingte Verpflichtungen eines Unternehmens sind **mit dem Eintritt** der Bedingung **ansatzpflichtig**.

- Bei **auflösend bedingten Verpflichtungen** besteht bei einem Unternehmen Ansatzpflicht bis zum Eintritt der auflösenden Bedingung. Steht nur noch das Zeitpunkt aus und ist damit der **Eintritt** der auflösenden Bedingung **sicher**, soll im Gegensatz zu der Behandlung aufschiebend bedingter Verpflichtungen die Verbindlichkeit nicht mehr ansetzbar sein. Die Auffassung im Schrifttum entspricht nicht der Bilanzierung von auflösend bedingten Verbindlichkeiten. Auflösend bedingte Verpflichtungen sind **bis zum Eintritt** der Bedingung **ansatzpflichtig**

Bezüglich des **Zeitpunktes für das Entstehen der Ansatzpflicht** einer Verbindlichkeit gelten die oben angeführten Grundsätze für das Entstehen einer Verpflichtung. Es sind die folgenden Fälle zu unterscheiden:

- Eine **Verbindlichkeit ohne Leistung** des Geschäftspartners ist anzusetzen, wenn die wirtschaftliche Verursachung eingetreten oder die Verpflichtung rechtlich entstanden ist. Dies gilt für eingegangene Verbindlichkeiten des Schuldnerunternehmens ohne Gegenleistung, z.B. bei definitiven Zusagen von Spenden.
- Eine **Verbindlichkeit mit Leistung** des Geschäftspartners ist im Zeitpunkt der rechtlichen Entstehung anzusetzen, d.h. wenn der Geschäftspartner seine vertragsgemäße Leistung erbracht hat. Eine Verbindlichkeit ist anzusetzen bei:
  - o **Lieferungsgeschäften** zu dem Zeitpunkt, zu dem der gelieferte Gegenstand eingegangen oder mit Gefahrenübergang in die Verfügungsmacht des Erwerbers gelangt ist;
  - o **Dienstleistungsgeschäften** zu dem Zeitpunkt, zu dem die Dienstleistung beendet ist;
  - o **Dauerschuldverhältnissen** pro rata temporis.

Nach h.M. besteht **Ansatzverbot** für die Verbindlichkeit eines Unternehmens, wenn Erzwingbarkeit durch die Gegenpartei nicht mehr gegeben ist und sich das Unternehmen auf den Wegfall der Erzwingbarkeit beruft. Die **Erlöschung der Verbindlichkeit** ist gegeben:

- bei Erfüllung, Aufrechnung, Erlass oder Schuldumwandlung, wenn ein Recht zur Verweigerung der Leistung besteht und das Unternehmen das Recht der Einrede der Verjährung in Anspruch nimmt, oder
- von dem Unternehmen, das eine Lieferung oder Leistung erhalten hat, mit einer Inanspruchnahme aus der Verbindlichkeit mit an Sicherheit grenzender Wahrscheinlichkeit nicht mehr gerechnet wird.

II. Ausweis von Verbindlichkeiten

Der Ausweis von Verbindlichkeiten wird in § 266 Abs. 3 C. HGB geregelt. Die Gliederung ist zwingend, aber nicht abschließend. Gegebenenfalls dürfen neue Posten nach § 265 Abs. 5 Satz 2 HGB hinzugefügt werden, wenn ihr Inhalt nicht von einem vorgeschriebenen Posten gedeckt wird. Im Einzelnen umfasst der in § 266 Abs. 3 C. HGB vorgegebene Ausweis der Verbindlichkeiten die im Folgenden angeführten Posten.

1. Verbindlichkeiten als Anleihen

Anleihen sind nach § 2 Satz 1 WpHG an einem Markt gehandelte **Schuldtitel**, wie Inhaberschuldverschreibungen und Orderschuldverschreibungen einschließlich Genussscheine, Optionsscheine und Zertifikate, die Schuldtitel vertreten.

Überwiegende Bedeutung unter den Anleihen haben **Teilschuldverschreibungen (Obligationen)**. In der Obligation als Wertpapier ist die Forderung auf Erfüllungszahlung eines Teilbetrages der Anleihe verbrieft. Eine Obligation kann nach §§ 783, 808a BGB ein **Inhaber- oder Orderpapier** sein. In der Praxis kommen, soweit ersichtlich, nur Inhaberschuldverschreibungen vor, die nach den maßgeblichen rechtlichen Bestimmungen übertragen werden.

Zur **Ausstattung der Obligation** gehören die Laufzeit, der vertraglich vereinbarte Zinssatz, der Ausgabekurs, die Höhe und Besicherung, die Art der Tilgung, der Tilgungstermin, bestehende Kündigungsrechte, die Stückelung, die Zinstermine, die Beendigung der Verzinsung und die äußere Ausstattung des Wertpapiers.

Sonderformen der Obligation sind u.a. die Gewinnschuldverschreibung, Wandelschuldverschreibung, Optionsanleihe (Warrant), Null-Kupon-Anleihe, Anleihe mit variabler Verzinsung, Doppelwährungsanleihe, Anleihen mit Disagio, Anleihen mit Agio sowie der Genussschein. Zur Ausgabe einer der angeführten Sonderformen der Obligation bedarf es der Genehmigung durch die Hauptversammlung der AG als Schuldnerunternehmen. Nach § 221 Abs. 1 Satz 2 AktG bedarf der Beschluss einer Mehrheit, die mindestens drei Viertel des bei der Beschaffung vertretenen Grundkapitals vertretenen Grundkapitals umfasst.

Den Sonderformen der Obligationen ist gemeinsam, dass sie neben einer festen Verzinsung dem Anleger Gewinnchancen bieten, die sich wie im Folgenden darstellen:

- Die **Gewinnschuldverschreibung** gewährt neben dem festen Zinssatz eine gewinnabhängige zusätzliche Kapitalverzinsung, oder der Gläubiger erhält ausschließlich eine am Gewinn orientierte Verzinsung. Reine Gewinnschuldverschreibungen haben das Risiko ausfallender Verzinsung in Verlustjahren. Sie haben deshalb am deutschen Kapitalmarkt keine Bedeutung.
- Die Merkmale der **Wandelschuldverschreibung** umfassen neben dem festen Zinssatz das Recht zum Bezug von Aktien zu einem vorgegebenen Preis. Der Bezug erfolgt durch Umtausch einer oder mehrerer Teilschuldverschrei-

bungen i.d.R. unter Zuzahlung eines vorgegebenen Geldbetrages. Bei den gebräuchlichen Fällen der Ausgabe von Wandelschuldverschreibungen ist der Wandlungspreis bis zum Ende der Laufzeit konstant. Die Anleihebedingungen können jedoch vorsehen, dass sich der Wandlungspreis in Abhängigkeit von der Laufzeit der Anleihe erhöht.

- Die **Optionsanleihe** beinhaltet neben dem Recht auf Zins und Rückzahlung das Recht zum Bezug von Aktien zu einem vorgegebenen Preis. Hierzu umfasst die Optionsanleihe zwei Papiere: die **Teilschuldverschreibung** und den **Optionsschein** (Warrant). Die Bedingungen für Optionsanleihen sehen im Allgemeinen vor, dass nach Auflegung der Anleihe die Teilschuldverschreibung und der Optionsschein getrennt und danach beim Erwerber als zwei unterschiedliche Wertpapiere gehandelt werden können.

Das Bezugsrecht der Inhaber von Wandelschuldverschreibungen und der Inhaber von Optionsscheinen wird durch die Schaffung von bedingtem Kapital der Kapitalgesellschaft (bedingte Kapitalerhöhung), d.h. durch auszugebende Aktien, nach §§ 192 ff. AktG abgesichert. Damit wird gewährleistet, dass bei Ausübung des Umtausch- oder Optionsrechtes die Aktien aus der Kapitalerhöhung an die Berechtigten ausgegeben werden können.

- Die **Null-Kupon-Anleihe** (Zerobond), zu der auch der Bundesschatzbrief B mit einer Laufzeit von sieben Jahren zählt, gewährt keine jährlichen laufenden Zinszahlungen. Zins und Zinseszins werden thesauriert und jeweils dem Betrag der Anleihe zugeschrieben. Bei Endfälligkeit der Anleihe werden die kumulierten Zinsen zusammen mit dem Anleihebetrag an die Gläubiger ausbezahlt.
- Die **Anleihe mit variabler Verzinsung** (Floating Rate Notes, FRN) legt in regelmäßigen zeitlichen Abständen anhand eines Referenzzinssatzes die Verzinsung der Schuldverschreibung fest. Hierzu dient ein Geldmarktzinssatz, der für die Verzinsung der Anleihe um einen Zuschlag oder Abschlag des jeweiligen Zinssatzes korrigiert wird.
- Die **Doppelwährungsanleihe** (Multi Currency Notes) weist Unterschiede in der Ausgabewährung und der Rückzahlungswährung auf. Die Zinszahlung kann in der Ausgabewährung aber auch in der Rückzahlungswährung vereinbart werden.
- Die **Anleihe mit Disagio** (Disagio-Anleihe) hat in Höhe des Disagios unterschiedlichen Ausgabe- und Erfüllungszahlungsbetrag, wobei der Ausgabebetrag geringer als der Erfüllungszahlungsbetrag ist. In der Regel ist der Erfüllungsbetrag mit 100 % des Nominalbetrags festgesetzt und der Ausgabebetrag um das Disagio geringer. Zulässig sind auch ein Ausgabebetrag von 100 % des Nominalbetrags und ein um das Disagio höherer Erfüllungsbetrag.
- Die **Anleihe mit Agio** (Agio-Anleihe) hat in Höhe des Agios unterschiedlichen Ausgabe- und Erfüllungsbetrag, wobei der Ausgabebetrag höher ist als der Erfüllungsbetrag. Dabei kann der Ausgabebetrag um das Agio höher sein als der Nominalbetrag und der Erfüllungsbetrag dem Nominalbetrag entspre-

chen. Möglich ist auch, dass der Ausgabebetrag 100 % des Nominalbetrages ausmacht und der Erfüllungsbetrag um das Disagio höher ist als der Nominalbetrag.

- Zu den Anleihen wird der **Genussschein** gerechnet, sofern das über Genussscheine beschaffte Kapital als Fremdkapital qualifiziert wird. Der Genussschein ist als Wertpapier verbrieftes Genussrecht, das entsprechend der obigen Darstellung dem Inhaber des Genussrechtes keine Mitgliedschaftsrechte gewährt. Er vermittelt dem Berechtigten einen Anteil am Jahresüberschuss des Unternehmens, an dem die Genussscheine gehalten werden. Der Anteil am Jahresüberschuss dieses Unternehmens ist meist an die Dividendenausschüttung geknüpft, verbunden mit einer Mindestverzinsung. Insoweit kann ein Genussschein Ähnlichkeiten mit einer Gewinnschuldverschreibung haben.

2. Verbindlichkeiten gegenüber Kreditinstituten

Unter dem Posten „Verbindlichkeiten gegenüber Kreditinstituten" sind sämtliche Verbindlichkeiten gegenüber inländischen Kreditinstituten und Finanzleistungsinstituten im Sinn des § 1 Abs. 1 und Abs. 1a) KWG und gegenüber ausländischen Kreditinstituten auszuweisen.

Zu den Verbindlichkeiten gegenüber Kreditinstituten rechnen nach h.M. auch durch Wechsel unterlegte und durch Forderungsabtretung gesicherte **Exportfinanzierungskredite**, sofern nicht ein gesonderter Ausweis erfolgt. Bei Ausweis des durch Wechsel gesicherten Exportfinanzierungskredites unter den Verbindlichkeiten gegenüber Kreditinstituten ist die Mitzugehörigkeit zu den Wechselverbindlichkeiten in der Bilanz zu vermerken oder im Anhang anzugeben.

3. Verbindlichkeiten aus Lieferungen und Leistungen

Unter dem Posten „Verbindlichkeiten aus Lieferungen und Leistungen" nach § 266 Abs. 3 C. 4. HGB sind die **Verbindlichkeiten aus Verträgen** auszuweisen, bei denen der Vertragspartner seine Lieferung oder Leistung gegenüber dem bilanzierenden Unternehmen bereits erbracht hat, die Gegenleistung des Schuldners (bilanzierendes Unternehmen) in Form der Zahlung aussteht. Für den **Ausweis** einer Verbindlichkeit unter dem Posten kommt es nicht darauf an, ob der Grund der Verbindlichkeit auf bezogene Roh-, Hilfs- oder Betriebsstoffe für die Fertigung des bilanzierenden Unternehmens sind. Unabhängig von der Entstehungsursache sind alle Verbindlichkeiten unabhängig von der Art des Vertrages unter den Verbindlichkeiten aus Lieferungen und Leistungen auszuweisen.

Durch **Stundung** können Verbindlichkeiten aus Lieferungen und Leistungen nicht ihren Charakter verlieren. Sie sind auch dann unter dem Posten auszuweisen, wenn die Stundung über das ursprünglich vereinbarte Zahlungsziel hinausgeht. Eine abweichende Auffassung will in diesen Fällen die ursprünglichen Verbindlichkeiten aus Lieferungen und Leistungen unter sonstigen Verbindlichkeiten ausweisen. Nach h.M. erfolgt richtigerweise ein Wechsel des Ausweises einer Verbindlichkeit aus Lieferung und Leistung nur bei grundsätzlicher Veränderung des Charakters der Verbindlichkeit. Ein typischer Fall hierzu ist die **Novation**. Dabei wird eine Verbindlichkeit aus Lieferungen und Leistungen in eine Finanzverbindlichkeit umgewidmet und entsprechend umgebucht.

Bezüglich der Verrechnung von Verbindlichkeiten aus Lieferungen und Leistungen mit Forderungen besteht nach dem durch das BilMoG neu gefassten § 254 HGB die Möglichkeit der Bildung von Bewertungseinheiten, in denen Verbindlichkeiten aus Lieferungen und Leistungen gegenüber einem Geschäftspartner mit Forderungen gegen diesen Geschäftspartner verrechnet werden können. Die Bildung von Bewertungseinheiten nach § 254 HGB kann erfolgen:

- bei Kontokorrent, wenn von vorneherein nur der Saldo geschuldet wird;
- bei geleisteten Anzahlungen auf entsprechende Verbindlichkeit aus Lieferungen und Leistungen; und
- bei Vorliegen der Voraussetzungen für die Aufrechnung nach § 387 BGB.

Verbindlichkeiten aus Lieferungen und Leistungen gegenüber **verbundenen Unternehmen** oder gegenüber Unternehmen, mit denen ein **Beteiligungsverhältnis** besteht, sind unter dem Posten „Verbindlichkeiten gegenüber verbundenen Unternehmen" bzw. unter dem Posten „Verbindlichkeiten gegenüber Unternehmen, mit denen ein Beteiligungsverhältnis besteht" gesondert auszuweisen.

4. Verbindlichkeiten aus Annahme und Ausstellung von Wechseln

Zu den Wechselverbindlichkeiten im Sinn des § 266 Abs. 3 C. 5. HGB zählen als Schuldwechsel **gezogene Wechsel** (Tratten), bei denen das bilanzierende Unternehmen Bezogener und **eigene Wechsel** (Solawechsel), bei denen es Aussteller ist. Man unterscheidet Warenwechsel, Finanzwechsel und Kautions-, Sicherungs- oder Depotwechsel.

Der **Warenwechsel** sichert eine Forderung aus einer Lieferung oder Leistung. Der Lieferant zieht einen Wechsel auf den Abnehmer in Höhe des Rechnungsbetrages. Mit der Hingabe des Wechsels durch den Bezogenen, hier des Schuldners als bilanzierendes Unternehmen, an den Aussteller erlischt nach § 364 Abs. 2 BGB seine ursprüngliche Verbindlichkeit aus Lieferungen oder Leistungen nicht. Die **Wechselverbindlichkeit** tritt rechtlich **neben** die **ursprüngliche Verbindlichkeit** aus Lieferung oder Leistung. Ihr Zweck ist die vorgezogene und besser durchsetzbare Befriedigung des Gläubigers. In der Bilanz des Bezogenen wird die Verbindlichkeit jedoch nur einmal angesetzt. Die Gegenbuchung zur Passivierung der Wechselverbindlichkeit betrifft die Verbindlichkeiten aus Lieferungen und Leistungen. Sie sind bilanztechnisch ausgeglichen.

Beim **Finanzwechsel** geht der Bezogene, z.B. die Hausbank oder das Mutterunternehmen eines Tochterunternehmens, die Wechselverbindlichkeit ein, um dem Auftraggeber, hier dem Schuldner als bilanzierendes Unternehmen, Kredite zu beschaffen. Das bilanzierende Unternehme kann den Finanzwechsel zum Ausgleich seiner Verbindlichkeiten in Zahlung geben oder diskontieren lassen. Für den Bezogenen entsteht damit eine Wechselverbindlichkeit, die in der Bilanz unter dem Posten „Verbindlichkeiten aus der Annahme gezogener Wechsel und der Ausstellung eigener Wechsel“ auszuweisen ist. Der Ausgleichsanspruch des Bezogenen gegen den Auftraggeber ist unter dem Posten „sonstige Vermögensgegenstände“ auszuweisen.

Ein **Kautions-, Sicherungs- oder Depotwechsel** dient ausschließlich **Sicherungszwecken des Gläubigers**. Ein Kautions-, Sicherungs- oder Depotwechsel des Kreditnehmers wird bei dem Kreditgeber hinterlegt. Mit Aufnahme des Kredites hat der Kreditnehmer, d.h. das bilanzierende Unternehmen, als Gegenposten zu den erhaltenen flüssigen Mitteln die Verbindlichkeiten gegenüber Kreditinstituten zu passivieren. Der **Wechsel** wird **in der Bilanz nicht erfasst**. Kommt der Schuldner seinen Verpflichtungen aus dem Kreditverhältnis nach, erhält er den Wechsel des Finanzgeschäftes zurück. Wird der Kredit von dem Kreditnehmer nicht vereinbarungsgemäß mit Zinsen zurückgezahlt, kann der Kreditgeber den Wechsel in den Verkehr bringen. Der Kreditnehmer hat die Wechselverbindlichkeit unter „Verbindlichkeiten gegenüber Kreditinstituten“ zu passivieren.

Verbindlichkeiten aus der Annahme gezogener Wechsel und der Ausstellung eigener Wechsel, die **an verbundene Unternehmen** oder **an Unternehmen, mit denen ein Beteiligungsverhältnis besteht,** weitergegeben werden, sind grundsätzlich unter den entsprechenden Bilanzposten auszuweisen. Der Ausweis entfällt bei Weitergabe des Wechsels an einen fremden Dritten, i.d.R. an einen Gläubiger des bilanzierenden Unternehmens.

5. Verbindlichkeiten gegenüber verbundenen und Unternehmen, mit denen ein Beteiligungsverhältnis besteht

Verbindlichkeiten aus Lieferungen und Leistungen gegenüber **verbundenen Unternehmen** oder gegenüber Unternehmen, mit denen ein **Beteiligungsverhältnis** besteht, sind unter dem Posten „Verbindlichkeiten gegenüber verbundenen Unternehmen“ bzw. unter dem Posten „Verbindlichkeiten gegenüber Unternehmen, mit denen ein Beteiligungsverhältnis besteht“ auszuweisen.

Unabhängig von ihrer Entstehungsursache sind unter dem Posten des § 266 Abs. 3 C. 6. HGB alle Verbindlichkeiten auszuweisen, die gegenüber verbundenen Unternehmen bestehen. Maßgebend für die begriffliche Abgrenzung des verbundenen Unternehmens ist § 271 Abs. 2 HGB.

Der Ausweis bei dem bilanzierenden Unternehmen betrifft Verbindlichkeiten aus Lieferungen und Leistungen und aus Finanztransaktionen. Dies gilt für:

- erhaltene Anzahlungen auf Bestellungen;
- Verbindlichkeiten aus Lieferungen und Leistungen;
- Verbindlichkeiten aus der Annahme gezogener Wechsel und der Ausstellung eigener Wechsel; und
- sonstige Verbindlichkeiten.

Aufgrund der Mitzugehörigkeit zu anderen Posten ist nach § 265 Abs. 3 Satz 1 HGB die Mitzugehörigkeit in der Bilanz des Gläubigers zu vermerken oder im Anhang anzugeben, wenn es zur Aufstellung eines klaren und übersichtlichen Jahresabschlusses erforderlich ist.

Unabhängig von ihrer Entstehungsursache sind unter dem Posten des § 266 Abs. 3 C. 7. HGB alle **Verbindlichkeiten gegenüber Unternehmen auszuweisen, mit denen ein Beteiligungsverhältnis besteht**.

Maßgeblich für die Zuordnung von Verbindlichkeiten ist der Begriff der Beteiligung des § 271 Abs. 1 HGB. Die obigen Ausführungen zum Ausweis der Verbindlichkeiten gegenüber verbundenen Unternehmen gelten entsprechend für Verbindlichkeiten gegenüber Unternehmen, mit denen ein Beteiligungsverhältnis besteht.

6. Sonstige Verbindlichkeiten

Unter den sonstigen Verbindlichkeiten nach § 266 Abs. 3 C. 8. HGB sind alle Verbindlichkeiten auszuweisen, die keinem der Posten der Verbindlichkeiten nach § 266 Abs. 3 C. HGB zugeordnet werden können. Zu den sonstigen Verbindlichkeiten als einem **Sammelposten** gehören u.a.:

- Darlehensverbindlichkeiten;
- Steuerschulden;
- Verbindlichkeiten gegenüber Kunden, sog. kreditorische Debitoren;
- antizipative Aufwandsabgrenzungen, z.B. zum Jahresabschluss noch zu zahlende Miet- und Pachtzinsen oder Versicherungsbeiträge;
- rückständige Löhne, Gehälter, Tantiemen, Gratifikationen, Auslagenerstattungen; und
- einbehaltene und noch abzuführende Steuern, z.B. Lohnsteuer, Umsatzsteuer, und Sozialversicherungsbeiträge.

Nach § 266 Abs. 3 C. 8. HGB sind die in dem Posten „sonstigen Verbindlichkeiten" enthaltenen **Steuerverbindlichkeiten** und Verbindlichkeiten im Rahmen der **sozialen Sicherheit** gesondert zu vermerken.

7. Verbindlichkeiten gegenüber Gesellschaftern

Nach § 42 Abs. 3 GmbHG sind Verbindlichkeiten gegenüber Gesellschaftern einer GmbH gesondert auszuweisen oder im Anhang anzugeben. Dies gilt u.a. für die folgenden Posten: Verbindlichkeiten aus Lieferungen und Leistungen, aus Miet- und Pachtverhältnissen, aus Darlehen oder aus der Verpflichtung zur Ausschüttung von Gewinnen oder anderen Beträgen.

Zu den Verbindlichkeiten eines Unternehmens gegenüber Gesellschaftern gehören auch **eigenkapitalersetzende Gesellschafterdarlehen** mit und ohne Rangrücktrittserklärung.

- Vereinzelt wird die Auffassung vertreten, dass eigenkapitalersetzende Gesellschafterdarlehen mit Rangrücktrittserklärung in einem besonderen Posten zwischen Eigen- und Fremdkapital auszuweisen seien. Nach h.M. sind eigenkapitalersetzende Gesellschafterdarlehen, auch wenn der Rangrücktritt erklärt worden ist, zutreffender Weise **Fremdkapital**. Entsprechend sind die Gesellschafterdarlehen in der Bilanz unter den **Verbindlichkeiten** auszuweisen.
- Eine Pflicht zur **gesonderten Kennzeichnung** der eigenkapitalersetzenden Darlehen unter den Verbindlichkeiten gegenüber Gesellschaftern schreibt § 42 Abs. 3 GmbHG nicht vor. Die **Verbindlichkeiten** sind i.d.R. gesondert auszuweisen oder im Anhang anzugeben. Bei Ausweis unter anderen Posten muss dies in der Bilanz oder im Anhang vermerkt werden. Dies gilt für jede Art von Darlehen, also auch für eigenkapitalersetzende Darlehen.
- Nach der Begründung des RegE zum MoMiG besteht, soweit Rückerstattungsansprüche aus Gesellschafterdarlehen in der **Insolvenz** nachrangig berichtigt werden (§ 39 Abs. 1 Nr. 5 InsO), keine Notwendigkeit, diese Forderungen in der Überschuldungsbilanz im Rahmen der bestehenden Verbindlichkeiten als Passiva anzusetzen, da nach Auffassung des Gesetzgebers die Interessen der außen stehenden Gläubiger bereits durch den Rangrücktritt hinreichend gewahrt sind.

Es ist unklar, ob die **Einlage eines stillen Gesellschafters** einer GmbH unter einem Posten „Verbindlichkeit gegenüber Gesellschaftern" auszuweisen ist. Dies wird bejaht, wenn der stille Gesellschafter zugleich Gesellschafter der GmbH ist. Handelt es sich dagegen um einen Nichtgesellschafter, ist § 42 Abs. 3 GmbHG nicht anzuwenden. Die Einlage des stillen Gesellschafters ist in diesem Fall unter dem passiven Posten „sonstige Verbindlichkeiten" auszuweisen.

III. Bewertung von Verbindlichkeiten

1. Grundsätze der Bewertung von Verbindlichkeiten

Verbindlichkeiten sind nach der Neuformulierung des § 253 Abs. 1 Satz 2 HGB durch das BilMoG mit ihrem **Erfüllungsbetrag** zu bewerten, d.h. mit dem Betrag, den der Schuldner aufzuwenden hat, um seine Verpflichtung gegenüber dem Gläubiger zu erfüllen. Dies gilt dem Grundsatz nach für alle Verbindlichkeiten ohne Rücksicht auf den Entstehungsgrund der Verbindlichkeit, bestehende Sicherheiten und Fälligkeiten.

Mit der Neuformulierung ist die bislang im Gesetz verwendete Bezeichnung „Rückzahlungsbetrag" wegen deren irreführendem Charakter zu Recht **aufgegeben** worden. Bei wörtlicher Auslegung ist eine Rückzahlung, d.h. der Betrag, den ein Schuldner an den Gläubiger zurückzahlt, nur bei vorheriger Auszahlung möglich. Der Begriff „Rückzahlungsbetrag" ist daher von der abgelehnt und mit dem BilMoG durch den Begriff „Erfüllungsbetrag" ersetzt worden.

Bei der Bestimmung des **Erfüllungsbetrages** können Unsicherheiten bestehen, die sich wie folgt darstellen

- Zukünftige **Schwankungen des Erfüllungsbetrages**, z.B. bei Währungsverbindlichkeit. Der Erfüllungsbetrag ist bei der Folgebewertung der Verbindlichkeit grundsätzlich nach den Verhältnissen zum jeweiligen Bilanzstichtag zu bewerten. Für die Bewertung gilt jedoch das **Imparitätsprinzip**. Bei höherem Erfüllungsbetrag ist der Betrag der Verbindlichkeit zu erhöhen, bei niedrigerem Erfüllungsbetrag bleibt die Verbindlichkeit unverändert.
- Fraglich ist, wie eine Verbindlichkeit, die im Rahmen einer nachträglichen **Anpassung des Erfüllungsbetrages** mit einem höheren Wert angesetzt wurde, in den Folgejahren zu behandeln ist. Bei Entfallen des Grundes für die Erhöhung des Erfüllungsbetrages ist der niedrigere Wert anzusetzen, sofern letzterer nicht unter dem Wert bei der Entstehung der Verbindlichkeit liegt.

2. Erfüllungsagio und Erfüllungsdisagio

Die bilanzielle Behandlung des **Erfüllungsagios**, wie bei Aufnahme eines Darlehens oder einer Anleihe zum Nennbetrag und die Erfüllung zu einem über dem Nennbetrag liegenden Erfüllungsbetrag ist unter Heranziehung des § 250 Abs. 3 Satz 1 HGB zu lösen. Für das Agio besteht ein **Wahlrecht**, den Betrag in den aktiven Rechnungsabgrenzungsposten einzustellen und entsprechend Satz 2 durch planmäßige jährliche Abschreibungen zu tilgen. Als Alternative wird die direkte aufwandswirksame Verrechnung des Agios vorgeschlagen.

Der Verrechnung des Agios ist entgegenzuhalten, dass das **Erfüllungsagio** keinen Anwendungsfall des § 250 Abs. 3 HGB darstellt. Es ist eher davon ausgehen, dass mit dem Aufgeld die Normalverzinsung der Anleihe hergestellt wird. Aus dieser Sicht bietet sich eher an, den Betrag als aktiven Rechnungsabgrenzungsposten im Sinn des § 250 Abs. 1 HGB in der Bilanz des Emittenten der Agioanleihe anzusetzen. Allerdings sind dagegen grundsätzliche Bedenken bezüglich der Behandlung des Unterschiedsbetrags als Ausgaben vor dem Abschlussstichtag im Sinn des § 250 Abs. 1 Satz 1 HGB zu erheben.

Die bilanzielle Behandlung des **Erfüllungsdisagios**, wie der Aufnahme einer Anleihe zum Nennbetrag und der Erfüllung zu einem niedrigeren Erfüllungsbetrag ist unproblematisch. Für das Disagio besteht die Pflicht, den Betrag des Disagios in den passiven Rechnungsabgrenzungsposten einzustellen und planmäßig erfolgswirksam als Ertrag zu vereinnahmen.

Ein Problem entsteht bei der Bewertung von Anleihen in Form von **Zero-Bonds**, auf die keine periodischen Zinszahlungen geleistet werden. Die Zinsen werden am Ende der Laufzeit mit dem Ausgabebetrag beglichen. Bei der Bilanzierung von Zero-Bonds ist zwischen Ausgabe- und Erfüllungsbetrag zu unterscheiden. Aufgrund der Kumulierung der Zinsen während der Laufzeit können abhängig von Zinssatz und Laufzeit des Zero-Bond Ausgabe- und Erfüllungsbetrag weit voneinander abweichen.

Es ist nicht eindeutig, ob die am **Ende der Laufzeit** im Rahmen des Erfüllungsbetrages **zu zahlenden Zinsen** in den Erfüllungsbetrag der Verbindlichkeit einzubeziehen sind oder ob davon auszugehen ist, dass sich der Erfüllungsbetrag jährlich in Höhe des Betrages bestimmt, der dem Gläubiger unabhängig von der Fälligkeit des Zero-Bonds am Abschlussstichtag geschuldet wird. Für die Bewertung vor Fälligkeit des Zero-Bonds sind zwei **Bewertungsmethoden** zu unterscheiden:

- Nach der **Bruttomethode** basiert die Bewertung des Zero-Bonds bei der Emission und in den folgenden Geschäftsjahren mit dem Erfüllungsbetrag zuzüglich der Zinsen und Zinseszinsen. Der i.d.R. hohe Unterschiedsbetrag zu dem Anleihegläubiger am Abschlussstichtag geschuldeten Betrag kann in den aktiven Rechnungsabgrenzungsposten aufgenommen werden.
- Nach der **Nettomethode** wird der Zero-Bond mit dem Betrag auf der Passivweite angesetzt, der dem Anleihegläubiger am jeweiligen Abschlussstichtag geschuldet wird. Das ist der Betrag, mit dem aus Ausgabebetrag zuzüglich der bis zum jeweiligen Abschlussstichtag aufgelaufenen Zinsen und Zinseszinsen.

3. Verzinsung von Verbindlichkeiten

Bei Bewertung der Verbindlichkeiten mit dem Erfüllungsbetrag ist im Allgemeinen von einer marktüblichen Verzinsung auszugehen. Davon abweichend können Fälle nicht marktüblicher Verzinsung auftreten, wobei u.a. zwischen überverzinslichen, unverzinslichen oder niedrig verzinslichen Verbindlichkeiten sowie Verbindlichkeiten mit steigender Verzinsung unterschieden wird.

a) Überverzinsliche Verbindlichkeiten

Überverzinsliche Verbindlichkeiten des Schuldner-Unternehmens sind wie normalverzinsliche Verbindlichkeiten mit dem **Erfüllungsbetrag** zu bewerten.

Die Überverzinslichkeit auf **gesunkenem Marktzinsniveau**, soll nach h.M. bei der Schuldner zumindest in wesentlichen Fällen und bei länger laufenden Verbindlichkeiten in Höhe des Barwertes der Mehrzinsen eine Drohverlustrückstellung ansetzen. In Bezug auf die Verbindlichkeit bis zum Erfüllungszeitpunkt und der Zinszahlungen liegt nach dieser Auffassung ein **schwebendes Geschäft** vor. Dabei soll der Betrag der zu erbringenden Gegenleistung (Barwert der Zinszahlungen bei Diskontierung mit dem aktuellen Marktzinssatz) den Betrag des Leistungsanspruchs (Barwert der am Abschlussstichtag möglichen niedrigeren Zinsbelastung) übersteigen.

Stehen der Überverzinslichkeit andere von dem Gläubiger dem Schuldner **eingeräumte Vorteile** gegenüber, wird von der h.M. danach unterschieden, ob die Vorteile dauerhafter, d.h. auf nicht absehbare Zeit, oder einmaliger Natur sind. Dabei gilt: Bei **dauerhaften Vorteilen**, z.B. bei günstigen Einkaufskonditionen, soll eine Drohverlustrückstellung entfallen. Bei **Vorteil einmaliger Natur**, soll er abgegrenzt und entsprechend der Inanspruchnahme des Kapitals ertragswirksam aufgelöste werden.

Die h.M. ist nicht in beiden Fällen überzeugend. Sie verkennt, dass die Senkung des Marktzinsniveaus die Entscheidung des Unternehmens unter Zugrundelegung des Finanzplanes mit dem vorgegebenen Zins zum Zeitpunkt der Investition nicht berührt. Damit bleiben auch die vereinbarten Zinszahlungen von der Änderung des Marktzinses unberührt. Für eine Drohverlustrückstellung besteht kein Raum. Zudem sind die angeführten Vorteilsgewährungen bei gesunkenem Marktzinsniveau nur schwer nachvollziehbar.

b) Unterverzinsliche Verbindlichkeiten

Die Bewertung der unverzinslichen oder niedrig verzinslichen Verbindlichkeiten ist mit dem **Erfüllungsbetrag** vorzunehmen. Eine Abzinsung ist nach h.M. nicht zulässig. Dies gilt für tatsächlich unterverzinsliche Verbindlichkeiten. Die Abzinsung würde zu einer Vorwegnahme künftiger Erträge führen mit Verletzung des Realisationsprinzips. Von diesem Grundsatz können sich Ausnahmen ergeben.

Ist die Unterverzinslichkeit darin begründet, dass der für die Verbindlichkeit vereinbarte Erfüllungsbetrag höher ist als der Ausgabebetrag, sind **im Differenzbetrag Zinsen** enthalten. In diesem Fall ist für den Unterschiedsbetrag § 250 Abs. 3 HGB anwendbar. Er darf in die aktiven Rechnungsabgrenzungen aufgenommen werden und ist über die Laufzeit der Verbindlichkeit aufzulösen.

c. Verbindlichkeiten mit steigender Verzinsung

Verbindlichkeiten mit steigender Verzinsung sind dadurch gekennzeichnet, dass für einen Teil der Laufzeit die Verzinsung **unter der** für die gesamte Vertragsdauer geltenden **Durchschnittsverzinsung**, für den anderen Teil **über der Durchschnittsverzinsung** liegt. Verbindlichkeiten mit steigender Verzinsung sind mit dem Erfüllungsbetrag zu bewerten.

Nach der **Restwertmethode** ist für den Teil der Laufzeit der Verbindlichkeiten, der über der Durchschnittsverzinsung liegt, eine **Drohverlustrückstellung** anzusetzen. Dabei ist jedoch zu beachten, dass die Rückstellungsbildung zu erheblichen Verzerrungen der Zinsbelastung während der Perioden der Laufzeit der Verbindlichkeiten führt.

Nach neuerer Auffassung sind in Höhe der Differenz zwischen der Durchschnittsverzinsung und den niedrigeren Zinsen während des ersten Teils der Laufzeit Rückstellungen in Höhe der Zinsdifferenzen multipliziert mit dem Betrag der Verbindlichkeit zu passivieren und entsprechend der niedrigeren Zinsen im zweiten Teil der Laufzeit erfolgswirksam aufzulösen. Als Ergebnis erhält man, abweichend von den Zahlungsströmen aus den Zinszahlungen, eine **gleichmäßige Zinsbelastung** während der Gesamtlaufzeit des Bestehens der Verbindlichkeit.

Beispiel 46: Unter pari Emission

Die A AG begibt für die Finanzierung eines Zweigwerkes zum 1.10.10 eine Anleihe im Volumen von nominal 50 Mill. €; Ausgabe 95 %, Rückzahlung 100 %, Laufzeit 10 Jahre, Zins 6 % p.a. auf den Nominalbetrag, fällig jeweils am 1.10. eines Jahres. Der Kapitalmarktzins ist über die Laufzeit 6,5 %. Am 1.10.10 fließt der A AG der Ausgabebetrag gekürzt um die Forderung der Emissionsbank von 0,8 Mill. € zu. Das Disagio soll aktiviert und über die Laufzeit der Anleihe aufgelöst werden.

1. Es ist der Vorgang in der Bilanz der A AG zum 31.12.10 darzustellen.
2. Angenommen, die Ausgabe der Anleihe wäre unter sonst gleichen Bedingungen über pari zu 110 % bei einem Zinssatz von 7,5 % auf den Nominalbetrag von 50 Mill. € erfolgt. Es ist der Vorgang in der Bilanz der A AG zum 31.12.10 aufzuzeigen. Zudem ist für den Fall, dass die über pari Emission zur gleichen Zinsbelastung wie die unter 1. dargestellte unter pari Emission führt, die Ursache hierfür rechnerisch zu erklären.
3. Angenommen, die Anleihe wäre für die Finanzierung eines Zweigwerkes in den USA im Umfang von nominal 50 Mill. US $ aufgelegt worden; Ausgabe 95 %, Rückzahlung 100 %, Laufzeit 10 Jahre, Zins 6 % p.a. auf den Nominalbetrag, fällig jeweils am 1.10. eines Jahres. Emissionsgebühren für die Auflegung der Anleihe 1 Mill. US-$. Zum Ausgabezeitpunkt 1.10.10 ist der Devisenkurs 1 US-$ = 0,9 €, zum 31.12.10 1 US-$ = 0,77 €. Es ist der Vorgang in der Bilanz der A AG zum 31.12.10 aufzuzeigen.
4. Angenommen, die Anleihe sei als Zero Bond aufgelegt worden mit nominal 50 Mill. €; Ausgabebetrag 20 Mill. €, Laufzeit 20 Jahre. Es ist der Vorgang in der Bilanz der A AG zum 31.12.10 darzustellen.

Beispiel 47: Wandelschuldverschreibung und Optionsanleihe

Wandelschuldverschreibungen (WSV) und Optionsanleihen sind beim Emittenten bilanzielle gleich zu behandeln. Sie werden daher im folgenden Beispiel zusammengefasst. Bilanzielle Unterschiede beim Erwerber werden in der Lösung zu 3. aufgezeigt.

Die A AG legt am 1.1.10 eine WSV/Optionsanleihe über nominal 40 Mill. € auf: Laufzeit 5 Jahre, Zins 5,5 % p.a. gleich dem Kapitalmarktzins, Ausgabe 120 %, Maklergebühren 0,1 % des Nominalbetrags. Am 31.12.10 notiert die nominal 1.000 € WSV/Optionsanleihe mit 1.150 €.

1. Es sind die bilanziellen Wirkungen der Ausgabe der WSV/Optionsanleihe zum Ausgabezeitpunkt und in der Bilanz der A AG zum 31.12.10 aufzuzeigen.
2. Angenommen, der Kapitalmarktzins die A AG hätte unter sonst gleichen Bedingungen bei einem Kapitalmarktzins von 7 % p.a. die WSV/Optionsanleihe aufgelegt. Es sind bei geändertem Kapitalmarktzins die bilanziellen Wirkungen der Ausgabe der WSV/Optionsanleihe zum Ausgabezeitpunkt und in der Bilanz der A AG zum 31.12.10 aufzuzeigen.
3. Es ist aufzuzeigen, welche Unterschiede in der bilanztechnischen Behandlung beim Erwerber einer Wandelschuldverschreibung und einer Optionsanleihe besteht.

Beispiel 48: Aktienanleihe

Das Kreditinstitut K AG ist Emittent einer Aktienanleihe im Nennbetrag von 5 Mill. €. Ausgabe 15.10.10. Das aktienbezogene Tilgungswahlrecht umfasst 65 Tsd. Aktien der Z AG. Die Laufzeit der Anleihe ist 4 Monate, Zinssatz 12 % p.a.; Marktzins 4 %, Optionsprämie bei einem Basispreis von 77 € für eine Put-Option auf die Aktie 5 €, für eine Call-Option 6 €.

Der Emittent verkauft am gleichen Tag 65 Tsd. Put-Optionen. Am 31.12.10 notiert die Aktie der Z AG mit 70 €, die Put-Option mit 11 € und die Call-Option mit 1 €.

1. Es ist der Vorgang im Jahresabschluss der K AG zum 31.12.10 darzustellen.
2. Die B AG hat 500 Tsd. € der Aktienanleihe gezeichnet. Es ist der Erwerbsvorgang und die Bilanzierung im Jahresabschluss der B AG zum 31.12.10 abzubilden.
3. Zum Erfüllungszeitpunkt 15.2.11 ist der Kurs der Aktie der Z AG 65 €. Der Emittent K AG erfüllt seine Tilgungsverpflichtung durch Lieferung von Aktien der B AG. Es ist die bilanzielle Abbildung des Vorgangs im Rechnungswesen des Emittenten K AG und des Erwerbers B AG darzustellen.
4. Angenommen zum Erfüllungszeitpunkt 15.2.11 ist der Kurs der Aktie der Z AG 82 €. Der Emittent K AG erfüllt seine Tilgungsverpflichtung durch Rückzahlung in Cash. Es ist die bilanzielle Abbildung des Vorgangs im Rechnungswesen des Emittenten K AG und des Erwerbers B AG darzustellen.

Sechster Teil
Bilanzierung von Aktiv- und Passivpositionen

A. Geleistete und erhaltene Anzahlungen

Anzahlungen sind die von dem bilanzierenden Unternehmen geleisteten und von ihm erhaltenen Anzahlungen zu gliedern. Aus geleisteten Anzahlungen entstehen **Forderungsrechte** des bilanzierenden Unternehmens auf Erfüllung der vereinbarten Lieferung oder Leistung des Vertragspartners dar. Erhaltene Anzahlungen stellen **Verbindlichkeiten** auf Erfüllung der vereinbarten Leistung des bilanzierenden Unternehmens dar.

I. Geleistete Anzahlungen als Vorleistungen

Geleistete Anzahlungen sind Vorleistungen auf schwebende Geschäfte über den Erwerb von immateriellen Vermögensgegenständen nach § 266 Abs. 2 A. I. Nr. 4 HGB, von Sachanlagen nach § 266 Abs. 2 A. II. Nr. 4 HGB sowie von Vorräten nach § 266 Abs. 2 B. I. Nr. 4 HGB i.S. des § 266 Abs. 2 HGB. Zu letzterem Posten zählen nach Auffassung im Schrifttum auch Anzahlungen auf Dienstleistungen, die im Zusammenhang mit der Beschaffung der Vorräte stehen.

1. Nachweis und Ansatz geleisteter Anzahlungen

Der **Nachweis** der geleisteten Anzahlungen lässt sich anhand von Zahlungsvorgängen des bilanzierenden Unternehmens bzw. bei Tauschgeschäften anhand der von dem Unternehmen gelieferten Vermögensgegenstände führen.

Geleistete Anzahlungen sind Zahlungen des bilanzierenden Unternehmens an das liefernde bzw. leistende Unternehmen. Die Vorleistungen erfolgen i.d.R. in Geld oder in Sachen. Die geleisteten Anzahlungen sind in der Bilanz des voraus leistenden Unternehmens erfolgsneutral auszuweisen. Für geleistete Anzahlungen besteht bei dem leistenden Unternehmen **Ansatzpflicht**.

In der Bilanz des die Anzahlungen leistenden Unternehmens sind nach Auffassung im Schrifttum Anzahlungen nur dann anzusetzen, wenn ein **Vertrag oder Vorvertrag** über den Erwerb eines Vermögensgegenstandes des Anlagevermögens, einer Sachanlage oder von Vorräten abgeschlossen worden ist. Eine Zahlung ohne Vertrag oder Vorvertrag soll unter dem Posten des § 266 Abs. 2 B. II. Nr. 4. HGB „sonstige Vermögensgegenstände“ angesetzt werden.

2. Ausweis geleisteter Anzahlungen

Anzahlungen auf immaterielle Vermögensgegenstände des Anlagevermögens sind nach § 266 Abs. 2 A. I. Nr. 4. HGB gesondert innerhalb der Postengruppe auszuweisen. Gleiches gilt für den Ausweis der Anzahlungen auf Sachanlagen. Insoweit treten bei eindeutiger **Zuordenbarkeit der Anzahlungen** keine Probleme auf. Dies gilt für immaterielle Vermögensgegenstände als entgeltlich erworbene Konzessionen, gewerbliche Schutzrechte und ähnliche Rechte und Werte sowie als Lizenzen an solchen Rechten und Werten sowie bei Sachanlagen als Grundstücke, grundstücksgleiche Rechte und Bauten einschließlich der Bauten auf fremden Grundstücken, technische Anlagen und Maschinen, andere Anlagen, Betriebs- und Geschäftsausstattung.

Vorauszahlungen für noch **nicht gelieferte Vorräte** bzw. für noch **nicht erbrachte Dienstleistungen** sind nach Auffassung im Schrifttum bis zum Zeitpunkt des Gefahrenübergangs bei Lieferung der Vorräte bzw. der Erbringung der Dienstleistung entsprechend § 266 Abs. 2 A. I. Nr. 4 HGB unter dem Posten „geleistete Anzahlungen", danach unter dem entsprechenden Vorratsposten auszuweisen.

3. Bewertung geleisteter Anzahlungen

Geleistete Anzahlungen sind bei der **Zugangsbewertung** mit dem Nominalbetrag, bei Anzahlung in Form der Sachleistung mit dem vereinbarten Sachleistungsbetrag anzusetzen.

Eine **Wertminderung** auf die Anzahlung ist in dem Fall vorzunehmen, in dem der andere Vertragsteil die **Lieferung oder Leistung nicht erbringt** und auch die geleistete Anzahlung nicht voll zurückzahlt. Bei Nichterbringung der Leistung des Vertragspartners, an den die Anzahlung geleistet wurde, entsteht der **Forderungsanspruch auf Erfüllungszahlung**. Bei Problemen bei der fehlenden Lieferung oder Leistung oder Rückzahlung sind in der Folgebewertung nach § 253 Abs. 4 HGB auf die geleistete Anzahlung Abschreibungen vorzunehmen, um die Anzahlung mit einem niedrigeren beizulegenden Zeitwert am Abschlussstichtag anzusetzen.

Abschreibungen wegen **Unverzinslichkeit** der geleisteten Anzahlungen kommen nicht in Betracht. Der Unverzinslichkeit der Anzahlungen steht nach Beurteilung des Schrifttums im Allgemeinen ein verminderter Einstandspreis der Anzahlung auf eine Lieferung oder Leistung gegenüber.

Abschreibungen auf Anzahlungen wegen **Wertminderung des zu erwerbenden Vermögensgegenstandes** sind gleichfalls nicht zulässig. Geleistete Anzahlungen stellen Forderungsrechte dar, die von dem Wert des zu erwerbenden Vermögensgegenstandes nicht beeinflusst werden. Die Wertminderung des Vermögensgegenstandes, für dessen Erwerb die Anzahlung geleistet wurde, ist nicht durch eine Abschreibung der Anzahlung, sondern durch die Passivierung einer Rückstellung für Drohverluste vorzunehmen.

Ein **Bewertungsproblem** stellt sich bei geleisteter Anzahlung in **fremder Währung**. Da die geleistet Anzahlung ein Forderungsrecht darstellt, das von dem Wert des zu erwerbenden Vermögensgegenstandes unbeeinflusst bleibt, entsteht bei Nichterbringung der Leistung durch den Vertragspartner zwar der Anspruch auf volle Erfüllungszahlung der geleisteten Anzahlung.

Fraglich ist, ob der Anspruch des Unternehmens auf **Erfüllungszahlung** der Geleisteten Anzahlung in Höhe des Betrages der **Fremdwährung** oder der **Inlandswährung** besteht. Die möglichen Alternativen der Erstattung der Anzahlung haben die folgende Wirkung:

- Bei **Erstattung in Fremdwährung** vermindert sich bei **Sinken des Devisenkassamittelkurses** der maßgeblichen Fremdwährung die Höhe der Forderung, so dass nach § 253 Abs. 4 HGB abhängig von den Erwartungen bezüglich des Devisenkassamittelkurses der Fremdwährung eine Abschreibung vorzunehmen ist.
- Bei **Erstattung in Fremdwährung** erhöhen sich bei **Steigen des Devisenkassamittelkurses** der Fremdwährung die zufließenden Mittel in Inlandswährung. Eine Erhöhung der Forderung ist unzulässig. Sie würde gegen das Realisations- und das Imparitätsprinzip nach § 252 Abs. 1 Nr. 4 HGB sowie das Anschaffungswertprinzip nach § 253 Abs. 1 Satz 1 HGB verstoßen.
- Bei **Erstattung in Inlandswährung** bleibt bei **Sinken des Devisenkassamittelkurses** der Fremdwährung die Höhe der Forderung unverändert; eine Abschreibung der Forderung ist unzulässig.
- Bei **Erstattung in Inlandswährung** bleibt bei der Fremdwährung die Höhe der Forderung unverändert; eine Erhöhung der Forderung ist wegen der Verletzung des Realisations- und des Imparitätsprinzips nach § 252 Abs. 1 Nr. 4 HGB sowie des Anschaffungswertprinzip nach § 253 Abs. 1 Satz 1 HGB unzulässig.

Beispiel 49: Geleistete Anzahlung in fremder Währung

Die A AG mit Sitz in Deutschland schließt am 1.10.10 einen Vertrag mit einem Anlagenhersteller mit Sitz in der Schweiz über die Lieferung eine Fertigungsanlage zum Festpreis von 4 Mill. Sfr; Lieferdatum der Fertigungsmaschine 31.3.11.

Nach den Zahlungsvereinbarungen hat die A AG am 31.10.10 eine Anzahlung in Höhe von 3 Mill. Sfr. zu leisten; Devisenkassamittelkurs: 1 Euro = 1,59 Sfr; die Restzahlung soll zum Lieferzeitpunkt erfolgen. Bei Nichtleistung des Anlagenherstellers bis zum 30.4.11 hat die A AG einen Rückforderungsanspruch in Höhe der als Anzahlung geleisteten Euro. Zum 31.12.10 ist der Devisenkassamittelkurs 1 € = 1,7 Sfr

Es ist die bilanzielle Behandlung der geleisteten Anzahlung zum 31.12.10 bei dem angeführten Devisenkassamittelkurs aufzuzeigen.

II. Erhaltene Anzahlungen auf Bestellungen

1. Begriffsabgrenzung der Vorleistung

Erhaltene Anzahlungen sind **Vorleistungen eines Geschäftspartners** auf eine von dem bilanzierenden Unternehmen an diesen noch zu erbringende Lieferung oder Leistung. Voraussetzung für die Charakterisierung des Zuflusses an Geld oder an Sachen als erhaltene Anzahlung auf Bestellungen ist das Vorliegen eines Vertrages, für den die Lieferung oder Leistung des bilanzierenden Unternehmens noch aussteht.

Nach h.M. liegen erhaltene Anzahlungen auf Bestellungen eines Auftragsgebers nur dann vor, wenn die noch offenen zu erbringenden Lieferungen oder Leistungen des herstellenden, bilanzierenden Unternehmens Geschäftsvorfälle betreffen, die bei Abwicklung in seiner Gewinn- und Verlustrechnung als Umsatzerlöse auszuweisen sind.

Die Lieferung oder Leistung muss auf die **gewöhnliche Geschäftstätigkeit des bilanzierenden Unternehmens** gerichtet sein und die Bestellung muss typische Erzeugnisse und Waren oder typischer Dienstleistungen betreffen. Sind die **Zahlungen anderen Geschäften**, z.B. der Veräußerung eines bebauten Grundstücks, zuzuordnen, und leistet der Erwerber dieser Vermögensgegenstände hierfür Anzahlungen, so sind die Zahlungen des Erwerbers bei dem bilanzierenden Unternehmen nicht unter dem Posten „erhaltene Anzahlungen auf Bestellungen", sondern unter dem Posten „sonstige Verbindlichkeiten" auszuweisen.

2. Nachweis und Ansatz der erhaltenen Anzahlungen

Der **Nachweis**, der von dem bilanzierenden Unternehmen erhaltenen Anzahlung auf Bestellung eines Geschäftspartners für Produkte der typische Tätigkeit des Unternehmens lässt sich leicht anhand von Zahlungszugängen bzw. von Zugängen von Vermögensgegenständen bei Tauschgeschäften nachweisen.

Erhaltene Anzahlungen auf Bestellungen typischer Lieferungen und Leistungen sind Zahlungsvorgänge bzw. Zugänge von Sachen, die bilanztechnisch erfolgsneutral zu behandeln sind. Es handelt sich dabei um Vermögensgegenstände oder Leistungen, für die **Ansatzpflicht** besteht.

3. Ausweis der erhaltenen Anzahlungen

Nach § 266 Abs. 3 C. Nr. 3 HGB sind erhaltene Anzahlungen unter dem Posten „erhaltene Anzahlungen auf Bestellungen" auszuweisen.

Alternativ zum Ausweis unter dem Posten „erhaltenen Anzahlungen auf Bestellungen" können Anzahlungen auf Vorräte nach § 268 Abs. 5 Satz 2 HGB von dem Posten „Vorräte" offen abgesetzt werden. Voraussetzung für den Nettoausweis ist, dass es sich um **erhaltene Anzahlungen auf Bestellungen von Vorräte** handelt. Bei enger Auslegung ist die Absetzung nur insoweit zulässig, als eine erhaltene Anzahlung auf Bestellung einem in der Bilanz angesetzten Vorrat direkt zugerechnet werden kann.

Die h.M. folgt dieser Auslegung nicht. Sie sieht es als zulässig an, alle erhaltenen Anzahlungen auf Vorräte offen von der Gesamtsumme der Vorräte abzusetzen. Für die offene Absetzung der Anzahlungen auf Bestellung von den Vorräten soll insoweit eine **Beschränkung** bestehen, als eine Absetzung höchstens in Höhe des aktivierten Betrages für Vorräte zulässig ist. Sind die erhaltenen Anzahlungen auf Bestellung von Vorräten höher als der Betrag der Vorräte, soll der übersteigende Betrag zwingend unter dem Passivposten „erhaltene Anzahlungen auf Bestellungen" auszuweisen sein.

Sowohl der **erweiterte Nettoausweis** als auch die **Beschränkung** sind **unbefriedigend**. Eine Verrechnung vorhandener Vorratsbestände mit Anzahlungen nicht vorhandener Vorräte gibt keine Information über die Zusammensetzung des Postens „Vorräte". In der vorgeschlagenen Verrechnung kommt die konzeptionelle Schwäche des Ansatzes zum Ausdruck. Bei genereller Anwendung des Nettoausweises könnten nämlich Fälle auftreten, bei denen das Vorratsvermögen als negative Größe ausgewiesen werden müsste, eine Bilanzierung, die Außenstehenden nicht vermittelt werden kann.

Für den Ausweis der **Umsatzsteuer** auf erhaltene Anzahlungen auf Bestellungen ist mit dem BilMoG die Regelung des § 250 Abs. 1 Satz 2 Nr. 2 HGB die nicht nachvollziehbare Bruttomethode aufgehoben worden. Maßgeblich für den Ausweis ist nunmehr allein die **Nettomethode**. Danach sind die erhaltenen Anzahlungen **netto**, d.h. ohne Umsatzsteueranteil, auszuweisen. Solange das Geschäft schwebend ist, besteht die Verpflichtung des bilanzierenden Unternehmens in der Erbringung einer Lieferung oder sonstigen Leistung. Die in der Bilanz ausgewiesenen erhaltenen Anzahlungen sollen anzeigen, in welchem Umfang der Auftraggeber bereits eine Leistung erbracht hat. Dabei ist es folgerichtig die Gegenleistung, d.h. den Rechnungsbetrag ohne Mehrwertsteuer und die auf den Rechnungsbetrag entfallende Umsatzsteuer zu trennen und die Gegenleistung ohne Umsatzsteuer auszuweisen.

4. Bewertung erhaltener Anzahlungen

Bei der nach neuer Regelung allein zulässigen Nettomethode werden die erhaltenen Anzahlungen auf Bestellungen mit dem **Nominalwert** des Nettobetrages, d.h. mit dem bei dem Unternehmen eingegangenen Betrag abzüglich der Mehrwertsteuer als Vorratsminderung oder als Verbindlichkeit angesetzt. Erhaltene Anzahlungen auf Bestellungen in fremder Währung sind nach § 256a HGB mit dem Devisenkassamittelkurs umzurechnen.

Beispiel 50: Erhaltene Anzahlung mit Umsatzsteuer

Das Bauunternehmen A AG hat den Auftrag zur Errichtung eines von der B GmbH zu betreibenden Stadions zu einem Festpreis von 250 Mill. € in der Zeit vom 1.4.10 bis 30.6.11. Zum 31.12.10 sind 60 % der Anlage fertig gestellt. Zum 30.12.10 leistet die B GmbH eine Vorauszahlung von 150 Mill. € zuzüglich der Mehrwertsteuer von 16 %.

Es ist aufzuzeigen, wie sich der Vorgang der erhaltenen Anzahlung in der Bilanz der A AG zum 31.12.10 bei Zugrundelegung der Nettomethode und der Bruttomethode niederschlägt.

B. Aktive und passive Steuerabgrenzung

I. Grundlagen der Steuerabgrenzung

Mit dem BilMoG ist die bisherige Regelung des § 274 HGB auf eine neue, den IFRS entsprechende, konzeptionelle Basis (**bilanzorientiertes temporary-Konzept**) gestellt worden. Bei der Steuerabgrenzung (latenten Steuern) wurde bislang als Voraussetzung für die Aktivierung bzw. Passivierung der Steuerabgrenzung auf zeitliche Verschiebungen bzw. Abweichungen (**GuV orientiertes timing-Konzept**) abgestellt.

Zeitliche Differenzen (**timing differences**) entstehen zwischen handelsrechtlichem Ergebnis vor Ertragsteuern und zu versteuerndem Einkommen eines Unternehmens, die sich im Zeitablauf, d.h. in späteren Geschäftsjahren, voraussichtlich ausgleichen. Die Abweichungen führen in der Handelsbilanz als aktive Steuerabgrenzung zeitbezogen zu einer Steuerentlastung, als passive Steuerabgrenzung zu einer Steuerbelastung.

Wird z.B. eine erworbene Maschine in der Handelsbilanz linear in fünf Jahren, in der Steuerbilanz linear in acht Jahren abgeschrieben, so sind die Abschreibungen und damit der Aufwand in der Handelsbilanz in den ersten fünf Jahren höher als die Abschreibungen in der Steuerbilanz. Im Umkehrschluss sind die Abschreibungen und damit der Aufwand in der Handelsbilanz in den Jahren sechs, sieben und acht niedriger (null) als die Abschreibungen in der Steuerbilanz. Die **Differenzen zwischen den Abschreibungen** und damit dem Aufwand in der **Handels-und der Steuerbilanz** gleichen sich im Zeitablauf über den Zeitbereich von acht Jahren aus.

Die **neu eingeführte Steuerabgrenzung** ist nicht mehr an Differenzen, die sich aus unterschiedlicher Periodisierung der Erträge und Aufwendungen in der Handelsbilanz und der Steuerbilanz ergeben, und die damit zu unterschiedlicher Gewinnermittlung in Handels- und Steuerbilanz führen. Maßgeblich sind bei dem **temporary-Konzept Differenzen**, die sich aus **unterschiedlichen Wertansätzen** in der Handels- und der Steuerbilanz ergeben und in der Zukunft auf die Besteuerung des Unternehmens belastend oder entlastend wirken.

Das **temporary-Konzept** berücksichtigt nicht nur Differenzen in der Gewinn- und Verlustrechnung, sondern alle Differenzen aus Ansatz- und Bewertungsabweichungen zwischen Handels- und Steuerbilanz. Darüber hinaus sind Vorgänge zu berücksichtigen, die sich steuererhöhend oder steuermindernd auswirken. Dies gilt für Verlustvorträge des Unternehmens, die bei Verrechnung mit in späteren Geschäftsjahren entstehenden Gewinnen zur Steuerminderung führen und bei verrechenbaren Verlusten, die bei Erwerb eines Unternehmens übernommen und mit den Gewinnen des bilanzierenden Unternehmens verrechnet werden.

Abweichend von der bisherigen Regelung sind nach den Änderungen durch das BilMoG in Übereinstimmung mit der internationalen Praxis sog. **quasi-permanente Differenzen** in die Steuerabgrenzung einzubeziehen. Dabei handelt es sich um zeitliche Differenzen, die bislang wie permanente Differenzen behandelt wurden, da der Zeitpunkt der Umkehrung im Zeitablauf nicht bestimmbar ist. Dies gilt z.B. für **Differenzen bei der Bewertung einer Beteiligung**, auf die nur in der Handelsbilanz Abschreibungen vorgenommen worden sind, und die Umkehrung spätestens bei Veräußerung der Beteiligung erfolgt, der Zeitpunkt der Veräußerung aber unbestimmt ist.

II. Nachweis und Ansatz der Steuerabgrenzung

1. Nachweis für die Steuerabgrenzung

Der **Nachweis** der Steuerabgrenzung erstreckt sich auf das Vorhandensein eines Vermögensgegenstandes oder einer Schuld und bezieht sich damit auf die aktive und passive Steuerabgrenzung.

Der Nachweis aktiver und passiver Steuerabgrenzung hat sich zuerst auf das Vorliegen der Voraussetzungen für seinen zulässigen **Ansatz** als Aktiv- und Passivposten in der Bilanz zu richten. Bei dem Nachweis ist sowohl die Zulässigkeit als auch auf die Vollständigkeit der Bilanzierung der Steuerabgrenzung zu prüfen.

2. Voraussetzungen für die Steuerabgrenzung

Die Voraussetzungen für den Ansatz der Steuerabgrenzung führt § 274 Abs. 1 HGB an. Danach ist für den Fall,

- dass eine Differenz zwischen den handelsrechtlichen Wertansätzen der Vermögensgegenstände und Schulden und deren steuerlichen Wertansätzen, oder
- aufgrund ungenutzter Verlustvorträge oder Steuergutschriften besteht, und
- sich die Differenz in späteren Geschäftsjahren voraussichtlich ausgleicht,

eine sich daraus ergebende Steuerbelastung als Rückstellung nach § 249 Abs. 1 Satz 1 HGB und eine sich daraus ergebende Steuerentlastung als aktive latente Steuern nach § 266 Abs. 2 D. HGB auszuweisen.

3. Differenzen zwischen Wertansätzen

Differenzen zwischen handels- und steuerlichem Wertansatz, die zu aktiver Steuerabgrenzung führen, sind u.a. zurückzuführen auf:

- die niedrigere Bewertung von Aktiva in der Handelsbilanz bei höherer Bewertung in der Steuerbilanz oder
- die höhere Bewertung von Passiva in der Handelsbilanz bei niedrigerer Bewertung in der Steuerbilanz.

Die **Ursachen unterschiedlicher Werte** der Aktiva und Passiva in Handels- und Steuerbilanz infolge unterschiedlicher Bewertung sind u.a. auf die folgenden Sachverhalte zurückzuführen:

- Nichtaktivierung eines **Disagios** nach § 250 Abs. 3 HGB, das steuerlich als aktiver Rechnungsabgrenzungsposten anzusetzen ist.
- Niedrigerer Ansatz der **Herstellungskosten** in der Handelsbilanz in Ausübung der weiterhin zulässigen Bewertungswahlrechte nach § 255 Abs. 2 Satz 3 HGB bei Ansatz der höheren steuerlichen Herstellungskosten.
- **Abschreibungen in der Handelsbilanz**, die nach steuerrechtlichen Vorschriften, z.B. bei der Bewertung von geringwertigen Wirtschaftsgütern, nicht in entsprechender Höhe vorgenommen werden dürfen.

Die **Gewinndifferenzen** zwischen handelsrechtlichem Ergebnis und steuerpflichtigem Einkommen sind bei **passiver Steuerabgrenzung** vor allem zurückzuführen auf:

- Nichtansatz oder niedrigere Bewertung der Aktiva in der Steuerbilanz, Ansatz oder höhere Bewertung in der Handelsbilanz;
- Ansatz oder höhere Bewertung der Passiva in der Steuerbilanz, Nichtansatz oder niedrigere Bewertung in der Handelsbilanz.

Bei den angeführten Sachverhalten ist das handelsrechtliche **Ergebnis höher als das zu versteuernde Einkommen**. Die zeitliche Nachverlagerung von Aufwendungen ohne die Bildung einer passiven Steuerabgrenzung führt dazu, dass die Höhe der Ertragsteuern nicht dem handelsrechtlichen Ergebnis entspricht.

Eine der wenigen **Ursachen unterschiedlicher Werte** der Aktiva und Passiva in der Handels- und Steuerbilanz infolge unterschiedlicher Wertbestimmung ist der Ansatz von **Fremdkapitalzinsen** nach § 255 Abs. 3 Satz 2 HGB, die in der Steuerbilanz nicht aktivierbar sind.

III. Ausweis der Steuerabgrenzung

Aktive Steuerabgrenzungen sind nach der Neufassung des § 274 Abs. 1 HGB durch das BilMoG als aktive latente Steuern in der Bilanz unter dem neu eingefügten § 266 Abs. 2 D. HGB auszuweisen.

Passive Steuerabgrenzungen sind nach § 274 Abs. 1 HGB in der Bilanz als passive latente Steuern auszuweisen. Ein Ausweis unter dem zur früheren Regelung verlangten Posten „Steuerrückstellungen“ ist nicht zulässig. Der Ausweis hat nach der Änderung durch das BilMoG nach § 266 Abs. 3 E. HGB unter dem Posten „Passive latente Steuern“ zu erfolgen.

Ein **Ausweisproblem** stellte zur früheren Regelung das gleichzeitige Auftreten aktiver und passiver Steuerabgrenzungen dar. Dabei war fraglich, ob eine **Verrechnung** (Saldierung) aktiver und passiver Steuerabgrenzungen zulässig bzw. verpflichtend ist. Die Frage wurde je nachdem, ob eine sog. Einzeldifferenzenbetrachtung oder eine Gesamtdifferenzenbetrachtung im Vordergrund steht, unterschiedlich beantwortet:

- Die **Einzeldifferenzenbetrachtung** stellt darauf ab, dass alle Abweichungen zwischen Handels- und Steuerbilanz, die zu aktiven oder zu passiven Steuerabgrenzungen führen, jeweils gesondert ausgewiesen werden. Die Betrachtung beinhaltet ein Verrechnungsverbot (Saldierungsverbot) von aktiver und passiver Steuerabgrenzung.
- Die **Gesamtdifferenzenbetrachtung** stellt darauf ab, dass aktive und passive Steuerabgrenzungen zu verrechnen sind und nach der Verrechnung im Ergebnis nur eine aktive oder nur eine passive Steuerabgrenzung ausgewiesen wird.

Da sich aus der Steuerabgrenzung entweder nur eine Steuerbelastung oder eine Steuerentlastung ergeben kann, gilt die **Anwendung der Gesamtdifferenzenbetrachtung**.

IV. Ermittlung der Höhe der Steuerabgrenzung

Zur Ermittlung der Höhe der Steuerabgrenzung ist die Abweichung zwischen dem handelsrechtlichen Ergebnis vor Ertragsteuern und dem entsprechenden steuerpflichtigen Einkommen mit dem maßgeblichen Ertragsteuersatz zu multiplizieren. Dabei stellt sich die Frage nach dem **maßgeblichen Steuersatz**.

Um den der Bestimmung der Steuerabgrenzung zugrunde zu legenden Steuersatz gab es nach der bisherigen Fassung eine breite Diskussion, da der Gesetzgeber einen maßgeblichen Steuersatz nicht explizit festgelegt hat.

Als korrektes Verfahren für die Ermittlung des Wertes der Steuerabgrenzung wurde bisher die **Liability-Methode,** nach der aktive Steuerabgrenzungen als Vermögensgegenstände, passive Steuerabgrenzungen als Schulden betrachtet wurden, gesehen. Da die Höhe der Forderungen bzw. der Verbindlichkeiten gegenüber dem Fiskus von dem zukünftigen Steuersatz abhängig ist, sieht die Liability-Methode die **Berücksichtigung zukünftiger Steuersätze** für die Bemessung des Steuereffektes vor. Bei Änderungen des erwarteten Steuersatzes muss die Steuerabgrenzung angepasst werden.

Aus Vereinfachungsgründen wurde es als zulässig angesehen, für die Bewertung der Gewinndifferenzen an Stelle des zukünftigen Steuersatzes von dem **aktuellen Steuersatz** auszugehen. Das Verfahren entspricht der **Deferred-Methode**. Sie stellt die Erfolgsrechnung (GuV) in den Vordergrund und will ein der dynamischen Erfolgsermittlung entsprechendes Verhältnis von ausgewiesenem Erfolg- und Steueraufwand herstellen. Um dies zu erreichen, wird auf den aktuellen Steuersatz abgestellt. Zudem erfolgt bei Steuersatzänderungen keine Anpassung der einmal vorgenommenen Steuerabgrenzung.

Mit der Neufassung des § 274 Abs. 2 HGB durch das BilMoG wurde der im Schrifttum umstrittene maßgebliche Steuersatz nunmehr gesetzlich festgelegt. Danach ist der Betrag der künftigen Steuerbelastung oder Steuerentlastung mit dem **unternehmerischen Steuersatz** im Zeitpunkt der Umkehrung der Differenz zu bewerten.

Offen bleibt, wie bei einer **Änderung des unternehmerischen Steuersatzes** zu verfahren ist. Der Steuerabgrenzung auf der Basis der Deferred-Methode würde es entsprechen, keine Änderung in der Bewertung einer Steuerabgrenzung vorzunehmen. **Neue Steuerabgrenzungen** wären mit dem neuen, **Auflösungen** mit dem frühern Ertragsteuersatz zu bewerten. Da § 274 Abs. 2 HGB jedoch auf die künftigen Steuerbe- bzw. Steuerentlastungen abstellt, muss bei einer Änderung des Steuersatzes eine **Bewertungsanpassung** erfolgen. Bei der zugrunde zu legenden Gesamtdifferenzbetrachtung des § 274 HGB ist eine Anpassung des Gesamtbestandes der Steuerabgrenzungen an den veränderten Steuersatz vorzunehmen.

Beispiel 51: Aktive latente Steuern

Aufgrund der Ausübung der Ansatzwahlrechte und der vorsichtigen Bewertung der Vermögensgegenstände und Schulden der A AG im handelsrechtlichen Jahresabschluss treten beim Vergleich mit dem steuerrechtlichen Jahresabschluss Differenzen auf, die zum Teil zeitlicher, permanenter oder quasipermanenter Natur sind. Soweit zeitliche Differenzen bestehen, kann das Wahlrecht zum Ansatz aktiver latenter Steuern in der Handelsbilanz ausgeübt werden.

Als Ausgangspunkt wird der identische Jahresabschluss nach HGB und nach Steuerrecht dargestellt. Die Bilanz und die GuV stellen sich wie folgt dar (Beträge in Tsd. €):

Aktiva — Handelsbilanz = Steuerbilanz A AG zum 31.12.10 — Passiva

Aktiva		Passiva	
Anlagevermögen	13.480,0	Eigenkapital	6.400,0
Umlaufvermögen	6.351,5	Jahresüberschuss	3.327,5
		Rückstellungen	4.504,0
		davon Steuerrückstellungen 2.722,5	
		Verbindlichkeiten	5.600,0
	19.831,5		19.831,5

Aufwendungen — Handelsbilanzielle GuV = Steuerbilanzielle GuV A AG 10 — Erträge

Aufwendungen		Erträge	
Aufwendungen (ohne Ertragsteuern)	19.690,0	Erträge	25.740,0
Ertragsteuern	2.722,5		
Jahresüberschuss	3.327,5		
	25.740,0		25.740,0

Der Vorsteuergewinn ist 6.050 Tsd. €; bei einem Ertragsteuersatz von 45 % ergeben sich die Ertragsteuern mit 2.722,5 Tsd. €.

Aufgrund unterschiedlicher Ansatz- und Bewertungsvorschriften im Handelsrecht und im Steuerrecht stimmen die auf den gleichen Stichtag aufgestellten Bilanzen und Gewinn- und Verlustrechnungen der A AG nicht überein. Typische Fälle für das Entstehen aktiver latenter Steuern auf Grund von Ansatz- und Bewertungsabweichungen zwischen Handels- und Steuerbilanz werden für das Jahr 10 wie folgt angenommen:

- Zeitliche Differenzen im Anlagevermögen:
  Nichtaktivierung eines derivativen Geschäfts- oder Firmenwerts mit 200 Tsd. €;
  höhere Abschreibung von technischen Anlagen und Maschinen 780 Tsd. €;
- Zeitliche Differenzen im Umlaufvermögen und Rechnungsabgrenzungsposten:
  Aktivierung unfertiger Erzeugnisse zu Teilkosten 90 Tsd. €;
  höhere Abschreibung Vorräte 60 Tsd. €;
  sofortige Abschreibung eines Disagios aus einer Anleihe mit 20 Tsd. €;
- Zeitliche Differenzen bei den Rückstellungen:
  Aufwandsrückstellungen 660 Tsd. €;
  höhere Gewährleistungsrückstellungen 540 Tsd. €.

1. Es ist der handelsbilanzielle Jahresabschluss der A AG zum 31.12.10 unter Berücksichtigung der angegebenen Ansatz- und Bewertungsabweichen zu erstellen und die Ertragsteuerquote zu ermitteln, die sich bei Übernahme der Ertragsteuern aus der Steuerbilanz ohne die Bilanzierung aktiver latenter Steuern ergibt.
2. Es sind die aktiven latenten Steuern der A AG zum Jahresabschluss 10 unter der Annahme eines Ertragsteuersatzes von 45 % des Vorsteuergewinns zu ermitteln und die Handelsbilanz und die handelsbilanzielle GuV der A AG unter Einbeziehung der latenten Steuern zum 31.12.10 aufzustellen.
3. Die A AG hat im Jahr 10 die B GmbH übernommen, die in ihrem Jahresabschluss 09 einen Verlustvortrag von 2 Mill. € ausweist, der von der A AG steuerlich abzugsfähig ist. Es ist festzustellen wie die Einbeziehung des Verlustvortrags in die latenten Steuern das unter 1. ermittelte Ergebnis verändern würde.

Beispiel 52: Passive latente Steuern

Passive latente Steuern treten gegenüber aktiven latenten Steuern in den vergleichsweise seltenen Fällen auf, in denen der handelsbilanzielle Vorsteuergewinn höher ist als der steuerbilanzielle.

Aufgrund der Ausübung der Ansatzwahlrechte und der vorsichtigen Bewertung der Vermögensgegenstände und Schulden der A AG im handelsrechtlichen Jahresabschluss treten beim Vergleich mit dem steuerrechtlichen Jahresabschluss Differenzen auf, die zum Teil zeitlicher, permanenter oder quasipermanenter Natur sind. Es sind, soweit zeitliche Differenzen bestehen, in der Handelsbilanz passive latente Steuern anzusetzen.

Ausgangspunkt ist, ebenso wie bei dem Beispiel zu den aktiven latenten Steuern, der identische Jahresabschluss nach HGB und nach Steuerrecht. Die Bilanz und die Gewinn- und Verlustrechnung stellen sich ohne Berücksichtigung der Abschreibungen der Herstellungskosten eines im Anlagevermögen angesetzten Gebäudes wie folgt dar (Beträge in Tsd. €):

Aktiva	Handelsbilanz = Steuerbilanz A AG zum 31.12.10		Passiva
Anlagevermögen	13.480,0	Eigenkapital	6.400,0
Umlaufvermögen	6.351,5	Jahresüberschuss	3.327,5
		Rückstellungen	4.504,0
		davon Steuerrückstellungen 2.722,5	
		Verbindlichkeiten	5.600,0
	19.831,5		19.831,5

Aufwendungen	Handels- und steuerbilanzielle GuV A AG 10		Erträge
Aufwendungen (ohne Ertragsteuern)	19.690,0	Erträge	25.740,0
Ertragsteuern	2.722,5		
Jahresüberschuss	3.327,5		
	25.740,0		25.740,0

Aufgrund unterschiedlicher Ansatz- und Bewertungsvorschriften stimmen Bilanz und GuV der A AG nach Handels- und im Steuerrecht nicht überein. Das Aufzeigen des Entstehens passiver latenter Steuern wird im Folgenden auf die Abweichung bei der Bewertung eines bebauten Grundstücks beschränkt.

Es sei die Situation gegeben, in der das Steuerrecht bei der Herstellung eines Gebäudes mit Herstellungskosten von 4 Mill. € Sonderabschreibungen von 50 % im Jahr der Herstellung, für die die umgekehrte Maßgeblichkeit nicht gilt, gewährt; die planmäßige steuerliche Abschreibung beträgt 1 % p.a., die handelsbilanzielle 2 % p.a. Aus den unterschiedlich hohen Abschreibungen entstehen zeitliche Differenzen. Nach § 274 Abs. 1 HGB sind in der Handelsbilanz passive latente Steuern anzusetzen.

1. Es ist die Steuerbilanz und die steuerbilanzielle GuV der A AG zum 31.12.10 unter Berücksichtigung der angegebenen Bewertungsabweichung zu erstellen.

2. Es sind die passiven latenten Steuern der A AG im Jahresabschluss 10 unter der Annahme eines Ertragsteuersatzes von 45 % des Vorsteuergewinns zu ermitteln und die Handelsbilanz und die handelsbilanzielle GuV der A AG unter Einbeziehung der latenten Steuern zum 31.12.10 aufzustellen.

C. Aktive und passive Rechnungsabgrenzungsposten

Rechnungsabgrenzungsposten dienen der **periodengerechten Zuordnung von Einnahmen und Ausgaben** zu dem Geschäftsjahr, dem sie erfolgswirksam als Ertrag oder Aufwand zuzurechnen sind.

Nach § 250 Abs. 1 Satz 1 HGB sind als aktive Rechnungsabgrenzungsposten **Ausgaben vor dem Abschlussstichtag** auszuweisen, soweit sie **Aufwand** für eine bestimmte Zeit **nach dem Abschlussstichtag** darstellen. Nach § 250 Abs. 2 HGB sind als passive Rechnungsabgrenzungsposten Einnahmen vor dem Abschlussstichtag auszuweisen, soweit sie Ertrag für eine bestimmte Zeit nach dem Abschlussstichtag darstellen. Für die angeführten aktiven und passiven Rechnungsabgrenzungsposten besteht **Ansatzpflicht**.

I. Aktive Rechnungsabgrenzungsposten

1. Anwendungsbereich und Art der Bilanzposten

Die aktiven Rechnungsabgrenzungsposten betreffen primär Verträge, bei denen Leistung und Gegenleistung zeitlich auseinander fallen. Der Anwendungsbereich geht über Verträge hinaus. Posten der Rechnungsabgrenzung können auch auf Grundlage des öffentlichen Rechts gebildet werden.

Die aktiven Rechnungsabgrenzungen können **unterschiedlichen Gehalt** aufweisen. In § 246 Abs. 1, § 247 Abs. 1 HGB stehen aktive Rechnungsabgrenzungsposten neben Vermögensgegenständen und Schulden. Daraus wird zu Recht gefolgert, dass das HGB Rechnungsabgrenzungsposten nicht den Vermögensgegenständen oder Schulden zuordnet.

Der Umkehrschluss ist nicht zwingend. So werden in bestimmten Fällen aktive Rechnungsabgrenzungen den Vermögensgegenständen zugeordnet, z.B. bei Mietvorauszahlungen, die ein Forderungsrecht auf Rückerstattung der Zahlungen bei Nichtleistung des Vertragspartners beinhalten. Im Rechnungslegungsrecht werden Rechnungsabgrenzungen als **Posten besonderer Art** gesehen, für die es einer Zuordnung zu Vermögensgegenständen oder Schulden nicht bedarf.

Aktive Rechnungsabgrenzungsposten lassen sich gegenüber den Vermögensgegenständen „sonstige Vermögensgegenstände", „Forderungen aus Lieferungen und Leistungen" und „geleistete Anzahlungen" abzugrenzen:

- Die Rechnungsabgrenzungsposten ergeben sich aus § 250 Abs. 1 Satz 1 HGB, nach dem als Rechnungsabgrenzungsposten auf der Aktivseite Ausgaben vor dem Abschlussstichtag auszuweisen sind, soweit sie Aufwand für eine bestimmte Zeit nach diesem Tag darstellen.

- Bei geleisteten Anzahlungen erfolgt die Ausgabe vor dem Aufwand. Eine Anzahlung ist ebenso wie eine aktive Rechnungsabgrenzung eine Vorleistung des Unternehmens, die dann vorliegt, wenn die Leistung des Vertragspartners noch aussteht. Dies gilt auch für die Anzahlung. Die Anzahlung und Rechnungsabgrenzung unterscheiden sich dadurch, dass aktive Rechnungsabgrenzungsposten im Gegensatz zur Anzahlung sich auf einen Zeitbereich, z.B. eine Mietvorauszahlung von einem Monat, richten.

2. Nachweis und Ansatz der aktiven Rechnungsabgrenzungsposten

Der **Nachweis** des Vorliegens einer aktiven Rechnungsabgrenzung kann i.d.R. über das Vorliegen eines Vertrages und die erbrachte Zahlung erfolgen.

a) Ansatzpflicht der aktiven Rechnungsabgrenzungsposten

Den **Ansatz** der aktiven Rechnungsabgrenzung im Sinn regelt § 250 Abs. 1 Satz 1 HGB. Die Bilanzierung der aktiven Rechnungsabgrenzung verlangt das Vorliegen der folgenden Voraussetzungen:

- Ausgabe vor dem Abschlussstichtag.
- Aufwand nach dem Abschlussstichtag.
- Aufwand für eine bestimmte Zeit.

Über den Begriff „Ausgabe" in Sinn des § 250 Abs. 1 Satz 1 HGB besteht im Schrifttum Unklarheit. Die h.M. sieht entgegen der ökonomischen Definition, die streng zwischen den Begriffen „**Auszahlung**" und „**Ausgabe**" unterschiedet, in der Ausgabe grundsätzlich einen Zahlungsvorgang; dies gilt jedoch nicht für die ökonomische Betrachtung. Auszahlungen sind Übertragungen von Geld von einem Vertragspartner auf den anderen. Die Ausgabe ist dagegen weitergehend, sie umfasst neben Auszahlungen in Geld die Zunahme von Verbindlichkeiten und die Abnahme von Forderungen.

Die Voraussetzung des **Aufwands für eine bestimmte Zeit** nach dem Abschlussstichtag hat für den Ansatz der aktiven Rechnungsabgrenzung zentrale Bedeutung. Die bestimmte Zeit muss sich aus dem Vertrag oder der Vereinbarung ergeben. Nach h.M. müssen Anfang und Ende des maßgebenden Zeitraumes festliegen. Die bestimmte Zeit muss nicht notwendigerweise auf das folgende Geschäftsjahr beschränkt. Eine Rechnungsabgrenzung kann mehrere Geschäftsjahre umfassen.

Bei Vorliegen der oben angeführten Voraussetzungen der Ausgabe vor dem Abschlussstichtag, des Aufwandes nach dem Abschlussstichtag und des Aufwandes für eine bestimmte Zeit für den Ansatz einer aktiven Rechnungsabgrenzung besteht nach § 250 Abs. 1 Satz 1 HGB **Ansatzpflicht**.

Bezüglich der Verpflichtung zum Ansatz aktiver Rechnungsabgrenzung gilt der **Grundsatz der Wesentlichkeit**. Liegt eine Beeinträchtigung des Einblicks in die Vermögens- und Ertragslage des Unternehmens nicht vor, kann auf den Ansatz einer unbedeutenden aktiven Rechnungsabgrenzung verzichtet, und der Betrag der Ausgabe als Aufwand in der Gewinn- und Verlustrechnung angesetzt werden.

Beispiele für aktive Rechnungsabgrenzungsposten nach § 250 Abs. 1 Satz 1 HGB sind u.a. Miet- und Pachtvorauszahlungen, Kraftfahrzeugsteuer, Leasinggebühren, Lizenzgebühren, Versicherungsprämien, Zeitungsgebühren, Strom-, Gas- und Wassergebühren, Beiträge für Organisationen.

b) Ansatzwahlrecht der aktiven Rechnungsabgrenzungsposten

Einen gesetzlich explizit geregelten **Sonderfall** für den Ansatz aktiver Rechnungsabgrenzung mit einem **Ansatzwahlrecht** stellt der Unterschiedsbetrag zwischen Ausgabe- und Erfüllungsbetrag von Verbindlichkeiten nach § 250 Abs. 3 Satz 1 HGB dar. Nach der Vorschrift **darf** für den Fall, dass der Erfüllungsbetrag einer Verbindlichkeit höher ist als der Ausgabebetrag, der Unterschiedsbetrag als aktive Rechnungsabgrenzung angesetzt werden.

Der Unterschied zwischen Erfüllungszahlungs- und Auszahlungsbetrag kann sich aus einem **Auszahlungsdisagio** mit Erfüllung zum Nominalbetrag oder einem **Erfüllungsdisagio** mit Auszahlung zum Nominalbetrag ergeben. Einem Auszahlungsdisagio entspricht das **Damnum** bei der Gewährung eines hypothekarisch gesicherten Kredits.

Es ist zu unterscheiden zwischen dem Ausgabebetrag und dem Erfüllungsbetrag einer Verbindlichkeit:

- **Ausgabebetrag** ist der Kurs, zu dem die Anleihe von dem Emittenten am Markt verkauft worden ist.
- **Erfüllungsbetrag** ist der durch die Emissionsbedingungen festgelegte Betrag, zu dem die Anleihe nach Ablauf der Laufzeit durch den Emittenten eingelöst wird.

Bei der Ermittlung des Ausgabedisagios bei **Zero-Bonds** unterscheidet man zwischen **Ausgabedisagio** als Unterschiedsbetrag zwischen dem Ausgabebetrag und dem Erfüllungsbetrag der Anleihe und Auszahlungsdisagio als Unterschiedsbetrag zwischen Emissionsbetrag und Ausgabebetrag der Anleihe. Bedeutung hat das Ausgabedisagio. Es enthält den gesamten Zinsaufwand für die Laufzeit der Anleihe.

Nicht eindeutig ist, ob der Unterschiedsbetrag im Sinn des § 250 Abs. 3 HGB auch aus einer langfristig zinslos **gestundeten Kaufpreisschuld** entstehen kann. Wird z.B. beim Kauf eines Vermögensgegenstandes einer Sachanlage der Kaufpreis langfristig zinslos gestundet, ist davon auszugehen, dass in dem Kaufpreis Zinsen enthalten sind und damit nicht der Kaufpreis, sondern der Barwert des Kaufpreises die Anschaffungskosten der Sachanlage darstellt. Wird die Sachanlage zum Barwert aktiviert, darf der Unterschiedsbetrag zwischen Barwert und Erfüllungsbetrag als Disagio unter dem aktiven Rechnungsabgrenzungsposten angesetzt werden.

3. Ausweis der aktiven Rechnungsabgrenzungsposten

Die nach § 250 Abs. 1 Satz 1 HGB aktivierungspflichtigen Rechnungsabgrenzungen sind nach § 266 Abs. 2 C. HGB unter dem „Rechnungsabgrenzungsposten“ auszuweisen. Ein getrennter Ausweis der einzelnen unter den Posten fallenden Sachverhalte oder Bilanzierungssachverhalte wird nicht verlangt. Auch schreibt das Gesetz eine Trennung zwischen ansatzpflichtigen und ansetzbaren Sachverhalten nicht vor.

Für den **Unterschiedsbetrag** zwischen Ausgabe- und Erfüllungsbetrag von Verbindlichkeiten, d.h. für das Disagio nach § 250 Abs. 3 HGB, schreibt § 268 Abs. 6 HGB einen **gesonderten Ausweis** in der Bilanz oder eine Angabe im Anhang vor. Der gesonderte Ausweis in der Bilanz kann durch Untergliederung des aktiven Rechnungsabgrenzungspostens oder durch die Aufnahme eines Davon-Vermerks vorgenommen werden.

4. Bewertung der aktiven Rechnungsabgrenzungsposten

Bewertungsfragen bei aktiven Rechnungsabgrenzungen werden im Schrifttum lediglich im Zusammenhang mit der Abschreibung des Unterschiedsbetrages, d.h. des Disagios nach § 250 Abs. 3 Satz 2 HGB, angesprochen. Nach der Vorschrift ist der Unterschiedsbetrag durch **planmäßige jährliche Abschreibungen** zu tilgen, die auf die gesamte Laufzeit der Verbindlichkeit verteilt werden können. Der aktivierte Betrag ist spätestens bis zur Erfüllung der Verbindlichkeit abzuschreiben.

Da die jährlichen Abschreibungen auf die gesamte Laufzeit verteilt werden können, muss es auch zulässig sein, sie auf einen Teil der Laufzeit zu verteilen. Allerdings gilt für die Abschreibung eines Disagios der Grundsatz der **Bewertungsstetigkeit**. Die auf den vorhergehenden Jahresabschluss angewandte Bewertungsmethode ist beizubehalten.

Das Gesetz gibt keine spezielle anzuwendende **Abschreibungsmethode** vor. Das Schrifttum stellt stattdessen strenge Anforderungen an die anzuwendende Abschreibungsmethode, denen allerdings die gesetzliche Regelung fehlt. So sei eine jährliche, gleich bleibende Mindestabschreibung vorzunehmen. Restriktiv sind auch die Ansprüche an die Abschreibungsmethode, die in Abhängigkeit von der Art des Darlehens gestellt werden. Danach soll gelten:

- Bei **Fälligkeitsdarlehen** soll der Unterschiedsbetrag regelmäßig linear auf die Laufzeit abgeschrieben werden.
- Bei **Tilgungsdarlehen** mit gleichmäßiger Tilgung soll die Abschreibung für die einzelnen Perioden der Abschreibung, bezogen auf den jeweiligen Kreditbetrag, am Anfang eines Geschäftsjahres bestimmt werden.
- Bei **Annuitätendarlehen** soll die Abschreibung der einzelnen Geschäftsjahre der Abschreibung in Relation zur abnehmenden Zinsquote der einzelnen Geschäftsjahre, bezogen auf die Gesamtzinsbelastung, bestimmt werden.

- Bei **fehlender Laufzeit** soll als Abschreibungszeitraum die voraussichtliche Tilgungszeit zugrunde gelegt werden. Entsprechend dem Vorsichtsprinzip soll diese jedoch auf den Zeitpunkt begrenzt sein, zu dem der Gläubiger frühestens den Kredit kündigen kann.

Die **Restriktionen** des Schrifttums bezüglich der vorzunehmenden Anschreibung und der anzuwendenden Bewertungsmethode sind aus dem Gesetz nicht ableitbar und deshalb allenfalls als Empfehlungen, nicht jedoch als zwingend zu beachtende Normen aufzufassen. So widerspricht z.B. die vorgeschlagene Bewertungsmethode für Fälligkeitsdarlehen mit linearer Abschreibung auf die Laufzeit der Vorgabe des § 250 Abs. 3 Satz 2 HGB, nach dem die planmäßigen jährlichen Abschreibungen auf die Laufzeit verteilt werden können, nicht aber verteilt werden müssen.

Nach dem Wortlaut des § 250 Abs. 3 Satz 2 HGB ist die Vornahme von **außerplanmäßigen Abschreibungen** auf den Unterschiedsbetrag nicht vorgesehen. Trotz fehlender gesetzlicher Regelung wird die Vornahme außerplanmäßiger Abschreibungen verlangt, wenn die Verbindlichkeit ganz oder teilweise vorzeitig zurückgezahlt, die Laufzeit verkürzt oder das Zinsniveau gefallen ist. Der Auffassung ist nicht zu folgen, da das Gesetz eine eindeutige Regelung zur Behandlung eines Disagios vorgibt.

II. Passive Rechnungsabgrenzungsposten

Passive Rechnungsabgrenzungsposten dienen der **periodenbezogenen Zuordnung** von Einnahmen vor dem Abschlussstichtag zu dem Geschäftsjahr, dem sie als Ertrag zuzurechnen sind. Das Schulbeispiel für das Entstehen passiver Rechnungsabgrenzung sind Mieteinnahmen vor dem Abschlussstichtag, die Mieterträge für eine bestimmte Zeit (Monat, Quartal, Halbjahr oder Jahr) nach dem Abschlussstichtag darstellen.

1. Nachweis und Ansatz der passive Rechnungsabgrenzungsposten

Geht man von dem Sachverhalt aus, dass passive Rechnungsabgrenzungen nur dann gebildet werden können, wenn das die Vorleistung erhaltende Unternehmen eine Verpflichtung gegenüber dem Geschäftspartner zur Gegenleistung hat, setzt der Anspruch der passiven Rechnungsabgrenzung den **Nachweis** der Gegenleistungspflicht voraus. Die Anwendungsbereiche der passiven Rechnungsabgrenzung sind Verträge und Verpflichtungsübernahmen. Der Nachweis der Leistungspflicht setzt voraus, dass:

- ein **Vertrag** vorliegt, aus dem die Gegenleistungspflicht abgeleitet werden kann; und
- der Vertragspartner eine **Vorleistung** erbracht hat, die bei dem bilanzierenden Unternehmen zu einer Einnahme geführt hat.

Den **Ansatz** der passiven Rechnungsabgrenzungen regelt § 250 Abs. 2 HGB. Die Passivierungsfähigkeit knüpft an die folgenden Voraussetzungen an:

- Einnahme vor dem Abschlussstichtag,
- Ertrag nach dem Abschlussstichtag, und
- Ertrag für eine bestimmte Zeit.

Über den Begriff „**Einnahmen**" im Sinn des § 250 Abs. 2 HGB besteht, wie bei den Ausführungen zur aktiven Rechnungsabgrenzung dargestellt, keine einheitliche Auffassung. Nach der im Rechnungswesen gängigen Definition sind Einnahmen Einzahlungen in Geld, Forderungszunahmen und Schuldenabnahmen. Dem folgt die h.M. die in der Einnahme einen Zahlungsvorgang im Sinn einer Erhöhung des Geldvermögens und das Entstehen einer Forderung sieht.

Ein **Ertrag nach dem Abschlussstichtag** des Unternehmens liegt vor, wenn nach Abschluss des Geschäftsjahres eine Erhöhung des Nettovermögens entsteht. Der Ertrag gilt als nach dem Abschlussstichtag realisiert, wenn von dem bilanzierenden Unternehmen im neuen Geschäftsjahr die Gegenleistung für die erhaltene Einnahme erbracht wird.

Der Ertrag **für eine bestimmte Zeit** nach dem Abschlussstichtag des Unternehmens stellt, wie bei der aktiven Rechnungsabgrenzung dargelegt, die wichtigste Bedingung für die Zulässigkeit der Passivierung der passiven Rechnungsabgrenzung dar. Die bestimmte Zeit wird durch die ausstehende Leistung festgelegt. Voraussetzung ist, dass eine bestimmte Zeit kalendermäßig festliegt oder bestimmt werden kann. Als **Beispiele** für passive Rechnungsabgrenzungen nach § 250 Abs. 2 HGB werden neben dem Standardfall der über den Geschäftspartner vom dem bilanzierenden Unternehmen voraus erhaltenen Miete oder Pacht für einen Zeitraum nach dem Abschlussstichtag.

Ein **Sonderfall** der passiven Rechnungsabgrenzung ist das **Finanzierungsleasing** mit Zurechnung des Leasinggegenstandes zum Leasinggeber. Die dabei auftretenden Abgrenzungsfragen beziehen sich auf die Entgelte der einzelnen Zeitbereiche, z.B. Monate, als Leasingraten und auf die degressive Ausgestaltung der Leasingraten. Zudem kann die **Forfaitierung** noch nicht fälliger Leasingraten beim Leasinggeber zur passiven Rechnungsabgrenzung führen. Für passive Rechnungsabgrenzungen besteht **Ansatzpflicht**.

2. Ausweis der passive Rechnungsabgrenzungsposten

Die nach § 250 Abs. 2 HGB ansatzpflichtigen Rechnungsabgrenzungen sind unter dem Bilanzposten des § 266 Abs. 3 D. HGB auszuweisen. Einen getrennten Ausweis der einzelnen unter den Posten fallenden Sachverhalte sieht das Gesetz nicht vor. Dies gilt auch für den Fall, dass in die passive Rechnungsabgrenzung ein Unterschiedsbetrag einzustellen ist, der sich daraus ergibt, dass der Erfüllungsbetrag der Forderung, einer Ausleihung oder einer anderen Darlehenshingabe höher ist als der Auszahlungsbetrag.

Im Schrifttum wird ein gesonderter Ausweis des Disagios bzw. eine entsprechende Angabe im Anhang empfohlen, wenn es sich um einen wesentlichen Betrag handelt. Das Gesetz sieht eine entsprechende Verpflichtung nicht vor.

3. Bewertung der passive Rechnungsabgrenzungsposten

Bewertungsfragen bei passiver Rechnungsabgrenzung werden im Schrifttum kaum angesprochen. Die Bewertung als **Zugangswert** erfolgt in Höhe der im laufenden Geschäftsjahr vor dem Abschlussstichtag erhaltenen Einnahmen. Steht eine Einnahme der Höhe nach fest, treten bei der Erfassung der passiven Rechnungsabgrenzung im Allgemeinen aufgrund des gegebenen Betrages keine Bewertungsprobleme auf.

Bewertungsprobleme können sich jedoch bei der **Folgebewertung** ergeben, wenn die Frage nach der Erfolgswirkung der Einnahme für eine bestimmte Zeit nach dem Abschlussstichtag festgelegt wird. Ein Problem entsteht, wenn der Zeitraum der Ertragsverteilung auf das folgende Geschäftsjahr oder die folgenden Geschäftsjahre nicht feststeht, sondern geschätzt werden muss. Maßgebend ist dann die sich aus der Schätzung ergebende Ertragsverteilung.

Beispiel 53: Disagio

Die A AG beabsichtigt am 1.1.11 zur mittelfristigen Finanzierung einer Investition eine Anleihe in Höhe von nominal 10 Mill. € mit einer Laufzeit von fünf Jahren aufzulegen. Es werden die im Folgenden angeführten Alternativen in Erwägung gezogen:

(a) Ausgabe und Rückzahlung zum Nominalbetrag von 10 Mill. €, Verzinsung zum Kapitalmarktzinssatz von 5 % p.a. zahlbar jeweils am Jahresende;

(b) Ausgabe zum Nominalbetrag von 10 Mill. €, Rückzahlung mit Agio von 10 %, d.h. zu 11 Mill. €, Verzinsung mit 3 % p.a. zahlbar jeweils am Jahresende.

1. Es ist durch Gegenüberstellung der Ergebnisse die Alternative mit der niedrigsten finanziellen Belastung der A AG zu bestimmen.
2. Für die Alternative (b) mit Rückzahlungsagio soll eine Rechnungsabgrenzung gebildet werden; zudem ist die bilanzielle Behandlung der Rechnungsabgrenzung zum 1.1.11 und für den Jahresabschluss 11 darzustellen.

Aufgrund unterschiedlicher Ansatz- und Bewertungsvorschriften stimmen Bilanz und GuV der A AG nach Handels- und im Steuerrecht nicht überein. Das Aufzeigen passiver latenter Steuern wird auf die Abweichung bei der Bewertung eines bebauten Grundstücks beschränkt.

Es sei die Situation gegeben, in der das Steuerrecht bei der Herstellung eines Gebäudes mit Herstellungskosten von 4 Mill. € Sonderabschreibungen von 50 % im Jahr der Herstellung, für die die umgekehrte Maßgeblichkeit nicht gilt, gewährt; die planmäßige steuerliche Abschreibung beträgt 1 % p.a., die handelsbilanzielle 2 % p.a. Aus den unterschiedlich hohen Abschreibungen entstehen zeitliche Differenzen. Nach § 274 Abs. 1 HGB sind in der Handelsbilanz passive latente Steuern anzusetzen.

1. Es ist die Steuerbilanz und die steuerbilanzielle GuV der A AG zum 31.12.10 unter Berücksichtigung der angegebenen Bewertungsabweichung zu erstellen.
2. Es sind die passiven latenten Steuern der A AG im Jahresabschluss 10 unter der Annahme eines Ertragsteuersatzes von 45 % des Vorsteuergewinns zu ermitteln und die Handelsbilanz und die handelsbilanzielle GuV der A AG unter Einbeziehung der latenten Steuern zum 31.12.10 aufzustellen.

Siebenter Teil

Vermerk der Haftungsverhältnisse

A. Grundsätze des Vermerks

I. Bilanzielle Erfassung von Eventualverbindlichkeiten

Ein Haftungsverhältnis ist dadurch gekennzeichnet, dass es eine **Eventualverbindlichkeit begründet**, d.h. eine Verbindlichkeit, aus der das Unternehmen nur unter bestimmten Umständen, mit deren Eintritt es nicht ernsthaft rechnet, in Anspruch genommen werden kann. Ein Haftungsverhältnis kann eigene oder fremde Verbindlichkeiten betreffen.

Von der passivierungspflichtigen Verbindlichkeit unterscheidet sich das Haftungsverhältnis dadurch, dass mit seinem **Eintritt nicht ernsthaft gerechnet** wird. Ist mit einer Inanspruchnahme des Unternehmens aus dem Haftungsverhältnis zu rechnen, besteht die Verpflichtung, das Haftungsverhältnis in der Bilanz als Verbindlichkeit anzusetzen. Der Begriff „Haftungsverhältnis“ im Sinn des § 251 HGB bezieht sich ausschließlich auf die Bilanz, nicht auf andere Haftungen.

II. Einzelne Grundsätze für den Vermerk der Haftungsverhältnisse

1. Nachrangigkeit der Vermerkpflicht

Hat ein Unternehmen mit der Belastung aus der Inanspruchnahme einer **Eventualverbindlichkeiten ernsthaft** zu rechnen, sind die entsprechenden Verpflichtungen nicht unter den Haftungsverhältnissen auszuweisen sondern unter den Verbindlichkeiten in der Bilanz anzusetzen. Es gilt der **Grundsatz der Nachrangigkeit der Vermerkpflicht**. Die Zuordnung ergibt sich unmittelbar aus § 251 Abs. 1 HGB. Er verlangt die Haftungsverhältnisse in der Bilanz zu vermerken sind, sofern sie nicht auf der Passivseite der Bilanz auszuweisen sind.

Der Ansatz einer Verbindlichkeit in der Bilanz geht dem Vermerk als Davon-Vermerk oder als Vermerk im Anhang vor. Besteht für die Verbindlichkeiten Bilanzierungspflicht, entfällt insoweit der Vermerk nach § 251 Satz 1 HGB.

Bezüglich der Vermerkpflicht eines Haftungsverhältnisses im Jahresabschluss eines Unternehmens, ist durch das BilMoG keine Änderung vorgenommen worden. Unklar bleibt jedoch wie zuvor das Problem der Verwendung des Begriffes

„sofern sie nicht auf der Passivseite“ in § 251 Satz 1 HGB. Dies wird dann gesehen, wenn lediglich für einen Teil der bestehenden Verpflichtungen eines Unternehmens aus Haftungsverhältnissen Verbindlichkeiten passiviert worden sind. Fraglich ist dann jedoch, ob:

- die gesamte Verpflichtung aus dem Haftungsverhältnis oder lediglich der Differenzbetrag zwischen der gesamten Verpflichtung und dem passivierten Teil der Verpflichtung zu vermerken ist; oder
- ob in diesem Fall auf einen Vermerk des Haftungsverhältnisses ganz verzichtet werden kann.

Nach h.M. ist, wie bereits an anderer Stelle angeführt, der Begriff „**sofern**“ im Sinn von „**soweit**“ zu interpretieren. Grundsätzlich schließen sich Ansatz einer Verpflichtung als Verbindlichkeit und gleichzeitiger Vermerk als Haftungsverhältnis aus. Ein Unternehmen kann aus einer bestehenden Verpflichtung nur einmal in Anspruch genommen werden. Ist eine Verpflichtung in der Bilanz angesetzt, so ist sie nicht gleichzeitig als Haftungsverhältnis zu vermerken. Ist sie nur zum Teil in der Bilanz angesetzt, ist lediglich der nicht in der Bilanz angesetzte Teil der Verpflichtung zu vermerken.

Vereinzelt wird bei Vorliegen zusätzlicher Garantien für eigene Verpflichtungen der Ausweis des Haftungsverhältnisses neben dem Ansatz als Verbindlichkeit in der Bilanz gefordert. Der alleinige Ausweis der Verpflichtung des Schuldners lasse hier nicht erkennen, ob und in welchem Umfang weitergehende Haftungen bestehen.

Dem ist zu widersprechen. Der **doppelte Ausweis** einer Verbindlichkeit unter den Passiva in der Bilanz und als Vermerk „unter dem Strich“ oder im Anhang führt zu einer **Fehlinformation**. Die Verpflichtung eines Unternehmens gegenüber einem Dritten besteht nur einmal. Mit dem doppelten Ausweis der Verpflichtung (in der Bilanz und im Anhang) wird die **Vermögens- und Ertragslage** eines Unternehmens **falsch ausgewiesen**.

Bei dem ähnlichen Problem, dass neben der Verbindlichkeit aus Lieferungen und Leistungen der Lieferant die Forderung durch Ziehen eines Wechsels auf den Abnehmer in Höhe des Rechnungsbetrages ein zweites Mal in der Bilanz ansetzen würde, ist beim Abnehmer die Verpflichtung nur einmal im Jahresabschluss (als Wechselverbindlichkeit) anzusetzen.

2. Umfang der vermerkpflichtigen Verbindlichkeiten

Mit der gesetzlichen Regelung ist der Umfang der zu vermerkenden Verbindlichkeiten durch § 251 HGB **begrenzt**. Das bedeutet nicht, dass die in § 251 HGB nicht genannten Haftungsverhältnisse nicht in den Bilanzvermerk einbezogen werden dürfen. Der **freiwillige Vermerk** von Haftungsverhältnissen, die in der Vorschrift nicht genannt sind, muss jedoch getrennt von den gesetzlichen Vermerken unter einer besonderen Bezeichnung erfolgen.

Für die vermerkpflichtigen Haftungsverhältnisse gilt der **Grundsatz der Vollständigkeit**. Auch wenn die Haftungsverhältnisse, die zum Bilanzstichtag noch zum Zeitpunkt der Bilanzerstellung bzw. der Feststellung des Jahresabschlusses im folgenden Geschäftsjahr aufgelöst wurden, sind sie in dem Jahresabschluss zu vermerken.

Der **Vollständigkeitsgrundssatz** hat alle zum Bilanzstichtag bestehenden Haftungsverhältnisse für eigene und fremde Verbindlichkeiten, mit deren Inanspruchnahme nicht ernsthaft gerechnet wird, zu umfassen. Dies gilt auch dann, wenn die Inanspruchnahme aus einem Haftungsverhältnis grundsätzlich ausgeschlossen ist.

Die Angabepflicht der Haftungsverhältnisse im Jahresabschluss eines Unternehmens erfährt **Einschränkungen**, die sich nicht unmittelbar aus dem Gesetz ableiten lassen. Nach h.M. müssen Haftungsverhältnisse, mit denen aufgrund des Geschäftszweiges gerechnet werden muss, weil sie betriebs- und branchenüblich sind, nicht angegeben werden. Die Angabepflicht beschränkt sich also auf Haftungen, die auf **besonderen Verhältnissen des Unternehmens** oder der Branche beruhen und die für die Rechnungslegungsadressaten nicht als bekannt vorausgesetzt werden können. Danach ist u.a. über die folgenden Sachverhalte im Normalfall in den **vermerkpflichtigen Haftungsverhältnissen nicht zu berichten**:

- bei gesetzlichen Haftungen, z.B. aus Fahrzeughaltung;
- bei gesetzlichen Pfandrechte, die Dritte gegenüber dem Unternehmen geltend machen können, z.B. Vermieter, Verpächter, Spediteure;
- bei Eigentumsvorbchalte bei Lieferungen gemäß § 455 BGB und
- bei Haftungen aufgrund steuer- und sozialversicherungsrechtlicher Vorschriften, z.B. für die abzuführende Lohnsteuer und die Sozialversicherungsbeiträge.

In Umkehrung des Grundsatzes über die nicht berichtspflichtigen Haftungsverhältnisse sind nach § 251 HGB nur die im Folgenden angeführten **anzugeben Haftungsverhältnisse**:

- die über die gesetzliche und branchenübliche Haftung hinausgehen; und
- bei denen ein Haftungsbetrag messbar ist und angegeben werden kann.

Die Verpflichtung zum Vermerk von Haftungsverhältnissen nach § 251 HGB setzt voraus, dass die in der Bilanz „unter dem Strich" oder im Anhang zu vermerkenden Eventualverbindlichkeiten **betragsmäßig** angegeben werden können. Sind die Haftungsverhältnisse quantifizierbar, soll nach Auffassung im Schrifttum der Betrag der maximalen Inanspruchnahme aus den Haftungsverhältnissen vermerkt werden. Dies kann jedoch im typischen Fall nicht gelten, in dem der Betrag der Inanspruchnahme geschätzt werden muss. Nach den Rechnungslegungsgrundsätzen ist weder der maximale noch der minimale Betrag anzugeben. Maßgebend ist vielmehr der durchschnittliche **Betrag** aus einer mehrwertigen Schätzung.

3. Ausweis der Haftungsverhältnisse

Maßgebend für den Ausweis der Haftungsverhältnisse im Jahresabschluss der Kapitalgesellschaft und der bestimmten OHG und KG nach § 264a HGB (sog. kapitalistischen Personenhandelsgesellschaft) ist § 268 Abs. 7 HGB. Er verlangt, dass die in § 251 HGB bezeichneten Haftungsverhältnisse jeweils **gesondert** unter der Bilanz oder im Anhang unter Angabe der gewährten Pfandrechte und der sonstigen Sicherheiten **vermerkt** werden.

Die Angabe der in § 251 HGB bezeichneten Haftungsverhältnisse hat jeweils gesondert zu erfolgen. Die **Reihenfolge** des § 251 HGB soll eingehalten werden. Dabei sind die Haftungsverhältnisse wie folgt zu vermerken oder anzugeben:

- Verbindlichkeiten aus der Begebung und Übertragung von Wechseln;
- Verbindlichkeiten aus Bürgschaften, Wechsel- und Scheckbürgschaften;
- Verbindlichkeiten aus Gewährleistungsverträgen; und
- Haftungsverhältnisse aus Sicherheitsbestellung für fremde Verbindlichkeiten.

Für den Ausweis der Haftungsverhältnisse als Bilanzvermerk bzw. als Angabe im Anhang des Unternehmens sind nach h.M. die im Folgenden angeführten allgemeinen **Gliederungsgrundsätze** anzuwenden:

- Formelle Stetigkeit nach § 265 Abs. 1 HGB.
- Vermerk einer Mitzugehörigkeit zu einem anderen Haftungsverhältnis nach § 265 Abs. 3 Satz 1 HGB.
- Weitere Untergliederung nach § 265 Abs. 5 Satz 1 HGB.
- Hinzufügung neuer Posten nach § 265 Abs. 5 Satz 2 HGB.
- Anpassung der Bezeichnung an die Besonderheiten der Gesellschaft nach § 265 Abs. 6 HGB.
- Zusammenfassung bei Unwesentlichkeit nach § 265 Abs. 7 Nr. 1 HGB.
- Weglassen von Leerposten nach § 265 Abs. 8 HGB.

Für die **Anwendung der Grundsätze** der Gliederung der Bilanz und der Gewinn- und Verlustrechnung ist zu prüfen, ob es sich bei den Haftungsverhältnissen um Bilanzposten im Sinn des § 265 HGB handelt. Die Frage wird im Schrifttum kontrovers beantwortet. Unabhängig von der Stellungnahme der Verneiner ist es informativ, bei den Haftungsverhältnissen den Grundsatz der **Darstellungsstetigkeit** zu beachten und die Vorjahreszahlen anzugeben sowie eine weitgehende Untergliederung der Haftungsverhältnisse vorzunehmen.

§ 268 HGB Abs. 7 HGB schreibt in zwei Fällen **Bilanzvermerke oder Anhangangaben** zu den in § 251 HGB bezeichneten Haftungsverhältnissen vor:

- Nach § 268 Abs. 7 erster Halbsatz HGB sind Haftungsverhältnisse unter **Angabe der gewährten Pfandrechte und sonstigen Sicherheiten** anzugeben. Obwohl das Gesetz auf alle Haftungsverhältnisse des § 251 HGB verweist, sind von dem Verweis nur die Haftungsverhältnisse aus der Bestellung von Sicherheiten für fremde Verbindlichkeiten (Sicherheitsobligo) betroffen.

Als gewährte **Pfandrechte und sonstige Sicherheiten** werden angeführt: Grundpfandrechte, z.B. Hypotheken, Grund- und Rentenschulden; Pfandrechte an beweglichen Sachen und Rechten, z.B. an Forderungen, Ausleihungen, Wertpapieren; Sicherungsübereignung, z.B. Übereignung von Vorräten und Sachanlagen; Sicherungsabtretungen von Forderungen und Rechten sowie Eigentumsvorbehalt.

- Nach § 268 Abs. 7 zweiter Halbsatz HGB sind **Haftungsverhältnisse gegenüber verbundenen Unternehmen** gesondert anzugeben. Es liegt auf der Hand, dass die Verpflichtung zur gesonderten Angabe für jede Gruppe der Haftungsverhältnisse gilt. Bezüglich der **Form der Angabe** der Haftungsverhältnisse gegenüber verbundenen Unternehmen beinhaltet das Gesetz keine Vorgaben. Die Angabe kann als Bilanzvermerk oder im Anhang erfolgen. Die als möglich angesehene Offenlegung, nach der z.B. das Haftungsverhältnis in der Bilanz vermerkt wird, und die gesonderte Angabe über die Haftungsverhältnisse gegenüber verbundenen Unternehmen im Anhang erfolgt, ist im BilMoG nicht geändert worden.

  Wie nach der bereits in der Vorauflage vertretenen Auffassung festgestellt, **widerspricht** eine derartige **Berichterstattung den Grundsätzen der Klarheit und Übersichtlichkeit** der Rechnungslegung. Sind Haftungsverhältnisse in der Bilanz ohne die Angabe über die Haftungsverhältnisse gegenüber verbundenen Unternehmen vermerkt, geht der Rechnungslegungsadressat grundsätzlich davon aus, dass sie nicht gegenüber verbundenen Unternehmen bestehen. Insoweit bedarf es eines Hinweises auf ergänzende Angaben im Anhang.

4. Bewertung der Haftungsverhältnisse

Haftungsverhältnisse sind ungewisse Verbindlichkeiten, auf die § 253 Abs. 1 Satz 2 HGB unmittelbar anzuwenden ist. Danach sind Haftungsverhältnisse mit ihrem **Erfüllungsbetrag** und, sofern sie als Rückstellungen ausgewiesen werden, mit dem Betrag anzusetzen, der nach vernünftiger kaufmännischer Beurteilung notwendig ist. Die Bewertung der Haftungsverhältnisse erfolgt, sofern für dieses keine Verbindlichkeit oder Rückstellung angesetzt wurde, mit dem **vollen Haftungsbetrag**.

Haftungsverhältnisse können auf gesamtschuldnerischer Haftung oder auf teilschuldnerischer Haftung nach § 420 BGB beruhen:

- Bei **gesamtschuldnerischer Haftung** (Gesamthaftung) ist bei mehreren zur Haftung verpflichteten Unternehmen bei jedem haftenden Unternehmen der volle Betrag der Gesamtschuld zu vermerken.
- Bei **teilschuldnerischer Haftung** (Bruchteilshaftung) ist im Fall mehrere zur Haftung verpflichteten Unternehmen bei jedem anteilig haftenden Unter-

nehmen nur den das einzelne Unternehmen betreffenden Bruchteilsbetrag zu vermerken.

Haftungsverhältnisse, die sich auf die **Schuld eines Dritten** beziehen, z.B. die Haftung eines Mutterunternehmens für die Schuld eines Tochterunternehmens, sind nach h.M. im Allgemeinen mit der jeweiligen Höhe der Schuld, für die eine Haftung, hier des Mutterunternehmens, besteht, zu bewerten. Dies gilt sowohl für den Fall des vollen Bestandes der Schuld als auch für den Fall, dass die Schuld des Dritten durch Tilgungen gemindert ist.

Haftungsverhältnisse betreffen die **Hauptschuld** und die mit der Hauptschuld in Verbindung stehenden **Nebenkosten**. In die Bewertung des Haftungsverhältnisses sind beide Größen einzubeziehen.

Bestehen Haftungsverhältnisse in **fremder Währung**, gelten die Regeln für die Umrechnung von Währungsverbindlichkeiten nach dem durch das BilMoG neu eingefügten § 256a HGB. Die Bewertung erfolgt mit dem Devisenkassamittelkurs zum Abschlussstichtag.

Ist ein **Betrag der Inanspruchnahme** aus dem Haftungsverhältnis **nicht vorgegeben**, so ist die voraussichtliche Höhe der Inanspruchnahme zu schätzen. Lässt sich das Haftungsverhältnis auch im Rahmen einer **Schätzung** nicht betragsmäßig bestimmen, ist nach Auffassung im Schrifttum der Ansatz eines Merkpostens in Höhe von einem Euro geboten. Darüber hinaus wird verlangt, dass in diesem Fall bei Kapitalgesellschaften und bestimmten OHG und KG nach § 264a HGB zusätzlich ein verbaler Vermerk in Form einer Erläuterung unter der Bilanz oder im Anhang erforderlich ist.

Der Auffassung ist nicht zu folgen. Die Angabe eines Merkpostens von einem Euro ist die denkbar schlechteste Lösung des Schätzproblems. Zudem verkennen die Befürworter, dass eine **Intervallschätzung** auch bei großem Konfidenzintervall vorgenommen werden kann, und immer ein Mittelwert bestimmbar ist, der ungleich mehr Informationen vermittelt als der empfohlene Merkposten. Zudem kann neben dem Mittelwert die Breite des Konfidenzintervalls angegeben werden, die dem berechtigten Außenstehenden Informationen über den Risikobereich vermittelt.

5. Vermerk von Rückgriffsforderungen

§ 251 Satz 2 HGB sieht eine Vermerkpflicht für Rückgriffsforderungen nicht vor. Allerdings verlangt die Vorschrift, dass ein Haftungsverhältnis unabhängig davon, ob ihnen gleichwertige Rückgriffsforderungen gegenüberstehen, zu vermerken. Daraus folgt, dass Haftungsverhältnisse unsaldiert anzugeben sind. Nach h.M. ist es zulässig, Rückgriffsforderungen auf der Aktivseite unter der Bilanz oder im Rahmen eines Davon-Vermerks bei den Haftungsverhältnissen anzugeben. Gegen diese zusätzliche Information für Rechnungslegungsempfänger sind keine Einwendungen zu erheben. Allerdings sind die **Rückgriffsforderungen gesondert anzugeben**. Eine Verrechnung mit dem Betrag des Haftungsverhältnisses im Sinn eines Nettoausweises ist unzulässig.

Bei Passivierung eines Haftungsverhältnisses wegen **drohender Inanspruchnahme** ist fraglich, ob eine bestehende Rückgriffsforderung unter der Bilanz oder im Anhang zu vermerken oder auf der Aktivseite der Bilanz anzusetzen ist. Nach Auffassung im Schrifttum ist die **Rückgriffsforderung** grundsätzlich unter vorsichtiger Bewertung zu aktivieren. Dieser Vorgang ist abzulehnen, da die Aktivierung eine **Verletzung des Realisationsprinzips** darstellt. Die Rückgriffsforderung entsteht nicht schon zu dem Zeitpunkt, ab dem eine Inanspruchnahme droht, sondern erst dann, wenn der Sachverhalt, aus welchem dem Unternehmen eine Rückgriffsforderung zusteht, verwirklicht ist.

B. Vermerkgegenstände

Die Vermerkpflicht in der Bilanz oder im Anhang des Jahresabschlusses eines Unternehmens besteht für Verbindlichkeiten aus der Begebung und Übertragung von Besitzwechseln (Wechselobligo), aus Bürgschaften, Wechsel- und Scheckbürgschaften (Bürgschaftsobligo), aus Gewährleistungsverträgen (Gewährleistungsobligo) und aus Haftungsverhältnissen aus der Bestellung von Sicherheiten für fremde Verbindlichkeiten (Sicherheitsobligo).

Den folgenden Ausführungen wird die angeführte verkürzte Umschreibung der Eventualverbindlichkeiten zugrunde gelegt.

I. Wechselobligo

1. Nachweis und Vermerk des Wechselobligos

Dem Nachweis der Verbindlichkeiten aus der Begebung oder Übertragung von Wechseln (Wechselobligo) dient seit dem klassischen Zustand das Wechselkopierbuch. Von den darin erfassten Besitzwechseln fallen diejenigen unter die Vermerkpflicht, die am Abschlussstichtag weitergegeben wurden, aber noch nicht fällig sind.

Anzugeben ist das gesamte Wechselobligo, d.h. der Gesamtbetrag der Besitzwechsel, bei denen das bilanzierende Unternehmen als **Aussteller** nach Art. 9 Abs. 1 WG oder als **Indossant** nach Art. 15 Abs. 1 WG bei fehlender Einlösung haftet. Dabei kommt es auf die Bonität des Akzeptanten oder eines sonstigen Verpflichteten nicht an. Die Angabepflicht besteht ohne Einschränkung, d.h. auch dann, wenn bezüglich der Bonität des Akzeptanten keinerlei Risiko besteht. Das gilt in den Fällen, in denen eine Stelle der Öffentlichen Hand Wechselschuldnerin ist.

Strittig ist, ob eine Angabepflicht des Wechselobligos auch in den Fällen besteht, in denen der Indossant die **Haftung** aus dem Wechsel gegenüber möglichen Nachmännern ausgeschlossen hat.

Soweit über die Aufnahme der unterschiedlichen Arten von Besitzwechseln Einigkeit besteht, sind in das Wechselobligo diejenigen Wechsel aufzunehmen, für die am **Bilanzstichtag** eines Unternehmens das **Wechselobligo** noch **nicht erloschen** ist. Es erlischt erst zu dem Zeitpunkt, zu dem der Wechsel von dem Bezogenen, dem Aussteller oder einem sonstigen Vormann eingelöst wird.

Bei **Sichtwechseln** nach Art. 34 WG und bei **Nachsichtwechseln** nach Art. 35 WG, die nach Art. 23 Abs. 1 WG innerhalb eines Jahres nach der Ausstellung vorzulegen sind, ist nach Auffassung im Schrifttum aus Vorsichtsgründen davon auszugehen, dass die Wechsel erst mit Ablauf der gesetzlichen Vorlegungsfrist eingelöst werden. Erlangt jedoch das bilanzierende Unternehmen bis zum Zeitpunkt der Bilanzaufstellung Kenntnis davon, dass der Wechsel bereits bis zum Bilanzstichtag eingelöst worden ist, entfällt richtigerweise die Vermerkpflicht.

Wird eine **Inanspruchnahme** des haftenden Unternehmens aus dem Wechselobligo in der Zeit zwischen Abschlussstichtag und Bilanzaufstellung bekannt, ist eine **Rückstellung** in Höhe der voraussichtlichen Zahlungsverpflichtung anzusetzen. Die Passivierung der Rückstellung für die Wechselverpflichtung kann als Ausfluss der **Aufhellungstheorie** interpretiert werden, nach der neue Erkenntnisse nach dem Bilanzstichtag, die ihre Ursache im abgelaufenen Geschäftsjahr haben, bei der Bilanzierung und damit auch bei dem Vermerk der Haftungsverhältnisse zu berücksichtigen sind.

Die **Besonderheiten** bezüglich des Ansatzes von Verbindlichkeiten aus der Begebung und Übertragung von Wechseln bestehen für besondere Erscheinungsformen von Wechseln. Dies gilt allgemein für Depot- und Kautionswechsel, Mobilisierungswechsel sowie Gefälligkeitsakzepte und Indossamente.

2. Ausweis des Wechselobligos

Unter dem Wechselobligo sind Verbindlichkeiten auszuweisen, die sich aus der Haftung aus Besitzwechseln ergeben, bei denen am Bilanzstichtag das wechselmäßige Obligo noch besteht. Entsprechend dem angeführten Grundsatz der **Nachrangigkeit der Vermerkpflicht** ist ein Ausweis unter dem Wechselobligo nur dann zulässig, wenn nicht eine Verbindlichkeit oder Rückstellung wegen hoher Wahrscheinlichkeit der Inanspruchnahme eines Wechselobligos anzusetzen ist.

Soweit das Wechselobligo **gegenüber verbundene Unternehmen** besteht, ist es nach § 268 Abs. 7 zweiter Halbsatz HGB in der Bilanz des Unternehmens gesondert anzugeben.

Bei der **GmbH** ist darüber hinaus nach § 42 Abs. 3 GmbHG eine gesonderte Angabe in der Bilanz des Unternehmens für den Fall erforderlich, dass das Wechselobligo **gegenüber Gesellschaftern** der GmbH besteht.

3. Bewertung des Wechselobligos

Die Bewertung des Wechselobligos ist nach h.M. in der Praxis mit dem **Nominalbetrag des Wechsels**, d.h. mit dem Betrag, zu dem das bilanzierende Unternehmen aus dem Wechsel verpflichtet ist vorzunehmen. Dies betrifft jedoch nur einen Teil des Obligos.

Tatsächlich erstreckt sich die Haftung im Fall der Nichteinlösung des Wechsels nicht nur auf die **Wechselsumme**, sondern auch auf die entstehenden **Nebenkosten**, wie Zinsen und Protestkosten. Allerdings besteht keine Einigkeit darüber, wie die über die Wechselsumme hinausgehenden Nebenkosten in der Bilanz des Unternehmens anzusetzen sind:

- Nach h.M. sind die Nebenkosten durch eine **pauschale Rückstellung** für das Wechselobligo zu erfassen, die neben dem Vermerk des Wechselobligos passiviert wird.
- Nach abweichender, zutreffender Meinung, sind die **Nebenkosten nicht in die Vermerkpflicht** aufzunehmen. § 251 HGB verlangt nur die Angabe der Risiken in Form der eigentlichen Verbindlichkeit aus dem Wechsel. Gegen die Einbeziehung der Nebenkosten in den Vermerk eines Haftungsverhältnisses spricht zudem, dass bei Vermerk nicht ernsthaft mit der Inanspruchnahme aus dem Wechselobligo gerechnet wird. In diesem Fall ist weder die Bildung einer Rückstellung für ungewisse Verbindlichkeiten in Höhe der Wechselsumme noch der Nebenkosten zulässig.

II. Bürgschaftsobligo

1. Nachweis und Vermerk des Bürgschaftsobligos

Der Begriff „Bürgschaft“ wird in § 765 Abs. 1 BGB definiert als die **Verpflichtung des Bürgen**, gegenüber den **Gläubigern eines Dritten** für die Erfüllung der Verbindlichkeit des Dritten einzustehen. Z.B. kann das Mutterunternehmen im Konzern für die Forderungen der Bank gegenüber einem Tochterunternehmen einstehen. Das Bürgschaftsverhältnis entsteht durch Vertrag. Der **Bürgschaftsvertrag** begründet nach § 774 Abs. 1 Satz 1 BGB eine Schuldverpflichtung des Bürgen. Soweit der Bürge den Gläubiger befriedigt, entfällt die Bürgschaftsverpflichtung. Gleichzeitig geht die Forderung des Gläubigers gegen den Dritten auf den Bürgen über. Die Vermerkpflicht richtet sich auf die Verbindlichkeiten aus Bürgschaften (**Bürgschaftsobligo**).

Die **Bürgschaftsschuld** ist von dem Bestehen und dem Umfang der Hauptschuld abhängig (**akzessorisch**). Ist zwischen den Partnern etwas anderes vereinbart, liegt keine Bürgschaft, sondern eine Schuldmitübernahme oder ein Gewährleistungsvertrag vor.

Der **Nachweis** der Bürgschaft erfolgt durch den Bürgschaftsvertrag. Aufgrund der Akzessorietät der Bürgschaftsschuld mit der Hauptschuld des Dritten ist für den Nachweis der Verbindlichkeit aus der Bürgschaft auch der Nachweis über das Bestehen der Hauptschuld erforderlich:

- Nach § 766 Satz 1 BGB ist zur Gültigkeit des Bürgschaftsvertrages die **schriftliche Erteilung** der Bürgschaftserklärung erforderlich. Sie dient dem Nachweis über das Bestehen der Bürgschaftsschuld.
- Nach § 350 HGB sind auf eine Bürgschaft, die auf der Seite des Bürgen ein Handelsgeschäft ist, §§ 766 Satz 1 und 2, § 781 Satz 1 und 2 BGB nicht anzuwenden. Der Nachweis über das Bestehen der Bürgschaftsverpflichtung wird in diesen Fällen durch **Erklärung des Bürgen** erbracht.

Unter die **Vermerkpflicht** von Haftungsverhältnissen des § 251 HGB in Form von Bürgschaften fallen u.a.

- Vollbürgschaften;
- Mitbürgschaften;
- Teilbürgschaften;
- Höchstbetragsbürgschaften;
- Nachbürgschaften;
- Rückbürgschaften;
- selbstschuldnerische Bürgschaften sowie
- Wechsel- und Scheckbürgschaften.

Es sind **unterschiedliche Rechtsverhältnisse** zu unterscheiden, die mit der Bürgschaft verwandt sind, aber **keine Bürgschaften** darstellen und somit im Jahresabschluss nicht als Bürgschaftsobligo, sondern bei **anderen Zuordnungen** zu vermerken sind. Hierunter fallen:

- Der **Schuldbeitritt** im Sinn der **Schuldmitübernahme** oder kumulativen Schuldübernahme. Der Schuldbeitritt ist als Verpflichtungsvertrag zulässig. Er kann zwischen dem Gläubiger und dem der Schuld Beitretenden oder zwischen dem Schuldner und dem der Schuld Beitretenden geschlossen werden. Schuldbeitritt und Bürgschaft stimmen darin überein, dass sie dem Gläubiger als zusätzliche Sicherheit einen Anspruch gegen einen „Mithaftenden" verschaffen. Unterschiede bestehen darin, dass der Bürge akzessorisch für die fremde Schuld haftet, der Schuldbeitritt jedoch eine eigene Verbindlichkeit gegen den der Schuld Beitretenden begründet.

- Der **Gewährleistungsvertrag**, als **selbständiger Vertrag**, durch den jemand einem anderen verspricht, für einen Erfolg einzustehen. Hierzu rechnet den bei Vertragsabschluss noch nicht entstandenen Schaden zu übernehmen, der dem Anderen aus irgendeinem Vorgang, für den er nicht verantwortlich ist, erwächst.

Da das Bestehen der **Bürgschaftsschuld von dem Bestehen der Hauptschuld abhängig** ist (Akzessorietät), setzt die Angabe einer Bürgschaft unter den Haftungsverhältnissen das Bestehen der Hauptschuld am Bilanzstichtag des Bürgen voraus.

Der **Vermerk eines Bürgschaftsobligos** in der Bilanz des Bürgen ist entsprechend der obigen Darstellung insoweit **unzulässig**, als in der Bilanz des Bürgen für die Bürgschaftsverpflichtung eine Verbindlichkeit oder Rückstellung passiviert ist. In diesem Fall ist nach h.M. gleichzeitig die Rückgriffsforderung des Bürgen gegen den Hauptschuldner zu aktivieren.

Wie angeführt, stellt die Aktivierung der Rückgriffsforderung eine **Verletzung des Realisationsprinzips** dar, da die Rückgriffsforderung des Bürgen gegen den Hauptschuldner nicht dann entsteht, wenn die Inanspruchnahme des Bürgen droht, sondern die **Inanspruchnahme verwirklicht** ist, aus der dem Bürgen eine Rückforderung gegenüber dem Hauptschuldner zusteht.

Unklar kann der Ansatz von Verbindlichkeiten aus Bürgschaften in dem Fall sein, dass die Bürgschaft für eine **aufschiebend bedingte Hauptschuld** übernommen wurde und die Bedingung zum Bilanzstichtag noch nicht eingetreten war. Aufgrund der Akzessorietät der Bürgschaft ist, da es an der Hauptschuld fehlt, die Angabe eines noch nicht bestehenden Bürgschaftsobligos grundsätzlich unzulässig.

2. Ausweis des Bürgschaftsobligos

Entsprechend dem Grundsatz der **Nachrangigkeit der Vermerkpflicht** geht der Ausweis von Bürgschaften, Wechsel- und Scheckbürgschaften unter den sonstigen Verbindlichkeit oder sonstigen Rückstellung in den Fällen, in denen ernsthaft mit der Inanspruchnahme aus der Bürgschaftsschuld zu rechnen ist, dem Ausweis unter dem Bürgschaftsobligo vor.

Bezüglich der gesonderten Angaben des Unternehmens aus **Verpflichtungen gegenüber verbundenen Unternehmen** nach § 268 Abs. 7 zweiter Halbsatz HGB sowie aus **Verbindlichkeiten gegenüber Gesellschaftern** bei der GmbH gilt das oben für den Ausweis in der Bilanz oder im Anhang des Unternehmens des Wechselobligos Festgestellte entsprechend.

3. Bewertung des Bürgschaftsobligos

Nach § 767 Abs. 1 Satz 1 BGB ist für die Höhe des Bürgschaftsobligos die Höhe der Hauptschuld maßgebend. Verringerungen der Höhe der Hauptschuld führen zu entsprechender Verringerung des Bürgschaftsobligos. Mit Erlöschen der Hauptschuld erlischt auch die Bürgschaftsschuld. Es gilt der **Bewertungsgrundsatz**, dass sich die Höhe des Bürgschaftsobligos aus de**r Höhe der Hauptschuld am Bilanzstichtag ergibt.**

Für einzelne Bürgschaften gelten **Bewertungsregeln**, die in Einzelfällen von dem Grundsatz der Bewertung des Bürgschaftsobligos in Höhe der Hauptschuld **abweichen**. Hierzu stellen sich die wichtigsten Bewertungen des Bürgschaftsobligos wie folgt dar:

- **Mitbürgschaft**: Sie regelt sich nach der aus § 769 BGB entstehenden Verpflichtung. Haften bei der Verpflichtung mehrerer Bürgen für dieselbe Hauptschuld, so sind die Bürgen Gesamtschuldner, d.h. jeder Bürge haftet in Höhe der Gesamtbürgschaft. Entsprechend hat ein bilanzierendes Unternehmen als Mitbürge in der Bilanz unter dem Bürgschaftsobligo den Gesamtbetrag der Hauptschuld zu vermerkenden.
- **Teilbürgschaft**: Sie ergibt sich aus dem von dem bilanzierenden Unternehmen übernommenen Teil der Hauptschuld. Der Teil der Bürgschaft kann als Betrag in Euro oder als Bruchteil der Hauptschuld bestimmt werden. Die Teilbürgschaft ist jedoch nur in Höhe des Betrages, für den das Unternehmen bürgt, bzw. in Höhe des anteiligen Bruchteils der Hauptschuld, vermerkpflichtig

- **Höchstbürgschaft**: Sie ist strittig. Die unterschiedliche Wertbestimmung kommt in dem Fall zum Ausdruck, in dem der Höchstbetrag der Bürgschaft, z.B. in Höhe von 5 Mill. €, größer ist als die Hauptschuld von z.B. 3,8 Mill. € zum Abschlussstichtag. Nach einer Auffassung ist das Bürgschaftsobligo abhängig von der Art des Kredites des Hauptschuldners und den Schwankungen der Kredithöhe der Höchstbetrag (hier von 5 Mill. €) oder die Höhe der Hauptschuld (hier von 3,8 Mill. €) zu vermerken. Die abweichende Auffassung orientiert sich ausschließlich an der Akzessorietät zum Höchstbetrag der Bürgschaft, so dass die Bürgschaft im angeführten Beispiel mit dem Betrag von 3,8 Mill. € zu bewerten ist.

III. Gewährleistungsobligo

1. Begriff und Anwendungsbereich des Gewährleistungsobligos

Der Begriff „**Gewährleistungsvertrag**" ist gesetzlich nicht definiert. Man versteht darunter einen Vertrag, durch den Jemand einem Anderen verspricht, für einen Erfolg einzustehen, bzw. einen künftigen, noch nicht entstandenen, aber möglichen Schaden, zu übernehmen. Zur Bürgschaft besteht der grundsätzliche Unterschied, dass die Schuld des Gewährleistenden von der Hauptschuld unabhängig ist. Der Gewährleistungsvertrag begründet eine **Eventualverbindlichkeit** oder ein **Haftungsverhältnis** (Gewährleistungsobligo).

Bei dem Gewährleistungsobligo handelt es sich um eine **vertraglich übernommene Haftung**. Nicht zu vermerken sind Haftungsverhältnisse, die sich aus dem Gesetz ergeben und i.d.R. allgemein bekannt sind, z.B. die Haftung eines Kraftfahrzeughalters. Strittig ist, ob zu den vermerkpflichtigen Haftungsverhältnissen diejenigen zu rechnen sind, die sich als Nebenfolge eines Vertrages ergeben, z.B. des OHG-Gesellschafters aus § 128 HGB, des Kommanditisten aus §§ 171, 172 HGB, des Aktionärs aus § 65 AktG oder des GmbH-Gesellschafters aus §§ 22, 24 GmbHG.

Nach einer (juristischen) Auffassung besteht für derartige gesetzliche Haftungsverhältnisse, die sich aus der Nebenfolge eines Vertrages ergeben, Vermerkpflicht in der Bilanz oder im Anhang. Nach anderer (betriebswirtschaftlicher) Auffassung ist die Einbeziehung der so begründeten Gewährleistungsverpflichtungen abzulehnen.

2. Nachweis und Vermerk des Gewährleistungsobligos

Nach § 251 HGB sind nur vertraglich übernommene Haftungen aus Gewährleistungsverträgen zu vermerken. Der **Nachweis** über das Bestehen von vermerkpflichtigen Gewährleistungsverpflichtungen kann **anhand der entsprechenden Verträge** geführt werden. Da die Verträge schriftlich sind, kann mit dem Einblick Aufschluss über das Bestehen und die Höhe der Haftungsverhältnisse aus dem Gewährleistungsobligo gewonnen werden.

Bei **Ordnung der Gewährleistungsverpflichtungen** besteht unter Zugrundelegung der Systematisierung Ansatzpflicht bei vertraglich übernommenen Haftungspflichten **Vermerkpflicht** für eigene Leistungen, für fremde Leistungen und für sonstige Leistungen oder Erfolge. Darüber hinaus wird in der Systematisierung zwischen unselbständiger und selbständiger Gewährleistung unterschieden.

a) Gewährleistungen für eigene Leistungen

Wird die Gewährleistung für eine eigene Leistung eines Unternehmens übernommen, besteht die Vermerkpflicht nur dann, wenn die Verpflichtung vertraglich begründet ist, keine Rückstellung oder Verbindlichkeit passiviert ist und über die üblichen Gewährleistungen hinausgeht.

Die Gewährleistungen für **eigene Leistungen** können unselbständige oder selbständige Gewährleistungsverpflichtungen sein:

- **Eine unselbständige Gewährleistungsverpflichtung** liegt vor, wenn die Gewährleistung **Teil einer erbrachten Lieferung oder Leistung** eines Dritten ist, d.h. das liefernde oder leistende Unternehmen Zusagen an das empfangenden Unternehmens hinsichtlich der von ihm zu erbringenden Lieferung oder Leistung macht, die über die gesetzliche Gewährleistungspflicht hinausgehen. Hierunter fällt die Gewährleistungsverpflichtung des liefernden oder leistenden Unternehmens bei freiwilliger Gewährleistungszusage z.B. über fünf Jahre bei einer darunter liegenden gesetzlichen Gewährleistungspflicht von z.B. zwei Jahren.

  Aus der Differenzierung zwischen gesetzlicher und darüber hinausgehender Gewährleistung wird gefolgert, dass Verpflichtungen, die sich aus den öffentlichen Geschäfts- und Lieferungsbedingungen ergeben, (sofern die Bedingungen allgemein bekannt sind) nicht zu einer Vermerkpflicht führen. Danach ist der Großteil der unselbständigen Gewährleistungen aus der Lieferung typischer Erzeugnisse oder der Erbringung typischer Leistungen nicht zu vermerken.

- **Eine selbständige Gewährleistungsverpflichtung** liegt vor, wenn die jeweilige **Gewährleistung** eines Unternehmens **neben einer erbrachten Lieferung oder Leistung** steht und die Gewährleistungsverpflichtung im Zusammenhang mit einer eigenen Lieferungs- oder Leistungsverpflichtung übernommen wird. D.h. Die selbständige Gewährleistung stellt auf ein von der Lieferung oder Leistung abhängiges Ergebnis ab.

  Die Gewährleistung kann z.B. bei der Veräußerung eines Wohngebäudes mit mehreren Wohnungen erfolgen, nach der die Gewährleistung über einen Mindestbetrag von Mieteinnahme z.B. in Höhe von 20 Tsd. € pro Monat für einen Zeitraum von fünf Jahren garantieren. Gleiches gilt bei der Veräußerung eines Hotels mit Übernahme einer Gewährleistung, nach der über die z.B. eine Mindestbelegung von 60 % der Betten über einen Zeitraum von vier Jahren garantiert wird.

b) Gewährleistung für fremde Leistungen

Verbindlichkeiten aus Gewährleistungen für fremde Leistungen sind Verpflichtungen, die **zugunsten des Gläubigers eines Dritten** eingegangen werden, aber keine Bürgschaften sind. Die Gewährleistungen für fremde Leistung stellen insoweit **bürgschaftsähnliche Rechtsverhältnisse** dar, z.B. die kumulative Schuldübernahme, die Haftungsübernahme, die Freistellungsverpflichtung, das Bürgschafts-, Garantie- und Schuldbefreiungsversprechen sowie die Erwerbs- und Abkaufsverpflichtung.

Im Einzelnen stellen sich typische Gewährleistungsverpflichtungen für fremde Leistungen wie folgt dar:

- Die **Schuldmitübernahme** lässt dem Gläubiger offen, an welchen Schuldner er sich bei mehreren Schuldnern einer Verpflichtung für die Befriedigung seiner Ansprüche richtet. Die Schuldmitübernahme ist eine Sicherung des Gläubigers. Sie führt bei dem Schuldübernehmer, z.B. dem Mutterunternehmen, rechtlich zur Entstehung einer eigenen Verbindlichkeit, die neben die Schuld des Tochterunternehmens als Hauptschuldner tritt. Im Innenverhältnis hat der Hauptschuldner, hier das Tochterunternehmen, bei Inanspruchnahme des Schuldmitübernehmers durch den Gläubiger die Leistung an den Schuldmitübernehmer zu erbringen. Für die Schuldmitübernahme besteht Vermerkpflicht.
- Von der Schuldmitübernahme ist die **Schuldübernahme** zu unterscheiden, bei der die Schuld des bisherigen Schuldners auf den Schuldübernehmer übergeh, z.B. innerhalb eines Konzerns von einem Tochterunternehmen auf das Mutterunternehmen. Soweit die Schuld weiterhin gegenüber dem Dritten (Kreditinstitut) besteht, ist sie beim Schuldübernehmer anzusetzen, der gleichzeitig eine Forderung gegenüber dem bisherigen Schuldner ansetzt. Gegenüber der vorherigen Situation verändert sich beim bisherigen Schuldner der Gläubiger.
- Die **Haftungsübernahme** tritt z.B. bei der Veräußerung oder Abspaltung von Teilbetrieben für bestehende Pensionsverpflichtungen auf. Übernimmt der Erwerber eines Teilbetriebes die der Abspaltung zuzuordnenden Pensionsverpflichtungen, so sind diese in seiner Bilanz unter dem Posten „Rückstellungen für Pensionen und ähnliche Verpflichtungen" anzusetzen. Im Allgemeinen liegt hierbei keine befreiende Schuldübernahme vor, d.h., der bisherige Inhaber des Teilbetriebes haftet weiter für die bestehenden Pensionsverpflichtungen, da er diese nur im Innenverhältnis auf den neuen Inhaber des Teilbetriebes übertragen hat. Entsprechend besteht Vermerkpflicht für den bisherigen Inhaber des Teilbetriebes.
- Die **Haftung für Bürgschaften oder Garantien Dritter** ist strittig. Sie entsteht, wenn ein Unternehmen A einen Dritten K, z.B. ein Kreditinstitut, beauftragt, für seine eigene Leistungsverpflichtung gegenüber einem Vertragspartner eine Bürgschaft oder eine Garantie zu übernehmen. In diesem Fall hat der Dritte bei Inanspruchnahme einen Rückgriffsanspruch gegen das Unter-

nehmen A. In diesem Rückgriffsanspruch wird von einem Teil des Schrifttums ein vermerkpflichtiges Haftungsverhältnis gesehen. Für andere ist der Rückgriffsanspruch nicht zu vermerken.

Tatsächlich besteht zwar bei dem Dritten K, nicht aber bei dem Unternehmen A Vermerkpflicht. Letzteres hat in Höhe seiner eigenen Leistungsverpflichtung eine Verbindlichkeit oder Rückstellung anzusetzen. Mit einem zusätzlichen Vermerk für den Rückgriffsanspruch würde die Verpflichtung im Jahresabschluss des bilanzierenden Unternehmens doppelt erfasst werden.

- **Erwerbs- und Abkaufverpflichtungen** dienen als Sicherungsmittel von Kreditinstituten für Kreditgewährungen an Dritte, vor allem an Tochterunternehmen von Konzern. Zur Sicherung gibt das Mutterunternehmen dem Kreditinstitut die bindende Zusage, unter bestimmten Voraussetzungen die Forderung des Kreditinstituts gegenüber dem Tochterunternehmen zu erwerben. Es geht eine Erwerbs- oder Abkaufverpflichtung ein. Die bindende Zusage ist eine vermerkpflichtige Gewährleistungsverpflichtung des Mutterunternehmens.

c) Sonstige Gewährleistungen

Zu den sonstigen Gewährleistungen werden alle Verbindlichkeiten aus Gewährleistungsverträgen gerechnet, die weder die eigene Leistung noch die Erfüllung der Leistung Dritter zum Gegenstand haben. Sonstige Gewährleistungen sind u.a. die Ausbietungsgarantie, die Rentabilitätsgarantie und die Kursgarantie. Derartige Garantien sind vor allem bei Mutterunternehmen gegenüber Dritten im Interesse von Tochterunternehmen und im Eigeninteresse denkbar.

- Die **Ausbietungsgarantie** enthält eine Zusage z.B. des Mutterunternehmens gegenüber einem Hypothekengläubiger dafür einzustehen, dass bei einer Zwangsversteigerung eines Grundstücks des Tochterunternehmens den Gläubigern kein Verlust entsteht. Hat z.B. der Gläubiger dem Tochterunternehmen bei einem Schätzwert von 10 Mill. € ein Hypothekendarlehen von gleichfalls 10 Mill. Euro gewährt, und wird bei Zwangsversteigerung des Grundstücks voraussichtlich lediglich ein Preis von 6,5 Mill. Euro erzielt, muss das Mutterunternehmen aufgrund der Ausbietungsgarantie den Differenzbetrag von 3,5 Mill. € an den Hypothekengläubiger leisten. Es stellen sich die folgenden Situationen:
    - Wird nicht mit einer Zwangsversteigerung gerechnet, ist der geschätzte Differenzbetrag von 3,5 Mill. Euro als sonstige Gewährleistung zu vermerken.
    - Droht aus der Gewährleistung eine Inanspruchnahme von 3,5 Mill. Euro, weil das erwartete Gebot bei der Zwangsversteigerung des Grundstücks des Tochterunternehmens voraussichtlich um diesen Betrag geringer ist als die Forderung des Hypothekengläubigers, ist in der Bilanz des Mutterunternehmens in Höhe des voraussichtlichen Ausfalls eine Rückstellung für Gewährleistungen anzusetzen.

- Bei der **Rentabilitätsgarantie** verpflichtet sich das garantierende Unternehmen (Mutterunternehmen) das andere Unternehmen (Tochterunternehmen) so zu stellen, dass es in der Lage sein wird, an die Anteilseigner des Tochterunternehmens eine bestimmte Mindestdividende auszuschütten. Die Verpflichtung ist zu vermerken.
- Bei der **Kursgarantie** übernimmt das garantierende Unternehmen, z.B. der übernehmende Rechtsträger, die Verpflichtung, die Garantieempfänger (Minderheiten) eines übertragenden Rechtsträgers, die einer geplanten Verschmelzung zustimmen, von Kursrisiken der bei der Verschmelzung übernommenen Wertpapiere freizustellen.

3. Ausweis des Gewährleistungsobligos

Die vorgenommene Gruppierung ist für den Ausweis von Eventualverbindlichkeiten aus Gewährleistungsverträgen ohne Bedeutung. Die Gewährleistung für eigene Leistung, für fremde Leistung und die sonstigen Gewährleistungen werden in einem zusammengefassten Posten in der Bilanz vermerkt oder im Anhang angegeben. Nach dem Grundsatz der Stetigkeit des Ausweises kann verlangt werden, die Vermerke vollständig in der Bilanz oder vollständig im Anhang auszuweisen.

Bezüglich des gesonderten Ausweises von Verbindlichkeiten aus Gewährleistungsverträgen gegenüber verbundenen Unternehmen nach § 268 Abs. 7 zweiter Halbs. HGB wird auf die Ausführungen zum Wechselobligo verwiesen.

4) Bewertung des Gewährleistungsobligos

Die Bewertung der zu vermerkenden Eventualverbindlichkeiten aus Gewährleistungsverträgen erfolgt grundsätzlich mit dem vollen **Haftungsbetrag**. Sofern die Gewährleistungsverpflichtung auf einen **bestimmten Betrag** beschränkt ist, mit dem die Gewährleistung maximal in Anspruch genommen werden kann, ist im Vermerk dieser Betrag anzugeben.

Bei fehlendem Betrag bezüglich Inanspruchnahme aus einem Haftungsverhältnis, ist eine **Schätzung** der möglichen Verpflichtung vorzunehmen. Der Bewertungsmaßstab muss nach h.M. nicht dem entsprechen, der auf die Schätzung von Rückstellungen anzuwenden ist. Anzugeben seien Risiken aus Haftungsverhältnissen, die bei Zugrundelegung ungünstiger Umstände das gewährleistende Unternehmen treffen können. Danach sei bei der Schätzung der Höhe der Eventualverbindlichkeiten auf den maximal für möglich gehaltenen Betrag abzustellen. Ist eine Schätzung nicht möglich, soll ein **Merkposten** mit zusätzlicher verbaler Erläuterung im Bilanzvermerk oder im Anhang angesetzt werden.

Die Argumentation folgt einem veralteten Konzept, das die **Bedeutung der mehrwertigen Schätzung**, die Ermittlung von Erwartungswerten und die Möglichkeit der Angabe von Konfidenzintervallen verkennt. Zudem ist die Auffassung zur Angabe eines Merkpostens abzulehnen. Wie bereits oben angeführt, ist die Angabe eines Merkpostens. von einem Euro die schlechteste mögliche Lösung. Zum einen ist eine Schätzung immer möglich, auch wenn der Genauigkeitsgrad unterschiedlich hoch sein kann. Zum anderen ist der Vermerk eines Mittelwertes auch bei großem Intervall in jedem Fall aussagekräftiger als die Angabe des angesprochenen Merkpostens.

IV. Sicherheitsobligo

1. Nachweis und Vermerk des Sicherheitsobligos

Der **Nachweis** des Bestehens von Haftungsverhältnissen aus der Bestellung von Sicherheiten für fremde Verbindlichkeiten (Sicherheitsobligo) erfolgt u.a. anhand von Grundbuchauszügen sowie von Unterlagen über Pfandbestellungen und Sicherungsübereignungen.

Nach § 246 Abs. 1 Satz 1 HGB hat der Jahresabschluss eines Unternehmens alle Schulden zu enthalten. **Ansatzpflichtig** und ansatzfähig sind nur die eigenen Schulden; fremde Schulden sind nicht passivierungsfähig. Soweit jedoch die eigenen Vermögensgegenstände für fremde Schulden haften, muss die Bestellung von Sicherheiten für die fremden Schulden nach § 251 HGB vermerkt werden.

Zu den **für fremde Verbindlichkeiten haftenden Sicherheiten** rechnen u.a.:

- dingliche Sicherheiten, z.B. Grundpfandrechte;
- Pfandbestellungen an beweglichen Sachen und Rechten;
- Sicherungsübereignungen von Vermögensgegenständen; und
- Sicherungsabtretungen von Forderungen und sonstigen Rechten.

2. Ausweis des Sicherheitsobligos

Der Ausweis der Sicherheiten erfolgt in einem Betrag. Eine gesonderte Angabe einzelner Sicherheiten oder Sicherheitengruppen ist im Gesetz nicht vorgeschrieben. Einer freiwilligen Aufteilung der einzelnen Sicherheiten ist zulässig.

Haftungsverhältnisse gegenüber **verbundenen Unternehmen** sind nach § 268 Abs. 7 HGB gesondert anzugeben. Besteht die Verpflichtung der GmbH gegenüber **GmbH-Gesellschaftern**, ist nach § 42 Abs. 3 GmbHG dies bei den Haftungsverhältnisse zu vermerken.

3. Bewertung des Sicherheitsobligos

Die **Bewertung** eines Haftungsverhältnisses aus der Bestellung von Sicherheiten für fremde Verbindlichkeiten ist nach zutreffender h.M. nicht nach dem Wert des Sicherungsgutes, sondern **nach der Höhe der bestehenden Haftung** für fremde Verbindlichkeiten, z.B. zur Höhe der Verbindlichkeiten eines Tochterunternehmens gegenüber einem Kreditinstitut für die das Mutterunternehmen haftet.

Achter Teil
Gewinn- und Verlustrechnung

A. Form und Inhalt der Gewinn- und Verlustrechnung

I. Gliederungs- und Ausweismerkmale der Gewinn- und Verlustrechnung

1. Staffelform der Gewinn- und Verlustrechnung

Nach § 275 Abs. 1 Satz 1 HGB ist die Gewinn- und Verlustrechnung in **Staffelform** nach dem Gesamtkostenverfahren oder dem Umsatzkostenverfahren aufzustellen. Die nach der Bilanzrichtlinie der EU neben der Staffelform zugelassene **Kontoform** hat der deutsche Gesetzgeber nicht übernommen. Das Verbot der Kontoform wird im Wesentlichen mit dem nicht überzeugenden Argument begründet, dass sich die Staffelform bewährt habe und kein Bedürfnis für eine andere Gliederungsform, d.h. die Kontoform, weder für die Bilanz noch für die Gewinn- und Verlustrechnung, bestehe.

Im Schrifttum wird der Staffelform eine **größere Übersichtlichkeit** zugesprochen, da sie erlaube, Posten der gewöhnlichen Geschäftstätigkeit von außerordentlichen Posten zu trennen, was jedoch ohne Probleme auch bei Anwendung der Kontoform möglich ist.

Nicht beantwortet ist die Frage, ob die Gliederung der Gewinn- und Verlustrechnung nach der **Kontoform** in Anwendung des § 265 Abs. 6 HGB zulässig oder erforderlich ist, wenn dies wegen der Besonderheit der Gesellschaft der Darstellung eines klaren und übersichtlichen Jahresabschlusses dient. Nach Auffassung im Schrifttum soll dies in Ausnahmefällen gelten. So sei die **Kontoform** bei Unternehmen **aussagefähiger**, die ausschließlich Finanzerträge haben. Auch dieses Argument ist nicht nachvollziehbar.

Für **Kreditinstitute** ist nach dem Formblatt 2 RechKredV die Kontoform und nach Formblatt 3 RechKredV wahlweise die Staffelform zugelassen. Auch hier fehlt eine Begründung für das abweichende Vorgehen bei der Festlegung der Form der Gewinn- und Verlustrechnung.

Die Gliederungsvorschrift des § 275 Abs. 1 HGB gilt nicht für den **Einzelkaufmann** und für die **Personenhandelsgesellschaft**, es sei denn die OHG oder KG hat § 264a HGB anzuwenden. Dass der Gesetzgeber die Wahl der Staffelform für die Personengesellschaft und den Einzelkaufmann stillschweigend unterstellt, wie zuweilen festgestellt wird, ist aus dem HGB nicht ableitbar.

Die Beurteilung von **Vor- und Nachteilen der Konto- bzw. Staffelform** führt nicht zu eindeutigen Vorteilen einer Form. Der Kontoform werden als Vorteile zugeschrieben: gleiche Anordnung wie in der Bilanz, Zuordnung als Aufwand oder Ertrag leicht zu erkennen und Aufwands- bzw. Ertragssumme sichtbar auszuweisen. Die Vorteile der Staffelform liegen vor allem in ihrer weltweiten Anwendung und damit in den weitgehenden Vergleichsmöglichkeiten der Gewinn- und Verlustrechnung im nationalen und internationalen Bereich.

2. Mindestgliederung der Gewinn- und Verlustrechnung

Nach § 275 Abs. 1 Satz 2 HGB sind die in dem gesetzlich vorgegebenen Gliederungsschema der Gewinn- und Verlustrechnung bezeichneten Posten in der angegebenen Reihenfolge auszuweisen. Aus der Verpflichtung zum gesonderten Ausweis folgt das **Gebot der Mindestgliederung**.

Eine Einschränkung der Verpflichtung zum gesonderten Ausweis der in § 275 Abs. 2 oder 3 HGB angeführten Posten der Gewinn- und Verlustrechnung ergibt sich aus § 265 Abs. 7 HGB. Er erlaubt die **Zusammenfassung** der mit arabischen Zahlen versehenen Posten der Gewinn- und Verlustrechnung, wenn nicht besondere Formblätter vorgesehen sind und:

- die mit arabischen Zahlen versehenen Posten der Gewinn- und Verlustrechnung Beträge enthalten, die für die Vermittlung eines den tatsächlichen Verhältnissen entsprechenden Bildes der Vermögens-, Finanz- und Ertragslage der Kapitalgesellschaft bzw. der bestimmten oHG und KG nach 264a HGB nicht erheblich ist, oder
- die Klarheit der Darstellung vergrößert wird.

Voraussetzung für eine **Zusammenfassung von Posten** der Gewinn- und Verlustrechnung nach § 265 Abs. 7 Nr. 2 HGB ist die **Klarheit und Übersichtlichkeit** der Darstellung der Posten der Gewinn- und Verlustrechnung. Als mögliche Zusammenfassungen von Posten der Gewinn- und Verlustrechnung bei Anwendung des Gesamtkostenverfahrens können angeführt werden:

- Nr. 1 bis 5 „Rohergebnis";
- Nr. 2 und 3 „Bestandsveränderung und andere aktivierte Eigenleistungen";
- Nr. 5a und b „Materialaufwand";
- Nr. 6a und b „Personalaufwand";
- Nr. 7a und b „Abschreibungen";
- Nr. 9 bis 11 „Erträge aus Finanzanlagen und sonstige Zinsen";
- Nr. 10, 11 und 13 „Zinsergebnis";
- Nr. 9 bis 13 „Finanzergebnis";
- Nr. 15 bis 17 „außerordentliches Ergebnis".

3. Weitergehende und abweichende Gliederung der Gewinn- und Verlustrechnung

Das Gliederungsschema der Gewinn- und Verlustrechnung nach § 275 HGB ist in erster Linie auf Produktions- und Handelsunternehmen abgestellt. Sie kann daher weder die Besonderheiten des einzelnen **Produktions- und Handelsunternehmen** noch die Besonderheiten der Unternehmen **anderer Geschäftszweige** berücksichtigen. Es sei denn, für einen speziellen Geschäftszweig wird ein abweichendes Schema zugelassen oder vorgeschrieben, wie in den folgenden Fällen mit dem Formblatt 2 und 3 der Verordnung über die Rechnungslegung der Kreditinstitute und Finanzdienstleistungsinstitute (Kreditinstituts-Rechnungslegungsverordnung – RechKredV) vom 11.12.1998 oder mit dem Formblatt 2 bis 4 der Verordnung von Versicherungsunternehmen (Versicherungsunternehmens-Rechnungslegungsverordnung – RechVersV) 8.12.1994.

Abweichend von den Sonderfällen sehen die allgemeinen Grundsätze zur Lösung des Problems der Abweichung vor, dass die **Gliederungen** in § 275 Abs. 2 und 3 HGB **geändert** werden können. Die **Änderungen** können sich erstrecken auf:

- Die weitere Untergliederung der in § 275 Abs. 2 oder 3 HGB angegebenen Posten.
- Die Hinzufügung neuer Posten zu den in § 275 Abs. 2 oder 3 HGB angegebenen Posten.
- Die Änderung der im Gliederungsschema der in § 275 Abs. 2 oder 3 HGB angeführten Postenbezeichnungen.

Die in § 275 Abs. 2 oder 3 HGB vorgesehenen Posten der Gewinn- und Verlustrechnung sind weiter aufteilbar. Dies ist jedoch nach § 265 Abs. 5 Satz 1 HGB nur dann zulässig, wenn die vorgeschriebene Gliederung beachtet wird. Die im Schrifttum angeführte Voraussetzung, dass durch die Untergliederung die Klarheit und Übersichtlichkeit der Ertragslage des bilanzierenden Unternehmens verbessert wird, ist § 265 HGB nicht zu entnehmen.

Die **Hinzufügung neuer Posten** in die Gewinn- und Verlustrechnung beruht auf der Grundlage des § 265 Abs. 5 Satz 2 HGB, nach dem neue Posten nur hinzugefügt werden dürfen, wenn ihr **Inhalt nicht** von einem vorgeschriebenen Posten **gedeckt** wird. Ein Beispiel wäre der Posten „Personalaufwendungen für Leiharbeiter" in der Gewinn- und Verlustrechnung der Kapitalgesellschaft.

Eine von § 275 Abs. 2 oder 3 HGB **abweichende Gliederung** der Gewinn- und Verlustrechnung ist nach h.M. vorzunehmen, wenn dies wegen der Besonderheit des Unternehmens zur Aufstellung eines klaren und übersichtlichen Jahresabschlusses erforderlich ist. Die in § 265 Abs. 6 HGB verlangte Abweichung von dem Gliederungsschema soll den Besonderheiten des einzelnen Unternehmens Rechnung tragen. Die allgemeinen Grundsätze der Klarheit und Übersichtlichkeit des Jahresabschlusses stehen über den in § 275 Abs. 2 oder 3 HGB festgelegten Gliederungsschemata.

4. Bruttoausweis der Gewinn- und Verlustrechnung

Für die Gewinn- und Verlustrechnung gilt prinzipiell der Bruttoausweis. Nach § 246 Abs. 2 HGB dürfen Aufwendungen nicht mit Erträgen verrechnet werden. Dies gilt z.B. für Erträge aus der Auflösung von in vorhergehenden Geschäftsjahren angesetzten Rückstellungen. Wird mit der Auflösung einer Rückstellung gleichzeitig eine neue Rückstellung angesetzt, sind die beiden Vorgänge gesondert abzuwickeln. Eine **Saldierung** mit Aufwendungen aus der Bildung von Rückstellungen im laufenden Geschäftsjahr ist **nicht zulässig**. Gleiches gilt für die nicht zulässige Saldierung von Zinsaufwendungen mit Zinserträgen.

Von dem **Grundsatz des Verrechnungsverbots von Erträgen und Aufwendungen** besteht jedoch eine Reihe von **Ausnahmen**. Unter anderem kommen dabei in Betracht:

(1) Steueraufwendungen: Strittig ist die Verrechnung von Steueraufwendungen für Vorjahre und dem laufenden Geschäftsjahr mit Steuererstattungen und Erträgen aus der Auflösung von Steuerrückstellungen. Nach h.M. sind diese Steueraufwendungen und Steuererträge sämtlich in den Posten des § 275 Abs. 2 Nr. 18 HGB bei Anwendung des Gesamtkostenverfahrens bzw. des § 275 Abs. 3 Nr. 17 HGB bei Anwendung des Umsatzkostenverfahrens einbeziehbar und damit als Aufwendungen und Erträge verrechenbar. Die abweichende Auffassung verlangt Informationen über die saldierten Bruttobeträge. Diese können durch Einfügung eines neuen Postens oder durch Untergliederung des Postens „Steuern vom Einkommen und vom Ertrag“ offengelegt werden.

(2) Erlösschmälerungen: Sie sind nach § 277 Abs. 1 HGB von den Umsatzerlösen in Abzug zu bringen. Zu den Erlösschmälerungen rechnen Preisnachlässe und zurückgewährte Entgelte. Mit den Umsatzerlösen zu verrechnen sind Rückstellungen für Preisnachlässe und Erlösschmälerungen auf Umsätze des vorhergehenden Geschäftsjahres.

(3) Veräußerungserlöse: Erlöse aus der Veräußerung von Vermögensgegenständen des Anlagevermögens sind unter den sonstigen betrieblichen Erträgen auszuweisen. Die Erlöse sind um die Buchwerte der veräußerten Vermögensgegenstände des Anlagevermögens zum Zeitpunkt der Veräußerung zu kürzen.

(4) Veränderungen des Bestands an fertigen und unfertigen Erzeugnissen: Der Betrag des Postens „Erhöhung oder Verminderung des Bestands an fertigen und unfertigen Erzeugnissen“ nach § 275 Abs. 2 Nr. 2 HGB ist mit den Bestandsverminderungen zu verrechnen. Ein positiver Unterschiedsbetrag geht erhöhend, ein negativer Unterschiedsbetrag mindernd in die Ermittlung der Erträge ein.

(5) Kleine und mittelgroße Kapitalgesellschaften: Ein Wahlrecht der Verrechnung bzw. der Zusammenfassung gewährt § 276 Satz 1 HGB kleinen und mittelgroßen Kapitalgesellschaften. Sie dürfen bestimmte Ertrags- und Aufwandsposten unter der Bezeichnung „Rohergebnis“ zu einem Posten zusammenfassen. Bei Anwendung des Gesamtkostenverfahrens können die Posten des § 275 Abs. 2 Nr.

1 bis 5 HGB verrechnet werden. Es sind dies wie angeführt die Umsatzerlöse, die Bestandsveränderungen an fertigen und unfertigen Erzeugnissen, die anderen aktivierten Eigenleistungen, die sonstigen betrieblichen Erträge und der Materialaufwand.

Die Anwendung des **Umsatzkostenverfahrens** umfasst die Verrechnung der Posten des § 275 Abs. 3 Nr. 1 bis 3, 6 HGB. Es sind dies **Die Umsatzerlöse** aus den bilanziellen Herstellungskosten der zur Erzielung der Umsatzerlöse erbrachten Lieferungen und Leistungen; **das Bruttoergebnis** vom Umsatz als Differenzbetrag zwischen Umsatzerlösen und Herstellungskosten der zur Erzielung der Umsatzerlöse erbrachten Leistungen; und **die sonstigen betrieblichen Erträge**.

II. Gliederungsverfahren der Gewinn- und Verlustrechnung

1. Grundsätze der Gliederungsverfahren

Zur Gliederung der Gewinn- und Verlustrechnung gewährt § 275 HGB ein **Wahlrecht**. Es erlaubt das **Gesamtkostenverfahrens** oder des **Umsatzkostenverfahrens** anzuwenden. Neben dem früher allein zulässigen Gesamtkostenverfahren wurde das Umsatzkostenverfahren als ein weiteres Verfahren zur Gliederung der Gewinn- und Verlustrechnung zugelassen. Die Zulassung wurde damit begründet, dass das Umsatzkostenverfahren weltweit gebräuchlicher als das Gesamtkostenverfahren sei und den deutschen Unternehmen die Möglichkeit gebe, sich in einer international vergleichbaren Form darzustellen. Eine überholte Begründung.

Das Gesamtkostenverfahren und das Umsatzkostenverfahren wurden von dem Gesetzgeber und einem Teil des Schrifttums als **gleichwertig** und **gleich geeignet** angesehen, die in § 264 Abs. 2 HGB aufgestellten Forderungen zu erfüllen. Ob das Gesamtkostenverfahren oder Umsatzkostenverfahren besser geeignet ist, ein den tatsächlichen Verhältnissen entsprechendes Bild der Ertragslage des Unternehmens zu vermitteln, ist ohne Bedeutung. Beide Verfahren führen zum gleichen Jahresüberschuss bzw. Jahresfehlbetrag. Unterschiedliche Gliederung entsteht bei dem Ausweis der Erträge und Aufwendungen des **operativen Ergebnisses** eines Unternehmens.

Der **Grundsatz der Gliederungsstetigkeit** verlangt, dass von der einmal gewählten Form der Darstellung (Gesamtkostenverfahren oder Umsatzkostenverfahren) der Gewinn- und Verlustrechnung nach § 265 Abs. 1 Satz 1 HGB grundsätzlich nicht abgewichen werden darf. Ein Wechsel von dem gewählten Verfahren zu dem anderen Verfahren ist jedoch in einer Reine von Ausnahmefällen möglich, z. B. bei Änderung der Geschäftstätigkeit eines Unternehmens, die einen Wechsel eher erforderlich macht oder bei Aufnahme des Unternehmens in einen Konzern bzw. bei Wechsel der Konzernzugehörigkeit eines Tochterunternehmens.

2. Konzepte der Gliederungsverfahren

a) Konzept des Gesamtkostenverfahren

Das Gesamtkostenverfahren ist dadurch charakterisiert, dass im Betriebsergebniskonto der Kostenrechnung die Gesamtkosten nach **Kostenarten**, die Leistungen nach **Kostenträgern** gegliedert sind. Die Bezeichnung „Gesamtkostenverfahren" ist darauf zurückzuführen, dass im Betriebsergebniskonto die **gesamten Kosten** der Abrechnungsperiode, d.h., sowohl die Kosten der abgesetzten Produkte als auch die Kosten der auf Lager produzierten Produkte, ausgewiesen werden. Der Betriebserfolg (Betriebsgewinn) ergibt sich durch Addition der Erlöse sowie der Bestandsveränderungen der einzelnen Kostenträger (Produkte) abzüglich der Summe der Kosten der einzelnen Kostenarten.

Die bei Anwendung des Gesamtkostenverfahrens vorzunehmende Gliederung der Gewinn- und Verlustrechnung nach § 275 Abs. 2 HGB entspricht im Aufwandsbereich, nicht aber im Ertragsbereich dem **Gesamtkostenverfahren der Kostenrechnung**. Unterschiede treten jedoch in zweifacher Hinsicht auf:

- Die Aufwendungen in der Gewinn- und Verlustrechnung sind, obwohl sie **nach Aufwandsarten gegliedert** sind, wesentlich **gröber zusammengefasst**, als dies bei einer zweckgerechten Kostenrechnung der Fall ist.
- Die **Erlöse und Bestandserhöhungen** müssen in der Gewinn- und Verlustrechnung **nicht nach Kostenträgern** (Produkten) gegliedert werden. Zwar verlangt § 285 Nr. 4 HGB für große Kapitalgesellschaften eine Aufgliederung der Umsatzerlöse nach Tätigkeitsbereichen sowie nach geographisch bestimmten Märkten, soweit sich, unter Berücksichtigung der Organisation des Verkaufs von für die gewöhnliche Geschäftstätigkeit der Gesellschaft typischen Erzeugnissen und typischen Dienstleistungen, die Tätigkeitsbereiche und geographisch bestimmten Märkte untereinander erheblich unterscheiden.

  Die Anforderungen des § 285 Nr. 4 HGB führen jedoch nicht zwingend zu einer Gliederung der Umsatzerlöse und der Bestandserhöhungen nach Kostenträgern (Produkten). Begründet ist dies: (1) mit der begrenzten Aufgliederungspflicht der Vorschrift, (2) der Möglichkeit der Unterlassung der Aufgliederung bei der Gefahr erheblicher Nachteile nach § 286 Abs. 2 HGB sowie (3) der fehlenden Verpflichtung zur Aufgliederung der Erhöhung oder Verminderung des Bestandes an fertigen und unfertigen Erzeugnissen.

Das Gesamtkostenverfahren nach § 275 Abs. 2 HGB stellt einerseits auf den **Ausweis der Bruttoerträge**, d.h. der Erträge der externen Lieferung und Leistung in Form der Umsatzerlöse, sowie in Form der positiven und der negativen Bestandsveränderungen ab. Andererseits hat das Gesamtkostenverfahren aufgrund der **Aufwandsgliederung nach Aufwandsarten** eine Annäherung an das Verfahren der pagatorischen Kostenrechnung im Rahmen der internen Rechnungslegung. Die **Gliederung** des Gesamtkostenverfahrens **nach Aufwandsarten** soll aufzeigen, welche Produktionsfaktoren den Aufwand der Betrachtungsperiode verursacht haben.

b) Konzept des Umsatzkostenverfahren

Das Umsatzkostenverfahren ist in der Kostenrechnung als Umsatzkostenverfahren auf **Voll- und Teilkostenbasis** bekannt. Beiden Verfahren ist gemeinsam, dass sie im Betriebsergebniskonto sowohl die Aufwendungen als auch die Erträge nach **Kostenträgern** (Produkten) gliedern. Auf der Ertragsseite wird bei Anwendung des Verfahrens auf einen Ausweis der Bestandserhöhungen und der anderen aktivierten Eigenleistungen verzichtet. Auf der Aufwandsseite werden nur die **Kosten der abgesetzten Produkte**, nicht die Kosten der auf Lager produzierten Produkte, ausgewiesen.

Die **Gliederung** der Gewinn- und Verlustrechnung nach § 275 Abs. 3 HGB weist gegenüber der Gliederung des Gesamtkostenverfahrens **Unterschiede und Informationsnachteile** auf. Sie ergeben sich in zweifacher Hinsicht:

- Die **Aufwendungen** in der Gewinn- und Verlustrechnung sind nicht nach Kostenträgern (Produkten), sondern eher nach Kostenstellen bzw. nach Kostenarten gegliedert, so dass sich weder Produktgewinne noch Produktdeckungsbeiträge aus der Gewinn- und Verlustrechnung ermitteln lassen.
- Die **Erlöse** in der Gewinn- und Verlustrechnung sind nicht nach Kostenträgern (Produkten) gegliedert. Bezüglich der Angaben nach § 285 Nr. 4 HGB wird auf die Ausführungen zum Gesamtkostenverfahren verwiesen.

Die **Gegenüberstellung** von **Umsatzerlösen und Aufwendungen** weist beim Umsatzkostenverfahren insoweit eine Differenzierung auf, als in einem ersten Schritt den Umsatzerlösen lediglich die Herstellungskosten der zur Erzielung der Umsatzerlöse erbrachten Leistungen gegenübergestellt werden. Die Herstellungskosten werden der Höhe nach in der Gewinn- und Verlustrechnung unabhängig davon ausgewiesen, ob sie in dem laufenden Geschäftsjahr oder in einem früheren Geschäftsjahr angefallen sind.

Als **Unterschiedsbetrag** zwischen Umsatzerlösen und Herstellungskosten der zur Erzielung der Umsatzerlöse erbrachten Leistungen ist nach § 275 Abs. 3 Nr. 3 HGB das **Bruttoergebnis vom Umsatz** auszuweisen. Das Bruttoergebnis wird **gekürzt** um die Vertriebskosten und die allgemeinen Verwaltungskosten. Aufwand, der den Funktionsbereichen nicht zuordenbar ist, wird unter den sonstigen betrieblichen Aufwendungen nach § 275 Abs. 3 Nr. 7 HGB ausgewiesen. Dieser Posten unterscheidet sich grundsätzlich von dem gleichnamigen Posten im Gesamtkostenverfahren.

Nach h.M. ist **Voraussetzung** für die Anwendung des Umsatzkostenverfahrens ein betriebliches (internes) Rechnungswesen, aus dem die in der Gewinn- und Verlustrechnung auszuweisenden Aufwendungen abgeleitet werden können. Im Allgemeinen soll dies in der **Betriebsabrechnung** erfolgen. Ob, wie im Schrifttum empfohlen, eine Hilfsrechnung für die Herleitung der Daten ausreichend ist, muss im Grunde generell, zumindest jedoch für komplexe Fertigungs- und Kostenstrukturen mit Kostenversarbeitungsmodellen bezweifelt werden.

Es wird die Auffassung vertreten, dass das Problem der Ermittlung der **Herstellungskosten** im Sinn von **Vollkosten** nicht neu sei. Die Ermittlung der Herstellungskosten soll für die Steuerbilanz bisher schon ähnliche Anforderungen gestellt und erfüllt haben. Die Feststellung ist nicht überzeugend. Es wird vielfach übersehen, dass der Herstellungskostenbegriff nach § 275 Abs. 3 Nr. 2 HGB und der Herstellungskostenbegriff nach § 255 Abs. 2 HGB nicht übereinstimmen. Es wird verwiesen auf den Abschnitt C. Umsatzkostenverfahren I. 1. „Herstellungskosten der zur Erzielung der Umsatzerlöse erbrachten Leistungen.

B. Gesamtkostenverfahren

Gesamt- und Umsatzkostenverfahren weichen, wie oben dargestellt, in wesentlichen Bereichen vor allem der operativen Struktur der Aufwendungen voneinander ab. Dennoch stimmen sie in vielen Posten überein. Dies gilt bezüglich des Postens „Umsatzerlöse“ nach § 275 Abs. 1 Nr. 2 HGB sowie der Posten des § 275 Abs. 2 Nr. 9 bis 20 HGB, die sowohl nach der Bezeichnung als auch nach dem Inhalt weitgehend den Posten des § 275 Abs. 3 Nr. 8 bis 19 HGB entsprechen.

Die Übereinstimmungen legen es nahe, Posten mit nahezu gleichem Inhalt nur einmal, hier bei der Darstellung des Gesamtkostenverfahrens, zu erläutern.

Die folgende Darstellung lehnt sich an die Gliederung des § 275 Abs. 2 HGB mit den wichtigsten Bereichen der Erträge und Aufwendungen aus der gewöhnlichen Geschäftstätigkeit und den nur knapp behandelten Bereichen der außerordentlichen Erträge und Aufwendungen, dem Steueraufwand und dem Jahresüberschuss oder Jahresfehlbetrag an.

I. Erträge aus gewöhnlicher Geschäftstätigkeit

1. Umsatzerlöse

Nach der **Definition** des § 277 Abs. 1 HGB sind **Umsatzerlöse** die Erlöse aus dem Verkauf und der Vermietung oder Verpachtung von für die gewöhnliche Geschäftstätigkeit des Unternehmens typischen Erzeugnissen und Waren sowie typischen Dienstleistungen.

Mit den Begriffen „**gewöhnliche Geschäftstätigkeit**“ und der in ihrem Rahmen erbrachten „**typischen Erzeugnisse, Waren und Dienstleistungen**“ wird deutlich gemacht, dass nicht alle Erträge unter den Posten des § 277 Abs. 1 HGB Nr. 1 fallen.

Der Begriff der unter dem Posten auszuweisenden **Umsatzerlöse** ist gegenüber der Umsatzdefinition des Umsatzsteuerrechts eingeschränkt. Der Umsatzbegriff wird nur auf solche Umsätze bezogen, die die **typische betriebliche Leistung** eines Unternehmens betreffen. Demgegenüber sind nach h.M. Erträge aus nicht betriebstypischen Geschäften, d.h. aus Nebengeschäften, nicht unter den Umsatzerlösen, sondern unter dem Posten „sonstige betriebliche Erträge“ auszuweisen. Dies kann für frühere Verhältnisse mit stabilen betrieblichen Leistungen zugetroffen haben. Die jetzigen Entwicklungen mit schnellen Änderungen der betrieblichen Leistung führen zu laufendem Wechsel von betriebtypischen Leistungen und stellen die bisherigen, vielfach stark vereinfachten Zuordnungen in Frage.

Im Schrifttum werden neben den Vorgaben aus der Satzung bzw. dem Gesellschaftsvertrag der AG, GmbH bezüglich der **Zuordnung von Geschäften zu den Umsatzerlösen Typisierungen** vorgegeben. Danach soll gelten:

- In **Handelsunternehmen** sind die beim **Verkauf von Waren**, mit denen das Unternehmen üblicherweise handelt, vereinnahmte Beträge als Umsatzerlöse auszuweisen. Dagegen erfolgt der Ausweis atypischer Veräußerungen des Unternehmens, z.B. der Einnahmen aus dem Verkauf nicht mehr benötigter Sachanlagen, unter den sonstigen betrieblichen Erträgen.

  Dabei bleibt offen, wie bei Handelsunternehmen, die ihr **Sortiment laufend verändern** und nicht nur Waren, sondern auch Dienstleistungen anbieten, zu verfahren ist. Beispiele hierfür sind Warenhäuser einschließlich der nunmehr insolventen Karstadt-Quelle, deren betriebstypische Leistungen noch vor nicht zu langer Zeit nahezu ausschließlich der Verkauf unterschiedlichster Waren war und deren Leistungen nunmehr auch der Verkauf von Versicherungen und Urlaubsreisen ist, was auch für andere Unternehmen gilt.

- Bei **Produktionsunternehmen** sind die vereinnahmten Beträge aus dem **Verkauf von Erzeugnissen**, die der gewöhnlichen Geschäftstätigkeit des Unternehmens entsprechen, als Umsatzerlöse auszuweisen. Hierzu rechnen auch Erlöse aus dem **Verkauf von Zwischen- und Nebenprodukten**. Es stellt sich die Frage, wie zu verfahren ist, wenn das Produktionsunternehmen neben den hergestellten Produkten Waren veräußert, z.B. ein Unternehmen das neben dem Tuning von Autos, das die Haupttätigkeit darstellt, in beachtlichen Umfang Spitzenweine verkauft.

- Bei **Dienstleistungsunternehmen** sind die Beträge aus der Erbringung der für das Unternehmen **typischen Dienstleistungen** Umsatzerlöse.

Nicht unter den Umsatzerlösen, sondern unter **sonstigen betrieblichen Erträgen** bzw. unter **Zinserträgen** sind nach Auffassung im Schrifttum auszuweisen:

- Einnahmen aus der Veräußerung nicht typischer Vermögensgegenstände und Dienstleistungen;

- Einnahmen aus Nebenbetrieben, z.B. aus Kantinen und Werksküchen.

Die **Umsatzerlöse** werden grundsätzlich nach dem **Nettorechnungsbetrag vor Umsatzsteuer** einschließlich der in Rechnung gestellten Verpackungs-, Versicherungs- und Versandkosten ermittelt. Umsatzerlöse im Sinn des § 277 Abs. 1 HGB liegen nur in Höhe des Betrages vor, den das Unternehmen von dem Abnehmer fordern kann. Der **Rechnungsbetrag ist um Erlösschmälerungen zu kürzen**. Hierzu rechnen Preisnachlässe, wie Rabatte, Kundenskonti und zurückgewährte Entgelte wegen Mängelrügen. In der deutschen Praxis werden abweichend von den internationalen Grundsätzen Nettorechnungsbeträge bei der Rechnungsstellung ohne Kürzung der Kundenskonti angesetzt. Ist der Rechnungsbetrag eines Unternehmens (ohne Mehrwertsteuer) 1.000 € mit einem Skonto von 3 % bei Zahlung innerhalb von 2 Wochen ist der anzusetzende Unsatzerlös nach deutscher Praxis 1.000 €, international 970 €.

2. Veränderung des Bestandes an fertigen und unfertigen Erzeugnissen

Der Posten „Erhöhung oder Verminderung des Bestands an fertigen und unfertigen Erzeugnissen" entsteht nur bei Anwendung des Gesamtkostenverfahrens. Der Posten ist erforderlich, weil als Aufwendungen in der Gewinn- und Verlustrechnung nicht nur die den Umsatzerlösen entsprechenden Aufwendungen, sondern die **gesamten Aufwendungen der hergestellten Produkte** angesetzt werden, die im abgelaufenen Geschäftsjahr des Unternehmens angefallen sind. Der Ansatz erfolgt unabhängig davon, ob die hergestellten Produkte weiterveräußert wurden oder auf Lager gehalten werden. Die **Bestandsveränderung** hat zwei Richtungen:

- **Bestandserhöhung**: der Posten stellt eine **Ergänzung der Umsatzerlöse** dar. Er kann als Leistung des Unternehmens an sich selbst, d.h. als interne Leistung, interpretiert werden;
- **Bestandsverminderung**: der Posten wird als Aufwandsposten interpretiert, der sich aus den in früheren Geschäftsjahren entstandenen Aufwandsarten zusammensetzt.

Eine nach § 275 Abs. 2 Nr. 2 HGB anzusetzende **Bestandsveränderung** ist entweder nur als Bestandserhöhung oder nur als Bestandsverminderung anzusetzen. Haben sich im laufenden Geschäftsjahr einzelne Bestände erhöht, andere vermindert, wird eine zulässige **Verrechnung** von Bestandserhöhungen und Bestandsverminderungen vorgenommen. Für die anzusetzenden Bestandsveränderungen gilt nach h.M. das Folgende:

- Die anzusetzenden Bestandsveränderungen betreffen nach § 275 Abs. 2 Nr. 2 HGB **fertige und unfertige Erzeugnisse**. Eine Trennung der Bestandsveränderungen der fertigen und unfertigen Erzeugnisse ist im Gesetz nicht vorschrieben. Die Zusammenfassung ist auch dann vorzunehmen, wenn eine der beiden Erzeugnisgruppen, z.B. fertige Erzeugnisse, eine Zunahme, eine andere Erzeugnisgruppe, z.B. die unfertigen Erzeugnisse, eine Abnahme aufweisen. Die buchtechnische Bezeichnung des Gesamtpostens ist daher: „Erhöhung des Bestandes an fertigen und unfertigen Erzeugnissen" oder „Verminderung des Bestandes an fertigen und unfertigen Erzeugnissen".
- **Bestandsveränderungen** von **Roh-, Hilfs- und Betriebsstoffen** sind den Bestandsveränderungen an fertigen und unfertigen Erzeugnissen gleichzusetzen, wenn sie von dem bilanzierenden Unternehmen selbst erzeugt wurden. Dies soll dann gelten, wenn an den Roh-, Hilfs- und Betriebsstoffen von dem bilanzierenden Unternehmen eine Bearbeitung vorgenommen wurde. Ist eine Bearbeitung von dem Unternehmen erfolgt, liegt jedoch kein Roh-, Hilfs- und Betriebsstoff, sondern ein unfertiges oder ein fertiges Erzeugnis vor.

Als Ergebnis folgt, dass unter dem Posten des § 275 Abs. 2 Nr. 2 HGB unstreitig Bestandsveränderungen an **bezogenen Roh-, Hilfs- und Betriebsstoffen** sowie **an Waren** nicht anzusetzen sind.

Nach § 277 Abs. 2 HGB sind als Bestandsveränderungen der unfertigen und fertigen Erzeugnisse **Änderungen der Menge** und **des Wertes** zu berücksichtigen. Dies betrifft eingetretene Wertminderungen der unfertigen und fertigen Erzeugnisse des Unternehmens, die bei Wertminderungen der Bestände zu entsprechenden Wertminderungen des Postens „Verminderung des Bestands an fertigen und unfertigen Erzeugnissen" führt.

Soweit Wertänderungen (Wertminderungen) des Bestandes auf Abschreibungen beruhen, dürfen sie nach § 277 Abs. 2 HGB nur insoweit einbezogen werden, als sie die sonst **üblichen Abschreibungen nicht überschreiten**. Übliche Abschreibungen nach § 277 Abs. 2 HGB sind in erster Linie die auf dem **Niederstwertprinzip** beruhenden Abschreibungen nach § 253 Abs. 4 HGB. Lediglich soweit Abschreibungen von fertigen und unfertigen Erzeugnissen auf deren niedrigeren beizulegenden Zeitwert durch besondere Maßnahmen oder Vorgänge verursacht werden, sind sie nicht den üblichen Abschreibungen im Sinn des § 277 Abs. 2 HGB zuzuordnen.

3. Andere aktivierte Eigenleistungen

Die anderen aktivierten Eigenleistungen stellen eine **interne Leistung** des Unternehmens dar, die in der Gewinn- und Verlustrechnung als Ertragsposten ausgewiesen wird. Materiell ist der Posten jedoch lediglich eine Korrektur der bei der Erstellung der anderen aktivierten Eigenleistungen entstandenen Aufwendungen, i.d.R. als Herstellungskosten, dar. In dem Posten werden die der aktivierten Eigenleistung entsprechenden Aufwendungen, wie Materialkosten, Lohnkosten, Abschreibungen und sonstige Aufwendungen, zum erfolgsneutralen Ansatz zusammengefasst.

Unter dem Posten des § 275 Abs. 2 Nr. 3 HGB sind ausschließlich **andere aktivierte Eigenleistungen** zu erfassen. Die Bezeichnung „andere" beinhaltet eine Einschränkung bezüglich der unter dem Posten des § 275 Abs. 2 Nr. 2 HGB zu erfassenden Bestandsveränderungen an unfertigen und fertigen Erzeugnissen. Im Wesentlichen fallen unter den Posten von dem Unternehmen **selbst hergestellte Anlagegegenstände**, z.B. selbst erstellte Gebäude, technische Anlagen und Maschinen oder andere Anlagen sowie selbst erstellte Betriebs- und Geschäftsausstattungen.

Die **Erfassung einer Eigenleistung** nach § 275 Abs. 2 Nr. 3 HGB in der Gewinn- und Verlustrechnung setzt voraus, dass sie in der Bilanz als Aktivposten angesetzt wird. Nicht aktivierbare Eigenleistungen, z.B. Eigenleistungen als Reparaturen von Gebäuden oder technischen Anlagen und Maschinen, sind Periodenaufwand und nicht unter dem Posten „andere aktivierte Eigenleistungen" ausweisbar.

Bezüglich des Postens „andere aktivierte Leitungen" ist zwischen der **Nettomethode und** der **Bruttomethode** zu unterscheiden:

- Der **Posteninhalt** ist nicht auf die in einem Unternehmen entstandenen Aufwandsarten aus der Eigenleistung, z.B. auf Material-, Personalaufwendungen und Abschreibungen, beschränkt. Der Einsatz von Fremdmaterialien und Fremdleistungen wird bei größerem Umfang vielfach direkt als Anlagevermögen aktiviert. Ein Ausweis in der Gewinn- und Verlustrechnung als Materialaufwand und als andere aktivierte Eigenleistungen wird bei Anwendung dieses Vorgehens unter Zugrundelegung der **Nettomethode**, nicht vorgenommen.

- An Stelle der Nettomethode verlangt die Bilanzrichtlinie, dass grundsätzlich nicht die Nettomethode, sondern die **Bruttomethode** anzuwenden ist. Das fremdbezogene Material und die Fremdleistung werden in der Gewinn- und Verlustrechnung als Aufwand ausgewiesen und gleichzeitig in den anderen aktivierten Eigenleistungen als Ertrag erfasst.

  Gegen die Bruttomethode wird eingewendet, dass sie die Gewinn- und Verlustrechnung unnötig aufbläht und dazu führen kann, dass bei erheblicher Bedeutung des Fremdmaterials und der Fremdleistungen **überhöhte Gemeinkosten** aktiviert werden. Sie wird daher von der h.M. nur dann als zulässig angesehen, wenn es sich überwiegend um Eigenleistungen des Unternehmens handelt, während in den Fällen, in denen die von dem Unternehmen erbrachte Eigenleistung nur von untergeordneter Bedeutung ist, die Nettomethode anzuwenden sei. Dem Gesetz ist die Verpflichtung nicht zu entnehmen. Zudem führt ein Abstellen auf die Quote der Eigenleistung zu neuen Zuordnungsproblemen.

4. Sonstige betriebliche Erträge

Die sonstigen betrieblichen Erträge bilden einen **Sammelposten** von Vorgängen, die nicht unter anderen Ertragsposten nach § 275 Abs. 2 Nr. 1 bis 3, 9 bis 11 HGB ausgewiesen werden. Auszuweisen unter dem Posten sind nach h.M. Erträge nur, soweit sie typischer betrieblicher Natur sind. Erträge, die außerhalb der gewöhnlichen Geschäftstätigkeit angefallen sind, sollen nicht hier, sondern unter dem Posten „außerordentliche Erträge" nach § 275 Abs. 2 Nr. 15 HGB auszuweisen sind.

Wie oben angeführt, wird den Ausweisvorgaben nicht gefolgt. Nichttypische betriebliche Erträge können danach im Rahmen der Dynamik eines Unternehmens dauerhaft entstehen und hohe oder auch niedrige Beträge umfassen und dabei nicht der Eigenschaft außerordentlicher Erträge entsprechen.

Auszuweisen unter den sonstigen betrieblichen Erträgen eines Unternehmens nach dem Gesamtkostenverfahren sind u.a. die im Folgenden angeführten **Sachverhalte**:

- Erlöse aus nicht betriebstypischen Umsätzen.
- Gewinne aus dem Verkauf von Wertpapieren des Umlaufvermögens.
- Erträge aus Zuschüssen und Zulagen.

- Erträge aus Schadenersatzleistungen und Versicherungsentschädigungen.
- Erträge aus der Herabsetzung von Verbindlichkeiten.

Einzelne der angeführten **sonstigen betrieblichen Erträge** haben wegen der möglichen Beeinflussbarkeit des Jahresergebnisses für ein Unternehmen große Bedeutung. Dies gilt für Erträge aus dem Abgang von Anlagevermögen, der Zuschreibung zu Vermögensgegenständen des Anlagevermögens und der Auflösung von Rückstellungen.

Für die Ermittlung der **als Erträge ausgewiesenen Sachverhalte** gelten die im Folgenden angeführten Grundsätze und Regeln.

a) Erträge aus dem Abgang von Anlagegegenständen

Der Ertrag aus dem Abgang eines Vermögensgegenstandes des Anlagevermögens wird als Differenz zwischen dem Nettoerlös und dem Buchwert des Vermögensgegenstandes zum Zeitpunkt des Abgangs ermittelt. Zur Ermittlung des Nettoerlöses ist der Betrag des Verkaufserlöses um den Betrag von Erlösschmälerungen zu kürzen. Zu den Erlösschmälerungen rechnen alle Kosten des Abgangs, z.B. Kosten des Abbaus einer verkauften technischen Anlage oder Maschine, sowie die Frachtkosten und die Provision die an den Vermittler der Veräußerung des Vermögensgegenstandes des Anlagevermögens zu zahlen ist.

Der **maßgebliche Buchwert** ergibt sich aus dem Buchwert der letzten Jahresbilanz abzüglich der Abschreibung für das laufende Geschäftsjahr. Nach Auffassung im Schrifttum soll es unter dem Gesichtspunkt der Wesentlichkeit und der notwendigen Vereinfachung zulässig sein, auf die Berechnung der Abschreibungen zu verzichten, wenn sie von untergeordneter Bedeutung ist. Dem Vorgehen wird hier wegen des damit neu auftretenden Problems der Abgrenzung der untergeordneten Bedeutung und der Verzerrung des Ergebnisses nicht gefolgt. Der Vermögensgegenstand des veräußerten Anlagevermögens ist anteilig auf den Zeitraum des Beginns und des Veräußerungszeitpunktes des Geschäftsjahres der Veräußerung abzuschreiben.

Bei **Versicherungsentschädigung** eines zerstörten Vermögensgegenstandes des Sachanlagevermögens tritt der von der Versicherung geleisteten Entschädigungsbetrag an Stelle des Nettoverkaufserlöses. Der Buchgewinn errechnet sich in diesem Fall als Differenz zwischen der Versicherungsentschädigung und dem Buchwert des Vermögensgegenstandes zum Zeitpunkt des Unterganges.

b) Erträge aus Zuschreibungen zu Gegenständen des Anlagevermögens

Erträge aus Zuschreibungen zu Vermögensgegenständen des Sachanlagevermögens entstehen auf Grund der Zuschreibungspflicht des § 253 Abs. 5 Satz 1 HGB zur Berichtigung von Abschreibungen nach § 253 Abs. 3 Satz 3 HGB vorheriger Geschäftsjahre. Die Zuschreibung von Vermögensgegenständen des Sachanlagevermögens erhöht entsprechend den Bilanzposten, auf den die Abschreibung in vorherigen Geschäftsjahren vorgenommen wurde. Die Gegenbuchung erfolgt unter dem Posten „sonstige betriebliche Erträge".

Die Höhe der Zuschreibung entspricht dem Betrag, um den die in vorherigen Geschäftsjahren vorgenommenen Abschreibungen zu hoch waren. Die Zuschreibung erfolgt darüber hinaus über vorgenommene außerplanmäßige Abschreibungen.

c) Erträge aus der Auflösung von Rückstellungen

Erträge aus der Auflösung von Rückstellungen kommen bei **Nichtinanspruchnahme** oder der **Verminderung der** Inanspruchnahme **aus erwarteten Verpflichtungen** in Betracht. Bei der Auflösung der Rückstellungen ist das Verrechnungsverbot des § 246 Abs. 2 HGB zu beachten. Nach h.M. gilt:

- Erträge, die aus der Auflösung einer Rückstellung stammen, die für einen bestimmten Zweck gebildet wurden, sind Brutto auszuweisen. Eine aufgelöste Rückstellung ist aufgrund der angeführten Fälle ausschließlich für ungewisse Verbindlichkeiten nicht für eine abweichende Rückstellung, z.B. mit einer zu verrechnenden Pensionsrückstellungen verwendbar.
- Es ist nicht zulässig, eine in früheren Geschäftsjahren gebildete Rückstellung für Zwecke des laufenden Geschäftsjahres zu verwenden. Dies gilt auch dann, wenn es sich in beiden Fällen um die gleiche Rückstellungsart handelt. So ist z.B. eine aufgrund eines Sterbefalls aufgelöste Pensionsrückstellung eines verstorbenen Mitarbeiters nicht für zu bildende andere Pensionsrückstellungen zu verwenden.

Von dem **Grundsatz des ungekürzten Ausweises** der Erträge aus der Auflösung von Rückstellungen bestehen nach Auffassung eines Teils des Schrifttums **Ausnahmen**, wenn es sich um alljährlich wiederkehrende gleichartige Risiken, z.B. um Gewährleistungsrisiken, handelt, oder Rückstellungen nachgeholt werden, die in einem früheren Geschäftsjahr unterlassen wurden. Die Ausnahmen sind weder begründet noch nachvollziehbar und daher abzulehnen.

5. Erträge aus Beteiligungen

a) Auszuweisende Beteiligungserträge

Unter dem Posten sind alle Erträge auszuweisen, die auf Beteiligungen des bilanzierenden Unternehmens zurückgehen. Wann eine Beteiligung vorliegt, bestimmt sich nach § 271 Abs. 1 HGB. Beteiligungserträge sind auch dann unter dem Posten auszuweisen, wenn die Beteiligung zugleich einen Anteil an einem verbundenen Unternehmen darstellt. Allerdings sind Erträge aus Beteiligungen an Unternehmen, die gleichzeitig verbundene Unternehmen sind, gesondert oder als Davon-Vermerk auszuweisen.

Als Erträge aus Beteiligungen sind die **Gewinnausschüttungen** der Beteiligungsunternehmen oder der verbundenen Unternehmen sowie thesaurierte **Gewinngutschriften** anzusetzen. Zu den Erträgen rechnen auch Abschlagszahlungen auf den voraussichtlichen Bilanzgewinn der AG nach § 59 AktG sowie vorweggenommene Ausschüttungen an die Gesellschafter der GmbH.

Strittig ist der Ausweis unter Erträge aus Beteiligungen, wie Erträge aus einer Verlustübernahme, aufgrund einer Gewinngemeinschaft, eines Gewinnabführungs- oder Teilgewinnabführungsvertrags erhaltene Gewinne nach § 277 Abs. 3 Satz 2 HGB sowie Gewinne aus der Veräußerung von Beteiligungen und von Bezugsrechten.

Maßgeblich für den Ansatz des Beteiligungsertrages bei einem beteiligten Unternehmen ist der Zeitpunkt, zu dem der Anspruch dieses Unternehmens auf den Beteiligungsertrag entstanden ist. Die Anspruchsentstehung ist davon abhängig, ob das Beteiligungsunternehmen Kapitalgesellschaft oder Personenhandelsgesellschaft ist.

b) Erträge aus Beteiligungen an Unternehmen unterschiedlicher Rechtsform

11) Erträge aus Beteiligungen an Kapitalgesellschaft

Bei einer Beteiligung an einer Kapitalgesellschaft entsteht der Anspruch des beteiligten Unternehmens auf anteiligen Gewinn mit dem Ausschüttungsbeschluss. Gewinnthesaurierungen bei der Kapitalgesellschaft führen nicht zu Beteiligungserträgen bei der beteiligten Kapitalgesellschaft.

Von dem Grundsatz gibt es Ausnahmen. So hat der BGH unter Bezugnahme auf das Tomberger Verfahren des EuGH entschieden, dass unter den folgenden Voraussetzungen eine Pflicht zur **phasengleichen Vereinnahmung von Beteiligungserträgen** besteht:

- Das beteiligte Unternehmen hält als Mutterunternehmen die Anteile an dem Beteiligungsunternehmen (Tochterunternehmen) allein.
- Die Geschäftsjahre des Mutterunternehmens und des Tochter Unternehmens sind deckungsgleich.
- Der Jahresabschluss des Tochterunternehmens vermittelt ein den tatsächlichen Verhältnissen entsprechendes Bild der Vermögens-, Finanz- und Ertragslage.
- Die Gesellschafterversammlung des Tochterunternehmens hat über die Feststellung des Jahresabschlusses und die Gewinnverwendung beschlossen, bevor die Prüfung des Jahresabschlusses des Mutterunternehmens abgeschlossen ist; und
- Der Gewinnverwendungsbeschluss ist nicht von Tatsachen beeinflusst, die im folgenden Geschäftsjahr aufgetreten sind.

Die oberste **Rechtsprechung** stellt in der Urteilsbegründung auf den Einzelfall ab. Damit ist nicht geklärt, ob eine phasengleiche Gewinnvereinnahmung nur bei Vorliegen der konkreten Bedingungen besteht oder eine Verpflichtung auch in vergleichbaren Fällen angenommen werden kann. Für Anteile an Kapitalgesellschaften mit breiter Summe von Beteiligten ist die phasengleiche Vereinnahmung von Beteiligungserträgen als Gewinnausschüttungen oder Gewinnthesaurierung weder technisch noch juristisch umsetzbar.

Für den Fall, dass der Jahresabschluss des Tochterunternehmens festgestellt ist und lediglich ein Gewinnverwendungsvorschlag vorliegt, besteht nach BGH vorbehaltlich des Vorliegens der übrigen Voraussetzungen ein **Wahlrecht zur phasengleichen Gewinnvereinnahmung**. Gleiches soll in dem Fall, in dem keine Mehrheitsbeteiligung durch ein Mutterunternehmen vorliegt, jedoch zwei Unternehmen mit Beteiligungen von jeweils mehr als 25 % gemeinsam ein Tochterunternehmen beherrschen.

22) Erträge aus Beteiligungen an Personenhandelsgesellschaft

Der Beteiligung an einer Personenhandelsgesellschaft steht der anteilige Gewinn den Gesellschaftern i.d.R. unmittelbar zu. Der Gewinnanteil ist übertragbar und stellt wegen seiner Verkehrsfähigkeit einen Vermögensgegenstand dar, der mit Ablauf des Geschäftsjahres der Personenhandelsgesellschaft als Forderung bilanzierungspflichtig und in der Gewinn- und Verlustrechnung auszuweisen ist.

Kann ein Gesellschafter über seinen Gewinnanteil an der Personenhandelsgesellschaft nicht alleine ohne die Zustimmung der Mitgesellschafter der Personenhandelsgesellschaft verfügen, sind die Gewinnanteile bei dem Gesellschafters nicht anzusetzen.

6. Erträge aus Gewinngemeinschaften, Gewinnabführungs- und Teilgewinnabführungsverträgen

Nach § 277 Abs. 3 Satz 2 HGB sind Erträge aus Verlustübernahmen und aufgrund einer Gewinngemeinschaft, eines Gewinnabführungs- oder Teilgewinnabführungsvertrags erhaltene Gewinne jeweils gesondert unter entsprechender Bezeichnung auszuweisen.

Die **Gewinnabführung** muss aufgrund eines **Vertrages** erfolgt sein. Nach dem Gesetzeswortlaut gilt dies für:

- Einen Gewinnabführungsvertrag nach § 291 Abs. 1 AktG.
- Eine Gewinngemeinschaft nach § 292 Abs. 1 Nr. 1 AktG.
- Einen Teilgewinnabführungsvertrag nach § 292 Abs. 1 Nr. 2 AktG.

Auf die **Vertragsdauer** kommt es für den gesonderten Ausweis der Erträge nach § 277 Abs. 3 Satz 2 HGB nicht an. Auch eine Gewinnabführung aufgrund eines Vertrages mit kurzer Laufzeit ist gesondert unter entsprechender Bezeichnung auszuweisen. Es gibt jedoch (steuerrechtliche) Ausnahmen, die eine Mindestdauer des Vertrages verlangen. So schreibt § 14 Nr. 3 KStG eine Mindestdauer von fünf Jahren für Gewinnabführungsverträge, die die Grundlage für ein körperschaftsteuerliches Organschaftsverhältnis bilden, vor.

Die **Einordnung** des Postens „Erträge aus Gewinngemeinschaften, Gewinnabführungs- und Teilgewinnabführungsverträgen" in das Gliederungsschema der Gewinn- und Verlustrechnung ist in § 275 Abs. 2 HGB nicht geregelt. Im Schrifttum wird ein gesonderter Ausweis vor oder hinter dem Posten „Erträge aus Beteiligungen" präferiert. Die Stelle des Ausweises des Postens ist nicht von Bedeutung, sofern er unter den Erträgen der gewöhnlichen Geschäftstätigkeit erfolgt.

7. Erträge aus anderen Wertpapieren und Ausleihungen des Finanzanlagevermögens

Nach § 275 Abs. 2 Nr. 9 HGB sind dem Posten „Erträge aus anderen Wertpapieren und Ausleihungen des Finanzanlagevermögens" alle Erträge aus Finanzanlagen auszuweisen, die nicht als Erträge aus Beteiligungen nach § 275 Abs. 2 Nr. 9 HGB oder aus Gewinngemeinschaften, Gewinnabführungs- oder Teilgewinnabführungsverträgen nach § 277 Abs. 3 Satz 2 HGB ausgewiesen werden. Nach Auffassung im Schrifttum sind unter dem Posten auch Erträge aus Anteilen an verbundenen Unternehmen auszuweisen, soweit die Anteile keine Beteiligungen sind, z.B. Erträge aus Rückbeteiligungen eines Tochterunternehmens an das Mutterunternehmen oder aus Anteilen eines Tochterunternehmens an anderen Tochterunternehmen eines Konzerns.

Handelt es sich bei den Erträgen aus anderen Wertpapieren und Ausleihungen des Finanzanlagevermögens um **Erträge aus verbundenen Unternehmen**, sind diese gesondert auszuweisen oder als Davon-Vermerk anzugeben.

Die **Art der Erträge** aus Wertpapieren und Ausleihungen des Anlagevermögens einer Kapitalgesellschaft umfasst vor allem Ausschüttungen von Dividenden, von Zinserträgen und von Sonderauschüttungen, z.B. bei Firmenjubiläen und bei anderen Voraussetzungen.

8. Sonstige Zinsen und ähnliche Erträge

Unter dem Posten sind alle Sammelgröße für Zinserträge und ähnliche Erträge des Unternehmens auszuweisen, die nicht unter den Posten des § 275 Abs. 2 Nr. 9 oder 10 HGB oder nach § 277 Abs. 3 Satz 2 HGB auszuweisen sind. Zinserträge und ähnliche Erträge von verbundenen Unternehmen sind unter dem Posten „sonstige Zinsen und ähnliche Erträge" gesondert auszuweisen oder als Davon-Vermerk in der Bilanz oder im Anhang anzugeben.

Auszuweisende **sonstige Zinsen** betreffen u.a. Zinsen auf Vermögensgegenständen des Umlaufvermögens, wie Zinsen aus Guthaben bei Kreditinstituten, aus Forderungen und Darlehen und aus Zinsen und Dividenden aus Wertpapieren des Umlaufvermögens.

Ähnliche Erträge sind nach allgemeiner Auffassung im Schrifttum u.a. Erträge aus einem Agio, Disagio oder Damnum, Erträge aus Kreditgarantien und Erträge als Teilzahlungszuschläge.

II. Aufwendungen aus gewöhnlicher Geschäftstätigkeit

1. Materialaufwand

Der Materialaufwand ist nach § 275 Abs. 2 Nr. 5 HGB aufzugliedern in die Posten „Aufwendungen für Roh-, Hilfs- und Betriebsstoffe und für bezogene Waren" und in den Posten „Aufwendungen für bezogene Leistungen".

Bezüglich der als Materialaufwand anzusetzenden Aufwendungen wird auf die Beschreibung von Roh-, Hilfs- und Betriebsstoffen, Waren und bezogene Leistungen im dritten Teil, A. Vorräte verwiesen.

Für den Ausweis der Roh-, Hilfs- und Betriebsstoffe in der Gewinn- und Verlustrechnung der Kapitalgesellschaft und der bestimmten Personenhandelsgesellschaft (OHG, KG) gelten nach h.M. die folgenden Grundsätze:

- Unter dem Posten des § 275 Abs. 2 Nr. 5a HGB können **alle Aufwendungen** für Roh-, Hilfs- und Betriebsstoffe ausgewiesen werden, unabhängig davon, in welchem der Betriebsbereiche „**Forschung/Entwicklung, Beschaffung, Fertigung**" sie angefallen sind;
- Aufwendungen für Roh-, Hilfs- und Betriebsstoffe der Bereiche „**Verwaltung und Vertrieb**" sind unter den Posten „Materialaufwand" oder „sonstige betriebliche Aufwendungen" auszuweisen. Letzteres steht der Zuordnung nach Aufwandsarten entgegen. Dies gilt z.B. für die Aufwendungen für Heizöl oder für Strom im Verwaltungs- und Vertriebsbereich, die eindeutig Materialaufwand sind und korrekterweise auch unter dem Posten „Materialaufwand" auszuweisen sind. Dies ist bei kostenstellenbezogener Gliederung der Aufwendungen anders.

Ist für Roh-, Hilfs- und Betriebsstoffe nach § 240 Abs. 3 HGB ein **Festwert** gebildet, sind nach Auffassung im Schrifttum die laufenden Ersatzbeschaffungen sowie die **Veränderungen des Festwertes** unter dem Posten des § 275 Abs. 2 Nr. 5a HGB auszuweisen. Gleiches soll für Ersatzbeschaffungen in den Fällen gelten, in denen bei Sachanlagegegenständen des Anlagevermögens ein Festwert gebildet worden ist. Die Aufwendungen für **Zukäufe** sind danach wahlweise unter den Aufwendungen für Roh-, Hilfs- und Betriebsstoffe nach § 275 Abs. 2 Nr. 5a HGB oder unter den sonstigen betrieblichen Aufwendungen nach § 275 Abs. 2 Nr. 8 HGB auszuweisen.

Fraglich ist, ob **Fremdreparaturen**, soweit bei den Reparaturen Material verwendet worden ist, dem Materialaufwand zuzuordnen sind. Nach h.M. hängt dies vom Charakter der Aufwendungen ab. Soweit die Reparaturkosten zu einem wesentlichen Teil aus Materialverbrauch bestehen, sollen die gesamten Aufwendungen dem Materialaufwand zugeordnet werden. Überwiegt der Lohnanteil, sollen die gesamten Fremdreparaturen unter dem Posten „sonstige betriebliche Aufwendungen" auszuweisen. Die Zuordnung kann nicht ohne weiteres nachvollzogen werden. Korrekterweise sind die Aufwendungen in Materialkosten und sonstige betriebliche Aufwendungen aufzuteilen.

2. Personalaufwand

Nach § 275 Abs. 2 Nr. 6 HGB ist der Personalaufwand aufzugliedern in die Posten „Löhne und Gehälter" und „soziale Abgaben und Aufwendungen für Altersversorgung und für Unterstützung".

Unter dem Posten sind alle Personalaufwendungen in Form von Geld- und Sachleistungen auszuweisen. Die Zuordnung gilt für die Personalaufwendungen aller Beschäftigten einschließlich der Vorstände bei der AG und der Geschäftsführer der GmbH. Auf den Unternehmensbereich in dem die Beschäftigten tätig sind, kommt es nicht an.

Nicht unter dem Posten „Löhne und Gehälter" nach § 275 Abs. 2 Nr. 6a HGB auszuweisen sind nach h.M. Löhne und Gehälter für **Leiharbeiter** und Bezüge der **Mitglieder des Aufsichtsrates**, die nicht in einem Dienst- oder Angestelltenverhältnis zu dem Unternehmen stehen und daher keinen Lohn oder Gehalt beziehen. Entschädigungen für den Aufsichtsrat sind unter dem Posten „sonstige betriebliche Aufwendungen" auszuweisen.

a) Löhne und Gehälter

Für den Ausweis von Personalaufwendungen unter dem Posten „Löhne und Gehälter" gelten die im Folgenden angeführten Grundsätze.

Nach § 275 Abs. 2 Nr. 6a HGB sind in der Gewinn- und Verlustrechnung eines Geschäftsjahres sämtliche Löhne und Gehälter auszuweisen, die angefallen sind. Anzusetzen ist der **Bruttobetrag**, d.h. der i.d.R. steuerpflichtige Betrag vor Abzug der Lohnsteuer und des Arbeitnehmeranteils an der Sozialversicherung. Nicht einzubeziehen sind die von einzelnen Arbeitgebern zu tragenden Arbeitgeberanteile an den einzelnen Sozialversicherungen.

Zu den als Personalaufwendungen auszuweisenden Löhnen und Gehältern rechnen alle **Nebenbezüge** die den Arbeitnehmern zufließen. Im Schrifttum werden u.a. angeführt: Überstundenentlohnung, Erfindervergütungen, Vergütungen für Verbesserungsvorschläge, Prämien, Gratifikationen, Urlaubsgelder, Weihnachtsgelder, Jubiläumszahlungen und Erfolgsbeteiligungen.

Unter dem Posten „Löhne und Gehälter" sollen auch **Abfindungen** an vorzeitig ausscheidende Arbeitnehmer auszuweisen sein. Der Ausweis unter Löhnen und Gehälter wird mit damit begründet, dass die später entstehenden Aufwendungen ihren Ursprung in einem früheren Dienstverhältnis der Arbeitnehmer mit dem Unternehmen haben. Davon abweichend sollen unter Löhnen und Gehältern nur

Entgelte für die aktiven Arbeitskräfte ausgewiesen werden. Die Abfindungen seien dagegen unter dem Posten „sonstige betriebliche Aufwendungen" auszuweisen.

Auszuweisen sind Vergütungen an Arbeitnehmer in Form von **Geld** und **Sachwerten**. Zu den Sachwerten zählen u.a. Vergütungen in Form von Dienstwagen zur privaten Benutzung der Arbeitnehmer, die Überlassung von Dienstwohnungen oder der Versorgung der Arbeitnehmer mit Energie, z.B. mit Wasser, Gas, Strom, Heizöl oder Benzin für überlassene Dienstfahrzeuge. Zur Vergütung von Sachwerten rechnet auch die verbilligte Veräußerung von Produkten des Unternehmens, z.B. beim Erwerb von Fahrzeugen oder von Bekleidung.

Auszuweisen sind die Vergütungen der **Mitglieder des Vorstandes bei der AG** bzw. der **Geschäftsführer bei der GmbH**. Hierunter fallen nach § 285 Satz 1 Nr. 9 HGB neben den Gehältern und den Sachwerten u.a. Gewinnbeteiligungen, Bezugsrechte und Stock Options.

b) Soziale Abgaben, Aufwendungen für Altersversorgung und für Unterstützung

Für den Ausweis sozialer Abgaben, Aufwendungen für Altersversorgung und für Unterstützung nach § 275 Abs. 2 Nr. 6b) HGB in der Gewinn- und Verlustrechnung gelten die folgenden Grundsätze:

Unter den sozialen Abgaben sind die **gesetzlichen Pflichtabgaben** (Arbeitgeberanteile zur Sozialversicherung), soweit sie von dem Unternehmen zu tragen sind, auszuweisen. Im Einzelnen gehören hierzu Beiträge zur Rentenversicherung, Krankenversicherung, Pflegeversicherung und Arbeitslosenversicherung sowie Beiträge zur Berufsgenossenschaft.

Unter den sozialen Abgaben sind nach Auffassung im Schrifttum auch **Firmenbeiträge** zu Lebensversicherungen und zu Krankenversicherungen, die zur Befreiung von der Pflichtversicherung abgeschlossen wurden, auszuweisen. Die Beiträge sind aus rechtlicher Sicht zwar Löhne und Gehälter. Bei Berücksichtigung des Sachverhalts, dass die Beiträge den sonst anfallenden Arbeitgeberanteilen zur Sozialversicherung entsprechen, sind sie unter den sozialen Angaben auszuweisen.

Nicht unter den sozialen Abgaben auszuweisen sind die von dem Unternehmen einbehaltenen und abzuführenden Arbeitnehmeranteile zur Sozialversicherung. Gleiches gilt für die von dem Unternehmen in Krankheitsfällen von Arbeitnehmern und bei Schwangerschaft weiterbezahlten Bezüge.

c) Aufwendungen für Altersversorgung

Aufwendungen für Altersversorgung sind Leistungen des Unternehmens an die Beschäftigten und die ausgeschiedenen Arbeitnehmer einschließlich der Leistungen an Angehörige der Beschäftigten sowie Leistungen an die Mitglieder des

Vorstandes bei der AG bzw. der Geschäftsführer bei der GmbH. Nicht hierzu rechnen Leistungen die die Mitglieder des Aufsichtsrats der AG. Zu den Aufwendungen rechnen:

- Pensionszahlungen, die nicht aus Pensionsrückstellungen erfolgen.
- Zuführungen zu Pensionsrückstellungen.
- Zahlungen an rechtlich selbständige Versorgungseinrichtungen, wie Unterstützungskassen, Pensionskassen oder Pensionsfonds.

Nach § 275 Abs. 2 Nr. 6b HGB können unter dem Posten „soziale Abgaben und Aufwendungen für Altersversorgung und für Unterstützung" die entsprechenden Aufwendungen zusammengefasst werden. Bei den Aufwendungen für **Altersversorgung** verlangt das Gesetz eine gesonderte Angabe, die innerhalb des Postens gesondert auszuweisen ist oder als Davon-Vermerk in der Bilanz im Anschluss an den Posten oder im Anhang gemacht werden kann.

Zu den Aufwendungen für Altersversorgung gehören vor allem **Zuführungen zu Pensionsrückstellungen**. Sie setzen sich aus der jährlichen Neuzuführung und der Verzinsung der in vorhergehenden Geschäftsjahren zurückgestellten Beträge zusammen. Der Zuführungsbetrag ist abweichend von der früheren Regelung aufzuspalten in einen **Anteil für die Altersersorgung**, der unter dem Posten des § 275 Abs. 2 Nr. 6b HGB, und einen **Zinsanteil**, der unter dem Posten „Zinsen und ähnlichen Aufwendungen" auszuweisen ist.

d) Aufwendungen für Unterstützung

Die Aufwendungen für Unterstützung betreffen Leistungen des Unternehmens an noch tätige Beschäftigte und an nicht mehr tätige Arbeitnehmer einschließlich der Mitglieder des Geschäftsführungsorgans und deren Hinterbliebenen. Zu den Leistungen des Unternehmens an die tätigen Arbeitnehmer zählen u.a. Unterstützungen bei Krankheit und bei Unfall. Darüber hinaus betreffen die zu erbringenden Zahlungen übernommene Arzt- und Kurkosten, Erholungsbeihilfen und finanzielle Geburtsbeihilfen.

3. Abschreibungen

§ 275 Abs. 2 Nr. 7 HGB gliedert die Abschreibungen in Abschreibungen auf immaterielle Vermögensgegenstände und auf Vermögensgegenstände des Sachanlagevermögens sowie in Abschreibungen auf Vermögensgegenstände des Umlaufvermögens, soweit sie die üblichen Abschreibungen des Unternehmens überschreiten.

a) Immaterielle Gegenstände des Anlagevermögens

Nach § 275 Abs. 2 Nr. 7a HGB sind Abschreibungen auf immaterielle Vermögensgegenstände des Anlagevermögens und auf Sachanlagen als gesonderter

Posten in der Gewinn- und Verlustrechnung auszuweisen. Da die Finanzanlagen nicht dem operativen Geschäftsbereich zuzurechnen sind, fallen Abschreibungen auf Finanzanlagen nicht unter den Posten.

Die vorzunehmenden bzw. vornehmbaren Abschreibungen auf die angeführten Vermögensgegenstände des Anlagevermögens regelt § 253 Abs. 3 HGB. Sie betreffen:

- Die planmäßigen Abschreibungen nach § 253 Abs. 3 Satz 1 und 2 HGB.
- Die außerplanmäßigen Abschreibungen nach § 253 Abs. 3 Satz 3 HGB.

Eine **Aufgliederung der Abschreibungen** nach den einzelnen Posten der immateriellen Vermögensgegenstände des Anlagevermögens und der Sachanlagen ist nicht erforderlich. Die getrennte Darstellung der Abschreibungen erfolgt bei großen und mittelgroßen Kapitalgesellschaften in dem in der Bilanz oder im Anhang nach § 268 Abs. 2 Satz 3 HGB aufzustellenden **Anlagenspiegel**.

Von dem Grundsatz, dass die Abschreibungen nach § 275 Abs. 2 Nr. 7a HGB zusammengefasst ausgewiesen werden können, gibt es Ausnahmen. Außerplanmäßige Abschreibungen im Sinn des § 253 Abs. 3 Satz 3 HGB sind nach § 277 Abs. 3 Satz 1 HGB gesondert in einem Unterposten auszuweisen oder in einem Davon-Vermerk oder im Anhang zu vermerken.

b) Vermögensgegenstände des Umlaufvermögens

Nach § 275 Abs. 2 Nr. 7b HGB sind Abschreibungen auf Vermögensgegenstände des Umlaufvermögens, soweit sie die in der Kapitalgesellschaft üblichen Abschreibungen überschreiten, als gesonderter Posten in der Gewinn- und Verlustrechnung auszuweisen.

Die **üblichen Abschreibungen** auf Vermögensgegenstände des Umlaufvermögens werden in der Gewinn- und Verlustrechnung unter den im Folgenden angeführten Posten ausgewiesen:

- Abschreibungen auf unfertige und fertige Erzeugnisse, unfertige Leistungen nach § 275 Abs. 2 Nr. 2 HGB unter Bestandsveränderungen an fertigen und unfertigen Erzeugnissen.
- Abschreibungen auf Roh-, Hilfs- und Betriebsstoffe, Waren nach § 275 Abs. 2 Nr. 5a HGB unter Aufwendungen für Roh-, Hilfs- und Betriebsstoffe und für bezogene Waren.
- Abschreibungen auf Forderungen, sonstige Vermögensgegenstände, flüssige Mittel nach § 275 Abs. 2 Nr. 8 HGB unter sonstige betriebliche Aufwendungen.
- Abschreibungen auf Wertpapiere nach § 275 Abs. 2 Nr. 12 HGB unter Abschreibungen auf Finanzanlagen und auf Wertpapiere des Umlaufvermögens.

Unter Beachtung des Gesetzeswortlauts sind die die **üblichen Abschreibungen** überschreitenden Abschreibungen bei allen Vermögensgegenständen des Umlaufvermögens unter dem Posten „Abschreibungen auf Vermögensgegenstände des Umlaufvermögens, soweit diese die in der Kapitalgesellschaft üblichen Abschreibungen überschreiten" des § 275 Abs. 2 Nr. 7b HGB auszuweisen.

Die Regelung gilt auch für **nicht übliche Abschreibungen** auf Wertpapiere. Dagegen verlangt § 275 Abs. 2 Nr. 12 HGB den Ausweis der Abschreibungen auf Wertpapiere unter dem oben angeführten Posten „Abschreibungen auf Finanzanlagen und auf Wertpapiere des Umlaufvermögens". Aus den sich widersprechenden Vorschriften verlangt die h.M. den Ausweis sämtlicher Abschreibungen auf Wertpapiere unter dem Posten des § 275 Abs. 2 Nr. 12 HGB. Die Auffassung wird überzeugend damit begründet, dass die dem Finanzbereich zuzurechnenden Aufwendungen und Erträge gesondert auszuweisen sind.

Nicht einheitlich ist die Auffassung bezüglich der Frage, wann Abschreibungen vorliegen, die die üblichen Abschreibungen überschreiten. Für die Definition der **Überschreitung des Üblichen** werden im Schrifttum mehrere Ansätze unterschieden, die zu unterschiedlichen Ergebnissen führen. Das Übliche der Abschreibungen wird ermittelt durch internen Zeitvergleich oder Einhaltung der in vorhergehenden Geschäftsjahren angewandten Abschreibungsmethoden.

Entgegen § 275 Abs. 2 Nr. 7b HGB soll nach Auffassung im Schrifttum der Ausweis von Abschreibungen unter dem Posten voraussetzen, dass die Abschreibungen die üblichen Abschreibungen **wesentlich überschreiten**. Die Vorgabe führt zu Problemen bezüglich der anzusetzenden Aufwendungen. Abgesehen von der Abweichung des eindeutigen Gesetzestextes ist unklar, nach welchen Kriterien die **Wesentlichkeit** der üblichen Abschreibungen und ihre Überschreitung zu messen ist.

Im Einzelfall kann fraglich sein, ob die über die üblichen Abschreibungen hinausgehenden Abschreibungen nicht **außerordentliche Aufwendungen** im Sinn des § 275 Abs. 2 Nr. 16 HGB darstellen. Nach h.M. ist bis auf wenige Ausnahmen, z.B. bei Insolvenz, ein Ausweis unter den außerordentlichen Aufwendungen nicht erforderlich.

4. Sonstige betriebliche Aufwendungen

Der Posten „sonstige betriebliche Aufwendungen" ist ein Posten für alle Aufwendungen, die nicht unter anderen betrieblichen Aufwandsposten auszuweisen sind (**Sammelposten**). Für Aufwendungen, die außerhalb der gewöhnlichen Geschäftstätigkeit angefallen sind, besteht nach § 277 Abs. 4 Satz 1 HGB die Pflicht zum Ausweis der Aufwendungen unter dem Posten „außerordentliche Aufwendungen" nach § 275 Abs. 2 Nr. 16 HGB. Im Einzelnen wird für den Ausweis unter sonstigen betrieblichen Aufwendungen im Schrifttum eine große Reihe von Aufwendungen angeführt.

Der Rahmen der **sonstigen betrieblichen Abschreibungen in der Praxis** ist nahezu nicht zu übersehen. Von der Vielzahl der hierunter fallenden Aufwendungen in der Gewinn- und Verlustrechnung sollen im Folgenden nur einige **Beispiele** angeführt werden. Hierzu rechnen u.a.: Abschreibungen auf Forderungen und sonstige Vermögensgegenstände; Verluste aus Währungsgeschäften; Aufsichtsratsvergütungen; Aufwendungen aus Wechsel-, Gewährleistungs- Bürgschafts-, und Sicherungsobligos; Bewirtungs- und Betreuungskosten; Büromaterial; Buchverluste aus dem Abgang von Vermögensgegenständen des Anlage- und Umlaufvermögens; Gebühren und Beiträge; Gerichts-, Notar- und Gutachterkosten; Gesellschafterversammlungs- und Hauptversammlungskosten; Lizenzgebühren; Miete, Pacht und Leasing; Provisionen; Prüfungskosten; Rechtsberatungskosten; Reisespesen; Steuerberatungskosten; Transport- und Lagerungskosten; Versicherungsprämien; Werbungskosten; Zuführungen zu sonstigen Rückstellungen.

Strittig ist der Ausweis von **Betriebssteuern** (Grundsteuer, Kraftfahrzeugsteuer, Verbrauchsteuern) unter dem Posten „sonstigen betriebliche Aufwendungen". Nach einer Auffassung wird entgegen dem Gesetzeswortlaut generell die Einbeziehung aller Betriebssteuern in den Posten empfohlen. Nach anderer Auffassung kann die Einbeziehung der Betriebssteuern in die sonstigen betrieblichen Aufwendungen nur dann zulässig sein, wenn die Betriebssteuern im Anhang aufgegliedert werden. Maßgeblich ist nicht die Aufgliederung, die das Gesetz nicht vorschreibt, sondern die Zuordnung der Betriebssteuern zu den Aufwendungen aus gewöhnlicher Geschäftstätigkeit.

5. Abschreibungen auf Finanzanlagen und auf Wertpapiere des Umlaufvermögens

Unter dem Posten „Abschreibungen auf Finanzanlagen und auf Wertpapiere des Umlaufvermögens" sind die Abschreibungen auf die unter den Finanzanlagen nach § 266 Abs. 2 A. III. HGB und den Wertpapieren des Umlaufvermögens nach § 266 Abs. 2 B. III. HGB angeführten Posten auszuweisen. Eine Untergliederung nach Finanzanlagen und Wertpapieren schreibt das Gesetz nicht vor. Abweichend von dem Grundsatz wird für bestimmte Abschreibungen ein **gesonderter Ausweis** verlangt. Dies gilt nach § 277 Abs. 3 Satz 1 HGB für außerplanmäßige Abschreibungen nach § 253 Abs. 4 HGB auf Wertpapiere des Umlaufvermögens.

Wie dargestellt bestehen Unklarheiten bezüglich der Frage, ob **Abschreibungen auf Wertpapiere des Umlaufvermögens**, auch soweit sie die üblichen Abschreibungen überschreiten, unter dem Posten des § 275 Abs. 2 Nr. 7b HGB oder unter den Abschreibungen auf Wertpapiere des Umlaufvermögens auszuweisen sind, wobei die h.M. überzeugend den Ausweis unter den Abschreibungen auf Wertpapiere des Umlaufvermögens präferiert.

Zuweilen wird vorgeschlagen, **Buchverluste** aus dem Abgang von Wertpapieren des Umlaufvermögens nach § 275 Abs. 2 Nr. 7b HGB unter dem Posten „Abschreibungen auf Vermögensgegenstände des Umlaufvermögens, soweit diese die in der Kapitalgesellschaft üblichen Abschreibungen überschreiten" auszuweisen, da es sich bei Buchverlusten der Sache nach um unterlassene Abschreibungen handeln soll. Das Verfahren ist unzulässig, da sich Abschreibungen auf die Bewertung von Vermögensgegenständen im Jahresabschluss richten. Zu Recht wird dieser Ausweis abgelehnt. Buchverluste sind unter dem Posten „sonstige betriebliche Aufwendungen" auszuweisen.

6. Zinsen und ähnliche Aufwendungen

Unter dem Posten „Zinsen und ähnliche Aufwendungen" sind die entsprechenden Aufwendungen unabhängig davon auszuweisen, ob sie auf lang- oder kurzfristigen Verbindlichkeiten beruhen oder ob es sich um einmalige oder periodisch wiederkehrende Zahlungen handelt.

Zu den unter dem Posten „Zinsen und ähnliche Aufwendungen" anzusetzenden Aufwendungen zählen u.a. Zinsen für Kredite, Darlehen oder Lieferantenkredite sowie der Zinsanteil bei Zuführungen zu Pensionsrückstellungen.

Zinsen und ähnliche Aufwendungen gegenüber **verbundenen Unternehmen** sind gesondert als Davon-Vermerk anzugeben oder im Anhang zu vermerken.

Nicht unter dem Posten auszuweisen sind Kontoführungsgebühren, Bankspesen sowie Einlösungsprovisionen für Schuldverschreibung eines Unternehmens

III. Ergebnis der gewöhnlichen Geschäftstätigkeit

Der Posten „Ergebnis der gewöhnlichen Geschäftstätigkeit" stellt einen Saldierungsbetrag aus dem der gewöhnlichen Geschäftstätigkeit zuzurechnenden Ertrags- und Aufwandsposten im Sinn des operativen Ergebnisses eines Unternehmens vor Ertragsteuern dar.

Die Postenbezeichnung des § 275 Abs. 2 Nr. 14 HGB ist unpräzise, da sie nicht zum Ausdruck bringt, ob aus der gewöhnlichen Geschäftstätigkeit ein positives oder negatives Ergebnis abzuleiten ist. Zur Präzisierung ist klarzustellen, ob das jeweils vorliegende Ergebnis positiv oder negativ ist. Als Alternative wird eine entsprechende Anpassung der Postenbezeichnung vorgeschlagen, z.B. mit dem Hinweis auf positives oder negatives Ergebnis.

Nach § 285 Satz 1 Nr. 6 HGB ist im Anhang anzugeben, „in welchem Umfang die Steuern vom Einkommen und vom Ertrag das Ergebnis aus der gewöhnlichen Geschäftstätigkeit und das außerordentliche Ergebnis belasten. Dies gilt nach § 288 Satz 1 HGB nicht für kleine Kapitalgesellschaften.

IV. Außerordentliches Ergebnis

Unter den Posten „außerordentliche Erträge" und „außerordentliche Aufwendungen" sind nach § 277 Abs. 4 Satz 1 HGB Erträge und Aufwendungen auszuweisen, die außerhalb der gewöhnlichen Geschäftstätigkeit der Kapitalgesellschaft anfallen. Wann Erträge und Aufwendungen außerhalb der gewöhnlichen Geschäftstätigkeit der Fall ist, lassen Gesetz und RegE (BT-Drucks. 10/317, S. 86) offen. Auch Art. 29 der Vierten EG-Richtlinie enthält keine Erläuterung. Er verlangt den gesonderten Ausweis der **außerhalb der normalen Geschäftstätigkeit** angefallenen Erträge und Aufwendungen. Die Regelung zeigt lediglich, dass die Begriffe „gewöhnlich" und „normal" in Bezug auf die Geschäftstätigkeit als Synonyme aufzufassen sind.

Ausgehend von der Gliederungssystematik der Gewinn- und Verlustrechnung ist nach dem Gesamtkosten- und Umsatzkostenverfahren eine Zuordnung der einzelnen Arten von Erträgen und Aufwendungen zum Ergebnis der gewöhnlichen Geschäftstätigkeit bzw. zum außerordentlichen Ergebnis festzulegen.

Nach h.M. können außerordentliche Erträge oder Aufwendungen vor allem die im Folgenden angeführten **Sachverhalte** betreffen:

- Veräußerung von Betrieben, Betriebsteilen und bedeutenden Beteiligungen.
- Betriebsstilllegung oder Betriebsbeschädigung durch Katastrophen.
- schwerer Betrug und Unterschlagung im Betrieb und in Betriebsteilen.
- Forderungsverzicht der Gläubiger bei Sanierung.
- Sozialpläne bei Massenentlassungen.

Die Frage nach der **Zuordnung** von Erträgen und Aufwendungen zur gewöhnlichen Geschäftstätigkeit ist nach h.M. nicht generell zu entscheiden. Sie soll sich nach der Eigenart des jeweiligen Unternehmens richten. Eine überzeugende Begründung wird damit nicht vorgelegt. Stellt man auf die Eigenart eines Unternehmens ab, hat bei den vielfältigen Unterschieden zwischen den Unternehmen quasi jedes einzelne Unternehmen einen von Anderen abweichenden Bereich der gewöhnlichen Geschäftstätigkeit und der Ertrags- und Aufwandszuordnung.

Das Gesetz verlangt die Erläuterung der außerordentlichen Erträgen und Aufwendungen entsprechend der folgenden Regelung: Nach § 277 Abs. 4 Satz 2 HGB sind die Posten hinsichtlich ihres Betrags und ihrer Art im zu Anhang erläutern, soweit die ausgewiesenen Beträge für die Beurteilung der Ertragslage nicht von untergeordneter Bedeutung sind. Nach § 277 Abs. 4 Satz 3 gilt Satz 2 entsprechend für alle Aufwendungen erfolgt die Erläuterung der außerordentlichen Erträgen und Aufwendungen und Erträge, die einem anderen Geschäftsjahr zuzurechnen sind. im **Anhang**, soweit die ausgewiesenen Beträge für die Beurteilung der Ertragslage eines Unternehmens nicht von untergeordneter Bedeutung sind. Dies gilt nicht für kleine Kapitalgesellschaften.

V. Steueraufwand

1. Steuern vom Einkommen und vom Ertrag

Unter dem Posten „Steuern vom Einkommen und vom Ertrag" sind die **ergebnisabhängigen Steuern** auszuweisen. Der Ausweis ist unabhängig davon, ob sie auf das Ergebnis der gewöhnlichen Geschäftstätigkeit oder auf das außerordentliche Ergebnis des Unternehmens zurückzuführen sind. Allerdings sind nach § 285 Satz 1 Nr. 6 HGB Angaben darüber zu machen, in welchem Umfang die ergebnisabhängigen Steuern das Ergebnis der gewöhnlichen Geschäftstätigkeit und das außerordentliche Ergebnis belasten. Dies gilt nach § 288 Satz 1 HGB nicht für kleine Kapitalgesellschaften.

Der anzusetzende Steueraufwand verlangt, dass es sich bei dem Steueraufwand um ergebnisabhängige Steuern des Unternehmens handelt. Anzusetzen ist der Steueraufwand für Steuern vom Einkommen und vom Ertrag. Sie umfassen:

- die Körperschaftsteuer,
- die Gewerbeertragsteuer; und
- die Körperschaft- und Gewerbeertragsteuer ähnliche ausländische Steuern.

Nach § 278 Satz 1 HGB sind die Steuern vom Einkommen und vom Ertrag auf der Grundlage des Beschlusses über die Verwendung des (positiven) Ergebnisses zu berechnen. Liegt zum Zeitpunkt der Feststellung des Jahresabschlusses ein Beschluss über die Verwendung des Ergebnisses nicht vor, ist von dem Vorschlag über die Verwendung des Ergebnisses auszugehen.

Der Körperschaftsteueraufwand eines Unternehmens ergibt sich aus der Tarifbelastung. Ist das Unternehmen an einem anderen körperschaftsteuerpflichtigen Unternehmen beteiligt, ist der Körperschaftsteueraufwand insoweit vor Berücksichtigung von Anrechnungsbeträgen zu ermitteln.

Mit Blick auf das Verrechnungsverbot des § 246 Abs. 2 HGB könnte unklar sein, ob „Steuererträge" aufgrund von Steuererstattungen oder von aufgelösten Steuerrückstellungen unter dem Posten „sonstige betriebliche Erträge" auszuweisen sind oder ob eine **Verrechnung** der Erträge mit den Steueraufwendungen des laufenden Geschäftsjahres zulässig ist. Da der Ausweis der Steuererstattungen unter dem Posten „sonstige betriebliche Erträge" das Ergebnis aus der gewöhnlichen Geschäftstätigkeit zu günstig darstellen würden, sind nach IDW SABI 3/1988 die Aufwendungen und Erträge eines Jahres, die Steuern vom Einkommen und vom Ertrag sind, unter dem Posten „Steuern vom Einkommen und vom Ertrag" saldiert auszuweisen.

Mit der Verrechnung geht, wie angeführt, die Information über Steuererstattungen und aufgelöste Steuerrückstellungen verloren. Zudem sind die sich aus der Verrechnung ergebenden Nettosteuern i.d.R. nicht mit den entsprechenden Steuern der vorhergehenden Geschäftsjahre vergleichbar. Aus Sicht der Information außenstehender Rechnungslegungsadressaten ist ein Bruttoausweis unter dem Posten „Steuern vom Einkommen und vom Ertrag" erforderlich.

Bei **Steuerabgrenzungen** (latente Steuern) nach § 274 HGB sind Ertragsteuerbelastungen und Ertragsteuerentlastungen möglich. Die Aufwendungen und Erträge sind unter dem Posten „Steuern vom Einkommen und vom Ertrag" auszuweisen.

2. Sonstige Steuern

Dem Posten „sonstige Steuern" sind alle nicht unter § 275 Abs. 2 Nr. 18 HGB auszuweisenden Steuern des Geschäftsjahres zuzuordnen. Hierzu zählen u.a.:

- Verbrauchsteuern, z.B. Bier-, Branntwein-, und Mineralölsteuer;

- Verkehrsteuern, z.B. Ausfuhrzölle, und Versicherungssteuer;
- sonstige Steuern, z.B. Kraftfahrzeugsteuer.

Strittig ist, ob die **ertragunabhängigen Steuern** unter dem Posten „sonstige betriebliche Aufwendungen" ausgewiesen werden dürfen. Nach einer Auffassung im Schrifttum würde der Ausweis von Kostensteuern unter dem Posten „sonstige betriebliche Aufwendungen" zu einer besseren Darstellung des betrieblichen Ergebnisses führen. Die h.M. lehnt den Ausweis von Kostensteuern unter dem Posten „sonstige betriebliche Aufwendungen" mit dem Hinweis auf die Vorschrift des § 275 Abs. 2 Nr. 19 HGB zum Ausweis von sonstigen Steuern ab.

VI. Jahresüberschuss und Jahresfehlbetrag

Der Posten „Jahresüberschuss" bzw. „Jahresfehlbetrag" stellt das im abgelaufenen Geschäftsjahr erzielte Nettoergebnis eines Unternehmens dar. Die Bedeutung des Postens liegt rechtlich darin, dass eine Vielzahl materiellrechtlicher Vorschriften an ihn anknüpfen. Dies gilt für die im Folgenden angeführten Vorgänge:

- Der Jahresüberschuss bzw. der Jahresfehlbetrag bildet die Grundlage der **Ergebnisverwendung**. Nach § 275 Abs. 4 HGB dürfen Veränderungen der Kapital- und Gewinnrücklagen in der Gewinn- und Verlustrechnung erst nach dem Posten „Jahresüberschuss/Jahresfehlbetrag" ausgewiesen werden.

- Der Jahresüberschuss bildet die Grundlage für die **Einstellung der gesetzlichen Rücklage** in das Eigenkapital der Bilanz der AG und der KGaA nach § 150 Abs. 2 AktG. Ein entstandener Jahresfehlbetrag bildet die Grundlage für die Verwendung der gesetzlichen Rücklage nach § 150 Abs. 3 und 4 AktG.

- Die von der Hauptversammlung oder von dem Vorstand und Aufsichtsrat der AG in die **anderen Gewinnrücklagen** einzustellenden Beträge sind nach § 58 Abs. 1 und 2 AktG von der Höhe des Jahresüberschusses abhängig.

- Der Jahresüberschuss/Jahresfehlbetrag ist als Grundlage für die bei der Ermittlung einer **Abschlagszahlung** an die Aktionäre auf den Bilanzgewinn nach § 59 Abs. 2 AktG sowie bei einer Gewinnbeteiligung der Vorstandsmitglieder nach § 86 Abs. 2 AktG zu Grunde zu legen.

Beispiel 54: Anwendung Gesamtkostenverfahren

Die A GmbH stellt im Geschäftsjahr 10 ausschließlich 15.000 Stück des Produktes X her. Von der hergestellten Produktmenge werden 13.000 Stück zum Nettostückpreis von 752 € veräußert; die Mehrwertsteuer bleibt unberücksichtigt. Anfangsbestände zu Beginn des Geschäftsjahres 10 lagen nicht vor.

Der Kostenrechnung des Jahres 10 sind für den **Fertigungsbereich** der A GmbH die folgenden Aufwendungen zu entnehmen:

- Materialeinzelkosten 1.080 Tsd. €; Fertigungslöhne 639 Tsd. €;
- Materialgemeinkosten 379,5 Tsd. €, davon Löhne und Gehälter 119,5 Tsd. €, Abschreibungen 126 Tsd. €, sonstige Aufwendungen 134 Tsd. €;
- Fertigungsgemeinkosten 2.350 Tsd. €, davon Löhne und Gehälter 580 Tsd. €, Hilfs- und Betriebsstoffe 210 Tsd. €; Abschreibungen auf technische Anlagen, Maschinen und Fertigungsgebäude 1.560 Tsd. €, davon Anschreibungen auf nicht genutzte Maschinen 220 Tsd €; die Auslastung der technischen Anlagen und Maschinen war im Jahr 10 lediglich 65 %; die Normalauslastung ist 80 %.

Im **Verwaltungsbereich** der A GmbH fielen im Jahr 10 die im Folgenden angeführten Aufwendungen an:

- Gehälter 780 Tsd. €, davon Gehälter im Fertigungsbereich 300 Tsd. €, für Personal im finanzbezogenen Bereich 200 Tsd €; Vorstandsbezüge 1.000 €; Aufwendungen für betriebliche Altersversorgung 280 Tsd. €; Aufsichtsratsvergütungen 120 Tsd. €;
- Abschreibungen in Höhe von 810 Tsd. €.

Die Aufwendungen des **Vertriebsbereichs** der A GmbH im Jahr 10 beinhalten:

- Sondereinzelkosten des Vertriebs 1.430 Tsd. €, davon Verpackungsmaterial 130 Tsd. €, Vertreterprovision 1.300 Tsd. €;
- Vertriebsgemeinkosten 1.500 Tsd. €, davon Löhne und Gehälter 1.200 Tsd. €, Abschreibungen 300 Tsd. €.

Weiterhin liegen für das Jahr 10 die A GmbH betreffend folgende **Informationen** vor:

- Erträge aus Finanzanlagen sind 810 Tsd. €, davon 300 Tsd. € aus Beteiligungen;
- Finanzanlagen mit dem Buchwert von 500 Tsd. € wurden für 850 Tsd. € veräußert;
- Erstmalige Abschreibungen der A GmbH auf Wertpapiere des Umlaufvermögens nach § 253 Abs. 3 Satz 3 HGB in Höhe von 200 Tsd. €;
- Dividenden wurden in Höhe von 120 Tsd. € vereinnahmt;
- Zinsbelastung auf dem Kontokorrentkonto in Höhe von 740 Tsd. €; Zinsgutschrift auf dem Festgeldkonto in Höhe von 100 Tsd. €.

1. Es sind die Herstellungskosten als Vollkosten und die Selbstkosten pro Einheit des von der A GmbH hergestellten Produktes X für das Jahr 10 zu bestimmen.
2. Es ist die Gewinn- und Verlustrechnung der A GmbH für das Jahr 10 nach dem Gesamtkostenverfahren aufzustellen und das Ergebnis der gewöhnlichen Geschäftstätigkeit nach § 275 Abs. 2 Nr. 14 HGB zu bestimmen. Es ist davon auszugehen, dass die Bewertung der Bestände in der Bilanz der A GmbH zum 31.12.10 zur bilanziell zulässigen Wertobergrenze vorgenommen werden soll.
3. Der Posten „Ergebnis der gewöhnlichen Geschäftstätigkeit" ist in das Ergebnis des operativen Bereichs und des Finanzbereichs aufzugliedern.

C. Umsatzkostenverfahren

Die folgende Darstellung ist auf die Posten der Gewinn- und Verlustrechnung nach dem Umsatzkostenverfahren, die sich inhaltlich von den Posten des Gesamtkostenverfahrens unterscheiden, beschränkt. Dies gilt für die Posten des § 275 Abs. 3 Nr. 2 bis 7 HGB.

Bezüglich des Posten „**Umsatzerlöse**" des § 275 Abs. 3 Nr. 1 HGB sowie der Posten der §§ 275 Abs. 3 Nr. 8 bis 19 HGB wird auf die Behandlung der entsprechenden Posten nach dem Gesamtkostenverfahren verwiesen. Sie sind in der Bezeichnung und im Inhalt weitgehend mit den Posten des Gesamtkostenverfahrens nach §§ 275 Abs. 2 Nr. 9 bis 20 HGB identisch.

Abweichungen zwischen Gesamt- und Umsatzkostenverfahren können bei dem Posten „Abschreibungen auf Finanzanlagen und auf Wertpapiere des Umlaufvermögens" nach § 275 Abs. 3 Nr. 11 HGB entstehen, da nach dem Umsatzkostenverfahren unter dem Posten auch Abschreibungen auszuweisen sind, die die üblichen Abschreibungen überschreiten. Zudem können sich Abweichungen bei dem Posten „Zinsen und ähnliche Aufwendungen" nach § 275 Abs. 3 Nr. 12 HGB und dem Posten „sonstige Steuern" nach § 275 Abs. 3 Nr. 18 HGB gegenüber dem Gesamtkostenverfahren ergeben.

I. Verfahrensspezielle Posten des Umsatzkostenverfahrens

1. Herstellungskosten der zur Erzielung der Umsatzerlöse erbrachten Leistungen

Dem Posten „**Umsatzerlöse**" wird im Umsatzkostenverfahren zunächst der Posten „Herstellungskosten der zur Erzielung der Umsatzerlöse erbrachten Leistungen" gegenübergestellt. Die Zuordnung von Aufwendungen zu den Herstellungskosten bestimmt sich nach der Begriffsfassung des § 255 Abs. 2 Satz 1 HGB. Es sind diejenigen Aufwendungen, die durch den Verbrauch von Gütern und die Inanspruchnahme von Diensten für die Herstellung, Erweiterung oder wesentliche Verbesserung eines Vermögensgegenstandes entstehen.

Der **Herstellungskostenbegriff** nach § 275 Abs. 3 Nr. 2 HGB ist entsprechend der Aufgabenstellung der Gewinn- und Verlustrechnung alle Aufwendungen nachzuweisen umfassender, unter bestimmten Voraussetzungen jedoch auch weniger umfassend als der Herstellungskostenbegriff nach § 255 Abs. 2 HGB.

Insgesamt ist die Umschreibung des Postens „Herstellungskosten der zur Erzielung der Umsatzerlöse erbrachten Leistungen" des § 275 Abs. 3 Nr. 2 HGB eher missglückt und daher unterschiedlich interpretierbar. In Art. 25 und 39 der amtlichen (englischen) Fassung der Bilanzrichtlinie werden die **beiden Herstellungskostenbegriffe** für die Bilanz und die Gewinn- und Verlustrechnung exakter umschrieben:

- **Herstellungskosten in der Bilanz** sind nach Art. 39 „production cost". Maßgeblich für die Definition der Herstellungskosten in der Bilanz ist das Kostenverursachungsprinzip; danach sind diejenigen Kosten anzusetzen, die die Herstellung eines Vermögensgegenstandes verursacht hat.

- **Herstellungskosten in der Gewinn- und Verlustrechnung** sind nach Art 25 „cost of sales". Maßgeblich für die Definition der Herstellungskosten ist eine Art Kostenzuordnungs- oder Kostentragfähigkeitsprinzip. Danach sind den Umsatzerlösen eines Geschäftsjahres alle Kosten des Herstellungsbereichs zuzuordnen, die nicht als unfertige oder fertige Erzeugnisse aktiviert werden, sondern von den veräußerten Produkten zu tragen sind.

Es sind nicht nur die Definitionen der Herstellungskosten für die Bilanz und die Gewinn- und Verlustrechnung zu unterscheiden. Nach h.M. kann sich auch der in der Bilanz und der Gewinn- und Verlustrechnung anzusetzende **Umfang** der Herstellungskosten unterscheiden:

- In der **Bilanz** kann das Wahlrecht des § 255 Abs. 2 Satz 3 HGB in Anspruch genommen werden. Damit können in einem Fall die aktivierten unfertigen oder fertigen Erzeugnisse nach dem **Teilkostenprinzip** ohne fixe Gemeinkosten bewertet werden, die abgesetzten Erzeugnisse dagegen mit den vollen Herstellungskosten. Im anderen Fall werden die Bestände nach dem Vollkostenprinzip bewertet.

- Für die **Gewinn- und Verlustrechnung** gilt das **Vollkostenprinzip**, wobei auch nicht angemessene Kosten, d.h. Leerkosten, soweit sie auf den Herstellungsbereich entfallen, in die Herstellungskosten nach § 275 Abs. 3 Nr. 2 HGB einzubeziehen sind.

Bezüglich der Herstellungskosten der zur Erzielung der Umsatzerlöse erbrachten Leistungen lassen sich die folgenden Fälle unterscheiden. Ein Erzeugnis ist:

- im abgelaufenen Geschäftsjahr hergestellt und veräußert worden;

- in einem vorhergehenden Geschäftsjahr hergestellt und im laufenden Geschäftsjahr veräußert worden;

- im laufenden Geschäftsjahr hergestellt, aber zum Bilanzstichtag noch nicht veräußert worden.

Ein Erzeugnis, das **im abgelaufenen Geschäftsjahr hergestellt und veräußert** wurde, geht mit vollen Herstellungskosten in den Posten nach § 275 Abs. 3 Nr. 2 HGB ein. Die Aufnahme ist unabhängig davon, ob das Erzeugnis bei Nichtveräußerung mit den vollen Herstellungskosten oder mit Teilherstellungskosten in der Bilanz angesetzt worden wäre. In die vollen Herstellungskosten sind auch diejenigen Aufwendungen einzubeziehen, die bei Aktivierung des Erzeugnisses nicht ansetzbar wären.

Ein Erzeugnis, das **in einem vorhergehenden Geschäftsjahr hergestellt und im abgelaufenen Geschäftsjahr veräußert** wurde, ist in dem Posten nach § 275 Abs. 3 Nr. 2 HGB mit den Herstellungskosten zu bewerten, mit denen das Erzeugnis in der letzten Bilanz angesetzt war. Diesen Aufwendungen sind die bis zur Veräußerung noch anfallenden Herstellungskosten des Erzeugnisses zuzurechnen.

Ein Erzeugnis, das **im abgelaufenen Geschäftsjahr hergestellt**, aber **nicht veräußert** wurde, ist mit seinen Herstellungskosten anzusetzen:

- Erfolgt die Aktivierung zu **Vollkosten**, besteht nach Auffassung im Schrifttum insoweit kein Problem, als die vollen Herstellungskosten in der Bilanz angesetzt werden. Dies ist allerdings immer dann unzutreffend, wenn bei der Herstellung nicht angemessene Kosten angefallen sind. In diesen Fällen sind auch bei Vollkostenaktivierung die nicht aktivierungsfähigen Herstellungskosten in der Gewinn- und Verlustrechnung anzusetzen.

- Erfolgt die Aktivierung zu **Teilkosten**, sind in jedem Fall Teile der Herstellungskosten in die Gewinn- und Verlustrechnung aufzunehmen. Strittig ist, ob der Ausweis dieser Teile in dem Posten „Herstellungskosten der zur Erzielung der Umsatzerlöse erbrachten Leistungen" des § 275 Abs. 3 Nr. 2 HGB oder in dem Posten „sonstige betriebliche Aufwendungen" des § 275 Abs. 3 Nr. 7 HGB zu erfolgen hat. Für ersteres sprechen die IFRS, für letzteres die (nationale) amtliche Begründung zum Bilanzrichtliniengesetz.

Die in der Gewinn- und Verlustrechnung nach dem Umsatzkostenverfahren auszuweisenden **Herstellungskosten** der zur Erzielung der Umsatzerlöse erbrachten Leistungen sind von den allgemeinen Verwaltungskosten und den sonstigen betrieblichen Aufwendungen der §§ 275 Abs. 3 Nr. 5 und 7 HGB abzugrenzen.

In die Herstellungskosten von aktivierten Erzeugnissen nach § 255 Abs. 2 Satz 3 HGB dürfen auch **allgemeine Verwaltungskosten** einbezogen werden. Soweit die unter Einbeziehung von allgemeinen Verwaltungskosten aktivierten Erzeugnisse in der Folgeperiode veräußert werden, stellt sich die Frage, ob die in den aktivierten Beträgen enthaltenen allgemeinen Verwaltungskosten unter den Herstellungskosten nach § 275 Abs. 3 Nr. 2 HGB auszuweisen sind oder ob eine Umgliederung in den Posten „allgemeine Verwaltungskosten" nach § 275 Abs. 3 Nr. 5 HGB erforderlich ist. Auch im BilMoG bleibt das Problem ungelöst. Die überwiegende Auffassung im Schrifttum gewährt ein Wahlrecht.

Die in die Herstellungskosten nach § 275 Abs. 3 Nr. 2 HGB einzubeziehenden **Aufwandsarten** können strittig sein. Dies gilt z.B. für die Aufwandsarten „Abschreibungen, Zinsen und Kostensteuern".

- **Abschreibungen** sind nach h.M. unabhängig davon, ob sie das Anlage- oder das Umlaufvermögen betreffen, in den Posten „Herstellungskosten der zur Erzielung der Umsatzerlöse erbrachten Leistungen" einzubeziehen, sofern die Abschreibungen den Fertigungsbereich (Abschreibungen von technischen Anlagen und Maschinen) oder den Materialbereich betreffen. Zu den anzusetzenden Abschreibungen gehört nach § 255 Abs. 2 Satz 2 HGB der Werteverzehr der Vermögensgegenstände des Anlagevermögens nach § 253 Abs. 3 HGB in der planmäßigen und außerplanmäßigen Abschreibung.

- **Zinsen für Fremdkapital**, das zur Finanzierung der Herstellung eines Erzeugnisses verwendet wird, dürfen angesetzt werden, soweit sie auf den Zeitraum der Herstellung entfallen. Nach § 255 Abs. 3 Satz 2 zweiter Halbsatz HGB gelten die Zinsen für Fremdkapital in diesem Fall als Herstellungskosten des Erzeugnisses. Erfolgt die Einbeziehung, stellt sich die Frage, ob sie unter dem Posten „Herstellungskosten der zur Erzielung der Umsatzerlöse erbrachten Leistungen" oder unter dem Posten „Zinsen und ähnliche Aufwendungen" nach § 275 Abs. 3 Nr. 12 HGB auszuweisen sind. Das BilMoG geht auf die Bewertung, nicht jedoch explizit auf das nach h.M. bestehende Ausweiswahlrecht nicht ein.

- **Kostensteuern** sind bei Anwendung des Umsatzkostenverfahrens nach § 275 Abs. 3 Nr. 18 HGB unter dem Posten „sonstige Steuern" auszuweisen. Dabei stellt sich ein Problem insoweit, als bei dem Umsatzkostenverfahren Kostensteuern des Fertigungsbereiches zu den Herstellungskosten gehören. Daraus wird im Schrifttum ein Ausweiswahlrecht abgeleitet, nach dem Kostensteuern des Fertigungsbereichs, z.B. Kraftfahrzeugsteuer bei der Benutzung von Transportiergeräten, unter den Herstellungskosten nach § 275 Abs. 3 Nr. 2 HGB oder unter den sonstigen Steuern nach § 275 Abs. 3 Nr. 18 HGB auszuweisen sind.

Die im Schrifttum vorgelegten Lösungen für die offenen Probleme der Behandlung der Aufwandsarten „Abschreibungen, Zinsen, Kostensteuern" bei Anwendung des Umsatzkostenverfahrens werden allesamt mit der Gewährung von Ansatzrechten gelöst. Dieses Vorgehen, das in gleicher Weise das BilMoG für Fremdkapitalzinsen vorgibt, widerspricht den Grundsätzen der Objektivierung der externen Rechnungslegung sowie der Vergleichbarkeit der Jahresabschlüsse und ist deshalb abzulehnen.

2. Bruttoergebnis vom Umsatz

Der Posten „Bruttoergebnis vom Umsatz" des § 275 Abs. 3 Nr. 3 HGB stellt eine **Zwischensumme** als Saldo zwischen den Posten § 275 Abs. 3 Nr. 1 und Nr. 2 HGB dar. Bei Geschäftsjahren mit positiven Ergebnissen handelt es sich dabei i.d.R. entsprechend um einen positiven Saldo. Bei Geschäftsjahren mit negativen Ergebnissen handelt es sich dabei i.d.R. entsprechend um einen negativen Saldo. Das negative Bruttoergebnis vom Umsatz ist zu kennzeichnen. Es verdeutlicht, dass das Unternehmen nicht in der Lage ist, mit den erzielten Umsatzerlösen die Herstellungskosten zu decken.

Die **Bedeutung des Ausweises des Bruttoergebnisses vom Umsatz** in der Gewinn- und Verlustrechnung nach dem Umsatzkostenverfahren kann darin gesehen werden, dass für interne und externe Vergleichsrechnungen eine Maßgröße zur Bestimmung der wirtschaftlichen Vorteilhaftigkeit des Fertigungsverfahrens eines Unternehmens festgelegt wird. Allerdings ist die Messgröße, deren Ermittlung durch die Einbeziehung mehreren Faktoren bestimmt, zu verzerrten Ergebnissen führen. Hierzu rechnen u.a.:

- Die Verwendung von Aufwandsarten, die anderen Posten der Gewinn- und Verlustrechnung zuzurechnen sind, z.B. allgemeine Verwaltungskosten, Fremdkapitalzinsen und Kostensteuern.
- Die Ermittlung der Herstellungskosten des Unternehmens von Erzeugnissen, die nicht in der ungünstigen laufenden Fertigungsphase sondern in der Vorperiode mit günstigen Fertigungsphasen hergestellt wurden.

3. Vertriebskosten

Unter dem Posten „Vertriebskosten" sind die im abgelaufenen Geschäftsjahr entstandenen Kosten des Vertriebsbereichs eines Unternehmens auszuweisen. Der Ausweis ist unabhängig davon, ob die Kosten den Umsatzerlösen direkt zurechenbar sind als Sondereinzelkosten des Vertriebs, z.B. von dem liefernden (bilanzierenden) Unternehmen übernommene Kosten der Verpackung, der Versicherung und des Versandes oder als variable Vertriebsgemeinkosten, z.B. umsatzabhängige Vertreterprovision oder als fixe Vertriebsgemeinkosten, z.B. Kosten der Verkaufsräume.

Zu den Vertriebskosten rechnen die Aufwendungen im Sinn von Materialkosten, Personalkosten, Abschreibungen und sonstigen Aufwendungen der Verkaufs- und Marketingabteilung des Unternehmens.

Vertriebseinzelkosten, die den Erzeugnissen direkt zuzurechnen sind, betreffen vor allem Verpackungs- und Transportkosten sowie Provisionen. Im Einzelnen beinhalten die Vertriebseinzelkosten die folgenden Kostenarten:

- Kosten für **Verpackungsmaterial** betreffen Materialien für die hergestellten Produkte, z.B. Versandkisten oder Packpapier. Das Verpackungsmaterial dient der **äußeren Verpackung** der Produkte. Im Gegensatz hierzu stellen alle Arten von Behältern, z.B. Dosen, Flaschen, Kartons, Folien, in denen die Produkte am Markt gehandelt werden, als **innere Verpackung** kein Verpackungsmaterial, sondern Materialaufwand der entsprechenden Produkte dar.
- Kosten für **Fracht, Porto und Frachtversicherung** sind nur dann als Sondereinzelkosten des Vertriebs behandelbar, wenn die entsprechende Vertriebsleistung von einem Dritten ausgeführt wird und die an den Dritten zu erbringende Leistung, i.d.R. als Zahlung, eindeutig abgrenzbar ist. Das BilMoG sieht eine Aktivierung der Kosten nicht vor.
- Kosten für **Vertreterprovision** betreffen die vertragsgemäß an externe Vertreter des Unternehmens gezahlten Beträge für Provisionen im Zusammenhang mit Vertragsabschlüssen bei der Veräußerung von Produkten. Die Vertreterprovision wird i.d.R. auf der Basis der Verkaufserlöse der Produkte errechnet. Die Provision ist insoweit den verkauften Produkten zuzurechnen. Auch hierfür sieht das BilMoG eine Aktivierung der Kosten nicht vor.

Vertriebsgemeinkosten, die den einzelnen Erzeugnissen indirekt zuzurechnen sind, betreffen u.a. Personalkosten, Werbungskosten, Reisekosten, Kraftfahrzeugkosten und Abschreibungskosten für Vertriebsgebäude mit Einrichtungen sowie Fixkosten für Vertreterprovisionen. Für die angeführten Vertriebsgemeinkosten sieht das BilMoG eine Aktivierung nicht vor.

4. Allgemeine Verwaltungskosten

Unter dem Posten sind Verwaltungskosten auszuweisen, die nicht als spezielle Verwaltungskosten dem Material-, Fertigungs- oder Vertriebsbereich zuzuordnen sind. Allgemeine Verwaltungskosten i.d.S. sind zunächst **Overhead-Kosten**, d.h. die gesamten, i.d.R. fixen **Gemeinkosten der Geschäftsführung** (Vorstand bei der AG, Geschäftsführer bei der GmbH). Darüber hinaus rechnen Kosten des Rechnungswesens, der Informationsverarbeitung, der Finanzabteilung zu den allgemeinen Verwaltungskosten. Gemeinkosten sind auch Kosten der Sozialeinrichtungen, Werkswohnungen, Fortbildungseinrichtungen, Kosten des Aufsichtsrats sowie Kosten der Abschlussprüfung.

Schwierigkeiten der **Abgrenzung der allgemeinen Verwaltungskosten** zu den sonstigen betrieblichen Aufwendungen treten nicht auf. Es handelt sich um Posten, die unter dem Aspekt gesehen werden, dass den sonstigen betrieblichen Aufwendungen des Umsatzkostenverfahrens nach § 275 Abs. 3 Nr. 7 HGB die gleichen Aufwendungen zugerechnet werden sollen wie dem gleichen Posten des Gesamtkostenverfahrens nach § 275 Abs. 2 Nr. 8 HGB.

5. Sonstige betriebliche Erträge und Aufwendungen

Der Posten „**sonstige betriebliche Erträge**“ nach § 275 Abs. 3 Nr. 6 HGB entspricht inhaltlich weitgehend mit dem vergleichbaren Posten des § 275 Abs. 2 Nr. 4 HGB bei Anwendung des Gesamtkostenverfahrens.

Der Posten „**sonstige betriebliche Aufwendungen**“ nach § 275 Abs. 3 Nr. 7 HGB weicht von dem gleich lautenden Posten des Gesamtkostenverfahrens i.d.R. erheblich ab. Der ganz überwiegende Teil der nach § 275 Abs. 2 Nr. 8 HGB unter den sonstigen betrieblichen Aufwendungen auszuweisenden Sachverhalte ist den gesondert auszuweisenden Aufwandsposten der Herstellungskosten und der allgemeinen Verwaltungskosten zuzurechnen.

Nach der amtlichen Begründung des BiRiLiG ist der Posten „sonstige betriebliche Aufwendungen“ nur deshalb in das Gliederungsschema nach dem Umsatzkostenverfahren aufgenommen worden, um Unternehmen, die Vorräte und Eigenleistungen nicht mit Vollkosten aktivieren, einen **gesonderten Ausweis der nicht aktivierten Aufwendungen** zu ermöglichen.

Die Begründung ist insoweit unzutreffend, als auch bei Vollkostenaktivierung nach § 255 Abs. 2 Satz 3 HGB Teile der Herstellungskosten im Sinn der nicht angemessenen Material- und Fertigungsgemeinkosten nicht aktiviert werden dürfen. Für die entsprechenden Aufwendungen stellt sich das gleiche Ansatzproblem in der Gewinn- und Verlustrechnung wie bei der Teilkostenaktivierung. Die Möglichkeit des Ausweises der nicht aktivierten Teile der Herstellungskosten kann zu einer Aufblähung des Postens „sonstige betriebliche Aufwendungen" und damit zu einer Verzerrung des Bruttoergebnisses führen.

Unter dem Posten „sonstige betriebliche Aufwendungen" nach § 275 Abs. 3 Nr. 7 HGB sind **Aufwendungen für Nebenleistungen** auszuweisen, deren Erlöse unter dem Posten „sonstige betriebliche Erträge" ausgewiesen werden.

II. Übrige Posten des Umsatzkostenverfahrens

Die in diesem Abschnitt nicht angeführten Ertrags- und Aufwandsposten des Umsatzkostenverfahrens stimmen weitgehend mit den entsprechenden Ertrags- und Aufwandsposten des Gesamtkostenverfahrens überein, so dass auf die obigen Ausführungen zum Gesamtkostenverfahren verwiesen werden kann.

Gegenüber dem Posten „Abschreibungen auf Finanzanlagen und Wertpapiere des Umlaufvermögens" nach § 275 Abs. 3 Nr. 11 HGB können sich bezüglich des Inhalts des gleichnamigen Postens „Abschreibungen auf Finanzanlagen und Wertpapiere des Umlaufvermögens" nach § 275 Abs. 2 Nr. 12 HGB Unterschiede ergeben.

Nach § 275 Abs. 3 Nr. 11 HGB sind unter dem Posten auch Abschreibungen auszuweisen, die die in dem Unternehmen üblichen Abschreibungen überschreiten. Bei Anwendung des Gesamtkostenverfahrens ist demgegenüber zwischen der Zuordnung von Aufwendungen unter dem Posten nach § 275 Abs. 2 Nr. 7b HGB und dem Posten nach § 275 Abs. 2 Nr. 12 HGB zu unterscheiden.

Beispiel 55: Anwendung Umatzkostenverfahren

Es gelten für das Umsatzkostenverfahren die der in Beispiel 54 dargestellten Anwendung des Gesamtkostenverfahrens zugrunde gelegten Daten. Danach stellt die A GmbH im Geschäftsjahr 10 ausschließlich das Produkt X her, von dem 13.000 Stück zum Preis von je 752 € veräußert wurden.

Der Kostenrechnung des Jahres 10 sind für den **Fertigungsbereich** der A GmbH sind die folgenden Aufwendungen zu entnehmen:

- Materialeinzelkosten 1.080 Tsd. €; Fertigungslöhne 639 Tsd. €;
- Materialgemeinkosten 379,5 Tsd. €, davon Löhne und Gehälter 119,5 Tsd. €, Abschreibungen 126 Tsd. €, sonstige Aufwendungen 134 Tsd. €;
- Fertigungsgemeinkosten 2.350 Tsd. €, davon Löhne und Gehälter 580 Tsd. €, Hilfs- und Betriebsstoffe 210 Tsd. €; Abschreibungen auf technische Anlagen, Maschinen und Fertigungsgebäude 1.560 Tsd. €, davon Anschreibungen auf nicht genutzte Maschinen 220 Tsd €; die Auslastung der technischen Anlagen und Maschinen war im Jahr 10 lediglich 65 %; die Normalauslastung ist 80 %.

Im **Verwaltungsbereich** der A GmbH fielen im Jahr 10 die im Folgenden angeführten Aufwendungen an:

- Gehälter 780 Tsd. €, davon Gehälter für Personal im fertigungsbezogenen Bereich 300 Tsd. €, für Personal im finanzbezogenen Bereich 200 Tsd €; für Vorstandsbezüge 1.000 €; Aufwendungen für betriebliche Altersversorgung 280 Tsd. €; Aufsichtsratsvergütungen 120 Tsd. €.
- Abschreibungen in Höhe von 810 Tsd. €.

Die Aufwendungen des **Vertriebsbereichs** der A GmbH im Jahr 10 beinhalten:

- Sondereinzelkosten des Vertriebs 1.430 Tsd. €; davon Verpackungsmaterial 130 Tsd. €, Vertreterprovision 1.300 Tsd. €,
- Vertriebsgemeinkosten 1.500 Tsd. €; davon Löhne und Gehälter 1.200 Tsd. €, Abschreibungen 300 Tsd. €.

Weiterhin liegen für das Jahr 10 die A GmbH betreffend folgende **Informationen** vor:

- Erträge aus Finanzanlagen sind 810 Tsd. €, davon 300 Tsd. € aus Beteiligungen;
- Finanzanlagen mit dem Buchwert von 500 Tsd. € wurden für 850 Tsd. € veräußert;
- Erstmalige Abschreibungen der A GmbH auf Wertpapiere des Umlaufvermögens nach § 253 Abs. 3 Satz 3 HGB in Höhe von 200 Tsd. €;
- Dividenden wurden in Höhe von 120 Tsd. € vereinnahmt;
- Zinsbelastung auf dem Kontokorrentkonto in Höhe von 740 Tsd. €; Zinsgutschrift auf dem Festgeldkonto in Höhe von 100 Tsd. €.

1. Es ist die Gewinn- und Verlustrechnung der A GmbH für das Jahr nach dem Umsatzkostenverfahren aufzustellen und das Ergebnis der gewöhnlichen Geschäftstätigkeit nach § 275 Abs. 2 Nr. 14 HGB zu bestimmen. Dabei ist davon auszugehen, dass die Bewertung der Bestände in der Bilanz der A GmbH zum 31.12.10 zur bilanziell zulässigen Wertobergrenze vorgenommen werden soll.

2. Der Posten „Ergebnis der gewöhnlichen Geschäftstätigkeit" ist in das Ergebnis des operativen Bereichs und des Finanzbereichs aufzugliedern.

Neunter Teil
Anhangangaben

A. Grundlagen und Struktur des Anhangs

I. Aufstellungspflicht und Anwendungsbereich

Einen Anhang als Teil des Jahresabschlusses nach § 264 Abs. 1 HGB haben alle **Kapitalgesellschaften** aufzustellen. Die Vorschriften zur Aufstellung eines Anhangs gelten nach § 264a HGB auch für **bestimmte OHG und KG,** die die Voraussetzungen der Vorschrift erfüllen, bei denen nicht mindestens eine natürliche Person oder eine OHG, KG oder eine andere Personengesellschaft mit einer natürlichen Person persönlich haftender Gesellschafter ist oder sich die Verbindung von Gesellschaften in dieser Art der nicht persönlichen Vollhaftung fortsetzt. Die kapitalistische Personenhandelsgesellschaft wird danach bezüglich der Aufstellung des Jahresabschlusses behandelt wie eine Kapitalgesellschaft.

Nach § 5 Abs. 2 Satz 1 PublG haben die gesetzlichen Vertreter eines nach § 1 PublG zur Rechnungslegung verpflichteten Unternehmens (**Großunternehmen**), das nicht in der Rechtsform einer Personenhandelsgesellschaft oder des Einzelkaufmanns geführt wird, den Jahresabschluss um einen Anhang zu erweitern, der mit der Bilanz und der Gewinn- und Verlustrechnung eine Einheit bildet.

Eine Pflicht zur Aufstellung eines Anhangs besteht nach §§ 340a Abs. 1, 341a Abs. 1 HGB für **Kreditinstitute und Versicherungsunternehmen**, auch wenn diese nicht die Rechtsform einer Kapitalgesellschaft haben. Allerdings brauchen einzelne der sonstigen Pflichtangaben von Kreditinstituten und Versicherungsunternehmen nicht gemacht zu werden.

II. Funktionen des Anhangs

1. Anhang als Teil des Jahresabschlusses

Nach § 264 Abs. 1 Satz 1 HGB ist der Anhang Teil des Jahresabschlusses. Er bildet mit der Bilanz und der Gewinn- und Verlustrechnung eine Einheit. Die Gleichstellung des Anhangs mit den anderen Teilen des Jahresabschlusses erlaubt es, die Angaben zu einzelnen Posten jeweils bei den unterschiedlichen Instrumenten des Jahresabschlusses, d.h. in der Bilanz bzw. der Gewinn- und Verlustrechnung oder im Anhang, zu machen.

2. Zwecke des Anhangs

Normzweck des Anhangs ist primär die Erfüllung der **Informationsfunktion**. Um dieser zu entsprechen soll der Anhang dazu beitragen, dass der Jahresabschluss nach der Anforderung des § 264 Abs. 2 HGB ein den tatsächlichen Verhältnissen entsprechendes Bild der Vermögens-, Finanz- und Ertragslage des Unternehmens vermittelt.

Teile der Informationsfunktion des Anhangs sind die Erläuterungsfunktion und die Ergänzungsfunktion. Nach der Erläuterungsfunktion sind die aufgelisteten Zahlen der Bilanz und der Gewinn- und Verlustrechnung verbal und unter Umständen rechnerisch zu erklären. Eine explizite Ergänzungsfunktion erfüllt der Anhang durch die Vermittlung und Offenlegung von nicht in die Bilanz oder in die Gewinn- und Verlustrechnung aufgenommenen numerischen (betragsmäßigen) und verbalen (sprachlich umschriebenen) Daten.

Die **Erläuterungsfunktion** hat die Aufgabe, die in der Bilanz und der Gewinn- und Verlustrechnung abgebildeten Daten und Zahlen zu umschreiben und verbal zu erläutern. Ein Schwerpunkt ist die Angabe der Bilanzierungsmethoden bei Bestehen der nach der Verabschiedung des BilMoG verbleibenden Ansatzwahlrechten und die Angabe der in der Bilanz angewandten Methoden bei der Bewertung der Vermögensgegenstände des Anlage- und des Umlaufvermögens, der Rückstellungen, Verbindlichkeiten und der angesetzten Sonderposten.

Die **Ergänzungsfunktion** richtet sich auf die Angabe von Daten im Anhang, die aus der Bilanz und der Gewinn- und Verlustrechnung nicht ableitbar sind, soweit sie die Pflichtangaben nach § 285 HGB betreffen. Sie gewinnt mit der Verlagerung von Angaben in den Anhang zunehmende Bedeutung. Beispiele für Wahlrechte, die Angaben **in der Bilanz oder im Anhang** zu machen, sind u.a:

- die Darstellung des Anlagespiegels (Anlagegitter) nach § 285 Satz 1 i.V.m. § 268 Abs. 2 Satz 1 und 3 HGB;
- der Ausweis des Disagios nach § 268 Abs. 6 HGB;
- die Angabe der Haftungsverhältnisse nach § 268 Abs. 7 HGB;
- die in die Kapitalrücklage eingestellten und entnommenen Beträge nach § 152 Abs. 2 AktG;
- die Einstellung des Vorjahresüberschusses und des Jahresüberschusses in die Gewinnrücklagen und die entnommene Beträge nach § 152 Abs. 3 AktG.

Die Entlastungsfunktion des Anhangs bezüglich der **Gewinn- und Verlustrechnung** betrifft u.a.:

- die Angabe der außerplanmäßigen Abschreibungen nach § 277 Abs. 3 Satz 1 HGB; und
- die Aufgliederung von Aufwandsposten, sofern diese in der Gewinn- und Verlustrechnung zusammengefasst sind, nach § 265 Abs. 7 Nr. 2 HGB.

III. Grundsätze der Berichterstattung im Anhang

1. Form und Gliederung des Anhangs

Form und Gliederung des Anhangs sind gesetzlich nicht geregelt. Im Schrifttum wird differenziert zwischen:

- **Pflichtangaben** als obligatorische Angaben, Erläuterungen, Darstellungen, Aufgliederungen und Begründungen;
- **Wahlpflichtangaben**, die im Anhang zu machen sind, wenn zur Entlastung der anderen Teile des Jahresabschlusses die Angaben in der Bilanz bzw. in der Gewinn- und Verlustrechnung nicht gemacht werden; und
- **zusätzlichen Angaben**, die zu machen sind, wenn der Jahresabschluss bei Fehlen dieser Angaben ein den tatsächlichen Verhältnissen entsprechendes Bild der Vermögens-, Finanz- und Ertragslage der Kapitalgesellschaft nicht vermittelt.

Bei der Gliederung sind die **allgemeinen Rechnungslegungsgrundsätze** der Klarheit und Übersichtlichkeit der Berichterstattung in Jahresabschlüssen zu beachten:

- Der Grundsatz der **Klarheit** verlangt, dass die sprachliche Darstellung der Sachverhalte in verständlicher Form, eindeutig, widerspruchsfrei und präzise erfolgt. Dem Grundsatz stehen Ausführungen entgegen, die zweideutig, vage oder inhaltsleer formuliert sind.
- Der Grundsatz der **Übersichtlichkeit** verlangt eine an sachlichen Gesichtspunkten orientierte Darstellung der berichtspflichtigen Sachverhalte.

Nach den **allgemeinen Berichtsgrundsätzen** ist der Anhang als solcher zu bezeichnen und von den übrigen Teilen des Jahresabschlusses abzugrenzen. Die Anhangangaben müssen feststellbar sein und dürfen nicht mit Angaben zu anderen Teilen des Jahresabschlusses vermischt werden.

In der **Praxis** hat sich die im Folgenden angeführte Gliederung als Schema für die Hauptgegenstände der Berichterstattung im Anhang herausgebildet:

- Allgemeine Angaben zum Jahresabschluss.
- Angaben zu den Bilanzierungs- und Bewertungsmethoden.
- Angaben zu Posten der Bilanz und der Gewinn- und Verlustrechnung.
- Sonstige Angaben und Erläuterungen.

Innerhalb der Angaben zur Bilanz und zur Gewinn- und Verlustrechnung orientieren sich die Anhangangaben weitgehend an der Reihenfolge der einzelnen Posten des Jahresabschlusses. In der Praxis werden die Angaben im Anhang durch die Zuordnung von Nummern mit den entsprechenden Posten der Bilanz und der Gewinn- und Verlustrechnung verbunden.

Für den Anhang gilt das Gebot der **Darstellungsstetigkeit**. Nach § 265 Abs. 1 Satz 1 HGB ist die Form der Darstellung beizubehalten, sofern nicht wegen besonderer Umstände Abweichungen erforderlich sind. Die Darstellungsstetigkeit im Anhang dient gleichzeitig dem Grundsatz der Klarheit und Übersichtlichkeit. Ohne Grund vorgenommene Änderungen der Darstellungsform, die die Klarheit und Übersichtlichkeit des Anhangs beeinträchtigen können, sind unzulässig.

Die Darstellung von Angaben im Anhang darf nicht durch Verweis auf einen vorhergehenden Jahresabschluss erfolgen. Es besteht eine Verpflichtung zu jeweils **jährlichen Angaben**, auch wenn sie Sachverhalte betreffen, die bereits in den vorhergehenden Jahresabschluss eingegangen sind. Dagegen ist es zulässig, den Angaben Vergleichszahlen des Vorjahres gegenüberzustellen.

Nach § 244 HGB sind die Angaben im Anhang in **deutscher Sprache** zu machen. Ergänzend können freiwillige Übersetzungen neben der deutschen Sprache in eine andere Sprache vorgenommen werden. Beträge sind in **Euro** anzugeben.

2. Anforderungen an die Berichterstattung des Anhangs

Als Bestandteil des Jahresabschlusses hat der Anhang dazu beizutragen, dass der Jahresabschluss entsprechend § 264 Abs. 2 Satz 1 HGB unter Beachtung der Grundsätze ordnungsmäßiger Buchführung und Bilanzierung ein den tatsächlichen Verhältnissen entsprechendes Bild der Vermögens-, Finanz- und Ertragslage des Unternehmens vermittelt. Die im Anhang geforderten Angaben, Begründungen, Darstellungen, Hinweise und Erläuterungen sind für die Erfüllung der Informationsfunktion des Jahresabschlusses von wesentlicher Bedeutung. Dabei sind die **zentralen Grundsätze ordnungsmäßiger Rechnungslegung**, die Grundsätze der Wahrheit (Richtigkeit und Plausibilität), der Vollständigkeit und der Wesentlichkeit zu beachten.

Nach dem **Grundsatz der Wahrheit** ist zwischen Richtigkeit und Plausibilität der Angaben unterscheiden. Die **Richtigkeit** von Aussagen betrifft vergangenheitsbezogene Angaben als Verlaufsangaben bzw. als Zustandsangaben, die von Dritten auf ihren Aussagegehalt hin überprüfbar sind. Dies gilt für Verlaufs- und Zustandsangaben in Zahlenform, nicht jedoch für vergangenheitsbezogene Beurteilungsaussagen, in denen die Geschäftsleitung eines Unternehmens dessen wirtschaftliche Situation würdigt und die zukünftige Entwicklung einschätzt. Derartige Aussagen sind in der Regel nicht auf Richtigkeit, sondern lediglich auf **Plausibilität** hin überprüfbar. Nach dem Grundsatz der Wahrheit müssen die Beurteilungsaussagen einsichtig und widerspruchsfrei sein.

Nach dem **Grundsatz der Vollständigkeit** sind im Anhang alle Pflichtangaben zu machen. Bei Vorliegen von Sachverhalten mit Wahlpflichtangaben verlangt der Grundsatz der Vollständigkeit, dass diese in der Bilanz bzw. der Gewinn- und Verlustrechnung oder im Anhang gemacht werden. Der Grundsatz verlangt Angaben zu positiven und zu negativen Sachverhalten, Vorgängen und Entwicklungen. Zentrale Problem ist die Nichtangabe wesentlicher informationsrelevanter Angaben ist. So ist die Angabe „Die Produktion wurde um 10 % gegenüber dem vorhergehenden Geschäftsjahr gesteigert" nicht informationsrelevant, wenn die Produktionssteigerung weitgehend auf das Lager erfolgt ist, und der bestehende, erhöhte Lagerbestand nur mit Verlust veräußert werden kann.

Nach dem **Grundsatz der Wesentlichkeit** sind Anhangangaben dann zu machen, wenn ohne die Berichterstattung ein Bild der Vermögens-, Finanz- und Ertragslage des Unternehmens vermittelt wird, das nicht den tatsächlichen Verhältnissen des berichtspflichtigen Unternehmens entspricht. Der Grundsatz wird verletzt, wenn neben den informationsrelevanten Angaben eine Vielzahl von nicht relevanten Angaben in den Anhang aufgenommen und so der Blick auf die wesentlichen Daten verdeckt wird.

3. Freiwillige Zusatzangaben im Anhang

Die in §§ 284, 285 HGB für Kapitalgesellschaften und besondere Personenhandelsgesellschaften nach § 264a HGB vorgeschriebenen Pflichtangaben, die in der Bilanz bzw. der Gewinn- und Verlustrechnung oder im Anhang zu machenden Wahlpflichtangaben sowie die rechtsform- und geschäftszweigbezogenen Pflichtangaben im Anhang sind nach h.M. als gesetzlich vorgegebene Mindestangaben zu verstehen. Darüber hinaus sollen gesetzlich nicht geregelte, freiwillige Zusatzangaben im Anhang zulässig sein.

Die freiwilligen Zusatzangaben können verschiedener Art sein. Es können Angaben, Darstellungen, Aufgliederungen, Hinweise, Vermerke, Erläuterungen oder Begründungen sein, die gesetzlich nicht vorgeschrieben sind und deren Angabe auch nicht aus dem Grundsatz des True and Fair View abgeleitet werden kann.

Freiwillige Zusatzangaben sind danach zu unterscheiden, ob sie mit Aufnahme in den Anhang zu einem Teil der Aussagen des Jahresabschlusses werden oder ob sie außerhalb des Jahresabschlusses Berichterstattungsgegenstand in dem gesetzlich nicht vorgeschrieben Geschäftsbericht eines Unternehmens sind.

Sind die freiwilligen Zusatzangaben **Teil des Anhangs**, gelten alle auf gesetzliche Pflicht- und Wahlpflichtangaben anzuwendende Berichterstattungsgrundsätze. Unzulässig sind einseitig ausgewählte Angaben, wenn sie den Grundsatz des § 264 Abs. 2 Satz 1 HGB über die Verpflichtung zur Vermittlung eines den tatsächlichen Verhältnissen entsprechenden Bildes der Vermögens-, Finanz- oder Ertragslage des Unternehmens verletzen.

Für freiwillige Zusatzangaben **außerhalb des Jahresabschlusses** im Geschäftsbericht gelten weder die angeführten Berichterstattungsgrundsätze noch die Grundsätze der Vollständigkeit, Klarheit und Übersichtlichkeit. Streng genommen handelt es sich nicht um Zusatzangaben zum Anhang, sondern um eine werbende Darstellung des Unternehmens, in der u.a. dessen Dynamik hervorgehoben wird. Weitere positive Darstellungen umfassen den Zugang zu neuen Märkten, die besonderen Leistungen in Forschung und Entwicklung, die neuen Produkte, die Verbesserungen im Fertigungsbereich, die vielfältigen Leistungen gegenüber den Beschäftigten und die Investitionen zur Erhaltung der Umwelt.

Sind freiwillige Zusatzangaben außerhalb des Jahresabschlusses, muss auch die Berichterstattung außerhalb des Abschlusses sein. Die ideale Lösung besteht in der Trennung von den gesetzlich vorgeschriebenen Anhangangaben.

IV. Unterlassen von Angaben im Anhang

1. Verbot von Anhangangaben im Staatsinteresse

Nach § 286 Abs. 1 HGB hat die Berichterstattung insoweit zu unterbleiben, als es für das Wohl der Bundesrepublik Deutschland oder eines ihrer Länder erforderlich ist. Obwohl im Gesetzeswortlaut nicht direkt angesprochen gilt das Verbot lediglich für Angaben im Anhang. Andere Bereiche des Jahresabschlusses, wie die Bilanz und die Gewinn- und Verlustrechnung, werden von der Regelung nicht berührt.

Bei der AG hat nach § 160 Abs. 2 AktG die Berichterstattung zu den besonderen Anhangangaben in § 160 Abs. 1 AktG insoweit zu unterbleiben, als es für das Wohl der Bundesrepublik Deutschland oder eines ihrer Länder erforderlich ist.

Wann die Schutzklausel im Einzelfall anzuwenden ist, sagt das Gesetz nicht. Maßgeblich ist das pflichtgemäße Ermessen des Vorstands bzw. der Geschäftsführung. Mögliche **Fälle des Verbots der Berichterstattung** im Anhang sind Forschungsaufträge, Entwicklungsaufträge oder Aufträge, die den Schutz des Landes und seiner Bewohner betreffen.

Nach § 286 Abs. 2 HGB ist ein Unternehmen von der Verpflichtung zur **Aufgliederung der Umsatzerlöse befreit**, soweit die Aufgliederung nach vernünftiger kaufmännischer Beurteilung geeignet ist, der Kapitalgesellschaft bzw. der bestimmten OHG und KG nach § 264a HGB oder einem Unternehmen, an dem eine von diesen mindestens 20 % der Anteile besitzt, einen erheblichen Nachteil zuzufügen. Der Begriff „**erheblicher Nachteil**" ist im Gesetz nicht definiert. Es handelt sich um eine Verschlechterung der ökonomischen Situation des Unternehmens, die sich im Ergebnis, in der Performance oder im Nettovermögen und damit in dem Wert der Anteile, z.B. in dem Aktienkurs der AG, negativ auswirkt.

Nach § 286 Abs. 3 Satz 1 HGB können die in § 285 Satz 1 Nr. 11 und 11a HGB vorgeschriebenen **Angaben zum Anteilsbesitz** unterbleiben, soweit sie:

- für die Darstellung der Vermögens-, Finanz- und Ertragslage der Kapitalgesellschaft bzw. der OHG oder KG nach § 264a HGB entsprechend § 264 Abs. 2 HGB von untergeordneter Bedeutung sind oder
- nach vernünftiger kaufmännischer Beurteilung geeignet sind, der Kapitalgesellschaft bzw. der OHG oder KG nach § 264a HGB oder dem anderen Unternehmen einen erheblichen Nachteil zuzufügen. Die Anwendung der letzt-

genannten Befreiungsregelung ist nach § 286 Abs. 3 Satz 4 HGB im Anhang anzugeben.

Nach § 286 Abs. 3 Satz 2 HGB kann die **Angabe des Eigenkapitals und des Jahresergebnisses** unterbleiben, wenn das Unternehmen, über das nach § 285 Satz 1 Nr. 11 und Nr. 11a HGB zu berichten ist, seinen Jahresabschluss nicht offenlegen muss, und die berichtende Kapitalgesellschaft bzw. bestimmte OHG oder KG nach § 264a HGB weniger als 50 % der Anteile an dem Beteiligungsunternehmens besitzt. Die Schutzklausel soll verhindern, dass das Eigenkapital und das Jahresergebnis eines Beteiligungsunternehmens, das selbst nicht verpflichtet ist, seine Daten offen zu legen, durch ein beteiligtes Unternehmen über die Beteiligung zur Offenlegung des Eigenkapitals und des Jahresergebnisses hierzu verpflichtet wird.

Die Schutzklausel des § 286 Abs. 3 Satz 2 HGB bezüglich der Angabe des Eigenkapitals und des Jahresergebnisses eines Beteiligungsunternehmens kann richtigerweise nicht gelten, wenn das Beteiligungsunternehmen selbst zur Offenlegung seines Jahresabschlusses verpflichtet ist. Entsprechend ist nach § 286 Abs. 3 Satz 3 HGB Satz 1 Nr. 2 nicht anzuwenden, wenn die Kapitalgesellschaft oder eines ihrer Tochterunternehmen (§ 290 Abs. 1 und 2 HGB) am Abschlussstichtag kapitalmarktorientiert im Sinn des § 264d HGB ist.

2. Verbot von Anhangangaben im Interesse der Organmitglieder

Die Schutzklausel im Organmitgliederinteresse des § 286 Abs. 4 HGB wurde durch das Vorstandsvergütungs-Offenlegungsgesetz vom 3.8.2005 neu gefasst. Gleichzeitig ist dem § 286 HGB ein neuer Absatz 5 angefügt worden.

Nach § 286 Abs. 4 HGB können bei Unternehmen, die keine börsennotierten Aktiengesellschaften sind, die in § 285 Satz 1 Nr. 9a und b HGB verlangten **Angaben über die Gesamtbezüge** der dort bezeichneten Personen unterbleiben, wenn sich anhand dieser Angaben die Bezüge eines Mitglieds dieser Organe feststellen lassen. Unter die Befreiungsregelung fallen nach § 285 Satz 1 Nr. 9 HGB die Mitglieder des Geschäftsführungsorgans, eines Aufsichtsrats, eines Beirats oder einer ähnlichen Einrichtung sowie die früheren Mitglieder der angeführten Organe und ihre Hinterbliebenen.

Die nicht angabepflichtigen **Gesamtbezüge** betreffen Gehälter, Gewinnbeteiligungen, Bezugsrechte und sonstige Vergütungen, Aufwandsentschädigungen, Versicherungsentgelte, Provisionen und Nebenleistungen jeder Art.

Bedeutung hat die Schutzklausel des § 286 Abs. 4 HGB vor allem für **Organe mit nur einem Mitglied**, wie dem alleinigen Geschäftsführer einer GmbH, aber auch für Organe mit mehreren Mitgliedern mit etwa gleich hohen Gesamtbezügen.

Nach § 286 Abs. 5 HGB unterbleiben die in § 285 Satz 1 Nr. 9 Buchstabe a) Satz 5 bis 8 HGB (geändert, zuvor 5 bis 9) verlangten Angaben, wenn die Hauptversammlung beschlossen hat, die Angaben nicht offen zu legen. Der Beschluss kann höchstens für fünf Jahre gefasst werden. Er bedarf einer Mehrheit von mindestens drei Viertel des bei der Beschlussfassung vertretenen Grundkapitals. Für einen Aktionär, dessen Bezüge als Vorstandsmitglied von der Beschlussfassung der Hauptversammlung betroffen sind, besteht nach § 136 Abs. 1 AktG ein Verbot der Stimmrechtsausübung.

3. Erleichterungen der Berichterstattung durch Verzicht auf Angaben

§ 288 HGB gewährt kleinen und mittelgroßen Kapitalgesellschaften die im Folgenden angeführten Erleichterungen bezüglich der Berichterstattung im Anhang.

Kleine Kapitalgesellschaften im Sinn des § 267 Abs. 1 HGB brauchen eine Reihe sonstiger **Pflichtangaben** nach § 285 HGB **nicht zu machen**. Sie betreffen die unterschiedlichen Sachverhalte der Verpflichtungen nach:

- § 284 Abs. 2 Nr. 4 HGB Wertänderungen bei Anwendung der Bewertungsmethode nach § 240 Abs. 4, § 256 Abs. 1 HGB;
- § 285 Satz 1 Nr. 2 bis Nr. 8 a) HGB Angabe des Materialaufwands bei Anwendung der Umsatzkostenmethode;
- § 285 Satz 1 Nr. 9 Buchst. a und b HGB Angaben der Gesamtbezüge der Mitglieder des Geschäftsführungsorgans, eines Aufsichtsrats, eines Beirats oder einer ähnlichen Einrichtung;
- § 285 Satz 1 Nr. 12 HGB gesonderter Ausweis und Erläuterung sonstiger Rückstellungen bei nicht unwesentlichem Umfang;
- § 285 Satz 1 Nr. 17 HGB Angabe des Honorars des Abschlussprüfers; und
- § 285 Satz 1 Nr. 18 HGB Angabe jeder Kategorie derivativer Finanzinstrumente.

Mittelgroße Kapitalgesellschaften im Sinn des § 267 Abs. 2 HGB brauchen die Angaben nach § 285 Satz 1 Nr. 4 HGB nicht zu machen. Nach der Vorschrift müssen große Kapitalgesellschaften die Umsatzerlöse nach Tätigkeitsbereichen und nach geographisch bestimmten Märkten offenlegen, soweit sich, unter Berücksichtigung der Organisation des Verkaufs von typischen Erzeugnissen und typischen Dienstleistungen, die Tätigkeitsbereiche und geographisch bestimmten Märkte untereinander erheblich unterscheiden.

B. Pflicht- und Wahlpflichtangaben

Nach § 284 Abs. 1 sind in den Anhang des Unternehmens die gesetzlich vorgeschriebenen Angaben aufzunehmen, die zu einzelnen Posten der Bilanz oder der Gewinn- und Verlustrechnung vorgeschrieben sind (Allgemeine Pflichtangaben) oder die im Anhang zu machen sind, weil sie in Ausübung eines Wahlrechtes nicht in die Bilanz oder in die Gewinn- und Verlustrechnung aufgenommen wurden (Allgemeine Wahlpflichtangaben).

I. Allgemeine Pflicht- und Wahlpflichtangaben im Anhang

Die in den Anhang aufzunehmenden Angaben, die zu den einzelnen Posten der Bilanz und der Gewinn- und Verlustrechnung zu machen sind, umfassen die **allgemeinen Pflicht-** und **Wahlpflichtangaben**, die auf den Jahresabschluss anzuwenden sind.

1. Allgemeine Pflichtangaben im Anhang

Zu den allgemeinen Pflichtangaben im Anhang rechnen die Angaben, die in Vorschriften geregelt sind, die sich auf den Jahresabschluss beziehen. Zu den Pflichtangaben gehören die im Folgenden angeführten Angaben:

- § 265 Abs. 1 Satz 2 HGB: Angabe und Begründung bei Abweichungen in der Form der Darstellung, insbesondere in der Gliederung der Bilanz und der Gewinn- und Verlustrechnung;
- § 265 Abs. 2 Satz 2 HGB: Angabe und Erläuterung bei nicht vergleichbaren Vorjahresbeträgen in der Bilanz und in der Gewinn- und Verlustrechnung;
- § 265 Abs. 2 Satz 3 HGB: Angabe und Erläuterung bei Anpassung des Vorjahresbetrages in der Bilanz und in der Gewinn- und Verlustrechnung;
- § 265 Abs. 3 Satz 1 HGB: Angabe der Mitzugehörigkeit des Inhalt eines Postens zu anderen Posten, wenn dies für einen klaren und übersichtlichen Jahresabschluss erforderlich ist;
- § 265 Abs. 4 Satz 2 HGB: Angabe und Begründung der Ergänzung der Gliederung des Jahresabschlusses bei mehreren Geschäftszweigen nach der für die anderen Geschäftszweige vorgeschriebenen Gliederung;
- § 265 Abs. 7 Nr. 2 zweiter Halbsatz HGB: Gesonderter Ausweis zusammengefasster Posten im Anhang, wenn die mit arabischen Zahlen versehenen Posten der Bilanz und der Gewinn- und Verlustrechnung zusammengefasst ausgewiesen werden und dadurch die Klarheit der Darstellung vergrößert wird;

- § 268 Abs. 4 Satz 2 HGB: Erläuterung der unter dem Posten „sonstige Vermögensgegenstände" ausgewiesenen Beträge mit größerem Umfang, die erst nach dem Jahresabschlussstichtag rechtlich entstehen;
- § 268 Abs. 5 Satz 3 HGB: Erläuterung der unter dem Posten „Verbindlichkeiten" ausgewiesenen Beträge mit größerem Umfang, die erst nach dem Jahresabschlussstichtag rechtlich entstehen;
- § 274 Abs. 2 Satz 2 HGB: Erläuterung des in der Bilanz ausgewiesenen Postens der Steuerabgrenzung;
- § 277 Abs. 4 Satz 2 HGB: Erläuterung der unter dem Posten „außerordentliche Erträge" und „außerordentliche Aufwendungen" ausgewiesenen Beträge hinsichtlich ihrer Höhe und ihrer Art, soweit die ausgewiesenen Erträge für die Beurteilung der Ertragslage des Unternehmens nicht von untergeordneter Bedeutung sind;
- § 277 Abs. 4 Satz 3 HGB: Erläuterung der Erträge und Aufwendungen, die einem anderen Geschäftsjahr zuzurechnen und die für die Beurteilung der Ertragslage nicht von untergeordneter Bedeutung sind;
- Art. 28 Abs. 2 EGHGB: Angabe der in der Bilanz nicht ausgewiesenen Rückstellungen für laufende Pensionen, Pensionsanwartschaften und ähnlichen Verpflichtungen i.S. des Art. 28 Abs. 1 EGHGB.

2. Allgemeine Wahlpflichtangaben

Nach § 284 Abs. 1 HGB sind in den Anhang auch diejenigen Angaben aufzunehmen, die in Ausübung eines Wahlrechtes nicht in die Bilanz oder in die Gewinn- und Verlustrechnung aufgenommen wurden.

Der Begriff „Wahlpflichtangabe" bedeutet, dass die Pflicht besteht, die Angaben in den Jahresabschluss aufzunehmen und dass gleichzeitig ein Wahlrecht für die Unternehmen bezüglich der Platzierung der Angaben in der Bilanz bzw. der Gewinn- und Verlustrechnung oder in dem Anhang gewährt wird.

Zu den allgemeinen Wahlpflichtangaben im Anhang rechnen die im Folgenden angeführten Angabepflichten:

- § 265 Abs. 3 Satz 1 HGB: Angabe der Mitzugehörigkeit eines Vermögensgegenstandes oder einer Schuld zu einem oder mehreren anderen Posten, wenn dies zur Aufstellung eines klaren und übersichtlichen Jahresabschlusses erforderlich ist;
- § 265 Abs. 7 Nr. 2 HGB: gesonderter Ausweis der in der Bilanz und der Gewinn- und Verlustrechnung zusammengefassten, mit arabischen Zahlen versehenen Posten;
- § 268 Abs. 1 Satz 2 zweiter Halbsatz HGB: gesonderte Angabe eines vorhandenen Gewinn- oder Verlustvortrags bei Aufstellung der Bilanz unter Berücksichtigung der teilweisen Verwendung des Jahresergebnisses;

- § 268 Abs. 2 Satz 1 HGB: Darstellung der Entwicklung der einzelnen Posten des Anlagevermögens (Anlagespiegel) während des Geschäftsjahres;
- § 268 Abs. 2 Satz 3 HGB: Angabe der Abschreibungen des Geschäftsjahres in einer Gliederung, der der Aufgliederung des Anlagevermögens entspricht oder Vermerk bei den einzelnen Posten;
- § 268 Abs. 6 HGB: Angabe von einem in den aktiven Rechnungsabgrenzungsposten aufgenommenen Unterschiedsbetrag aus einem Auszahlungsdisagio bzw. einem Rückzahlungsagio bei Aufnahme von Verbindlichkeiten;
- § 268 Abs. 7 HGB: Angabe der in § 251 HGB angeführten Haftungsverhältnisse unter Nennung der gewährten Pfandrechte und sonstiger Sicherheiten mit gesonderter Angabe solcher Verpflichtungen gegenüber verbundenen Unternehmen;
- § 277 Abs. 3 Satz 1 HGB: Angabe der außerplanmäßigen Abschreibungen nach § 253 Abs. 4 Satz 3 und 4 HGB.

II. Besondere Pflichtangaben

Die besonderen Pflichtangaben stellen die wichtigsten Informationen einer nach § 264 ff. HGB rechnungslegungspflichtigen Kapitalgesellschaft oder kapitalistischen Personenhandelsgesellschaft über die Ansatz- und Bewertungsmethoden dar. Die Angaben sind für die Beurteilung der Rechnungslegung des Unternehmens durch externe Informationsempfänger von erheblicher Bedeutung.

1. Angabe der Bilanzierungs- und Bewertungsmethoden

a) Angaben zu den Grundsätzen der Bilanzierung und Bewertung

Nach § 284 Abs. 2 Nr. 1 HGB müssen die auf die Posten der Bilanz- und der Gewinn- und Verlustrechnung angewandten Bilanzierungs- und Bewertungsmethoden angegeben werden. Die Angabe ist nach § 264 Abs. 1 Satz 1 HGB Pflicht für alle rechnungslegungspflichtigen Kapitalgesellschaften und nach § 264a HGB für die OHG KG nach § 264a HGB; auf die Größe und/oder die Kapitalmarktorientierung kommt es nicht an.

Der **Begriff** „Bilanzierungsmethoden (Ansatzmethoden) und Bewertungsmethoden“ ist im Gesetz nicht definiert. Die Methoden lassen sich als Verfahren zum Ansatz und zur Bewertung von Vermögensgegenständen, Schulden und Rechnungsabgrenzungsposten umschreiben.

Die auf die Posten der Bilanz und der Gewinn- und Verlustrechnung anzuwendenden Bilanzierungs- und Bewertungsmethoden sind nach dem BilMoG weitgehend als **Pflichten** und nur in Sonderfällen als **Wahlrechte** ausgestaltet. Die Regelung der Angabe der verpflichtenden Bilanzierungs- und Bewertungsmethoden stellt eine Wiederholung der gesetzlichen Vorschriften zum Ansatz und zur

Bewertung der Vermögensgegenstände und Schulden dar. Als Folge wird im Schrifttum festgestellt, dass Angaben zu den Bilanzierungs- und Bewertungsmethoden nur bei bestehenden Wahlrechten, die mit dem BilMoG weitgehend abgeschafft wurden, zweckmäßig seien.

Die Pflicht zur Angabe der angewandten Bilanzierungs- und Bewertungsmethoden ist auf die **Benennung der Methoden** beschränkt. Eine darüber hinaus bestehende Verpflichtung zur Begründung der Anwendung einer bestimmten Methode wird im Gesetz nicht verlangt, ebenso wenig die Erläuterung der Wirkungen der Anwendung einer Methode auf die Bilanz und/oder auf die Gewinn- und Verlustrechnung.

Die Angabe der Bilanzierungs- und Bewertungsmethoden bezieht sich nicht auf die globale Größe aller Vermögensgegenstände oder aller Schulden, sondern auf **Einzelposten** oder auf **Bewertungseinheiten** des Jahresabschlusses. Werden auf denselben Bilanzposten unterschiedliche Bewertungsmethoden angewandt, sind Angaben zu machen, die erkennen lassen, auf welchen Teil des Bilanzpostens sich die angewandten Methoden jeweils beziehen.

Nach § 284 Abs. 2 Nr. 1 HGB müssen im Anhang nur die Bilanzierungs- und Bewertungsmethoden angegeben werden, die auf die **Posten der Bilanz und der Gewinn- und Verlustrechnung** angewandt werden. Die bei der Aufstellung anderer Rechenwerke, z.B. der Kapitalflussrechnung, angewandten Bilanzierungs- und Bewertungsmethoden müssen im Anhang nicht angegeben werden.

b) Angaben zu den Bilanzierungswahlrechten

Bilanzierungsmethoden betreffen vor allem die Ansatzvorschriften der §§ 246 bis 251 HGB. Mit der Angabe der Bilanzierungsmethoden soll dem Informationsadressaten verdeutlicht werden, wie in der Bilanz die bestehenden Wahlrechte bezüglich des Ansatzes der Vermögensgegenstände, Schulden und Rechnungsabgrenzungsposten ausgeübt wurden.

Nach den mit dem BilMoG vorgenommenen Streichungen sind die Ansatzwahlrechte weitgehend aufgehoben worden. Verbleibende Ansatzwahlrechte sind:

- das Auszahlungsdisagio und das Rückzahlungsagio bei der Aufnahme von Anleihen nach § 250 Abs. 3 HGB; und
- die Rückstellungen für Altpensionen nach Art. 28 Abs. 1 Satz 1 EGHGB.

Übereinstimmend mit dem Grundsatz der Stetigkeit der Bewertung besteht nach der Einfügung des § 246 Abs. 3 HGB durch das BilMoG für den Jahresabschluss gleichfalls der **Grundsatz der Stetigkeit**, d.h. der stetigen (nach gleichen Grundsätzen vorgenommene) Bilanzierung. § 252 Abs. 2 HGB ist entsprechend anzuwenden. Die auf den vorhergehenden Jahresabschluss angewandten Ansatzmethoden sind nach § 252 Abs. 1 Nr. 6 HGB im laufenden Geschäftsjahr einheitlich angewandt und in aufeinander folgenden Geschäftsjahren grundsätzlich beibehalten werden. Die angewandten Bilanzierungsmethoden sind nach § 284 Abs. 2 Nr. 1 HGB im Anhang anzugeben.

c) Angaben zu den Bewertungswahlrechten

Größere Bedeutung als die Angaben zu den Bilanzierungsmethoden haben für die Information außenstehender Rechnungslegungsadressaten die Angaben zu den Bewertungswahlrechten. Sie betreffen die Verfahren zur Bewertung von bilanzierten Vermögensgegenständen, Schulden und Rechnungsabgrenzungsposten. Die Bewertungswahlrechte sind mit dem BilMoG gleichfalls weitgehend eingeschränkt worden, wenngleich die Einschränkung geringer ist als die Einschränkung der Bilanzierungswahlrechte.

11) Angaben zu Aktivposten

Die wichtigsten Bewertungsvorschriften sind §§ 252 bis 256 HGB. Anzuwendende Bewertungsmethoden betreffen die **Zugangs-** und die **Folgebewertung** von Vermögensgegenständen und aktiven Rechnungsabgrenzungsposten.

Die **Bewertungswahlrechte** beim **Zugang** betreffen die Höhe der Anschaffungs- oder Herstellungskosten der Vermögensgegenstände des Anlage- und Umlaufvermögens nach § 255 Abs. 1 bis 4 HGB. Anzugeben ist das Wertprinzip, bei den Herstellungskosten als Einzelkostenprinzip, variables Kostenprinzip oder Vollkostenprinzip. Bei den Anschaffungskosten bestehen Wahlrechte in Sonderfällen, z.B. beim Erwerb von Vermögensgegenständen im Rahmen von Tauschgeschäften. Bei ihnen ist anzugeben, ob die Anschaffungskosten zum Buchwert des hingegebenen oder zum beizulegenden Zeitwert des erhaltenen Vermögensgegenstandes festgelegt worden sind.

Die wichtigste Bewertungsvorschrift für die **Zugangsbewertung** der in der Bilanz angesetzten Posten ist § 253 Abs. 1 HGB. Er bestimmt die Bewertung der Vermögensgegenstände und Schulden. Die wichtigste Bewertungsvorschrift für die **Folgebewertung** der in der Bilanz angesetzten Posten ist § 253 Abs. 3 bis 5 HGB. Er bestimmt die Bewertung in der Bilanz.

Bei planmäßigen Abschreibungen auf **Vermögensgegenstände des Anlagevermögens** sind außer der Abschreibungsbasis in Form der Anschaffungs- oder Herstellungskosten eines Vermögensgegenstandes die Nutzungsdauer und die Abschreibungsmethode nach § 253 Abs. 3 Satz 2 und 3 HGB nicht explizit festgelegte Größen und damit subjektiv beeinflussbar. Über die der Bewertung zugrunde gelegten Nutzungsdauern und Abschreibungsmethoden der planmäßig abzuschreibenden Vermögensgegenstände des Anlagevermögens sind im Anhang Angaben zu machen. Gleiches gilt für Abschreibungen auf Finanzanlagen bei voraussichtlich nicht dauernder Wertminderung nach § 253 Abs. 3 Satz 4 HGB.

Für **Vermögensgegenständen des Umlaufvermögens** besteht ein Wahlrecht zur Anwendung von Bewertungsvereinfachungsverfahren bei **Vorräten**, vor allem der Verbrauchsfolgeverfahren, die allerdings durch das BilMoG stark eingeschränkt sind. Im Anhang sind nach § 284 Abs. 2 Nr. 4 HGB bei Anwendung von Verbrauchsfolgeverfahren nach § 256 Satz. 1 HGB, als Gruppenbewertung nach § 256 Satz 2 i.V.m. § 240 Abs. 4 HGB oder als Festbewertung nach § 256

Satz 2 i.V.m. § 240 Abs. 3 HGB, die auch für das Sachanlagevermögen zulässig ist, Angaben zu machen. Dabei sind die Unterschiedsbeträge pro Gruppe auszuweisen, wenn die Bewertung im Vergleich zu einer Bewertung auf der Grundlage des letzten vor dem aktuellen Abschlussstichtag bekannten beizulegenden Zeitwert einen erheblichen Unterschied aufweist.

22) Angaben zu Passivposten

Bewertungswahlrechte bei den Passivposten bestehen u.a. bezüglich der Ermittlung der Höhe der Verpflichtungen aus Pensionszusagen im Rahmen der Bewertung von **Pensionsrückstellungen**. Bei vorgegebenen versicherungsmathematischen Verfahren ist die Bewertung der Verpflichtungen aus laufenden Pensionen und aus Pensionsanwartschaften u.a. abhängig von den biometrischen Wahrscheinlichkeiten bezüglich der durchschnittlichen Lebenserwartung der Berechtigten. Hierbei besteht jedoch kein Wahlrecht. Maßgeblich sind die allgemein anerkannte Tabellen (Heubeck).

Ein Bewertungswahlrecht besteht bezüglich des der Ermittlung der Pensionsverpflichtung zugrunde zu legenden **Diskontierungsfaktors** für die Handelsbilanz. Bezüglich der Bewertung von Pensionsrückstellungen sind damit im Anhang Angaben zu dem verwendeten Diskontierungsfaktor zu machen. Darüber hinaus sind die Wirkungen geänderter biometrischen Tabellen auf die Bilanz und auf die Gewinn- und Verlustrechnung anzugeben.

d) Angaben zur Währungsumrechnung

Enthält der Jahresabschluss Posten, denen Beträge zugrunde liegen, die auf fremde Währung lauten oder ursprünglich auf fremde Währung lauteten, müssen nach § 284 Abs. 2 Nr. 2 HGB die **Grundlagen für die Umrechnung** in Euro angegeben werden. Fremde Währung ist eine Währung, die nicht auf Euro lautet.

Die Wirkungen, die von der Anwendung einer Methode auf die Posten der Bilanz und der Gewinn- und Verlustrechnung ausgehen, werden bestimmt durch den Umrechnungskurs und die Höhe des Betrages in fremder Währung. Die Verpflichtung zur Angabe der Grundlagen für die Umrechnung in Euro im Anhang kann sich nach h.M. nicht auf die Nennung der der Umrechnung zugrunde gelegten Methode beschränken. Die Grundlagen für die Umrechnung einer fremden Währung in Euro bilden neben der Umrechnungsmethode der der Umrechnung zugrunde gelegte Devisenkassamittelkurs und die im Rahmen der Umrechnung vorgenommene Behandlung von Umrechnungsdifferenzen.

Der der Währungsumrechnung zugrunde zu legende **Umrechnungskurs** ist mit der Einfügung des § 256a HGB durch das BilMoG festgelegt. Auf ausländische Währung lautende Vermögensgegenstände, Schulden, Rechnungsabgrenzungsposten, Aufwendungen und Erträge sind mit dem Devisenkassamittelkurs umzurechnen. Anzugeben ist danach der der Bewertung der auf ausländische Währung lautende Posten zugrunde gelegten Devisenkassamittelkurs.

Die Berichterstattung über **Umrechnungsdifferenzen** betrifft deren erfolgswirksame Behandlung. Bezüglich der Erfolgswirksamkeit sind Aussagen zu der nach dem HGB erforderlichen imparitätischen Behandlung von gewinnrealisierenden und verlustrealisierenden Währungsumrechnungen unter Beachtung des Vorsichtsprinzips des § 252 Abs. 1 Nr. 4 HGB zu machen. Ob neben der Angabe der Grundlagen für die Umrechnung Beträge anzugeben sind, ist strittig. § 284 Abs. 2 Nr. 2 HGB schreibt eine Angabe von Beträgen nicht vor.

2. Angaben zu Abweichungen von Bilanzierungs- und Bewertungsmethoden

Nach § 284 Abs. 2 Nr. 3 HGB müssen Abweichungen von Bilanzierungs- und Bewertungsmethoden im Anhang angegeben und begründet werden. Zusätzlich ist deren Einfluss auf die Vermögens-, Finanz- und Ertragslage des Unternehmens gesondert darzustellen.

Unter **Abweichung** ist die Änderung eines zuvor von dem Unternehmen angewandten Verfahrens zu verstehen. Abweichungen können Änderungen des Verfahrens bei Einzelposten eines Jahresabschlusses im gleichen Geschäftsjahr oder Änderungen gegenüber früheren Geschäftsjahren sein.

Abweichungen setzen die Zulassung unterschiedlicher Methoden der Bilanzierung und Bewertung voraus. Die laufende oder einmalige Anwendung gesetzlich vorgeschriebener Methoden ohne Wahlrecht sind keine Methodenänderungen. Wird z.B. aufgrund einer voraussichtlich dauernden Wertminderung einer technischen Anlage eine außerplanmäßige Abschreibung vorgenommen, wird dadurch nicht nur der Folgewert (Bilanzwert) der technischen Anlage, sondern auch die planmäßige Abschreibung der Folgeperioden verändert. Eine Methodenänderung i.S. des § 284 Abs. 2 Nr. 3 HGB liegt dabei nicht vor. Gleiches gilt für den Fall, dass eine Methode aus mehreren Verfahren besteht, wie z.B. eine planmäßige Abschreibung auf eine technische Anlage oder Maschine, die in den Anfangsjahren degressiv und in späteren Jahren linear vorgenommen wird.

a) Angaben zu Abweichungen von Bilanzierungsmethoden

Abweichungen von Bilanzierungsmethoden sind nur schwer vorstellbar. Sie können faktisch nur dann auftreten, wenn im Jahresabschluss die wenigen zugelassenen Bilanzierungswahlrechte stetig ausgeübt werden und im Einzelfall Abweichungen von der stetigen Ausübung auftreten. Werden z.B. Auszahlungsdisagios im Jahresabschluss eines Unternehmens grundsätzlich aktiviert, im Einzelfall aber als Aufwand behandelt, könnte man in dieser Abweichung von der zuvor geübten Einheitlichkeit der Bilanzierung eine Abweichung von der Bilanzierungsmethode sehen, die gegen den neu gefassten § 246 Abs. 3 HGB verstoßen würde. Die Abweichung beschränkt sich damit auf den Ausnahmefall des § 246 Abs. 3 Satz 2 i.V.m. § 252 Abs. 2 HGB. Über die Abweichungen von Bilanzierungsmethoden in begründeten Ausnahmefällen ist nach § 284 Abs. 2 Nr. 3 HGB im Anhang zu berichten.

b) Angaben zu Abweichungen von Bewertungsmethoden

Methodenabweichungen betreffen in einer Reihe von Sonderfällen die Bewertung. Nach § 252 Abs. 1 Nr. 6 HGB sollen die auf den vorhergehenden Jahresabschluss angewandten Bewertungsmethoden beibehalten werden. Von dem Grundsatz darf nach § 252 Abs. 2 HGB nur in begründeten Ausnahmefällen abgewichen werden. Eine Angabepflicht im Anhang sieht die Vorschrift nicht vor. Für den Jahresabschluss gilt wie bei der Bilanzierungsmethode die Angabe- und Begründungspflicht des § 284 Abs. 2 Nr. 3 HGB.

Abweichungen von den Bewertungsmethoden im Jahresabschluss treten bei Beachtung der Grundsätze der Bewertungsstetigkeit nach § 252 Abs. 1 Nr. 6 HGB nur in Ausnahmefällen auf. Sie können u.a. bei Insolvenz oder bei Liquidation eines Unternehmens begründet sein. In beiden Fällen weichen die Bewertungen im Jahresabschluss von der Stetigkeit ab. Bewertungsabweichungen treten bei Insolvenz oder Liquidation vor allem bei der Bewertung von Vermögensgegenständen des Anlagevermögens auf.

Nach § 270 Abs. 2 Satz 3 AktG, § 71 Abs. 2 Satz 3 GmbHG sind bei einer Kapitalgesellschaft (AG, KGaA, GmbH) in Liquidation die Vermögensgegenstände des Anlagevermögens, z.B. technische Anlagen und Maschinen, wie Umlaufvermögen zu bewerten, soweit ihre Veräußerung innerhalb eines übersehbaren Zeitraums beabsichtigt ist oder diese Vermögensgegenstände nicht mehr dem Geschäftsbetrieb dienen.

c) Angaben zum Einfluss der Abweichungen auf die Lage des Unternehmens

Nach § 284 Abs. 2 Nr. 3 HGB ist im Jahresabschluss der Einfluss der Abweichungen von den Bilanzierungs- und Bewertungsmethoden auf die Vermögens-, Finanz- und Ertragslage des Unternehmens gesondert darzustellen. Wie die Darstellung im Einzelnen zu erfolgen hat, sagt das Gesetz nicht.

Nach dem RegE zum BiRiLiG ist dies der Fall, wenn der Gesamtbetrag der sich aus den Methodenänderungen ergebenden Erträge oder Aufwendungen mindestens 10 % des Jahresergebnisses ausmacht und wesentlich ist. Der Verzicht des Gesetzgebers auf die Verpflichtung zur Angabe von Beträgen bei Abweichungen von Bilanzierungs- und Bewertungsmethoden wurde für das deutsche Rechnungslegungsrecht damit begründet, dass die vorgeschlagene Angabe des Unterschiedsbetrags aus Methodenabweichungen über die Vierte EG-Richtlinie hinausgeht.

Im Schrifttum ist die Frage, ob die Darstellung des Einflusses der Abweichungen der Bilanzierungs- und Bewertungsmethoden auf die Vermögens-, Finanz- und Ertragslage eines Unternehmens verbal oder durch betragsmäßige Angaben zu erfolgen hat, strittig. Zum einen wird die **verbale Darstellung** des Einflusses für ausreichend gehalten, wenn sie den Umfang des Einflusses erkennen lässt; zum anderen werden **betragsmäßige Angaben** verlangt; wieder andere sind für eine vorrangig verbale Darstellung, wobei zusätzliche Betragsangaben regelmäßig als unverzichtbar angesehen werden.

Die **Darstellung des Einflusses** auf die Vermögens-, Finanz- und Ertragslage eines Unternehmens nach § 284 Abs. 2 Nr. 3 zweiter Halbsatz HGB im Anhang hat **gesondert** zu erfolgen. Die Angaben dürfen nicht in der Darstellung und Erläuterung anderer gesetzlich vorgeschriebenen Angaben untergehen. Zudem dürfen gegenläufige Abweichungen nicht saldiert werden. Unter „gesonderter Darstellung" wird nicht verstanden, dass der Einfluss der Bilanzierungs- und Bewertungsmethoden auf die wirtschaftliche Lage gesondert anzugeben ist.

III. Sonstige Pflichtangaben

1. Angaben zu Verbindlichkeiten und Rückstellungen

a) Angaben zum Gesamtbetrag langfristiger und gesicherter Verbindlichkeiten

Nach § 285 Satz 1 Nr. 1 HGB ist im Anhang der Gesamtbetrag der in der Bilanz ausgewiesenen langfristigen Verbindlichkeiten, d.h. Verbindlichkeiten mit einer Restlaufzeit von mehr als fünf Jahren, sowie der Gesamtbetrag der Verbindlichkeiten, die durch Pfandrechte oder ähnliche Rechte gesichert sind, unter Angabe von Art und Form der Sicherheiten anzugeben.

Die Angabepflicht im Anhang richtet sich nach § 285 Satz 1 Nr. 1 a) HGB auf Pflichtangaben für Kapitalgesellschaften zum Gesamtbetrag der Verbindlichkeiten mit einer Restlaufzeit von mehr als fünf Jahren, d.h. auf **langfristige Verbindlichkeiten**.

In Ausnahmefällen können die Posten des § 266 Abs. 3 C. 4., 6., 7. und 8. HGB langfristige Verbindlichkeiten beinhalten, die im Anhang anzugeben sind. Vor allem die Posten „Verbindlichkeiten gegenüber verbundenen Unternehmen" und „Verbindlichkeiten gegenüber Unternehmen, mit denen ein Beteiligungsverhältnis besteht" können langfristige Verbindlichkeiten beinhalten, die nach § 285 Satz 1 Nr. 1 HGB anzugeben sind.

Angabepflichtig nach § 285 Satz 1 Nr. 1 HGB sind nur die in der **Bilanz ausgewiesenen** Verbindlichkeiten, d.h. passivierte, langfristige und gesicherte Verbindlichkeiten der Kapitalgesellschaft.

Neben der Angabepflicht aller im Jahresabschluss ausgewiesenen Verbindlichkeiten mit einer Restlaufzeit von mehr als fünf Jahren, besteht nach § 285 Satz 1 Nr. 1. b) HGB die Angabepflicht der **Verbindlichkeiten**, die durch Pfandrechte oder ähnliche Rechte gesichert sind. Die Sicherung ist auf **dingliche Sicherheiten, wie** der Nießbrauch an Grundstücken und an anderen Vermögensgegenständen, die Sicherungsübereignung, die Sicherungsabtretung von Forderungen und der Eigentumsvorbehalt. Anzugeben sind **Art und Form der Sicherheiten**.

b) Aufgliederung der Angaben zu den Verbindlichkeiten

Nach § 285 Satz 1 Nr. 2 HGB ist im Anhang eine **Aufgliederung** der Verbindlichkeiten für jeden einzelnen angeführten Posten der Verbindlichkeiten entsprechend dem vorgeschriebenen Gliederungsschema des § 266 Abs. 3 C. HGB vorzunehmen, sofern sich die Angaben nicht aus der Bilanz ergeben.

Die Verpflichtung zur Aufgliederung der Angaben zu den Verbindlichkeiten richtet sich nach § 285 Satz 1 Nr. 2 HGB sowohl auf den Gesamtbetrag der Aufgliederung der Verbindlichkeiten nach der Restlaufzeit von mehr als fünf Jahren als auch auf den Gesamtbetrag der durch Pfandrechte oder ähnliche Rechte gesicherten Verbindlichkeiten.

c) Angaben zu nicht in der Bilanz enthaltenen Geschäfte

Nach dem durch das BilMoG ersetzten § 285 Satz 1 Nr. 3 HGB sind Art und Zweck sowie Risiken und Vorteile von nicht in der Bilanz enthaltenen Geschäfte, soweit dies für die Beurteilung der Finanzlage notwendig ist. Weitere Angaben schreibt der neu eingefügte § 285 Satz 1 Nr. 3a HGB vor. Danach ist der Gesamtbetrag der sonstigen finanziellen Verpflichtungen, die nicht in der Bilanz enthalten und nicht nach § 251 oder Nr. 3 anzugeben sind, sofern diese Angabe für die Beurteilung der Finanzlage von Bedeutung ist; davon sind Verpflichtungen gegenüber verbundenen Unternehmen gesondert anzugeben.

Nach dem RegE ist der **Begriff des nicht in der Bilanz erscheinenden Geschäftes** vom Sinn und Zweck des Art. 43 Abs. 1 Nr. 7a der Bilanzrichtlinie i.d.F. der Abänderungsrichtlinie her zu deuten. Nicht in der Bilanz erscheinende Geschäfte sind danach alle Transaktionen, die von vornherein dauerhaft keinen Eingang in die Bilanz finden oder einen dauerhaften Abgang von Vermögensgegenständen oder Schulden aus der Bilanz nach sich ziehen.

Der Begriff „**Geschäft**“ soll in einem weiten, funktionalen Sinn zu verstehen sein. Dessen ungeachtet wird davon ausgegangen, dass nicht in der Bilanz erscheinende Geschäfte i.d.R. rechtsgeschäftliche Vereinbarungen sind. Solche Geschäfte sind z.B. das Factoring, Pensionsgeschäfte, Verträge mit unbedingter Zahlungsverpflichtung (take or pay – Verträge), Forderungsverbriefungen über gesonderte Gesellschaften nicht rechtsfähige Einrichtungen oder die Verpfändung von Vermögenswerten, Leasingverträge und die Auslagerung von Tätigkeiten.

Die Angaben sind zu machen, soweit dies für die **Beurteilung der Finanzlage** notwendig ist. Dies sei nach dem RegE in jedem Einzelfall gesondert zu beurteilen und vorrangig von den finanziellen Auswirkungen des jeweiligen nicht in der Bilanz erscheinenden Geschäftes abhängig. Wovon im Einzelfall die Entscheidung über die Angabe der nicht in der Bilanz erscheinenden Geschäfte im Anhang zur Beurteilung der Finanzlage abhängig ist, bleibt offen.

Bei Angaben der nicht in der Bilanz erscheinenden Geschäfte, die Bedeutung für die Finanzlage des Unternehmens haben, sind **Art und Zweck der Geschäfte** anzugeben. Mit einer Klassifizierung lassen sich zwar Angaben über die Art der Geschäfte machen. Wie Angaben über den Zweck der Geschäfte zu machen sind, ist schwer nachvollziehbar, wenn man von trivialen Aussagen, wie „mit den Geschäften ist die Erzielung ökonomische Vorteile beabsichtigt", absieht.

d) Angaben zum Gesamtbetrag der sonstigen finanziellen Verpflichtungen

Nach dem durch das BilMoG neu eingeführten § 285 Satz 1 Nr. 3 HGB ist der Gesamtbetrag der sonstigen finanziellen Verpflichtungen, die nicht in der Bilanz erscheinen und auch nicht nach § 251 HGB als Haftungsverhältnissen oder unter § 285 Satz 1 Nr. 3a HGB gesondert anzugeben sind, im Anhang anzugeben. Voraussetzung ist, dass die Angabe für die Beurteilung der Finanzlage von Bedeutung ist. Davon sind Verpflichtungen gegenüber verbundenen Unternehmen gesondert anzugeben.

Im Anhang anzugeben ist wie abgeführt der **Gesamtbetrag** der sonstigen finanziellen Verpflichtungen, die nicht in der Bilanz erscheinen, und nicht nach § 251 HGB oder nach § 285 Satz 1 Nr. 3 HGB angegeben werden.

Von dem im Anhang anzugebenden Gesamtbetrag sind Verpflichtungen gegenüber **verbundenen Unternehmen** gesondert anzugeben.

Die Art und die Ausführlichkeit der Darstellung der Angaben im Anhang sind im Gesetz nicht geregelt. Es gelten für die Darstellung die allgemeinen Berichtsgrundsätze der Klarheit und Übersichtlichkeit.

e) Angaben zu Rückstellungen

Nach 285 Satz 1 Nr. 12 HGB sind Rückstellungen, die in der Bilanz unter dem Posten „sonstige Rückstellungen" nicht gesondert ausgewiesen werden, im Anhang zu erläutern, wenn sie einen nicht unerheblichen Umfang haben.

Der Posten weist in der Praxis vielfach **hohe Beträge** aus, da außer Rückstellungen für Pensionen und ähnliche Verpflichtungen sowie Steuerrückstellungen die gesamten Verbindlichkeitsrückstellungen und die nach § 249 Abs. 1 Satz 1 Nr. 1 HGB anzusetzenden Aufwandsrückstellungen unter dem Posten „sonstige Rückstellungen" ausgewiesen werden. Der Posten beinhaltet damit nach den Änderungen durch das BilMoG die gesamten Rückstellungen für ungewisse Verbindlichkeiten, für drohende Verluste aus schwebenden Geschäften, für Kulanzen und für unterlassene Aufwendungen für Instandhaltungen.

Nach h.M. genügt trotz der erheblichen Beträge eine verbale Umschreibung. Dem wird hier angesichts der Bedeutung der angeführten Rückstellungskategorien und des unterschiedlichen Charakters der Rückstellungen nicht gefolgt, zumal unternehmensintern die Beträge für die einzelnen Rückstellungsgruppen bekannt sind. Anzugeben sind danach zumindest die Beträge der einzelnen Rückstellungskategorien.

2. Aufgliederungen von Posten der Gewinn- und Verlustrechnung

a) Aufgliederung der Umsatzerlöse im Anhang

Nach § 285 Satz 1 Nr. 4 HGB sind im Jahresabschluss einer Kapitalgesellschaft die Umsatzerlöse nach **Tätigkeitsbereichen** sowie nach **geographisch bestimmten Märkten** aufzugliedern, soweit sich unter Berücksichtigung der Organisation des Verkaufs von für die gewöhnliche Geschäftstätigkeit der Kapitalgesellschaft typischen Erzeugnissen und der für die gewöhnliche Geschäftstätigkeit der Kapitalgesellschaft typischen Dienstleistungen die Tätigkeitsbereiche und geographisch bestimmten Märkte untereinander erheblich unterscheiden.

Zweck der Aufgliederung ist der Einblick in die Ertragslage und die Verdeutlichung von Ertragchancen und Ertragsrisiken in einzelnen Tätigkeitsbereichen oder auf geographisch bestimmten Märkten. Der Zweck sollte bislang bei Anwendung der IFRS von der Segmentberichterstattung erfüllt werden.

Die **Aufstellungspflicht** betrifft Umsatzerlöse der Kapitalgesellschaft bzw. der kapitalistischen Personenhandelsgesellschaft. § 285 Satz 1 Nr. 4 HGB verlangt die Aufgliederung der Umsatzerlöse nach:

- **Tätigkeitsbereichen**, d.h. nach Produktarten, Produktionsprozessen, wirtschaftszweigbezogenen Aktivitäten, unternehmensinternen Organisationseinheiten, Unternehmensbereichen, Sparten und Profit Centers; sowie
- **geographisch bestimmten Märkten** i.S. von Absatzmärkten. Das Abstellen auf Absatzmärkte kann man aus der Verpflichtung des § 285 Satz 1 Nr. 4 HGB ableiten, nach dem die Aufgliederung der Umsatzerlöse unter Berücksichtigung der Organisation des Verkaufs von Erzeugnissen und von typischen Dienstleistungen zu erfolgen hat.

Voraussetzung für die Aufgliederung der Umsatzerlöse nach § 285 Satz 1 Nr. 4 HGB ist, die erhebliche Unterscheidung der Tätigkeitsbereiche und der geographisch bestimmten Märkte. Wann dies der Fall ist, sagt das Gesetz nicht. Die in der Gesetzesauslegung vorzunehmende Abgrenzung erfolgt weitgehend anhand von Beispielen für unterschiedliche Tätigkeitsarten sowie produktbezogener Fertigungsunterschiede der Unternehmen in den einzelnen Industriearten. Probleme bestehen in der aus Sicht des Unternehmens zweckadäquaten Strukturierung der zusammengefassten Tätigkeitsbereiche und der geographisch bestimmten Märkte. Bei der unternehmensinternen Abgrenzung und Bildung der Bereiche können Schwachstellen von Tätigkeitsbereichen und geographisch bestimmter Märkte verdeckt werden.

Wie oben angeführt, kann nach § 286 Abs. 2 HGB die **Aufgliederung** der Umsatzerlöse nach § 285 Satz 1 Nr. 4 HGB **unterbleiben**, soweit die Aufgliederung nach vernünftiger kaufmännischer Beurteilung geeignet ist, der Kapitalgesellschaft bzw. der kapitalistischen Personenhandelsgesellschaft oder einem Unternehmen, an dem die Kapitalgesellschaft bzw. Personenhandelsgesellschaft mindestens 20 % der Anteile besitzt, einen erheblichen Nachteil zuzufügen.

b) Aufgliederung der Ertragsteuern im Anhang

Nach § 285 Satz 1 Nr. 6 HGB ist im Anhang anzugeben, in welchem Umfang die Steuern vom Einkommen und vom Ertrag das Ergebnis der gewöhnlichen Geschäftstätigkeit und das außerordentliche Ergebnis belasten. Der Gesamtbetrag der Steuern vom Einkommen und vom Ertrag einer Kapitalgesellschaft ist der Gewinn- und Verlustrechnung nach § 275 Abs. 2 Nr. 18 HGB bei Anwendung des Gesamtkostenverfahrens bzw. nach § 275 Abs. 3 Nr. 17 HGB bei Anwendung des Umsatzkostenverfahrens zu entnehmen.

Nach h.M. kann sich die Berichterstattung über den Umfang der Ertragsteuern auf die Angabe von Beträgen, auf prozentuale Angaben oder auf verbale Angaben richten. Daraus wird gefolgert, dass die Durchführung einer detaillierten Rechnung zur Ermittlung der Steueraufspaltungsbeträge nicht erforderlich ist. Unabhängig von der Berichterstattung muss das Verhältnis der Ertragsteuerbelastung, das dem Ergebnis der gewöhnlichen Geschäftstätigkeit und dem außerordentlichen Ergebnis zuzurechnen ist, angegeben werden.

3. Angaben zu Arbeitnehmer und Organmitgliedern

a) Angabe der durchschnittliche Zahl der Arbeitnehmer

Nach § 285 Satz 1 Nr. 7 HGB ist im Anhang die durchschnittliche, nach Gruppen getrennte Zahl der Arbeitnehmer anzugeben.

Ein **Arbeitnehmer** i.S. der Vorschrift ist nach Auffassung im Schrifttum jede natürliche Person, die aufgrund eines privatrechtlichen Vertrags einem anderen zur Leistung fremdbestimmter Arbeit in persönlicher Abhängigkeit verpflichtet ist. Arbeitnehmer sind nach dieser Definition neben den Vollzeitbeschäftigten u.a. Teilzeitbeschäftigte, Aushilfskräfte, unselbständige Handelsvertreter, Beschäftigte im Probeverhältnis einschließlich der u.a. wegen Krankheit oder Mutterschaftsurlaub Abwesenden.

Die Durchschnittszahl ist nach § 267 Abs. 5 HGB durch Abstellen auf die Anzahl der Arbeitnehmer zu den vier Quartalsstichtagen 31.3, 30.6., 30.9. und 31.12. zu ermitteln. Die durchschnittliche Zahl der Arbeitnehmer ergibt sich als der vierte Teil der Summe der Zahlen der am Ende der Quartale bei dem Unternehmen beschäftigten Arbeitnehmer. Die Regel für die Ermittlung der durchschnittlichen Zahl der Arbeitnehmer ist eindeutig. § 267 Abs. 5 HGB gibt nicht nur die Durchschnittsbildung auf der Basis der Zahlen der Arbeitnehmer zu den vier Quartalen des abgelaufenen Geschäftsjahres, sondern auch vor, an welchen Stichtagen die Arbeitnehmerzahlen zu ermitteln sind.

Die durchschnittliche Zahl der Arbeitnehmer ist nach § 285 Satz 1 Nr. 7 HGB getrennt nach **Gruppen** anzugeben. Wie die Gruppen zu bilden sind, sagt das Gesetz nicht. Möglichkeiten der Gruppenbildung sind neben der Gruppenbildung von Angestellten und gewerblichen Arbeitern z.B. die Gliederung in Voll- und Teilzeitbeschäftigte oder in Arbeitnehmer im In- und Ausland.

b) Angabe der Gesamtbezüge und Kredite der Organmitglieder

Für die Mitglieder des Geschäftsführungsorgans, eines Aufsichtsrats, eines Beirats oder einer ähnlichen Einrichtung der Kapitalgesellschaft sind im Anhang jeweils für jede Personengruppe anzugeben:

- nach § 285 Satz 1 Nr. 9 a) HGB die für die Tätigkeit im Geschäftsjahr gewährten **Gesamtbezüge** (Gehälter, Gewinnbeteiligungen, Bezugsrechte und sonstige aktienbasierte Vergütungen, Aufwandsentschädigungen, Versicherungsentgelte, Provisionen und Nebenleistungen jeder Art), wobei in die Gesamtbezüge auch Bezüge einzurechnen sind, die nicht ausgezahlt, sondern in Ansprüche anderer Art umgewandelt oder zur Erhöhung anderer Ansprüche verwendet werden. Außer den Bezügen für das Geschäftsjahr sind die weiteren Bezüge anzugeben, die im Geschäftsjahr gewährt, bisher aber im nicht Jahresabschluss angegeben worden sind.

  Mit dem **Vorstandsvergütungs-Offenlegungsgesetz** vom 3.8.2005 schreibt der geänderte § 285 Satz 1 Nr. 9 a) HGB vor, dass bei einer börsennotierten Aktiengesellschaft zusätzlich unter Namensnennung die Bezüge jedes einzelnen Vorstandsmitglieds, aufgeteilt nach erfolgsunabhängigen und erfolgsbezogenen Komponenten sowie Komponenten mit langfristiger Anreizwirkung, gesondert anzugeben sind.

  Die Angabepflicht gilt auch für Leistungen, die einem Vorstandsmitglied bei **Beendigung seiner Tätigkeit** zugesagt worden sind, für Leistungen, die von einem Dritten im Hinblick auf seine Tätigkeit als Vorstandsmitglied zugesagt oder im Geschäftsjahr gewährt worden sind, sowie für weitergehende Einzelangaben im Jahresabschluss zu bestimmten Bezügen.

- die für die Wahrnehmung ihrer Aufgaben in dem Unternehmen gewährten Gesamtbezüge (Abfindungen, Ruhegehälter, Hinterbliebenenbezüge und Leistungen verwandter Art) der **früheren Mitglieder** der bezeichneten Organe und ihrer Hinterbliebenen; § 285 Satz 1 Nr. 9 Buchstabe a) Satz 2 und 3 HGB ist entsprechend anzuwenden. Ferner ist der Betrag der für diese Personengruppe gebildeten Rückstellungen für laufende Pensionen und Pensionsanwartschaften und der Betrag der für diese Verpflichtungen nicht gebildeten Rückstellungen anzugeben;

- die von dem Unternehmen gewährten **Vorschüsse und Kredite** unter Angabe der Zinssätze, der wesentlichen Bedingungen und der gegebenenfalls im Geschäftsjahr zurückgezahlten Beträge sowie die zugunsten dieser Personengruppen eingegangenen Haftungsverhältnisse.

c) Angaben zu den Organmitgliedern

Nach § 285 Satz 1 Nr. 10 HGB sind alle Mitglieder des Geschäftsführungsorgans, d.h. Vorstand bei der AG bzw. Geschäftsführung bei anderen Unternehmen, auch wenn sie im Geschäftsjahr oder später ausgeschieden sind, mit Namen und ausgeübtem Beruf im Anhang anzugeben.

Bei börsennotierten Gesellschaften ist auch die Mitgliedschaft des Geschäftsführungsorgans in Aufsichtsräten anderer Unternehmen und in anderen Kontrollgremien i.S. des § 125 Abs. 1 Satz 5 (geändert, zuvor Satz 3) AktG anzugeben.

Bei börsennotierten Gesellschaften haben die Mitglieder des Geschäftsführungsorgans weitere Aktivitäten neben ihrer Funktion als Geschäftsführer offen zu legen. Die wichtigsten Aktivitäten sind Mitgliedschaften in gesetzlich zu bildenden Aufsichtsräten oder vergleichbaren Organen.

4. Angaben zum Material- und Personalaufwand beim Umsatzkostenverfahren

Nach § 285 Satz 1 Nr. 8 HGB ist bei Anwendung des Umsatzkostenverfahrens der Materialaufwand, gegliedert nach § 275 Abs. 2 Nr. 5 und der Personalaufwand, gegliedert nach § 275 Abs. 2 Nr. 6 HGB im Anhang anzugeben.

Die Konzeption der Gliederung des Umsatzkostenverfahrens im Aufwandsbereich beinhaltet im betrieblichen Bereich eine Orientierung an den maßgeblichen Kostenstellen der Produktion einschließlich der Kosten der Beschaffung, der allgemeinen Verwaltung und des Vertriebs. Eine kostenartenweise Gliederung nach Materialkosten, Personalkosten, Abschreibungskosten und anderen Kostenarten ist dem Umsatzkostenverfahren fremd. Davon abweichend ist das Gesamtkostenverfahren im Aufwandsbereich an Kostenarten orientiert.

Durch Übernahme des nach den IFRS allein zulässigen Umsatzkostenverfahrens wurde den Unternehmen die Möglichkeit eröffnet, in der Gewinn- und Verlustrechnung auf den gesonderten Ausweis der wichtigen Kostenarten „Materialaufwand" und „Personalaufwand" zu verzichten. Mit § 285 Satz 1 Nr. 8 HGB wird die Verpflichtung zu entsprechenden Angaben im Anhang die Information dieser Aufwandsarten auch bei Anwendung des Umsatzkostenverfahrens sichergestellt.

Die Angabe des Material- und Personalaufwands ist nach den Vorschriften des § 275 Abs. 2 Nr. 5 und 6 HGB zu gliedern. Im Schrifttum angesprochene und empfohlene weitere Untergliederungen sehen weder das Gesetz noch allgemeine Gliederungsgrundsätze vor.

5. Angabe zum Bestand von Anteilen an anderen Unternehmen

a) Angaben zum Anteilsbesitz

Nach § 285 Satz 1 Nr. 11 HGB sind mit Einfügung des KonTraG vom 27.4.1998, BGBl I 786 im Anhang Name und Sitz von Unternehmen anzugeben, von denen die Kapitalgesellschaft oder eine für Rechnung der Kapitalgesellschaft handelnde Person mindestens 20 % der Anteile besitzt. Auf die Rechtsform und den Sitz des Unternehmens, an dem der Anteilsbesitz besteht, kommt es nicht an. Die Höhe des Anteils am Kapital, das Eigenkapital und das Ergebnis des letzten Geschäftsjahres dieser Unternehmen anzugeben, für die ein Jahresabschluss vorliegt. Auf die Berechnung der Anteile ist § 16 Abs. 2 und 4 AktG entsprechend anzuwenden.

Über die obigen Angaben hinaus sind von börsennotierten Kapitalgesellschaften zusätzlich alle Beteiligungen an großen Kapitalgesellschaften anzugeben, die 5 % der Stimmrechte überschreiten.

Maßgeblicher Zeitpunkt für die Ermittlung der Anteilsquote ist der Abschlussstichtag der die Anteile haltenden Kapitalgesellschaft. Verändert sich durch eine Kapitalerhöhung des anderen Unternehmens, an dem die Anteile gehalten werden, die Anteilsquote der die Anteile haltenden Kapitalgesellschaft, ist die Veränderung zu berücksichtigen, wenn die Kapitalerhöhung bis zum Abschlussstichtag in das Handelsregister eingetragen worden ist.

b) Angaben von Beteiligung bestimmter OHG und KG

Nach § 285 Satz 1 Nr. 11a HGB hat die Kapitalgesellschaft im Anhang Name, Sitz und Rechtsform derjenigen Unternehmen anzugeben, deren unbeschränkt haftender Gesellschafter sie ist. Die Angabe richtet sich auf kapitalistische Personenhandelsgesellschaften i.S. des § 264a HGB.

Die Angabe hat abweichend von § 285 Satz 1 Nr. 11 HGB unabhängig von der Höhe des Kapitalanteils an der anderen Gesellschaft zu erfolgen. Daraus lassen sich die im Folgenden angeführten Fälle unterscheiden:

- Hält die Kapitalgesellschaft 20 % der Anteile oder eine höhere Quote an der kapitalistischen Personenhandelsgesellschaft, so hat die Angabe nach § 285 Satz 1 Nr. 11 HGB zu erfolgen;
- hält die Kapitalgesellschaft weniger als 20 % der Anteile an der kapitalistischen Personenhandelsgesellschaft, ist lediglich die Angabe nach § 285 Satz 1 Nr. 11a HGB vorzunehmen; sie beschränkt sich auf die Angabe von Name, Sitz und Rechtsform sowie den Tatbestand, dass die Kapitalgesellschaft unbeschränkt haftender Gesellschafter der kapitalistischen Personenhandelsgesellschaft ist.

6. Angaben zu Finanzinstrumenten

a) Angaben zum Buchwert von Finanzinstrumenten

Die Regelung des § 285 Satz 1 Nr. 19 HGB wurde mit dem BilMoG auf § 285 Satz 1 Nr. 18 HGB verschoben. Die Neufassung ist nach dem RegE (BR-Drucks. 344/08 S. 156) auf die Einfügung der Nummer 20. Da die bisherige Nr. 18 und die neue Nr. 20 systematisch zusammen gehören, wurden die bisher in Nummer 19 enthaltenen Vorschriften in die Nr. 18 überführt. Nach dieser Vorschrift sind für zu den Finanzanlagen gehörende Finanzinstrumente, die über ihrem beizulegenden Zeitwert ausgewiesen werden, da eine außerplanmäßige Abschreibung nach § 253 Abs. 3 Satz 4 HGB unterbleiben ist, im Anhang anzugeben.

Anzugeben sind nach der Neuregelung die folgenden Daten:

- Der Buchwert und der beizulegende Zeitwert der einzelnen Vermögensgegenstände oder angemessener Gruppierungen.
- Die Gründe für das Unterlassen einer Abschreibung einschließlich der Anhaltspunkte, die darauf hindeuten, dass die Wertminderung voraussichtlich nicht von Dauer ist.

Die Angabepflicht betrifft Finanzinstrumente, die zu den Finanzanlagen gehören; sie sind nach § 266 Abs. 2 A. III. HGB im Anlagevermögen auszuweisen. Die Finanzinstrumente sind nach § 253 Abs. 3 Satz 3 HGB bei voraussichtlich dauernder Wertminderung durch die Vornahme außerplanmäßiger Abschreibungen auf den **niedrigeren beizulegenden Zeitwert** abzuschreiben. Bei voraussichtlich nicht dauernder Wertminderung besteht für Finanzanlagen nach § 253 Abs. 3 Satz 4 HGB ein Wahlrecht zur Beibehaltung des gegenüber dem beizulegenden Zeitwert höheren Buchwerts oder zur außerplanmäßigen Abschreibung auf den niedrigeren beizulegenden Zeitwert.

Wird das Wahlrecht i.S. der Beibehaltung des gegenüber dem beizulegenden Zeitwert **höheren Buchwerts** ausgeübt, sind nach § 285 Satz 1 Nr. 18a) HGB im Anhang der Buchwert und der beizulegende Zeitwert der einzelnen Vermögensgegenstände anzugeben. Die Angabe von Buchwert und Zeitwert muss jedoch nicht für das einzelne Finanzinstrument gemacht werden; eine Angabe für Gruppen von Finanzinstrumenten ist ausreichend.

Was unter einer angemessenen Gruppierung zu verstehen ist, sagt das Gesetz nicht. Nach h.M. ist die Gruppierung danach auszurichten, dass jeweils vergleichbare Gründe für die Nichtvornahme der außerplanmäßigen Abschreibungen bestanden haben.

Neben Buchwert und Zeitwert der nicht abgeschriebenen Finanzinstrumente sind abweichend von der früheren Nr. 19b HGB nach § 285 Satz 1 Nr. 18b) HGB nunmehr **Gründe** für das **Unterlassen der Abschreibungen** und Anhaltspunkte dafür anzugeben, dass die Wertminderungen nicht von Dauer sind.

b) Angaben zu derivativen Finanzinstrumenten

Nach der Verschiebung des bisherigen § 285 Satz 1 Nr. 18 HGB zu den Anhangangaben betreffend derivative Finanzinstrumente ist die Verpflichtung in § 285 Satz 1 Nr. 19 HGB geregelt. Es gilt wie bisher, dass Angaben zu machen sind für jede Kategorie der nicht zum beizulegenden Zeitwert bilanzierten derivativen Finanzinstrumente.

Ein derivatives Finanzinstrument ist nach der Definition des IASB in IAS 39.9 ein Finanzinstrument oder ein anderer Vertrag dessen Wert sich infolge einer Änderung eines bestimmten Zinssatzes, Wertpapierkurses, Rohstoffpreises, Wechselkurses, Preis- oder Zinsindexes, Bonitätsratings, Kreditindexes oder einer ähnlichen Variablen (Basis) verändert, der keine oder im Vergleich zu anderen Vertragsformen, von denen zu erwarten ist, dass sie in ähnlicher Weise auf

Änderungen der Marktbedingungen reagieren, nur geringe Anschaffungskosten hat; und der zu einem späteren Zeitraum erfüllt wird.

Im **Anhang anzugeben** sind für jede Kategorie der nicht zum Zeitwert bilanzierter derivativer Finanzinstrumente:

- deren Art und Umfang;
- deren beizulegender Zeitwert, soweit er sich nach § 255 Abs. 4 HGB verlässlich ermitteln lässt, unter Angabe der angewandten Bewertungsmethode;
- deren Buchwert und der Bilanzposten, in dem der Buchwert, soweit vorhanden, erfasst ist; und
- die Gründe dafür, warum der beizulegende Zeitwert nicht bestimmt werden kann.

§ 285 Satz 1 Nr. 19a) erfordert die Angabe über **Art und Umfang** der derivativen Finanzinstrumente. Die Vorschrift betrifft die unterschiedlichen Gestaltungsformen oder Typen von derivativen Finanzinstrumenten sowie die von dem Unternehmen gehaltenen Stückzahlen.

Für die derivaten Finanzinstrumente der Kapitalgesellschaft sind im Anhang die beizulegenden **Zeitwerte** anzugeben, soweit die Voraussetzung des § 285 Satz 1 Nr. 19b) HGB, nach dem der beizulegende Zeitwert sich verlässlich nach § 255 Abs. 4 HGB ermitteln lässt, erfüllt ist. Anzugeben ist von der Kapitalgesellschaft nach § 285 Satz 1 Nr. 19c) HGB bei allen Arten der Ermittlung des Zeitwerts die Bewertungsmethode.

Liegt ein Bilanzposten in dem Unternehmen zu einem derivative Finanzinstrument vor, ist nach § 285 Satz 1 Nr. 19c) HGB ergänzend ein vorhandener **Buchwert** und der Bilanzposten, in dem der Buchwert, soweit vorhanden erfasst ist, im Anhang anzugeben.

Ist ein derivatives Finanzinstrument nicht zum Zeitwert bilanziert, verlangt § 285 Satz 1 Nr. 19c) HGB im Anhang eine **Begründung** der nicht vorgenommene Zeitwertbilanzierung.

c) Angabe der beizulegenden Zeitwerte der Finanzinstrumente

Der neu eingefügte § 285 Satz 1 Nr. 20 HGB beruht auf Art. 42d der Bilanzrichtlinie i.d.F. der Fair-Value Richtlinie. In dem Artikel wird vorgeschrieben, dass, soweit Finanzinstrumente mit dem beizulegenden Zeitwert bewertet werden, im Anhang die folgenden Angaben zu machen:

- Die zentralen Annahmen, die der Bestimmung des beizulegenden Zeitwertes mit Hilfe allgemein anerkannter Bewertungsmethoden zugrunde gelegt wurden;
- für jede Gruppe von Finanzinstrumenten, deren beizulegender Zeitwert, die direkt in der Gewinn- und Verlustrechnung ausgewiesenen Wertänderungen sowie die in der Zeitwertrücklage erfassten Wertänderungen;

- für jede Kategorie von Finanzinstrumenten, deren Art und Umfang einschließlich der wesentlichen Bedingungen, welche die Höhe, den Zeitpunkt und die Sicherheit künftiger Zahlungsströme beeinflussen können; und
- eine Übersicht über die Bewegungen innerhalb der Zeitwertrücklage im Verlauf des Geschäftsjahres.

Nach dem neu eingeführten § 285 Satz 1 Nr. 20 HGB sind im Anhang Angaben zu machen für gemäß § 340e Abs. 3 Satz 1 HGB die mit dem beizulegenden Zeitwert bewerteten Finanzinstrumente, die auf Annahmen, die der Bestimmung des beizulegenden Zeitwertes mit Hilfe allgemein anerkannter Bewertungsmethoden zugrunde gelegt wurden, und der Umfang und Art jeder Kategorie derivativer Finanzinstrumente einschließlich der wesentlichen Bedingungen, welche die Höhe, den Zeitpunkt und die Sicherheit künftiger Zahlungsströme beeinflussen können.

7. Angaben zu Geschäften mit nahe stehenden Unternehmen und Personen

Nach dem neu eingefügten § 285 Satz 1 Nr. 21 HGB sind im Anhang Angaben zu nicht zu marktüblichen Bedingungen zustande gekommenen Geschäften mit nahe stehenden Unternehmen und Personen zu machen. Sie betreffen die Art der Beziehung, den Wert der Geschäfte sowie für die Beurteilung der Finanzlage notwendig Angaben.

Der Begriff „nahe stehende Unternehmen und Personen" ist für die vorgeschriebenen Angaben im Anhang nach der RegE im Sinn der gemäß der IAS-Verordnung in der EU übernommenen IFRS, hier IAS 24, zu verstehen. Der Begriff „Geschäft" soll im weitesten Sinne verstanden werden. Gemeint sind nicht allein Rechtsgeschäfte, sondern auch alle Maßnahmen, die eine unentgeltliche oder eine entgeltliche Übertragung oder Nutzung von Vermögensgegenständen oder Schulden zum Gegenstand haben. Das bedeutet, unter die Angabepflicht fallen alle Transaktionen rechtlicher oder wirtschaftlicher Art, die sich auf die Finanzlage eines Unternehmens auswirken können. Als Beispiele werden angeführt:

- Käufe/Verkäufe von Grundstücken und/oder Gebäuden oder Erzeugnissen;
- Bezug oder die Erbringung von Dienstleistungen;
- Nutzung oder Nutzungsüberlassung von Vermögensgegenständen, Finanzierungen, Gewährung von Bürgschaften oder anderen Sicherheiten;
- Produktionsverlagerungen, Produktionsänderungen;
- Investitionen, Stilllegungen von Betriebsteilen;
- Unterlassung des Abschlusses von Rechtsgeschäften oder die Übernahme der Erfüllung von Verbindlichkeiten.

Im Rahmen der Anhangangaben haben die Unternehmen die Möglichkeit einer **Bündelung** der anzugebenden Sachverhalte. So können Angaben über Geschäfte nach den maßgeblichen Geschäftsarten des Unternehmens zusammengefasst werden, soweit Einzelangaben für den Einblick und die Beurteilung der Finanzlage des Unternehmens nicht notwendig sind. Voraussetzung ist die schon bisher geltende Regel, dass die Informationsempfänger in die Lage zu versetzen sind, die wirtschaftliche Lage, hier die Finanzlage, des Unternehmens selbständig zu beurteilen.

Die Pflicht der Anhangangaben von Geschäften mit nahe stehenden Unternehmen und Personen nach § 285 Satz 1 Nr. 21 HGB setzt voraus, dass Geschäfte im oben angeführten Sinne zu **marktunüblichen Bedingungen** abgeschlossen wurden. Nach dem RegE ist im Rahmen eines Drittvergleichs festzustellen, ob ein Geschäft zu marktüblichen Bedingungen abgeschlossen wurde. Es sind marktunübliche Bedingungen anzunehmen, wenn die dem Geschäft zugrunde liegenden Konditionen des Unternehmens mit einem unabhängigen fremden Dritten nicht zu erreichen gewesen wären.

Von den Angaben ausgeschlossen sind **Geschäfte innerhalb eines Konzerns** zwischen mittelbar oder unmittelbar in hundertprozentigem Anteilsbesitz stehende Tochterunternehmen. Die Angaben über Geschäfte können nach Geschäftsarten zusammengefasst werden, sofern die getrennte Angabe für die Beurteilung der Auswirkungen auf die Finanzlage nicht notwendig ist.

8. Weitere besondere Pflichtangaben

a) Angaben zum Geschäfts- oder Firmenwert

Nach dem im BilMoG neu gefassten 285 Satz 1 Nr. 13 HGB sind im Anhang die Gründe anzugeben, welche die Annahme einer betrieblichen Nutzungsdauer eines entgeltlich erworbenen Geschäfts- oder Firmenwertes von mehr als fünf Jahren rechtfertigen.

Nach dem RegE dient die Neufassung der Umsetzung des Art. 37 Abs. 2 Satz 2 der BiRiLiG. Danach können Mitgliedstaaten den Unternehmen gestatten, ihren Geschäfts- oder Firmenwert über einen Zeitraum von mehr als fünf Jahren planmäßig abzuschreiben. Voraussetzung ist, dass dieser Zeitraum die Nutzungsdauer des derivative erworbenen Geschäfts- oder Firmenwerts nicht überschreitet und dies im Anhang begründet wird.

b) Angaben eines Tochterunternehmens zum Mutterunternehmen

Nach 285 Satz 1 Nr. 14 HGB sind im Anhang einer Kapitalgesellschaft, die ein Tochterunternehmen ist, anzugeben: Name und Sitz des Mutterunternehmens der Kapitalgesellschaft, das den Konzernabschluss für den größten Kreis von Unternehmen aufstellt und ihres Mutterunternehmens, das den Konzernabschluss für den kleinsten Kreis von Unternehmen aufstellt, sowie im Falle der Offenlegung der von diesen Mutterunternehmen aufgestellten Konzernabschlüssen der Ort, an dem diese erhältlich sind.

Voraussetzung für die Angabepflicht ist das Bestehen von Mutterunternehmen in der Rechtsform der Kapitalgesellschaft, die auf unterschiedlichen Hierarchiestufen eines Konzerns stehen.

c) Angaben zum Vollhafter bei bestimmten OHG und KG

Nach 285 Satz 1 Nr. 15 HGB sind im Anhang des Jahresabschlusses einer Personenhandelsgesellschaft im Sinn des § 264a Abs. 1 HGB, d.h. einer bestimmten OHG oder KG, Name und Sitz der Gesellschaften, die persönlich haftende Gesellschafter, sowie das gezeichnete Kapital anzugeben.

Das nach § 266 Abs. 3 A. I. HGB auszuweisende gezeichnete Kapital ist das Kapital einer Gesellschaft, auf das die Haftung der Gesellschafter für die Verbindlichkeiten der Kapitalgesellschaft als ein Element der Personenhandelsgesellschaft begrenzt ist.

d) Angaben zur Entsprechenserklärung

Nach dem neu gefassten 285 Satz 1 Nr. 16 HGB ist im Anhang anzugeben, dass die nach § 161 AktG vorgeschriebene Erklärung abgegeben und wo sie öffentlich zugänglich gemacht worden ist.

Die Erklärung zum „**Deutschen Corporate Governance Kodex**" nach § 161 AktG ist von börsennotierten Gesellschaften im Sinn des § 3 Abs. 2 AktG abzugeben. Befolgt eine börsennotierte AG oder KGaA sämtliche Empfehlungen des Kodex, reicht als Angabe eine kurze Erklärung über die Befolgung aus. Dabei wird zwischen der ausführlicheren **Ersterklärung** und kürzeren **Folgeerklärungen** unterschieden.

Abweichend von der bisherigen Regelung ist künftig nach Maßgabe des Art. 46a BiRiLiG i.d.F. der Abänderungsrichtlinie im Anhang anzugeben, wo die Erklärung zur Corporate Governance **der Allgemeinheit öffentlich zugänglich** ist.

Die **Nichterfüllungen** des nicht gesetzlich vorgeschriebenen Deutschen Corporate Governance Kodex sind anzugeben, ebenso Abweichungen im laufenden Geschäftsjahr. Dabei sind die Ziffern des Kodex anzuführen, die nicht angewandt wurden oder in Zukunft nicht angewendet werden sollen.

Wird die Erklärung zum Corporate Governance Kodex nach § 161 AktG nicht abgegeben, ist dies als Nichtanwendung aller Empfehlungen zu werten. Bei Unrichtigkeit der Entsprechenserklärung von Vorstand und Aufsichtsrat liegt ein Verstoß gegen die gesetzliche Erklärungspflicht vor.

e) Angaben zum Honorar des Abschlussprüfers

Nach der Neufassung des 285 Satz 1 Nr. 17 HGB in Umsetzung des Art 43 Abs. 1 Nr. 15 der Bilanzrichtlinie in der Fassung der Abschlussprüferrichtlinie ist das von dem Abschlussprüfer i.S. des § 319 Abs. 1 Satz 1 und 2 HGB für das Geschäftsjahr berechnete **Gesamthonorar aufgeschlüsselt** in das Honorar für die Abschlussprüfungsleistungen, andere Bestätigungsleistungen, Steuerberatungsleistungen und sonstige Leistungen, soweit die Angaben nicht in einem das Unternehmen einbeziehenden Konzernabschluss enthalten sind, im Anhang anzugeben.

Angabepflichtig ist das Gesamthonorar des Abschlussprüfers bzw. der Wirtschaftsprüfergesellschaft in Euro, aufgegliedert in die Vergütungsbestandteile. Unter dem Gesamthonorar versteht man die Gesamtvergütung des Abschlussprüfers für eine Tätigkeit bei einer prüfungspflichtigen Gesellschaft einschließlich des berechneten Auslagenersatzes für Reisekosten, Übernachtungskosten, Verpflegungskosten Schreibkosten u. ä. Kosten.

Abweichend von der bisherigen Regelung, nach der das im Geschäftsjahr als Aufwand erfasste Honorar anzugeben war, ist künftig das **für das Geschäftsjahr** von dem Abschlussprüfer **berechneten Gesamthonorar** maßgebend. Die Änderung erfolgt in Anpassung an Art. 43 Abs. 1 Nr. 15 BilRiLiG i.d.F. der Abschlussprüferrichtlinie und die Zuordnung des Gesamthonorars auf das maßgebliche Geschäftsjahr.

Gegenüber der bisherigen Regelung beinhaltet 285 Satz 1 Nr. 17 HGB den einschränkenden Zusatz, dass die Angaben nur zu machen sind, wenn das geprüfte Unternehmen nicht in einen Konzernabschluss einbezogen wird und die Anhangangaben im Konzernabschluss enthalten sind.

f) Angaben zu Forschungs- und Entwicklungskosten

Nach dem neuen § 285 Satz 1 Nr. 22 HGB ist im Fall der Aktivierung nach § 248 Abs. 2 HGB der Gesamtbetrag der Forschungs- und Entwicklungskosten des Geschäftsjahres sowie der davon auf die selbst geschaffenen immateriellen Vermögensgegenstände des Anlagevermögens entfallende Beträge anzugeben.

Der RegE führt an, dass zur besseren Information der Abschlussadressaten sowie zum besseren Verständnis für die Forschungs- und Entwicklungskosten und ihr Verhältnis zueinander die oben angeführten Angaben zu machen sind. Wie das bessere Verständnis erlangt werden soll, wird in dem RegE nicht erläutert. Zudem sollen die Angaben im Anhang „unter Berücksichtigung der Geheimhaltungsinteressen der Wirtschaft" gemacht werden. Es ist nicht ersichtlich, worin in den vorgeschriebenen Anhangangaben die Sicherung der Geheimhaltungsinteressen des jeweiligen Unternehmens liegt. Das Divergenzproblem zwischen Information an Rechnungslegungsadressaten und Zurückhaltung wichtiger Geheimhaltungsinteressen des Unternehmens ist auch mit dem BilMoG nicht gelöst worden.

g) Angaben zu Bewertungseinheiten zur Absicherung von Risiken

Nach dem durch das BilMoG neu eingefügten § 285 Satz 1 Nr. 23 HGB ist bei Anwendung des § 254 HGB im Anhang anzugeben:

- Mit welchem Betrag jeweils Vermögensgegenstände, Schulden, schwebende Geschäfte und mit hoher Wahrscheinlichkeit erwartete („vorgesehene" verändert) Transaktionen zur Absicherung welcher Risiken in welche Art von Bewertungseinheiten einbezogen sind sowie die Höhe der mit Bewertungseinheiten abgesicherten Risiken.
- Für die jeweils abgesicherten Risiken, warum, in welchem Umfang und für welchen Zeitraum sich die gegenläufigen Wertänderungen oder Zahlungsströme künftig voraussichtlich ausgleichen einschließlich der Methode der Ermittlung.
- eine Erläuterung der mit hoher Wahrscheinlichkeit erwarteten Transaktionen, die in Bewertungseinheiten einbezogen wurden, soweit die Angaben nicht im Lagebericht gemacht werden.

Die Regelung, die bereits bisher für große und mittelgroße Kapitalgesellschaften gegolten hat, verpflichtet nunmehr auch kleine Kapitalgesellschaften.

h) Angaben zu versicherungsmathematischen Verfahren bei Pensionsrückstellungen

Nach dem mit dem BilMoG neu eingefügten § 285 Satz 1 Nr. 24 HGB sind im Anhang das angewandte versicherungsmathematische Berechnungsverfahren zu den Pensionsrückstellungen und die Gründe für seine Anwendung sowie die grundlegenden Annahmen der Berechnung, wie der Zinssatz, die erwarteten Lohn- und Gehaltssteigerungen und die zugrunde gelegten Sterbetafeln anzugeben.

Die Regelung soll nach dem RegE einer gewissen Einheitlichkeit und Vergleichbarkeit dienen. Neu ist die Verpflichtung zur Darlegung der Gründe für die Wahl des angewandten Berechnungsverfahrens. Dass, wie in der Begründung angeführt, die Abschlussadressaten aus den Angaben ableiten können, ob die Unternehmen das Berechnungsverfahren gewählt haben, mit dem sich die Vermögens-, Finanz- und Ertragslage am Besten den tatsächlichen Verhältnissen entsprechend dargestellt wird, ist in Frage zu stellen, da den Adressatem alternative Verfahren und die daraus abgeleiteten Ergebnisse nicht vorliegen.

i) Angaben zu den Beträgen der Verrechnung von Vermögensgegenständen und Schulden

Nach dem neu eingefügten § 285 Satz 1 Nr. 25 HGB sind im Fall der Verrechnung von Vermögensgegenständen und Schulden nach § 246 Abs. 2 Satz 2 HGB im Anhang die Anschaffungskosten und der beizulegende Zeitwert der verrechneten Vermögensgegenstände, der Erfüllungsbetrag der verrechneten Schulden sowie die verrechneten Aufwendungen und Erträge anzugeben. Gleiches soll für die Angabe in der Gewinn- und Verlustrechnung verrechneten Aufwendungen und Erlösen gelten, die aus verrechneten Vermögensgegenständen und Schulden resultieren. Nr. 29 Buchstabe a) ist entsprechend anzuwenden.

Der Zweck der Regelung soll darin bestehen, den Abschlussadressaten deutlich zu machen, welche Aktiv- und Passivposten der Bilanz in welcher Höhe miteinander verrechnet wurden. Mit der der Neuregelung durch das BilMoG werden damit Angaben, die bisher aus der Bilanz zu entnehmen waren, in den Anhang verlagert.

Auch wenngleich der Bruttoausweis grundsätzlich die besseren Rechnungslegungsinformationen an Rechnungslegungsadressaten vermittelt, ist zu fragen, weshalb der Bruttoausweis nicht generell in der Bilanz angewandt wird. Die Begründung, nach der der Bruttoausweis zu einer Aufblähung der Bilanz führt, ist nicht überzeugend.

j) Angaben zu Anteilen oder Anlageaktien an Investmentanteilen

Nach dem mit dem BilMoG neu eingefügten § 285 Satz 1 Nr. 26 HGB sind wie angeführt Kapitalgesellschaften verpflichtet, im Anhang zu Anteilen oder Anlageaktien an inländischen Investmentvermögen im Sinn des § 1 InvG oder vergleichbaren ausländischen Investmentanteilen im Sinn des § 2 Abs. 9 InvG von mehr als 10 %, aufgegliedert nach Anlagezielen, deren Wert im Sinn des § 36 InvG oder vergleichbarer ausländischer Vorschriften des Marktwertes, die Differenz zum Buchwert und die für das Geschäftsjahr erfolgte Ausschüttung sowie Beschränkungen in der Möglichkeit der täglichen Rückgabe. Zusätzlich sind die Gründe anzugeben, warum eine Abschreibung nach § 253 Abs. 3 Satz 4 HGB unterblieben ist, mit Angabe der Anhaltspunkte, dass die Wertminderung nicht von Dauer ist.

Nach dem Gesetzentwurf (BR-Drucks. 344/08, S. 163) soll mit der Einbeziehung der Anlageaktien sowie vergleichbarer Anlagen in ausländischen Investmentvermögen in die Angabepflicht nach Nr. 26 der Tatsache Rechnung getragen werden, dass solche Gesellschaftsanteile wirtschaftlichen Anteilen an in- oder ausländischen Investmentfonds in vertraglicher Form vergleichbar sind.

k) Angaben zum Risiko der Verbindlichkeiten und der Haftungsverhältnisse

Nach dem neu eingefügten § 285 Satz 1 Nr. 27 HGB sind im Anhang für die nach § 251 HGB unter der Bilanz oder nach § 268 Abs. 7 Halbsatz 1 im Anhang ausgewiesenen Verbindlichkeiten und Haftungsverhältnisse die Gründe der Einschätzung des Risikos der Inanspruchnahme anzugeben.

Neu ist die Verpflichtung zur Angabe der Gründe, die der Einschätzung des Risikos der Inanspruchnahme aus Verpflichtungen, seien es Verbindlichkeiten oder Haftungsverhältnisse, zugrunde liegen. Dabei ist auch zu erklären, warum die unter den Haftungsverhältnissen ausgewiesenen Eventualverbindlichkeiten nicht in der Bilanz unter den Verbindlichkeiten ausgewiesen sind. Maßgeblich sind Inanspruchnahmen, die erhebliche Wirkung auf die Vermögens-. Finanz- und Ertragslage ausüben.

Rechtssystematisch und auch aus wirtschaftlicher Betrachtungsweise gehört die Angabe der Risiken eines Unternehmens aus Verbindlichkeiten und aus Haftungsverhältnissen nicht in den Anhang, sondern die den Risikobericht als Teil der Lageberichterstattung.

I. Angaben zur Aktivierung immaterieller Vermögensgegenstände und latenter Steuern

Nach dem neu eingefügten § 285 Satz 1 Nr. 28 HGB ist im Anhang anzugeben der Gesamtbetrag der Beträge im Sinn des § 268 Abs. 8, aufgegliedert in Beträge aus der Aktivierung selbst geschaffener immaterieller Vermögensgegenstände des Anlagevermögens, Beträge aus der Aktivierung latenter Steuern und Beträge aus der Aktivierung von Vermögensgegenständen zum beizulegenden Zeitwert

Nach dem neu eingefügten § 285 Satz 1 Nr. 29 HGB ist im Anhang anzugeben, auf welchen Differenzen oder steuerlichen Verlustvorträgen die latenten Steuern beruhen und mit welchen Steuersätzen die Bewertung erfolgt ist.

C. Angaben zu Posten der Bilanz und der Gewinn- und Verlustrechnung

Die Vorschriften des HGB zum Jahresabschluss der Kapitalgesellschaft und der kapitalistischen Personengesellschaft weisen eine Vielzahl von Angaben und Erläuterungen auf, die im Anhang als Information für Informationsberechtigten der externen Rechnungslegung anzugeben sind. Die über die Berichterstattung aus Bilanz und Gewinn- und Verlustrechnung hinausgehen lassen sich wie folgt strukturieren.

I. Angaben zur Bilanzierung, Bewertung und Gliederung

1. Verpflichtung zu Angaben

- Angaben, die zu den einzelnen Posten der Bilanz und der Gewinn- und Verlustrechnung vorgeschrieben sind;
  § 284 Abs. 1 HGB
- Angaben bei besonderen Umständen zur Vermittlung eines den tatsächlichen Verhältnissen entsprechenden Bildes der Vermögens-, Finanz- und Ertragslage des Unternehmens;
  § 264 Abs. 2 HGB
- Angaben bei einem Jahresabschluss nach IFRS umfassen die HGB Bilanz und Gewinn- und Verlustrechnung; sie gelten als nach den Grundsätzen ordnungsmäßiger Buchführung und Bilanzierung aufgestellter Jahresabschluss;
  § 264e Satz 4 HGB

2. Angaben zur Bilanzierung und Bewertung

- Angabe der auf die Posten der Bilanz und der Gewinn- und Verlustrechnung angewandten Bilanzierungs- und Bewertungsmethoden;
  § 284 Abs. 2 Nr. 1 HGB
- Angabe der Grundlagen für die Währungsumrechnung, soweit der Jahresabschluss Posten, die auf fremde Währung lauten,;
  § 284 Abs. 2 Nr. 2 HG
- Angabe und Begründung der Abweichungen von den auf die Posten der Bilanz und der Gewinn- und Verlustrechnung angewandten Bilanzierungs- und Bewertungsmethoden, mit gesonderter Darstellung des Einflusses auf die Vermögens-, Finanz- und Ertragslage des Unternehmens;
  § 284 Abs. 2 Nr. 3 HGB

- Gesonderter Ausweis der Unterschiedsbeträge bei Bewertungsvereinfachungsmethoden, wenn die Bewertung im Vergleich zur Bewertung auf der Grundlage des letzten vor dem Abschlussstichtag bekannten beizulegenden Zeitwert erheblichen Unterschied aufweist;
§ 284 Abs. 2 Nr. 4 HGB

- Angabe über die Einbeziehung von Fremdkapitalzinsen in die Herstellungskosten der Vorräte und der anderen aktivierten Eigenleistungen;
§ 284 Abs. 2 Nr. 5 HGB

3. Angaben zur Gliederung

- Angabe und Begründung bei Abweichung von der Gliederungsstetigkeit aufeinander folgender Bilanzen und Gewinn- und Verlustrechnung, soweit nicht in Ausnahmefällen Abweichungen wegen besonderer Umstände erforderlich sind;
§ 265 Abs. 1 Satz 2 HGB

- Angabe und Erläuterung bei Nichtvergleichbarkeit von Posten mit den entsprechenden Beträgen des vorhergehenden Geschäftsjahres;
§ 265 Abs. 2 Satz 2 HGB

- Angabe und Erläuterung der Anpassung von zuvor nicht vergleichbaren Posten mit den Vorjahresbeträgen aufeinander folgender Bilanzen und Gewinn- und Verlustrechnung;
§ 265 Abs. 2 Satz 3 HGB

- Im Anhang anzugeben ist die Mitzugehörigkeit eines Vermögensgegenstandes oder einer Schuld zu anderen Posten bei dem Posten, unter dem der Ausweis erfolgt ist, wenn dies zur Aufstellung eines klaren und übersichtlichen Jahresabschluss erforderlich ist;
§ 265 Abs. 3 Satz 1 HGB

- Im Anhang anzugeben und zu begründen ist bei der Gliederung des Jahresabschlusses nach unterschiedlichen Geschäftszweigen diejenige Gliederung, die für den anderen Geschäftszweig, dem die Gliederung des Jahresabschlusses nicht zugrunde gelegt wurde, vorgeschrieben;
§ 265 Abs. 4 HGB

II. Angaben zu den Aktiva

1. Angaben zu den Gegenständen des Anlagevermögens

a) Angaben zu den Immateriellen Vermögensgegenständen

- Die mit arabischen Zahlen versehene Posten der Bilanz und der Gewinn- und Verlustrechnung können, zusammengefasst ausgewiesen werden, wenn da-

durch die Klarheit der Darstellung vergrößert wird; in diesem Falle sind die zusammengefassten Posten im Anhang gesondert auszuweisen;
§ 265 Abs. 7 Nr. 2 HGB

- In der Bilanz oder im Anhang ist die Entwicklung der einzelnen Posten des Anlagevermögens (Anlagenspiegel) darzustellen;
  § 268 Abs. 2 Satz 1 HGB
- Angabe der Abschreibungen des Geschäftsjahres in einer Aufgliederung der einzelnen Posten (Anlagengitter) in der Bilanz oder im Anhang;
  § 268 Abs. 2 Satz 3 HGB
- Angabe der Gründe, welche die Annahme einer betrieblichen Nutzungsdauer eines entgeltlich erworbenen Geschäfts- oder Firmenwertes von mehr als fünf Jahren rechtfertigen;
  § 285 Satz 1 Nr. 13 HG
- Für kleine Kapitalgesellschaften besteht keine Pflicht zur Aufstellung eines Anlagenspiegels in der Bilanz oder im Anhang;
  § 274a Nr. 1 HGB

b) Angaben zu den Sachanlagen

- Die mit arabischen Zahlen versehene Posten der Bilanz und der Gewinn- und Verlustrechnung können, wenn nicht besondere Formblätter vorgeschrieben sind, zusammengefasst ausgewiesen werden, wenn dadurch die Klarheit der Darstellung vergrößert wird; in diesem Falle müssen die zusammengefasste Posten im Anhang gesondert ausgewiesen werden;
  § 265 Abs. 7 Nr. 2 HGB
- In der Bilanz oder im Anhang ist die Entwicklung der einzelnen Posten des Anlagevermögens (Anlagenspiegel) darzustellen;
  § 268 Abs. 2 Satz 1 HGB
- Angabe der Abschreibungen des Geschäftsjahres in einer Aufgliederung der einzelnen Posten (Anlagenspiegel) in der Bilanz oder im Anhang;
  § 268 Abs. 2 Satz 3 HGB
- Für kleine Kapitalgesellschaften besteht keine Pflicht zur Aufstellung eines Anlagenspiegels in der Bilanz oder im Anhang;
  § 274a Nr. 1 HGB

c) Angaben zu den Gegenständen des Finanzanlagevermögens

- Werden die mit arabischen Zahlen versehene Posten der Bilanz und der Gewinn- und Verlustrechnung, wenn nicht besondere Formblätter vorgeschrieben sind, zusammengefasst ausgewiesen, wenn dadurch die Klarheit der Darstellung vergrößert wird, müssen die zusammengefassten Posten im Anhang gesonderter ausgewiesen werden;

§ 265 Abs. 7 Nr. 2 HGB

- In Bilanz oder Anhang ist die Entwicklung der einzelnen Posten des Anlagevermögens (Anlagenspiegel) darzustellen;
  § 268 Abs. 2 Satz 1 HGB

- Die Abschreibungen des Geschäftsjahres sind entweder in der Bilanz bei dem betreffenden Posten zu vermerken oder im Anhang in einer der Gliederung des Anlagevermögens entsprechenden Aufgliederung (Anlagenspiegel) anzugeben;
  § 268 Abs. 2 Satz 3 HGB

  Befreiung für kleine Kapitalgesellschaften
  § 274 a Nr. 1 HGB

- Im Anhang anzugeben sind Name und Sitz anderer Unternehmen, von denen die Kapitalgesellschaft oder eine für Rechnung der Kapitalgesellschaft handelnde Person mindestens 20 % der Kapitalanteile besitzt. Außerdem sind die Höhe des Kapitalanteils, das Eigenkapital und das Ergebnis des letzten Geschäftsjahres dieser Unternehmen anzugeben;
  § 285 Satz 1 Nr. 11 HGB

- Im Anhang anzugeben sind von börsennotierten Kapitalgesellschaften alle Beteiligung an großen Kapitalgesellschaften, die mehr als 5 % der Stimmrechte überschreiten;
  § 285 Satz 1 Nr. 11 HGB

- Im Anhang anzugeben sind Name, Sitz und Rechtsform der Unternehmen, deren unbeschränkt haftender Gesellschafter die Kapitalgesellschaft ist;
  § 285 Satz 1 Nr. 11a HGB

- Im Anhang anzugeben sind für zu Finanzanlagen gehörende Finanzinstrumente, die über ihrem beizulegenden Zeitwert ausgewiesen sind, da eine außerplanmäßige Abschreibung nach § 253 Abs: 3 Satz 4 HGB unterblieben ist, a) der Buchwert und der beizulegendem Zeitwert sowie b) die Gründe für das Unterlassen der Abschreibung einschließlich der Anhaltspunkte, die darauf hindeuten, dass die Wertminderung voraussichtlich nicht von Dauer ist;
  § 285 Satz 1 Nr. 18 HGB

- Im Anhang anzugeben ist für jede Kategorie nicht zum beizulegenden Zeitwert bilanzierter derivativer Finanzinstrumente: Art und Umfang; deren beizulegender Zeitwert unter den angegebenen Bedingungen; deren Buchwert und der Bilanzposten, in welchem der Buchwert erfasst ist sowie; die Gründe dafür, warum der beizulegende Zeitwert nicht bestimmt werden kann;
  § 285 Satz 1 Nr. 19 HGB

- Für mit dem beizulegenden Zeitwert bewertete Finanzinstrumente sind im Anhang anzugeben: die grundlegenden Annahmen, die der Bestimmung des beizulegenden Zeitwertes mit Hilfe allgemein anerkannter Bewertungsmethoden sowie Art und Umfang jeder Kategorie derivativer Finanzinstrumente

einschließlich der wesentlichen Bedingungen, welche die Höhe, den Zeitpunkt und die Sicherheit künftiger Zahlungsströme beeinflussen können;
§ 285 Satz 1 Nr. 20 HGB

- Die Angabe des Eigenkapitals und des Jahresergebnisses kann unterbleiben, wenn das Beteiligungsunternehmen seinen Jahresabschluss nicht offenzulegen hat und die berichtende Kapitalgesellschaft weniger als 50 % der Anteile an dem Beteiligungsunternehmen besitzt;
  § 286 Abs. 3 Satz 2 HGB

- Die Vorschrift des § 286 Abs. 3 Satz 1 Nr. 2 HGB, nach dem die Anhangangaben unterblieben können, soweit sie nach vernünftiger kaufmännischer Beurteilung geeignet sind, der Kapitalgesellschaft oder dem anderen Unternehmen einen erheblichen Nachteil zuzufügen ist begrenzt. Sie ist nicht anzuwenden, wenn die Kapitalgesellschaft oder eines ihrer Tochterunternehmen nach § 290 Abs. 1, 2 HGB am Abschlussstichtag kapitalmarktorientiert im Sinn des § 264d HGB ist.
  § 286 Abs. 3 Satz 3 HGB

- Bei der AG, Angabe der Zahl und bei Nennbetragsaktien den Nennbetrag der Aktien jeder Gattung, sofern sich die Angaben nicht aus der Bilanz ergeben; davon sind jeweils gesondert anzugeben die Aktien, die bei einer bedingten Kapitalerhöhung oder einem genehmigten Kapital im Geschäftsjahr gezeichnet wurden;
  § 160 Abs. 1 Nr. 3 AktG

- Bei der AG, unter Angabe der Rechte, die sie verbriefen, Angabe der Zahl der Bezugsrechte nach § 192 Abs. 2 Nr. 3 AktG, der Wandelschuldverschreibungen und der vergleichbaren Wertpapiere;
  § 160 Abs. 1 Nr. 5 AktG

- Bei der AG, Angabe der Genussrechte, Rechte aus Besserungsscheinen und ähnlicher Rechte unter Angabe der Art und Zahl der jeweiligen Rechte sowie der im Geschäftsjahr neu erstandenen Rechte;
  § 160 Abs. 1 Nr. 6 AktG

- Bei der AG, Angabe des Bestehens einer wechselseitigen Beteiligung unter Angabe des Unternehmens;
  § 160 Abs. 1 Nr. 7 AktG

- Bei der AG, Angabe des Bestehens einer Beteiligung, die nach § 20 Abs. 1 oder Abs. 4 AktG oder nach § 21 Abs. 1 oder Abs. 1a WpHG mitgeteilt worden ist; dabei ist der nach § 20 Abs. 6 AktG oder der nach § 26 Abs. 1 WpHG veröffentlichte Inhalt der Mitteilung anzugeben;
  § 160 Abs. 1 Nr. 8 AktG

- Bei der AG, die Berichterstattung der obigen Angaben hat insoweit zu unterbleiben, als es für das Wohl der Bundesrepublik Deutschland oder für eines ihrer Länder erforderlich ist;
  § 160 Abs. 2 AktG

- Bei der GmbH sind Ausleihungen, Forderungen und Verbindlichkeiten gegenüber Gesellschaftern i.d.R. als solche jeweils gesondert auszuweisen oder im Anhang anzugeben; werden sie unter anderen Posten ausgewiesen, ist dies zu vermerken;
  § 42 Abs. 3 GmbHG

2. Angaben zu den Gegenständen des Umlaufvermögens

a) Angaben zu den Vorräten

- Werden die mit arabischen Zahlen versehene Posten der Bilanz und der Gewinn- und Verlustrechnung, wenn nicht besondere Formblätter vorgeschrieben sind, zusammengefasst ausgewiesen, wenn dadurch die Klarheit der Darstellung vergrößert wird, müssen die Posten im Anhang gesonderter ausgewiesen werden;
  § 265 Abs. 7 Nr. 2 HGB

- Bei Anwendung einer Bewertungsvereinfachungsmethode nach § 240 Abs. 4 HGB (Gruppenbewertung), § 256 Satz 1 HGB (Lifo und Fifo Verfahren) sind die Unterschiedsbeträge pauschal für die jeweilige Gruppe auszuweisen, wenn die Bewertung im Vergleich zur Bewertung auf der Grundlage des letzten vor dem Abschlussstichtag bekannten Börsenkurs oder Marktpreis einen erheblichen Unterschied aufweist;
  § 284 Abs. 2 Nr. 4 HGB

b) Angaben zu Forderungen und sonstigen Vermögensgegenständen

- Werden die mit arabischen Zahlen versehene Posten der Bilanz und der Gewinn- und Verlustrechnung, wenn nicht besondere Formblätter vorgeschrieben sind, zusammengefasst ausgewiesen, müssen die zusammengefassten Posten im Anhang gesonderter ausgewiesen werden, wenn dadurch die Klarheit der Darstellung vergrößert wird;
  § 265 Abs. 7 Nr. 2 HGB

- Werden unter dem Posten „sonstige Vermögensgegenstände" Beträge für Vermögensgegenstände ausgewiesen, die erst nach dem Abschlussstichtag rechtlich entstehen, müssen die Beträge, die einen größeren Umfang haben, im Anhang erläutert werden;
  § 268 Abs. 4 Satz 2 HGB

  Kleine Kapitalgesellschaften sind von der Anwendung der Vorschrift befreit;
  § 274a Nr. 2 HGB

- Ausleihungen und Forderungen gegenüber Gesellschaftern sind in der Regel als solche jeweils gesondert auszuweisen oder im Anhang anzugeben;
  § 42 Abs. 3 GmbHG

c) Angaben zu den Wertpapieren

Werden die mit arabischen Zahlen versehene Posten der Bilanz und der Gewinn- und Verlustrechnung, wenn nicht besondere Formblätter vorgeschrieben sind, zusammengefasst ausgewiesen, müssen die zusammengefassten Posten im Anhang gesonderter ausgewiesen werden, wenn dadurch die Klarheit der Darstellung vergrößert wird;
§ 265 Abs. 7 Nr. 2 HGB

- Bei der AG: Angabe von Bestand und Zugang von Aktien, die ein Aktionär für Rechnung der AG oder eines abhängigen oder im Mehrheitsbesitz der AG stehenden Unternehmens oder ein abhängiges oder im Mehrheitsbesitz der AG stehendes Unternehmen als Gründer oder Zeichner oder in Ausübung eines bei einer bedingten Kapitalerhöhung eingeräumten Umtausch- oder Bezugsrechts für die AG übernommen hat;
  § 160 Abs. 1 Nr. 1 erster Halbsatz AktG
- Bei der AG: bei Verwertung der oben angeführten Aktien im Geschäftsjahr ist im Anhang über die Verwertung unter Angabe des Erlöses und die Verwendung des Erlöses zu berichten;
  § 160 Abs. 1 Nr. 1 zweiter Halbsatz AktG

3. Aktive Rechnungsabgrenzungsposten

- Ein nach § 250 Abs. 3 HGB auf der Aktivseite in den Rechnungsabgrenzungsposten ausgewiesener Unterschiedsbetrag ist in der Bilanz gesondert auszuweisen oder im Anhang anzugeben;
  § 268 Abs. 6 HGB
- Kleine Kapitalgesellschaften sind von der Pflicht der Anwendung des § 268 Abs. 6 HGB über den Rechnungsabgrenzungsposten nach § 250 Abs. 3 HGB befreit;
  § 274a Nr. 4 HGB

4. Aktive latente Steuern

Der Betrag der künftigen Steuerentlastung als aktive latente Steuern ist mit dem unternehmensindividuellen Steuersatz im Zeitpunkt der Umkehrung der Differenz zu bewerten und der ausgewiesene Posten im Anhang zu erläutern.
§ 274 Abs. 2 HGB

III. Angaben zu den Passiva

1. Angaben zu den Posten des Eigenkapitals

a) Angaben zu Gezeichnetem Kapital und Rücklagen

- Werden die mit arabischen Zahlen versehene Posten der Bilanz und der Gewinn- und Verlustrechnung, wenn nicht besondere Formblätter vorgeschrieben sind, zusammengefasst ausgewiesen, müssen die zusammengefassten Posten im Anhang gesonderter ausgewiesen werden, wenn dadurch die Klarheit der Darstellung vergrößert wird,;
  § 265 Abs. 7 Nr. 2 HGB
- Wird die Bilanz bei teilweiser Verwendung des Jahresergebnisses aufgestellt, so wird an Stelle der Posten „Jahresüberschuss/Jahresfehlbetrag" und „Gewinnvortrag/-Verlustvortrag" der Posten „Bilanzgewinn/Bilanzverlust" verwendet; ein vorhandener Gewinn- oder Verlustvortrag ist in den Posten „Bilanzgewinn/Bilanzverlust" einzubeziehen und in der Bilanz oder im Anhang gesondert anzugeben.
  § 268 Abs. 1 Satz 2 HGB
- Bei der AG: Angabe von Bestand und Zugang von Aktien, die ein Aktionär für Rechnung der AG oder eines abhängigen oder im Mehrheitsbesitz der AG stehenden Unternehmens oder ein abhängiges oder im Mehrheitsbesitz der AG stehendes Unternehmen als Gründer oder Zeichner oder in Ausübung eines bei einer bedingten Kapitalerhöhung eingeräumten Umtausch- oder Bezugsrechts für die AG übernommen hat;
  § 160 Abs. 1 Nr. 1 erster Halbsatz AktG
- Bei der AG: bei Verwertung der oben angeführten Aktien im Geschäftsjahr ist im Anhang über die Verwertung unter Angabe des Erlöses und die Verwendung des Erlöses zu berichten;
  § 160 Abs. 1 Nr. 1 zweiter Halbsatz AktG
- Bei der AG: Im Anhang anzugeben ist der mengenmäßige Bestand an eigenen Aktien der Gesellschaft, die sie, ein abhängiges oder im Mehrheitsbesitz der Aktiengesellschaft stehendes Unternehmen oder ein Anderer für Rechnung der Gesellschaft oder ein abhängiges oder eines in Mehrheitsbesitz der Gesellschaft stehenden Unternehmens erworben oder als Pfand genommen hat.

  Es sind die Zahl der Aktien und der auf sie entfallende Betrag des Grundkapitals sowie deren Anteil am Grundkapital, für erworbene Aktien, ferner der Zeitpunkt des Erwerbs der Aktien durch die Gesellschaft und die Gründe für den Erwerb anzugeben.

  Sind solche Aktien im Geschäftsjahr erworben oder veräußert worden, ist auch über den Erwerb oder die Veräußerung unter Angabe der Zahl dieser

Aktien, des auf sie entfallenden Betrags des Grundkapitals, des Anteils am Grundkapital und des Erwerbs- oder Veräußerungspreises, sowie über die Verwendung des Erlöses zu berichten;
§ 160 Abs. 1 Nr. 2 Satz 1 AktG

- Bei der AG: Sind die oben angeführten Aktien im Geschäftsjahr erworben oder veräußert worden, so ist auch über den Erwerb oder die Veräußerung unter Angabe der Zahl dieser Aktien, des auf sie entfallenden Betrags des Grundkapitals, des Anteils am Grundkapital und des Erwerbspreises oder des Veräußerungspreises, sowie über die Verwendung des Erlöses bei Veräußerung zu berichten;
§ 160 Abs. 1 Nr. 2 Satz 2 AktG

- Bei der AG: Im Anhang sind anzugeben die Zahl und bei Nennbetragsaktien der Nennbetrag der Aktien jeder Gattung, sofern sich diese Angaben nicht aus der Bilanz ergeben.
§ 160 Abs. 1 Nr. 3 erster Halbsatz 2 AktG

- Bei der AG: Es sind die oben angeführten Aktien, wenn sie bei einer bedingten Kapitalerhöhung oder einem genehmigten Kapital im Geschäftsjahr gezeichnet wurden, jeweils gesondert anzugeben;
§ 160 Abs. 1 Nr. 3 zweiter Halbsatz AktG

- Bei der AG ist im Anhang das genehmigte Kapital anzugeben;
§ 160 Abs. 1 Nr. 4 AktG

- Bei der AG: Angabe der Zahl der Bezugsrechte nach § 192 Abs. 2 Nr. 3 der Wandelschuldverschreibungen und vergleichbarer Wertpapiere unter Angabe der Rechte, die sie verbriefen; die Rechte betreffen Arbeitnehmer und Mitglieder der Geschäftsführung der AG oder eines verbundenen Unternehmens;
§ 160 Abs. 1 Nr. 5 AktG

- Bei der AG: Die im Anhang zu machenden Angaben sind insoweit zu unterbleiben, als es für das Wohl der Bundesrepublik Deutschland oder eines ihrer Länder erforderlich ist, im Anhang das genehmigte Kapital anzugeben;
§ 160 Abs. 2 AktG

- Bei der AG: Im Anhang ist zu erläutern, ob und in welcher Höhe die aus einer Kapitalherabsetzung und der Auflösung von Gewinnrücklagen gewonnene Beträge zum Ausgleich von Wertminderungen, zur Deckung von sonstigen Verlusten oder zur Einstellung in die Kapitalrücklage verwandt werden;
§ 240 Satz 3 AktG

b) Angaben zur Gewinnverwendung

- Bei der AG: Zu dem Posten „Kapitalrücklage“ sind in der Bilanz oder im Anhang gesondert anzugeben der Betrag, der während des Geschäftsjahrs entnommen wird Gewinnverwendung: jeweils gesonderte Angabe für einge-

stellte Beträge durch Hauptversammlung aus Vorjahresgewinn, eingestellte Beträge aus Jahresgewinn, entnommene Beträge für das Geschäftsjahr
§ 152 Abs. 3 AktG

- Bei der AG ist die Gewinn- und Verlustrechnung nach dem Posten „Jahresüberschuss/Jahresfehlbetrag" die Posten Gewinn/Verlustvortrag aus dem Vorjahr, Entnahmen aus der Kapitalrücklage, Entnahmen aus den Gewinnrücklagen, Einstellungen in Gewinnrücklagen und Bilanzgewinn/Bilanzverlust zu ergänzen. Die Angaben könne auch im Anhang gemacht werden;
  § 158 Abs. 1 AktG
- Bei der AG können Vorstand und Aufsichtsrat, bei der GmbH Geschäftsführer mit Zustimmung des Aufsichtsrats den Eigenkapitalanteil von Wertaufholungen bei Vermögensgegenständen und von Passivposten in andere Gewinnrücklagen einstellen. Der Betrag dieser Rücklagen ist in der Bilanz gesondert auszuweisen oder im Anhang anzugeben;
  § 58 Abs. 2a AktG; § 29 Abs. 4 GmbHG

2. Angaben zu Posten des Fremdkapitals

a) Angaben zu Rückstellungen

- Werden die mit arabischen Zahlen versehene Posten der Bilanz und der Gewinn- und Verlustrechnung, wenn nicht besondere Formblätter vorgeschrieben sind, zusammengefasst ausgewiesen, müssen die zusammengefassten Posten im Anhang gesonderter ausgewiesen werden, wenn dadurch die Klarheit der Darstellung vergrößert wird;
  § 265 Abs. 7 Nr. 2 HGB
- Der Betrag der künftigen Steuerbelastung als passive Steuerabgrenzung ist mit dem unternehmensindividuellen Steuersatz im Zeitpunkt der Umkehrung der Differenz zu bewerten; der Posten im Anhang zu erläutern.
  § 274 Abs. 2 HGB
- Im Anhang sind Rückstellungen, die in der Bilanz unter dem Posten „sonstige Rückstellungen" nicht gesondert ausgewiesen werden, zu erläutern, wenn sie einen nicht unerheblichen Umfang haben;
  § 285 Satz 1 Nr. 12 HGB

  Kleine Kapitalgesellschaften i.S. des § 267 Abs. 1 brauchen die Angaben nach § 285 Abs. 1 Nr. 12 HGB nicht zu machen
  § 288 Satz 1 HGB

b) Angaben zu Verbindlichkeiten

- Werden die mit arabischen Zahlen versehene Posten der Bilanz und der Gewinn- und Verlustrechnung, wenn nicht besondere Formblätter vorgeschrie-

ben sind, zusammengefasst ausgewiesen, müssen die zusammengefassten Posten im Anhang gesonderter ausgewiesen werden, wenn dadurch die Klarheit der Darstellung vergrößert wird;
§ 265 Abs. 7 Nr. 2 HGB

- Im Anhang anzugeben sind zu den in der Bilanz ausgewiesenen Verbindlichkeiten der Gesamtbetrag der Verbindlichkeiten mit einer Restlaufzeit von mehr als fünf Jahren;
  § 285 Satz 1 Nr. 1 a) HGB

- Im Anhang anzugeben sind zu den in der Bilanz ausgewiesenen Verbindlichkeiten der Gesamtbetrag der Verbindlichkeiten, die durch Pfandrechte oder ähnliche Rechte gesichert sind, unter Angabe von Art und Form der Sicherheiten;
  § 285 Satz 1 Nr. 1 b) HGB

- Im Anhang anzugeben ist die Aufgliederung der Angaben nach § 285 Satz 1 Nr. 1 HGB für jeden Posten der Verbindlichkeiten nach dem vorgeschriebenen Gliederungsschema;
  § 285 Satz 1 Nr. 2 HGB

  Kleine Kapitalgesellschaften i.S. des § 267 Abs. 1 HGB brauchen die Angaben nach § 285 Satz 1 Nr. 2 HGB nicht zu machen;
  § 288 Satz 1 HGB

- Sind unter dem Posten „Verbindlichkeiten" Beträge für Verbindlichkeiten ausgewiesen, die ernst nach dem Abschlussstichtag entstanden sind, müssen Beträge, die einen größeren Umfang haben, im Anhang erläutert werden;
  § 268 Abs. 5 Satz 3 HGB

  Kleine Kapitalgesellschaften sind von der Anwendung des § 268 Abs. 5 HGB über die Erläuterung bestimmter Verbindlichkeiten im Anhang befreit;
  § 274a Nr. 3 HGB

- Bei der GmbH: Verbindlichkeiten gegenüber Gesellschaftern sind i.d.R. als solche jeweils gesondert auszuweisen oder im Anhang anzugeben;
  § 42 Abs. 3 erster Halbsatz GmbHG

3. Angaben zu passiven Rechnungsabgrenzungsposten

- Nach § 250 Abs. 2 HGB sind als Rechnungsabgrenzungsposten Einnahmen vor dem Abschlussstichtag auszuweisen, soweit sie Ertrag für eine bestimmte Zeit nach diesem Tag darstellen.

IV. Bilanzvermerke im Anhang

- Die in § 251 HGB bezeichneten Haftungsverhältnisse sind jeweils gesondert unter der Bilanz oder im Anhang unter Angabe der gewährten Pfandrechte und sonstigen Sicherheiten anzugeben;

§ 268 Abs. 7 HGB

Bestehen die angeführten Verpflichtungen gegenüber verbundenen Unternehmen, sind diese im Anhang gesondert anzugeben;
§ 268 Abs. 7 HGB

- Im Anhang anzugeben sind Art und Zweck sowie Risiken und Vorteile von nicht in der Bilanz enthaltenen Geschäfte, soweit dies für die Beurteilung der Finanzlage notwendig ist;
§ 285 Satz 1 Nr. 3 HGB

- Im Anhang anzugeben ist der Gesamtbetrag der sonstigen finanziellen Verpflichtungen, die nicht in der Bilanz enthalten und nicht nach § 251 HGB oder Nr. 3 anzugeben sind, sofern diese Angabe für die Beurteilung der Finanzlage von Bedeutung ist; davon sind Verpflichtungen gegenüber verbundenen Unternehmen gesondert anzugeben;
§ 285 Satz 1 Nr. 3a HGB

Kleine Kapitalgesellschaften i.S. des § 267 HGB brauchen die Angaben nach § 285 Satz 1 Nr. 3 HGB nicht zu machen;
§ 288 Satz 1 HGB

V. Angaben zu Posten der Gewinn- und Verlustrechnung

1. Angaben zu dem Ergebnis aus gewöhnlicher Geschäftstätigkeit

- Im Anhang sind anzugeben die Aufgliederung der Umsatzerlöse nach Tätigkeitsbereichen und nach geographisch bestimmten Märkten, soweit sich unter Berücksichtigung der Organisation des Verkaufs von für die gewöhnliche Geschäftstätigkeit typischen Erzeugnissen und der für die gewöhnliche Geschäftstätigkeit typischen Dienstleistungen, die Tätigkeitsbereiche und geographisch bestimmten Märkten untereinander erheblich unterscheiden;
§ 285 Abs. 1 Nr. 4 HGB

Die Aufgliederung der Umsatzerlöse nach § 285 Abs. 1 Nr. 4 HGB kann unterbleiben, soweit die Aufgliederung nach vernünftiger kaufmännischer Beurteilung geeignet ist, der Kapitalgesellschaft oder einem Unternehmen, von dem die Kapitalgesellschaft mindestens 20 % der Anteile besitzt, einen erheblichen Nachteil zuzuführen;
§ 286 Abs. 2 HGB

Kleine Kapitalgesellschaften i.S. des § 267 Abs. 1 HGB brauchen die Angaben nach § 285 Satz 1 Nr. 4 HGB nicht zu machen;
§ 288 Satz 1 HGB

- Im Anhang ist bei Anwendungen des Umsatzkostenverfahrens der Materialaufwand des Geschäftsjahres gegliedert nach § 275 Abs. 2 Nr. 5 HGB anzugeben;
§ 285 Satz 1 Nr. 8a HGB

Kleine Kapitalgesellschaften i.S. des § 267 Abs. 1 HGB brauchen die Angaben nach § 285 Satz 1 Nr. 4 HGB nicht zu machen;
§ 288 Satz 1 HGB

- Im Anhang ist bei Anwendungen des Umsatzkostenverfahrens der Personalaufwand des Geschäftsjahres gegliedert nach § 275 Abs. 2 Nr. 6 HGB anzugeben;
  § 285 Satz 1 Nr. 8a HGB

  Kleine Kapitalgesellschaften i.S. des § 267 Abs. 1 HGB brauchen die Angaben nach § 285 Satz 1 Nr. 4 HGB nicht zu machen;
  § 288 Satz 1 HGB

- Außerplanmäßige Abschreibungen nach § 253 Abs. 2 Satz 3 und 4 HGB sind jeweils gesondert auszuweisen oder im Anhang anzugeben;
  § 277 Abs. 3 Satz 1 HGB

- Im Anhang anzugeben sind für die Mitglieder des Geschäftsführungsorgans, eines Aufsichtsrats, eines Beirats oder einer ähnlichen Einrichtung jeweils für jede Personengruppe die für die Tätigkeit im Geschäftsjahr gewährten Gesamtbezüge;
  § 285 Satz 1 Nr. 9a HGB

  Kleine Kapitalgesellschaften i.S. des § 267 Abs. 1 HGB brauchen die Angaben nach § 285 Satz 1 Nr. 9a HGB nicht zu machen;
  § 288 Satz 1 HGB

- Im Anhang anzugeben sind die Gesamtbezüge der früheren Mitarbeiter des Geschäftsführungsorgans, eines Aufsichtsrats, eines Beirats oder einer ähnlichen Einrichtung jeweils für jede Personengruppe die für die Tätigkeit im Geschäftsjahr gewährten Gesamtbezüge.

  Anzugeben ist ferner der Betrag der für diese Personengruppe gebildeten Rückstellungen für laufende Pensionen und für Pensionsanwartschaften und der Betrag der hierfür nicht gebildeten Rückstellungen sowie die gewährten Vorschüsse und Kredite und eingegangene Haftungsverhältnisse;
  § 285 Satz 1 Nr. 9b HGB

  Kleine Kapitalgesellschaften i.S. des § 267 Abs. 1 HGB brauchen die Angaben nach § 285 Satz 1 Nr. 9b HGB nicht zu machen;
  § 288 Satz 1 HGB

  Bei die Gesellschaften, die keine börsennotierten Aktiengesellschaften sind, können die in § 285 Satz 1 Nr. 9a und 9b verlangten Angaben über die Gesamtbezüge der dort bezeichneten Personen unterbleiben, wenn sich anhand dieser Angaben die Bezüge eines Mitglieds dieser Angaben feststellen lassen;
  § 286 Abs. 4 HGB

2. Angaben zu dem außerordentlichen Ergebnis

- Außerplanmäßige Abschreibungen nach § 253 Abs. 4 Satz 3 und 4 HGB sind jeweils gesondert auszuweisen oder im Anhang anzugeben;
  § 277 Abs. 3 Satz 1 HGB

  Kleine Kapitalgesellschaften i.S. des § 267 Abs. 1 und HGB brauchen die in § 277 Abs. 3 Satz 1 HGB verlangten Erläuterungen zu den Posten „außerordentliche Erträge“ und „außerordentliche Aufwendungen“ nicht zu machen;
  § 276 Abs. 2 HGB

3. Angaben zu den Steuern vom Einkommen und vom Ertrag

- Im Anhang ist anzugeben, in welchem Umfang die Steuern vom Einkommen und vom Ertrag das Ergebnis der gewöhnlichen Geschäftstätigkeit und das außerordentliche Ergebnis belasten;
  § 285 Satz 1 Nr. 2 HGB

  Kleine Kapitalgesellschaften i.S. des § 267 Abs. 1 HGB brauchen die Angaben nach § 276 Abs. 2 HGB nicht zu machen;
  § 288 Satz 1 HGB

Zehnter Teil

Lageberichterstattung

A. Grundlagen und Berichtsgrundsätze

I. Zweck der Lageberichterstellung und Rechtsentwicklung

1. Ergänzung des Jahresabschlusses

Der Lagebericht dient der **Ergänzung** der mit der Bilanz und der Gewinn- und Verlustrechnung an die Rechnungslegungsempfänger übermittelten Informationen. Während der Anhang Bestandteil des Jahresabschlusses ist und die Angaben der Erläuterung und Erweiterung der Rechnungslegung in der Bilanz und der Gewinn- und Verlustrechnung dienen, kommt nach § 264 Abs. 1 Satz 1 HGB dem Lagebericht die ergänzende Aufgabe zu, unabhängig von den einzelnen Posten der Bilanz und der Gewinn- und Verlustrechnung ein **Gesamtbild** des Unternehmen zu vermitteln.

Im Gegensatz zu den Angaben im Anhang, die sich auf Einzelsachverhalte erstrecken und in weiten Bereichen objektiviert sind, betrifft die Darstellung im Lagebericht die wirtschaftliche Gesamtbeurteilung im Sinne der **subjektiven Einschätzung** der Lage und der Entwicklung des Unternehmens.

2. Rechtsentwicklung der Lageberichterstattung

Die Vorschriften über die Lageberichterstattung sind mit dem Bilanzrechtsreformgesetz (BilReG) vom 4.12.2004 wesentlich erweitert worden. Mit den Änderungen soll der Informationsgehalt von Lageberichten sowie deren Vergleichbarkeit mit anderen Unternehmen verbessert werden. Vor allem sollen ökologische und soziale Bezüge der Geschäftstätigkeit der Gesellschaft stärker in die Berichterstattung einbezogen werden.

Eine Erweiterung erfährt die Berichterstattung, die bisher auf Risiken beschränkt war. Sie ist auch auf die **Chancen** der künftigen Entwicklung des Unternehmens sowie auf die wesentlichen **Ziele und Strategien** der Unternehmensleitung auszudehnen. Darüber hinaus sind die wesentlichen Prämissen, die den zukunftsbezogenen Aussagen der Unternehmensleitung zugrunde liegen, offenzulegen. Hierzu werden jedoch keine Detailangaben gefordert. Es reicht die Darstellung der übergeordneten Unternehmensstrategie, die für die Rechnungslegungsadressaten des Lageberichts entscheidungsrelevant ist.

Neu ist die Verpflichtung zu der im Lagebericht vorzunehmenden **Analyse** der hauptsächlichen finanziellen Leistungsmerkmale, z.B. der Ergebnisentwicklung, der Ergebniskomponenten sowie der Liquidität und Kapitalausstattung eines Unternehmens. Aus der Verpflichtung folgt die Aufteilung der Aufgaben von Jahresabschluss und Lagebericht:

- der Jahresabschluss dient primär der Darstellung der Vermögens-, Finanz- und Ertragslage eines Unternehmens;
- der Lagebericht dient eher der Analyse und Kommentierung relevanter Kennzahlen und Sachverhalte des Unternehmens.

§ 289 Abs. 2 Nr. 2 HGB enthält die Verpflichtung zur Darstellung der **Risikomanagementziele** und der **Risikomanagementmethoden**. Methoden zur Absicherung von Finanzinstrumenten sind Hedge-Geschäfte, über die nach § 289 Abs. 2 HGB bezüglich Art und Kategorie der Finanzinstrumente zu berichten ist, sofern die Berichterstattung für die Beurteilung der Lage oder der voraussichtlichen Entwicklung der Gesellschaft von Bedeutung ist.

Neu ist die Lageberichterstattung über **nichtfinanzielle Leistungsindikatoren**, sofern sie für die Geschäftstätigkeit der Kapitalgesellschaft von Bedeutung und für das Verständnis des Geschäftsverlaufs und der Lage eines Unternehmens erforderlich sind. Als Beispiele für nichtfinanzielle Leistungsindikatoren werden ökologische und soziale Belange des Unternehmens genannt.

Neu ist die durch das TUG vom 5.1.2007 (BGBl. I S. 10) an § 289 Abs. 1 HGB angesetzten Satz 5, nach der von den gesetzlichen Vertretern einer Kapitalgesellschaft **abzugebende Versicherung** (sog. **Bilanzeid)**, dass der Lagebericht nach bestem Wissen ein den tatsächlichen Verhältnissen entsprechendes Bild der Ergebnisse und der Lage der Gesellschaft sowie der wesentlichen Chancen und Risiken vermittelt.

Weiterhin sieht das BilMoG die Anfügung eines Abs. 5 an § 289 HGB vor. Danach haben Kapitalgesellschaften i.S. des § 264d HGB im Lagebericht die wesentlichen **Merkmale des internen Risikomanagementsystems** im Hinblick auf den Rechnungslegungsprozess zu beschreiben.

Von Bedeutung ist die durch das BilMoG in den Lagebericht aufzunehmende Erklärung zur Unternehmensführung nach § 289a HGB:

- § 289 Abs. 1 HGB sieht vor, dass börsennotierte Aktiengesellschaften sowie Aktiengesellschaften, die ausschließlich andere Wertpapiere als Aktien zum Handel an einem organisierten Markt i.S. des § 2 Abs. 5 WpHG ausgegeben haben, und deren Aktien auf eigene Veranlassung über ein multilaterales Handelssystem i.S. des § 2 Abs. 3 Satz 1 Nr. 8 WpHG gehandelt werden, eine **Erklärung zur Unternehmensführung** in den Lagebericht aufzunehmen, die dort einen gesonderten Abschnitt bildet. Sie kann auch auf der Internetseite der Gesellschaft öffentlich zugänglich gemacht werden. In diesem Fall ist in den Lagebericht eine Bezugnahme aufzunehmen, welche die Angabe der Internetseite enthält.

- Nach § 289 Abs. 2 HGB sind in die Erklärung der Unternehmensführung aufzunehmen:
  - die Erklärung gemäß § 161 AktG;
  - relevante Angaben zu Unternehmensführungspraktiken, die über die gesetzlichen Anforderungen hinaus angewandt werden, nebst Hinweis, wo sie öffentlich zugänglich sind; und
  - eine Beschreibung der Arbeitsweise von Vorstand und Aufsichtsrat sowie der Zusammensetzung und Arbeitsweise von deren Ausschüssen.

II. Grundsätze der Lageberichtertattung

§ 289 HGB sind Grundsätze der Lageberichterstattung von Kapitalgesellschaften und kapitalistischen Personenhandelsgesellschaften nicht zu entnehmen. Im Folgenden wird daher auf die Grundsätze des DRS 15, die für den Konzernlagebericht erstellt wurden, zurückgegriffen. Entsprechendes gilt für die Berichtsteile der Lageberichterstattung.

1. Grundsatz der Klarheit und Übersichtlichkeit

Der Berichterstattungsgrundsatz der Klarheit richtet sich unabhängig von dem speziellen Fall der Berichterstattung im Lagebericht auf zwei Bereiche, die sprachliche Darstellung der Sachverhalte und die formelle Darstellung der Berichterstattung.

Der Grundsatz der Klarheit verlangt eine **sprachliche Darstellung** der Sachverhalte in verständlicher Form. Dem Grundsatz der Klarheit stehen zweideutige oder vage formulierte Ausführungen entgegen; ein Vorgehen, das bei den verstärkten Kontrollen in Hauptversammlungen und Gesellschafterversammlungen i.d.R. auf Kritik von Finanzfachleuten stößt und damit in neuerer Zeit nicht mehr durchsetzbar ist.

Zur Klarheit der Darstellung rechnet die Verwendung der für den Berichtsbereich gängigen Sprache. Ohne dass dies im HGB explizit gefordert wird, ist der Lagebericht ebenso wie der Jahresabschluss in **deutscher Sprache** aufzustellen. Eine ausschließliche Darstellung in einer anderen Sprache ist auch im Falle der Verwendung der Weltsprache „Englisch" allein nicht ausreichend. Dem steht nicht entgegen, dass der Lagebericht, ebenso wie der Jahresabschluss, ergänzend in englischer oder einer anderen Fremdsprache aufgestellt werden kann.

Der Grundsatz der Klarheit verlangt in Bezug auf die Form der Darstellung die Einhaltung einer Reihe von **Kriterien**. Es sind dies:

- Übersichtlichkeit im Sinn der zweckgerechten und informativen Gliederung des Lageberichts als Zusammenfassung von den Sachverhalten zur Information der Rechnungslegungsadressaten nach wirtschaftlichen Kriterien. Nach der Anlage zu DRS 15 soll der Lagebericht die folgende Gliederung in Form von Darstellungen haben. Die Darstellung:

  - Darstellung der Geschäfts- und Rahmenbedingungen;
  - Darstellung und Analyse der Ertragslage;
  - Darstellung und Analyse der Finanzlage;
  - Darstellung und Analyse der Vermögenslage;
  - Darstellung des Nachtragsberichts;
  - Darstellung des Risikoberichts; und
  - Darstellung des Prognoseberichts.

- Quantitative Informationen sind mindestens bezüglich der im Jahrsabschluss ausgewiesenen Vergleichsposten darzustellen;
- Die Auswirkungen wesentlicher Veränderungen gegenüber dem vorhergehenden Geschäftsjahr, die einen Zeitvergleich beeinträchtigen, z.B. der Verkauf von Tochterunternehmen oder von Betriebsabteilungen, sind zu quantifizieren und zu erläutern;
- Mehrperiodenübersicht über vorangegangene Geschäftsjahre und das folgende Geschäftsjahr für wesentliche Kennzahlen;
- Stetigkeit der Form der Veröffentlichung des Lageberichts i.S. der Einhaltung der einmal gewählten Form und der Angabe von Vergleichszahlen, die einen Zeitvergleich der im Lagebericht dargestellten Informationen ermöglichen;
- einheitliche Verwendung von Kennzahlen zur Vermögens-, Kapital-, Finanzlage, sowie zur Aufwands- und Ertragsstruktur;
- Verdeutlichung von numerischen Daten anhand von grafischen Darstellungen; und
- optische oder räumliche Trennung von Angaben im Lagebericht, die freiwilligen Charakter haben.

2. Grundsatz der Wahrheit und Verlässlichkeit

Nach dem Grundsatz der Wahrheit ist zwischen Richtigkeit und Plausibilität der Angaben im Lagebericht zu unterscheiden.

Die **Richtigkeit** von Aussagen betrifft, wie angeführt, vergangenheitsbezogene Einzelangaben als Verlaufs- oder Zustandsangaben, die intersubjektiv überprüfbar sind. Dies gilt in besonderem Maße für Verlaufs- und Zustandsangaben in numerischer Form.

Die **Plausibilität** ersetzt den Grundsatz der Richtigkeit, wenn Sachverhalte nicht auf richtig oder falsch beurteilbar sind. Vergangenheitsbezogene Beurteilungsaussagen, in denen die gesetzlichen Vertreter die betriebliche Situation des Unternehmens gewürdigt haben, sowie **Prognosen** der zukünftigen Entwicklung des

Unternehmens, sind intersubjektiv in aller Regel nicht auf Richtigkeit, sondern allenfalls auf Plausibilität prüfbar. Der Grundsatz der Wahrheit verlangt in diesen Fällen, dass die Beurteilungsaussagen einsichtig und widerspruchsfrei sind. Die Prognosen müssen auf nachvollziehbaren Annahmen beruhen und unter Anwendung allgemein anerkannter Methoden zu schlüssigen Folgerungen aus den zugrunde liegenden Prämissen abgeleitet werden.

Die Informationen müssen zutreffend und nachvollziehbar sein. **Tatsachenangaben**, z.B. die Angabe der Gewinn- oder Umsatzerhöhung gegenüber dem vorhergehenden Geschäftsjahr, sind von **Meinungen** der Geschäftsführung bezüglich der Entwicklung des Unternehmens, z.B. zu einer erwarteten Gewinn- oder Umsatzerhöhung im laufenden Geschäftsjahr, zu trennen.

Bei **zukunftsbezogenen Aussagen** wird vom Schrifttum zu viel bezüglich der Exaktheit des Aussagerahmens verlangt. Der geforderte Hinweis darauf, dass die später eintretenden Ergebnisse von den Erwartungen abweichen können, z.B. wenn die vermuteten Eintrittswahrscheinlichkeiten für bestimmte Ereignisse nicht eintreten, ist aus dem Gesetz nicht ableitbar. Da die Ergebnisse aus derartigen Aussagen immer ungewiss sind, ist zudem ein solcher Hinweis überflüssig. Die darüber hinaus geforderte Offenlegung der Prämissen der wesentlichen zukunftsbezogenen Aussagen kann die Interessen eines Unternehmens schädigen, ohne dass mit Offenlegung der Prämissen extern auf die zukunftbezognen Aussagen geschlossen werden kann.

Die geforderte Angabe von Schätzverfahren ist für die Rechnungslegungsadressaten i.d.R. nicht oder nur schwer verständlich, z.B. die Angabe, dass die Schätzung auf einer Zeitreihenanalyse oder einer Regressionsanalyse beruht, oder nicht umsetzbar, wenn der Formelapparat der Analyseverfahren dargestellt wird. Was bei mehrwertiger Schätzung überaus nützlich ist, aber vielfach in seinem Wert nicht wahrgenommen wird, ist die Angabe von Bandbreiten (Schätzungsintervallen).

3. Grundsatz der Vollständigkeit

Nach dem Grundsatz der Vollständigkeit sind **alle Angaben** zu machen, die für eine **Gesamtbeurteilung** der im Folgenden angeführten Sachverhalte erforderlich sind. Es müssen Angaben sein, die notwendig sind zur Beurteilung:

- des Geschäftsverlaufs;
- der wirtschaftlichen Lage; und
- der Chancen und Risiken der künftigen Entwicklung des Unternehmens.

Der Grundsatz der Vollständigkeit verlangt keine lückenlose Berichterstattung über alle Geschäftsvorfälle des Unternehmens im abgelaufenen Geschäftsjahr, die auf der Grundlage der schon in kleinen Unternehmen an die Adressaten nicht zu liefern ist. Es soll vielmehr eine **zweckgerechte Auswahl** von Daten in Bezug auf die Informationspflichten des Unternehmens gegenüber den Rechnungslegungsadressaten getroffen werden.

Die Auswahl betrifft die Berichtsgegenstände des Lageberichts und die für die externen Informationsempfänger wesentlichen Einzelsachverhalte. Dabei ist offen, was das berichtspflichtige Unternehmen unter einer zweckgerechten Auswahl von Daten für die Berichterstattung versteht. Aus der Sicht der Informationsfunktion des Lageberichts gegenüber außen Stehenden Rechnungslegungsempfängern kann „zweckgerecht" nur i.d.S. interpretiert werden, dass die Daten Grundlagen für die Entscheidungen der Rechnungslegungsadressaten zum Erwerb, zum Halten oder zur Veräußerung von Anteilen an dem berichtspflichtigen Unternehmen sind.

Die Auswahl der Berichtsgegenstände im Lagebericht soll sich nach h.M. an den folgenden **Kriterien** orientieren:

- der Bedeutung für die wirtschaftliche Lage der Gesellschaft;
- der Wesentlichkeit, die durch Größe, Branche und ökonomische Situation beeinflusst wird; und
- den Interessen der Informationsempfänger, z.B. der Groß- und Kleinaktionäre, die in Abhängigkeit von Kapitalstreuung und Finanzierungsvolumen als unterschiedlich eingestuft werden.

Die Vollständigkeit der Berichterstattung ist abhängig von den **Aktivitäten** des berichtspflichtigen Unternehmens. Die Aktivitäten können entsprechend den Grundsätzen der Segmentberichterstattung primär auf die Geschäftsbereiche oder primär auf die geographisch bestimmten Märkte gerichtet sein. Bei diversifizierten Unternehmen ist über die Tätigkeitsbereiche zu berichten, wenn sich diese wesentlich unterscheiden. Bei Unternehmen mit Auslandsaktivitäten ist über die geographischen Bereiche zu berichten, sofern dort wesentliche Unterschiede zu Inlandsaktivitäten bestehen.

Die Unterschiede zeichnen sich vor allen durch unterschiedliche **Chancen und Risiken** aus. Die Berichterstattungspflicht dient dem Zweck, unterschiedliche Erfolgsmöglichkeiten (Umsatz und Gewinnpotential) und unterschiedliche Risiken, vor allem die bestehenden Verlustrisiken in den verschiedenen Tätigkeitsbereichen oder geographisch bestimmten Märkten des Unternehmens nach außen erkennbar zu machen.

Der Grundsatz der Vollständigkeit ist unabhängig davon zu beachten, ob davon ausgegangen werden kann, dass die berichtspflichtigen Tatsachen den externen Informationsempfängern bereits bekannt oder zum Zeitpunkt der Offenlegung der Rechnungslegung des Unternehmens noch nicht bekannt sind. Mögliche Quellen der Offenlegung von Informationen vor der Veröffentlichung des Jahresabschlusses, vielfach aber auch dann noch zu spät, können u.a. sein:

- Presseveröffentlichungen;
- Berichterstattung nach § 44b BörsG; oder
- Bekanntmachungen nach § 15 WpHG.

Eine **Schutzklausel** entsprechend der Regelung im Anhang, nach der Angaben im Lagebericht nicht gemacht werden dürfen bzw. nicht gemacht werden müssen, **besteht nicht**. Im Lagebericht ist über alle Tatsachen und Sachverhalte zu berichten, die für die Gesamtbeurteilung der Gesellschaft durch die Rechnungslegungsadressaten erforderlich sind.

Von dem Grundsatz der uneingeschränkten Berichterstattung bestehen gleichwohl **Ausnahmen**. Danach sind Angaben nicht zu machen, soweit in der Hauptversammlung einer AG die Angaben nach § 131 Abs. 3 AktG vom Auskunftsrecht der Aktionäre ausgenommen sind, oder soweit durch das frühzeitige Bekanntwerden der Sachverhalte mit einer Schädigung des Unternehmens gerechnet werden muss.

4. Sicht der Unternehmensleitung

Der Lagebericht soll den Adressaten die Sicht der ökonomischen Situation der Gesellschaft aus der Perspektive der Unternehmensleitung vermitteln. Dazu muss der Lagebericht aus einer umfassenden **Analyse des Geschäftsverlaufs** und der **wirtschaftlichen Lage** der Gesellschaft bestehen.

Nach dem durch das Transparenzrichtlinie-Umsetzungsgesetz (TUG) vom 1.2.2007 in § 289 Abs. 1 HGB angefügten Satz haben die gesetzlichen Vertreter einer Kapitalgesellschaft i.S. des § 264 Abs. 2 Satz 3 HGB zudem im sogenannten **Bilanzeid** zu versichern, dass nach bestem Wissen im Lagebericht der Geschäftsverlauf einschließlich des Geschäftsergebnisses und die Lage der Kapitalgesellschaft so dargestellt sind, dass ein den tatsächlichen Verhältnissen entsprechendes Bild vermittelt wird und dass die wesentlichen Chancen und Risiken i.S.d. § 289 Abs. 1 Satz 4 HGB beschrieben sind. Eine schriftliche Erklärung wird abweichend von der nach § 264 Abs. 2 HGB bei Inlandsemittenten, die keine Kapitalanlagegesellschaften sind, abzugebende Versicherung, nach dem Umkehrungsschluss nicht verlangt.

5. Begründung nachhaltiger Wertschaffung

Im Lagebericht sind alle bekannten Ereignisse, Entscheidungen und Faktoren anzugeben und zu erläutern, die aus Sicht der Unternehmensleitung einen wesentlichen **Einfluss auf die Wertentwicklung**, d.h. auf die Entwicklung der Vermögens-, Finanz- und Ertragslage der Gesellschaft, haben. Dies verlangt eine ausführliche Aufbereitung vergangenheitsorientierter und zukunftsbezogener Informationen.

Die Informationen umfassen nach § 289 Abs. 1 Satz 3 HGB die bedeutsamsten **finanziellen Leistungsindikatoren**. Bei großen Kapitalgesellschaften sind § 289 Abs. 3 HGB auch die bedeutsamsten **nichtfinanziellen Leistungsfaktoren** einzubeziehen. Zu ihnen rechnen z.B. der langfristig bestehende und zukunftssichere Kundenstamm und die Qualität und Zuverlässigkeit der Beschäftigten eines Unternehmens. Über die Faktoren i.S. bedeutsamer Leistungsfaktoren ist dann zu berichten, wenn diese Faktoren einen wesentlichen Einfluss auf den Geschäftsverlauf und die wirtschaftliche Lage der Gesellschaft haben. Die im Schrifttum vorgetragene Anforderung ist insoweit nicht ganz korrekt, als in jedem Fall im Lagebericht über Kundenbeziehungen und Zuverlässigkeit und Qualität der Arbeitnehmer zu berichten ist.

Wesentliche **Abweichungen** der wirtschaftlichen Lage zum Ende des Geschäftsjahres bzw. zum Zeitpunkt der Fertigstellung des Jahresabschlusses gegenüber der prognostizierten Entwicklung der wirtschaftlichen Lage der Gesellschaft zu Beginn des Geschäftsjahres bzw. zum Zeitpunkt der letzten Haupt- bzw. Gesellschafterversammlung sollen im Lagebericht dargestellt und erläutert werden.

B. Berichterstattungsgegenstände

I. Bericht zu Geschäfts- und Rahmenbedingungen

1. Bericht zur Entwicklung der Gesamtwirtschaft und der Branche

Nach h.M. dient der Überblick der Darstellung der gesamtwirtschaftlichen Entwicklung und der Branchenentwicklung im Lagebericht der Interpretation und Relativierung unternehmensbezogener Angaben. Die Entwicklung einer Kapitalgesellschaft (KG, KGaA, GmbH) bzw. einer kapitalistischen Personenhandelsgesellschaft soll an der gesamtwirtschaftlichen Entwicklung und an der Branchenentwicklung gemessen werden.

Der Lagebericht stellt das Unternehmen, seine Geschäftstätigkeit und seine Rahmenbedingungen als Ausgangspunkt für die Analyse des **Geschäftsverlaufs** und der **wirtschaftlichen Lage** dar. Unter Geschäftsverlauf versteht man alle Transaktionen des Ablaufs des Geschäftsjahres. Im Rahmen der Darstellung des Geschäftsverlaufs soll ein Überblick über die Entwicklung des Unternehmens in dem Geschäftsjahr, über das berichtet wird, gegeben werden.

Es ist ein Überblick über den Geschäftsverlauf vor dem Hintergrund der **gesamtwirtschaftlichen und branchenspezifischen Rahmenbedingungen** zu geben. Hierzu rechnen alle wesentlichen Ereignisse, die für den Geschäftsverlauf eines Unternehmens in dem abgelaufenen Geschäftsjahr ursächlich waren.

Die Unternehmensleitung hat zu beurteilen, ob die **Geschäftsentwicklung** insgesamt günstig oder ungünstig verlaufen ist. Dabei sind die Wettbewerbssituation und die Marktstellung der Gesellschaft und ihrer Geschäftsbereiche zu erläutern. Hierzu rechnen vor allem der Marktanteil insgesamt und die Marktanteile der einzelnen Unternehmensbereiche. Nach h.M. sind Abweichungen zwischen tatsächlicher und prognostizierter Entwicklung zu erläutern.

Abhängig von den **speziellen Gegebenheiten** gehen in die Darstellung der Geschäfts- und Rahmenbedingungen die folgenden **Unternehmensbereiche** ein:

- die Organisation, Leitung und Kontrolle;
- die Geschäftsbereiche sowie die inländischen und ausländischen Standorte;
- die wichtigsten Produkte und Produktgruppen;
- die Absatzmärkte und die oben angegebenen Marktanteile; und
- die rechtlichen, steuerlichen und wirtschaftlichen Einflussfaktoren.

Der Vorstand bzw. die Geschäftsleitung eines **kapitalmarktorientierten Unternehmens** hat das eingesetzte Steuerungssystem darzustellen und zu erläutern.

Dabei sind wesentliche Kennzahlen und Änderungen des Systems anzugeben und zu erläutern.

Die Aktivitäten zu **Forschung und Entwicklung** sind darzustellen und zu erläutern. Es sollen Einblicke in die globale Ausrichtung der Aktivitäten der Forschungs- und Entwicklung eines Unternehmens sowie deren Veränderungen im Zeitablauf gegeben werden. Dem stehen die Interessen des Unternehmens und der Anteilseigner entgegen. Die Offenlegung der Forschungs- und Entwicklungsaktivitäten kann einem Unternehmen schweren Schaden zufügen und das Wohl der Bundesrepublik Deutschland oder eines oder mehrerer ihrer Länder schädigen. Eine Berichterstattung im Lagebericht kann danach nur unter Berücksichtigung der Schutzinteressen verlangt werden.

Bei der Darstellung der Berichtsgegenstände wird der in der **Praxis** vorgenommenen Einteilung des Lageberichts in einen gesamtwirtschaftlichen Teil und einen Branchenteil sowie in einen breiten funktionsbezogenen Teil gefolgt.

2. Bericht zu den Unternehmensfunktionen

a) Bericht zu Beschaffung, Produktion und Absatz

Als darzustellende Unternehmensfunktionen werden für das typische Produktionsunternehmen die angeführten Berichtsbereiche „Beschaffung“, „Produktion“ und „Absatz“ angeführt.

Über die **Beschaffung** ist im Lagebericht einer Gesellschaft zu berichten, wenn sie auf ihren Beschaffungsmärkten Risiken bezüglich der Preis-, Kurs- oder Mengenentwicklung eingeht. Darüber hinaus sind wesentliche Veränderungen der Beschaffungsstruktur, z.B. Änderung der Lieferanten, der regionalen Beschaffungsbereiche und der technischen Beschaffungsabwicklungen, z.B. Lagerhaltung gegen just in time production, zu erläutern. Von Bedeutung ist die Berichterstattung über die Sicherung von Beschaffungspreisen durch den Abschluss von Devisentermingeschäften, sofern der Lieferant vertragsgemäß in fremder Währung fakturiert. Dies gilt vor allem für Lieferungen aus den USA, den Ölstaaten, Japan und wichtigen Entwicklungsländern.

Über die **Produktion** ist im Lagebericht einer Gesellschaft nicht nur in Bezug auf die Herstellmengen und die maßgeblichen Produktgruppen zu berichten; es sind darüber hinaus Angaben zu den Produktionsverfahren zu machen. Zudem werden Angaben zur Kapazitätsauslastung sowie zu Auswirkungen von Rationalisierungsmaßnahmen verlangt. Schließlich sollen Angaben zu Änderungen des Produktionsprogramms und zu Investitionen in neue Produkte und Produktionsverfahren gemacht werden.

Das oben angeführte Dilemma der Information von berechtigten Rechnungslegungsadressaten und der Sicherung der Interessen des Unternehmens, seiner Anteilseigner zur Zurückhaltung wesentlicher Informationen im Produkt- und Fertigungsbereich tritt hier ebenso auf, wie im Bereich „Forschung und Entwicklung". Im Schrifttum wird vorgeschlagen, Informationen auf globale Angaben zu reduzieren. Reduzierte Informationen sind aber keine vollständigen Informationen und können deshalb irreführend sein. Überzeugende Lösungen hierzu sind bislang nicht vorgelegt worden.

Im Lagebericht eines Unternehmens ist über den **Umsatz** und die **Auftragsentwicklung** zu berichten und im Zusammenhang mit der Stellung des Unternehmens im Markt die Umsatz- und Auftragsentwicklung zu erläutern. Für die Umsatzentwicklung sollen die wesentlichen Ursachen für Preis- und/oder Mengenveränderungen gegenüber dem Vorjahr angegeben und erläutert werden. Zukunftsorientiert soll über die Sicherung von Veräußerungspreisen bei in fremder Währung fakturierten Rechnungen durch Devisentermingeschäfte berichtet werden. Die Darstellung der Auftragsentwicklung soll im Zusammenhang mit der Auslastung der Beschäftigung des Unternehmens in den folgenden Geschäftsjahren erfolgen.

b) Bericht zu Investition und Finanzierung

Die Angaben zu **Investitionen** im Lagebericht einer Kapitalgesellschaft bzw. einer Personenhandelsgesellschaft umfassen schwerpunktartig die im Folgenden angeführten Bereiche:

- Investitionen in immaterielle Vermögensgegenstände, z.B. in Konzessionen und gewerbliche Schutzrechte, wie Patente, Warenzeichen, Urheberrechte, ähnliche Rechte, in Lizenzen, Quoten, Kontingente, Syndikatsrechte, und in ähnliche Werte, wie Know-how, ungeschützte Erfindungen oder Kundenkarteien des Unternehmens sowie nach dem BilMoG in Geschäfts- oder Firmenwerte;
- Investitionen in Sachanlagen, z.B. in Grundstücke, grundstücksgleiche Rechte und Bauten einschließlich Bauten auf fremdem Grund und Boden, in technische Anlagen und Maschinen sowie in andere Anlagen, Betriebs- und Geschäftsausstattung;
- Investitionen in Finanzanlagen, z.B. in Beteiligungen an anderen Unternehmen mit Sitz im Inland und im Ausland, in Anteile an verbundenen Unternehmen, in joint ventures, in assoziierte Unternehmen und in Wertpapiere des Anlagevermögens.

Die Angaben zur **Finanzierung** im Lagebericht umfassen die Erläuterungen der Finanzlage sowie besondere, durchgeführte und beabsichtigte Finanzierungsmaßnahmen. Sie betreffen die im Folgenden angeführten Bereiche:

- Eigenfinanzierung in Form der Emission von Aktien und Genussscheinen;
- kombinierte Eigen- und Fremdfinanzierung in Form der Emission von Wandelschuldverschreibungen und Optionsanleihen;
- Fremdfinanzierung in Form der Emission von Anleihen und der Aufnahme von langfristigen Bankkrediten.

Darüber hinaus sind im Lagebericht die Grundsätze des Finanzmanagements im Sinn der von dem Unternehmen gewählten Strategien zur Absicherung von Währungs-, Zins- und Kursrisiken darzustellen. Zudem ist einzugehen auf Geschäfte mit derivaten Finanzinstrumenten als Trade- und Hedge-Instrumente.

c) Bericht zum sozialen Umfeld des Unternehmens

Die Berichterstattung über das soziale Umfeld einer Kapitalgesellschaft soll im Lagebericht entsprechend der zunehmenden Ausweitung des Berichts über das soziale Umfeld u.a. Angaben umfassen:

- zu den Arbeitnehmern, dem Personalbestand und der Personalstruktur, d.h. u.a. zu der Altersstruktur, der Zusammensetzung aus männlichen Arbeitnehmern und weiblichen Arbeitnehmerinnen sowie aus inländischen und ausländischen Beschäftigten, der Fluktuation und zum Kündigungsschutz;
- zu den Einkommen der Arbeitnehmer mit Angabe der Lohnformen, der Bruttolöhne und Bruttogehälter, der Zuschläge und Zulagen, der sozialen Leistungen und der sozialen Einrichtungen;
- zu den Arbeitszeiten mit Angabe der Länge, der Pausen und Erholungszeiten und den Urlaubszeiten;
- zu der Arbeitsgestaltung mit Angabe der Arbeitsorganisation, der Arbeitssicherheit und der Gesundheit der Arbeitnehmer;
- zur Qualifikation der Arbeitnehmer mit Angabe der Qualifikationsstruktur, den internen und externen Bildungsmaßnahmen, der Berufsausbildung und dem Bildungsaufwand des Unternehmens;
- zu den aus Sicht des Unternehmens positiven und negativen arbeitnehmerbezogenen Ereignissen, wie Betriebsvereinbarungen, tariflichen Vereinbarungen zwischen Unternehmen und Arbeitnehmern oder Streiks.

d) Bericht zum Umweltschutz des Unternehmens

Einen zunehmend breiteren Bereich in der Lageberichterstattung stellen die Angaben zu den von dem Unternehmen getroffenen Umweltschutzmaßnahmen dar. Für umweltorientierte Unternehmen ist der Umweltschutz **Teil des Zielsystems** in allen wesentlichen Unternehmensbereichen. Der Umweltschutz wird dabei als Teil einer umweltschonenden Beschaffung von Rohstoffen und Produktion unter Anwendung umweltschonender Fertigungsanlagen gesehen. Umweltschonend sollen darüber hinaus die gewählten Versand- und Frachtarten sein.

Die Berichterstattung über die Lage einer Gesellschaft bezüglich des Umweltschutzes kann u.a. Angaben enthalten:

- zum Umweltschutz in der **Organisation** des Unternehmens mit Festlegung der Umweltaufgaben, mit Benennung von Umweltschutzbeauftragten, der Offenlegung der Kompetenzen und der Verbindungen zu den einzelnen Unternehmensbereichen;

- zur umweltorientierten **Beschaffung und Lagerung** von Rohstoffen, Hilfsstoffen und Betriebsstoffen des Unternehmens mit Hinweis auf die Auswahl der Einsatzstoffe nach ihrer Umweltverträglichkeit, den Einsatz möglichst umweltfreundlicher Transportsysteme, die Verkürzung von Transportwegen und die Vermeidung unnötiger Transportverpackungen;
- zur umweltorientierten **Produktion** des Unternehmens mit Hinweis auf die rationelle Verwendung von Roh-, Hilfs- und Betriebsstoffen, den Einsatz umweltfreundlicher Stoffe und umweltfreundlicher Fertigungsanlagen und Fertigungstechniken;
- zur umweltfreundlichen **Veräußerung** der Produkte des Unternehmens mit Hinweis auf die umweltfreundliche Preisgestaltung von Produkten mit Begünstigung der von dem Unternehmen gelieferten umweltfreundlicher Güter und erbrachter umweltfreundlicher Dienstleistungen sowie umweltfreundlicher Vertragsgestaltungen über Verteilung und Recycling der für Lagerung und den Transport eingesetzten Materialien.

II. Bericht zur wirtschaftlichen Lage des Unternehmens

1. Gesamtaussage zur wirtschaftlichen Lage

Unter Darstellung der wirtschaftlichen Lage werden bestehende und künftige Entwicklungen berücksichtigende Ausführungen zur Vermögens-, Finanz- und Ertragslage der Gesellschaft verstanden. Die Darstellung erfolgt nach Empfehlungen der Theorie. In der praktischen Anwendung beinhaltet die Darstellung vielfach eine zum Teil unübersichtliche Menge von Kennzahlen betreffend die wirtschaftliche Lage der Gesellschaft.

Bei der Berichterstattung ist auf Ereignisse und Entwicklungen des abgelaufenen Geschäftsjahres einzugehen, die für den Geschäftsverlauf der Gesellschaft ursächlich waren. Als geeignete Kennzahlen werden von der h.M. über die bekannten, typischen Kennzahlen hinaus die Einbeziehung der folgenden Angaben in die Berichterstattung empfohlen:

- Umstrukturierungs- und Rationalisierungsmaßnahmen;
- Unternehmenskäufe und Unternehmensverkäufe;
- Abschluss oder Beendigung von Kooperationsvereinbarungen;
- Veränderungen der rechtlichen und wirtschaftlichen Rahmenbedingungen;
- Veränderungen der Markt- und Wettbewerbsbedingungen; sowie
- besondere Schadensfälle.

Die Ereignisse und Entwicklungen sind in ihrer Bedeutung für das Unternehmen zu beurteilen. Über die Angaben zum Jahresabschluss hinaus soll im Lagebericht eine ausführliche Beurteilung der Vermögens-, Finanz- und Ertragslage speziell aus der Sicht der Unternehmensleitung erfolgen.

Die Darstellung der Vermögens-, Finanz- und Ertragslage des Unternehmens soll in einer **Gesamtaussage zur wirtschaftlichen Lage** zum Zeitpunkt der Aufstellung des Lageberichts zusammengefasst werden. Die Aussage kann damit von der Gesamtaussage über die wirtschaftliche Lage zum Abschlussstichtag, wie sie sich aus dem Jahresabschluss ergibt, in positiver oder negativer Weise abweichen. Dies führt zur Verpflichtung, aus Zeitunterschieden entstandene Unterschiede in der Vermögens-, Finanz- und Ertragslage der Gesellschaft aufzuzeigen.

2. Bericht zur Vermögenslage des Unternehmens

Im Rahmen der Darstellung der Vermögenslage der Gesellschaft sind nicht nur statische Daten zum Jahresabschlussstichtag betreffend die **Höhe und Zusammensetzung** des Vermögens darzustellen. Von Bedeutung für den Adressaten der Rechnungslegung sind Informationen über die dynamische Entwicklung der Vermögenslage. Sie zeigt vor allem die Abweichungen zum Ende des vorhergehenden und zum Ende des laufenden Geschäftsjahres auf. Die Erhöhungen oder Minderungen des Vermögens sind zu begründen. Die Begründung hat sich auch auf Wechselkurseinflüsse und deren Auswirkungen auf die Vermögenslage zu erstrecken.

Außerbilanzielle Instrumente und deren wesentliche Veränderungen gegenüber dem vorhergehenden Geschäftsjahr sowie die möglichen künftigen Auswirkungen der bestehenden Verträge sind zu erläutern. Angaben zu geleasten, gepachteten oder gemieteten Vermögensgegenständen und zu selbst geschaffenen immateriellen Vermögensgegenständen sind notwendig, wenn sie von Bedeutung für die wirtschaftliche Lage des Unternehmens sind. Insgesamt rechnen hierzu alle nicht bilanzwirksamen Geschäfte, z.B. Auftragseingänge und Auftragsvergaben, sowie alle wesentlichen anderen schwebenden Geschäfte und Haftungsverhältnisse.

Technisch erfolgt die Darstellung der Vermögenslage durch Angabe von **Vermögensstrukturkennzahlen**, z.B. durch Darstellung der Anlagenintensität, der Struktur des Vorratsbestandes und ähnlicher Kennzahlen, die als dynamische Zeitvergleichswerte der Entwicklung des Unternehmens zu erläutern sind. In der Praxis werden zur Beurteilung der Vermögensstruktur neben unternehmensinternen Zeitvergleichsdaten auch externe Branchenvergleichswerte herangezogen.

In die Vermögenslage im Sinn des Nettovermögens soll auch die **Kapitalstruktur** eines Unternehmens eingehen. Sie verlangt traditionelle Angaben zur Eigen- und Fremdkapitalquote sowie zur Struktur des Eigenkapitals mit Ermittlung des Umfangs der eigenen Anteilen, der Anteilsquoten für gezeichnetes Kapital, die Kapitalrücklage und die einzelnen Arten der Gewinnrücklagen sowie zur Struktur des Fremdkapitals mit Ermittlung der Anteilsquoten für die einzelnen Posten der Rückstellungen und der Verbindlichkeiten. Die Einbeziehung der Kapitalstruktur in die Vermögenslage ist nur dann systematisch korrekt, wenn die Vermögenslage des Unternehmens als **Nettovermögenslage** unter Einbeziehung von Vermögen und Kapital definiert wird.

3. Bericht zur Finanzlage des Unternehmens

Bei der Darstellung der Finanzlage sind die Grundsätze und Ziele des Finanzmanagements des Unternehmens den Rechnungslegungsadressaten zu verdeutlichen. Zudem ist ein Gesamtbild der finanziellen und liquiditätsmäßigen Verhältnisse des Unternehmens zu vermitteln.

Die oben skizzierte Kapitalstruktur einer Kapitelgesellschaft soll anhand **interner und externer Finanzierungsquellen** dargestellt und erläutert werden. Dazu rechnen Angaben zur Art, zur Fälligkeits-, zur Währungs- und Zinsstruktur sowie zu anderen Konditionen der Verbindlichkeiten. Es soll auch auf Beschränkungen, die die Verfügbarkeit der Gesellschaft von Finanzmitteln beeinträchtigen können, eingegangen werden.

Wesentliche **externe**, eigen- und fremdkapitalbezogene **Finanzierungsmaßnahmen** der Gesellschaft im abgelaufenen Geschäftsjahr, z.B. die Emission von Aktien oder von Anleihen und Finanzierungsvorhaben sind, ebenso wie Auswirkungen des Zinsniveaus, zu erläutern. Dies gilt auch für Finanzierungsmaßnahmen in Form von Forderungsverkäufen im Rahmen von Asset-Back-Securities-Transactions oder von Verkäufen von Sachanlagen in der Form von Sale-and-Lease-Back-Transactions.

Im Rahmen der Darstellung der Finanzlage soll eine **Investitionsanalyse** durchgeführt werden. Dabei seien abgeschlossene Investitionsvorhaben sowie Einflüsse auf begonnene Investitionsvorhaben darzustellen. Umfang und Hauptzweck der im abgelaufenen Geschäftsjahr getätigten Investitionen in immaterielle Vermögensgegenstände und in Sachanlagen sind anzugeben.

Die Entwicklung der **Liquidität** der Gesellschaft im abgelaufenen Geschäftsjahr und deren Einflussfaktoren sollen erläutert werden. Ebenso seien Ursachen wesentlicher Veränderungen der Mittelherkunft und Mittelverwendung offenzulegen. Zu erläutern seien darüber hinaus die wesentlichen internen und externen Liquiditätsquellen. Bei diesen Vorgaben bleibt offen, welche Bedeutung der Liquidität einer Gesellschaft im abgelaufenen Geschäftsjahr zukommt. Bei der Darstellung der Berichtspflichten wird nicht ausreichend deutlich, dass Liquidität eine primär zukunftorientierte Größe darstellt. Vergangenheitsliquiditäten besagen, dass das Unternehmen in der Vergangenheit in der Lage war, seine Zahlungsverpflichtungen gegenüber der Gläubigern, den Arbeitnehmern, dem Fiskus, den Sozialversicherungen und anderen Berechtigten zu erfüllen. Die vergangenheitsbezogene Betrachtung sagt aber wenig über die zukünftige Liquidität einer Gesellschaft aus, wie dies in der Finanzkrise der Jahre 2008 und 2009 deutlich zum Ausdruck gekommen ist.

Im Mittelpunkt der Berichterstattung über die Finanzlage i.S. der Liquidität einer Gesellschaft stehen Ausführungen zum Grad der Liquidität als der Fähigkeit zur Erfüllung ihrer **zukünftigen Zahlungsverpflichtungen** gegenüber den Anspruchsberechtigten. Im Lagebericht ist festzustellen, ob die Gesellschaft ohne Einschränkung in der Lage sein wird, in absehbarer Zukunft sämtliche Zahlungsverpflichtungen uneingeschränkt zu erfüllen.

Nach h.M. sind eingetretene oder aufgrund der Geschäftsentwicklung erwartete **Liquiditätsengpässe** und die Maßnahmen zu ihrer Behebung im Lagebericht darzustellen. Der Forderung wird hier in keinem Fall entsprochen. Zum einen kann man der Logik der verlangten Berichterstattungspflicht nicht folgen. Hat ein Unternehmen für die Behebung erwarteter Liquiditätsengpässe in zukünftigen Geschäftsjahren Maßnahmen zu deren Behebung ergriffen, liegen keine Liquiditätsengpässe vor, über die berichtet werden muss. Zum anderen verkennt die Verpflichtung eines Unternehmens zur Berichterstattung über mögliche Liquiditätsengpässe und Behebungsmaßnahmen, die negativen Wirkungen auf eine mögliche Insolvenz dieses Unternehmens. Es gilt die Erfahrungsregel der „**self-fulfilling prophecy**" als eine suggestiv wirkende Voraussage „das Unternehmen wird insolvent, nicht weil es nicht überleben könnte, sondern weil aufgrund der negativen Lageberichterstattung die Geschäftspartner denken, es wird insolvent und sich in den Geschäftsbeziehungen entsprechend verhalten mit der Folge, dass es tatsächlich insolvent wird".

4. Bericht zur Ertragslage des Unternehmens

Im Lagebericht ist die Entwicklung des Ergebnisses einer Gesellschaft darzustellen und anhand der **Ergebnisstruktur** nach operativem, Finanz- und sonstigem Ergebnis sowie nach ihren wesentlichen Quellen zu erläutern. Wesentliche Veränderungen gegenüber dem vorhergehenden Geschäftsjahr sind anzugeben. Es sollen die zugrunde liegenden Trends aufgezeigt und die ungewöhnlichen oder einmaligen Ereignisse sowie alle wesentlichen ökonomischen Veränderungen, die nachhaltig die Ertragslage beeinflussen, dargestellt werden.

Falls Veränderungen der Ertragslage auf mehrere ertragswirksame Faktoren zurückzuführen sind, sollen die Faktoren nach ihrer Bedeutung aufgezeigt werden für:

- Rohstoffmangel und Verschlechterung der Zulieferungsbedingungen;
- Mangel an Fachkräften,
- Abhängigkeit von bestimmten Zulieferern oder Kunden;
- Produkthaftung;
- Umweltschutzaufwendungen und Umwelthaftung;
- Einschränkung von Beschaffung und Absatz; oder
- starke Wechselkursschwankungen.

Wesentliche Veränderungen in der **Struktur** der **Aufwendungen und Erträge** sind zu erläutern, ebenso Auswirkungen von Inflations- und Wechselkurseinflüssen auf die Entwicklung einzelner Posten der Gewinn- und Verlustrechnung. Zu den Veränderungen in der Struktur der einzelnen Aufwendungen und Erträge werden die folgenden Angaben als möglicherweise wirksam eingestuft als Rohstoff- und Energiekosten, Personalkosten, Kapazitätsauslastung, Inbetriebnahme oder Stilllegung von Produktionsanlagen oder Preise auf Absatzmärkten.

III. Nachtragsbericht zu dem Unternehmen

1. Bericht zu Vorgängen von besonderer Bedeutung nach Schluss des Geschäftsjahres

Berichtspflichtig sind Vorgänge, die Auswirkungen auf die Vermögens-, Finanz- oder Ertragslage der berichtenden Gesellschaft haben können. Besondere Bedeutung haben Vorgänge, die die Beurteilung des Jahresabschlusses durch externe Rechnungslegungsadressaten erheblich beeinflussen können.

Die Berichtspflicht umfasst Vorgänge, die erst nach Schluss des Geschäftsjahres eingetreten aber dem abgelaufenen Geschäftsjahr zuzurechnen sind, aber auch solche Vorgänge, die noch nicht abgeschlossene Entwicklungen darstellen. Hierzu werden im Allgemeinen gerechnet:

- Veränderungen der Rahmenbedingungen für die Geschäftstätigkeit eines Unternehmens;
- Veränderungen der Einkaufs- und Verkaufspreise;
- Veränderungen des Anlagevermögens, z.B. durch Erwerb oder Veräußerung von Grundstücken, Gebäuden, technischen Anlagen, Beteiligungen; und
- Störungen im Betriebsablauf, z.B. durch Störungen in der Rohstoff- und Teilebelieferung oder durch Streiks.

Die verlangten Angaben lassen sich vielfach nicht eindeutig quantifizieren. An die Stelle von betragsmäßigen Angaben treten dann verbale Erläuterungen der im folgenden Geschäftsjahr eingetretenen Vorgänge.

2. Angabe zur Wirkung der Vorgänge für das Unternehmen

Im Nachtragsbericht sind Vorgänge anzugeben, die, wenn sie vor Ablauf des Geschäftsjahres stattgefunden hätten, eine andere Darstellung des Geschäftsverlaufs und der Lage der Gesellschaft bewirkt, d.h., zu einer anderen Darstellung der Vermögens-, Finanz- und Ertragslage der Gesellschaft geführt hätten.

Die Berichterstattungspflicht umfasst auch nicht abgeschlossene Entwicklungen und Einflüsse, die eine abweichende Darstellung der Vermögens-, Finanz- und Ertragslage eines Unternehmens nach sich ziehen können.

IV. Risikobericht zu dem Unternehmen

1. Berichtsgrundsätze zum Risiko des Unternehmens

Es ist über Risiken zu berichten, deren Offenlegung im Lagebericht die Entscheidungen externer Adressaten beeinflussen können. Dies betrifft in erster Linie finanzielle Entscheidungen der Kapitalmarktteilnehmer. Solche Risiken liegen u.a. vor, wenn die Gefahr einer Verschlechterung der Vermögens-, Finanz- oder Ertragslage besteht oder wenn Hinweise auf eine Bestandsgefährdung der Gesellschaft vorliegen.

Ist über Risiken zu berichten, bedarf es einer exakten Umschreibung des der Berichterstattung zugrunde zu legenden Risikobegriffs. Der von den Standardsettern DSR und IDW definierte **Risikobegriff** ist nicht ausreichend präzise:

- Der DSR 5 definiert „Risiko" als Möglichkeit von negativen künftigen Entwicklungen der wirtschaftlichen Lage eines Unternehmens und „Chance" als Möglichkeit von positiven künftigen Entwicklungen der wirtschaftlichen Lage des Unternehmens (in beiden Fällen eingekränzt lediglich für die Zuordnung zu Konzernen);
- Nach IDW ist „Risiko" die Möglichkeit ungünstiger künftiger Entwicklungen, die mit einer erheblichen, wenn auch nicht notwendigerweise überwiegenden, Wahrscheinlichkeit erwartet werden.

Unklar ist vor allem, was unter **negativen** bzw. **ungünstigen Entwicklungen** verstanden werden soll. Ist damit z.B. das mögliche Entstehen von Verlusten gemeint, oder liegt eine negative bzw. ungünstige Entwicklung auch vor, wenn die Möglichkeit besteht, dass ein im vorhergehenden Geschäftsjahr erzieltes bestes Ergebnis der Firmengeschichte im folgenden Geschäftsjahr u.U. nicht erreicht wird. Die Auslegungen deuten daraufhin, dass der Begriff „Risiko" überwiegend als Verlusterzielung oder Verschlechterung der Liquidität des Unternehmens ausgelegt werden soll. Damit würde die Möglichkeit des Abbrechens eines positiven Trends nicht unter den Begriff des Risikos subsumiert.

Schwerpunkt der Berichterstattung sollen die mit der Geschäftstätigkeit eines Unternehmens verbundenen Risiken bilden. Hervorzuheben sind **Risikobündelungen** oder **Risikokonzentrationen** auf einzelne Produkte und Produktgruppen, Produktionsverfahren, Produktionsstandorte, Absatzregionen, Abnehmer oder Lieferanten.

Die Risiken sollen zu **Risikokategorien** zusammengefasst werden. Dabei soll sich die Gesellschaft an der für Zwecke des Risikomanagements intern vorgegebenen Risikogliederung orientieren, z.B. an den Kategorien:

- Branchenrisiken;
- unternehmensstrategische Risiken;
- leistungswirtschaftliche Risiken;
- finanzwirtschaftliche Risiken.

Bei der Beurteilung der Risiken sollen deren **Eintrittswahrscheinlichkeiten** und **betragsmäßige Auswirkungen** berücksichtigt werden. Wie das Verfahren im Einzelnen durchzuführen soll, wird vielfach im Einzelnen nicht näher dargestellt. Dabei sind Risiken zu quantifizieren, wenn es nach anerkannten Methoden möglich ist und die quantitative Angabe eine entscheidungsrelevante Information für die Rechnungslegungsadressaten des Lageberichts darstellt. Bei einer Quantifizierung sollen die verwendeten Modelle und deren Annahmen im Lagebericht erläutert werden.

Wie die Erläuterung der anzuwendenden, u.U. theoretisch anspruchsvollen Schätz- und Testverfahren erfolgen soll, und wie die aufwendigen Annahmen der Modelle dem externen Rechnungslegungsadressaten vermittelt werden sollen, ist nicht geklärt und nicht zuletzt wegen der Komplexität der Materie im Allgemeinen nicht Gegenstand des Lageberichts in der Praxis.

Soweit ein Risiko des Unternehmens durch Maßnahmen teilweise kompensiert wird, beschränkt sich die entsprechende Lageberichterstattung auf das **verbleibende Restrisiko**. Tatsächlich handelt es sich bei einem kompensierten Risiko nicht mehr um ein Risiko, d.h., es gibt kein verbleibendes Restrisiko, sondern ein geringeres Risiko.

Die **Interdependenzen** zwischen unterschiedlichen Risiken sollen im Lagebericht dargestellt werden. Die Darstellung ist Pflicht, wenn ohne die Darstellung der Beziehungen zwischen Risiken und Chancen von der Geschäftsleitung des Unternehmens nicht zutreffend geschätzt werden können. Zur besseren Schätzung von Risiken soll daher auch über Chancen berichtet werden. Was darunter im Einzelnen zu verstehen ist bleibt unklar, da eine Definition des Begriffs „Chance" fehlt.

Aus Gründen der Klarheit soll, ohne dass dies im Gesetz explizit vorgeschrieben ist die Risikoberichterstattung in einer **geschlossenen Darstellung** erfolgen. Verweise auf Informationen des Jahresabschlusses oder anderer Teile des Lageberichts werden als zulässig angesehen, wenn dadurch die Transparenz der Risikoberichterstattung nicht beeinträchtigt wird.

Die Risikoberichterstattung bezieht sich, ebenso wie andere statische Angaben, nicht auf den Abschlussstichtag, sondern auf die Lage der Gesellschaft zum abschließenden **Zeitpunkt** der Aufstellung des Lageberichts.

2. Besondere Berichtsgegenstände

Hervorgehobene Risiken betreffen die Verschlechterung der ökonomischen Situation der Gesellschaft. Sie werden gegliedert in Risiken mit wesentlichem Einfluss auf die Vermögens-, Finanz- und Ertragslage und in bestandsgefährdende Risiken.

a) Bericht über Risiken mit wesentlichem Einfluss auf die wirtschaftliche Lage des Unternehmens

Im Lagebericht ist über Risiken zu berichten, die zwar nicht den Fortbestand des Unternehmens gefährden, aber sich im wesentlichen Umfang nachteilig auf den Geschäftsverlauf und/oder die Vermögens-, Finanz- und Ertragslage auswirken und somit die Entwicklung der Gesellschaft beeinträchtigen können. Berichtspflichtig sind alle Risiken. Sie betreffen nach Auffassung im Schrifttum:

- **externe Faktoren**, z.B. die Entwicklung der Branche, den politischen, rechtlichen oder gesellschaftlichen Rahmen; und

- **betriebliche Funktionsbereiche**, z.B. die Bereiche Forschung und Entwicklung, Beschaffung und Produktion, Absatz, Personal und Investition und Finanzierung.

Im Lagebericht soll dargestellt werden, wie die **wesentlichen Risiken** sich auf die Vermögens-, Finanz- und Ertragslage des Unternehmens voraussichtlich auswirken. Als **Bezugszeitraum** sollen im Fall der Abschätzung der Risiken die zwei Folgejahre, gerechnet von dem Abschlussstichtag des abgelaufenen Geschäftsjahres zugrunde gelegt werden. Die Festlegung auf den vorgegebenen Bezugszeitraum ist beim Blick auf die gefährdende Lage des Unternehmens mit zwei Folgejahren zu groß. Bei Gefahr des Unternehmens zur Liquidation oder Insolvenz, d.h. bei erwarteter Auflösung des Unternehmens ist in der Berichterstattung die aktuelle ökonomische Situation mit Planungsdaten unter der Annahme der Auflösung des Unternehmens darzustellen.

Bei **gesichertem Fortbestand** ist die Fortbestandsprämisse im Lagebericht nicht besonders anzugeben, d.h., das gesicherte Unternehmen muss nicht erklären, dass sein Fortbestand gesichert ist. Allerdings muss sich indirekt aus der Darstellung des Geschäftsverlaufs und der Vermögens-, Finanz- und Ertragslage des Unternehmens ergeben, dass die gesetzlichen Vertreter den Fortbestand uneingeschränkt annehmen.

Grundsätzlich muss unter dem Gesichtspunkt der Going Concern Prämisse zu jedem Abschlussstichtag eine **Einschätzung der Existenzfähigkeit** des Unternehmens Gesellschaft vorgenommen werden. Ob diese Einschätzung implizit oder explizit in der Lageberichterstattung zum Ausdruck kommt, ist abhängig davon, ob der Fortbestand des Unternehmens angenommen wird oder von ihm nicht mehr ausgegangen werden kann.

b) Bericht über bestandsgefährdende Risiken des Unternehmens

Kann von dem **Fortbestand nicht ausgegangen** werden, oder liegen Anhaltspunkte vor, nach denen der Fortbestand bedroht ist, muss dies in der Lageberichterstattung explizit dargestellt werden. Es sind die bestandsgefährdende Risiken i.S. der Nennung der Gründe für die Gefährdung des Fortbestands anzuführen. Werden nach Auffassung der gesetzlichen Vertreter die Risiken als nicht bestandsgefährdend eingeschätzt, soll im Lagebericht durch abwägende Berichterstattung auf bestehende Gefährdungen hingewiesen werden.

Die zukunftsbezogene Einschätzung der **Existenzgefährdung** des Unternehmens kann in aller Regel wegen der Prognoseunsicherheit nur für einen vergleichsweise kurzen Zeitbereich abgegeben werden. Als **Bezugszeitraum**, der vom Gesetzgeber nicht vorgegeben ist, wird der Zeitbereich von einem Geschäftsjahr zugrunde gelegt. Liegen dem Unternehmen fundierte Anhaltspunkte dafür vor, dass der Fortbestand der Gesellschaft nicht innerhalb dieses Bezugszeitraums, jedoch zu einem späteren Zeitraum gefährdet ist, d.h. es bestehen keine kurzfristigen aber langfristige Probleme der Existenzgefährdung, z.B. durch Ablauf bedeutender Schutzrechte und Lizenzen, soll hierüber berichtet werden.

V. Prognosebericht bezüglich des Unternehmens

Gegenstand der Berichterstattung über die voraussichtliche Entwicklung des Unternehmens sind Sachverhalte, die für die Darstellung des Geschäftsverlaufs eines Unternehmens in den auf das abgelaufene Geschäftsjahr folgenden Geschäftsjahren und für die zukünftige Vermögens-, Finanz- und Ertragslage Lage von Bedeutung sind.

Angaben zur voraussichtlichen Entwicklung der Gesellschaft sind Prognosen. Wegen der Prognoseunsicherheit, die bereits für einen kürzeren Betrachtungszeitraum besteht, und mit Erweiterung des Betrachtungszeitraums zunehmend größer wird, ist an Stelle von einwertigen Zahlenangaben, die sich in der Regel als fehlerhaft erweisen, als mögliche Lösungen abzustellen auf:

- verbale Erläuterungen der prognostizierten Sachverhalte; oder
- Angabe von Bandbreiten (Konfidenzintervallen) ermittelter Prognosedaten.

Im Rahmen der Lageberichterstattung sind gleichzeitig Angaben zu machen über die der Prognose zugrunde liegenden Annahmen, die angewandte Schätzungsmethode und den zugrunde gelegten Betrachtungszeitraum.

Soweit möglich, muss die Prognoseerstellung auf nachvollziebaren Erwartungsdaten der Geschäftsführung, z.B. auf erwarteten Beschaffungs- und Absatzpreisen, auf geschätzten Lohnerhöhungen und die Schätzung der in Betracht kommenden Steuern, beruhen.

Bei mehrwertigen Schätzungen gilt entgegen dem Bewertungsgrundsatz der Vorsicht des § 252 Abs. 1 Nr. 4 HGB das Prinzip der **Wertneutralität**. Werden z.B. die Umsatzerlöse für das folgende Geschäftsjahr mit einer (subjektiven) Wahrscheinlichkeit von 10 % auf 30 Mill. €, einer Wahrscheinlichkeit von 70 % auf 35 Mill. € und mit einer Wahrscheinlichkeit von 20 % auf 40 Mill. € geschätzt, ist als Prognosewert nicht der vorsichtige Prognosewert von 30 Mill. €, sondern der Erwartungswert von 35,5 Mill. € anzugeben.

Bei der Festlegung des Prognosezeitraumes ist abzuwägen zwischen:

- einem kurzen Prognosezeitraumes mit größerer Genauigkeit der Prognose; und
- der Zugrundelegung eines langen Prognosezeitraumes, bei eher größerer Ungenauigkeit der Prognose.

Im Interesse einer größeren Reichweite der Prognose der relevanten Daten eines Unternehmens sind Ungenauigkeiten der Schätzung in Kauf genommen. Nach Auffassung im Schrifttum soll der **Prognosezeitraum** bei **Einschätzung der Risiken** mit wesentlichem Einfluss auf die Vermögens-, Finanz- und Ertragslage eines Unternehmens mindestens zwei Jahre umfassen. Die sich bei einer breiten Ausweitung des Prognosezeitraumes führt erfahrungsgemäß zu einem ungenaueren Ergebnis der Schätzung. Die sich daraus ergebende Wirkung auf die Genauigkeit der Schätzung wird bei der Vorgabe der Prognosedaten weder anzusprechen noch in das jeweilige Prognosemodell einbezogen.

VI. Spezielle unternehmensbezogene Berichtsteile

1. Bericht zum Bereich Forschung und Entwicklung

In dem Berichtsgegenstand nach § 289 Abs. 2 Nr. 3 HGB ist entsprechend der Neuregelung der Bilanzierung von Entwicklungsaufwendungen durch das BilMoG nach der von der h.M. vertretenen Auffassung zwischen Forschung und Entwicklung zu unterscheiden:

- Unter **Forschung** versteht man Aktivitäten zur Gewinnung neuer wissenschaftliche oder technische Erkenntnisse;
- unter **Entwicklung** versteht man Anwendungen und Verwertungen von Erkenntnissen zur Entwicklung neuer Techniken i.S. von Werkstoffen, Produkten und Fertigungsverfahren.

Berichtspflichtig im Rahmen der Lageberichterstattung sind Forschung und Entwicklung nur, soweit sie **eigene Zwecke** des Unternehmens betreffen. Dies gilt auch für die auftragsbezogene Forschung und Entwicklung für außen stehende Informationsberechtigte.

Die Erläuterungen zum Bereich „Forschung und Entwicklung" für eigene Zwecke sollen den Adressaten des Lageberichts einen Eindruck von der Ausrichtung der Forschungs- und Entwicklungsaktivitäten vermitteln. Angaben zu konkreten Forschungs- und Entwicklungsergebnissen sowie betragsmäßige Aufgliederungen nach Forschungsprojekten müssen bei daraus für das Unternehmen erwarteten Nachteilen nicht gemacht werden. Entsprechend wird in der Praxis nicht über die laufende Forschung und Entwicklung des Unternehmens, sondern über die von ihm bereits abgeschlossenen und patentierten Forschungs- und Entwicklungsprojekte berichtet. Bei Vorliegen der Umstände des § 286 Abs. 1 HGB ist eine Berichterstattung ohnedies im Interesse der Bundesrepublik oder eines ihrer Länder unzulässig. Die Schutzklausel des Staatsinteresses ist weiterhin darauf gerichtet, dass es den zuständigen Organen verboten ist, den Tatbestand der Nichtberichterstattung zu offenbaren.

Auf das **Dilemma** der für die Entscheidung der Anteilseigner und potentieller Erwerber notwendigen informativen Berichterstattung und der daraus u.U. entstehenden Schäden für das Unternehmen einerseits und der Sicherung des Unternehmens gegenüber den Konkurrenten durch Verzicht auf informative Berichterstattung über den Stand der Forschung und Entwicklung wurde bereits oben hingewiesen. Die Folge in der Praxis ist i.d.R. eine Lageberichterstattung eingeschränkt auf bereits allgemein bekannte Forschungs- und Entwicklungsprojekte des berichtenden Unternehmens.

2. Bericht zum Bereich Zweigniederlassungen

In Umsetzung der sog. Zweigniederlassungsrichtlinie ist § 289 Abs. 2 HGB um Nr. 4 ergänzt worden. Danach sollen im Lagebericht der Gesellschaft auch bestehende Zweigniederlassungen aufgeführt werden.

Unter Zweigniederlassung versteht man eine dauerhafte, räumlich von der Hauptniederlassung eines Unternehmens getrennte Einrichtung, die ohne rechtliche Selbständigkeit mit personeller und organisatorischer Eigenständigkeit am Geschäftsverkehr teilnimmt.

Im Allgemeinen reicht es aus, die wesentlichen Orte der in- und ausländischen Zweigniederlassungen aufzuführen. Es sollen von der Hauptniederlassung abweichende Firmenbezeichnungen aufgezeigt und wesentliche Veränderungen des Bestandes an Zweigniederlassungen gegenüber dem vorhergehenden Geschäftsjahr erläutert werden. Die Angabe des Geschäftsgegenstandes wird nicht gefordert.

Ein besonderer Zweck der rein formalen Angabe der Zweigniederlassungen eines Unternehmens für die Entscheidung des Rechnungslegungsadressaten ist nicht erkennbar.

3. Bericht zum Bereich Vergütungssystem des Unternehmens

Mit dem Vorstandsvergütungs-Offenlegungsgesetz ist u.a. § 289 Abs. 2 Nr. 5 HGB eingefügt worden. Er schreibt vor, dass bei einer börsennotierten Aktiengesellschaft der Lagebericht auch eingehen soll auf die Grundzüge des Vergütungssystems des Unternehmens für die in § 285 Satz 1 Nr. 9 HGB genannten Gesamtbezüge des Vorstandes und anderer Berechtigter. Werden im Anhang Angaben entsprechend § 285 Satz 1 Nr. 9a) Satz 5 bis 9 HGB gemacht, können zur Vermeidung einer zweimaligen Darstellung der gleichen Angaben zum Vergütungssystem des Vorstandes, die im Lagebericht zu machenden Angaben unterbleiben.

VII. Besondere Berichterstattung betreffend die kapitalmarktorientierte AG und KGaA

Mit dem Übernahmerichtlinie-Umsetzungsgesetz vom 8.7.2006 ist ein Abs. 4 in § 289 HGB eingefügt worden, der Aktiengesellschaften und Kommanditgesellschaften, die einen organisierten Markt i.S. des § 2 Abs. 7 des WpHG durch von ihnen ausgegebene stimmberechtigte Aktien in Anspruch nehmen, verpflichtet, nicht im Anhang, sondern im Lagebericht die im Folgenden angeführten Sachverhalte anzugeben:

- die Zusammensetzung des gezeichneten Kapitals; bei verschiedenen Aktiengattungen sind für jede Gattung die damit verbundenen Rechte und Pflichten und der Anteil am Gesellschaftskapital anzugeben;
- Beschränkungen, die Stimmrechte oder die Übertragung von Aktien betreffen, auch wenn sie sich aus Vereinbarungen zwischen Gesellschaftern ergeben können, soweit sie dem Vorstand der Gesellschaft bekannt sind;
- direkte oder indirekte Beteiligungen am Kapital, die 10 % der Stimmrechte überschreiten;

- die Inhaber von Aktien mit Sonderrechten, die Kontrollbefugnisse verleihen; die Sonderrechte sind zu beschreiben;
- die Art der Stimmrechtskontrolle, wenn Arbeitnehmer am Kapital beteiligt sind und ihre Kontrollrechte nicht unmittelbar ausüben;
- die gesetzlichen Vorschriften und Bestimmungen der Satzung über die Ernennung und Abberufung der Mitglieder des Vorstands und über die Änderung der Satzung;
- die Befugnisse des Vorstands insbesondere hinsichtlich der Möglichkeit, Aktien auszugeben oder zurückzukaufen;
- wesentliche Vereinbarungen des Unternehmens, die unter der Bedingung eines Kontrollwechsels infolge eines Übernahmeangebotes stehen, und die hieraus folgenden Wirkungen; ergänzend gilt, dass die Angabe unterbleiben kann, soweit sie geeignet ist, dem Unternehmen erheblichen Nachteil zuzufügen; die Angabepflicht nach anderen gesetzlichen Vorschriften bleibt unberührt; und
- Entschädigungsvereinbarungen der Gesellschaft, die für den Fall eines Übernahmeangebots mit den Mitgliedern des Vorstands oder den Arbeitnehmern getroffen sind.

Die Verpflichtung zur Aufnahme der Angaben für kapitalmarktorientierte Aktiengesellschaften und Kommanditgesellschaften auf Aktien in den Lagebericht ist ungewöhnlich und entspricht nicht der Funktion des Lageberichts als primäres Instrument der Bilanzanalyse des Unternehmens für das abgelaufene Geschäftsjahr. Wie bereits oben angesprochen, wäre aus dieser Sicht eine Angabe der angeführten Daten im Anhang zu präferieren. Entsprechendes gilt für die Angabepflichten im Lagebericht zu den Zweigniederlassungen nach § 289 Abs. 2 Nr. 4 HGB und zu den Grundzügen des Vergütungssystems der Gesellschaft nach § 289 Abs. 2 Nr. 5 HGB.

VIII. Bericht zur Führung des Unternehmens

Mit dem BilMoG ist § 289a in den Sechsten Titel des Ersten Unterabschnitts „Jahresabschluss der Kapitalgesellschaft und Lagebericht“ des HGB eingefügt worden.

Nach § 289a Abs. 1 HGB betrifft die Erklärung börsennotierte Aktiengesellschaften sowie Aktiengesellschaften, die ausschließlich andere Wertpapiere als Aktien zum Handel an einem organisierten Markt i.S. des § 2 Abs. 5 WpHG ausgegeben haben und deren Aktien mit Wissen des Unternehmens über ein multilaterales Handelssystem i.S. § 2 Abs. 3 Satz 1 Nr. 8 WpHG gehandelt werden, haben eine Erklärung zur Unternehmensführung in einem gesonderten Abschnitt in den Lagebericht des Unternehmens aufzunehmen. Die Erklärung kann auch auf der Internetseite der Gesellschaft öffentlich zugänglich gemacht werden. In diesem Fall ist in den Lagebericht eine Bezugnahme aufzunehmen, die die Angabe der Internetseite enthält.

Nach § 289a Abs. 2 HGB sind in die Erklärung aufzunehmen:

- Die Erklärung zum Corporate Governance Kodex nach § 161 AktG;
- relevante Angaben zu Praktiken der Unternehmensführung, die über die gesetzlichen Anforderungen hinaus angewandt werden, nebst Hinweis, wo sie öffentlich zugänglich sind; und
- eine Beschreibung der Arbeitsweise von Vorstand und Aufsichtsrat sowie der Zusammensetzung und Arbeitsweise von deren Ausschüssen.

Parlamentaria

1. Richtlinien des Rates der Europäischen Gemeinschaften

Vierte Richtlinie des Rates vom 25.7.1978 aufgrund von Artikel 54 Absatz 3 Buchstabe g) des Vertrages über den Jahresabschluß von Gesellschaften bestimmter Rechtsformen (78/660/EWG); ABl. Nr. L 222/11 vom 14.8.1978.

Achte Richtlinie des Rates vom 10.4.1984 aufgrund von Artikel 54 Absatz 3 Buchstabe g) des Vertrages über die Zulassung der mit der Pflichtprüfung der Rechnungslegungsunterlagen beauftragten Personen (84/253/-EWG); ABl. Nr. L 126/20 vom 12.5.1984.

Richtlinie des Rates vom 8.11.1990 zur Änderung der Richtlinien 78/600/EWG und 83/349/EWG über den Jahresabschluß bzw. den konsolidierten Abschluß hinsichtlich ihres Anwendungsbereichs (90/605/-EWG); ABl. Nr. L 317/60 vom 16.11.1990.

Richtlinie 2003/51/EG des Europäischen Parlaments und des Rates vom 18.6.2003 zur Änderung der Richtlinien 78/660/EWG, 83/349/EWG, 86/635/EWG und 91/674/EWG über den Jahresabschluss und den konsolidierten Abschluss von Gesellschaften bestimmter Rechtsformen, von Banken und anderen Finanzinstituten sowie von Versicherungsunternehmen (Modernisierungsrichtlinie); ABl. Nr. L 178/16 vom 17.7.2003.

2. Bundesrats- und Bundestagsdrucksachen

Bundesrats-Drucksache (BR-DS) 61/82 vom 19.3.1982, Gesetzentwurf der Bundesregierung, Entwurf eines Gesetzes zur Durchführung der Vierten Richtlinie des Rates der Europäischen Gemeinschaften zur Koordinierung des Gesellschaftsrechts (Bilanzrichtlinie-Gesetz).

Bundesrats-Drucksache (BR-DS) 61/1/82 vom 20.4.1982, Entwurf eines Gesetzes zur Durchführung der Vierten Richtlinie des Rates der Europäischen Gemeinschaften zur Koordinierung des Gesellschaftsrechts (Bilanzrichtlinie-Gesetz).

Bundesrats-Drucksache (BR-DS) 257/83 vom 3.6.1983, Gesetzentwurf der Bundesregierung, Entwurf eines Gesetzes zur Durchführung der Vierten Richtlinie des Rates der Europäischen Gemeinschaften zur Koordinierung des Gesellschaftsrechts (Bilanzrichtlinie-Gesetz).

Bundestags-Drucksache (BT-DS) 10/317 vom 26.08.1983, Deutscher Bundestag, 10. Wahlperiode, Gesetzentwurf der Bundesregierung, Entwurf eines Gesetzes zur Durchführung der Vierten Richtlinie des Rates der Europäischen Gemeinschaften zur Koordinierung des Gesellschaftsrechts (Bilanzrichtlinie-Gesetz).

Bundestags-Drucksache (BT-DS) 10/3440 vom 3.6.1985, Deutscher Bundestag, 10. Wahlperiode, Gesetzentwurf der Bundesregierung , Entwurf eines Gesetzes zur Durchführung der Siebenten und Achten Richtlinie des Rates der Europäischen Gemeinschaften zur Koordinierung des Gesellschaftsrechts.

Bundestags-Drucksache (BT-DS) 10/4268 vom 18.11.1985, Deutscher Bundestag, 10. Wahlperiode, Beschlußempfehlung und Bericht des Rechtsausschusses (6. Ausschuß) zu dem von der Bundesregierung eingebrachten Entwurf eines Gesetzes zur Durchführung der Vierten Richtlinie des Rates der Europäischen Gemeinschaften zur Koordinierung des Gesellschaftsrechts (Bilanzrichtlinie-Gesetz) - Drucksache 10/317- , Entwurf eines Gesetzes zur Durchführung der Siebenten und Achten Richtlinie des Rates der Europäischen Gemeinschaften zur Koordinierung des Gesellschaftsrechts - Drucksache 10/3440 -.

Bundestags-Drucksache (BT-DS) 10/5710 vom 19.6.1986, Deutscher Bundestag, 10. Wahlperiode, Unterrichtung durch die Bundesregierung, Vorschlag für eine Richtlinie des Rates zur Änderung der Richtlinien 78/660/EWG und 83/349/EWG über den Jahresabschluß bzw. den konsolidierten Abschluß hinsichtlich ihres Anwendungsbereichs - KOM (86) 238 endg. - „Rats-Dok.-Nr. 6847/86“.

Bundestags-Drucksache (BT-DS) 11/1957 vom 8.3.1988, Deutscher Bundestag, 11. Wahlperiode, Beschlußempfehlung und Bericht des Rechtsausschusses (6. Ausschuß) zur Unterrichtung durch die Bundesregierung - Drucksache 10/5710-, Vorschlag für eine Richtlinie des Rates zur Änderung der Richtlinien 78/660/EWG-83/349/EWG über den Jahresabschluß bzw. den konsolidierten Abschluß hinsichtlich ihres Anwendungsbereiches - KOM (86)238 endg. - „Rats-Dok-Nr. 6847/86“.

Bundesrats-Drucksache (BR-DS) 967/96 vom 20.12.1996, Entwurf eines Gesetzes zur Verbesserung der Wettbewerbsfähigkeit deutscher Konzerne an internationalen Kapitalmärkten und zur Erleichterung der Aufnahme von Gesellschafterdarlehen (Kapitalaufnahmeerleichterungsgesetz – KapAEG)

Bundesrats-Drucksache (BR-DS) 109/02 vom 8.2.2002, Entwurf eines Gesetzes zur weiteren Reform des Aktien- und Bilanzrechts, zur Transparenz und Publizität (Transparenz- und Publizitätsgesetz).

Bundestags-Drucksache (BT-DS) 16/9737 vom 24.6.2008, Entwurf eines Gesetzes zur Modernisierung des GmbH-Rechts und zur Bekämpfung von Missbräuchen (MoMiG).

Bundestags-Drucksache (BT-DS) 16/10067 vom 30.7.2008, Entwurf eines Gesetzes zur Modernisierung des Bilanzrechts (Bilanzrechtsmodernisierungsgesetz – BilMoG).

Bundestags-Drucksache (BT-DS) 16/12407 vom 24.3.2009, Beschlussempfehlung und Bericht des Rechtsausschusses (6. Ausschuss) zu dem Gesetzentwurf der Bundesregierung – Drucksache 16/10067 - Entwurf eines Gesetzes zur Modernisierung des Bilanzrechts (Bilanzrechtsmodernisierungsgesetz – BilMoG).

Bundesrats-Drucksache (BR-DS) 270/09 vom 27.3.09 über die Annahme des in der beigefügten Fassung angenommenen Entwurfs eines Gesetzes zur Modernisierung des Bilanzrechts (Bilanzrechtsmodernisierungsgesetz – BilMoG).

Bundestags-Drucksache (BT-DS) 16/12278 vom 17.3.2009, Entwurf eines Gesetzes zur Angemessenheit der Vorstandsvergütung (VorstAG); Beschlussempfehlung und Bericht des Rechtsausschusses (6. Ausschuss) zu dem Gesetzentwurf der Fraktion der CDU/CSU und SPD DS 16/12278

3. Gesetze zur Rechnungslegung und Prüfung

Gesetz zur Durchführung der Vierten, Siebenten und Achten Richtlinie des Rates der Europäischen Gemeinschaften zur Koordinierung des Gesellschaftsrechts (Bilanzrichtlinien-Gesetz - BiRiLiG) vom 19.12.1985, BGBl. I Nr. 62, S. 2355 vom 24.12.1985.

Gesetz zur Durchführung der Richtlinie des Rates der Europäischen Gemeinschaften über den Jahresabschluss und den konsolidierten Abschluss von Versicherungsunternehmen (Versicherungsbilanzrichtlinien-Gesetz – VersRiLiG) vom 24.6.1994, BGBl. I Nr. 39, S. 1377 vom 30.6.1994.

Gesetz zur Verbesserung der Wettbewerbsfähigkeit deutscher Konzerne an Kapitalmärkten und zur Erleichterung der Aufnahme von Gesellschafterdarlehen (Kapitalaufnahmeerleichterungsgesetz – KapAEG) vom 20.4.1998, BGBl. I Nr. 22, S. 707 23.4.1998.

Gesetz zur Kontrolle und Transparenz im Unternehmensbereich (KonTraG) vom 27.2.1998, BGBl. I Nr. 24, S. 786 vom 30.4.1998.

Gesetz zur Durchführung der Richtlinie des Rates der Europäischen Union zur Änderung der Bilanz- und der Konzernbilanzrichtlinie hinsichtlich ihres Anwendungsbereichs (90/605/EWG), zur Verbesserung der Offenlegung von Jahresabschlüssen und zur Änderung anderer handelsrechtlicher Bestimmungen (Kapitalgesellschaften- und Co-Richtlinie-Gesetz – KapCoRiLiG) vom 24.2.2000, BGBl. I Nr. 8, S. 154 vom 8.3.2000.

Gesetz zur weiteren Reform des Aktien- und Bilanzrechts, zur Transparenz und Publizität (Transparenz- und Publizitätsgesetz) vom 19.7.2002, BGBl. I Nr. 50, S. 2681 vom 25.7.2002.

Gesetz zur Einführung internationaler Rechnungslegungsstandards und zur Sicherung der Qualität der Abschlussprüfung (Bilanzrechtsreformgesetz – BilReG) vom 4.12.2004, BGBl. I Nr. 65, S. 3166 vom 9.12.2004.

Gesetz zur Kontrolle von Unternehmensabschlüssen (Bilanzkontrollgesetz – BilKoG vom 15.12.2004, BGBl. I Nr. 69, S. 3408 vom 20.12.2004.

Gesetz über die Offenlegung der Vorstandsvergütungen (Vorstandsvergütungs-Offenlegungsgesetz – VorstOG), vom 3.8.2005, BGBl. I Nr. 47, S. 2267 vom 10.8.2005.

Gesetz zur Umsetzung der Richtlinie 2004/25/EG des Europäischen Parlaments und des Rates vom 21. April 2004 betreffend Übernahmeangebot (Übernahmerichtlinie-Umsetzungsgesetz) vom 8.7.2006, BGBl. I Nr. 31, S. 1426 vom 13.7.2006.

Gesetz über elektronische Handelsregister und Genossenschaftsregister sowie das Unternehmensregister (EHUG) vom 10.1.2006, BGBl. I Nr. 52, S. 2553 vom 15.11.2006.

Gesetz zur Umsetzung der Richtlinie 2004/109/EG des Europäischen Parlaments und des Rates vom 15. Dezember 2004 zur Harmonisierung der Transparenzanforderungen in Bezug auf Informationen über Emittenten, deren Wertpapiere zum Handel auf einem geregelten Markt zugelassen sind, und zur Änderung der Richtlinie 2001/34/EG (Transparenzrichtlinie-Umsetzungsgesetz – TUG) vom 5.1.2007, BGBl. I Nr. 1, S. 10 vom 10.1.2007.

Gesetz zur Modernisierung des GmbH-Rechts und zur Bekämpfung von Missbräuchen (MoMiG) vom 23.10.2008, BGBl. I Nr. 48, S. 2026 vom 28.10.2008.

Gesetz zur Modernisierung des Bilanzrechts (Bilanzrechtsmodernisierungsgesetz – BilMoG) vom 25.5.2009, BGBl. I Nr. 27, S. 1102 ausgegeben zu Bonn am 28.5.2009.

Gesetz zur Angemessenheit der Vorstandsvergütung (VorstAG) vom 31.7.2009, BGBl. I Nr. 50, S. 2509 vom 4.8.2009.

4. Kodex

Regierungskommission Deutscher Corporate Governance Kodex (geltende Fassung vom 20. Mai 2010).

Literaturverzeichnis

Monographien, Lehrbücher, Sammelwerke

Baetge, J./Kirsch, H.-J./Thiele, S.: Bilanzen, 10. Aufl. Düsseldorf 2009.

Coenenberg, A. G./Haller, A./Schultze, W.: Jahresabschluss und Jahresabschlussanalyse, 21. Aufl., Stuttgart 2009.

Fischer, D./Günkel, M./Neubeck, G./Pannen, M.: Die Bilanzrechtsreform 2009/-10, hrsg. von Deloitte & Touche GmbH, Bonn 2009.

Handwörterbuch der Rechnungslegung und Prüfung (HWRP), 3. Aufl., hrsg. von *Ballwieser, W. u.a.*, Stuttgart 2002.

Kessler, H./Leinen, M./Strickmann, M.: Handbuch Bilanzrechtsmodernisierungsgesetz, Freiburg 2009.

Scherrer, G.: Rechnungslegung nach neuem HGB, 2. Aufl. 2009.

Kommentare, Handbücher

Adler/Düring/Schmaltz (ADS): Rechnungslegung und Prüfung der Unternehmen, Kommentar zum HGB, AktG, GmbHG, PublG nach den Vorschriften des BilRiG, 6. Aufl., bearb. von *Karl-Heinz Forster u.a.*, Stuttgart.

Baetge, J./Kirsch, H.-J./Thiele, S.: Bilanzrecht, Kommentar, Loseblatt, Bonn.

Baumbach/Hopt: Handelsgesetzbuch mit GmbH & Co., 35. Aufl., bearb. von *K. J. Hopt, H. Merkt*, München 2010.

Baumbach/Hueck: GmbH-Gesetz, 19. Aufl., bearb. von *L. Fastrich, G. Hueck, U. Noack, W. Servatius, J. Schulze-Osterloh, W. Zöllner*, München 2010.

Beck'scher Bilanz-Kommentar (Beck Bil-Komm.), hrsg. von *H. Ellrott, G. Förschle, M. Kozikowski, N. Winkeljohann,* 7. Aufl., München 2010.

Beck'sches Handbuch der Rechnungslegung, Loseblattausgabe, hrsg. von *E. Castan u.a.* München 2009.

Bonner Handbuch Rechnungslegung (BHR): 2. Aufl., hrsg. von *M. A. Hofbauer †,P. Kupsch u.a.*, Bonn, Berlin 2010.

Budde, W.D./Förschle, G./Winkeljohann, N., (Hrsg.): Sonderbilanzen, 4. Aufl., München 2008.

Claussen, P. C. †/Scherrer, G. hrsg. Kölner Kommentar zum Rechnungslegungsrecht (HGB-Rechnungslegung), Köln 2010.

Die Bilanzrechtsreform 2009/10, *hrsgeg. von Deloitte & Touche, bearb. von D. Fischer u.a.*, Bonn 2009.

Gelhausen, H.F./Fey, G./Kämpfer, G.: Rechnungslegung und Prüfung nach dem Bilanzrechtsmodernisierungsgesetz, Kommentar, Düsseldorf 2009.

Goette, W./ Habersack, M.: Münchener Kommentar zum Aktienrecht, 3. Aufl., München 2008.

Handbuch Corporate Governance: Hrsg. *P. Hommelhoff, K., Hopt, A. v. Werder*, Köln, Stuttgart 2003.

Handbuch des Jahresabschlusses (HdJ), Rechnungslegung nach HGB und internationalen Standards, hrsg. von *K. v. Wysocki u.a.* Köln 1984/2010.

Handelsgesetzbuch, hrsg. von *C. Ebenroth, D. /Boujong, D., Joost*, /L., Strohn, 2. Aufl., München 2008.

Handelsgesetzbuch, Kommentar, hrsg. von *I. Koller/, W.-H. Roth/, W. Mock*, München 2002.

Henrichs, J,/Kleindiek/C./Watrin, **C.**: Münchener Kommentar zum Bilanzrecht, Band II, München 2008.

Hüffer, Aktiengesetz, 9. Aufl., München 2010.

Kommentar zum Deutschen Corporate Governance Kodex: von *H.-M. Ringleb, Th. Kremer, M. Lutter, A. v. Werder*,3. Aufl., München 2007.

Küting, K./Pfitzer, N./Weber, C.P.: Das neue deutsche Bilanzrecht, 2. Aufl., Stuttart 2009.

Münchener Kommentar zum Handelsgesetzbuch, hrsg. von *K. Schmidt*, Band 4: Drittes Buch. Handelsbücher, §§ 238 - 289, 2. Aufl., München 2008.

Petersen, K./Zwirner, C.: Bilanzrechtsmodernisierungsgesetz, München 2009.

Scherrer, G./Heni, B.: Liquidationsrechnungslegung, 3. Aufl., Düsseldorf 2009.

WP-Handbuch 2006, Band I, bearb. von *G. Geib* u.a., hrsg. vom Institut der Wirtschaftsprüfer in Deutschland e. V., 13. Aufl., Düsseldorf 2006.

Spezielles Schrifttum zu einzelnen Abschnitten

Erster Teil: Grundlagen der Bilanzierung und zum BilMoG

Arbeitskreis Bilanzrecht der Hochschullehrer Rechtswissenschaft, Stellungnahme zu dem Entwurf eines BilMoG: Grundkonzept und Aktivierungsfragen, BB 2008, S. 152-158; ders., Einzelfragen zum materiellen Bilanzrecht, BB 2008, 209-216.

Arbeitskreis „Externe Unterenehmensrechnung" der Schmalenbach-Gesellschaft für Betriebswirtschaft e.V., Stellungnahme zu dem RegE eines Bilanzrechtsmodernisierungsgesetz , BB 2008, S. 994-997.

Arbeitskreis „Immaterielle Werte im Rechnungswesen" der Schmalenbach-Gesellschaft für Betriebswirtschaft, Leitlinien zur Bilanzierung selbstgeschaffener immaterieller Vermögensgegenstände des Anlagevermögens nach dem Regierungsentwurf des BilMoG, DB 2008, S. 1813 – 1921.

Baetge, J,/ Kirsch, H.-J./Solmecke, H.: Auswirkungen des BilMoG auf die Zwecke des handelsrechtlichen Jahresabschlusses, in: WPg 2009, S. 1211-1222.

Ballwieser, W.: Bewertungsgrundsätze, in: HWRP, 3. Aufl., hrsg. von *W. Ballwieser, u.a.*, Stuttgart 2002, Sp. 353-375.

Börstler, Ch.: Zur Zukunft der externen Rechnungslegung in Deutschland – eine kritische Analyse der Internationalisierung aus Sicht nicht kapitalmarktorientierter Unternehmen, Wiesbaden 2006.

Drisch, D./von Oertzen, C.: Anwendungsfragen bei der Bilanzierung von Bewertungseinheiten nach § 254 HGB, in IRZ, 2010, S. 345-353.

Ernst, Chr.: Die Modernisierung des HGB als Antwort auf aktuelle Herausforderunen, in: WPg, 2008, S. 91-96.

Ernst, Chr./Naumann, K.-G.: Das neue Bilanzrecht, Materialien und Anwendungshilfen zum BilMoG, Düsseldorf 2009.

Ernst, Chr./Seidler, H.: Gesetz zur Modernisierung des Bilanzrechts nach Verabschieung durch den Bundestag, in: BB, 2009, S. 766-771.

Ernst, Chr./Seidler, H.: Kernpunkte des Referentenentwurfs eines Bilanzrechtsmodernisierungsgesetzes, in: BB, 2007, S. 2557-2566.

Ernstberger, J.: Planmäßige Abschreibungen nach IFRS im Lichte der Informationsfunktion, in: FS Scherrer, München 2004, S. 87-110.

Fink, Ch./Mannsperger, S.: Herausforderung bei der BilMoG-Umstellung, in: StuB, 2010, S. 344-347, S. 375-382.

Gelhausen, H.F./Althoff, F.: Die Bilanzierung ausschüttungs- und abführungsgesperrter Beträge im handelsrechtlichen Jahresabschluss nach dem BilMoG, in:Wpg, 2009, Teil 1, S. 584-592, Teil 2, S. 629-635.

Gelhausen, H.F. /Gey, G./Kirsch, H-J.: Übergang auf die Rechnungslegung Vorschriften des Bilanzrechtsmodernisierungsgesetz, in: WPg, 2010, S. 24-33.

Gohdes, A.-E.: BilMoG und Pensionen: können Unstimmigkeiten noch beseitigt werden?, in: KoR, 2009, S. 187-188.

Habersack, M.: Aufsichtsrat und Prüfungsausschuss nach dem BilMoG, in: AktG, 2008, S. 98-107.

Haller, A./Löffelmann, J.V./Etzel, B.: BilMoG und Adressatenbedürfnisse Empirische Erkenntnisse über die Einschätzung von Kreditinstituten, in: KoR, 2009, S. 216-226.

Herzig, N./Briesmeister, S.:Das Ende der Einheitsbilanz: Abweichungen zwischen Handels- und Steuerbilanz nach BilMoG-RegE, in: DB, 2009, S. 1-11.

Hüttche, T.: Neue bilanzpositische Wahrrechte und Spielräume im modernisierten Bilanzrecht, in: StuB, 2009, S. 409-416.

Kopatschek, M./Struffert, R./Wolfgarten, W.: Bilanzielle Abbildung von Bewertungseinheiten nach BilMoG, in: KoR 2020, S. 272-279 und 328-333.

Kühne, E./Melcher, W.: Zur Umsetzung der HGB-Modernisierung durch das BilMoG: wirtschaftliche Zurechnung von Vermögensgegenständen und Schulden sowie Erträgen und Aufwendungen, in: DB 2009, Beil. 5, S. 9-14.

Küting, D./Kessler, H./Kessler, M.: BilMoG-ReGE: Zwei Schritte vor, ein Schritt zurück bei der bilanziellen Abbildung der betrieblichen Altersversorgung, in: WPg, 2008, S. 748-756.

Lüdenbach, N,/Hoffmann, W.-D.: Die wichtigsten Änderungen der HGB-Rchnungslegung durch das BilMoG, in: StuB, 2009, S. 287-316.

Luttermann, Cl.: Zum Gesetz zur Modernisierung des Bilanzrechts, in: ZIP, 2008, S. 1605 bis 1614.

Oser, P./Roß, N,/Wader, D./Drögmüller, S.: Änderungen des Bilanzrechts durch das Bilanzrechtsmodernisierungsgesetz (MilMoG), in: WPg, 2009, S. 573-583.

Oser, P./Roß, N./Wader, D./Drögemüller, S.: Eckpunkte des Regierungsentwurfs zum Bilanzrechtsmodernisierungsgesetz (BilMoG), in: WPg, 2008, S. 675-694.

Petersen, K./Zwirner, Ch/Künkele, K.P.: Umstellung auf das neue deutsche Bilanzrecht: Übergangsregelungen des MiMoG nach IDW RS HFA 28, in: BB, Beilage Abpril 2010, S. 1-27.

Petersen, K./Zwirner, Ch.: Deutsche Rechnungslegung und Prüfung im Umbruch, in: KoR, 2008, Beilage 3/2008, S. 1-36.

Scheffler, W.: Neuinterpretation des Maßgeblichkeitsprinzips, in: Steuer- und Bilanzpraxis, 2010, S. 295-301.

Scheffler, E.: Neues zur Rechnungslegung – Wesentliche Änderungen des deutschen Bilanzrechts, in: AG, 2009, S. R 214 – R 222.

Schmidt, M.: Bewertungseinheiten nach dem BilMoG, BB. 2009, S. 882-886.

Siegel, Th.: Normierung der Rechnungslegung und „Bilanzrechtsmodernisierung, in FS Hannes Streim,Private und öffentliche Rechnungslegung, S. 337-368.

Siegloch, J.: Steuerbilanz und Rechnungslegung nach internationalen Standards – Chancen für eine neue Maßgeblichkeit, in: FS Scherrer, München 2004, S. 355-380.

Theile, C.: Übergang auf BilMoG im Jahresabschluss: Insbesondere niedrigere Wertansätze von Vermögensgegenständen, in: StuB, 2009, S, 749-754.

Wohlgemut, M.: Beizulegender Wert, in: HWRP, 3. Aufl., hrsg. von *W. Ballwieser u.a.*, Stuttgart 2002, Sp. 249-255.

Zwirner, Ch./Künkele, P.K.: Übergangsvorschriften zur Anwendung der geänderten Regelungen des BilMoG, in: DB, 2009, S. 1081-1087.

Zülch, H./Hoffmann, S.: Die Modernisierung des deutschen Handelsbilanzrechts durch das BilMoG: Wesentliche Alt- und Neuregelungen im Überblick, in DB, 2009, S. 745-752.

Zweiter Teil: Bilanzierung der Gegenstände des Anlagevermögens

Beyhs, O./Melcher, W.: /Zur Umsetzung der HGB-Modernisierung durch das BilMoG: Die Bilanzierung selbst geschaffener Immaterieller Vermögensgegenstände, in: DB 2009, Beil. 5, S. 19-24.

Brösel, F./Mindermann, T./Zwirner, Ch.: Die Bewertung der Vermögensgegenstände gemäß BilMoG, in: StuB, 2009, S. 608-613.

Bühner, R./Träger, Th.: Verschmelzung, in: HWRP, 3. Aufl., hrsg. von *W. Ballwieser u.a.*, Stuttgart 2002, Sp. 2546-2555.

Gelhausen,H. F./Rimmelspacher, D.: Wandel- und Optionsanleihen in den hadnelsrechtlichen Jahresüberschlüssen des Emittenten und des Inhabers, in: AG 2006, S. 729-745.

Henckel, N.-F./Krenzer, Th.: Zurechnung von Vermögensgegenständen anhand der wirtschaftlichen Eigentums gem. 246 Abs. 1 HGB n.F. (BilMoG), in 2009, S. 492-495.

Hull, J.: Optionen, Futures, und andere Derivate, 6. Aufl., München u.a. 2006.

Kahle, H./ Haas, M: Herstellungskosten selbst geschaffener immaterieller Vermögensgegenstände des Anlagevermögens, in: WpG, 2010, S. 34-39.

Mujkanowic, R.: Anpassungsbedarf bei der Bilanzierung des derivaten Geschäfts- oder Firmenwert, in: StuB, 2010, S. 268-275.

Mujkanowic, R.: Die Bilanzierung des derivatriven Geschäfts- oder Firmenwerts, in StuB, 2010, S. 173-167.Finanzinstrumenten zur Fair value nach BilMoC, in: StuB, 2009, S. 329-335.

Mujkanowic, R.: Die Bewertung von Finanzinstrumenten zur Fair value nach BilMoC, in: StuB, 2009, S. 329-335.

Nonnenmacher, R.: Finanzinstrumente, in: HWRP, 3. Aufl., hrsg. von *W. Ballwieser, u.a.,* Stuttgart 2002, Sp. 782-796.

von Eitzen, B./Moog, T./Pyschny, H.: Forschungs- und Entwicklungskosten nach dem Bilanzrechtsmodernisierungsgesetz (BilMoG) unter Berücksichtigung des IAS 38, in: KoR, 2010, S, 357-361.

Dritter Teil Bilanzierung der Gegenstände des Umlaufvermögens

Göb, R./Karrer, M.: Die neue Aktualisät der Statistischen Stichprobenprüfung, in: WPg, 2010, S. 593-602.

Jaspers, W.: Inventur von Vertriebseinrichtungen des Handels mit Hilfe von Stichprobenverfahren, in: WPg, 2010, S. 692-698.

Krag, J.: Sonstige Vermögensgegenstände, in: HWRP, 3. Aufl., hrsg. von *W. Ballwieser u.a.,* Stuttgart 2002, Sp. 2233-2237.

Kleekämper, H./Angermeier, B./Oser, P.: Vorräte, in: HWRP, 3. Aufl., hrsg. von *W. Ballwieser u.a.,* Stuttgart 2002, Sp. 2591-2606.

Küting, K./Pfirmann, A./Mojadadr: Einzelfragen der Umrechnung und Bewertung von Fremdwährungsgeschäften im Einzelabschluss nach § 256a HGB, in: StuB, 2010, S. 411-419.

Raff, I.: Forderungen, in: HWRP, 3. Aufl., hrsg. von *W. Ballwieser u.a.,* Stuttgart 2002, Sp. 818-830.

Siegel, T.: Herstellungskosten, in: HWRP, 3. Aufl., hrsg. von *W. Ballwieser u.a.,* Stuttgart 2002, Sp. 1119-1134.

Zwirner, Ch./Künkele, K. P.: Währungsumrechnung nach HGB: Erstmalige Kodifikation durch MilMoG, in: StuB, 2010, S. 517-524.

Zwirner, Ch./Künkele, K. P.: Währungsumrechnung nach HGB: Abgrenzung latente Steuern?, in: StuB, 2009, S. 722-725.

Vierter Teil Bilanzierung des Eigenkapitals

Baetge, J./Brüggemann, B.: Ausweis von Genussrechten auf der Passivseite der Bilanz des Emittenten, in: DB, 2005, S. 2145-2152.

Briese, J./Suermann, H.: Sonderposten mit Rücklageanteil und steuerliche Abschreibungen im Jahresabschluss nach BilMoG, in: DB, 2010, S. 121-127.

Funk, J.: Kapitalerhöhung und –herabsetzung, in: HWRP, 3. Aufl., hrsg. von *W. Ballwieser u.a.*, Stuttgart 2002, Sp. 1275-1292.

Gelhausen, H.F./ Althoff, F.: Die Bilanzierung ausschüttungs- und abführungsgesperrten Beträge im handelsrechtlichen Jahresabschluss nach dem BilMoG, in: WPg 2009, S. 584-592 und S. 628-635.

Lanfermann, R./Röhricht, V.: § 268 Abs. 8 HGB als neue Generalform für außerbilanzielle Ausschüttungsperren, in: DStR, 2009, S. 1216-1222.

Simon, St.: Ausschüttungs- und Abführungssperre als gläubigerschützendes Institut in der reformierten HGB-Bilanzierung, in: NZG, 2009, S. 1081-1087.

Stahl, F./Burkhardt.: Die Ausschüttungsperre nach BilMoG, in: BBK, 2010, S. 106-113.

Steiner, M./Wagner, M.: Eigenkapital, in: HWRP, 3. Aufl., hrsg. von *W. Ballwieser u.a.*, Stuttgart 2002, Sp. 589-604.

Zülch, H./Hoffmann, S.: Probleme und mögliche Lösungsansätze der „neuen" Ausschüttungssperre nach § 268 Abs. 8 HGB, in: DB, 2010, S. 909-912.

Velte, P./Köster, M.: Gläubigerschutz nach BilMoG, in: BBK, 2009, S. 959-964.

Fünfter Teil: Bilanzierung der Verpflichtungen

Bareis, P.: Rückstellungen für drohende Verluste aus schwebenden Geschäften, in: HWRP, 3. Aufl., hrsg. von *W. Ballwieser u.a.,*Stuttgart 2002, Sp. 2106-2118.

Brösel, F./Mindermann, T./Zwirner, Ch.: Zur Bewertung der Schulden gemäß BilMoG, in: StuB, 2009, S. 647-653.

Drinhausen, A./Ramsauer, J.: Zur Umsetzung der HGB-Modernisierung durch das BilMoG: Ansatz und Bewertung von Rückstellungen, in: DB 2009, Beil. 5, S. 46-52.

*Fey, G./Ries, N./Lewe, St.:*Ansatzstetigkeit nach BilMoG für Pensionsverpflichtungen i.S.d. Art. 28 EGHGB, in: BB 2010, S. 1011-1014.

Hasenburg, C./Hausen, R.: Zur Umsetzung der HGB-Modernisierung durch das BilMoG: Bilanzierung von Altersversorgungsverpflichtungen (insbesondere aus Pensionszusagen) und vergleichbare langfristig fälligen Verpflichtungen unter Einbeziehung der Verrechnung mit Planvermögen, in: DB 2009, Beil. 5, S. 38-45.

Höfer, R./Rhiel, A./Veit, A.: Die Rechnungslegung für betriebliche Altersversorgung im Bilanzrechtsmodernisierungsgesetz (BilMoG), DB 2009, S. 1605 1612.

Küting, K. /Kessler, M/Seel.: Bilanzierung von Pensionsverpflichtungen im DAX 30 – Sind die IFRS ein geeignetes Vprbild für das HGB? in: BB, 2010, 11907-1912 .

Küting, K./Kessler, H./Kessler, M.: Das Bilanzrechtsmodernisierungsgesetz (BilMoG): Moderne Bilanzierungsvorschriften für die betriebliche Altersversorgung?: Auswirkungen auf die bilanzielle Abbildung von Pensionsverpflichtungen deutscher Unternehmen, in: WPg 2008, S. 494-504.

Küting, K./Kussmaul, H./Kessler, M.: Einfluss des Bilanzrechtsmodernisierungsgesetzes (BilMoG) auf die Unternehmenslage am Beispiel der Pensionsverpflichtungen, in: DB 2009, S. 2557-2563.

Lusius, F./Veit, A.: Bilanzierung von Altersversorgungsverpflichungen in der Handelsbilanz nach IDW ERS HFA 30, in: BB 2010, S. 235-239.

Meier, K.: Bilanzierung betrieblicher Versorgungsverpflichtungen nach dem BilMoG, in: BB, 2009, S. 998-1002.

Metze, A./Lippek, V.: Verbindlichkeiten, in: BeckHdB, hrsg. von *E. Castan, H.-J. Böcking, G. Heymann, N. Pfitzer, E. Scheffler*, München 2006, Abschn. B 234.

Meyer-Schell, T./ Zimmermann, J.: Die Neuregelung der Rückstellungsbilanzierung im Spiegel der betrieblichen Altersversorgung, in: StuB, 2008, S. 18-25.

Rhiel, R./Veit, A.: Auswirkungen des BilMoG bei der Bilanzierung von Pensionsrückstellungen, in: PiR, 2009, S. 167-171.

Ries, N.: Die Bilanzierung von Arbeitszeitkonten nach dem Bilanzrechtsmodernisierungsgesetz (MilMoG), in: WPg, 2010, S. 811-824

Stapf, J./Elgg, D.: Abzinsung von Rückstellungen nach dem BilMoG: Ermittlung und Bekantgabe der Zinssätze durch die Deutsche Bundesbank, in: BB 2009, S. 2134-2138.

Telkamp, H.-J./Bruns, C.: Rückstellungen für ungewisse Verbindlichkeiten, in: HWRP, 3. Aufl., hrsg. von *W. Ballwieser, u.a.,*Stuttgart 2002, Sp. 2118-2136.

Thaut, B.: Auswirkungen des Bilanzrechtsmoderniseirungsgesetzes auf die Bilanzierung und Bewertung von Pensionsrückstellungen in der Handelsbilanz unter besonderer Berücksichtigung des 15-jährigen Übergangszeichraumes, in_ WPg, 2009, S. 723-732.

Wolf, M./Oldewurtes, Ch.: Pensionsrückstellungen nach BilMoG, in: StuB, 2009, S. 424-429.

Wüstemann, J./Koch, Ch.: Zinseffekte und Kostensteigerungen in der Rückstellungsbewertung nach BilMoG, in: BB 2010, S. 1075-1078.

Zülch, H./Hoffmann, S.: Die Bilanzierung sonstige Rückstellungen nach BilMoG, in: StuB, 2009, S. 369-373.

Sechster Teil Bilanzierung von Aktiv- und Passivpositionen

Hartung, W. : Rechnungsabgrenzungsposten und richtlinienkonforme Auslegung, in: FS Moxter, Düsseldorf 1994, S. 213-225.

Heinhold. M.: Anzahlungen, in: HWRP, 3. Aufl., hrsg. von W. *Ballwieser, u.a.*, Stuttgart 2002, Sp. 87-95.

Herzig, N./Vossel, S.: Paradigmawechsel bei latenten Steuern nach dem BilMoG, BB 2009, S. 1174-1178.

Hommel, M.: Rechnungsabgrenzungsposten, in: HWRP, 3. Aufl., hrsg. von *W. Ballwieser, u.a.*, Stuttgart 2002, Sp. 1971-1978.

Kühne, E./Melcher, W./Wesemann, M.: Latente Steuern nach BilMoG - Grundlagen und Zweifelsfragen, in: WPg, 2009, S. 1005–1014 und S. 1057-1065.

Loitz, R.: Latente Steuern nach dem Bilanzrechtsmodernisierungsgesetz (BilMoG) – ein Wahlrecht als Mogelpackung?, in: DB 2009, S. 913- **???**

Wendhold, W./Wesemann, M.: Zur Umsetzung der HGB-Modernisierung durch das BilMoG: Bilanzierung von latenten Steuern im Einzel- und Konzernabschluss, in: DB 2009, Beil. 5, S. 64-76.

Siebenter Teil Vermerk der Haftungsverhältnisse

Bieg, H.: Haftungsverhältnisse, in: HWRP, 3. Aufl., hrsg. von *W. Ballwieser, u.a.*, Stuttgart 2002, Sp. 1101-1112.

Fey, D.: Haftungsverhältnisse, in: *Küting, K./Weber, C.-P. (Hrsg.)* HdR, 5. Aufl., Stuttgart 2005, S. 1-25.

Wiehn, S.: Haftungsverhältnisse, BeckHdB, hrsg. von *E. Castan u.a.* München 2006, Abschn. B 250.

Achter Teil Gewinn- und Verlustrechnung

Baetge, J./Stibi, B. : Die Gewinn- und Verlustrechnung, I. Grundlagen und Gesamtkostenverfahren, in: BuW, 1992, S. 273-279.

Döring, U.: Aufwand und Ertrag, in: HWRP, 3. Aufl., hrsg. von *W. Ballwieser, u.a.*, Stuttgart 2002, Sp. 140-146.

Dyckerhoff, Ch.: Umsatzkostenverfahren, in: HWRP, 3. Aufl., hrsg. von *W. Ballwieser, u.a.*, Stuttgart 2002, Sp. 990-1000.

Lachnit, L.: Verwaltungskosten, in: HWRP, 3. Aufl., hrsg. von *W. Ballwieser, u.a.*, Stuttgart 2002, Sp. 2582-2590.

Lauer, Ch.: Sonstige betriebliche Aufwendungen und Erträge, in: HWRP, 3. Aufl., hrsg. von *W. Ballwieser, u.a.*, Stuttgart 2002, Sp. 157-169.

Matschke, M. J./Schellhorn, M.: Gesamtkostenverfahren, in: HWRP, 3. Aufl., hrsg. von *W. Ballwieser, u.a.*, Stuttgart 2002, Sp. 979-990.

Siebert, G.: Personalaufwendungen, in: HWRP, 3. Aufl., hrsg. von *W. Ballwieser, u.a.*, Stuttgart 2002, Sp. 1648-1662.

Viering, S.: Materialaufwendungen, in: HWRP, 3. Aufl., hrsg. von W. *Ballwieser, u.a.,* Stuttgart 2002, Sp. 1547-1552.

Neunter Teil Anhangangaben

Farr, W.-M.: Checkliste 1: Aufstellung und Prüfung des Anhangs, Loseblattausgabe, 5. ErgLief, Stand Düsseldorf 2006.

IDW ERS HFA 33: IDW Stellungnahme zur Rechnungslegung: Anhangangaben nach § 285 Nr. 21 Nr. 314 Abs. 1 Nr. 13 HGB zu Geschäften mit nahe stehenden Unternehmen und Personen (IDW ERS HFA 33) 2009, S. 1-11.

IDW ERS HFA 36: Entwurf IDW Stellungnahme zur Rechnungslegung: Anhangangaben nach § 285 Nr. 17 HGB bzw. 314 Abs. 1 Nr. 9 HGB über das Abschlussprüferhonorar(IDW ERS HFA 36), 2009, S. 1-5.

Richter, M.: Pflichtangaben zum Einzelabschluss nach HGB, in: HWRP, 3. Aufl., hrsg. von *W. Ballwieser, u.a.,* Stuttgart 2002, Sp. 47-55.

Rimmelspacher, D./Fey, G.: Anhangangaben zu nahe stehenden Unternehmen und Personen nach dem BilMoG, in: WPg, 2010, S. 180-192.

Wollmert, P./Oser, P.: Anhangangaben zu den Abschlussprüfhonoraren und zu marktunüblichen Geschäften nach BilMoG, in: StuB, 2010, S. 123-130.

Zwirner, Ch.: Herausforderungen und Risiken der neuen Anhangsberichterstattung nach BilMoG, in: BB, 209, S. 2302-2306.

Zehnter Teil Lageberichterstattung

Kaiser, K.: Erweiterung der zukunftorientierten Lageberichterstattung: Folgen des Bilanzrechtsreformgesetzes für Unternehmen, in: DB, 2005, S. 345-353.

Melcher, W./Mattheus, D.: Zur Umsetzung der HGB-Modernisierung durch das BilMoG: neue Offenlegungspflichten zur Corporate Governance, in: DB 2009, Beil. 5, S. 77-81.

Niehus, R .J.: Berichterstattung über Geschäfte mit nahe stehenden natürlichen Personen nach dem BilMoG und dem Deutschen Corporate Governance Kodex, in: DB 2008, S. 2493-2500.

Strieder, T.: Erweiterung der Lageberichterstattung nach dem BilMoG, in: BB 2009, S. 1002-1006.

v. Werder, A./Talaulicar, T.: Kodex Report 2010: Die Akzeptanz der Empfehlungen und Anregungen des Deutschen Corporance Kodex, in: DB 2010, S. 853-861.

Stichwortverzeichnis